霍州年鉴

2017

霍州市地方志编纂委员会办公室 编

方志出版社

图书在版编目（CIP）数据

霍州年鉴. 2017 / 霍州市地方志编纂委员会办公室编. --北京：方志出版社，2017.12

ISBN 978-7-5144-2813-1

Ⅰ. ①霍… Ⅱ.①霍… Ⅲ.①霍州—2017-年鉴

Ⅳ. ①Z522.53

中国版本图书馆CIP数据核字（2017）第309278号

霍州年鉴（2017）

编　　者：霍州市地方志编纂委员会办公室
责任编辑：冯　松

出 版 人：冀祥德
出 版 者：方志出版社
地址　北京市朝阳区潘家园东里 9 号（国家方志馆 4 层）
邮编　100021
网址　http://www.fzph.org
发　　行：方志出版社图书经销中心
电话（010）67110500
经　　销：各地新华书店
承　　印：山西省史志印刷厂

开　　本：889×1194　1/16
印　　张：29.5
字　　数：671千
版　　次：2017年12月第1版　2017年12月第1次印刷
印　　数：001~500册

ISBN 978-7-5144-2813-1　**定　　价**：218.00元

《霍州年鉴》编纂委员会

顾　　问	崔山原
主　　任	黄晓君
副 主 任	郭宏生　郭丽华　朱源洪　刘元建
	薛有生　王英才　张卫东　赵学惠
委　　员	时宏伟　段永存　张　斌　冯　婧　张建军　宋根宝　马耀华
	杨　军　赵雷斌　吴慧平　荀杏红　成红福　李新平　赵　波
	乔桂平　王康杰　张全红　郭建国　侯晋川　王慧博　刘怀忠
	胡文杰　孙杏锁　王林锁　张云峰　张建民　贾亚龙　朱壮军
	赵建荣　杨令平　晋学清　张凤梅　李晋峰　董　娟　李国忠
	李忠义　关文旗　米玉峰　贺立华　贾康民　赵宏红　刘国兵
	董文华　成建忠　董春波　李小涛　李晓燕　王　强　朱泽军
	安忠伟　朱壮平　张志坚　杨武锁　韩继斋　张忠民　洪海荣
	马魁东　樊记虎　周霍津　张　浩　王建华　房　鹏　张　伟
	闫会滨　徐水林　郭国彪　尚海虹　刘亚明
办公室主任	赵学惠（兼）

《霍州年鉴》编辑部

主　　编	赵学惠
副 主 编	乔小安　李亚平
责任编辑	郭秀东
编　　辑	赵　捷　曹荣华　王晓英　张　峰　伊　萌
排版校对	王晓英
摄　　影	李达鹏　范振宇

七里峪飞舞的鸟

七里峪牛老沟

七里峪红岩松

七里峪风景

古衙雄风

鼓楼夜景

2016 年 8 月 3 日中国共产党霍州市第七次代表大会

2016 年 8 月 18 日霍州市第七届人民代表大会第一次会议

2016 年 3 月 11 日霍州市三级干部大会

2016 年 8 月 15 日中国人民政治协商会议第七届霍州市委员会第一次会议

2016 年 2 月 29 日中国共产党霍州市第六届纪律检查委员会第六次全体会议

2016 年 11 月 11 日霍州市“五城联创”动员大会

2016 年 9 月 30 日传承长征精神知识竞赛

2016 年 1 月 22 日
临汾市人大主任徐树荣在霍州访贫问寒

2016 年 7 月 22 日
临汾市人大主任徐树荣在霍州调研棚户区改造工程

2016 年 12 月 9 日
霍州市委书记崔山原陪同国家发改委在开元街道调研

2016 年 5 月 24 日霍州市委副书记、市长崔山原检查消防安全工作

2016 年 11 月 26 日霍州市委副书记、市长黄晓君督查环境保护工作

2016 年 3 月 3 日霍州市四套班子领导在退沙街道观摩重点工程

2016 年 6 月 23 日霍州市四套班子领导在档案局参观图片展

2016 年 2 月 26 日霍州市全民健步走

2016 年 8 月 26 日霍州市爱心助学大会

2016 年 5 月 29 日霍州市“尧风古韵”中镇霍山诗歌朗诵会

2016年2月1日霍州市领导接见“感动山西”人物赵艳

2016年2月1日霍州市电子商务产业孵化园开园仪式

2016年12月4日普法宣传活动

2016年3月18日霍州市文化、科教、卫生“三下乡”

2016 年 4 月 9 日山西省督察组在国新能源督查

2016 年 3 月 22 日“中国水周”宣传活动

2016 年 10 月 19 日红军长征 80 周年文艺晚会

2016 年 11 月 25 日建成通车后的霍州东门桥

霍州特色、造型独特的大桥装饰

永和公园

2016 年 12 月 9 日新建南路通车

国新能源

城市污水处理厂

2016 年 1 月 8 日对竹河治理工程

龙口鲜肉加工厂

永和公园山楂采摘园

11 月 21 日上午 10 时 08 分赵家庄人行天桥第五根横梁合拢

序

古人云：“治天下者，以史为鉴；治郡国者，以志为鉴”。地方综合年鉴，是以全面、系统、准确地记述上年度事物运动、发展状况为主要内容，汇辑一年内重要事件、文献和统计资料，按年度出版的资料性工具书。因此，地方综合年鉴不仅能够存史，而且能够服务现实，具有重要的资政作用和史料价值。

霍州历史悠久，是华夏文明发祥地之一。据考证，早在旧石器时代，就有先民在此繁衍生息，辖区内唐尧遗址遗风随处可闻可见。从西周始称霍国，历代设县置邑，设郡置州，一直被视为宝地要地。霍州物华天宝，人杰地灵。从古到今，勤劳淳朴的霍州人民开拓进取，艰苦拼搏，励精图治，敢为人先，创造了辉煌的成就。2016 年是霍州市国民经济和社会发展“十三五”规划的开局之年。霍州市委、市政府团结带领全市党员干部群众，认真贯彻中央、省、市有关会议精神，坚持以科学发展观统揽经济社会发展全局，紧紧围绕“进军省强市、全面达小康，共建文明开放幸福美丽新霍州”目标，大力弘扬“团结奉献、敢于担当、实干践诺、拼搏争先”的霍州精神，解放思想，凝聚共识，抓住机遇，开拓创新，全市经济社会发展取得显著成效。

《霍州年鉴》凝聚了采编人员的心血和汗水，体现了方方面面的支持和关爱，我们谨向参与编纂的全体工作人员表示衷心的感谢，并希望各级领导和广大干部认真通览，从中汲取启迪与借鉴，建设和迎接霍州更加美好的明天！

中共霍州市委书记 崔山原

霍州市人民政府市长 黄晓君

二〇一七年十月六日

编纂说明

一、《霍州年鉴》是中共霍州市委、霍州市人民政府编纂的资料性工具书，是本市唯一的综合性年鉴，旨在全面记载霍州市自然、政治、经济、文化、社会各方面的新成就、新进展、新经验，充分反映霍州市地方特色，为社会各界了解霍州、认识霍州、研究霍州、建设霍州提供丰富、准确、翔实的市情信息。

二、《霍州年鉴》以马克思列宁主义、毛泽东思想、邓小平理论、“三个代表”重要思想、科学发展观和习近平新时代中国特色社会主义思想为指导，遵循真实、准确、客观、公正的修志原则，致力科学、严谨、细致、规范的编撰方法，体现存史、资政、育人、服务的志书功能。

三、《霍州年鉴》记事断限为2016年1月1日至2016年12月31日。

四、本年鉴采用分类编排法，设类目、分目、条目，少数内容在分目和条目之间增设副目，不同层次的标题用不同的字号、字体和辅助标志区别。条目为全书基本记述实体，个别条目由于内容较多分若干层次。

五、本年鉴的稿件资料均由市直有关部门、驻霍单位和各乡镇（街道）组织专人提供年鉴资料，市地方志编纂委员会办公室负责审核。所有数据由于统计来源、口径、方法、时间不同而有差异，以统计局提供的资料为准。

六、本年鉴图文并茂，插有部分彩页。

七、本年鉴采用的稿件，供稿者署名在文尾，有的稿件因供稿者不详，未作署名，谨致歉意。

八、本年鉴的编纂得到全市各级领导、各部门负责人及撰稿人员的大力支持和帮助，在此深表谢意。由于编者水平有限，书中难免有错漏之处，敬请指正。

目　录

文　献

大事记

概　况

中国共产党霍州市委

霍州市人大常委会

霍州市人民政府

政协霍州市委员会

民主党派 工商联

群众团体

军 事

法 治

经济管理

财政税收

金　融

农　业

工　业

住建　环保

交通　邮电　通信

商业贸易

教育科技

文化旅游

医药卫生

社会生活

乡镇工作

驻霍单位

附　录

文　献

积极作为　真抓实干
在新的起点上推进霍州整体率先发展

——2016年1月26日在中共霍州市委六届六次全体（扩大）会议上的报告

陈　纲

各位委员、同志们：

下面，我代表市委常委会向大会作工作报告，请各位委员和同志们提出意见。

一、总结成绩坚定信心，直面不足迎难而上

“十二五”时期是我市发展史上极不平凡的五年，也是我市经济社会发展取得明显成效的五年。经过五年的努力，全市经济实力稳步提升，质量效益显著提高，发展基础更加牢固；产业结构优化升级，主导产业做大做强，发展动力更加强劲；项目建设整体突破，城市面貌日新月异，发展空间更为广阔；节能减排力度加大，生态环境明显改善，发展环境更加优化；居民收入稳步增长，幸福指数不断攀升，发展活力显著增强；信访总量大幅下降，安全形势持续向好，对外形象根本好转；社会事业全面进步，五有五好惠及民生，爱我霍州蔚然成风；群众路线扎实深入，从严治党落到实处，基层党建不断夯实，党员干部的精神面貌焕然一新。五年来，我们不断深化对市情特点和发展规律的认识，始终围绕“建设三晋经济强市、实现整体率先发展”这一宏伟目标不动摇，抢抓机遇、奋力赶超，大刀阔斧、苦干实干，变难点为靓点、变弱项为强项，经济社会各项工作实现了整体跃升。“十三五”期间，我们仍需咬定这一目标，持续用力、久久为功、善作善成，确保实现更高层次的整体率先。

尤其是市委六届五次全会以来，面对复杂严峻的经济形势和艰巨繁重的发展稳定任务，市委、市政府团结带领全市30万干部群众，坚持以项目建设为引领，以提升发展质量和效益为核心，加快推进“六大发展”“六权治本”“六型转变”，主动适应新常态，推动经济社会发展取得了新进展，为实现“十二五”圆满收官和“十三五”良好开局打下了坚实基础。

1. 稳中求进力促增长，率先发展步伐稳健。一年来，我们紧紧扭住发展这个第一要务，工业引深转型升级、农业建设三大基地、旅游实施联合开发、城市构筑五大板块、环境开展“四城联创”、民生提高五好标准、党建落实两个责任，强力实施了总投资超130亿元，涉及工业转型、农业增效、城市提质、旅游升级、民生改善等方面的75项重点工程，推动经济社会实现了稳中有进、稳中向好、稳中提质。尤其是公共财政收入总量、增幅、增速在全临汾市排名均为第四，在经济下行压力持续加大的情况下，仍实现了位次前移；财政管理绩效综合评价在全临汾市排名第一，全省第九，充分说明我市财政运行良好，政府负债合理，为下一步持续长久发展打下了坚实基础。

2. 着力狠抓产业转型，发展后劲明显增强。工业基础优化夯实。霍东新型工业园区一期竣工投产，液化天然气调峰储气项目投入运营，华润10万千瓦风能发电项目有序推进，霍煤、霍电、兆光等企业平稳运行，特别是霍电、霍化等企业开始贡献税收，将为我市经济发展提供稳定税源，转型发展的后劲更足、活力更强。现代农业发展壮大。“三大基地”规模不断扩大，累计发展蔬菜4万亩，种植核桃3万亩，培育规模养殖场290多个。西张垣现代农业生态循环示范园区，完成了集约化智能育苗中心、农技服务中心、后勤服务中心等设施配套，具备了产前培训、产中技术指导、产后统一销售的产供销一条龙服务，综合示范效应日益显现。三产发展持续升温。七里峪景区累计投资3亿多元，完成了游客服务中心、景区停车场、上霍线尉候段改线等基础设施建设，进一步完善了景区功能。总投资超15亿元的陶唐峪、娲皇庙、祝圣寺等景区开发全面启动，全市旅游综合收入达16.52亿元，同比增加16.3%。鼓楼地下商业街投入试运营，南街农贸市场建设有序推进，服务业增加值比重达36.5%，第三产业得到整体提升。

3. 不遗余力改善民生，幸福指数连年攀升。大力发展社会事业，连续7年举办爱心助学活动，累计筹款1600余万元，13000多名贫困学生得到资助；实施了职教中心、公办幼儿园、基础教育信息化建设等项目，成功创建全国义务教育发展基本均衡市，教育教学质量巩固提高，高考二本以上达线人数首次突破千人大关，中考连续两年位居临汾各县市区第三名。天然气扩户、热电联产快速推进，全市新增集中供热面积100余万平方米，总量达到500余万平方米，天然气扩户6000余户，实现了市区和近郊的全覆盖。全面促进文化繁荣，大力培育和践行社会主义核心价值观，深入开展“德润霍州·共筑梦想”系列主题活动，举办了“第二届道德模范及最美公民”评选活动，成立了霍州梁衡研究会，营造了“崇尚模范、学习模范、争做霍州好人”的浓厚氛围。深入挖掘霍州书、锣鼓、门神、土布、剪纸等民间艺术，连续3届蝉联“中国民间文化艺术之乡”称号。不断强化社会保障，逐步提高四类困难家庭学生、农村80岁以上老人救助标准，全市新增城镇就业人口4583人，城镇居民参保率达94%以上，新农合参保率达98%以上，“五有”、“五好”保障机制不断完善，政府的“兜底”作用更加凸显。

4. 不断创新社会治理，全市大局和谐稳定。信访形势持续向好。不断加大信访三级网络建设，扩建了230平米的办公场所，专门用于涉法涉诉类的信访矛盾化解，在全市199个行政村全部设立了矛盾纠纷调解室，实现了市乡村三级同步接访。特别是在全省“以群众举报乡村干部腐败为切入点集中解决群众信访诉求问题”专项治理推进会上，霍州作为全省唯一一家县级市作了典型发言，工作经验在全省推广。安全生产巩固提升。始终坚持“党政同责、一岗双责、齐抓共管”，不断加大安全生产大检查力度，整治各类重点隐患251项，全年事故起数、死亡人数均下降25%，连续8年荣获临汾市安全生产先进市。“平安创建”深入推进。制定出台了《平安霍州建设五年规划（2013—

2017年)》，全力狠抓反恐维稳、治安管理、公共安全等工作，严厉打击各类违法犯罪，连续9年保持命案侦破率100%的纪录，连续2年荣获山西省平安县市，全市社会大局和谐稳定。

5. 全力推进扩容提质，宜居新城更加靓丽。开元小区开始入住，橡胶厂棚户区改造主体完工，州署文化产业示范园、中镇国际花园、东关、赵家庄城中村改造等项目快速推进，人居环境进一步改善。经三路、纬三路、新建南路、城区街巷硬化、上霍线尉候段改线等道路建设基本完工，城市交通网络更加通畅。大力开展了爱国卫生清洁运动，全市清运垃圾7万余方，清理“四堆”2600余处，清扫面积380万平方米。全面加快生态治理，汾河、对竹河治理工程稳步实施。我市连续7年被评为省级卫生城市，宜居霍州更加靓丽。

6. 层层压实主体责任，党的建设全面加强。坚决贯彻“党要管党、从严治党”要求，深入开展“三严三实”专题教育，坚持从严导向、问题导向、目标导向，排查整治不严不实问题，切实提高了党员干部服务基层、服务群众、服务发展的能力。创新推行了“四述两谈”、“清单定责”、“廉情预警”、“约法三章”等制度，组织百名科级干部赴贵州接受革命传统教育、赴曲沃监狱开展警示教育，先后组织了20余次廉政建设的专题会议与活动，市级领导带头公开承诺、签字背书，把党员干部违纪风险降到了最低。坚决贯彻落实省委巡视二组提出的意见要求，常委班子带头不折不扣落实各项整改任务，逐项拉出清单，逐一认领、认责、认干，从严查处干部违纪问题，进一步增强了广大干部的纪律观念和规矩意识，切实维护了党纪法规的严肃性。

一年来，我们不断加强和改进对人大、政协工作的领导，人大工作在发挥重大事项决策权、监督权和人事任免权三项职能上迈出了新步伐。人民政协致力于政治协商、民主监督和参政议政，极大地促进了各项工作。宣传部门围绕中心、服务大局、导向正确、亮点突出，牢牢把握了宣传舆论主动权。政法部门深入开展纪律作风整顿，全面提升了政法干警执法能力和水平，进一步优化了发展环境。统战部门切实加强宗教管理，积极联络民主人士，有效凝聚各方力量，全力推进部门合署办公，荣获了山西省统战工作先进集体称号。人武工作再创佳绩，在临汾军分区年终考核中勇夺第一，并被评为省级先进。此外，老干部、老促会、关工委、共青团、工会、科协、妇联等各项工作都取得了新的成绩，2015年我市荣获全国档案系统先进集体，连续第三次成功创建“全国科普示范市”。

同志们，在外部环境复杂和内生动力不足的情况下，我们化解危机、迎难而上，抢抓机遇、聚力发展，确保了“十二五”的圆满收官。这些成绩的取得，得益于临汾市委、市政府的正确领导；凝聚着全市30万干部群众的辛勤汗水；离不开各民主党派和社会各界的鼎力支持。在此，我代表市委常委会，向为全市经济社会发展作出突出贡献的广大干部群众和各级党组织，向所有关心支持霍州发展的人大代表、政协委员、各民主党派、工商联、各人民团体、各界人士，表示衷心的感谢并致以崇高的敬意！

成绩值得肯定，问题不容忽视。客观审视我市发展现状，还存在许多困难和不足：一是产业结构单一的局面还未从根本上转变，新兴产业尚未形成竞争优势，转型发展任务依然繁重；二是生态环境亟待优化，城乡基础设施建设滞后，空气质量标准不高，生态治理仍需持续用力；三是新形势下不稳定因素增多，信访问题时有发生，安全工作压力加大，社会治理任务艰巨；四是基层组织建设还存在薄弱环节，干部队伍的思想观念与新常态还不适应，践行“三严三实”的积极性、主动性有待增强。这些问题制约着我市发展进程，必须在今后工作中积极应对、认真解决。

二、明确目标抢抓机遇，振奋精神积极作为

同志们，“十三五”时期是全面建成小康社会的决战决胜阶段，是贯彻落实“四个全面”战略布局、“五大发展”理念的攻坚时期。2016年既是决胜阶段的开局之年，也是推进结构性改革的攻坚之年。做好今年的工作，对于实现“十三五”经济社会发展开好局、起好步，对于推动霍州经济社会实现整体率先发展，都具有十分重要的意义。当前，经济下行压力仍将持续，对传统能源的需求明显下降，煤炭及相关产业进入“寒冬期”，可以说我们面临的困难前所未有，推动发展的任务十分艰巨。但是我们也要看到新的积极因素和有利条件。党的十八届五中全会提出了树立“五大发展”理念，做到“十个更加注重”，实施“五大政策支柱”，落实“五大重点任务”，坚持“四个重大原则”等一系列新观点、新要求。省委全面推进“六大发展”，提出了去产能、去库存、去杠杆、降成本、补短板，提高供给体系质量和效率的一揽子政策，主动参与和深入对接京津冀和“一带一路”建设。临汾市以打造“百里汾河经济带”为引领，制定了一系列扶持县域经济发展的政策措施，全面加快转型发展步伐。从我市来看，“十二五”时期，我们在工业转型、农业增效、城市开发、旅游升级、民生改善等方面都取得了重大进展，为我市转型发展打下了良好基础。国家未来还将出台新的煤炭脱困政策和支持资源枯竭城市转型政策，这一切都给我们今后的发展带来了空间的机遇、开放的机遇、政策的机遇。只要我们坚定信心、咬紧牙关、积极作为、真抓实干，主动适应经济社会发展新常态，就一定能赢得先机、赢得主动、赢得未来。

2016年我市工作的指导思想是：以邓小平理论、“三个代表”重要思想、科学发展观为指导，全面贯彻党的十八大、十八届三中、四中、五中全会和习近平总书记系列重要讲话精神，按照“四个全面”战略布局和省委“五句话”总要求，贯彻落实临汾市委三届七次全会和经济工作会议精神，继续围绕“建设三晋经济强市、实现整体率先发展”目标，牢固树立创新、协调、绿色、开放、共享、廉洁和安全发展理念，适应经济发展新常态，把握稳中求进总基调，坚持稳增长、调结构、惠民生、防风险，坚持去产能、去库存、去杠杆、降成本、补短板，着力加快结构调整，着力推进改革创新，着力满足群众需求，着力改善人居环境，着力维护安全稳定，着力加强从严治党，为全面建成小康社会、实现“中国梦·兴霍梦”而努力奋斗。

为实现上述目标任务，2016年工作要把事在人为、积极进取的精神作为基本要求，把“三去一降一补”作为引领新常态的战略重点，把坚持量力而行、尽力而为作为推动工作的重大原则，把突出“六个着力”作为推动整体率先发展的关键举措。

（一）着力加快结构调整，推动协调发展。发展不足、发展不快、发展不优仍是我市全面建成小康社会面临的最大问题。要加快产业结构调整，做好煤与非煤“两篇文章”，改造提升传统比较优势，淘汰化解落后过剩产能，加快培育新的发展动能，增强持续增长动力，实现高碳资源低碳发展、黑色产业绿色发展、三次产业协调发展。一要加快工业优化升级。要从煤炭思维、资源依赖的禁锢中解放出来，立足长远促转变、紧抓当前保增长，尽快走出“六型转变”的“革命兴煤”之路。巩固传统优势产业，全力服务霍煤、霍电、兆光等企业达产达效，做好力拓煤业、化工公司等企业的帮扶，帮助企业抵御风险、度过寒冬、走出低谷、重振雄风。培育壮大新兴产业，强力推进总投资8亿元的华润风能发电项目，完成前期工作，尽早开工建设；加快实施液化天然气调峰储气、颐高电子科技、低品位铝土矿综合利用、粉煤灰综合开发利用、长鑫公司陶瓷生产线升级改造等项目，培育战略新兴产业，形成新的经济增长点。加快工业园区建设，新产业聚集区，要按照“一核双轴四区”的整体规划，加快水、电、路、网、气等配套，尽快充实园区建设，吸引更多企业入驻。尤其是霍煤现有入驻企业，要加快发展、扩大规模、创造效益，带动全市工业水平实现质的提升。二要提升农业“三大基地”。重农固本是安民之基。要大力发展高效农业、生态农业、品牌农业和高端农业，切实拉长农业这条“四化同步”的短腿、补齐农村这块全面小康的短板。要继续推进“三大基地”建设，整合涉农部门资金、技术、力量，重点扶持规模大户，促进“三大基地”上规模、上档次、上水平。西张垣现代农业生态循环示范园区要继续完善设施、提高标准，打造临汾市一流的农业示范园区。大力发展核桃、花卉、芦笋、苗木等特色种植，探索出台覆盖更多品种的补贴政策，“逼”着农民致富。加快实施嘉隆养殖、宇鹏养殖、文冠果科技等项目，加大壮瀚种猪、富康种猪、绿源乳业、聚盛牧业等规模养殖企业的扶持力度，打造一批龙头企业。要加大农业综合开发力度，实施马刨泉灌区高标准农田建设、什林垣生态农业示范园、李曹柏乐片区高标准农田建设等项目，提高农业生产水平。要建立农业科技服务体系，推进农产品地理标志保护、名牌产品、著名商标的认定和申报工作，提升霍州特色农产品的质量和品牌效应。三要发展壮大第三产业。发展壮大第三产业，是推进经济结构调整、加快转变发展方式的有效捷径。要大力发展旅游业，七里峪景区要加快镇山博物馆、景区客运站、七里峪景区漂流、商务服务中心等工程，不断提升景区功能，丰富旅游项目，着力打造集观光、休闲、度假于一体的精品景区；陶唐峪景区要加快开发步伐，尽快完成前期手续，迅速启动工程建设，年内完成游步道、河道、餐厅等一期建设项目；许村国家级传统村落建设、贾村娲皇庙和祝圣寺修缮等工程要抓紧实施，确保年内完成，打造一批新的旅游景点。要扩大对外宣传推介力度，通过与知名景区的联袂对接、捆绑发展等方式，实现旅游人数和综合收入的大幅提升。要加快发展现代服务业，做大做强商贸物流产业，加快推进南街农贸市场、怡泓健身综合服务中心等项目建设，培育一批服务本市、辐射周边的现代商贸物流企业。四要深入推进招商引资。新产业项目不足，是制约霍州可持续发展的最大短板。要发挥我市区位、资源和交通的独特优势，加快开放步伐、筑高开放平台，主动融入“一带一路”、京津冀、环渤海、晋陕豫黄河金三角等国家、省市重大战略，大力引进战略性、新型产业项目，积极争取一批国家、省市重大基础设施建设项目落地，形成跟进一批、签约一批、落地一批、投产一批的产业发展格局。要抓好项目储备，推出一批精品项目，积极参加“山西品牌中华行”、中博会、西洽会等会展，引进一批战略投资者。要优化投资环境，牢固树立善待企业就是善待发展的理念，建立市级领导牵头协调、招商部门对接洽谈、所在乡镇跟踪落实的联合推进机制，为企业提供优质便捷的服务。

（二）*着力满足群众需求，推动共享发展*。越是经济下行压力大，越要未雨绸缪、主动作为，持续加大保障和改善民生力度，为群众办实事办好事，编织好民生安全网，不断提升人民群众的幸福感和获得感。一要坚决打赢脱贫攻坚战。对照一个都不能落下的目标，按照“3＋1”精准扶贫工作路径和“六个精准”要求，对全市的贫困人口进行全面排查，摸清底数，找准致贫原因。要进一步研究细化脱贫攻坚工作，对贫困户实行一户一本台账、一个脱贫计划、一套帮扶措施，确保全市5965口贫困人口全部脱贫、2014个贫困户全部摘帽。今年要完成2200口人的脱贫任务，到2018年实现贫困人口全部脱贫、不再返贫。全市上下必须坚定目标，强力推进，步调一致，狠抓落实，坚决打赢这场关系贫困群众根本利益、关系全面建成小康社会的脱贫攻坚战。二要坚决打赢民生改善持久战。围绕“吃好饭、上好学、看好医、就好业、居好家”的“五好”目标，不断提高社会保障水平，加大弱势群体帮扶力度，增进人民福祉。要按照广覆盖、保基本、多层次、可持续的方针，不断扩大养老、医疗、工伤、失业等社会保险的覆盖面，逐步提高补助标准，加快推进覆盖城乡的社会保障体系建设。要加快实施住房安居工程，稳步推进廉租房建设、沉陷区治理和地质灾害治理等工程，加大保障性住房建设力度，让群众住有所居。要加大弱势群体帮扶力度，继续推行四类困难家庭学生救助、市级领导包联孤儿、爱心助学、五保老人集中供养、重特困家庭救助等制度，让群众的基本生活得到多重保障，享受到更多改革发展成果。要千方百计促进创业就业，创造条件、拓宽渠道，落实大学生就业促进计划和创业引领计划，支持农民工返乡创业，做好退役军人安置工作，托底帮扶就业困难人员，清除“零就业”家庭。根据政策，适时上调最低工资、基础养老金、新农合政府补助和低保补助标准，全力保障财政供养人员的工资和津补贴，有效增加低收入群体收入。三要坚决打赢社会事业突击战。要办好人民满意的教育，进一步巩固和提升义务教育均衡发展水平，实施市二中运动场改造、职教中心建设、公办幼儿园建设等工程，促进教育持续发展。加强教师队伍管理，探索教师全员聘任、择优上岗的激励竞争机制，通过公开招考充实教师队伍，全面优化师资结构。保持教育稳步提质良好势头，力争中高考再创佳绩。要加快医药卫生体制改革，扩大新型农村合作医疗参合率，提高医疗水平，强化服务管理，有效解决群众“看病难、看病贵”的问题。要实施全面两孩生育政策，促进新时期计划生育服务管理改革。要进一步做好疫病防治，坚决杜绝各类公共卫生事件发生。要严格控制物价上涨，抓好“菜篮子”、“米袋子”工程，确保人民群众生活必需品价格基本稳定。要加快文化基础设施建设，完善市乡村三级文化网络，建立健全各类文体协会组织，指导群众开展文体活动，丰富群众文化生活。要繁荣文化产业发展，深度挖掘传统文化精髓，整理申报霍州三弦书、霍州莺歌等非物质文化遗产，扶持壮大门神、剪纸、锣鼓、年馍、木版印制等文化产业，推动文化产品产业化发展。

（三）*着力改善人居环境，推动绿色发展*。改善人居环境，是加强生态文明建设、全面建成小康社会的硬要求，也是保障和改善民生、满足人民群众热切期盼的硬任务，更是实现开放招商、加快经济社会发展的硬环境。要把生态文明建设摆在突出位置，全面优化城乡发展环境，努力让霍州这方热土青山常在、绿水长流，让人民群众享受文明、舒适、便捷的美好生活。一要高标准推进城镇建设。“十三五”时期是城镇化快速发展的时期。要按照“五大板块”总体部署，全力实施城镇扩容提质战略，加快辛置、白龙、大张、李曹、退沙等特色小城镇建设，提升新型城镇化水平，力争到“十三五”末，全市城镇化率达到60%以上，户籍人口城镇化率达到45%以上。老城区要加快城中村改造、棚户区改造，推进霍州署文化产业示范园、东关、赵家庄连片改造等项目，彻底改善旧城面貌。新城区已建成项目要抓紧完善设施配套，打造一批精品示范住宅小区。霍东新区要不断优化环境，实施霍东新区供水工程，完成纬五路铺油、绿化、路灯安装等工程，尽快形成新的城区。特别是要进一步加强房地产市场监管，严厉打击违法建房、非法售房等行为，强化政策引导，扩大有效需求，打通供需通道，减少房地产库存，促进房地产市场健康稳定发展。二要强力度提升基础设施。着眼建设“人的城镇化”，大力推进水网电气路等基础设施建设，不断提升城市功能，打造宜居宜业城市。要继续推进热电联产、天然气扩户，热电联产要科学规划、合理布点、精准实施，新建7座换热站，彻底消除市区盲点，逐步向城市郊区辐射；天然气扩户要在扩大覆盖面的同时，大幅提高通气率，确保用户能按时用上优质天然气，方便群众生活。要加强道路建设，打通断头路，连通外环路，治理小街巷，实现大循环，在全市形成四通八达的道路交通网络。要启动实施前进南街、新建北路等道路建设，完成纬五路、纬三路、安民路、迎宾南路等道路工程。特别是东门桥改造，要克服一切困难，排除一切障碍，尽快开工，强力推进，早日建成，疏通“肠梗阻”，提高通行率。要强力实施市区小街小巷的治理，全部进行高标准整修，2016年要实现“清零”目标。要完成城市公交停车场、城市视频监控系统等建设，加大城市小广场、小绿地、公共卫生间等建设力度，规划建设一批市区停车场，着力提升城乡基础设施网络化、一体化和现代化水平。三要全方位引深“四城联创”。继续开展“四城联创”活动，在连续7年成功创建省级卫生城市的基础上，力争年内成功创建国家级卫生城市。省级文明城要巩固成效、提高标准，确保再上新台阶。省级特色园林城、环保模范城要拿出具体工作方案，明确目标、倒排进度、细化任务、责任到人，确保年内启动创建工作。要加强城市管理，严格落实门前“三包”制度，规范各类广告牌匾，加大临街商铺、临时摊点、农贸市场、马路市场的管理力度。要规范交通秩序，加强机动车辆和非机动车管理，缓解城市交通压力，确保群众出行安全便利。要注重服务型管理队伍建设，住建、人社、交运、金融、食药、工商、交警等部门要明确职责，加强配合，严格执法，加大对劳务、客运、房地产、专业合作社的监管力度，确保秩序井然。尤其是，要唱响“谁不说咱霍州好”的时代强音，珍惜霍州形象，维护安定团结，倡导新风正气，增进包容理解，持续弘扬“霍州精神”，让霍州大地到处充满积极向上的正能量。四要多举措致力生态建设。牢固树立既要金山银山、又要绿水青山的理念，把生态建设和环境保护作为提升区域竞争力的重要抓手，坚定不移地推进“美丽霍州”建设，让人民群众共享“生态红利”、分享“绿色福利”。要强化污染治理，加大工业污染治理力度，切实减少烟煤污染、秸秆焚烧、二次扬尘、机动车尾气等污染源，大幅增加一级天数，持续改善空气质量。要推进生态修复，实施七里峪水库建设、对竹河治理、南涧河治理二期等工程，高标准完成汾河生态治理，形成新的城市景观。要加大城乡造林绿化，实施八大造林工程，完成红崖堡紫薇园建设、霍东大道景观绿化等任务，增加一批小游园、小广场、小绿地，实现城区绿化覆盖率达到36%以上，人均公园绿地面积达到9平方米以上，把霍州打造成为宜居宜业宜游的绿色园林城市。

（四）着力维护安全稳定，推动安全发展。安全稳定是改革发展的根本前提。要倍加珍惜连续8年“临汾市平安县市”的荣誉，不断加强和创新社会管理，促进社会和谐。一要切实维护公共安全。要严格落实“党政同责、一岗双责、齐抓共管”安全生产责任制，细化落实各级党委和政府的领导责任、相关部门的监管责任、企业的主体责任。要以对人民群众高度负责的良心抓好安全，在全市深入开展安全生产专项大排查、大整治，对重点领域、要害部门、重要场所、关键部位进行全面彻底排查，以“心操到、话说到、腿跑到、人盯到”的具体措施，不走过场、不留死角、不留盲点，坚决遏制安全生产重特大事故发生。要加强全民安全教育，强化应急队伍建设与应急演练，切实提高应对突发事件的组织保障、快速响应和处置能力。要引深“平安霍州”创建工作，大力推进社会治安综合治理，健全治安防控体系，依法严厉打击各种违法犯罪行为，切实增强人民群众的安全感和满意度。二要切实化解矛盾纠纷。创新社会管理，健全信访工作机制，继续推行领导包案、固定接访、带案下访等制度，畅通群众诉求渠道，充分发挥乡村两级矛盾纠纷调解中心作用，切实把问题解决在当地、把矛盾化解在内部、把隐患消除在萌芽状态。要进一步遏制增量、减少存量，重点围绕信访积案，加大处置力度，因案施策，逐案化解，做到一人一策、一案一策，彻底化解信访矛盾，维护群众权益。要加强信访群众的法制教育和思想疏导，积极引导群众养成办事依法、遇事找法、解决问题用法、化解矛盾靠法的习惯，依法依规打击缠访、闹访、非法上访，形成“非访不但无助于问题解决，而且要受到依法追究”的正确导向，推动信访秩序持续好转。三要切实加强网络舆论监管。按照“积极利用、科学管理、确保安全”的方针，进一步健全网络舆情快速反应和沟通协调机制，坚决做到早发现、早应对、早引导。要强化领导，部门联动，分工合作，深入开展打击网络谣言、网络敲诈和有偿新闻的专项整治行动，坚决清理网上各类违法和有害信息，努力实现依法管网、依法办网、依法上网，加快推动网络空间法治化进程。要管好、用好网络舆情信息员队伍，充分发挥其政治素质过硬、熟悉网络技术、善于网络评论的优势，提高对网上有害信息的监测、研判、预警和处置能力，为全市改革发展提供良好的舆论氛围。

（五）着力推进改革创新，推动创新发展。改革创新是顺应时代要求的重大抉择，是推动经济社会发展的不竭动力。我们要把改革创新作为当前和今后一个时期的重大政治任务，确保方向不迷失。一要全面深化改革。改革政策要实，是中央“五大政策支柱”之一。要敢于啃硬骨头，敢于涉险滩，紧扣全省转型综改试验区建设“5111”重点任务和临汾市行动计划，明晰改革的战略重点、优先顺序和主攻方向，划定时间表和路线图，一步一个脚印抓好各项改革。要加快行政审批制度改革，进一步精减和清理行政审批事项，简政放权，把该放的权力放下去，把该管的权力管住、管好。要推进农村土地制度改革，引导农村土地依法有序流转。要坚持问题导向原则，把经济体制改革作为改革重点，努力完成政府预算管理、工商登记制度便利化改革、户籍制度改革等任务，确保改革积极稳妥、有序推进。二要推进“六权治本”。要以勇于担当、不怕矛盾、迎难而上的政治勇气，全力以赴做好“六权治本”工作，坚决做到哪里有权力，“六权治本”工作就推进到哪里。要依据相关法律法规对各单位权力进行规范和确认，细化完善“两清单”，解决权力来源无据、行使无序的问题。要实施权力流程再造，加紧绘制“两张图”，确保每一项权力规范高效运行。要制定“三重一大”事项决策制度，把权力关进制度的笼子里，防止制度执行不力和制度约束效力“末梢锐减”。要真正把公开作为权力的“防腐剂”，提升完善政务服务平台，制定强化监督、改进监督、落实监督的具体意见，以权力公开的实际成效取信于民。要以查办案件为重点，继续保持“三个高压态势”，为“六权治本”扫清障碍、营造氛围。三要引深“三个突破”。围绕形成经济发展新动能，加快实施科技创新、金融振兴、民营经济发展“三个突破”。要推动科技创新，加强与科研院所的联系交流，积极引进先进适用技术，积极培育科技示范户、示范企业和示范园区，提高科技在经济社会发展中的贡献率。实施人才强市战略，推进人才创业工程，加大招才引智力度，引进一大批精通先进技术和现代管理的高层次人才。要实现金融振兴，不断扩大融资渠道，加大企业直接融资支持力度，加强对实体经济的有效支撑。深化“银税合作”，探索为小微企业提供无抵押、无担保贷款服务。尤其要加大金融监管，规范民间借贷，引导群众自觉远离非法集资，建立完善非法集资案件举报制度，重拳打击非法吸收公共存款和集资诈骗，发现一起，查处一起，保障群众财产安全。要培育壮大民营经济，以农业三大基地、工业转型升级、高新技术产业、旅游深度开发和商贸物流文化产业为主攻方向，做好添薪助燃、推波助澜的工作，推动民营经济实现二次起跳。要集中民资、强化民办、发挥民智，培养和引进一批懂经济、善管理、高素质的民营企业家，带动全市民营经济上规模、上档次、上水平。要善待民营企业家，把他们当作宝贵财富，高看一眼、厚爱三分，努力为民营企业家创造公平竞争的市场环境。要建立民营企业家激励机制，大力弘扬诚信进取的晋商精神，鼓励大众创业、万众创新，通过不懈努力，使我市民营经济最终形成“铺天盖地”“顶天立地”的发展格局。

*（六）着力加强从严治党，推动廉洁发展。*从严管党治党，是党的十八大以来习近平总书记对全党提出的新的更高要求，为全面推进党的建设新的伟大工程进一步指明了方向。全市各级党组织，要自觉把抓好党建作为最大的政绩，坚持思想建党和制度治党相结合，把“从严”贯穿于党的建设各方

面、全过程，以从严的态度、从严的标准、从严的举措，真正把从严治党落到实处。一要凝神铸魂，强化理论武装。要以“三严三实”专题教育为抓手，持之以恒抓好思想理论建设这个根本、党性教育这个核心、道德教育这个基础，认真学习党的十八大、十八届三中、十八届四中、五中全会精神，切实提升广大党员干部的战略思维、法治思维、底线思维和创新思维能力，把学习成果转化为提升能力、推动发展、决战小康的思路和举措。要认真学习贯彻《中国共产党廉洁自律准则》和《中国共产党纪律处分条例》，教育和引导各级干部讲政治、顾大局、守纪律、懂规矩，坚决做到“五个必须”，切实反对“七个有之”，坚定不移地执行党的决策部署，坚决维护中央的权威，令行禁止、政令畅通。要大力推进思想解放，继续采用“领导干部大讲坛”和外出学习等方式，教育党员干部从煤炭依赖、政府依赖、内陆经济思维定式、计划经济模式、守成求稳的心态中解放出来，以思想大解放推动经济大发展、社会大进步。二要严格标准，推动从严治吏。今年是换届年，干部工作面临的任务很重，责任很大。要按照好干部20字标准，坚持“德才兼备、以德为先、以廉为基”的用人导向，扎实推进“三个一批”工作，切实把干部选任工作做好，真正把想干事、能干事、干成事、不出事的干部选出来、用起来。健全干部日常监督管理机制，强化“八小时外”监管，坚持抓早抓小，发现苗头性、倾向性问题，及时告诫提醒，避免小毛病演变成大问题。严格落实领导干部重大问题、重大事项请示报告制度，领导干部个人有关事项报告制度，新提任领导干部有关事项公开制度，重大决策行为终身责任追究制度，使制度成为硬约束，切实提升干部管理的制度化、规范化、科学化水平。三要固本强基，大抓基层基础。认真落实省市农村基层党建工作会议精神和市委《关于进一步加强农村基层党建工作的实施意见》，进一步强化各级党委抓基层党建工作责任，切实提升基层党组织战斗力、凝聚力和影响力。强化农村、社区党组织建设，加大非公有制经济组织、社会组织党建工作力度，全面提升基层党建水平。持续引深农村党员联户、在职党员进社区主题实践活动，逐步构建联系服务群众长效机制。要按照资源向基层投入，政策向基层倾斜，人员向基层下沉的要求，强化基层工作保障，解决好基层党组织的工作经费、报酬待遇、活动场所等基本问题。坚持不懈整顿软弱涣散的基层党组织，下大力气把整顿工作抓细抓实，稳步推进、逐步见效。大力开展农村集体经济“破零”行动，不断拓宽集体增收渠道，力争年底实现集体经济“空壳村”全部破零。抓好大学生村官考录事业单位的招聘工作，积极稳妥推进大学生村官有序流动，力争年底前所有在岗大学生村官实现有序流动、合理分流。四要纠风执纪，从严落实责任。从严治党首在落实责任，不明确责任、不落实责任、不追究责任，就谈不上全面从严治党。各级党组织要把党风廉政建设摆在更加突出的位置，定期分析研究，及时解决问题，切实担负起统一领导、直接主抓、全面落实的重大责任。各级党组织书记要履行“第一责任人”责任，班子成员要落实“一岗双责”，做到任务明确到人，责任落实到位。纪检监察机关要围绕履行监督责任，加大“三转”力度，突出主业主责，敢于亮剑出招，实践好“四种形态”，切实执好纪、问好责、把好关。要继续保持反腐败高压态势，严格落实中央“八项规定”，狠刹“四风”顽疾，大力推行“12388”、“四述两谈”、“约法三章”等制度，坚决整治不作为、乱作为、慢作为等现象，彻底根除群众身边的腐败，以优良的党风带政风促民风。要严肃责任追究，坚持“一案三查”，对造成不良影响的典型案件，既要严肃问责当事人，还要追究相关主体责任和监督责任，以“违规违纪之事”倒查“管人管事之人”，以严明的纪律推动“两个责任”落实。要巩固巡视整改成果，深入彻底整改巡视反馈的意见和问题，并建立长效机制，坚决杜绝类似问题再次发生，以实际成效赢得人民群众的信任和支持。

同时，要进一步加强和改进对人大、政府、政协工作的领导，认真做好宣传、政法、统战、党校、人武等方面的工作，充分发挥好工青妇、科协、老干部、老促会、关工委等群团组织作用。宣传工作要抓好十八大、十八届四中、五中全会和习近平总书记系列重要讲话精神的学习宣传，加强新闻舆论监督，营造率先发展的浓厚氛围。政法工作要服从服务于全市发展大局，推进依法治市，发挥保驾护航作用。统战工作要重点做好党派和宗教工作，不断巩固爱国统一战线，为率先发展凝聚最广泛的力量。人武工作要发扬优良传统，深入推进军民融合发展，继续保持全省先进。

各位委员、同志们，霍州正处在一个继往开来的重要历史时期，宏伟的蓝图鼓舞着我们，艰巨的任务鞭策着我们，崇高的使命激励着我们。让我们以习近平总书记系列重要讲话精神为根本指针，在省委、临汾市委的坚强领导下，振奋精神，再鼓干劲，凝聚力量，乘势而上，奋力开创弊革风清、富民强市的崭新局面！

进军省强市　全面达小康
为建设文明开放幸福美丽新霍州而努力奋斗

——2016年8月4日在中国共产党霍州市第七次代表大会上的工作报告

崔山原

各位代表、同志们：

现在，我代表中共霍州市第六届委员会向大会作工作报告，请予审议，并请列席会议的同志们提出意见。

一、过去五年工作回顾

中共霍州市第六次代表大会以来，市委团结带领广大党员、干部和群众，以党的十八大、十八届三中、四中、五中全会精神为指导，深入学习贯彻习近平总书记系列重要讲话精神，认真落实中央、省委和临汾市委的一系列重大决策部署，积极适应新常态，不断开拓新思路，全力推动新发展，全面完成了六次党代会确定的各项目标任务。回顾“十二五”时期，我们主要取得了以下成效：

1. 综合实力显著增强。过去五年，我们面对经济下行压力加大、煤炭行业需求下滑、节能降耗任务艰巨等诸多困难，着力破解发展难题，有效应对复杂局面，全市经济实力明显增强。2015年末，全市生产总值完成74.55亿元，比2010年增长26.2%；工业增加值完成31.65亿元，比2010年增长11.1%；固定资产投资完成164.86亿元，比2010年增长200.5%；社会消费品零售总额完成31.23亿元，比2010年增长85.3%；

城镇居民人均可支配收入完成25446元，比2010年增长67.2%；农民人均可支配收入完成11488元，比2010年增长72.4%。全市公共财政收入逐年增长，2015年财政绩效管理全临汾市排名第一，财政总量、增幅排名第四，在经济下行压力持续加大的情况下，仍实现了位次前移，尤其是成功获批国家第三批资源枯竭城市，争取到了国家财力的强大支持，为可持续发展打下了坚实的基础。

2. 对外形象整体跃升。过去五年，我们始终围绕“建设三晋经济强市、实现整体率先发展”总体目标，持续用力、久久为功，以务实之举应对困难之局，彻底扭转了被动局面，各项工作取得了长足发展。我市先后荣获中国民间文化艺术之乡、中国绿色名市、全国科普示范市等8项国家级荣誉和省级文明城、省级卫生城、全省信访十佳县市等10多项省级荣誉，受到各级领导和社会各界的广泛好评。

3. 产业结构优化升级。过去五年，我们坚持以转型为引领，以项目为支撑，以园区为载体，全力推动产业结构优化升级。工业方面，兆光二期和国电“上大压小”并网发电，全市电力产能达到300万千瓦，稳居全省电力大市；全面推进煤炭资源整合，本市煤炭产能增加了80%；霍东新型工业园区50亿非煤产业项目，一期全部投产；化工公司完成了节能技改项目，成功恢复生产；液化天然气调峰储气项目进入试运营；华润风能发电项目有序推进，全市电力、煤炭、化工三大产业巩固发展。农业方面，强力推进“特色经济林、无公害蔬菜、规模养殖”三大产业，建成了西张垣现代农业生态循环示范园区和三教小杂粮、养殖基地。全市蔬菜种植面积达到3.5万亩，规模养殖场达到200余个，优质核桃种植面积达到3万亩，农业产业化快速发展。三产方面，着力打造“中镇霍山、华夏州署”两大品牌，实施了七里峪、陶唐峪、霍州署、娲皇庙等景区保护性开发建设，建成了山西省廉政教育基地。鼓楼地下商业街、州里街等建成营业，商贸旅游业蓬勃发展。

4. 城乡面貌日新月异。过去五年，我们坚持“老城提质、城市东扩”发展战略，全面加快城市开发建设步伐。实施老城提质，完成了市区“8+2”道路提质工程，推进了东关赵家庄城中村改造、霍州署文化产业示范园建设等工程，完成了中镇文化广场二期、永和生态公园三期建设，对老城区进行了美化亮化绿化，焕发出老城的生机与活力。推进城市东扩，霍东大道、迎宾大道、永康路、经三路、纬三路、高铁连接线等道路全面建成，开元小区、职教中心、中医院、高铁广场等工程全部竣工，地下设施全部配套，城市框架成倍拉大，新城轮廓初步形成。改善道路交通，累计投资3.6亿元，新建、改造道路90余公里，全市市乡主干道路提档升级，广大人民群众出行更加便捷。优化人居环境，以“四城联创”为抓手，实施了汾河治理、热电联产、天然气扩户、矸石山修复、绿化造林等工程，建成了垃圾处理场、污水处理厂，实现了市区集中供热供气、垃圾污水无害化处理全覆盖，城乡环境更加宜居。

5. 民生福祉不断攀升。过去五年，我们始终把保障和改善民生作为首要职责，民生支出连年占到财政总支出的75%以上。大力发展社会事业，推进了新农村建设“五件实事”，完成了经适房、廉租房、残疾人综合服务中心等民生工程，中高考成绩稳步提高，教科文卫事业繁荣发展。全力帮扶弱势群体，制定出台了四类困难家庭学生、农村80岁以上老人救助办法，推行市级领导包联孤儿制度，连续多年举办爱心助学累计资助学生13000余名，建成了社会福利中心，困难群众的基本生活得到了多重保障。高度重视信访稳定，实行三级信访联网，推行“12345”工作法，坚持主要领导定期接访，90%以上的信访问题得到妥善化解，受到了中央、省市的肯定和好评。坚持把安全维稳作为首要任务，狠抓了安全生产、社会治安等事关民生的突出问题，连续两年获得了山西省平安县市荣誉称号，社会大局和谐稳定。

6. 从严治党全面加强。过去五年，我们把抓好党建作为最大政绩，贯彻全面从严治党的要求，切实加强了党的思想、作风、组织、制度和党风廉政建设。精心组织开展了党的群众路线教育实践活动、学习讨论落实活动、“三严三实”专题教育，统一了思想、提高了认识、凝聚了共识。从严落实“两个责任”，大力推行“12388”、“四述两谈”、“约法三章”等制度，严守“八项规定”，狠刹“四风”顽疾，有力净化了政治生态。狠抓基层组织建设，推行“定查评”、“四议两公开”、农村党员联户等制度，基层基础得到了夯实。在全市大力倡导“团结奉献、敢于担当、实干践诺、拼搏争先”的“霍州精神”，弘扬了主旋律，凝聚了正能量，营造了干事创业的浓厚氛围。

五年的发展令人瞩目，取得的成绩来之不易。这是中央“四个全面”战略布局在霍州的生动实践，是30万霍州儿女艰苦创业的真实写照。这些成绩的取得，得益于临汾市委的正确领导，归功于历届班子打下的坚实基础，离不开各民主党派和社会各界的支持帮助，凝结着全市干部群众的心血汗水。在此，我代表中共霍州市委，向所有为霍州发展做出积极贡献的同志们、朋友们表示衷心的感谢并致以崇高的敬意！

五年的发展历程启示我们，只有坚持“五个必须”，才能赢得广大干部群众的信赖和支持，才能实现霍州的快速发展，如期建成全面小康社会。一是必须加快霍州发展不动摇，坚持思路不变、力度不减，树立新的发展理念，积极适应新的常态，奏响转型发展新的乐章。二是必须依靠改革创新破藩篱，坚持解放思想、大胆实践，依靠改革创新，破除制度的藩篱、资金的制约，确保美好蓝图变为现实。三是必须倾心倾力为民谋福祉，坚持以人为本、执政为民，保护群众利益，保障弱势群体，让改革发展的成果惠及千家万户。四是必须维护安全稳定促和谐，坚持履职尽责、勤理民事，畅通诉求渠道，狠抓安全稳定，营造平安和谐的社会环境。五是必须从严管党治党树形象，坚持党要管党、挺纪在前，践行群众路线，锤炼过硬作风，造就一支清正廉洁的干部队伍。在今后的发展中，我们仍然要坚持做到以上“五个必须”，只有如此，我们的转型步伐才会迈的更快，我们的明天将会更加美好！

五年的发展，也要清醒地看到，我们还面临着许多困难和问题：一是作为资源枯竭型城市，接续产业尚未得到有效解决，转型发展任重道远。二是环境保护任务艰巨，城市基础设施建设有待加强，城乡一体化进程任务依然繁重。三是农业基础仍然薄弱，农民增收后劲乏力，农村集体经济“破零”面临诸多困难。四是新形势下不稳定因素增多，信访问题仍有发生，安全工作压力加大，社会治理还存在薄弱环节。五是党的建设仍需加强，一些农村基层组织的凝聚力、执行力弱化，干部作风有待改进，等等。对此，我们必须引起足够重视，采取有效措施，逐步加以解决。

二、今后五年工作的总体要求和主要任务

今后五年，是实现第一个百年目标、全面建成小康社会的决胜阶段，中央提出了“四个全面”的战略布局，确立了“五大发展”的科学理念，实施了“一带一路”的重大举措，为发展指明了方向。省市顺应发展形势，以转型综改试验区、百里汾河生态经济带建设为统领，突出抓好“两个关键”，做好煤与非煤两篇大文章，力争走出一条资源地区创新驱动、转型升级的新路。这些都给霍州今后的发展带来了新的机遇，我们一定要抢占先机，积极作为，克难攻坚，加快转型，在新的历史起点上再铸辉煌。

今后五年工作的总体要求是：全面贯彻党的十八大和十八届三中四中五中全会精神，以邓小平理论、“三个代表”重要思想、科学发展观为指导，深入贯彻习近平总书记系列重要讲话精神，按照省委“塑造山西美好形象，实现山西振兴崛起”的要求，紧紧围绕“进军省强市、全面达小康，共建文明开放幸福美丽新霍州”总目标，适应经济发展新常态，把握稳中求进总基调，统筹推进创新发展、协调发展、绿色发展、开放发展、共享发展，加快工业转型，推进农业增效，提升三产水平，打造宜居城市，优化发展环境，增进群众福祉，坚持党要管党、从严治党，奋力开创霍州经济社会发展的崭新局面。

围绕上述目标，“十三五”期间全市生产总值要达到年均增长7%，城镇居民人均可支配收入年均增长6.5%，农村居民人均可支配收入年均增长7%，到2018年全市现有贫困人口全部脱贫，到2020年全市生产总值和城乡居民人均收入比2010年翻一番，到“十三五”末我市经济实力跻身省级强市，全面建成小康社会。

完成上述任务，每一名党员干部都要树立新的发展理念，突出工作重点，全力抓好落实。

（一）牢固树立“五大发展”理念

引领新的发展实践需要树立新的发展理念。要把中央提出的“五大发展”理念作为霍州今后的发展思路和工作着力点，坚定不移地贯彻落实。

——推动创新发展：把创新作为引领发展的第一动力，不断推进理念创新、工作创新，完成好上级下达的各项改革任务，确保改革与经济社会发展同步谋划、同步推进。鼓励大众创业、万众创新，出台优惠政策，完善保障机制，全力破解资源枯竭城市转型困局。

——推动协调发展：统筹新型工业化、城镇化、农业现代化、信息化和绿色化“五化协同”，不断增强发展整体性和平衡性，加快城乡一体化进程，加大农村水网电气路等基础设施建设力度，推动教育、医疗、卫生、文化、体育等优质公共服务资源向农村倾斜，提高新农村建设水平。

——推动绿色发展：以循环经济为重点，摒弃资源消耗、规模扩张的传统模式，构建绿色产业体系。加强环境保护，系统推进水土保持、水污染防治、水生态保护和造林绿化、退耕还林、湿地保护等工作。推进节能减排，推广节能新技术、新产品、新工艺，推动新能源在各领域的应用，为人民群众创造良好的生产生活环境。

——推动开放发展：充分发挥我市生态、资源、交通和人文的独特优势，主动融入“一带一路”、京津冀、环渤海、黄河金三角等国家和区域重大战略，积极参加山西品牌中华行、中博会、西洽会等会展，引进一批战略性新兴产业。牢固树立善待企业就是善待发展的理念，建立项目对接洽谈、跟踪落实、联合推进机制，以扩大开放带动创新、推动改革、促进发展。

——推动共享发展：坚持发展为了人民、发展依靠人民、发展成果由人民共享，努力创造公平、包容、普惠的社会环境。从解决群众最关心、最直接、最现实的利益问题入手，不断提高教育医疗、住房安居、创业就业、社会养老等基本民生保障水平。加大弱势群体救助力度，坚决打赢脱贫攻坚战，实现全市人民同步小康。

（二）着力抓好六项重点工作

1. 加快工业转型，做强支柱产业。工业仍是霍州的强市之基、立市之本。要推进供给侧结构性改革，落实好“三去一降一补”重点任务，实施传统产业升级战略、新兴产业引领战略、产业园区驱动战略，建成具有霍州特色的新型工业体系。

一是传统产业升级战略。着力推进传统产业向清洁低碳型、集约高效型、生态环保型转变，加快产业优化升级步伐，破解资源枯竭城市经济转型难题。煤炭产业方面，推广使用新型开采技术、先进洗选技术，关闭淘汰小型落后矿井，整合资源建设大型现代化矿井，力争“十三五”末全市煤炭产能达到1000万吨。大力推进煤转电、煤转化、煤建材发展，推动煤炭清洁高效利用，有效化解煤炭过剩产能。特别是要搞好对霍煤集团的协调服务，帮助企业发展物流贸易、机修制造、建筑建材、坑口发电、新能源等转产项目，“十三五”期间非煤产业产值达到100亿元。电力产业方面，抢抓山西省作为全国电力体制改革综合试点的有利契机，以发展高效、清洁、绿色煤电为主要内容，推进煤电一体化深度融合，加快兆光、国电等企业现有发电机组超低排放改造，力求适度足额发电，打造可持续发展的煤电产业“升级版”。化工产业方面，依托霍化积极实施扩能技改，大力发展车用尿素、复合肥、硫磺精制等，调整优化产业布局，鼓励行业内外联合重组，推进上下游一体化发展；鼓励常鑫陶瓷公司，运用新技术、新工艺、新理念，重点生产日用陶瓷、建筑陶瓷、工业陶瓷，促进产品由低端向高端的跃升，实现陶瓷产业的再次振兴。

二是新兴产业引领战略。大力培育新能源发电项目，充分利用我市风能资源丰富的优势，重点推进七里峪10万千瓦风能发电，主动对接国家优惠政策，积极发展光伏发电。继续推进液化天然气调峰储气项目建设，完成一期，筹划二期，拓展提高天然气在民用、交通、工业等领域的推广应用，形成新的经济增长点。加快实施亿能电器新能源汽车项目，配套完善电池、电机、充电设备等相关产业链，培育支柱产业，引领产业转型。

三是产业园区驱动战略。按照“多联产、全循环、抓高端”的思路，加快园区建设，完善设施配套，发挥集聚效应，打造驱动发展新引擎。河西老工业区主要依托霍煤、霍电、兆光等企业，大力发展煤矸石发电、粉煤灰制砖、低品位铝土矿综合利用等延伸产业，形成煤—电—化、煤—焦—气等循环产业链。霍东新型产业区重点发展装备制造、高新科技等产业，建设全省煤机设备和零部件供应基地，加大招商引资力度，引进一批仓储物流、加工服务、精细化工等新产业项目，尽快充实园区，不断扩大规模，形成竞争优势。

2. 推进农业增效，补齐“三农”短板。把“三农”工作作为重中之重，发展现代农业，促进农民增收，建设社会主义新农村，确保全市农民同步迈入小康社会。

一是坚决打赢脱贫攻坚战。按照“六个精准”“五个一批”要求，针对不同家庭、不同人群，分类实施产业扶贫、光伏扶贫、金融扶贫、生态扶贫、电商扶贫、教育扶贫和社保兜底扶贫等工程，建立党员干部驻村帮扶工作制度，构建政府、市场、社会协同推进的大扶贫开发格局。同时，要巩固扶贫成果，防止因病、因灾返贫。到2018年，全市5965口贫困人口全部脱贫，2014个贫困户全部摘帽。

二是发展特色现代农业。逐步扶持发展我市的蔬菜、核桃、苹果、小杂粮等传统产业向现代农业迈进，把新发展的文冠果、油用牡丹等特色产业培育壮大为现代农业的标杆。加强渠系配套，加快电网建设，推广配方施肥，实行水肥一体，提升农业基础设施的档次和水平。到“十三五”末，全市蔬菜播种面积达到8万亩，优质核桃种植面积达到5万亩，苹果种植面积达到3万亩，油用牡丹和文冠果种植面积达到1万亩。发展规模养殖，积极引导牛、羊散户向标准化养殖转变，扶持壮大龙头企业，力争“十三五”末，全市规模养殖场达到300个，省级以上畜牧养殖示范场达到15个。实施农产品品牌战略，精心打造十里铺甜瓜、城南大葱、开元豆腐、梨湾小米等特色品牌，扩大规模、增加效益。执行最严格的基本农田保护制度，严打违法占地，严守耕地红线，确保全市耕地保有量稳定在34万亩，粮食产量稳定在7000万公斤。

三是推进美丽乡村建设。加强农村水网电气路等基础设施建设，实施村村通、户户通、自来水入户、农村电气化、宽带普及化等工程。强化农村生态治理，抓好农村垃圾处理、污水处理、“四堆”清理、沉陷区治理，实现村容整洁环境优美。积极培育和践行社会主义核心价值观，引导群众改变陋习、移风易俗、更新观念，凝聚积极向上的正能量。结合乡村自身实际，维护乡愁风貌，努力建设农民幸福家园。

3. 提升三产水平，厚植发展优势。把现代服务业放在优先发展的位置，加快培育文化旅游、商贸物流、电子商务等现代服务业，发展壮大第三产业。

一是大力发展文化旅游。丰富的文化旅游资源是我市的一大优势，我们要趁势而为，打造名产品，建设大景区。引进大型专业集团，推行“PPP模式”，突破融资和管理的瓶颈，大力发展文化旅游产业。要重点打造以七里峪、悬泉山、陶唐峪为重要节点的东部霍山生态旅游区，规划建设沿山旅游公路，按照4A级景区的标准，建设一批精品旅游景点。要恢复霍州署的整体风貌，建设4A级景区，依托官衙文化、廉政文化打造旅游品牌。同时，要开发建设娲皇庙、宋代瓷窑、朱家大院、观音庙等一批附属景点，依靠密集的、优质的旅游产品吸引八方来客。积极创建全国优秀旅游城市，力争到2020年全市旅游综合收入达到35亿元。

二是大力发展商贸物流。依托我市“一煤两电”的煤炭运销、大宗农副产品外运和传统商贸发达的三大优势，扶持壮大一批服务本市、辐射周边的跨区、跨省现代商贸物流企业，使其逐步融入太原都市圈、黄河金三角、中原经济区，促进我市的商贸物流业向高端化、现代化迈进。

三是大力发展互联网＋。积极对接国家对互联网＋的扶持政策，引进大型淘宝商城入驻我市，把我市优质的农副产品、工业产品、文化产品推向全国。大力扶持山西供销农芯乐商城霍州服务中心和电子商务孵化园，扩大规模、增加收入、上档升级，尽快成为引领霍州、闻名全省的城乡电子商务平台。

4. 打造宜居城市，建设美丽家园。以新型城镇化为突破口，突出基础设施和生态建设两大重点，打造设施齐全、功能完善、环境优美、特色鲜明的宜居宜业城市。

一是加大基础设施建设。严格按照城市规划，每年以20％的速度逐步推进水系、弱电、道路、绿化等基础设施建设，确保如期完成规划任务。实施市区道路改造“清零”工程，对“8＋2”以外的所有城市主要道路全部进行高标准整修，完成东门桥、桥西街西段、迎宾南路、桃临线圣佛段、工业路西段等道路的改造，逐步打通断头主街和道路，实现市民出行便捷舒畅。优化城市布局，坚持“只拆不建”和“拆而少建”的原则，腾出一定的空间，用于绿地、公厕、停车场、小游园等设施建设，让绿色成为霍州城市的鲜明特征。完善供气、供热、供排水、污水和垃圾处理等工程建设，尽快向城市郊区辐射。大力倡导使用新能源汽车，加快对公务用车、公交车、出租车的置换，逐步提高新能源私家车的比重。

二是加快城市扩容提质。继续实施城市扩容提质战略，推进城中村、棚户区、旧商业区、旧工业区增绿与改造的有机结合，促进霍州署文化产业示范园、东关赵家庄城中村连片改造、车马店、诚瑞源等工程尽快完工交付使用，实现建成一个小区，改善一片环境。加快霍东新区基础设施建设，促进原有规划项目尽快实施，实现城市东扩。加快辛置、白龙、大张、李曹、退沙等特色小城镇建设，提升新型城镇化水平，力争到2020年，全市城镇化率达到65％以上，户籍人口城镇化率达到45％以上。

三是加强城市经营管理。创新城市治理方式，强化城市精细化管理。继续引深卫生城市、文明城市、特色园林城市、环保模范城市“四城联创”，对照创建标准，补短补缺，确保“十三五”末全部达到省级以上标准。建立市政管理长效机制，严格落实门前“五包”制度，规范各类广告牌匾，推动城乡环境面貌大幅提升。规范社区管理，完善社区功能，提升市民素质，实现政府、企业和市民对城市的共管共享。

5. 优化发展环境，提升对外形象。环境也是生产力，事关我市的经济社会发展大局，必须一手抓“硬”环境整治，一手抓“软”环境提升，做到两手抓、两促进。

一方面，大力改善城乡生态环境。强化污染防控，全面贯彻落实新《环保法》和《大气污染防控法》，加大环保执法力度，加强重点行业污染治理，严厉打击随意排放和倾倒污染物行为；建立健全污染物回收处理机制，严控工矿废渣、城市废弃物、医疗废弃物、农业生产垃圾等污染物扩散，保证土地、水系的清洁安全。狠抓节能减排，严格落实节能减排目标责任制，健全和规范污染减排制度，加强对重点行业和重点工程减排监管；加大对二次扬尘、路面抛洒、垃圾焚烧和机动车尾气等污染源的整治力度，持续改善空气质量；进一步强化公共机构节能工作，积极倡导节约型的生产方式、消费模式和生活习惯，实现绿色发展。加快生态修复，实施汾河、南涧河、对竹河流域综合治理，采取统一规划、综合整治、分步实施、分段到位的办法，完善截污系统，清除河道黑臭，构建沿河景观，形成靓丽风景；大力开展植树造林，推进矸石山、老矿区、荒山荒坡、工业废弃地环境治理；做好城市水源地保护工作，加快实施新水源地建设；巩固乡村清洁工程、农村环境卫生连片整治成果，不断提升全市生态环境质量，建设天蓝、地绿、水净的生态霍州。

另一方面，全面优化经济发展环境。推进依法治市进程，认真落实《加快推进法治霍州建设的实施意见》，坚持严格执法、公正司法、全民守法，不断提升社会治理法治化水平，形成全社会学法、守法、用法的良好氛围。深化行政机构改革，积极推进政府职能转变，建设法治政府和服务政府，及时调整充实政府部门权力清单和责任清单，规范审批行为，精简办事程序，提高行政效能，真正实现“政府权力进清单，清单之外无权力”。深化体制机制改革，加快社会领域改革，深入推进教育、医药卫生、文化体制等改革，构建符合市情、较为完善、覆盖城乡、可持续的公共服务体系；优化金融服务，大力发展各类创业投资，更好地促进产业升级、科技创新、民生改善。提升对外开放水平，牢固树立“大改革、大开放、大发展”的理念，全方位、多层次、宽领域推进对外开放；出台招商引资优惠政策，大力引进投资集团，真正实现引得进、留得住、建得成；激活民间资本，做大民营经济，努力形成国企顶天立地、民营铺天盖地的发展格局。

6. 增进群众福祉，保障民生改善。把社会保障作为民生之基，认真解决群众最关心、最直接、最现实的利益问题。

一是加快推进社会事业。办好人民满意的教育，统筹推进学前教育、义务教育、高中教育、职业教育均衡协调发展。持续加大教育投入，完成市二中多功能运动场、辛置镇中心幼儿园、职教中心和劳动技校建设项目。公开招考优秀年轻教师，充实教师队伍，优化师资结构，提升教育教学质量。巩固公立医院改革成果，完成医药卫生体制改革任务，强化重大疾病防控，杜绝各类突发公共卫生事件，提高公共卫生计生服务质量，解决好群众看病难、看病贵的问题。实施总投资4亿元的新医院建设项目，达到国家三级医院标准，把我市的医疗卫生事业推向更高的阶段。

二是不断完善社会保障。完善公共就业服务体系，采取多种办法稳定、开发更多就业岗位，做好农村剩余劳动力、城镇失业人员、退役军人等群体的帮扶工作，推动形成大众创业、万众创新的良好局面。努力增加城镇居民收入，多种渠道增加农民经营性、工资性、转移性、财产性收入。调整机关事业单位基本工资标准，落实机关公务员职务职级并行制度和乡镇工作补贴，稳步推进机关事业单位、企业基本养老保险制度并轨运行，完善相关配套政策，继续提高退休人员基本养老金待遇水平。按照“广覆盖、保基本、多层次、可持续”的方针，不断扩大社会保险覆盖面，建立统一的城乡居民基本医疗保险制度，进一步提高财政补助标准。加大弱势群体帮扶力度，不断完善大病救助、爱心助学、特困家庭救助等多种机制，切实保障人民群众基本生活。

三是全力维护社会稳定。健全信访工作长效机制，发挥三级矛盾纠纷调解中心作用，将矛盾化解在基层、解决在萌芽。加强信访群众法制教育和思想疏导，坚决打击缠访、闹访、非法上访。扎实推进“平安霍州”建设，始终保持打黑除恶高压态势，有效防范和处置突发事件，切实增强人民群众的安全感。全面加强安全生产，认真落实

"党政同责、一岗双责"，突出抓好煤矿、非煤矿山、道路交通、学校医院、防汛防火、食品卫生、人员密集场所等行业领域的排查整治，杜绝安全事故的发生。尤其是涉及山体滑坡、采煤沉陷区等方面的地质灾害，由市财政落实资金保障，乡镇、村负责全面排查，发现一处整改一处，彻底消除安全隐患。加强应急队伍建设，健全应急预案，强化应急演练，提高应急能力，确保全市社会大局安全稳定。

三、党要管党、从严治党，为全面决胜小康提供坚强组织保证

全面建成小康社会关键在党、核心在人、根本在干。全市各级党组织要牢固树立"抓好党建就是最大政绩"的理念，党组织负责人要切实履行党建第一责任人职责，真正把从严治党落到实处。

1. 切实加强思想建设。思想理论建设是党的第一建设，是党建工作的首要任务。

一是加强理论武装。持续引深"三严三实"、"两学一做"等系列专题教育，深入学习贯彻党的十八大、十八届三中四中五中全会和习近平总书记系列讲话精神，自觉用中国特色社会主义理论体系最新成果武装头脑、指导实践、推动工作。加强规矩意识教育，把政治纪律和政治规矩挺在前面。加强理想信念教育，解决好"三观"这个"总开关"问题。加强宗旨意识教育，坚守共产党人的精神追求。加强思想道德教育，强化个人修养，规范自身言行。

二是强化干部培训。发挥市乡党校主阵地作用，制定系统完善的干部理论学习和教育培训方案，分阶段、分层次、有计划、有重点地对党员干部进行强化培训，优化干部知识结构，强化干部实践锻炼，努力提升广大党员干部驾驭市场经济、应对复杂局面、解决实际问题的能力。

三是推动思想解放。以开放思维和创新方法主动适应新常态，不断作出新贡献。转变发展方式、推动供给侧改革，破解资源型城市转型难题。积极作为、敢想敢干、先行先试，围绕绘就的蓝图一抓到底，争当霍州转型发展的排头兵。

2. 切实加强组织建设。巩固执政地位、实现全面小康、促进富民强市，必须进一步加强党组织和党员干部队伍建设，提高各级党组织的凝聚力和战斗力。

一是加强领导班子建设。按照"信念坚定、为民服务、勤政务实、敢于担当、清正廉洁"的好干部标准，树立重实绩、重公论、重品行、重基层的用人导向，把好"钢"用在"刀刃"上，优化配强各级领导班子。要把推进全面小康、脱贫攻坚、项目建设、信访维稳的实绩作为选拔任用干部的重要依据，在一线考察识别干部，激励各级党员干部在经济社会发展主战场大显身手。

二是加强基层组织建设。引深"一带三创"、"定查评"、"四议两公开"等制度，推动基层组织迈上新台阶。深入开展"五个好"村党组织、"五个好"乡镇党委、农村基层党组织先进市"三级联创"，打通服务群众"最后一公里"，推动党组织扎根基层、贴近群众，增强党在全社会的影响力和凝聚力。建立村干部岗位报酬正常增长机制，保障党建工作经费，确保达到临汾市"两个不低于"标准。壮大集体经济，千方百计拓宽增收渠道，到2016年底，118个无集体经济收入村全部"破零"，达到1万元以上；2020年全市80%以上行政村集体经济收入不低于5万元，3000人以上的村不低于10万元。切实加大农村（社区）活动场所建设，“十三五”末，力争全市所有农村（社区）活动场所及服务设施实现达标升级。

三是加强考核机制建设。发挥好干部考核“指挥棒”的作用，加强对干部德能勤绩廉的全面考核，把平时考核、年度考核、换届考察、任职考察“四位一体”的考核机制有机结合起来，探索分层分类、分级分岗的干部考核办法，注重在重大事项、关键时刻、急难险重任务中考察了解干部，通过考核考察干部，建立能上能下、能进能出的干部进退机制，引导干部把心思和精力用在做好本职工作上，真正为民谋利、干事创业。

3. 切实加强作风建设。党的作风关系人心向背、关系工作成败、关系事业兴衰。要以开展“两学一做”学习教育为契机，驰而不息、持之以恒地把作风建设抓到底。

一是对党忠诚。教育引导全体党员干部忠诚党的信仰、党的宗旨、党的组织，把坚定理想信念作为安身立命的政治灵魂，在党爱党、在党为党、在党护党，做“四讲四有”合格党员。立足岗位、履职尽责，充分发挥共产党员的先锋模范作用。

二是执政为民。践行党的宗旨，保持公仆情怀，始终把党和人民放在心中最高位置，时刻牢记“群众利益无小事”，真心实意为群众排忧解难。扎实开展下乡驻村联户活动，深入农村、企业、农户，了解群众疾苦，倾听群众呼声，解决群众难题，始终保持党同人民群众的血肉联系。

三是求真务实。以求真的态度、务实的作风抓好每一项工作。在决策时，深入调研、科学谋划；在执行时，身体力行、一马当先；面对困难，千方百计、积极破解；风险面前，敢闯敢试、迎难而上，努力创造经得起实践、经得起群众、经得起时间检验的业绩。

四是狠刹“四风”。深入开展“四风”及“四风”隐形变异问题专项治理，持续抓好中央八项规定和省市相关规定的落实，密切关注不正之风的新动向、新表现，狠抓节点，正风肃纪，重拳出击，露头就打，绝不让“四风”反弹回潮。深入开展党政机关干部不作为、慢作为和基层党员干部损害群众利益问题等专项治理，从群众反映最强烈的地方抓起，从群众要求最迫切的地方做起，彻底根除群众身边的腐败，以优良的党风带动政风促进民风。

4. 切实加强党风廉政建设。始终保持政治定力，牢牢把握运用监督、执纪“四种形态”，以严明的纪律推进全面从严治党。

一是全面落实主体责任。认真落实管党治党主体责任，坚持严字当头，加强和规范党内政治生活，严肃党的政治纪律和政治规矩，全面净化政治生态。各级党组织书记作为第一责任人，既要“挂帅”又要“出征”，切实履行好“一岗双责”，坚持做到党委班子“不松手”、党委书记“不甩手”、党委成员“不缩手”，努力构建党风廉政建设新格局。教育引导广大党员干部，认认真真学习党章、重温党史、熟读宪法，始终把纪律和规矩挺在前面，严于自律，善于他律，敢于律他，真正做到心有所畏、言有所戒、行有所止。以学习贯彻《问责条例》为重要抓手，坚持问题导向，敢于较真碰硬，对失职、失责的党组织和党员领导干部，必须严肃问责，绝不姑息。

二是持续强化纪律约束。纪检监察机关要全面落实监督责任，对出现的苗头性、倾向性问题，要早发现、早提醒、早纠正，实现党员干部主动交代问题数量提升、谈话函询案件数量提升、涉纪信访举报所占信访比例下降的“两提升一下降”目标。积极推动党内监督常态化，发挥巡察“利剑”作用，加强对“一把手”的监督，使各级干部习惯在约束和监督下干事，真正把“听党话、懂规矩、守纪律、作表率”的要求内化于心、外化于行。

三是保持惩腐高压态势。以零容忍态度严惩腐败，做到有案必查、有贪必反、有腐必惩、有乱必治，使不敢腐的震慑作用得到强化，不能腐、不想腐的效应日益显现，形成持续震慑和压倒性优势。对廉政风险防控不力、责任落实不到位、发生严重违纪违法问题的，坚决实行“一案双查”，既追究当事人责任，又追究相关领导责任，既倒查党组织的主体责任，又倒查纪检机构的监督责任，真正实现党风廉政建设责任追究的制度化、常态化。

同时，市委要进一步加强和改进对人大、政府、政协工作的领导，支持人大依法开展监督，发挥职能作用；支持政府创新实干，统筹经济社会发展；支持政协民主监督，凝聚共谋发展的强大合力。要认真做好宣传、政法、统战、党校、人武等方面的工作，充分发挥好工会、共青团、妇联、科协、老干部、老促会、关工委等群团组织的积极作用。宣传工作要坚持正确的舆论导向，深入开展精神文明创建活动，构建社会主义核心价值体系，唱响主旋律，打好主动战。政法工作要服从服务于全市发展大局，抓好严打整治，强化法律监督，提升执法水平，促进社会公平正义，维护社会大局稳定。统战工作要加强与各民主党派、无党派人士的联系，妥善做好宗教、对台等方面的工作，协调处理好社会各界别的利益关系，不断巩固爱国统一战线，为加快发展凝聚最广泛的力量。人武工作要坚持党管武装制度，深入推进军民融合式发展，发扬优良传统，积极创建“双拥模范城”。各基层党组织都要找准自身工作的优势和特点，围绕中心，立足本职，强力突破，争创一流，为全面建成小康社会提供正确导向、精神动力、智力支持和组织保障。

同志们，进军省强市、全面达小康是历史赋予我们的神圣使命。让我们在临汾市委的坚强领导下，团结带领全市30万人民，以更加饱满的热情、更加坚定的信心、更加务实的作风，不忘初心、继续前进，为开创霍州经济社会发展崭新局面而努力奋斗！

在霍州市第七届人民代表大会第一次会议上的讲话

——2016年8月17日

崔山原

同志们：

七届人大一次会议，经过紧张有序的筹备，各项工作准备就绪，明天就要开幕了。认真开好这次大会，对于全面贯彻落实市七次党代会精神，顺利完成“十三五”确定的各项目标任务，具有十分重要的意义。为了圆满完成大会提出的各项议程，市委和大会临时党组决定在会议召开之前，先召开一个代表中的党员会议，进一步统一思想，提高认识，明确任务，充分发挥党员代表的模范带头作用，团结并带动非党代表，共同完成好大会预定的各项任务，确保会议圆满成功。下面，我代表市委，讲三点意见：

一、统一思想认识，切实增强开好会议的政治责任感

市七届人大一次会议，是在全市上下深入学习贯彻七次党代会精神，全面实施“十三五”规划，早日建成小康社会的关键时刻召开的一次重要会议，是全市人民政治生活中的一件大事，广大干部群众和社会各界对这次会议十分关注，寄予厚望。会议将听取和审议六大工作报告；审查和批准我市《国民经济和社会发展第十三个五年规划纲要（草案）》；选举产生我市第七届人民代表大会常务委员会主任、副主任、委员，市人民政府市长、副市长，市人民法院院长和市人民检察院检察长。开好这次大会，圆满完成好大会的各项任务，对于我们全面贯彻落实市七次党代会精神，进一步动员和激励全市广大干部群众团结拼搏、开拓创新、砥砺奋进、真抓实干，具有十分重要的意义。在座的各位党员代表，是全市广大干部群众中的骨干分子，是实现“进军省强市、全面达小康，共建文明开放幸福美丽新霍州”宏伟目标的中坚力量。大家一定要从全局和政治的高度，充分认识开好这次会议的重大意义，切实把思想和行动统一到市委的要求上来，进一步增强政治责任感和历史使命感，以对党负责、对人民负责的精神，认真履行代表职责，依法行使民主权力，发挥好核心与中坚作用，与党外代表一道，同心同德，献计献策，共同完成好大会各项任务。

二、坚持党性原则，认真领会并带头贯彻市委意图

参加这次会议的人大代表共 170 人，其中党员代表 129 人，占到代表总数的四分之三。可以说，这次大会能否取得圆满成功，关键在于我们党员代表。大家一定要明确，我们既是人大代表，又是共产党员。既要自觉做到对党忠诚，坚决贯彻市委意图；又要对人民负责，正确行使民主权利。

一方面，要发挥好共产党员的模范带头作用，确保实现市委意图。本次大会的一项重要任务就是选举市人大、政府领导班子、人大常委会委员和法检“两长”。此次人事安排，是临汾市委和我市严格按照《干部任用条例》，经过民主推荐、民主测评和全面考察后，最终确定的，临汾市委非常关心，市委高度重视。选举能不能成功，说到底，就取决于在座的各位党员代表，取决于大家能否真正充分发挥先锋模范带头作用。大家一定要坚持党性原则，以大局为重，以事业为重，以人民为重，自觉做到在政治上、思想上、行动上，与市委保持高度一致，做好引导、解释工作，把市委的组织决策依法转变为全市人民的共同意志，确保市委推荐的人选全票或高票当选。

另一方面，要发挥好人大代表的桥梁纽带作用，认真审议大会报告。本次大会的另一项重要任务就是审议人大、政府、计划、财政等 6 个工作报告，并审查、批准我市《十三五规划纲要》。大家在审议和表决通过各项工作报告时，要从大局出发，认真负责、实事求是、客观公正地评价工作，提出建议。特别是要紧紧围绕脱贫攻坚，全面建成小康这一主旋律，围绕“进军省强市、全面达小康，共建文明开放幸福美丽新霍州”的奋斗目标，认真审议我市“十三五”规划纲要，审议和讨论各项报告中的工作思路、目标任务和措施要求，提出好的意见和建议，努力使我们的发展思路更加科学、目标任务更加具体、工作举措更加有力。同时，要积极团结非党代表，与他们密切合作，平等交换看法，共同商讨问题，努力营造畅所欲言、各抒己见、民主和谐的良好氛围。

三、严肃纪律要求，确保会议取得圆满成功

目前，全市人民正在以极大的政治热情关注着这次大会。市委要求每一位党员代表都要讲大局、明大理、议大事，紧密团结党外代表，严格遵守大会纪律，确保会议取得圆满成功。

一方面，要加强组织领导。大会临时党组和各代表团负责人要敢抓敢管、敢于负责，认真细致地做好每个阶段和每个环节的工作。各临时党支部负责人要积极主动、顾全大局，担负起对本支部的组织领导职责。如果有的同志对市委推荐的人选有不同意见和看法，可以向临时党组反映，允许保留意见，但在行动上必须坚决执行党的决定，不能把党内的不同意见带到大会上，更不能做出违反组织原则的事情来。大会期间坚决禁止搞串联、拉帮结派等非组织活动，坚决禁止违反党的纪律的行为。如果发现非组织活动，不管涉及到谁，都要一查到底，严肃处理。

另一方面，要带头遵守纪律。纪律是执行路线的保证，也是开好大会的保证。市委要求每个党员代表，都要坚持挺纪在前，用铁的纪律来贯彻市委的意图，完成市委安排的任务。要严格执行中央、山西省委、临汾市委关于严肃换届纪律的各项规定，对提倡什么、反对什么，该做什么、不该做什么，必须旗帜鲜明，态度坚决。要坚决做到“不请吃、不吃请，不送礼、不受礼，不跑票、不拉票，不信谣、不传谣”，自觉做到不利于团结的话不讲，不利于团结的事不做，切实把自己管好，确保大会风清气正。

各位党员代表、同志们，市委相信，有市委和大会临时党组的坚强领导，有大会主席团和在座全体党员代表的共同努力，这次大会一定会开成一个团结的大会、鼓劲的大会、胜利的大会。

最后，预祝大会圆满成功！

政府工作报告

——2016年8月18日在霍州市第七届人民代表大会第一次会议上的报告

黄晓君

各位代表：

现在，我代表市人民政府向大会报告工作，请予审议，并请市政协委员和其他列席人员提出意见。

“十二五”时期工作回顾

“十二五”时期是我市经济社会发展成效卓著的五年，是各项事业提质增效、全面推进的五年。五年来，在市委的正确领导下，在市人大、市政协的监督支持下，市政府认真贯彻落实党的十八大、十八届三中、四中、五中全会精神，紧紧围绕“建设三晋经济强市，实现整体率先发展”的总体目标，深化改革求突破，坚定不移促转型，千方百计惠民生，多措并举保稳定，圆满完成了“十二五”各项目标任务。

1. 综合实力稳步提升。坚持把促进经济社会平稳健康发展作为市政府工作的总目标，全力克服主导产业持续下滑，经济下行压力不断加大等困难，主动促转型、提效益、谋发展，经济社会发展稳中有进、持续向好。2015年末，全市生产总值完成74.55亿元，比2010年增长26.2%；工业增加值完成31.65亿元，比2010年增长11.1%；固定资产投资完成164.86亿元，比2010年增长200.5%；社会消费品零售总额完成31.23亿元，比2010年增长85.3%；城镇居民人均可支配收入完成25446元，比2010年增长67.2%；农村居民人均可支配收入完成11488元，比2010年增长72.4%。公共财政收入逐年增长，2015年完成6.7亿元，总量、增幅、增速排名均为临汾市第四。财政综合绩效管理评估在全省排名第九，位列临汾市第一。这些指标的完成为“十三五”良好开局打下了坚实基础。

2. 产业结构更趋合理。坚持把产业结构调整作为提升经济发展质量的主抓手，实施了一系列重点项目，有力推动了产业结构优化升级。工业方面，实施了煤矿企业扩能改造、电力企业“上大压小”等项目，煤炭年产量达到900余万吨，电力总装机容量达到300万千瓦，稳居全省煤炭电力大市行列。霍东新产业园区霍煤机电制造一期顺利竣工，液化天然气调峰储气项目成功试运营，华润10万千瓦风能发电项目有序推进。特别是我市获批国家第三批资源枯竭城市，得到中央政策、资金方面的大力扶持，进一步加快了产业转型步伐。农业方面，大力推进特色经济林、无公害蔬菜、规模养殖三大产业建设，累计发展无公害蔬菜3.5万亩，优质核桃3.55万亩，新建、续建规模养殖场290余个。特别是重点建设了西张垣现代农业生态循环示范园区，已成为集“种、养、加、销”等功能为一体的现代化农业示范基地。三产方面，加快“中镇霍山·华夏州署”旅游精品建设步伐，七里峪景区和陶唐峪景区开发有序推进，霍州署被定为省级廉政文化教育基地。先后建成州里商业文化街、鼓楼地下商业街等一批商贸项目，顺利推进南街农贸市场建设，商贸服务业进一步繁荣。积极开展招商引资，吸引了一批商企入驻霍州，为我市转型发展注入了新的活力。经过五年的转型实践，第一产业、第二产业、第三产业结构比由“十一五”末的4.5∶70.5∶25变为“十二五”末的4.5∶65.2∶30.3，产业结构趋向合理。

3. 发展环境持续优化。坚持把深化改革作为优化发展环境、撬动转型发展的“总杠杆”，扎实推进多项改革。按照“六权治本”的要求，严格落实行政审批“两集中、两到位”和“首席审批员”制度，行政审批事项由220余项精简到106项。“两单两图”全面公开，部门权责进一步明确。深入推进部门整合，市卫计局、商务粮食局、工商质监局、农林委、金融办等部门相继成立，行政效能明显提升。林权改革全面完成，土地确权登记扎实推进，农业、农村改革不断深入。煤炭运销体制、煤炭资源价款、税收营改增、财税体制、医疗卫生体制等改革成果显著，转型发展环境更加优良。

4. 城乡建设大刀阔斧。坚持把城乡建设作为转型发展的“大载体”。完成了老府堡、铁道兵旧营盘等城市棚户区改造项目，推进了中镇国际花园、州署文化产业示范园、鼓楼花园、东关城中村改造、星河蓝湾、永康华庭等城市开发建设。“8+2”城市主干道路改造圆满完成，中镇文化广场、霍州东站广场等市政设施相继投入使用，城市面貌焕然一新。天然气置换扩户完成3.2万余户，热电联产集中供热面积达450万平方米，基本实现主城区全覆盖。扎实推进水土流失、电网改造、污水治理、饮水安全、村庄亮化等工程，城乡人居环境得到有效改善。旧108国道改线、玉霍线、南赵线、上霍线、段曹线、霍冯线、义邢线等市乡公路相继完工，霍东大道、迎宾大道、高铁连接线、经二路、经三路、纬三路、纬五路等新区道路和安民路高标准建成，五年累计新建改造市乡道路138.5公里，群众出行更加便捷。

5. “三大突破”深入推进。坚持把金融振兴、科技创新和民营经济发展作为推动转型发展的“突破口”。健全机制，推进创新，为我市转型发展增添了新动能。金融振兴方面，设立金融工作办公室，加强对全市金融工作的管理、指导和监督。成立中小企业融资担保公司和建设投资有限公司，为企业发展和重点项目建设提供融资和担保服务。深入开展打击非法集资专项行动，扎实推进农村信用社改制，维护了金融秩序稳定。科技创新方面，编制出台了《霍州市低碳创新行动计划》，广泛开展中国科技流动馆进霍州等科普活动，受教育群众万余人次。积极鼓励各类发明创造，“十二五”时期累计申报专利300余项。民营经济发展方面，设立中小微企业扶持基金和贷款中心，有效缓解了中小微企业融资难问题。严格落实小微企业“六补一缓”政策，全面开展营改增和小微企业税费优惠减免工作，有力促进了民营企业发展。

6. 生态环境不断改善。坚持把环境整治和生态修复作为建设生态霍州的着力点。大力推进汾河、南涧河、对竹河综合治理，相继建成永和公园、清雅园等城市公园，成为生态建设的亮点。积极推进街道植绿、退耕还林、矿区绿化、矸石山综合治理等项目，累计增加绿地28.73万平米，完成造林3.23万亩。先后完成兆光、霍煤矸石电厂4台发电机组环保改造、霍煤2座矿井水深度治理站、兆光卸煤沟封闭改造等工程，依法取缔9个非法洗煤加工点，治理淘汰黄标车及老旧车2730余辆，圆满完成“十二五”节能减排任务。围绕“四城联创”，深入开展城乡垃圾清理、市容环境整治、交通秩序整治、工业污染治理，积极推进农村环境连片整治、乡村清洁等工程，连续7年成功创建省级卫生城市。

7. 民生事业全面进步。坚持把改善民生作为各项工作的“基准线”，每年民生支出都占到财政总支出的75%以上。教育方面，实施了公办幼儿园、职教中心、劳动技校等基础设施建设，圆满完成中小学校舍安全、实验中学东校区、市三中运动场、标准化学校配套、基础教育信息化等项目建设，成功创建“全国义务教育发展基本均衡市”。2015年高考二本达线人数实现千人突破，今年达到1088人，创历史新高，教育工作步入良性发展轨道。卫计方面，稳步推进新医院建设，完成市乡村三级医疗网络构建，卫生服务体系进一步完善。医药卫生体制综合改革扎实推进，基本药物制度全面落实，医疗服务水平不断提高。成功创建“国家级计生优质服务先进单位”。社会保障方面，养老、工伤、失业、医疗、生育等社会保险覆盖面进一步扩大，低保五保、医疗救助、贫困大学生救助、“四类”困难家庭学生救助、农村80岁以上老人救助、市级领导包联孤儿等制度不断完善，连续多年爱心助学累计资助学生13000余名，政府“兜底”、社会参与、全民帮扶的民生保障体系已经形成。文化方面，完成7个乡镇综合文化站、6个市区文化广场和50个农村文化广场建设，文化惠民工程广泛开展。年馍、粗布、小吃、剪纸等传统文化产业逐步壮大，新《霍州市志》付梓出版，连续3次获得国家文化部授予的“中国民间文化艺术之乡”称号。

8. 社会秩序和谐稳定。坚持把维护社会和谐稳定作为经济社会发展的大前提。按照“党政同责、一岗双责、齐抓共管”的安全生产总要求，持续深入开展大检查、大整治，有效杜绝了各类重特大事故的发生。五年来，各行业领域累计投入安全资金3亿多元，一般安全隐患整治率达100%，2015年事故起数、死亡人数均下降25%，安全生产形势持续稳定向好，连续八年被临汾市评为安全生产先进县市。严格落实四大班子领导包案和轮流接访制度，充分发挥乡村两级矛盾纠纷调解中心作用，有效化解了各种社会纠纷和不稳定因素，信访工作经验受到中央、省市各级领导肯定，并在全省推广。不断引深“平安霍州”创建，广泛开展“六五”普法，持续引深“打黑除恶”“两抢一盗”等专项行动，连续十年保持命案侦破100%的记录，维护了社会和谐稳定。

同时，财税部门加大征管力度，创新理财方式，实现了收支平衡；审计部门强化对政府投资工程的审计，政府采购中心扎实推进集中采购，保证了财政资金的高效使用；机关事务管理部门健全机制、狠抓技改，荣获“全国节约型公共机构示范单位”称号；档案部门档案信息公共服务能力不断提高，荣获“全国档案工作先进集体”称号。供电、气象、邮政、通信等部门积极服务地方发展，做出了新贡献；监察、统计、残联、老龄、老促、宗教、地震、人防、双拥、民兵预备役、妇女儿童等各项事业都取得了新成绩；各乡镇、街道办开拓创新，扎实进取，为推进全市经济社会发展做出了不懈努力。

各位代表，回顾五年的历程，我们始终坚持把发展作为第一要务，在困难和挑战中不断改革创新、奋力前行，圆满完成了“十二五”规划预期目标。所有这一切，得益于市委的坚强领导，离不开市人大、市政协的监督支持，归功于各级干部的顽强拼搏，凝聚着全市人民的心血和汗水。在此，我代表市政府，向辛勤工作在各条战线上的工人、农民、知识分子和广大干部群众，向为霍州发展建言献策的人大代表、政协委员、民主党派、人民团体，向为霍州建设发挥余热的离退休老同志，向关心支持霍州建设的省、市属单位、驻霍部队、社会各界人士，致以崇高的敬意和衷心的感谢！

在充分肯定成绩的同时，我们也要清醒地看到，全市经济社会发展还存在不少困难和问题：一是经济下行压力依然很大，煤电、房地产等行业面临的市场环境严峻复杂，土地、资金等要素供应偏紧，经济运行质量和效益亟待提高；二是产业结构转型升级步伐不快，一些新兴产业、新兴业态刚露头角，还未能挑起经济发展大梁；三是农业现代化程度低，产业链条短，龙头企业示范带动能力不强，农民持续增收难度较大；四是基础设施不够健全，管理水平有待提高，城市功能仍需进一步完善；五是就业问题比较突出，社会保障仍需加强，民生改善任重道远；六是环境质量仍有差距，节能减排形势严峻，安全生产压力加大，人民群众的社会安全感和满意度有待进一步提高；七是作风建设任重道远，为官不为、懒政怠政现象还有存在。对此，我们必须在今后的工作中认真加以克服和解决。

“十三五”时期指导思想和主要任务

“十三五”时期是全面建成小康社会的决胜阶段。根据市委“十三五”规划建议，市政府编制了《霍州市第十三个五年规划纲要（草案）》，明确了今后五年经济社会发展的指导思想、总体目标和主要任务。

“十三五”时期全市经济社会发展的指导思想是：全面贯彻党的十八大和十八届三中、四中、五中全会精神，按照我市七次党代会的总体部署，紧紧围绕“进军省强市、全面达小康，共建文明开放幸福美丽新霍州”的奋斗目标，主动适应经济发展新常态，充分发挥百里汾河生态经济带、资源枯竭城市转型的牵引作用，统筹推动创新、协调、绿色、开放、共享“五大发展”，做强新型工业、特色农业、商贸服务业、文化旅游业“四大产业”，聚力金融振兴、科技创新、民营经济、民生改善“四大攻坚”，着力打造生态宜居新城，奋力开创霍州经济社会发展新局面。

“十三五”时期我市经济社会发展的预期目标是：全市生产总值年均增长7%，城镇居民人均可支配收入年均增长6.5%，农民人均可支配收入年均增长7%，到2018年全市现有贫困人口全部脱贫，到2020年全市生产总值和城乡居民人均收入比2010年翻一番。经济实力跻身省级强市，结构调整取得重大进展，需求结构、产业结构和要素投入结构更趋合理。城镇化率达到65%左右，城乡发展协调性明显增强。节能减排取得新的成效，生态环境显著改善，安全形势持续向好。社会建设明显加强，基本公共服务体系更加完善，民主法制更加健全，社会秩序稳定和谐，小康目标全面实现。

为实现上述目标，“十三五”时期，我们要着力实施“5441”发展战略，即：推动五大发展，做强四大产业，聚力四大攻坚，打造一座生态宜居新城。

一、推动五大发展

一要创新发展：大力推进制度、科技、文化等方面的创新。积极推进“互联网+”行动，充分发挥互联网在资源配置中的优化和集成作用。开展招才引智工作，形成强有力的人才汇集机制，实现全市经济社会向质量更好、效益更高、结构更优方向发展。

二要协调发展：促进经济社会和城乡区域协调发展，统筹经济建设、文化建设、社会建设、生态文明建设和法治政府建设，在增强发展硬实力的同时注重提升软实力，不断增强发展整体性和平衡性。

三要绿色发展：转变发展方式，着力构建资源节约型、环境友好型社会。加强生态环境治理保护，大力推进节能减排，推广应用节能新技术、新产品、新工艺，推动清洁燃料、新能源在各领域的应用，建设山青水绿、环境优美的“绿色霍州”。

四要开放发展：主动融入“一带一路”、京津冀、环渤海等国家和地区重大发展战略圈，积极参与黄河金三角、百里汾河生态经济带建设，加大对外开放力度，发展更高层次的开放型经济，以扩大开放带动创新、推动改革、促进发展。

五要共享发展：牢固树立以人民为中心的发展思想，不断加大民生投入，完善社保体系，健全救助机制，推动创业就业，保障住房安居，惠及弱势群体，打赢脱贫攻坚战，实现全市人民同步小康。

二、做强四大产业

1. 做强新型工业。把工业发展建立在创新驱动、集约高效、环境友好、惠及民生的基础上，增强核心竞争力和可持续发展能力。推进供给侧结构性改革，加快煤炭、电力产业升级改造，逐步淘汰落后产能，加快发展液化天然气调峰储气、霍煤煤机制造、亿能电器新能源汽车、七里峪风能发电、粉煤灰综合开发利用、铝土矿综合利用、德尔福陶瓷制造等项目，积极引进新型材料、汽车零件、医药化工、电子产品等新型产业。到“十三五”末，力争全市煤炭产能达到1000万吨、非煤产业产值达到100亿元，我市工业经济形成以煤炭和液化天然气、火力发电和风能发电为主力的能源工业体系；以煤机制造、新能源汽车制造、德尔福陶瓷制造为牵引的制造业工业体系；以粉煤灰、铝土矿综合开发、煤矸石废物利用为链接的循环工业体系，打造霍州绿色工业经济升级版。

2. 做强特色农业。守住土地红线，促进土地适度流转，扶持培育农业产业化龙头。进一步发展壮大无公害蔬菜、特色经济林、规模养殖“三大产业”，着力推进中药材、文冠果、油用牡丹、食用菌等新型种植，扩大梨湾小米、十里铺甜瓜、段庄大葱等特色种植。围绕上述产业出台优惠政策，落实扶持资金，培育包装、榨汁、烘干等下游企业，扶持传统销售和互联网销售做强做大。加强新型农机、农业新技术在推进农业产业化中的积极作用。到“十三五”末，力争全市蔬菜种植面积达到8万亩，优质核桃种植面积达到5万亩，苹果种植面积达到3万亩，油用牡丹和文冠果种植面积达到1万亩，规模养殖场达到300个，省级以上畜牧养殖示范场达到15个。使我市农业经济形成种养加并存、干湿品共有的农产品格局，形成绿色产品主打、大路与特色农产品齐备、农副产品加工企业林立、传统销售与互联网销售齐发的农业产业化格局。

3. 做强商贸服务业。立足我市交通区位优势，围绕建设区域性中心城市目标，着力打造低端、中端、高端消费为一体的多层次商贸服务网络。进一步拓展农村消费市场，鼓励农村小型连锁超市发展，促进农村消费提档升级。进一步整治唐荣、华怡商场内外环境，扶持美华购物中心尽早复业。加快南街农贸市场建设，尽快开业运营。在汽车消费、休闲消费、健康消费、养老消费等方面扩大视野，引入名牌，打造高端。做大做强现代物流业，打造社会化、专业化、信息化的现代物流基地。到“十三五”末，力争全市商贸服务业形成专业市场各具特色、农村市场连锁覆盖、消费服务门类众多，北接太原、南通西安、东达冀鲁豫、西连陕甘蒙的多层次商贸服务网络格局。

4. 做强文化旅游业。立足“一署两峪”三大景区，进一步加大投入，丰富内涵，提升品质。七里峪景区要以休闲、娱乐、健身、书画写生为特色，严格规划，加快建设。陶唐峪景区要以登山嬉水、避暑观光、涉险探奇为特色，完善规划，加快建设。霍州署景区要以廉政文化、古建文化、官衙文化、门神文化为特色，立足原貌，逐步恢复。同时，加快宋代瓷窑、千佛崖、娲皇庙、观音庙和许村民居的保护和适度开发。促进文化与旅游产业相融相促，在进一步深度挖掘我市传统文化的基础上，积极与国内外影视中心、动漫中心等对接，在影视基地建设、动漫基地建设、广告创意建设等方面求突破。创新理念，继续举办好“中镇霍山·华夏州署”旅游月活动。到“十三五”末，力争全市旅游基础设施投入超10亿元，综合收入达到35亿元，形成以“一署两峪”为龙头，以星罗棋布的各色旅游景点为补充，以传统文化为牵引，以新兴文化为动力的新型文化旅游大市。

三、聚力四大攻坚

1. 聚力金融振兴。支持各类金融机构发展，不断壮大我市金融业规模实力。完善政银企沟通对接机制，加强银企合作，拓宽合作途径，破解企业融资难题。发挥好城投公司、经济投资有限责任公司等担保融资平台，加强对接，抢占先机，为我市争取更多的政策性贷款。强化对上市企业的培育引导，力争“十三五”期间我市有3—5家企业在“新三板”挂牌上市。强化金融风险监测与防范，加大宣传力度，切实增强群众对金融风险的防范意识。严厉打击非法集资、金融诈骗等不法行为，进一步优化金融环境。

2. 聚力科技创新。强化企业的创新主体地位和主导作用，引导霍煤、国电、兆光、霍化等企业加强技术创新，增强企业的核心竞争力。大力扶持新能源汽车、风能发电、陶瓷生产、医药化工等符合国家产业政策的新兴产业发展。积极推进“互联网＋”行动，利用网络优势，促进产业升级。健全完善科技创新激励机制，大力表彰和鼓励发明创造。实施人才强市战略，加强与高校和科研院所的技术交流，引进高端人才和实用技术，为我市转型发展提供强大的智力支持。

3. 聚力民营经济。认真落实中央、省、市关于支持民营经济健康发展的政策措施，实施民营经济“帮扶、培训、提升”三大工程。抓好企业家、专业人才、技术工人“三支队伍”建设，帮助企业解决创业难、融资难、用地难等发展难题。充分发挥“能人”效应，把具有商业头脑、拥有经济实力的本土能人调动起来。尤其要高度重视我市现有的图书营销队伍，鼓励他们回乡创业，报效家乡。要为民营经济特别是小微企业创造良好的发展环境，形成大企业顶天立地、小企业铺天盖地的经济发展大好局面。

4. 聚力民生改善。坚持把保障和改善民生作为一切工作的出发点和落脚点，持之以恒，久久为功。进一步完善市政设施，加快推进水暖电气路等基础设施建设，力争“十三五”末，实现市区集中供热率、气化率达100%，城乡居民饮水安全率达100%，市区道路全部改造，村通公路全部硬化，管网设施全部配套，群众生活、出行更加便捷。高度重视教育发展，加大投入，促进教育均衡协调发展。公开招考优秀年轻教师充实教师队伍，优化师资结构，提升教学质量，实现教育质量临汾领先、全省有名目标。推进卫生体制改革，完成新医院建设，创建国家三级医院。引进和招聘优秀人才充实医疗队伍，提升医疗水平，提高公共卫生服务质量。加大文化设施、体育设施建设力度，广泛开展群众性文体活动，打造“健康霍州”。进一步完善提高社会保障水平，创造就业岗位，转移农村剩余劳动力，保障城乡失业人员、退伍军人再就业，形成“大众创业、万众创新”新局面。调整机关事业单位人员基本工资标准，落实机关公务员职务职级并行制度和乡镇工作补贴。稳步推进机关事业单位、企业基本养老保险制度并轨运行，完善相关配套政策，继续提高退休人员基本养老金待遇水平。按照“广覆盖、保基本、多层次、可持续”的方针，不断扩大社会保险覆盖面，建立统一的城乡居民基本医疗保险制度，进一步提高财政补助标准。加大弱势群体帮扶力度，不断完善大病救助、爱心助学、特困家庭救助等多种机制，形成较为完善的社会保障体系，切实保障人民群众基本生活。按照“六个精准”、“五个一批”要求，针对不同家庭、不同人群，采取发展生产脱贫一批、生态补偿脱贫一批、发展教育脱贫一批、社会保障“兜底”一批的办法，确保到2018年全市5965名贫困人口全部脱贫，2014个贫困户全部“摘帽”。坚守安全发展红线，完善和落实安全生产责任和管理制度，健全公共安全体系，切实维护人民生命财产安全。

四、打造生态宜居新城

按照“完善城市功能、提升城市品质”的思路，全力实施城镇扩容提质战略。重点从四个方面推进。一是以霍州署为中心，打通前进南街，建成州署仿古商业街区和中心广场；对背巷小街的临街建筑实施仿古改造，地面进行仿古铺装，安装路灯，栽花植绿，打造以霍州署为中心的老城新貌。二是以中镇文化广场为中心，搬迁大张水源地，新建源头水源厂；完善交通路网和水暖电气以及垃圾和污水处理；加快新医院建设，规划建设一座集购物、娱乐、餐饮等功能为一体的城市综合体、一座上档次的星级酒店和一座综合文化体育场馆；加强大张、贾村湿地保护，沿贾村、下乐坪一线规划建设休闲健身步游栈道，点缀小游园，使霍东新区形成以文化娱乐、休闲健身、商业金融、住房安居、行政办公等为一体的现代新区。三是以打造“一小时”旅游交通圈为目标，实施霍东大道东延工程，建设东站广场至观堆村旅游路，重新铺装悬泉山旅游路，形成以霍州东站广场为中心，北连七里峪、南通陶唐峪、东接悬泉山、西达主城区的交通网络。同时，抓住临汾市建设侯马至霍州轻轨交通网的机遇，高标准建设霍州轻轨始发站。积极服务好黎霍高速公路建设。到2020年，我市将形成市区交通网格密布，高速高铁轻轨四通八达，区位优势更加突出，人民群众出行更加便捷的大交通格局。四是以辛置、白龙、大张、李曹、退沙、南环为中心，加快各具特色的小城镇建设，带动周边农村发展。力争到2020年，全市城镇化率达到65%以上，户籍人口城镇化率达到45%以上。通过五年的不懈努力，把我市建成老城特色突出、新区功能完善、交通方便快捷、游园星罗棋布、街道绿树成荫、空气质量优良的宜居、宜业、宜游的美丽幸福新家园。

各位代表，实施“5441”战略，承载着全市人民对美好生活的殷切向往。我们坚信，只要全市上下同心协力，真抓实干，开拓创新，攻坚克难，一个经济更加繁荣、社会更加和谐、生态更加优美的新霍州，一定会呈现在我们面前！

2016年工作安排

2016年是“十三五”规划的开局之年，也是我们站在新起点，谋求新跨越，推动新发展，实现新突破的关键一年。我们一定要坚定信心，乘势而上，克难攻坚，大胆作为，全力推进经济社会各项事业持续健康发展。

今年政府工作的总体要求是：认真贯彻落实党的十八届五中全会和中央、省、临汾市经济工作会议精神，按照市委七次党代会的安排部署，坚持稳中求进总基调，牢固树立创新、协调、绿色、开放、共享的发展理念，积极推进供给侧结构性改革，全面落实“去产能、去库存、去杠杆、降成本、补短板”工作任务，统筹推进产业转型、城乡建设、生态治理、改革攻坚、民生改善、社会管理等各项工作，推动经济社会稳步向好，努力实现“十三五”良好开局。

综合考虑各方面因素，今年我市经济社会发展的主要预期目标是：生产总值增长6.5%；工业增加值增长4%；固定资产投资完成150亿元；社会消费品零售总额增长6%；城镇常住居民人均可支配收入增长6.5%；农村常住居民人均可支配收入增长7%；全市公共预算财政收入完成6.77亿元。节能减排等约束性指标，要确保完成省市下达的年度任务，同时还要完成好我市确定的其他各项目标。

完成上述目标，今年我们要重点抓好以下八个方面的工作：

一、优化产业结构，打造工业经济新引擎

升级传统工业。认真贯彻落实中央、山西省、临汾市关于推进煤炭企业改革发展的安排部署，强化霍煤、国电、兆光等煤电企业运行监测，帮助企业减负排难、平稳运行。加快推进工业结构优化升级，落实“三去一降一补”政策，促进和引导企业转变发展理念，加快转型升级，实现我市工业经济新崛起。

壮大新兴产业。加快天然气液化调峰储气项目建设，确保年内正式运营，达产达效；力促德尔福陶瓷正常生产，扩大规模，提升效益；积极服务华润10万千瓦风能发电项目，完善前期手续，力争年内开工。谋划启动铝土矿综合利用、粉煤灰综合开发等项目，做好亿能电器新能源汽车项目的协调服务，争取优惠政策，引入外部资本，全力推动工业结构优化升级。同时，积极对接国家产业发展战略，依托资源枯竭城市优惠政策，引进和培育一批涉及新型建材、装备制造、电子器材等方面的优质项目，促进工业经济多元发展、高效发展。

规范园区管理。按照霍东新产业聚集区整体规划，加快完善园区道路，健全市政配套设施，以良好的环境、优质的服务，吸引更多企业入驻。紧抓河西老工业区的建设管理，以霍煤、霍化、国电、兆光等企业为依托，加快实施煤矸石发电、粉煤灰制砖、氧化铝生产等新型项目，延长产业链条，发展循环工业，挖掘产业潜力，为企业发展开拓广阔市场。

二、建设现代农业，推动“三农”工作新发展

夯实农业基础。加快推进小型农田水利重点县项目建设，年内完成4个乡镇（办）、38个行政村的农田机井建设、管网铺设等工程。着力推进马刨泉灌区和李曹柏乐片区高标准农田建设尽快完工，进一步改善农业生产条件。积极引进优质高产农作物品种，深入探索“互联网+农业”、智能农业、绿色农业、生态农业等发展模式，全面提升科技对农业的贡献率。执行最严格的耕地保护制度，严打违法占地，严守耕地红线，确保基本农田面积不减、质量不降，真正实现藏粮于地、藏粮于技，为实现稳粮增收创造良好条件。

推进规模发展。高度重视农民、农业专业合作社发展，引导社会资金参与“三大产业”建设，扩大产业规模，发展精深加工，促进农业产加销紧密衔接、农村一二三产深度融合。巩固提升西张垣现代农业生态循环示范园区建设，完善基础设施，规范园区管理，不断提高园区示范带动能力。大力实施什林垣生态农业示范园项目建设，培育发展特色花卉、精品干果、观赏苗木、高效养殖等产业。积极与国新能源对接，争取资金支持，发展中药材种植。大力推广油用牡丹种植，进一步优化农业产业结构。积极扶持健峰生态、文冠果科技、聚盛牧业等农产品加工龙头企业，扩大产业规模，打造特色品牌，加快农业产业化发展步伐。

拓宽增收渠道。充分发挥职业中专学校、劳动技术学校等培训平台作用，组织群众学习实用技能，提高农民群众就业创业能力。搭建就业服务平台，引导农民参与农村人居环境改善和产业扶贫项目建设，增加务工收入。鼓励农民进城创业，及时为他们解决户籍、教育、医疗、住房、社保等方面问题。认真落实粮食直补、农机具补贴等多项惠农政策。大力扶持家庭农场、专业大户等农业经营主体，培育一批职业农民和农村致富带头人，实现农民群众就业有渠道、创业有门路。

打赢脱贫硬战。今年重点抓好光伏发电扶贫项目，在已完成大张镇张望村光伏电站建设的基础上，加快推进陶唐峪乡孔涧村、辛置镇北益昌村、白龙镇柳树腰村光伏发电扶贫项目，确保10月底并网发电，实现收益。同时，优先保障有劳动能力的贫困人口从事环卫、保安、护路等岗位就业，获得工资收入。为贫困人口缴纳大病保险，防止因病致贫、因病返贫。通过分类施策、多措并举，确保完成今年2100人的脱贫任务。

各位代表，摆脱贫困、全面小康，是人民群众的热切期盼，是党交给我们的历史使命。我们要立下军令状、打赢攻坚战，在全面建成小康社会的征程中，决不落下一个贫困村、决不落下一个贫困户！

三、厚植发展优势，开创三产发展新局面

打造旅游精品。继续推进“中镇霍山·华夏州署”旅游品牌建设。加快七里峪景区三期建设，年内完成游客服务中心和景区停车场主体工程。加快陶唐峪景区综合开发，力争年内启动工程建设。进一步突出霍州署廉政文化教育基地特色，积极争取上级和外部资金支持，尽快启动州署东西辅线修复工程。同时，有序推进朱家大院、娲皇庙、祝圣寺、三教庙等文物古迹保护修缮工程，着力打造集历史文化、人文风俗、红色教育于一体的文化旅游精品线路。

壮大文化产业。更新理念，拓宽思路，把推进文化产业发展作为转方式、调结构的重要抓手。既要继承挖掘传统文化产业，又要塑造培育现代文化产业。积极扶持威风锣鼓、门神、粗布、剪纸等民俗文化，精心包装、打造品牌、形成产业。充分发挥我市图书营销优势，整合壮大图书营销产业。积极与知名文化企业联系对接，精心培育一批文化创意、动漫游戏、影视制作等活力强、机制新、效益好的新型文化产业项目，延长产业链，打造“孵化器”，带动全市文化产业繁荣发展。

搞活商贸流通。积极引导华怡商场、中镇商贸城、现代家俱城等商场做大做强、做精作细，扶持美化购物中心尽快复业。加快推进南街农贸市场建设，力争年内投入使用。依托山西供销农芯乐商城霍州服务中心和电子商务孵化园，加快区域电子商务平台建设。大力发展农村电子商务，积极拓展网上销售渠道，为我市旅游商贸服务业注入新的活力。

四、加强统筹联动，实现城乡面貌新变化

严格规划控制。加强规划监管，严格落实城乡建设审批制度，坚决制止各类违法违规建设行为，切实维护规划的严肃性和权威性。强化房地产市场监管，严厉打击非法占地、违法建房、违规售房等行为。认真落实房地产“去库存”任务，注重政策引导，扩大有效需求，打通供需通道，促进房地产市场健康有序发展。

提升建设水平。坚持“只拆不建”和“拆而少建”的原则，腾出一定的空间，用于绿地、公厕、停车场、小游园等设施建设，今年完成红崖堡紫薇园小游园建设工程。狠抓基础设施建设，安民路已于上半年高标准建成通车，下半年重点完成东门桥改造，确保10月建成通车；实施迎宾南路建设，力争年内开工；加快实施辛置公交站和第二消防站工程，力争年内完工。健全完善城市地上和地下水利管网设施配套，争创国家海绵城市试点市。同时，加快推进下马洼至圣佛道路改造，确保9月底通车；启动实施村通水泥油路提质工程，进一步改善农村居民的出行条件。

加强城乡管理。继续推进城乡人居环境改善工程，建立市政管理长效机制，集中开展违章建筑、占道经营、乱停乱放、广告牌匾等城乡环境整治，严格落实门前“五包”制度。深入推进省级园林城创建，对照创建标准补短、补软、补缺。深入开展“美丽乡村”、“清洁乡村”行动，巩固乡村清洁工程、农村环境卫生连片整治成果，不断提升全市生态环境质量，建设天蓝、地绿、水净的生态霍州。

五、建设绿色霍州，推进生态环境新改善

抓好污染防治。以“生态立市、绿色崛起”为目标，全面贯彻落实新《环保法》和《大气污染防控法》，健全完善应对重污染天气长效机制，强化预警监测，开展源头防治，提升大气质量。加大环保执法力度，加强重点行业污染治理，严厉打击随意排放和倾倒污染物行为。建立健全污染物回收处理机制，严控化工、重金属、医疗等污染物扩散，保证土壤、水系清洁安全。落实上级关于推广电动汽车的相关政策，加快公交车、公务用车、出租车的置换，逐步提高新能源私家车比重。今年新购置的34辆纯电动公交车，确保24辆正常运营，其余10辆要尽快办结手续，投入运营。同时，今年完成电动车充电桩建设的规划设计，适时启动电动出租车置换。加大黄标车及老旧车治理淘汰力度，确保圆满完成上级下达任务。

加强节能减排。严格落实节能减排目标责任，加强对重点行业和重点工程减排监管，全面完成电力行业发电机组超低排放改造项目。新建热电联产换热站7座，完成天然气扩户2000户，切实减少煤烟污染。加大对建筑工地扬尘、渣土车路面抛洒、垃圾焚烧和机动车尾气等污染源的整治力度，持续改善空气质量。进一步强化公共机构节能工作，积极倡导节约型的生产方式、消费模式和生活习惯，推动绿色发展。

推进生态保护。加快推进汾河、南涧河生态综合治理，完成对竹河治理工程。大力开展植树造林，推进荒山荒坡、矸石山治理、工业废弃地和矿区环境治理。全力做好城市水源地保护工作，加快推进源头水源地建设，今年完成水井建设、部分管网铺设和厂区建设，确保明年投入使用。

六、深化改革开放，建设物阜民丰新霍州

全面深化改革。围绕推进综改试验区建设，制定实施转型综改“十三五”方案。有序推进行政审批、煤炭销售体制、城乡户籍、土地管理制度、供销合作社等多项改革。今年要重点抓好农村改革，基本完成农村土地承包经营确权登记颁证工作，建立农村产权交易市场，积极探索农村集体土地、宅基地、房屋入市交流机制。加快实施农村集体产权制度、集体林权配套制度、水权制度等多项改革，健全农业保险制度，进一步活跃农村集体经济。积极帮助文冠果科技、健峰生态两家企业做好“新三板”上市工作，力争实现我市企业挂牌上市“破零”。

优化发展环境。健全完善政务服务中心管理体制，加快建设政务服务网络平台，严格落实“两集中，两到位”制度。及时调整充实政府部门权力清单和责任清单，规范审批行为，精简办事程序，提高行政效能，真正实现“政府权力进清单，清单之外无权力”。

着力扩大开放。牢固树立“大改革、大开放、大发展”的理念，全方位、多层次、宽领域推进对外开放；出台招商引资优惠政策，大力引进外来资本，激活民间资本，撬动我市经济转型升级；积极组团参加各种贸易洽谈会，把符合国家产业政策、符合我市发展实际的好项目引进来、扎下根。

各位代表，我们要坚持深化改革不动摇、创新驱动不松劲、扩大开放不停步，让发展的活力不断迸发、发展的动力更加强劲、发展的空间更为广阔！

七、创新社会管理，展现和谐稳定新面貌

狠抓安全生产。严格落实新《安全生产法》，全面推进党政同责“五个全覆盖”，深入开展安全生产专项排查整治工作，坚决打击非法违法生产经营建设行为。加大考核问责力度，严格落实生产经营企业“五落实、五到位”安全责任机制，实施企业重大隐患、事故挂牌督办和黑名单制度。强化安全教育，加强队伍建设，健全应急预案，不断提高应对突发事件的能力，确保全市安全生产形势持续向好。

维护社会稳定。健全信访工作长效机制，继续推行领导包案、固定接访、带案下访等制度，畅通群众诉求渠道。发挥乡村两级矛盾纠纷调解中心作用，把矛盾纠纷最大限度地化解在基层、解决在萌芽。围绕信访积案，加大处置力度，因案施策，逐案化解，维护群众权益。加强信访群众法制教育和思想疏导，坚决打击缠访、闹访、非法上访，推动信访秩序持续好转。

推进平安创建。不断推进社会治安网格化管理工作，深入开展“打黑除恶”、“两抢一盗”等专项行动，加强对流动人口、刑满释放人员、吸毒人员等特殊人群的教育管理，做到不漏管、不失控。强化网络监管，深入开展打击网络谣言、网络敲诈等专项整治行动，加快推进网络空间法制化进程。全面加强城中村、学校周边等重点区域治安管理，进一步提高群众的社会安全感。深入推进军民融合发展，加强国防动员和后备力量建设，支持驻霍部队和人防建设，努力创建“双拥”模范城；关心青少年、儿童健康成长，支持工会、妇联、共青团等人民团体工作；认真做好审计、统计、工商质监、档案、地震、宗教和老龄等各项工作。

八、倾心惠民利民，确保民生事业新提升

提高教育质量。巩固和提升义务教育均衡发展水平，统筹推进学前教育、义务教育、高中教育、职业教育均衡协调发展。持续加大投入，完成市二中多功能田径运动场、职教中心建设项目。加强教师队伍管理，全面开展校长、教师交流任职工作，探索教师全员聘任、择优上岗的激励竞争机制，全面优化师资结构，提升全市教育教学质量。

抓好卫计工作。加快推进新医院建设，全面深化医药卫生体制改革，积极推进公立医院改革，巩固完善基本药物制度，加快建设城乡统筹的医疗卫生保障体系，有效解决群众“看病难、看病贵”问题。稳妥推进计生工作改革，不断提高管理服务水平，提升人口素质。进一步加强流行性疫病防治，提升公共卫生和卫生应急工作水平，坚决杜绝各类突发公共卫生事件。

保障民生福祉。按照“广覆盖、保基本、多层次、可持续”的方针，持续扩大社会保险覆盖面。城镇医保参保率达到97%，城乡养老保险覆盖面达到100%，新农合参合率达到97%。加大弱势群体帮扶力度，不断完善大病救助、市级领导包联孤儿、四类贫困家庭学生救助、爱心助学、特困家庭救助、80岁以上老人救助等多种机制。完善公共就业服务体系，鼓励以创业带动就业，全年新增就业岗位5000个，全面清除“零就业”家庭，切实保障人民群众基本生活。

今年，市政府向全市人民郑重承诺，将着力办好以下“十件实事”，努力保障和改善广大群众的生产生活。

一是投资2773万元实施东门桥拆旧建新、加宽改造工程，彻底打破新旧城区的交通瓶颈。

二是投资3000万元完成霍东新区供水工程9眼水源井打凿、厂区建设及部分输配管网铺设工程，为霍东新区项目建设和城市发展创造有利条件。

三是热电联产项目新建换热站7座，新增供热面积50万平米，进一步改善城乡生态环境。

四是投资354万元实施城区小街小巷改造硬化工程，方便市民出行。

五是完成2100人的脱贫任务，加快实现全面小康步伐。

六是投资870万元，建设白龙镇寺庄、退沙办许村、陶唐峪乡义旺3所农村幼儿园，新建辛置镇标准化中心幼儿园，推进学前教育均衡发展。

七是投资2760万元完成4个乡镇(办)、38个行政村农田灌溉机井建设、管网铺设工程，进一步改善农业生产条件。

八是为100个行政村配送10000册图书，为42个行政村和社区配套电脑、乐器和健身器材，丰富群众文体生活。

九是投资2950万元完成对竹河堤防护基建设、河道清淤治理工程，改善对竹河流域生态环境。

十是为育龄妇女免费开展孕前优生健康检查，为全市60岁以上老人开展免费体检，提升群众健康水平。

各位代表，办好“十件实事”，事关人民群众切身利益。我们要一项一项抓落实，一件一件抓兑现，切实把光荣的使命化作苦干实干的强大动力，把神圣的职责化作为民爱民的具体行动，把郑重的承诺变为霍州振兴的美好现实！

加强政府自身建设

各位代表，为完成今年和“十三五”各项目标任务，我们将进一步转变职能、改进作风、加强管理，努力做到对人民负责、受人民监督、让人民满意。

坚持以学促干，建设创新政府。以“两学一做”为载体，以学理论、学知识、学业务为重点，打造一支政治坚定、思想先进、业务精通、作风优良的学习型干部队伍，切实增强管理水平和创新能力。加快推进政府工作思路创新、机制创新、方法创新和管理创新，着眼于霍州发展阶段的新特点、开放合作的新实践、改革发展的新问题、人民群众的新期盼，着力在影响霍州发展的“短板”上下功夫，在制约发展的“瓶颈”上求突破，促进各项工作更好落实、各项事业更快发展。

坚持依法行政，建设法治政府。坚持把依法行政贯穿政府工作始终，严格按照法定权限行使权力、履行职责。继续深化行政审批制度改革，精简审批项目，减少办事程序，推进政府工作高效运转。坚决执行市委的重大决策部署，坚持向人大及其常委会报告工作和向人民政协通报情况制度，自觉接受人大及其常委会的法律监督、工作监督和政协的民主监督，认真办理人大代表议案、建议和政协委员的提案。虚心听取各民主党派、工商联、无党派人士和各人民团体的意见，主动接受社会公众和新闻舆论监督。

坚持求真务实，建设责任政府。牢固树立“马上就办，真抓实干”的工作作风，强化实干意识、担当意识、执行意识，确保政府重大决策、重点工作和重要项目的落实。加强效能建设，加大问责力度，简化优化公共服务流程，提高公共服务质量和效率，为全市经济社会发展提供更加优良的环境。坚持把为百姓谋福祉作为一切工作的出发点和落脚点，深怀爱民之心，恪守为民之责，多办利民之事，让人民群众生活的更加幸福。

坚持从严治政，建设廉洁政府。认真贯彻《中国共产党廉洁自律准则》和《中国共产党纪律处分条例》，全面落实党风廉政建设“两个责任”，加强政府系统党员干部纪律作风管理，筑牢反腐倡廉坚固防线。坚决贯彻《问责条例》，坚持问题导向，敢于较真碰硬，对失职、失责的领导干部严肃问责，决不手软。进一步完善工程建设招投标和政府采购制度，重点治理工程建设领域突出问题，全面加强经济责任和政府投资项目审计，坚决查处和纠正损害群众利益的不正之风。严格执行中央“八项规定”，持续狠刹“四风”，厉行勤俭节约、反对铺张浪费，严控“三公”经费，树立政府为民、务实、清廉良好形象。

各位代表，实现新发展任务艰巨，创造新业绩使命光荣。让我们在市委的坚强领导下，在市人大、市政协的监督支持下，凝心聚力，团结拼搏，不忘初心，继续前进，为进军省强市、全面达小康，建设文明开放幸福美丽新霍州而努力奋斗！

霍州市人民代表大会常务委员会工作报告

——2016 年 8 月 19 日在霍州市第七届人民代表大会第一次会议上的报告

霍州市人大常委会主任　陈占平

各位代表、同志们：

现在，我受霍州市第六届人民代表大会常务委员会委托，向大会作工作报告，请予审议。并请列席人员提出意见。

五年来的工作回顾

市六届人大常委会任期的五年，是我市综合实力显著增强、城乡面貌大为改观、社会事业全面进步的五年，也是我市人大工作积极进取、稳步发展、开拓创新的五年。五年来，在市委的坚强领导下，市人大常委会以科学发展观和习近平总书记系列重要讲话精神为统揽，坚持党的领导、人民当家作主、依法治国有机统一，紧紧围绕全市改革发展稳定大局，全面履行宪法和法律赋予的各项职权，共召开常委会会议 39 次，主任会议 43 次，听取和审议“一府两院”工作报告 95 个，作出决议决定 28 项，组织执法检查、执法调研和专项视察 66 次，充分发挥了地方国家权力机关的作用，为推进我市经济社会发展和民主法制建设做出了积极贡献。

一、围绕中心，准确站位，在服务发展大局中主动作为

五年来，常委会始终摆正党的领导和依法履职的关系，坚持把推动市委重大决策实施和全市重点工作落实作为着力点，依法履职、科学履职、主动履职，始终与发展大局思想同心、目标同向、工作同力。

加强政治学习，坚定理想信念。市人大常委会领导班子始终与市委保持高度一致，带领常委会组成人员、机关党员干部和全体人大代表提高思想认识，提升理论修养，增强责任意识。先后精心组织开展了党的群众路线教育实践活动、学习讨论落实活动、“三严三实”专题教育活动，重点对党的十八大和十八届三中、四中、五中全会精神及习近平总书记系列重要讲话精神进行系统学习和专题研讨，进一步坚定了共产主义信念，站稳了党和人民的立场，弘扬了社会主义核心价值观，汇聚了正能量，提振了精气神。

突出大局意识，服务中心工作。全面贯彻市委的决策部署，立足本职，主动作为，促进了各项重点工作的快速发展。全力推进生态建设和城乡环境改善。建设“宜居新市”，促进民生改善，是我市长期发展战略，也是建设美丽和谐新霍州的思想引领。市六届人大一次会议作出决议，依法将其转化为全市人民的共同意志。2012 年，常委会听取审议了市政府《城乡环境改善情况的报告》，指出了环境整治过程中存在管理制度不完善，配套措施不健全，治理效果时好时坏的问题，要求市政府及城建部门立足长效建机制，全力以赴抓落实。2013 年，听取了市政府《重点企业防污设施运行及排污达标情况的报告》，对部分企业环保设施不健全、运行不稳定等问题提出了意见，要求市政府及环保部门加大管理力度，完善监督手段，对重点企业多措并举，保护蓝天碧水。为推动我市环境持续改善，2012 年至 2016 年，常委会就城市基础设施改造工程听取了市政府《热电联产城市供热进展情况的报告》《天然气扩户进展情况的报告》；就市容整治和其他治理工程，听取了市政府《市容环境整治情况的报告》《南涧河治理和汾河生态治理情况的报告》及《农村环境连片整治示范项目工程建设情况的报告》等，提出意见 60 余条。同时，对《水污染防治法》实施情况开展了执法检查，对水源地保护、污水处理和大气环境治理等开展了多次专项督查，对市环保局工作进行了专项评议，并形成书面审议意见，下发至政府及有关部门研究落实。经过五年的持续监督和全市上下的共同努力，我市环境保护和生态建设效果持续向好，群众幸福指数大幅提升。全力推动经济发展和重大工程建设。五年来，常委会每年都听取计划、预决算、审计和查出问题的整改报告，在肯定市政府工作成绩的同时，指出要坚持以提高经济发展质量和效益为中心，推进各项事业持续健康发展。2012 年，就市委提出的“三个年”活动，积极调研，反复研究，及时作出了《在全市大力开展“项目建设年、环境整治年、作风转变年”活动的决定》和《进一步优化发展环境加大招商引资力度促进转型跨越发展的决定》，形成了全市干部群众人人谋发展、个个求发展、事事促发展的良好局面。在市六届人大二次会议上，代表联名提出关于《加快文化旅游产业发展的建议》。常委会高度重视，跟踪落实，全力督办，听取了市政府《旅游产业发展情况的报告》和《文化阵地建设情况的报告》，要求对全市文化旅游资源进行高位谋划、高端开发、高效配置，使文化旅游业成为动力转换突破口、产业转型新引擎。同年，有针对性的听取了市政府《招商引资和项目建设情况的报告》，要求创优发展环境，出台优惠政策，搭建创业平台，搞活民营经济，实施全民招商，为经济社会发展注入新活力。同时，对中镇广场二期、永和公园二期进行专项视察，助推广场建设全面完工，为群众提供了和谐优美的休闲娱乐场所；对霍东大道配套工程、霍煤沉陷区开元小区建设工程、职教中心建设工程等开展专项视察，大力推动建设步伐，新区面貌日新月异。

强化组织保障，依法任免干部。坚持党管干部原则和人大依法任免相结合，对“一府两院”提请任免的干部严格实行任前考察调查、法律知识考试、供职发言、颁发任命书、向宪法宣誓就职等制度，既保证了市委各项人事任免意图的实现，又有效增强了拟任人员的法律意识、责任意识和自觉接受人大监督的意识。五年来，共任免国家机关工作人员140人次，其中：政府系统35人次，检察院21人次，法院62人次，人大22人次，保证了国家机关的正常运转。同时，通过对常委会任命干部进行法律考试、听取述职报告的方式，完善任后监督办法，强化日常工作监督，切实增强了广大干部的责任意识、实干意识和廉政意识。

二、把握导向，加强监督，在依法履行职责中增强实效

常委会始终坚持发展导向、民生导向、法治导向，认真履行各项职责职能，持续完善监督方式方法，努力实现监督的实效高效。

加强工作监督，助推产业转型发展。五年来，常委会立足经济社会发展实际，顺应人民新期待，回应群众新关切，为转型升级作出了积极贡献。围绕工业经济发展，多次听取审议全市国民经济发展计划执行情况报告和微小企业发展情况报告，先后深入霍东新型工业园区、兆光发电公司、华润天然气综合液化公司等工业企业开展调研，帮助企业争取政策支持，改善发展环境，协调企地关系，推动企业健康运行。围绕农业产业发展，积极听取农村新“五个全覆盖”工作、现代特色农业发展、农业合作社建设等报告，深入辛置、大张、三教等乡镇，调研万亩核桃基地、西张垣现代农业生态循环示范园区、健峰生态农业科技发展有限公司等农业产业化龙头企业，就进一步加快农产品无公害认证和农业生产标准化建设，扶持壮大古衙黄小米、开元豆腐、霍州碗托等传统特色产业，促进规模生产，形成产业优势提出建议30余条。围绕城市基础设施建设，分别听取审议“8＋2”城区道路改造工程、交通基础设施建设、污水处理厂建设等报告，及时提出审议意见，使交运、住建等部门改造重点区域，改善交通环境，完善基础设施，方便群众生产生活。围绕增强发展内驱动力，对市林业局、市卫生局开展了工作评议，提出了评议意见，要求限期整改。对所有“三帐监督”单位进行了满意度测评，测评结果提交市委作为评先选优的重要参考，极大地增强了各部门加快发展、为民谋利、干事创业的责任感和使命感。

推动新法落实，促进经济健康运行。五年来，紧紧围绕经济平稳运行严把预算三道关：一是坚持提前介入，把好初审关。二是坚持收支平衡，把好审批关。三是定期听取汇报，把好执行关。要求财政部门突出重点，兼顾一般，特别是在主体税源下滑的情况下，把保发展、保民生、保运转摆在重要位置，努力使计划和预算科学、足额、合理。2015年，新《预算法》实施后，组织财经工委对新法进行认真学习，并通过新闻媒体大力进行宣传，确保新法全面贯彻落实。同时，积极发挥预决算审查监督职能，将政府性基金预算、国有资本经营预算、社会保险基金预算以及政府性债务纳入监督范畴，积极探索和改进预算审查监督工作。去年，财政综合绩效管理评估，我市在山西省排名第九，位列临汾市第一。

加大法律监督，推动依法治市进程。常委会深入贯彻《代表法》、《监督法》等法律法规，对人大代表及部分“一府两院”负责人进行法律培训，增强了代表的法治意识和各级干部运用法治思维和法治方式依法行政的能力，维护了全市严格执法、公正司法、全民守法的良好局面。积极开展执法检查，2011年以来，先后就《环保法》《土地管理法》《食品卫生法》《安全生产法》等多部法律法规在我市实施情况开展检查，提出意见建议70余条，要求限期整改，促进了执法部门依法行政、公正司法。制定出台《专题询问办法》和《规范性文件备案审查办法》，听取政府规范性文件备案审查情况的报告，改进监督工作，提高监督实效，维护了法制的正确实施。督促市法院、市检察院等部门开展自查，进一步规范了执法行为，提升了执法水平。市法、检两院自觉接受市人大及其常委会的监督，主动邀请人大代表视察、调研、座谈和参加庭审旁听，广泛听取人大代表意见建议，规范了司法行为，推进了司法民主。

三、聚焦热点，助推民生，在回应社会关切中勇于担当

常委会坚持以保障人民根本权益为出发点和落脚点，依法开展工作，倾力维护民生福祉，使发展成果更多惠及群众。

围绕建议意见求实效。五年来，常委会强化督办推进，持续跟踪落实，推动了热电联产建设工程，北关立交桥西与兴霍路交叉口安全隐患整治，辛置二处市场管理，光明路北端硬化贯通，原铁道兵居民小区危房改造工程，天然气扩户工程，闫家庄等7个自然村人畜饮水等问题的解决，代表意见和建议的办结率、满意率大幅提高。

关注民生实事保落实。五年来，常委会积极走访视察，专题进行检查，人民群众普享发展红利。关注食品药品安全，让群众吃得放心。深入医院、超市、饭店开展调研，听取食品药品安全监管情况报告，要求市政府强化源头防控，建立长效机制，健全监管网络，加强信息互享，确保群众吃得放心。关注乡村公路建设，让群众行得顺心。专题听取市政府有关农村公路建设情况的报告，针对重建设轻管理，重修路轻养护等突出问题，要求市政府明确管理责任，强化管理措施，开展经常性交通隐患整治，切实做到建管并重，方便群众出行。关注惠民工程建设，让群众生活得舒心。组织市人大代表视察为民办实事项目和惠民工程，对农村饮水安全、保障房建设、棚户区改造等事关群众利益的工程项目，在“三帐”检查中重点监督，认真督查，让民生工程早日惠民。

紧扣焦点问题促推进。五年来，常委会紧紧围绕人民群众普遍关心的热点、难点问题开展调研督办，全力促进民生事业改善。持续聚焦教育教学质量提升。对全市教育发展现状进行深入调研，就城乡教育失衡、教师结构老化、师资力量短缺、生源流失严重等问题提出意见和建议，要求政府大力实施人才强市战略，重视人才，重用人才，通过名师评选、交流学习、竞聘上岗等选能培优机制，使一些优秀教育人才留得住，用得好，为提升全市教育水平提供有力的人才支撑。同时，要优化教育资源，改革管理体制，狠抓教学质量，推动全市教育稳步发展。持续聚焦安全隐患整治。结合我市实际，及时出台关于对安全生产工作开展联动监督的实施方案，敦促安监、工商、食药、消防等部门开展安全隐患整治排查行动，全市生产、流通、销售等各环节的安全工作得到有效加强。持续聚焦信访维稳工作。五年来，共接待来信来访368件次，一批涉法涉诉、违规建设、环境污染等损害群众切身利益的问题得到较好解决，在化解社会矛盾方面发挥了积极作用。

四、创新机制，搭建平台，在发挥代表作用中强化保障

五年来，常委会始终尊重代表主体地位，积极做好联系代表、服务代表各项工作，极大地激发了各级人大代表参与国家事务管理的主动性，代表作用得到有效发挥。

*搭建代表履职平台。*按照上级人大常委会要求，相继建成人大代表活动室20处，组织议政活动30次，接待选民110人，提出建议68件，推动了涧北村集中供热、滨河西路道路硬化等13件实事的有效落实，充分发挥了活动室宣传人大制度的阵地作用、联系人大代表的窗口作用和收集民意诉求的平台作用。

*密切代表日常联系。*严格落实市人大常委会组成人员联系代表制度和开展代表履职活动的实施意见，主动走访代表，倾听代表呼声，先后收集意见26件，有效解决了核桃种植大户资金筹措困难、基层医院就医条件落后等难题，得到了社会各界的广泛好评。

*拓宽代表知情渠道。*邀请各乡镇人大主席、街道办工委主任、部分人大代表列席常委会会议，聘请代表为人大工委兼职委员，深入开展“五个一”“代表履职年”“代表在行动”等主题活动，走访联系选民420多户，收集建议15大类120余条，办理110多件，推动了和谐社会的建设。

同时，借鉴兄弟县市的先进经验和成功做法，指导各乡镇、街道办人大紧扣党委的决策部署，组织开展视察调研，推动意见、建议的办理，推进各项重点工作，提升了基层人大的工作效能，增强了全市人大工作的整体合力。

五、提升素质，夯实基础，在加强自身建设中增添活力

五年来，常委会加强理论武装，健全学习制度，提升履职水平，促进了各项工作的民主化、科学化、规范化。

*积极参与活动，强化作风建设。*深入学习党的十八大、十八届三中、四中、五中全会和习总书记系列重要讲话精神，主动把思想统一到上级的决策部署上，为依法履职奠定坚实的思想基础。认真执行“八项规定”，坚决反对“四风”，厉行勤俭节约，改进文风会风，以良好的作风赢得群众的信任和支持。践行群众路线，倾听代表呼声，反映人民意愿，帮助基层解决实际困难。

*注重知识更新，增强有为意识。*积极参加市委中心组主题活动，及时学习新颁布的法律法规，提高审议效果，保证审议质量。同时，深入调查研究，改进工作作风，先后完成了多篇调研文章，为市委决策提供了有益参考。

*健全机制体制，规范工作程序。*修订和完善《市人大常委会议事规则》、《主任会议议事规则》、《人事任免办法》、《干部任后监督办法》等十余项制度，建立和健全常委会、机关党务工作制度和内务管理制度，做到了在法治的轨道上用权，在制度的约束下干事，在履职的过程中律己，树立了市人大的良好形象。

*强化人大宣传，促进工作交流。*加强对

人大制度和人大工作的宣传，加大在广播、电视台、《今日霍州》等媒体的宣传力度，办好常委会会刊，开通人大网站，完善运行机制，着力构建了全方位、深层次、多角度的宣传格局，为改进人大工作营造了良好的舆论氛围。

六、严格程序，周密组织，在换届选举过程中依法操作

今年是市县乡三级人大换届选举年，是发展社会主义民主政治的一次重要实践，也是全市人民政治生活中的一件大事。3月中旬，我市换届选举工作正式启动，按照有关要求，经过法定程序，依法选出市七届人大代表170名，乡镇人大代表373名，代表整体素质明显提升，代表结构比例更趋合理。一大批优秀党员、劳动模范、致富能手、先进工作者、民营企业家当选为市乡两级人大代表；一大批政治素质好、思想作风硬、工作能力强、人民群众拥护且年轻有为的同志走上领导岗位。这些同志的当选，必将推动我市经济社会各项事业的持续发展，更好地维护广大人民群众的根本利益。

五年来，市六届人大常委会所取得的工作成绩，是市委坚强领导的结果，是“一府两院”大力支持的结果，是各级人大代表、常委会组成人员和机关全体同志共同努力的结果。在此，我谨代表市六届人大常委会，向长期关心和支持人大工作的各级领导、各界朋友和各位代表表示衷心的感谢和崇高的敬意！

回顾五年来的实践，常委会各项工作能在继承中前进，在前进中发展，在发展中创新，我们有如下认识和体会：

一是必须把坚持党的领导、充分发扬民主、严格依法办事有机统一，作为人大工作的根本原则；二是必须把实现好、维护好、发展好人民群众的根本利益，作为人大工作的出发点和落脚点；三是必须把正确处理好人大与“一府两院”的关系，寓监督于支持和服务中，作为人大工作的基本要求；四是必须建设一支充满生机和活力的人大队伍，并保持与人大代表和人民群众的密切联系，作为人大工作的坚实基础；五是必须把深入基层、深入实际开展调查研究，作为人大工作的基本方法；六是必须把开拓创新、积极有为，作为坚持和完善人大制度、开创地方人大工作新局面的不竭动力。

在充分肯定成绩的同时，我们也清醒地意识到，我市人大工作对照宪法和法律的要求，离党和人民的期望仍有一定差距：一是审议决定重大事项的质量有待进一步提高；二是监督工作的方式方法有待进一步改进；三是组织人大代表活动的内容和形式有待进一步创新；四是代表的履职意识和常委会机关的服务意识有待进一步加强；五是议案建议办理的质量还需要进一步提高；六是廉洁自律教育和作风纪律建设等工作还需要进一步加强。这些不足，需要我们在今后的工作中采取积极措施，认真加以解决。

今后五年的工作建议

各位代表、同志们，即将选举产生的七届人大常委会肩负着光荣而艰巨的使命。今后五年，是全面深化改革和推进依法治国的关键五年，也是全面建成小康社会决胜阶段和“十三五”规划实施的关键五年。建议在今后的工作中，市人大常委会认真贯彻落实省、临汾市人大工作会议和市委第七次党代会精神，凝聚全市人民和广大代表的智慧力量，以“进军省强市、全面达小康，共建文明开放幸福美丽新霍州”为目标，紧抓发展大局、紧贴民生需求、紧扣公平正义，认真履行法定职责，突出代表主体地位，不断增强履职能力，全面推动各项工作，努力在推进霍州经济社会科学发展和民主法治建设中发挥更大作用。

一、强化服务大局，在增强监督实效上取得新突破

立足市人大常委会工作实际，积极探索在经济新常态下做好人大工作的新途径和新举措，正确处理监督与支持的关系、监督与促进的关系、监督与制约的关系，在参与中监督，在监督中服务，在服务中履职，寓支持、服务于监督之中，努力做到主动作为不缺位、有度作为不越位、依法作为不错位。准确把握“五大发展”理念，牢牢抓住“十三五”规划实施、供给侧结构性改革、财政预决算监督、行政审批改革等重点领域和关键环节，聚焦水气土壤污染防治、弱势群体社会关切以及精准扶贫等民生事业，认真审议工作报告，深入调查研究把脉，适时作出重大决定，支持推动精准发力，为全市经济社会健康发展行稳致远蓄势增能。严格依法任免干部，开展评议激励推动，不断增强监督的活力和实效，努力实现党的领导、人民当家做主和依法治市的有机统一。

二、强化法律监督，在推进依法治市上迈出新步伐

全面贯彻上级会议精神，以提高市人大常委会组成人员、各级各部门干部法治思维和依法行政能力为重点，进一步加强法治宣传教育，大力弘扬法治精神，提高法治意识，坚定法治信仰，维护法治权威。不断加强司法监督，选择代表关切、群众关心的重大问题，以及法、检两院日常工作和社会关注的薄弱环节，切实提高案件执行力、司法公信力，促进社会公平、司法公正。强化规范性文件备案审查工作，健全备案审查机构，规范备案审查程序，提高备案审查质量。运用法治思维创新人大工作，完善监督机制，改进视察调研、专题询问、执法检查方式方法，提高人大常委会工作的质量和成效。积极配合省、临汾市人大常委会开展执法检查和制定法律法规立法调研活动，为做好省、临汾市立法工作提供支持。

三、强化创新提高，在发挥代表作用上谋求新作为

健全完善人大常委会组成人员联络代表和代表联络群众的机制、方法和途径，持续加快网络平台建设，进一步密切代表同人民群众的联系，畅通社情民意。深入推进“人大代表活动室”规范化建设，发挥联系代表窗口作用和学习培训平台作用，提高联系走访代表活动质量，搭建人大代表履职平台。规范定期向人大代表通报工作制度以及代表轮流列席人大常委会和开展视察调研等机制，为代表履职提供更加周到的服务，创造宽松有效的平台。以社会关注度高、涉及群众利益和民生工作的议案建议为重点，加大督办力度，提高办理质量，切实增进人民群众的获得感和幸福感。提升代表履职服务保障水平，完善人大代表履职考评办法，进一步加强对代表履职情况的监督，健全代表履职档案，探索履职情况通报制度，不断提高代表知情知政、履职尽责的能力。

四、强化责任担当，在加强自身建设上实现新成效

在市委的坚强领导下，深入开展“两学一做”专题学习，坚持“三严三实”，增强“四种意识”，坚定“四个自信”，始终保持昂扬向上奋发有为的工作状态。加强人大代表的教育、培训、管理等工作，关心代表生活，分享代表快乐，分担代表忧愁，使常委会成为广大代表生活上温馨舒适的港湾，工作上坚强有力的后盾。健全专门委员会和工作委员会运行机制，更好地发挥人大职能作用，提升工作实效。坚持把守纪律、讲规矩摆在重要位置，切实抓好党风廉政建设和作风纪律建设。加大对乡镇人大的工作指导力度，支持依法开展视察、检查、调研、评议等活动，推进乡镇人大工作实现制度化、规范化、高效化。

各位代表，同志们，人民群众迫切希望霍州实现改革发展新跨越，谱写美好生活新篇章。我们的使命光荣而艰巨，人民的期待殷切而厚重。让我们在市委的坚强领导下，不忘初心，主动作为，凝心聚力，开拓进取，为早日实现“进军省强市、全面达小康，共建文明开放幸福美丽新霍州”的宏伟目标而努力奋斗！

立足新常态　描绘新蓝图
奋力开创霍州经济社会发展崭新局面

——2016 年 3 月 11 日在霍州市三级干部大会上的讲话

崔山原

同志们：

今天，我们市乡村三级干部齐聚一堂，召开一年一度的全市三级干部大会，共商霍州发展大计。这是在我们霍州市政治、经济、社会发展迈入新阶段、面临新机遇的关键时期，召开的一次意义重大的会议。政治方面，全国“两会”正在召开，“两学一做”学习教育全面启动，市县乡三级换届工作即将铺开等等，这些都将对我市今后的发展产生深远影响。经济方面，“十二五”规划圆满收官，“十三五”规划全面启动，供给侧改革、金融振兴、科技创新等工作拉开序幕，我市改革发展已经步入新的阶段。尤其是在全国经济下行仍未触底的情况下，今年 1 至 2 月份，临汾市 17 个县（市、区）的财政收入，只有 9 个实现了正增长，我市以绝对值 8685 万元、增速 41.98％的成绩位列全市第三，这个成绩来之不易，令人振奋。社会方面，我市政通人和、大局稳定，广大人民群众安居乐业；全市弱势人群生活救助实行政府“兜底”，保障有力、惠及更广；机关工作人员工资待遇全面落实、及时兑现；教育、医疗、就业、养老等社会事业健康发展、成绩斐然。这些都为我市今后发展奠定了坚实的基础。因此说，这次全市三级干部大会，既是总结成绩、放眼未来的鼓劲会，又是认清形势、共谋发展的推进会，更是奋勇争先、再创佳绩的誓师会。

刚才，五位职能部门的负责同志就我市部分重点工程和重要工作向大会做了庄严承诺，标志着今年我市经济社会建设的序幕已经拉开，寓意着广大干部咬定目标、干事创业的劲头有增无减，鼓舞着同志们积极投身到我市全面建设的洪流中去。几位同志承诺表态，接受大家的监督，希望同志们言必行、行必果，马上就办，真抓实干。

过去的一年，市委、市政府团结带领全市干部群众，深入贯彻落实党的十八大、十八届三中、四中、五中全会和习近平总书记系列重要讲话精神，按照“四个全面”战略布局和中央、山西省、临汾市的各项决策部署，主动适应经济发展新常态，以“六大发展”为统领，坚持稳中求进总基调，扎实推进“稳增长、调结构、惠民生、防风险”等各项工作，经济社会发展稳中有进、稳中向好，各项目标任务较好完成。全市生产总值完成74.55亿元，工业增加值完成31.65亿元，固定资产投资完成164.86亿元，社会消费品零售总额完成31.23亿元，城镇常住居民人均可支配收入完成25446元，农村常住居民人均可支配收入完成11488元，财政总收入完成14.4亿元，特别是公共预算财政收入完成6.7亿元，总量、增幅、增速排名均为临汾市第四，实现了位次大幅前移。财政综合绩效管理评估，我市在山西省排名第九，位列临汾市第一。这些指标的顺利完成，标志着“十二五”的圆满收官，为“十三五”良好开局打下了坚实基础。

2016年是全面建成小康社会决胜阶段的开局之年，也是推进我市经济社会转型发展的攻坚之年。今年全市经济工作的总体要求是：以党的十八大、十八届三中、四中、五中全会和习近平总书记系列重要讲话精神为指导，深入贯彻中央、山西省、临汾市经济工作会议和我市六届六次全委会议精神，牢固树立创新、协调、绿色、开放、共享、廉洁和安全的发展理念，扎实做好去产能、去库存、去杠杆、降成本、补短板等工作，统筹协调改革、稳定、发展各方面关系，瞄准转型突破口，培育增长新动能，打造双创汇集地，描绘发展新蓝图，努力实现“十三五”良好开局。

综合考虑目前经济形势和我市发展条件，市委、市政府经过反复研究，确定了今年的经济社会发展主要目标：全市生产总值增长6.5%；工业增加值增长4%；固定资产投资完成150亿元；社会消费品零售总额增长6%；城镇常住居民人均可支配收入增长6.5%；农村常住居民人均可支配收入增长7%；全市公共预算财政收入完成6.77亿元。节能减排等约束性指标，要确保全面完成省市下达的年度任务，继续完成好我市自加压力确定的各项任务目标。

实现上述目标，需要各级各部门坚定信心，真抓实干，需要全市上下众志成城，共同努力，全力做好以下十个方面的工作：

一、稳增长，调结构，打造工业发展新引擎

2015年，面对工业主导产品价格下降、市场疲软、企业资金紧张的严峻形势，我们认真贯彻中央、省、市一系列稳增长政策，深入推进税费减免工作，积极组织霍煤、国电、兆光等重点企业参加工业经济调度会，努力为企业排忧解难。先后为霍煤集团、兆光发电厂在兴业银行融资30亿元，与侯马车务段协调，为霍化公司解决了发货专线问题，促进了传统骨干企业的平稳运行。特别是国电、霍化等企业开始贡献税收，成为财政收入新的增长点。霍东新型工业园区一期投产运营，液化天然气调峰储气项目运行良好，华润10万千瓦风能发电项目有序推进，新型产业投资比重不断加大，工业经济下行压力得到有效缓解。

我们也要清醒的看到，我市工业经济下行压力仍然较大，特别是煤炭价格持续走低，对我市煤炭产业的影响不容忽视。新型产业规模不大、带动效应不强的问题依然凸显，工业经济面临着稳增长与调结构的双重挑战。

今年，我市工业经济要突出供给侧结构性改革主题，着力做好“煤与非煤”两篇文章，积极推进稳增长、调结构、促转型各项工作，进一步壮大我市的工业经济。

一要推动传统工业优化升级。重点关注

霍煤、国电、兆光、霍化、液化天然气等骨干企业的运营状况，认真贯彻落实中央、省、市关于企业减负的政策要求，健全完善收费清单制度，确保涉煤收费清理规范和企业税费减免等工作落实到位。强化工业经济运行监测，及时的、尽可能的为企业协调解决所遇到的问题和困难，帮助企业减负排难、走出低谷。按照“六型转变”（六型转变：省委要求着力推进煤炭行业向“市场主导型、清洁低碳型、集约高效型、延伸循环型、生态环保型、安全保障型”转变。）工作要求，落实“三去一降一补”（三去一降一补：去产能、去库存、去杠杆、降成本、补短板。）政策，促进和引导企业转变发展理念，加快转型升级，实现我市工业经济再次崛起。

二要增强新型产业发展活力。加快霍煤煤机制造、天然气液化调峰储气、华润10万千瓦风能发电等项目建设，尽快形成规模效益，发挥产业带动作用。大力实施颐高电子科技、铝土矿综合利用、粉煤灰综合开发、常鑫公司陶瓷生产线升级改造等项目，优化工业结构，增强发展后劲。同时，要积极对接国家产业发展战略，依托资源枯竭城市优惠政策，引进和培育一批涉及新型建材、装备制造、电子器材、新能源汽车等方面的优质项目，进一步促进我市工业经济多元发展，形成更多更优的经济增长点。

三要提升工业园区管理水平。新产业聚集区，要按照“一核双轴四区”的整体规划，建成连通道路，配齐水暖电气，以良好的环境、优质的服务，吸引更多企业尽快入驻。要注重规划管理，用足用活工矿废弃地增减挂钩政策，推进土地的集约高效利用，保障新建项目的用地需求。

二、强基础，提效益，挖掘农业增收新潜力

2015年，我们紧抓“三农”工作不放松，不断加大农业投入力度，持续推进三大基地建设，新增无公害蔬菜种植2000亩，总面积达到3.5万余亩；特色经济林新栽植优质核桃5700亩，总面积达到3.55万余亩；新建、续建规模养殖场10个，累计达到290余个。西张垣现代农业生态循环示范园区建设标准、科技水平和经济效益稳步提升。大力实施小型农田水利重点县建设工程和东王片、马刨泉灌区高标准农田建设等农业基建项目，全市农业综合生产能力不断提升。全面开展农村土地确权登记颁证工作，深入推进农村集体“三资”清理和精准脱贫工作，有效激发了广大农民的生产积极性。

同时我们也要看到，我市在农业生产上还存在规模不大、效益不高、产业化程度低等问题，特别是特色农产品同质化竞争严重，缺乏精深加工和品牌化发展，现代农业建设依然是我们的“短板”。

农业是经济社会发展的基础。我们要从提高农业供给体系的质量和效益出发，着力夯实农业发展基础，加快农业产业化发展步伐，努力形成适应市场、规模经营的农产品有效供给。

一要全面提升综合生产能力。大力实施马刨泉灌区和李曹柏乐片区高标准农田建设项目，继续推进小型农田水利重点县建设工程，进一步改善农业生产条件。全面推广节水灌溉、机械化耕作、测土配方施肥等农业技术，积极引进优质高产农作物品种，深入探索“互联网＋农业”、智能农业、绿色农业、生态农业等发展模式，全面提升科技对农业的贡献率。执行最严格的基本农田保护制度，严打违法占地，严守耕地红线，稳定粮食生产面积，确保基本农田面积不减、质量不降，真正实现藏粮于地、藏粮于技，为实现稳农增收创造良好条件。

二要持续推进“三大基地”建设。引导社会资金参与“三大基地”建设，推进土地适度流转，扩大产业规模，发展精深加工，打造产业品牌，促进农业产加销紧密衔接、农村一二三产深度融合，构建市场主导、良性互动、多元发展的农业产业化发展模式。大力推进西张垣现代农业生态循环示范园区和什林垣生态农业示范园建设，完善基础设施，提高园区生产能力和科技水平，培育发展特色花卉、精品干果、观赏苗木、高效养殖等产业，真正树立起全市农业产业化发展的标杆。

三要不断拓宽农民增收渠道。以职业中专学校、劳动技术学校为平台，全面加强农民实用技能培训，提高农民群众的就业创业能力。积极搭建就业服务平台，引导农民参与农村人居环境改善和产业扶贫项目建设，增加务工收入。鼓励农民进城创业，及时为他们解决户籍、教育、医疗、就业、住房、社保等方面问题。加大政策和资金扶持力度，大力扶持家庭农场、专业大户、农民合作社、农业产业化龙头企业等农业经营主体，培育一批职业农民和农村致富带头人，实现农民群众就业有渠道、创业有门路。

四要坚决打赢精准脱贫攻坚战。全面落实中央、省、市脱贫工作会议精神，认真做好摸底排查、建档立卡等工作，按照“六个精准”（六个精准：扶贫对象精准、项目安排精准、资金使用精准、措施到户精准、因村派人精准、脱贫成效精准。）要求，制定好精准脱贫规划。建立干部驻村帮扶工作制度，按照“因户施策、因人施策”的原则，针对不同家庭、不同人群，采取发展生产脱贫一批、生态补偿脱贫一批、发展教育脱贫一批、社会保障“兜底”一批的办法，帮助贫困户尽快脱贫，坚决完成2000多人口的脱贫任务。

三、创品牌，塑亮点，激发三产服务新活力

2015年，我们扎实推进商贸服务、旅游开发等现代服务业发展，着力打造新的经济增长点。南街农贸市场主体建设基本完工，今年可投入使用。鼓楼地下商业街、万家福超市等商贸企业运营规范、效益初显，商贸服务业繁荣发展。我市《2014—2020年电子商务发展总体规划》全面实施，电子商务蓬勃兴起。山西供销农芯乐商城霍州服务中心成功运营，电子商务孵化园全面开园，全国电子商务进农村综合示范县申报工作扎实推进，我市电子商务指数全省排名第七，发展潜力巨大。七里峪景区游客服务中心、景区停车场、上霍线尉候段改线等基础设施建设全面完成，景区功能进一步完善。七里峪滑雪场投入运营，弥补了我市冬季旅游“短板”。陶唐峪、娲皇庙、祝圣寺等景区开发全面启动。全市旅游综合收入达23亿元，同比增长16.3%。第三产业完成115.2亿元，同比增长14.9%，远远高于GDP增速。三产发展日益繁荣，成为我市转型发展的主要动力。

同时也要看到，当前我市服务业发展的根本瓶颈不是需求不足，而是供给不足。尤其是在教育、金融、旅游等领域，大有文章可做，深有潜力可挖。

今年，我们要把现代服务业放在优先发展的位置，加快培育文化旅游、商贸物流、电子商务等现代服务业，形成三产发展新动力。

一要打造精致旅游品牌。继续推进“一

署两峪”旅游品牌建设。加快七里峪景区客运站、商务服务中心、山谷漂流、镇山博物馆等工程，完善景区功能，丰富游乐项目，着力打造集观光、休闲、度假于一体的精品旅游度假区。陶唐峪景区要尽快启动一期工程建设，年内完成河道、游步道、餐厅等建设项目。霍州署要进一步突出廉政文化教育基地特色，创新投资方式，积极推进整体修缮工程。同时，继续实施许村国家级传统村落、娲皇庙、祝圣寺等修缮工程，尽快成景，丰富我市的旅游资源。

二要做强传统文化产业。持续挖掘镇山文化、匾额文化、锣鼓文化、门神文化等特色传统文化内涵，扩大影响范围，彰显霍州文化旅游大市实力。积极扶持霍州豆腐、年馍、碗托和剪纸、布艺等民俗文化产业发展，认真做好威风锣鼓、霍州书、霍州莺歌等非物质文化遗产的申报工作，整合资源，打造龙头，做强品牌，真正把我市的民俗文化亮出来、打出去。

三要提升服务行业档次。积极培育中镇商贸城、华怡商场、现代家俱城等商场做大做强，向现代商贸企业迈进。加快推进南街农贸市场项目配套建设。依托山西供销农芯乐商城霍州服务中心和电子商务孵化园，加快区域电子商务平台建设，积极引进网上销售平台企业，大力发展农村电子商务，拓展电子商务发展领域。

四、重规划，强管理，建设宜居宜业新家园

2015年，我们全力推进城市扩容提质，宜居新城更加靓丽。《霍州市城乡总体规划(2014—2030)》通过评审，绿地系统专项规划编制完成。经三路、纬三路即将竣工，纬五路建设已经启动，新建南路南段高标准建成，霍东新区配套工程全面推进，霍煤开元小区开始入住，橡胶厂棚户区改造主体完工，新区面貌焕然一新。全面完成后塞路、麻铺巷、秀才巷等19条旧城街巷的升级改造，州署文化产业示范园、中镇国际花园、东关、赵家庄城中村改造等项目稳步推进，城市功能日趋完善。冯霍线、义那线等市乡公路的扫尾工程全面完成，城乡交通网络更加通畅。扎实推进饮水安全、电网改造、村庄绿化、污水治理等城乡人居环境改善工作，统筹城乡发展成效显著。

但是，应该看到，我市城市建设历史欠账仍然较多，城市功能还不完善，城市管理仍不到位，改善人居环境的工作任重道远。今年，我们要以“完善功能、深化内涵、优化环境”为目标，努力建设宜居宜业魅力新家园。

一要尊重城市规划的严肃性。按照“五大板块”总体部署，全力推进城乡扩容提质，加快辛置、白龙、大张、李曹、退沙等特色小城镇建设，提升新型城镇化水平，力争到“十三五”末，全市城镇化率达到60%以上，户籍人口城镇化率达到45%以上。加强规划监管，严格落实城乡建设审批制度，坚决制止各类违法违规建设行为，切实维护规划的严肃性和权威性。强化房地产市场监管，严厉打击违法建房、非法售房等行为，注重政策引导，扩大有效需求，打通供需通道，减少房地产库存，促进房地产市场健康稳定发展。

二要遵循城市建设的功能性。加强城市地下和地上基础设施建设，抓好管线入地，推进海绵城市（海绵城市：是新一代城市雨洪管理概念，是指城市在适应环境变化和应对雨水带来的自然灾害等方面具有良好的“弹性”，也可称之为“水弹性城市”。）建设。加快棚户区和危房改造，有序推进老旧住宅小区综合整治，今年重点抓好华翰瑞府、开元名都、清雅苑住宅小区、李诠庄美景一号、州署文化产业示范园、东关城中村改造、山西橡胶厂棚户区改造等项目建设，要完备前期手续，加快建设步伐。同时，要按照“提升标准、完善设施、绿化美化”的标准，重点推进东门桥改造、安民路、迎宾南路、前进南街、纬五路等道路的配套建设。全面完成下马洼至圣佛道路、农村公路村通水泥油路等农村道路改造工程，畅通城乡交通。加快城市公交站、第二消防站等城市设施建设，完善城市功能。推进红崖堡紫薇园等小游园、小广场建设，提升城市品位，创造宜居环境。

三要注重城镇管理的科学性。坚持建管并重原则，大力推进城市精细化、标准化管理。深入推进省级园林城创建，坚持问题导向思维，对照创建标准补短、补软、补缺。继续深入推进城乡人居环境改善工程，大力开展城乡环境整治行动，努力解决“脏乱差”问题。建立市政管理长效机制，严格落实门前“五包”制度，规范各类广告牌匾，推动城乡环境面貌尽快有一个大的提升，努力实现城市规模与管理层次的同步提高。

五、强整治，抓长效，实现环境质量新提升

2015年，我们全力推进节能减排工作，生态环境明显改善，环境质量持续好转。全市新增供热面积50万平方米，达到450万平方米；天然气扩户6000余户，达到32000户。城郊绿化和干线公路绿化工程全面完成，汾河两岸生态屏障初步形成，城周荒山绿化基本覆盖。辛置矿和李雅庄矿矿井水深度处理站建成运行。全年化学需氧量、氨氮、氮氧化物排放量分别下降5.8%、3.5%、8.1%，节能减排任务圆满完成。全市二级以上天数达301天，其中一级天数73天，连续7年成功创建省级卫生城市。但也要看到，我市生态环境仍很脆弱，节能减排、环境保护等工作面临的形势依然严峻。

今年，我们要以“生态立市、绿色崛起”为目标，把生态文明建设摆在突出位置，大力推进环境保护和生态建设，让人民群众享受健康绿色生活。

一要强化污染防控。全面贯彻落实新《环保法》和《大气污染防控法》，建立完善应对雾霾重污染天气长效机制。加大环保执法力度，加强重点行业污染治理，严厉打击随意排放和倾倒污染物行为。建立健全污染物回收处理机制，严控工矿废渣、城市废弃物、医疗废弃物、农业生产垃圾、重金属废料和放射性物质等污染物扩散，保证土地、水系的清洁安全。落实上级关于推广电动汽车的相关政策，着力加快我市公交车辆更新步伐，年内完成6辆新能源纯电动公交车购置及站场建设。加大黄标车及老旧车淘汰力度，确保圆满完成上级下达任务。

二要狠抓节能减排。严格落实节能减排目标责任制，健全和规范污染减排制度，加强对重点行业和重点工程减排监管，全面完成国电和兆光电厂发电机组超低排放改造项目。新建热电联产换热站7座，完成天然气扩户2000户，切实减少煤烟污染。加大对建筑工地扬尘、渣土车路面抛洒、焚烧建筑垃圾和机动车尾气等污染源的整治力度，持续改善空气质量。进一步强化公共机构节能工作，积极倡导节约型的生产方式、消费模式和生活习惯，实现绿色发展。

三要加快生态修复。巩固提升汾河、南涧河、对竹河生态综合治理成果，实施七里峪水库建设、南涧河治理二期工程。大力开展植树造林，推进荒山荒坡、矸石山治理、工业废弃地和老矿区环境治理。全力做好城市水源地保护工作，加快实施源头水源地建设。巩固提升乡村清洁工程、农村环境卫生连片整治工作成果，不断提升全市生态环境质量，为群众提供更加良好的生活环境。

六、破壁垒，重实效，优化经济发展新环境

2015年，我们以综改试验区建设为统领，加快法治政府建设，稳步推进重点领域改革。按照“六权治本”的要求，严格落实行政审批“两集中、两到位”和“首席审批员”制度，优化审批流程，提高审批效率，行政审批事项由220余项精简到106项。扎实推进行政管理体制改革，“两单两图”（行政职权权力清单和责任清单，行政职权运行流程图和廉政风险防控图。）全面公开，部门权责进一步明确。深入推进部门整合，市卫计局、商务粮食局、工商质监局、农林委、金融办等部门相继成立，行政效能明显提升。农村土地经营权、煤炭运销体制、煤炭资源价款、企业营改增、财税体制、医疗卫生体制等改革成果显著，转型发展环境更加优良。今年，我们要继续深化改革，不断增强经济发展的动力活力。

一要加快改革步伐。围绕推进综改试验区建设，制定实施转型综改“十三五”方案和2016年行动计划。有序推进行政审批、煤炭销售体制、城乡户籍、土地管理制度、供销合作社等多项改革。重点抓好农村改革，基本完成农村土地承包经营权确权工作，建立农村产权交易市场，积极探索农村集体土地、宅基地、房屋入市交流机制。加快实施农村集体产权制度、集体林权配套制度、水权制度等多项改革，进一步活跃农村集体经济。

二要推进“六权治本”。及时调整充实政府部门权力清单和责任清单，做到动态管理，真正实现“政府权力进清单，清单之外无权力”。充分发挥“市长热线”作用，反映群众诉求，解决民生难题，方便基层群众办事创业。

三要实行精准招商。巩固招商引资成果，着力解决制约项目落地、建设、发展的各种问题，为企业发展提供优质环境。大力开展精准招商，积极承接发达省市产业转移，深入挖掘符合国家产业政策和我市发展规划的优势项目，组团参加省、市组织的各种招商活动，力争引进更多的大项目、好项目，全面增强我市经济发展后劲。

七、抓创新，求突破，培育经济增长新动能

2015年，我们紧抓金融振兴、科技创新和民营经济发展三项工作，健全完善工作机制，不断推进改革创新，为我市经济社会转型发展增添了新动能。金融创新方面，成立金融工作办公室，加强对全市金融工作的管理、指导和监督。设立战略新兴产业、文化和旅游产业投资基金，成立中小企业融资担保公司和建设投资有限公司，为我市企业发展和重点项目建设提供融资和担保服务。同时，高度重视金融稳定，集中开展打击非法集资专项行动，深入推进农村信用社改制，全市金融产业服务能力有效提升。科技创新方面，《霍州市低碳创新行动计划》编制出台。中国科技流动馆走进霍州等科普活动广泛开展，受教育群众万余人次。知识产权保护各项法规得到全面落实，全年申报专利134项。民营经济发展方面，设立中小微企业扶持基金和中小微企业贷款中心，严格落实小微企业“六补一缓”政策，全面开展营改增和小微企业税费优惠减免工作，切实减轻了企业负担，促进了民营企业发展。

今年，我们要继续把金融振兴、科技创新和民营经济发展放在重要位置来抓。

一要促进金融产业振兴。推进金融创新，支持银行业发展，加快农村信用社改制，规范和壮大融资担保公司、小额贷款公司等法人机构规模，稳步推动第三方支付、P2P贷款模式、众筹融资等互联网金融发展。完善政银企沟通对接机制，建立金融信息交流平台和企业资金需求项目库，召开政银企对接会、座谈会、联席会，加强银企合作，拓宽合作途径，增强银企互动，着力破解新型产业项目和中小企业融资难题。发挥政策性、开发性金融的作用，运用好城投公司担保融资平台，加强对接，抢占先机，为我市争取更多的政策性贷款。强化对上市企业的培育引导，力争实现我市企业在“新三板”（新三板是继上交所、深交所之后由国务院批准，证监会统一监管的第三家全国性中小企业股权交易平台。）上市、挂牌、融资的“零突破”。加强金融风险监测与防范，积极探索建立民间融资监测、评估、预警和处置机制，严厉打击非法集资，确保金融安全和社会稳定。

二要推动民营企业发展。认真落实中央、省、市关于扶持中小微民营企业发展的一系列政策措施，扎实开展送政策、送专家、送服务“三送”活动，帮助企业解决创业难、融资难、用地难等发展难题，鼓励民营企业做大做强、做精做细，着力提升中小微企业发展能力，为民营经济特别是小微企业创造良好的发展环境，加快形成大众创业、万众创新热潮。积极支持民营经济转型发展，引导民营企业进入非煤产业、新型产业、民生事业，增强经济发展的内在活力。

三要增强科技创新能力。加快培育科技创新企业，引导霍煤、国电、兆光、霍化等企业加大技术创新力度，建立科技研发平台，增强企业核心竞争力。创新文化建设，健全完善科技创新激励机制，大力表彰和鼓励发明创造，激发群众创新热情。实施人才强市战略，加大招才引智力度，引进高层次科技人才，推进人才创业工程，为我市转型发展提供强大的智力支持。加强与省内外高校和科研院所的科技交流，引进先进实用技术，进一步增强先进科技对我市经济发展的带动能力。

八、谋福祉，惠民生，共享改革发展新成果

2015年，我们坚持把改善民生作为政府工作的出发点和落脚点，财力持续向群众关心的教育、卫生、就业、社保等方面倾斜，民生支出占到全市财政支出的70%以上，广大群众得到了更多的实惠。成功创建“全国义务教育发展基本均衡市”。高考二本达线突破千人大关，再创历史新高。连续7年开展爱心助学活动，累计筹资2000余万元，受惠学生达13000余人次。高度重视创业就业，全年新增就业岗位5086个。建成各类保障性住房849套，在临汾市排名第一。卫生计生职能优化合并全面完成。社会保险覆盖面不断扩大，各类保障制度强力实施并得到持续巩固。

面对财力进一步吃紧的严峻形势，今年我们更要发挥好社会政策的“托底”和政府财政的“兜底”作用，把更多的财力用于民生改善，切实增强人民群众的幸福感和获得感。

一要提高教育教学质量。巩固和提升义务教育均衡发展水平，统筹推进学前教育、义务教育、高中教育、职业教育均衡协调发展。持续加大投入，完成市二中多功能田径运动场、辛置镇中心幼儿园和职教中心建设项目。加强教师队伍管理，全面开展校长、教师交流任职工作，探索教师全员聘任、择优上岗的激励竞争机制，全面优化师资结构，提升全市教育教学质量。

二要抓好卫生计生工作。全面深化医药卫生体制综合改革，积极推进公立医院改革，巩固完善基本药物制度。全面建设城乡统筹的医疗卫生保障体系，有效解决群众“看病难、看病贵”问题。积极稳妥推进计生工作改革，不断提高计生管理服务水平，确保人口素质持续提升。进一步加强流行性疫病防治，大力普及疫病防控知识，提升公共卫生和卫生应急工作水平，坚决杜绝各类突发公共卫生事件。

三要强化社会保障机制。按照“广覆盖、保基本、多层次、可持续”的方针，不断扩大社会保险覆盖面。城镇医保参保率达到97%，城乡养老保险覆盖面达到100%，新农合参合率达到97%。加快推进社会保障体系建设，加大弱势群体帮扶力度，推动社会福利和慈善事业发展。不断完善大病救助、市级领导包联孤儿、四类贫困家庭学生救助、爱心助学、特困家庭救助、80岁以上老人救助等多种机制。大力实施就业优先战略，鼓励以创业带动就业，全年新增就业岗位5000个。完善公共就业服务体系，落实大学生就业促进计划和创业引领计划，做好退役军人转业安置、就业困难人员托底帮扶、残疾人就业援助等工作，全面清除“零就业”家庭，切实保障人民群众基本生活，让广大人民群众更好地享受改革发展成果。

九、尽职责，促和谐，开创社会管理新局面

2015年，我们按照“安全第一、预防为主”的安全工作原则，加大对各行业、各领域的隐患排查整治力度，深入开展打非治违专项行动，全年安全生产事故起数、死亡人数均下降25%，安全形势持续向好，连续8年荣获临汾市“平安县市”称号。全力推进社会综合治理，持续开展“六五”普法、“一村一警”等工作，建成霍州市社会服务管理指导中心，人民群众的社会安全感和满意度明显提高。严格落实四大班子领导包案和轮流接访制度，市、乡、村三级信访网络体系日臻完善，群众诉求渠道进一步畅通，基层矛盾排查调处力度全面加强。

安全信访稳定工作责任重大，任重道远，我们必须警钟长鸣，常抓不懈，久久为功。

一要紧抓安全生产。按照“党政同责、一岗双责、齐抓共管”的要求，切实履行党委政府的领导责任、单位部门的监管责任和经营企业的主体责任，切实做到“管行业必须管安全，管业务必须管安全，管生产经营必须管安全”。深入开展安全生产专项排查整治工作，严格落实生产经营企业“五落实、五到位”安全责任机制，强化安全教育，加强队伍建设，健全应急预案，不断提高应对突发事件的能力，确保全市安全生产形势持续向好。

二要维护社会稳定。健全信访工作长效机制，继续推行领导包案、固定接访、带案下访等制度，畅通群众诉求渠道。发挥乡村两级矛盾纠纷调解中心作用，把矛盾纠纷最大限度地化解在基层、解决在萌芽。围绕信访积案，加大处置力度，因案施策，逐案化解，维护群众权益。加强信访群众法制教育和思想疏导，坚决打击缠访、闹访、非法上访，推动信访秩序持续好转。

三要创新社会综治。不断引深“平安霍

州”创建，实施城市视频监控系统建设项目，构建立体化、全天候的社会治安防控体系。深入开展“打黑除恶”、“两抢一盗”等专项行动，加强对流动人口、刑满释放人员、吸毒人员等特殊人群的教育管理，做到不漏管、不失控。强化网络监管，深入开展打击网络谣言、网络敲诈等专项整治行动，加快推进网络空间法制化进程。全面加强城中村、学校周边等重点区域治安管理，全力维护社会秩序，切实增强人民群众的社会安全感。

十、严治党，树新风，掀起干事创业新高潮

2015年，我们坚决贯彻“党要管党、从严治党”要求，坚持从严导向、问题导向、目标导向，排查整治不严不实问题，切实提高了党员干部服务基层、服务群众、服务发展的能力。推行了“四述两谈”、“清单定责”、“廉情预警”、“约法三章”等制度，开展了20余次廉政宣教活动，组织百名科级干部赴贵州接受革命传统教育、赴曲沃监狱开展警示教育，市级领导带头公开承诺、签字背书，从严查处干部违纪问题，广大干部的纪律观念和规矩意识进一步增强。坚决贯彻落实省委巡视组提出的意见要求，常委班子带头整改落实，逐项拉出清单，逐一认领、认责、认干。

但也要清醒的认识到，我们在干部管理、基层党组织建设等方面与上级要求和群众期盼仍存在一定差距。今年，我们要进一步加强对全市各级党员干部的教育、管理和监督，以严的要求、实的作风，全面健全完善党建工作责任制，不断提高我市党建工作科学化水平。

一要强化思想意识。全市各级党组织要以“两学一做”学习教育为抓手，认真学习党章党规和习近平总书记系列重要讲话，提高理论素养和党性修养，补足“精神之钙”，做合格党员。广大党员干部特别是领导干部要牢固树立“规矩面前没有特权、纪律约束没有例外”的意识，在守纪律、讲规矩上做表率，自觉做政治上的明白人，以优良的党风带政风、促民风。要继续开展“领导干部大讲坛”和外出学习活动，解放思想，开拓视野，增强创新意识，提升工作水平，把学习成果转化为推动工作、解决问题的实践能力。

二要坚持从严治党。要强化日常监督，从严管理干部，充分运用谈心谈话、民主生活会、诫勉谈话等形式，对干部苗头性、倾向性问题及时提醒纠正，架设“警戒线”，通上“高压电”，打好“预防针”，避免违规违纪问题发生。要严格落实领导干部重大问题和重大事项请示报告、领导干部个人有关事项报告、新提任领导干部有关事项公开、重大决策终身责任追究等制度，真正使制度成为干部行为作风的“硬杠杠”。今年适逢县乡换届，我们要在工作中坚持“德才兼备、以德为先、以廉为基”的用人导向，充分发挥党组织选人用人的领导把关作用，扎实推进“三个一批”和“一倒查六整治”工作，从源头上预防和遏制“带病提拔”、“带病在岗”等问题，真正把想干事、能干事、干成事的干部选出来、用起来。

三要夯实基层党建。基层党组织是我们党的基础和支撑。各级党组织要始终把抓基层、抓基础作为固本之策，认真落实山西省、临汾市农村基层党建工作会议精神和市委工作要求，眼睛向下，重心下移，抓好基层班子和队伍建设，重点解决好基层党组织工作经费、报酬待遇、活动阵地等问题，着力夯实基层党建工作。要坚决整顿软弱涣散党组织，不断加强党员干部的教育和管理，真正使基层干部树立起服务群众的意识，化解干群矛盾，提升自身威信，争做群众信赖的好干部。要大力开展农村集体经济“破零”行动，结合农村“三资”清理整治工作，盘活现有资产，拓宽增收渠道，力争实现集体经济“空壳村”全部“破零”。

*四要加强廉政建设。*各级党组织要切实把党风廉政建设当作份内之事、应尽之责，认真履行好党风廉政建设“两个责任”，围绕《中国共产党廉洁自律准则》和《中国共产党纪律处分条例》，在全市广大党员干部中开展示范教育、警示教育和岗位廉政教育，坚决反对“七个有之”，严格执行“五个必须”，真正做到讲政治、顾大局、守纪律、懂规矩。纪检监察机关要围绕履行监督责任，加大“三转”力度，突出主业主责，敢于亮剑出招，实践好“四种形态”，切实执好纪、问好责、把好关。要继续保持反腐高压态势，严格执行“八项规定”，贯彻落实“三严三实”，大力推行“12388”工作法、“约法三章”“四述两谈”等廉政制度，持续狠刹“四风”，坚决整治不作为、乱作为、慢作为等现象，切实形成风清气正、干事创业的良好氛围。

今年是“十三五”规划的开局之年，五年看三年，三年看头年。做好今年的工作，任务艰巨，责任重大，不容我们有丝毫的懈怠和放松。全市广大党员干部要把思想和行动统一到市委、市政府的决策部署上来，进一步强化实干意识、担当意识、执行意识，在其位、尽其责、谋其事，全面抓好经济社会发展各项工作。各部门、各单位要按照山西省、临汾市“冬季行动”的部署要求，认真抓好重点项目建设，尽快启动东门桥改造、陶唐峪开发、七里峪三期、水源地建设等一批重点项目，全面掀起项目建设高潮。要紧盯主要经济指标，尤其是财税任务，进一步强化税收征管，实现均衡入库，严防跑冒滴漏，做到应收尽收，确保实现首季“开门红”。同时，要毫不松懈的抓好安全生产和信访维稳工作，保障“两会”和换届工作期间社会和谐稳定。

同志们，方向已明，行动跟进，目标必成。转型发展的宏伟目标召唤着我们，后发赶超的历史使命激励着我们，30万霍州人民期待着我们。让我们在市委、市政府的坚强领导下，振奋精神、适应新常态，敢于担当、勇有新作为，稳中求进、争创新业绩，奋力开创霍州经济社会发展的崭新局面！

中国人民政治协商会议第六届霍州市委员会常务委员会工作报告

——2016年8月16日在政协霍州市七届一次会议上的报告

薛泽会

各位委员、同志们：

我受政协第六届霍州市委员会常务委员会的委托，向大会报告工作，请予审议，并请列席会议的同志提出意见和建议。

六届政协工作回顾与总结

政协第六届霍州市委员会任期的五年，是政协工作开拓创新的五年，是政协事业蓬勃发展的五年。在中共霍州市委的坚强领导下，在市政府的大力支持和有关部门的密切配合下，政协霍州市委员会及其常务委员会高举爱国主义、社会主义旗帜，牢牢把握团结民主两大主题，始终围绕市委、市政府的中心工作，创新履职方式，认真履行职能，为霍州率先发展、统筹发展、和谐发展和人民政协事业的创新发展作出了积极贡献。

一、围绕中心，服务大局，建言献策成效显著

五年来，市政协主动将政协工作融入全市经济社会发展大局，抓大事、议要事、献良策，努力把广大政协委员和政协各组成单位的积极性、主动性和创造性引导到助推霍州市经济社会发展上来。

一是协商议政渠道不断拓宽。市政协着眼大局，采取全体会议、常委会议、主席会议等形式，围绕全市发展中的重大问题广泛开展协商。整体协商，谋发展大计。利用政协全会组织委员就我市“一府两院”报告、“十三五”规划及其他事关霍州经济社会发展全局性、战略性、前瞻性的重大问题进行重点协商。五年来，共综合各类意见建议400多条，组织大会发言12篇，供市委、市政府决策参考，很多意见建议得到主要领导亲自批示并被相关领导和单位认真研究采纳，极大调动了委员参政议政的积极性。专题协商，献务实良策。市政协充分发挥常委会和主席会的协商议事作用，紧扣市委、市政府的重大决策部署，就城乡一体化建设情况、农村养老事业、农业产业结构调整等问题开展重点协商。每年听取市政府通报全市经济运行及社会事业发展情况的报告，邀请市财政局、环保局、国土资源局等16个单位进行工作情况通报，提出意见建议130余条，有力地推动全市经济社会的健康有序发展。对口协商，建睿智之言。市政协紧扣党政关心、干群关注的重大问题，积极开展各专委会和相关部门的对口协商。先后要求涉及全市各行业的60余个政府职能部门和系统单位进行了年度工作书面汇报，通过召开座谈会、听取职能部门汇报、实地查看等形式，委员分别对食品药品监督管理、科学技术普及、窗口单位政风行风建设、文明城市创建、土地资源的利用和保护等26个问题，与市委、市政府有关部门开展对口协商，提出意见建议85条，供有关部门在决策中参考。

二是民主监督力度不断加大。市政协坚持寓监督于经常性工作之中，充分运用视察、提案、信息、评议等载体，畅通渠道，广开言路，实话实说，有力地推进民主政治建设。以视察为依托，知情议政务实务效。市政协坚持“专项求深、务求实效”的原则，努力提高视察的效果。五年来，我们先后围绕文物旅游发展、食品安全、社会化养老服务体系建设、城乡交通建设、社区安全管理、城区热电联产和集中供热等方面开展专题视察活动22次，提出各类改进意见建议70条，收到了促进工作的积极效果。以提案为抓手，出谋献计求真求质。注重提高提案质量，加大提案督办力度，着力彰显提案在参政议政中的重要作用。五年来，市政协各组成单位和政协委员围绕发展中的热点难点问题积极撰写提案，共提交提案693件，经审查立案598件，办复率100%，满意率达95%以上，产生了良好的经济社会效应。为切实提高办理效果，共遴选42件提案作为重点提案，通过跟踪了解、协商座谈、现场视察等方法，认真督办，促进落实。以信息为载体，反映民意尽心尽职。市政协组织委员围绕党政工作中心，抓住对全局有影响、对决策有价值、对工作有促进的重要事项，积极反映社情民意。五年来，我们编发的关于整合提升我市文化生态旅游资源、加强我市住宅电梯的安全监管、提升养老服务水平、推进垃圾分类和垃圾无害化处理等120余条社情民意信息被上级政协采用，连续四年被临汾市政协评为“社情民意先进集体”称号。以评议为平台，促进政风越变越好。为认真履行民主监督职能，六届一次会议以来，市政协每年选择2—3个部门，组织委员进行民主评议，重点对部门的履职情况、服务质量、廉政建设和队伍情况等进行测评，在肯定成绩的同时，客观公正地提出改进意见，对有关部门的工作作风和办事效率提出意见建议180多条，有效地促进了政风的转变和重点工作的推进。

*三是参政议政效果不断彰显。*市政协以促进发展为己任，按照“科学性、前瞻性、实效性”的原则，紧紧围绕事关发展、涉及民生且带有战略意义的重要课题，组织开展调研。五年来，共向市委、市政府呈送各类调研报告25份，提出各类意见建议160余条。2011年，就我市城乡一体化建设情况、农村养老事业、农业产业结构调整情况、农业循环经济发展等重大课题开展专项调研视察，2012年，紧扣年初工作要点，精心筛选委员提案，先后围绕“城乡交通建设和街巷硬化、民营经济发展、加快文物旅游发展、创新社会管理、农业科技队伍建设”等重点课题进行了实地视察调研，组织开展了一批协商建言活动，形成了一系列建言献策成果。2013年，各界别委员就生态环境、教育、安全生产、加快发展特色农业、大力发展职业教育、平安建设等多个课题开展了实地视察调研，积极咨政建言，献计出力。在临汾市政协三届十五次常委会议上，我市政协就发展职业教育工作做了专题议政发言。2014年，围绕餐饮业发展、中小微企业发展状况、公共消防设施建设情况、中小学校安全教育及管理等课题，通过实地查看、召开专题座谈会，提出各项建设性对策建议50多条。其中，加强公共消防设施建设以社情民意形式上报到临汾市政协，被临汾市政法委陈小洪书记批示。2015年，市政协扎实开展了“反映社情民意信息月”活动，以开展委员活动小组专题视察为载体，全体政协委员齐参与，聚焦环境污染治理、教育卫生改革、交通建设管理等群众最关心的热点难点，通过走访、视察、座谈形式开展了有针对性、富有界别特色的视察活动，在推动改革、促进发展、服务民生中发挥了积极作用。

二、发挥优势，整合力量，凝聚合力助推发展

六届一次会议以来，我们始终突出团结民主两大主题，努力增强各方面的团结合作，积极汇聚各方力量，全力促进社会和谐，为全市经济社会发展提供了有力支持。

*一是重视发挥党派团体的参政作用。*切实加强同民主党派、工商联、无党派人士和人民团体的合作共事，积极鼓励和支持党派团体在共商大政方针、实施民主监督、进行参政议政中发表意见。五年来，各民主党派团体及其成员共提出提案128件，所提意见和建议都得到了较好办理。如民建围绕推动我市深化医疗卫生体制改革进程以及落实新医改政策对基层卫生院的利与弊开展专题调研，有针对性的提出了四条解决存在问题的建议，相关部门对报告给予高度评价，并结合我市医改工作认真加以解决。

*二是切实发挥界别的纽带作用。*充分把握政协由界别组成的特点，推动委员加强与

本界别群众的联系，使政协组织真正成为党和政府联系群众的桥梁和纽带。工商联界积极配合“工业强市”战略，引导企业加强行业合作，做大做强特色产业。妇联界积极开展“巾帼创业行动”，为更多妇女搭建了致富创业的平台，实现了3000多名妇女重新就业或创业。工会界积极开展“创建服务单位”、争做“优质服务明星”活动，提升了窗口行业服务水平。经企界积极开展“村企联谊共建活动”，努力搭建村企共同发展的桥梁，促进全市城乡经济统筹发展。同时，我们充分发挥界别优势，协助党委政府做好协调关系、化解矛盾的工作。积极向群众宣传政策，解决问题，消除矛盾隐患，促进社会和谐稳定。

三是积极发挥专委会的基础作用。六届市政协十分重视专委会作为联络、团结和组织委员履职的基础功能，充分利用专委会专业优势，精心组织调研、视察等活动。为加快我市农业产业的发展，农业科技委组织涉农部门考察特色农业养殖企业；为促进我市财政持续发展，社会法制委组织委员就非税收入改革情况和税源建设情况分别到市国税局、地税局视察调研；为推进我市卫生事业的发展，统宣文史委组织委员到市卫生局和视察新型农村合作医疗工作。为推动我市文物旅游发展，提案信息委组织开展了加快文物旅游发展的专题调研视察。五年来，各专委会共牵头组织专项视察调研活动36次，提出意见建议100余条。

四是充分发挥委员的主体作用。为充分发挥委员的主体作用，我们在委员中坚持开展“撰写一个好提案、反映一条社情民意、参加一次公益活动”的“三个一”活动，充分利用调研、座谈、提案、视察、民主评议等多种形式，为委员参政议政搭建平台、提供机会。广大政协委员在认真履职的同时，积极在本职岗位上建功立业。经济企业界委员不断扩大企业经营规模，加快优化升级，努力做大做强；农业科技界委员积极从事基层农技推广工作，潜心研究农业发展，为霍州现代农业发展作出了突出贡献。五年来，广大政协委员还积极参与社会公益事业，开展了送医药、送科技、送文化、送法律和面向困难群众结对帮扶的“四送一帮扶”活动，为社会福利事业和村级基础设施建设共捐款180多万元，扶助留守儿童16名，慰问贫困家庭70多户。一方面加强了同群众的密切联系，有利于更好地倾听群众呼声，了解群众意愿，反映群众诉求，另一方面，委员们关注社会、情系民生的真情与风采，赢得了良好的社会声誉，树立了良好的社会形象。

五是努力发挥文史资料的功能作用。市政协高度重视文史资料工作，切实发挥了文史资料工作“存史、资政、团结、育人”的社会功能，为完善地方文史资料做出了积极贡献。结合文史工作特点认真开展调查研究，深入挖掘霍州名人资料、民俗资料、古建筑文物资料，搜集整理相关史料文稿37篇分别入选上级文史资料丛书。

三、固本强基，创新机制，切实增强履职实效

五年来，市政协以强化工作效能为宗旨，内强素质，外塑形象，不断增强政协组织的融合力、凝聚力和影响力，思想建设、制度建设和队伍建设得到了新加强。

一是推进“三化”制度建设。坚持把“三化”建设贯穿于政协全部工作始终，体现在履行职能的各个方面和环节，先后建立、修订、完善了《关于加强反映社情民意信息工作的意见》《市政协党组民主生活会制度》《市政协常委会议议事规则》、《主席分工负责制度》、《提案工作条例》、《专委会对口协商制度》等多项规章制度，从程序上对履行职能环节作出具体规定，严格履职程序，避免工作随意性，形成了规范有序的运行机制，为政协更好地履行职能提供了制度保障。

二是重视抓好委员队伍建设。大力加强政治理论学习，努力建设学习型政协组织。以开展保持党的纯洁性学习教育活动、“夯实基础管理、落实工作责任”集中教育整顿活动、党的群众路线教育实践活动和学习讨论落实活动、“两学一做”等主题教育实践活动为契机，将学习贯彻中央、省、市委有关加强人民政协工作的意见精神，与弘扬霍州精神，锤炼过硬本领，加快霍州发展的实践紧密结合起来，不断提高政协队伍的政治素养和业务素质。创造条件激发委员主体意识，通过表彰优秀提案，优秀社情民意信息和宣传委员风采等活动，不断增强委员参政议政的光荣感和使命感。

三是不断扩大政协社会影响。加强与省市新闻媒体的合作，及时宣传我市政协的重要会议、调研、视察等活动以及政协委员积极参政议政、建言献策的成果。五年来，我们在中央、省市等媒体和省市政协相关会议上，发表、交流各类理论文稿、经验介绍和新闻稿件60多篇。积极扩大对外联谊交往，先后15次配合省市政协开展调研视察活动，承办临汾市政协三届十五次常委会议，有效宣传推介了霍州，扩大了政协社会影响。

四是加强政协机关作风建设。我们以干部队伍建设为抓手，进一步加强政协机关作风建设，激发工作活力。认真组织开展“机关纪律作风”专项整治、“学习《致加西亚的信》”等活动，在机关推行了“12388”工作法，实行工作量化、职责细化目标管理办法，从严落实“两个责任”，严守“八项规定”，狠刹“四风”顽疾，有力净化了政治生态，切实转变了干部作风，提高了机关办事效率。与此同时，继续深化“城乡互联、统筹共建”活动，帮助联系村明晰了发展思路、发展目标和具体措施。

这些成绩的取得来之不易，是中共霍州市委坚强领导和市政府及社会各界大力支持的结果，是六届政协委员、政协各组成单位和机关全体同志积极进取、团结奋斗的结果。在此，我代表市政协六届常委会，向长期以来关心、重视、支持政协工作的中共霍州市委、市政府和社会各界表示衷心的感谢！向为市政协工作付出辛勤努力的全体委员、各民主党派、人民团体以及各族各界人士致以崇高的敬意！

五年来，六届市政协坚持在继承中发展，在开拓中前进，在创新中提高，积极探索新形势下政协工作的新路子，在实践中积累了一些经验和体会：一是只有坚持党委的领导，政协工作才能坚定方向。我们始终坚持在市委的坚强领导下，自觉把政协工作置于全市经济社会发展的大局之中。市委高度重视政协工作，把政协工作作为全局工作的重要方面定期研究部署，为政协调研视察出题目、给任务，认真听取来自政协的意见建议，支持政协改善履职条件。实践证明，只有坚持党的领导，政协事业才能健康向上、蓬勃发展。二是只有坚持发展第一要务，政协工作才能有为有位。我们始终把促进发展作为履职的第一要务，始终把履职的重点放在推动霍州市经济社会发展上，紧紧围绕事关霍州发展全局的重大课题积极协商议政、建言献策。实践证明，只有自觉服从服务于霍州发展大局，政协工作才能更好地发挥独特优势和作用。三是只有坚持团结民主，政协工作才能彰显特色。我们始终把团结民主贯穿于政协工作的全过程，实践证明，只有坚持团结民主两大主题，政协工作才能不断增强感召力和凝聚力，才能为建设富裕和谐美好新霍州提供坚实的群众基础。四是只有坚持履职为民，政协工作才能体现价值。我们坚持把维护群众利益作为政协工作出发点和落脚点，积极关注保障和改善民生。实践证明，政协工作只有坚持以人为本，履职为民，才能赢得群众的信任和支持，才能在服务霍州科学发展进程中发挥应有的作用。五是只有坚持开拓创新，政协工作才能永葆生机。我们始终坚持在履职的课题选择、调研的方式、提案的办理、活动的组织、建议的提出等各个环节，有针对性地创新政协工作机制，改进工作方法。实践证明，只有与时俱进，大胆创新，政协工作才能不断提高科学化水平，才能永葆生机和活力。

在肯定成绩的同时，也要清醒地看到，我们的工作与市委的要求，与社会各界和委员们的期望还有差距。主要是：政治协商的机制有待进一步完善，民主监督的渠道有待进一步拓宽，履职成果的转化利用有待进一步提高，委员整体作用的发挥有待进一步加强等。在今后的工作中，要结合新形势、新任务，认真进行研究，切实加以解决。

各位委员，随着市政协七届委员会的产生，六届政协将顺利地完成历史使命。由于工作或年龄的关系，部分同志将不再担任政协常委和委员，但我们不会忘记他们为霍州发展作出的贡献，为创新政协工作积累的丰富经验，为进一步做好政协工作奠定的坚实基础。在此，我提议，让我们以热烈的掌声，向他们表示衷心的感谢和崇高的敬意！

对七届市政协工作的建议

各位委员、同志们，政协霍州市第七届委员会任期的五年，正是我市大力实施“十三五”规划，努力实现科学发展，加快建设全面小康社会的重要时期。面对新形势、新任务、新要求，新一届政协工作使命光荣，责任重大。希望新一届政协继续高举中国特色社会主义伟大旗帜，以邓小平理论和“三个代表”重要思想、科学发展观为指导，认真贯彻党的十八大和十八届三中、四中、五中全会和习近平总书记系列重要讲话精神，紧紧围绕霍州市第七次党代会提出的目标任务和部署要求，在中共霍州市委的坚强领导下，牢牢把握团结和民主两大主题，广泛凝聚各方力量，扎实有效履行政协职能，切实发挥人民政协协调关系、汇聚力量、建言献策、服务大局的重要作用，努力做到有效协商，有力监督、精准建言，为建设文明开放幸福美丽新霍州展示新作为，做出新贡献。

一、强化学习，进一步增强履行职能的原动力

继续组织政协各组成单位和广大政协委员认真学习贯彻中国特色社会主义理论体系以及中央、省、市委的重要决策部署，认真学习党的十八届五中全会及习近平总书记在庆祝人民政协成立65周年大会上的重要讲话精神，认真学习贯彻落实省、临汾市政协会议、霍州市第七次党代会精神。继续发扬理论联系实际的优良学风，把加强理论学习与履行政协职能结合起来，与不断创新政协工作结合起来，与本职岗位建功立业结合起来。通过学习，进一步认清政协工作面临的新形势、新任务，努力把全体委员的思想和行动、智慧和力量统一到中国特色社会主义伟大旗帜上来，统一到霍州市第七次党代会

精神上来，统一到建设文明开放幸福美丽新霍州的宏伟目标上来。

二、围绕中心，进一步提高科学发展的向心力

要把促进经济发展作为政协履行职能的首要任务，抓好抓实。进一步明确我市第七次党代会提出的发展目标和主要任务，深刻认识我市“十三五”时期发展的特点，找准政协履职与全市工作大局的最佳结合点和切入点，积极协助市委、市政府以战略的眼光谋划发展、以全局的意识统筹发展、以科学的态度抓好发展。充分利用政协全委会整体协商、常委会专题协商、主席会重点协商、专委会对口协商等协商平台，在委员和决策者之间架设沟通桥梁、联系渠道和协商反馈机制，让各个方面、不同层次的意见都能得到充分发表，为党政决策的科学化、民主化提供依据和参考。重点围绕市党代会提出的“五大发展理念”和“六大重点工作”推进开展调研视察，献智出力。继续邀请市政府部门向市政协常委会、主席会通报工作情况，并使之成为一种长效的协商工作机制。充分发挥政协人才荟萃、联系广泛、智力密集等优势，紧扣党政工作中心、社会发展大局和群众关注热点，主动开展调查研究，深入广泛的开展视察、考察，充分听取社会各界的意见建议，集思广益，形成高质量的调研报告和建议案，切实提高参政议政、建言献策的能力和水平。认真把握政协民主监督的特点，通过委员提案、反映社情民意、民主评议等方式，就决策执行过程中的相关事宜提出意见和建议，切实发挥民主监督在社会主义民主政治中的重要作用。主动投身经济建设的主战场，发扬上届政协在服务全市重点工程和项目建设上的优良传统，努力在促进经济发展上有大作为。

三、以人为本，进一步扩大服务民生的影响力

要坚持以人为本，把关注民生作为政协工作的出发点和落脚点。要顺应人民群众过上更好生活、提高幸福指数的新期待，围绕增加就业、推进全民创业，围绕推进公共服务均等化、缩小城乡差距，围绕加快环境整治、营造一流的人居环境，围绕推进社会保障、完善养老保险等主题，深入基层调查研究，积极提出意见建议，努力推动有关医疗卫生、教育文化、收入分配、食品安全、安居保障、社会救助、扶贫开发、生态环境等民生问题的解决。要引导广大政协委员和社会各界人士，在扶危济困、慈善捐赠、爱心资助、结对帮扶等方面真情奉献，不断扩大政协关注民生、服务民生的影响力。

四、弘扬民主，进一步增强和衷共济的凝聚力

要进一步发扬民主，增进团结，最广泛地调动一切积极因素，最大限度地激发社会活力，积极为构建和谐霍州凝聚人心和力量。要坚定不移地坚持中国共产党对人民政协的领导，紧紧围绕党委的重大决策和工作部署履行职能开展工作，确保党的路线方针政策在人民政协得到全面贯彻落实。要增进与党派团体的团结合作，扩大公民有序参与，为他们发表意见和主张创造有利条件，积极营造民主协商、平等议事、宽松和谐、体谅包容的政治氛围。当前正处在经济发展的转型期，也是各种利益矛盾的凸显期。市政协要充分发挥联系广泛、包容各界的优势，自觉担负起社会和谐的重要职责，围绕群众思想认识上的“困惑点”，各种矛盾的“易发点”，主动协助党委、政府减少社会矛盾的“触点”、降低“燃点”，多做协调关系、沟通思想、释疑解惑、理顺情绪、鼓舞士气的工作，为减少阻力、增加动力、形成合力尽职尽责，共同维护霍州市和谐发展的政治局面。

五、积极探索，进一步提升政协工作的创新力

政协的性质和职能决定了人民政协必须坚持科学发展观，以科学发展观推进政协工作形成新思路、新途径、新规律。广大政协委员要充分认识并倍加珍惜当前经济社会发展的好形势，通过理论创新推动制度创新、工作创新以及其他各方面的创新。继续推进政协履行职能的制度化、规范化、程序化建设，努力形成规范有序的工作机制，与时俱进，开拓创新，进一步发挥好常委会的核心作用、专委会的基础作用、委员的主体作用和界别的纽带作用，在履行职能上努力做到“五个新”：协商议事有新作为、提案工作有新进展、调研视察有新推进、民主监督有新突破、文史工作有新成效。在委员队伍建设上，继续在委员中广泛开展“三个一”活动：每年至少提交一件有质量的提案、反映一条社情民意、参加一次社会公益活动。进一步加强政协机关建设，以创建“学习型、服务型、创新型、和谐型”机关为目标，按照“内强素质、外塑形象、争创一流”的要求，积极推进政协机关的思想、组织、作风和效能建设，不断提升机关工作效能和服务水平。

各位委员、各位同志，市第七次党代会为我市的发展描绘了宏伟蓝图，吹响了建设“进军省强市、全面达小康，为建设文明开放幸福美丽新霍州而努力奋斗”的进军号角，目标催人奋进，前景令人鼓舞，我市又站在了新一轮的发展起点上，七届政协必将迎来更加广阔的履职空间，全市广大政协委员肩负的使命光荣而神圣，让我们在中共霍州市委的坚强领导下，齐心协力、开拓创新，团结拼搏、跨越赶超，为加快建设文明开放幸福美丽新霍州作出新的更大的贡献！

霍州市人民法院工作报告

——2016年8月19日在霍州市第七届人民代表大会第一次会议上的报告

任　军

各位代表：

现在，我代表霍州市人民法院向大会报告工作，请予审议，并请各位政协委员和列席同志提出意见。

过去五年工作回顾

五年来，市法院在市委的坚强领导下，在市人大及其常委会的有力监督和上级法院的指导下，在市政府、市政协及社会各界的大力支持下，贯彻落实党的十八大和十八届三中、四中、五中全会精神，深入学习贯彻习近平总书记系列重要讲话精神，坚持司法为民、公正司法主线，忠实履行宪法和法律赋予的职责，全面加强自身建设，各项工作取得了新的成效。共受理各类刑事、民事、行政、执行案件5297件，审执结4921件（含旧存），结案率为92.9%，为我市经济社会又好又快发展做出了积极贡献。

一、认真履行审判职责，维护社会公平正义

五年来，市法院紧紧围绕全市发展和稳定大局，始终把执法办案作为第一要务，依法惩治刑事犯罪，妥善化解各类纠纷，有力地维护了社会和谐稳定。

依法惩处各类刑事犯罪，推进平安霍州建设。刑事审判准确把握宽严相济刑事政策，坚持严惩犯罪与保障人权并重，实行量刑规范化和刑事和解制度，落实未成年人犯罪记录封存制度，积极运用司法调解手段处理刑事附带民事诉讼案件，体现司法文明。依法高效审理好“两抢一盗”、故意伤害、毒品、醉驾等严重危害社会稳定、损害群众生命、财产利益和影响群众安全感的犯罪。加大对职务犯罪的打击力度，共审结贪污、贿赂、渎职等犯罪58件95人，推动全市反腐倡廉工作向前发展。五年来，共受理各类刑事案件740件，审结734件，结案率99.2%。

依法化解民商事矛盾纠纷，促进社会和谐有序。民事审判围绕“保增长、惠民生、调结构”发展主线，妥善审理好婚姻家庭、继承、房地产、人身损害赔偿以及民间借贷等各类民商事案件，依法维护当事人的合法权益。坚持“调解优先、调判结合”原则，把调解工作贯穿审判工作全程，健全和完善诉调对接机制，运用多元化调解手段疏导和化解矛盾纠纷。五年来，共受理各类民商事案件3391件，审结3179件，结案率为93.7%，调解结案935件，撤诉结案511件，调撤率为45.5%。

依法开展行政审判，助力法治政府建设。行政审判认真履行司法审查职能，加强对具体行政行为合法性审查，保护行政相对人的合法权益，促进、监督行政机关依法行政。五年来，共受理行政诉讼案件36件，审结35件，结案率为97.2%。

依法完善执行措施，全力破解“执行难”。执行工作坚持依法执行和文明执行，分散执行与集中执行、说服教育与强制措施相结合，全面破解执行难。加强执行信息化建设，投资90余万元建立了执行指挥中心，完善了执行联动机制和失信被执行人名单制度，督促被执行人自觉履行义务。开展涉民生集中执行、反规避执行“雷霆行动”、清理执行积案等活动，切实提高案件执结率。五年来，共受理执行案件909件，执结845件，执结率达92.9%，采取执行强制措施100余人次，在最高人民法院网站上公布失信被执行人信息221例，向市公安局移送拒不执行法院判决、裁定24案28人，有力保护了胜诉人合法权益。

依法强化信访工作，妥善解决群众诉求。高度重视十八大、省、市两会等重要节点期间安保维稳工作，积极解决当事人合法合理诉求，努力在息诉罢访上下功夫，通过加强申诉复查、再审案件审判、信访案件质量评查、法律释明、思想疏导、司法救助等措施处理重信重访，依法纠错，维护司法公正，妥善处理了一批上访老户和群体性案件。推行院领导来人来访接待制度，中层干部轮流接访等制度。五年来，市法院立案信访部门共处理群众来信、来访1000余人次，妥善处理上级部门交办的各类涉诉信访案件39件，对4名家庭生活困难的当事人进行司法救助7.5万元。

二、践行司法为民，以司法手段保障民生

五年来，市法院牢牢把握司法为民，公正司法工作主线，创新为民举措，确保法院工作更加符合民情，体现民意，服务民生，努力让人民群众在每一个司法案件中都感受到公平正义。

完善诉讼服务措施，着力解决立案难。市法院以创建“文明窗口”为目标，建设了

“一站式”立案信访服务大厅，加强了诉讼引导、查询咨询、判后答疑等工作，规范了法官的接待行为和用语，为群众提供了热情周到的诉讼服务。特别是2015年5月1日全面实行立案登记制以来，变审查立案为登记立案，对依法应当受理的案件，做到有案必立、有诉必理，当场登记立案率达到95%，坚决杜绝有案不立、拖延立案、年底不收案等现象，基本解决立案难问题，为人民群众依法维护自身权益敞开大门。五年来，共审查受理各类案件5297件，接待来访和法律咨询1.6万人次，为178案困难当事人办理了减、缓、免诉讼费，缓交金额达444085元。

加强信息化建设，推进阳光司法。市法院以信息化建设为抓手，积极推进审判流程公开、裁判文书公开、执行信息公开三大平台建设，安装了案件信息查询系统，完善了新闻发言人制度，开通了法院官方网站，实现了全院案件信息网络全部录入，建成3个“数字法庭”，建立了人民法院数据集中管理平台，逐步构建起开放、动态、透明、便民的阳光司法新机制。

三、坚持从严管理队伍，进一步提高队伍素质

司法公正的关键在于建设一支政治坚定、业务过硬、清正廉洁的干警队伍。五年来，市法院始终将队伍建设作为重中之重，着力从思想政治、司法能力、反腐倡廉入手，法院队伍整体素质进一步提高。

加强思想作风建设，增强服务意识。深入开展了党的群众路线教育实践活动、学习讨论落实及政法专项整治活动、“一村一警”联系走访活动、“三严三实”等主题教育活动，深入整治法院工作中的不严不实问题，持之以恒改进司法作风。开展向优秀共产党员杨善洲、模范法官陈燕萍、邹碧华等先进典型学习，强化先锋模范的引领示范作用，干警服务大局、执法为民的理念进一步增强。五年来，涌现出一批先进个人，先后有31名干警受到市级以上表彰37人次，其中，获得省级以上表彰8人次，临汾市级表彰29人次。

加大人才培养力度，增强司法能力。市法院以创建学习型机关为抓手，坚持每周组织一次专题业务学习，结合工作实际定期开展书记员技能考核、司法警察技能考评等活动，鼓励支持干警参加研究生学历教育和专项业务培训。五年来共选派法官参加省、市法院举办的业务培训500余人次，2名法官考取了山西大学法律硕士，新增审判委员会专职委员3人，新增审判人员4人。全院在职干警65名，其中研究生3人，本科学历56人，本科学历以上的占90.7%。现有38名干警具有审判资格，占全院干警总数的58.4%，为做好审判工作奠定了坚实基础。

强化党风廉政建设，保持司法廉洁。坚决全面落实党风廉政建设主体责任和纪检监督责任，制定并完善了《霍州市人民法院关于在全院落实党风廉政建设“两个责任”推行“四述两谈”制度的实施意见》、《霍州市人民法院关于落实党风廉政建设党组主体责任、纪检组监督责任的实施意见》，层层传导压力，层层压实责任。巩固群众路线教育实践活动成果，开展解决执法办案中不作为乱作为等专项整治活动，纠正“四风”和人民群众反映强烈的突出问题，着力建设长效机制，确保审判执行权力规范运行。严格落实最高人民法院“五个严禁”和法官任职回避等规定，严格执行重大事项报告、述职述廉等制度，加强对重点岗位、关键环节的静态监督和法官司法行为的动态监督。

四、自觉接受监督，不断改进人民法院工作

自觉接受监督，是人民法院公正司法的重要保障。五年来，市法院不断增强自觉接受监督的意识，推进司法公开，提高司法公信力。

依法接受人大监督和政协民主监督。自觉接受市人大及其常委会的法律监督和工作监督，向市人大常委会专题报告民事审判工作、执行工作、司法公开专项工作情况。认真接受政协民主监督，完善与民主党派、工商联、人民团体、无党派人士沟通协调机制。五年来，邀请人大代表和政协委员视察法院、旁听庭审、参加会议30余人次，认真听取对法院和法官的意见和建议，及时落实整改措施，确保法院各项工作的健康发展。

依法接受检察机关诉讼监督。认真对待检察机关提出的检察建议，积极配合检察机关履行诉讼监督职责，高度重视检察机关对生效裁判提起的抗诉，共同维护司法公正。五年来，共收到市检察院检察建议60件，接受抗诉5件。

依法接受社会监督。按照上级法院要求，在结合市法院实际情况的基础上，实施了人民陪审员“倍增”计划，增选29名人民陪审员。五年来，55名人民陪审员共参加陪审案件1095件，其中，民事867件，刑事228件，陪审率为22.5%，进一步增强了法院工作的透明度，提升了审判的公平公正。

各位代表，过去的五年，市法院各项工作呈现出整体提升、亮点突出、健康发展的良好局面。先后获得市级以上表彰15次，被省高院评为涉诉信访工作先进集体、“民事审判调解工作标兵单位”，被临汾市中院表彰为“教育培训先进单位”，被霍州市委、市政府评为“先进工作单位”、被霍州市政法委评为“政法工作先进单位”等荣誉称号。这些成绩的取得是市委的坚强领导、市人大及其常委会的有力监督、市政府的大力支持、市政协的民主监督的结果，是各位代表、委员倾心帮助的结果。在此，我代表法院全体干警向各位代表、各位委员和社会各界表示衷心的感谢！

回顾过去五年的工作，在肯定成绩的同时，我们也清醒地认识到，法院工作还存在不少问题和困难，主要表现在：一是在审判工作中，调解率、调撤率、当庭裁判率等12项审判业绩考核指标较低，均低于全市基层法院平均值。同时，执行工作还未真正实现良性循环，“执行难”问题还比较突出。二是案多人少矛盾愈加突出，案件数量持续大幅增长，审判力量严重短缺。三是一些法官的司法能力不适应新形势、新任务的要求，在准确认定事实、正确适用法律、妥善化解矛盾的水平不高。四、个别法官徇私枉法，办关系案、金钱案、人情案，陷入司法腐败的深渊。这些问题和不足，我们将坚持不回避、不遮掩，紧紧依靠党的领导，紧紧依靠人民群众，采取有效措施，切实加以解决。

今后五年的工作安排

今年和今后一个时期，市法院工作的总体思路是：高举中国特色社会主义伟大旗帜，以邓小平理论、“三个代表”重要思想、科学发展观为指导，深入学习贯彻习近平总书记系列重要讲话精神，围绕“努力让人民群众在每一个司法案件中感受到公平正义”的目标，以司法为民、公正司法为主线，不断强化审判执行工作，稳妥推进司法改革，不断加强自身建设，为全市转型跨越发展提供有力的司法保障。为此，重点抓好五方面工作：

一、着眼于服务霍州发展大局，进一步发挥审判职能

在刑事审判工作方面，要充分发挥审判职能，依法打击犯罪、保护人民，坚决维护国家安全和社会稳定。要坚持惩罚犯罪与保障人权相统一，严格贯彻罪刑法定、疑罪从无、非法证据排除等制度，落实刑诉法关于证明责任、证明标准、证人鉴定人出庭作证等方面的要求，强化证据裁判意识，严格证据审查运用，充分发挥庭审的功能作用，努力推进刑事案件庭审实质化改革，让罪犯受到应有的惩罚，确保无罪的人不受追究，促进社会公平正义。今后五年，市法院刑事诉讼案件的年均结案率要达到98%以上。

在民事审判工作方面，针对经济下行压力加大的实际，要正确运用法律和政策加强司法应对，依法保障结构性改革顺利进行。始终坚持“调解优先、调判结合”的工作原则，完善多元化纠纷解决机制。依法妥善审理婚姻、继承等家事案件，妥善审理借款合同、金融债权、民间借贷、商业保险等纠纷，防范和化解金融风险，最大限度的防止虚假诉讼案件的发生。临汾是全省家事审判的试点法院，市法院要在家事审判的工作理念、体制机制、方式方法上，勇于创新、积极探索，做到法理与情理并重。今后五年，市法院民事诉讼案件的年均结案率要达到95%以上。

在行政审判工作方面，要加强对新行政诉讼法的学习，深入理解精神内涵，转变司法理念，进一步提高行政审判水平，准确把握新行政诉讼法的有关规定，认真履行合法性审查职责，注重实质性化解行政争议。进一步完善行政机关负责人出庭应诉、司法建议反馈等制度机制，维护行政相对人的合法权益，监督支持依法行政，促进法治霍州建设。今后五年，市法院行政诉讼案件的年均结案率要达到98%。

在执行工作方面，要紧紧围绕“用两到三年基本解决执行难问题”总目标，以信息化建设为抓手，加强和改进执行工作，用足用活法律赋予的强制手段，将所有执行案件信息全部录入全国法院被执行人信息查询系统，完善失信被执行人名单制度。对被执行人有能力履行而拒不履行的，依法采取强制措施。要进一步提高自动履行率，做好说服教育工作，提高执行和解率，使执行工作走入良好循环的轨道。今后五年，市法院执行案件的年均结案率要达到80%以上。

二、着眼于提高审判效率，进一步提升信息化水平

要坚持信息化建设和信息化应用并重的工作思路，在大力推进信息化基础设施建设、加快信息化建设转型升级的同时，一定要注重信息技术的培训、推广、应用以及考核工作，健全和完善网上办案、网上管理的制度机制。要逐步实行审判工作的每一个环节都要在网上体现，做到“全程留痕”，审判工作流程、关键节点在网上要有完整记载，各项数据要在网上生成，实现案件管理和考核的科学化。要更加注重新闻宣传和舆情应对工作，充分运用网站、微博等各种信息平台，做到传统媒体与新兴媒体全面发声，进一步完善司法公开长效机制，有效接受全社会监督。

三、着眼于司法改革，进一步推进法院工作全面发展

司法改革是今后人民法院重要工作之一，市法院将按照上级法院的统一部署，增强工作主动性，勇于克服各种困难和问题，深入学习、宣传司法改革的政策和规定，消除片面理解和模糊认识，引导大家正确认识改革、理性看待改革，真正以主人翁的姿态支持改革、参与改革，确保干警思想稳定、队伍稳定。要积极学习和借鉴试点法院的成功经验，制定好落实法官员额的工作方案和实施办法，按照省高院、市中院的统一安排，扎实推进司法改革。要积极探索案件大管理机制、新的审判运行模式以及诉讼程序制度等全面改革。要积极争取党委、人大、政府对司法改革的支持，确保各项保障到位，稳步推进法院改革工作。

四、着眼于提高司法能力，进一步加强队伍建设

进一步落实党风廉政建设“两个责任”，自觉践行廉洁自律各项规定，切实改进司法作风。继续深入开展“四述两谈”制度、“12388”工作法，落实对干预案件进行记录问责的“两个规定”，完善惩治和预防腐败体系，加大对违纪违法行为的查处力度，以零容忍态度坚决惩治司法腐败。完善法院人才队伍常规储备，拓展人才引进渠道，改善队伍梯次结构，健全审判辅助人员增补机制，解决法官与审判辅助人员比例失衡问题，进一步推进法院队伍正规化、专业化、职业化建设，营造拴心留人的良好环境。

五、着眼于改进自身工作，进一步主动接受监督

要始终不渝地坚持党对法院工作的领导，保证党的路线方针政策和工作部署在法院得到不折不扣的贯彻执行，法院重要工作部署、重大事项、重大问题积极主动向党委汇报，接受领导。要更加自觉地接受市人大及其常委会的法律监督和工作监督，要通过报告年度工作、报告专题工作、接受专项执法检查、认真办理议案、意见、建议等形式接受监督。要自觉接受政协的民主监督、检察机关的法律监督及社会各界的监督。拓展人民陪审员的监督范围，力争实现普通程序案件都有人民陪审员参审。更加重视新闻舆论监督，更加关注网上舆情，及时回应社会关切，不断加强和改进人民法院工作。

各位代表，新的时期，新的使命。霍州法院将在市委的坚强领导下，在市人大及其常委会的有力监督下，在市政府、市政协及社会各界的大力支持下，认真落实本次会议精神，始终把政治纪律和政治规矩挺在前面，坚持以司法改革为主线、以执法办案为抓手、以信息化应用为平台、以队伍建设为保障，主动适应经济发展新常态，依法履行各项审判职责，全面加强自身建设，不忘初心、继续前进，为实现“进军省强市、全面达小康，共建文明开放幸福美丽新霍州”的目标而努力奋斗！

霍州市人民检察院工作报告

——2016 年 8 月 19 日在霍州市第七届人民代表大会第一次会议上的报告

王志刚

各位代表：

我代表霍州市人民检察院向大会报告工作，请予审议，并请市政协委员和列席会议的同志提出意见。

五年来检察工作回顾

市六届人大一次会议以来，在市委和上级检察机关的正确领导下，在市人大的监督和市政府、市政协及社会各界的支持下，我院全面贯彻党的十八大和十八届三中、四中、五中全会精神，深入贯彻习近平总书记系列重要讲话精神，认真落实市委和上级检察机关的工作部署，依法履行宪法和法律赋予的职责，强化法律监督，维护公平正义，大力加强检察队伍建设，各项检察工作取得了新成绩。

一、充分发挥检察职能，服务经济社会发展

五年来，我院紧紧围绕改革发展稳定大局，立足检察职能，主动作为，努力为经济社会发展营造良好的法治环境。

（一）主动服务中心工作，着力保障经济发展。市检察机关始终把服务中心工作作为首要任务，制定了《市人民检察院关于进一步充分发挥检察职能，为全市经济社会发展服务的意见》等规定，努力为经济发展提供优质高效的司法服务和司法保障。围绕我市重点工作的实施，积极参与整顿规范市场经济秩序，查办支农惠农资金管理使用等领域职务犯罪案件，平等保护各种所有制经济的合法权益，推动行政执法机关与检察机关信息共享、案情通报、案件移送等制度落实，督促行政执法机关向公安机关移送涉嫌犯罪案件，促进了行政执法和刑事司法的有效衔接。

（二）忠实履行第一责任，着力维护社会和谐稳定。依法履行批捕和公诉职能，顺应人民群众平安需求，严厉打击各类严重刑事犯罪。坚持把维护稳定作为第一责任，健全检察环节打击犯罪和化解矛盾机制，积极运用法治思维和法治方式服务经济社会发展。五年来，共批捕各类刑事犯罪嫌疑人401件702人、提起公诉712件1076人，有力地震慑了犯罪。严格落实宽严相济刑事政策，共对140名犯罪情节轻微、危害不大的嫌疑人作出不捕、不诉决定，促使其改过自新、回归社会；对涉罪未成年人倾注更多司法人文关怀，全面开展分案起诉、犯罪记录封存、帮教管理等工作，依法宽缓处理。积极参与社会治理创新，会同有关部门完善立体化社会治安防控体系，加强对治安重点地区和突出问题的治理整顿。广泛开展普法宣传教育，提升社会治理法治化水平。

（三）践行司法为民宗旨，着力维护人民群众合法权益。一是严惩危害民生犯罪，解决群众反映强烈的问题。积极参与食品药品安全专项整治活动，围绕保护广大农民群众和弱势群体的利益，开展了查办涉农惠民领域职务犯罪专项工作，查办贪污、挪用惠农资金的职务犯罪。二是高度重视涉检信访，切实解决群众诉求。深入开展涉检信访积案清理工作，对上级检察院交办和自行排查的积案，集中力量、综合施策，认真办结息诉；广泛开展涉检“零上访”活动，认真落实检察长接访等制度，努力把涉检信访化解在基层和初始阶段。对群众申诉合理的，实事求是，有错必纠；对无理缠访缠诉的，通过公开听证、解疑释惑，促其息诉罢访。三是全面推行向群众问计、问需、问检工作机制，畅通联系群众渠道；广泛开展“一村一警”活动，共办理群众求助60件次，提供法律服务230件次，帮助困难家庭20余户，化解矛盾50余起，为服务经济社会发展作出了积极贡献。

二、依法查办和预防职务犯罪，积极推进反腐倡廉建设

我院坚决贯彻市委和上级检察机关关于反腐败斗争的决策部署，坚持有案必办、有腐必惩，“老虎”、“苍蝇”一起打，始终保持惩治腐败的高压态势。

（一）严肃查办贪污贿赂等职务犯罪。保持惩治腐败高压态势，着力推进廉政霍州建设。坚决查办发生在重点领域、关键环节和群众身边的职务犯罪。五年来，共依法查办各类职务犯罪案件48件82人，法院均作出了有罪判决。通过办案，为国家和集体挽回直接经济损失500余万元，有力地打击了各类职务犯罪，净化了经济发展环境。一是突出查办有影响、有震动的大案要案。二是依法查办国家工作人员以权谋私，贪污受贿等职务犯罪案件。三是针对涉农、惠民资金和补贴申报审核、管理发放等环节出现的问题，深入开展查办发生在群众身边、损害群众利益职务犯罪专项工作，查办民生领域的职务犯罪。

（二）依法惩治渎职侵权犯罪。深入贯彻中央《关于加大惩治和预防渎职侵权违法犯罪工作力度的若干意见》，积极回应人民群众反映强烈的“为官不为”、“为官乱为”问题，共查办国家机关工作人员渎职侵权犯罪16件23人。

（三）深入开展职务犯罪预防工作。以预防调查为抓手，深入开展“五进”活动，深入机关、企业、社区、乡村、学校等举行宣讲活动。对重大建设项目开展职务犯罪同步预防，提供法律咨询和行贿犯罪档案查询1200余次。全面推行预防职务犯罪年度报告制度，向党委、人大、政府及有关部门提交年度报告，得到有关领导批示肯定。开通了霍州职务犯罪预防网络平台，拍摄了2部预防职务犯罪专题微电影，获得全国检察机关首届预防职务犯罪专题微电影评选活动三等奖，为源头预防腐败犯罪发挥了积极作用。

三、全面强化法律监督，维护社会公平正义

认真贯彻落实《关于加强检察机关对诉讼活动法律监督工作的决议》，深化检察改革，完善监督机制，提高监督能力，维护执法司法公正。

（一）加强刑事诉讼监督。以事实为依据、以法律为准绳，加大审查把关力度。对应当立案而不立案的，督促侦查机关立案28件30人，追捕32人，追诉12人。建立落实审查逮捕阶段讯问犯罪嫌疑人制度，严格排除非法证据，保障律师依法执业，依法保障犯罪嫌疑人诉讼权利，对滥用强制措施、违法取证、刑讯逼供等侦查活动违法情形，依法提出纠正意见；对不构成犯罪和证据不足的，决定不批捕29件56人、不起诉11件17人。

（二）加强刑罚执行和监管活动监督。加强刑罚执行监督，维护社会公平正义和法律统一正确实施。完善超期羁押预警机制，切实维护在押人员的合法权益。对刑罚执行和监管活动中的违法情况提出纠正意见19件26人。开展减刑、假释、暂予监外执行专项检察。深入开展久押不决案件专项监督，会同公安机关、人民法院集中清理久押不决案件，依法纠正超期羁押问题。

（三）加强民事行政诉讼监督。积极探索实行了“民事案件和解工作机制”，努力化解社会矛盾，节省诉讼资源，全面加强对诉讼活动的法律监督。共受理民事申请监督案件118件，审结110件。其中支持起诉20件，执行监督5件，生效判决监督6件，发出检察建议60件。加强与劳动、民政、工会、法律援助、公安等部门的协调配合，并制定长效互通信息平台机制，充分发挥民行检察服务民生职务作用，扎实做好对下岗职工、农民工等弱势群体支持起诉工作，维护其合法权益。

四、深化检察改革，推动检察工作不断创新发展

我院认真深化检察改革，推动检察工作

不断创新发展。

（一）深化涉法涉诉信访工作机制改革。着力用法治方式解决涉法涉诉信访案件入口不顺、程序空转、出口不畅等难题，建立了来信、来访、电话、接访“四位一体”的信访渠道，五年共受理155件181人。进一步完善诉访分离、程序导入、依法纠错和终结退出等机制，依法解决了群众合法合理诉求。建成了集控告、举报、申诉、查询于一体的综合受理平台，有效引导当事人在法治轨道上表达诉求、维护权益。

（二）深化检务公开改革。着力构建开放、动态、透明、便民的阳光司法机制，全面建成了案件信息公开系统，已公开案件程序性信息444条、重要案件信息39条、法律文书168份，向当事人提供案件程序性信息公开查询2件，加强了司法公开的主动性、及时性。

（三）深化人民监督员制度改革。同司法行政机关共选任人民监督员5名，进一步健全了依法独立公正行使检察权的外部监督制约机制。拓宽监督范围，将查办职务犯罪工作中适用指定居所监视居住、律师或其他诉讼参与人依法行使诉讼权利等纳入监督，取得了良好的法律效果和社会效果。

五、自觉接受监督，不断加强和改进检察工作

我院牢固树立监督者更要主动接受监督的意识，强化内外部监督制约，保障检察权依法正确行使。

（一）接受人大监督。认真落实市人大常委会部署要求，加强对新颁布和新修订法律的学习贯彻。每年市人代会闭幕后，市检察院对学习贯彻会议精神、落实人大代表建议、批评和意见都作出了专门部署。主动向人大及其常委会报告重要工作，积极配合代表视察、专题调研和执法检查。市检察院先后向市人大常委会专题报告了反贪污贿赂、预防职务犯罪、民事行政检察等工作，并报告落实审议意见情况。重视与人大代表的经常性联系，对征得的批评、意见和建议都进行了认真研究，并在工作中努力改进。认真办理交办案件和事项。市检察院对受理人大代表提出的议案、建议和案件全部办结并及时答复。

（二）接受民主监督和社会监督。经常向政协及无党派人士通报情况，邀请参加座谈、视察、专题调研，认真听取意见，建立联席机制，自觉接受民主监督。深化检务公开，完善新闻发布、公开审查、公开听证等制度，广泛开展检察开放日、检察长接待日等活动，拓宽人民群众有序参与和监督检察工作渠道。

（三）内部监督制约。严格执行司法办案各环节操作流程和检察机关司法工作基本规范，全面推行统一业务应用系统，所办案件从受案到结案全部在网上流转，法律文书拟制、审批均在网络系统内进行，将司法规范“软约束”变成网络运行“硬要求”。严格执行最高检颁布的职务犯罪侦查工作八项禁令，全面推行和完善讯问职务犯罪嫌疑人全程同步录音录像制度，严格执行职务犯罪案件审查逮捕上提一级等制度。全面推行检务督察制度，建立案件评查机制，持续开展扣押冻结款物、警车警械管理使用、规范安全文明司法等专项检查，认真解决自身办案存在的突出问题。

六、坚持从严治检，大力加强队伍建设

我院始终把队伍建设和基层基础建设作为提高办案质量和实现司法公正的根本，坚持“五个过硬”，努力建设信念坚定、司法为民、敢于担当、清正廉洁的高素质检察队伍。

（一）突出抓好思想政治建设。按照市委和上级检察机关的部署要求，深入开展“政法干警核心价值观”、“恪守检察职业道德、促进公正廉洁执法”、“党的群众路线”等教育实践活动，着力解决司法理念、司法行为、司法作风等方面的突出问题；扎实开展“三严三实”专题教育，认真领会“三严三实”深刻内涵和精神实质，坚持从严从实要求，突出问题导向，狠抓整改落实。下大气力整治司法行为不规范“顽症”。通过各项教育实践活动的开展，全体检察干警受到了深刻的党性锻炼和思想教育，强化了宗旨意识，规范了司法行为，坚定了责任担当，司法作风明显转变，工作成效不断提升。

（二）积极推进队伍专业化建设。深入开展“建设学习型党组织、创建学习型检察院、争当学习型检察官”活动，广泛开展各类实训练兵活动，积极举办干警素能、专项业务等培训。定期开展案件质量评查，发现问题、及时解决。高度重视司法考试培训，共有5名干警通过司法考试，加强队伍职业化建设，队伍的知识化、专业化水平明显提高。

（三）切实加强自身反腐倡廉和纪律作风建设。坚决落实党风廉政建设的主体责任和监督责任，不断深化自身反腐倡廉建设。院党组自觉把党风廉政建设与业务工作、队伍建设同部署同落实同检查，制定落实“两个责任”实施细则，明确责任标准，细化责任内容，严格履责要求。强化检察机关日常监督管理，制定出台了《霍州市人民检察院关于规范化、精细化、精准化管理实施意见》。扎实开展检风检纪专项督察，以零容忍态度，加大正风肃纪力度，严肃查处了7名违纪违规检察人员。

（四）持续加强基层基础建设。全面规划和推进执法规范化、队伍专业化、管理科学化、保障现代化建设。加强办案信息化、装备现代化等基础建设，司法办案条件明显改善。检察干警恪尽职守，锐意进取，拼搏奉献，涌现出了一大批先进集体和先进个人，共有6个集体、24名检察人员受到临汾市级以上表彰奖励。市检察院连续四年在市委、市政府目标责任年度考核中被评为优秀单位。

五年来，我院所取得的成绩，是市委正确领导的结果，是市人大监督支持和市政府、市政协及社会各界支持关心的结果，是人大代表、政协委员支持帮助的结果。在此，我代表市检察机关和全体检察干警表示衷心的感谢并致以崇高的敬意！

各位代表，回顾过去五年的工作，我们深深体会到，要充分履行法律监督职能，保障国家宪法法律统一正确实施，维护社会公平正义，必须坚持党的领导，自觉接受人大及其常委会的监督；必须坚持以司法办案为中心，主动服务经济社会发展大局；必须坚持深化司法体制和检察改革，为检察工作创新发展提供动力；必须坚持司法为民，全力维护人民群众合法权益；必须坚持抓好队伍建设，为做好各项检察工作提供组织保证。

在取得成绩的同时，我们也清醒地看到检察工作中还存在不少问题和不足。法律监督职能作用需进一步充分发挥，监督的力度和成效有待加强；队伍专业化水平有待提高，高层次专家型人才缺乏，一些检察人员办理新类型案件的能力不足；有的检察人员司法素质不高，个别检察人员违纪问题仍有发生；信息化应用水平有待提高，基层基础建设仍需加强。对这些问题，我们将高度重视，采取有效措施努力加以解决。

2016 年和今后五年工作任务

今后五年我院的总任务是要紧紧围绕市委“进军省强市、全面达小康，共建文明、开放、幸福、美丽新霍州”总目标，牢固树立和贯彻落实创新、协调、绿色、开放、共享的发展理念，主动适应形势新变化和经济发展新常态，坚持干在实处永无止境、走在前列勇谋新篇，全面强化法律监督、强化自身监督、强化队伍建设，忠实履行维护社会大局稳定、促进社会公平正义、保障人民安居乐业的职责使命，为我市“十三五”时期经济社会发展提供有力司法保障和优质法律服务。

2016 年是“十三五”规划的开局之年，也是全面深化司法体制改革的攻坚之年。今年我院的主要任务是要全面贯彻党的十八大、十八届三中、四中、五中全会精神和习近平总书记系列重要讲话精神，认真贯彻落实中央、省、市委政法工作会议和全省检察长会议精神，把防控风险、服务发展、破解难题、补齐短板摆在更加突出位置，充分发挥检察职能作用，立足新常态，实现新发展。

第一，更加有效服务全市经济社会发展大局。服务创新发展，深入开展打击职务犯罪，更加注重依法保护企业合法权益，妥善办理涉及企业案件，促进激发企业活力。切实增强风险防范意识，坚决惩治金融领域犯罪，突出打击非法集资、骗取贷款、高利转贷、地下钱庄等犯罪，促进防范金融风险，保障资本市场健康发展，维护资本市场秩序和安全运行，维护社会稳定。更加重视落实平等保护原则，依法保护各种所有制企业产权和合法权益，营造法治化市场经营和投资环境。更加重视维护社会稳定，依法严惩黑恶势力、邪教、暴恐等各类严重刑事犯罪，深入推进平安霍州、法治霍州建设，积极参与创新社会管理，切实维护社会和谐稳定。

第二，依法查办和积极预防职务犯罪工作。深入查办发生在群众身边、损害群众切身利益的职务犯罪。依法打击危害经济发展环境、影响重大经济政策实施、影响重大改革举措落实的严重职务犯罪，坚决惩治侵吞、窃取、骗取、挪用国家投资资金以及失职渎职给国家造成重大经济损失的犯罪。健全同步介入重大安全生产事故调查制度，坚决查处安全生产事故、危害食品药品安全、破坏环境资源等事件背后的玩忽职守、失职渎职的职务犯罪。紧密结合司法办案，把预防放在更加突出的位置，紧紧围绕重大经济发展战略和重大投资项目开展预防，紧紧围绕经济管理部门开展预防，紧紧围绕国有企业生产经营活动开展预防，从源头上预防和减少职务犯罪。

第三，着力增强对司法活动监督的针对性和有效性。探索建立重大、疑难案件侦查机关听取检察机关意见建议制度，完善对刑事拘留等限制人身自由司法措施和侦查手段的法律监督机制。畅通在押人员控告申诉渠道，健全冤错案件及时发现和纠正机制。加强对“减假暂”的同步监督。强化对看守所监管活动的监督，共同维护监所安全和在押人员合法权益。认真贯彻修改后民事诉讼法和行政诉讼法，加强生效裁判监督、审判程序监督和执行活动监督。依法查办司法人员职务犯罪，对刑讯逼供、玩忽职守造成冤错案件或者涉案人员非正常死亡的，坚决从严处理。

第四，深入推进检察改革和基层基础建设。严格按照检察改革的部署要求，积极推进重点领域检察改革，务求实效，维护司法公正，提高司法公信力。着力抓好基层基础建设，深化规范司法行为专项整治工作成果，不断强化对自身司法活动的监督。注重信息化与执法办案、队伍管理的深度融合，以信息化引领检察工作现代化。

第五，坚持不懈加强队伍建设。全面贯彻党的十八大、十八届三中、四中、五中全会精神，深入开展“学系列讲话、学党章党规，做合格党员”学习教育活动，深化巩固“三严三实”专题教育活动和规范司法行为专项整治工作成果，坚持党的领导，坚定理想信念，坚守法治精神，坚定不移走中国特色社会主义法治道路。全面贯彻从严治检要求，坚持“五个过硬”标准，认真落实好中央八项规定精神，坚持队伍、业务两手抓、两个成果一起要，持续用力，久久为功，不断提升检察人员的思想政治素质、业务工作能力和职业道德操守。

各位代表，在今后的工作中，我们决心在市委和上级检察机关的正确领导下，认真落实本次会议各项决议，更加自觉接受人大监督、民主监督和社会监督，奋发有为，扎实工作，进一步提升检察工作水平，为建设文明、开放、幸福、美丽的新霍州作出新的更大贡献！

霍州市2015年国民经济和社会发展计划执行情况与2016年国民经济和社会发展计划草案的报告

——2016年8月18日在霍州市第七届人代会第一次会议上的报告

李新平

各位代表：

受市人民政府委托，现将霍州市2015年国民经济和社会发展计划执行情况与2016年国民经济和社会发展计划草案提请第七届人代会第一次会议审议，并请市政协委员及其他列席人员提出意见和建议。

一、2015年全市国民经济和社会发展计划执行情况

2015年，全市生产总值完成74.55亿元，同比下降11.3%；全社会固定资产投资完成164.86亿元，同比增长8.7%；社会消费品零售总额完成31.23亿元，同比增长5.3%；公共财政总预算收入完成6.70亿元，同比下降6.99%；城镇常住居民人均可支配收入达到25446元，同比增长7.9%；农村常住居民人均纯收入达到11488元，同比增长5.7%；城镇新增就业5086人，转移农村劳动力4534人，城镇登记失业率4.0%，低于4.2%的控制目标；居民消费价格上涨1.5%；万元地区生产总值二氧化碳排放下降3.41%，化学需氧量排放量下降2.86%，二氧化硫排放量下降2.1%，氨氮排放量下降1.22%，氮氧化物排放量下降16%，节能减排约束性指标全部完成年度目标。

（一）齐抓项目建设和资金支持，努力做好稳增长工作

狠抓项目建设，保持经济发展动力。2015年，全市实施的重点项目共计75项，涉及重点项目总投资金额139.53亿元，当年计划完成投资90.02亿元，实际完成95.13亿元，为计划的105.7%。其中，省级监测项目1项，市级监测项目19项，总投资111.86亿元；县级监测项目55项，总

投资 27.67 亿元。全市全年项目储备达 227 项，总投资 1578.88 亿元。其中，重大基础设施类 4 项，投资额 61.8 亿元；产业投资类 80 项，投资额 1110.65 亿元；城镇化和生态环保类 58 项，投资额 159.58 亿元；民生社会事业类 85 项，投资额 248 亿元。

积极上报项目，努力争取上级资金。2015 年，共争取到上级资金 16299 万元。其中，国家第三批资源枯竭城市转型支付资金 14500 万元；农村饮水安全工程争取到各类资金共计 147 万元（其中，中央预算内资金 88 万元，省级配套资金 29 万元，市级配套资金 15 万元，县级财政资金 15 万元）；霍州市水质检测能力建设项目争取到中央预算内资金 84 万元；陶唐峪乡老年公寓楼建设项目争取到中央预算内资金 410 万元；安民路道路工程建设项目争取到中央预算内资金 1158 万元。

（二）继续深化综改试验区建设，全面推进“三个突破”

实施转型综改攻坚，推进重点领域改革。科学编制并认真实施《霍州市 2015 年转型综改行动计划》，确定的“46111”工作任务有序推进：4 项重大改革和 6 项重大事项全面展开，11 个重大项目中已有 7 个项目进行开工建设，1 个重大课题进入实地调研阶段。全面深化行政审批制度改革，进一步推进“六权治本”，严格落实行政审批“两集中、两到位”和“首席审批员”制度，优化审批流程，提高审批效率，全市行政审批事项由 220 余项精简到 106 项。扎实推进行政管理体制改革，“两单两图”全面公开，部门权责进一步明确。深入推进农业与林业、卫生与计生、商务与粮食、工商与质监等部门整合，精简机构，提高办事效率。农村土地经营权、煤炭运销体制、煤炭资源价款、企业营改增、财税体制、医疗卫生体制等改革成果显著。积极执行公务用车制度改革，制定出台了《霍州市市直机关公务用车制度改革实施方案》《霍州市公务用车制度改革测算情况说明》及配套的三个附件。取消价调基金和收费许可证制度，放开部分服务价格。

摆脱经济下行困局，全力推动“三个突破”。金融创新方面，加强对全市金融工作的管理、指导和监督。设立战略新兴产业、文化和旅游产业投资基金，成立霍州市中小企业融资担保有限公司和霍州市建设投资有限公司。集中开展打击非法集资专项行动，深入推进农村信用社改制，2015 年全市农村合作金融机构人民币贷款余额 15.14 亿元，比年初增长 24%；人民币存款余额 28.02 亿元，比年初增长 4.68%。科技创新方面，认真编制并落实《霍州市低碳创新行动计划》。中国科技流动馆走进霍州，受教育群众万余人次。知识产权保护各项法规得到全面落实，全年申报专利 134 项。民营经济发展方面，设立了霍州市中小微企业扶持基金和中小微企业贷款中心，严格落实小微企业“六补一缓”政策，全面开展营改增和小微企业税费优惠减免工作。2015 年全市新登记注册市场主体 349 户，同比增长 51.1%。

（三）坚持做好“煤与非煤”两篇文章，推动产业结构升级

继续加大基础投入，不断提高农业发展水平。持续推进新增粮食产能、中低产田改造、水利基础设施等项目建设，大力推广测土配方施肥、机械化生产、病虫草害综合防治等先进农业生产技术，全面落实农村土地确权登记颁证任务，深入推进农村集体“三资”清理和精准脱贫工作。2015 年，全市粮食总产量 66968 吨，新增无公害蔬菜种植面

积2000亩，新栽植特色经济林5700亩，新建、续建规模养殖场10个，累计达到290余个。西张垣现代农业生态循环示范园区持续加大科技投入，宇鹏养殖、中益茂养殖、盛康养殖、嘉隆养殖等不断提高标准，投资1.5亿元的文冠果科技有限公司运营良好，全市农业综合生产能力不断提高。

围绕煤炭这篇文章，加快工业转型升级步伐。积极组织霍煤、国电、兆光等重点企业参加工业经济调度会。为霍化公司解决发货专线问题，先后为霍煤集团、兆光发电厂在兴业银行融资30亿元，全力促进传统骨干企业平稳运行。煤炭方面，加快实施“革命兴煤”，大力推进煤炭“六型”转变，推进现代化矿井建设，实施了煤矿企业扩能改造，煤炭年产量达到900余万吨。电力方面，2015年，全市电力总装机容量达到300万千瓦，稳居全省煤炭电力大市行列。山西兆光发电有限责任公司完成2＊600MW机组超低排放改造，投资1166万元的发电厂事故煤场完成建设。清洁能源方面，投资2500万元的国新能源霍州许村LNG加气站项目和投资1489万元的华润天然气利用工程大张CNG加气站建设项目全面完工。投资10亿元的嘉盛光伏后河底村发电项目、投资3.2亿元的晶科电力什林村40兆瓦分布式光伏发电项目、投资2亿元的华润电力白龙镇20MW光伏发电项目和投资54.4万元的北峰居委会光伏发电项目正在努力进行前期准备。

做好非煤产业这篇文章，大力培育新的经济增长点。投资8亿元的华润10万千瓦风能发电项目有序推进，投资5.8亿元的液化天然气调峰储气项目运行良好，投资4亿元的霍东新型工业园区一期投产运营，投资700万元的何红马砖厂和投资550万元的霍达石料厂改建、扩建成功。新型产业投资比重不断加大，工业经济下行压力得到有效缓解。大力推进现代服务业发展。南街农贸市场主体建设基本完工，鼓楼地下商业街、万家福超市等商贸企业运营规范、效益初显。随着我市《2014—2020年电子商务发展总体规划》的全面实施，电子商务蓬勃兴起。山西供销农芯乐商城霍州服务中心成功运营，电子商务孵化园全面开园，全国电子商务进农村综合示范县申报工作扎实推进。上霍线尉候段改线和投资249.4万元的七里峪景区售票口小广场等基础设施建设全面完成。投资9155万元的七里峪滑雪休闲度假中心投入运营。陶唐峪、娲皇庙、祝圣寺等景区开发全面启动。全市旅游综合收入达23亿元，同比增长16.3％。

（四）聚焦城乡建设和绿色发展，持续优化城乡环境

着眼宜居宜业目标，全力推进扩容提质。《霍州市城乡总体规划（2014—2030）》通过评审，绿地系统专项规划编制完成。经三路、纬三路有序推进，纬五路建设即将竣工，新建南路南段高标准建成，霍东新区配套工程全面推进，霍煤开元小区开始入住，橡胶厂棚户区改造主体完工，新区面貌焕然一新。投资6069.6万元的大众路东二巷旧城区城中村改造项目、投资3273.1万元的州署文化产业示范园文化旅游产业棚户区改造一期工程、投资3085.5万元的东关城中村改造二期工程、投资653.7万元的辛置北村新农村住宅小区一期工程稳步推进，投资590.7万元的后塞路、麻铺巷、秀才巷等19条小街小巷道路改造工程全面完成，城市功能日趋完善。冯霍线、义邢线等市乡公路的扫尾工程全面完成，城乡交通网络更加通畅。城乡饮水安全、电网改造、村庄绿化、

污水治理等城乡人居环境改善工作持续加强，统筹城乡发展效果显著。

加大节能减排力度，深入推进生态建设。全市新增供热面积 50 万平方米，达到 450 万平方米；天然气扩户 6000 余户，达到 32000 户。深入开展工业企业污染治理、煤烟污染治理、建筑施工工地扬尘治理、道路二次扬尘治理、烟花爆竹燃放治理、机动车尾气污染治理和雾霾重污染天气治理等工程。积极推进水环境污染防治。辛置矿和李雅庄矿矿井水深度处理站建成运行。城郊绿化和干线公路绿化工程全面完成，投资 160 万元的上霍线－霍州东站道路绿化全面完工，汾河两岸生态屏障初步形成，城周荒山绿化基本覆盖。全市二级以上天数达 301 天，其中一级天数 73 天，连续 7 年成功创建省级卫生城市。

（五）积极保障安全和改善民生，全面推进社会事业

坚持抓好安全生产，筑牢安全发展理念。进一步强化安全生产红线意识，加大对各行业、各领域的隐患排查整治力度，深入开展打非治违专项行动，全力推进社会综合治理，全年安全生产事故起数、死亡人数均下降 25%，连续 8 年荣获临汾市“平安县市”称号。

努力加大财力投入，不断提高社保水平。持续向群众关心的教育、卫生、就业、社保等方面倾斜，民生支出占到全市财政支出的 70%以上。投资 2917.5 万元全面改善薄弱学校办学条件，投资 183 万元成功扩建人民医院急救中心综合楼。有序推进投资 450.9 万元的陶唐峪乡中学综合实验楼及操场硬化项目、投资 449.7 万元的四所农村幼儿园新建改建项目、投资 286.9 万元的赵家庄小学田径运动场及附属工程和投资 255.5 万元的聋儿语训部校舍改造及煤电机关学校教学辅助用户新建项目。提高最低工资标准，深入推进劳动合同制度，提高机关事业人员工资水平。扎实推进就业、教育等基本公共服务均等化。高度重视创业就业，全年新增就业岗位 5086 个。成功创建“全国义务教育发展基本均衡市”。

二、2016 年全市经济社会发展总指导思想和预期目标

2016 年全市经济和社会发展的指导思想是全面贯彻党的十八大和十八届三中、四中、五中全会和省、临汾市经济工作会议精神，认真落实中共霍州市第七次党代会和三级干部大会各项决策部署，以邓小平理论、“三个代表”重要思想、科学发展观为指导，深入贯彻习近平总书记系列重要讲话精神，按照省委“塑造山西美好形象，实现山西振兴崛起”的要求，紧紧围绕“进军省强市、全面达小康，共建文明开放幸福美丽新霍州”总目标，适应经济发展新常态，坚持稳中求进工作总基调，着力加强结构性改革，去产能、去库存、去杠杆、降成本、补短板，提高供给体系质量和效率，提高投资有效性，加快培育新的发展动能，统筹推进创新发展、协调发展、绿色发展、开放发展、共享发展，保持经济平稳健康发展，努力实现“十三五”时期全市经济社会发展的良好开局。

2016 年全市国民经济和社会发展主要目标的建议是：

预期指标：全市生产总值增长 6.5%；工业增加值增长 4%；固定资产投资完成 150 亿元；社会消费品零售总额增长 6%；城镇常住居民人均可支配收入增长 6.5%；农村常住居民人均可支配收入增长 7%；全市公共预算财政收入完成 6.77 亿元。

约束性指标：万元地区生产总值能耗、万元地区生产总值二氧化碳排放量、万元地区生产总值用水量降幅，二氧化硫、化学需氧量、氨氮、氮氧化物减排幅度等指标全面完成临汾市下达任务。烟尘、粉尘排放量完成我市自定任务。同时，新增设区市空气质量优良天数比例、劣Ⅴ类水体比例、新增建设用地降幅、农村贫困人口脱贫人数、城市棚户区住房改造数量等约束性指标，均要努力完成临汾市下达年度任务。

三、2016年国民经济和社会发展的主要任务

（一）坚决抓好“三去一降一补”，推进供给侧结构性改革

集中力量化解产能过剩。采取兼并重组、升级改造、延伸链条等多种措施，严控增量、主动减量、优化存量，有效化解产能过剩。妥善处理煤炭、钢铁领域“僵尸企业”，开展特困企业摸底调查，支持帮助山西化学工业有限责任公司、霍州中冶焦化有限责任公司、霍州泓源煤业有限公司、霍州市许村煤矿等特困企业解困。大力推进房地产去库存。落实户籍制度改革方案，按照深化住房制度改革要求，研究制定购房补贴政策，支持农业转移人口在城镇购房。落实新型城镇化规划，提高城镇化质量水平，有效激发房地产市场需求。加快发展多层次资本市场助力去杠杆。鼓励投资机构和中介机构发展，降低企业融资成本，高度重视金融风险预警处置工作，坚决守住不发生系统性区域性风险的底线。多措并举降低企业成本。认真落实国家和我省一系列减负措施，及时清理不合理收费，降低企业税费负担，制定企业专项贷款贴息政策，出台针对特困企业转型升级发展的税收等优惠政策，严防新的变相负担产生。着力补齐短板。大力支持传统产业技术改造，着力提升创新发展能力，加快完善基础设施建设，防止“木桶效应”危及全局发展。

（二）促进三大产业协同发力，全力做好经济稳增长工作

推动工业结构优化升级。重点监测霍煤、国电、兆光、霍化、液化天然气等骨干企业的运营状况，认真贯彻落实中央、省、市关于企业减负的政策要求，健全完善收费清单制度，确保涉煤收费清理规范和企业税费减免等工作落实到位。落实好支持新兴产业发展的政策措施，稳步提升工业园区管理水平。依托资源枯竭城市优惠政策，引进和培育一批涉及新型建材、装备制造、电子器材、新能源汽车等方面的优质项目，实施“互联网＋”行动计划，进一步促进我市工业经济多元发展。加快霍煤煤机制造、天然气液化调峰储气、华润10万千瓦风能发电等项目建设，尽快形成规模效益，发挥产业带动作用。积极组织实施颐高电子科技、铝土矿综合利用、常鑫公司陶瓷生产线升级改造等项目，尽快启动投资1.2亿元的启源粉煤灰再利用综合项目安装中试生产线，全力推进投资4126万元圣鑫乾元环保科技有限公司SCR烟气脱硝催化剂再生项目，大力支持诺鑫有限公司投资500万元新建塑料波纹管项目，不断优化工业结构，增强发展后劲。

加快农业现代化建设。大力实施马刨泉灌区和李曹柏乐片区高标准农田建设项目，加快农康有机肥料有限公司投资500万元新建有机生物肥项目，继续推进小型农田水利重点县建设工程。全面推广节水灌溉、机械化耕作、测土配方施肥等农业技术，积极引进优质高产农作物品种，深入探索“互联网＋农业”、智能农业、绿色农业、生态农

业等发展模式，全面提升科技对农业的贡献率。执行最严格的基本农田保护制度，严打违法占地，严守耕地红线，稳定粮食生产面积，确保基本农田面积不减、质量不降，真正实现藏粮于地、藏粮于技，为实现稳农增收创造良好条件。引导社会资金参与“三大基地”建设，促进农业产加销紧密衔接，构建市场主导、良性互动、多元发展的农业产业化发展模式。大力推进西张垣现代农业生态循环示范园区和什林垣生态农业示范园建设，培育发展特色花卉、精品干果、观赏苗木、高效养殖等产业，真正树立起全市农业产业化发展的标杆。

进一步研究出台综合性帮扶措施。继续推进“一署两峪”旅游品牌建设。加快七里峪景区客运站、商务服务中心、山谷漂流、镇山博物馆等工程，尽快启动投资3.5亿元的陶唐峪旅游景区开发一期工程建设，进一步突出霍州署廉政文化教育基地特色，同时，继续实施许村国家级传统村落、娲皇庙、祝圣寺等修缮工程，尽快成景，丰富我市的旅游资源。持续挖掘镇山文化、匾额文化、锣鼓文化、门神文化等特色传统文化内涵，积极扶持霍州豆腐、年馍、碗托和剪纸、布艺等民俗文化产业发展，认真做好威风锣鼓、霍州书、霍州莺歌等非物质文化遗产的申报工作。积极培育中镇商贸城、华怡商场、现代家俱城等商场做大做强，加快推进南街农贸市场项目配套建设，依托山西供销农芯乐商城霍州服务中心和电子商务孵化园，加快区域电子商务平台建设，大力发展农村电子商务。突出文化旅游和现代物流，实施双轮驱动战略。在保持服务业较快增长的基础上，加快生产性服务业向专业化和价值链高端延伸、生活性服务业向精细化和高品质转变。

（三）注重城乡建设和生态治理，统筹推进新型城镇化建设

全力推进城乡扩容提质。按照“五大板块”总体部署，加快辛置、白龙、大张、李曹、退沙等特色小城镇建设。加强规划监管，严格落实城乡建设审批制度。强化房地产市场监管，严厉打击违法建房、非法售房等行为。加强城市地下和地上基础设施建设，抓好管线入地。加快棚户区和危房改造，强化调控力度，有序推进老旧住宅小区综合整治，重点抓好华翰瑞府、开元名都、清雅苑住宅小区、李诠庄美景一号、州署文化产业示范园、山西橡胶厂棚户区改造、东关赵家庄棚户区改造二期工程等项目建设；有序推进东门桥改造、安民路、迎宾南路、前进南街等道路的配套建设；有序推进投资3035.4万元的辛置商业文化广场福润小区建设。全面完成下马洼至圣佛道路、农村公路村通水泥油路等农村道路改造工程，加快投资965万元的原108国道（退沙一许村）景观大道建设，畅通城乡交通；加快城市公交站、第二消防站等城市设施建设，完善城市功能；加快投资7933万元的煤电集团南矿区污水处理厂和投资5722万元的活动新区供水工程项目建设，确保城乡用水安全。积极推进红崖堡紫薇园等小游园、小广场建设，提升城市品位，创造宜居环境。

强化污染防控。全面贯彻落实新《环保法》和《大气污染防控法》，建立完善应对雾霾重污染天气长效机制。加大环保执法力度，加强重点行业污染治理，严厉打击随意排放和倾倒污染物行为。建立健全污染物回收处理机制，严控工矿废渣、城市废弃物、医疗废弃物、农业生产垃圾、重金属废料和放射性物质等污染物扩散，保证土地、水系

的清洁安全。

狠抓节能减排。严格落实节能减排目标责任制，健全和规范污染减排制度，加强对重点行业和重点工程减排监管，全面完成国电和兆光电厂发电机组超低排放改造项目。新建热电联产换热站 7 座，大力支持投资 2244.4 万元的天然气利用工程城区输配管网项目建设，完成天然气扩户 2000 户，有力推进国电霍州发电厂投资 3 亿元改造 2×600MW 机组超低排放项目，全力支持聚盛牧业投资 500 万元新建农作物秸秆综合利用项目，争取把项目成果积极向全市推广，切实减少污染物排放。加大对建筑工地扬尘、渣土车路面抛洒、焚烧建筑垃圾和机动车尾气等污染源的整治力度，持续改善空气质量。进一步强化公共机构节能工作，积极倡导节约型的生产方式、消费模式和生活习惯，全面推行纯电动公交出行，加快实现投资 1043.5 万元的聚祥花园小区节能改造工程和投资 370.8 万元的化工小区节能改造工程，聚集点滴，实现绿色发展。

加快生态修复。抓好国家水污染防治行动计划的贯彻落实，巩固提升汾河、南涧河、对竹河生态综合治理成果，实施南涧河治理二期工程，全面推进投资 8979.7 万元的七里峪水库建设。大力开展植树造林，推进荒山荒坡、矸石山治理、工业废弃地和老矿区环境治理。全力做好城市水源地保护工作，加快实施源头水源地建设。巩固提升乡村清洁工程、农村环境卫生连片整治工作成果。深入推进循环经济发展，加快实施采煤沉陷区治理。

（四）加强保障和改善民生工作，推动基本公共服务均等化

提高教育教学质量。巩固和提升义务教育均衡发展水平，统筹推进学前教育、义务教育、高中教育、职业教育均衡协调发展。持续加大投入，全面并优质完成投资 1796 万元的技工学校实训楼建设、投资 660 万元的技工学校学生公寓建设、投资 596 万元的辛置镇中心幼儿园建设和投资 525 万元的市一中新校区二期学生宿舍楼及运动场建设等项目。加强教师队伍管理，全面开展校长、教师交流任职工作，探索教师全员聘任、择优上岗的激励竞争机制，全面优化师资结构。

抓好卫生计生工作。继续深化医药卫生体制综合改革，扩大公立医院改革成果，巩固完善基本药物制度。全面建设城乡统筹的医疗卫生保障体系。积极稳妥推进计生工作改革。进一步加强流行性疾病防治，大力普及疾病防控知识。认真做好总投资 440 万元的大张镇、三教乡、白龙镇中心卫生院业务用房项目建设。

强化社会保障机制。不断扩大社会保险覆盖面，力争城镇医保参保率达到 97%，城乡养老保险覆盖面达到 100%，新农合参合率达到 97%。加快推进社会保障体系建设，加大弱势群体帮扶力度。不断完善大病救助、市级领导包联孤儿、四类贫困家庭学生救助、爱心助学、特困家庭救助、80 岁以上老人救助等多种机制。大力实施就业优先战略。完善公共就业服务体系，落实大学生就业促进计划和创业引领计划，做好退役军人转业安置、就业困难人员托底帮扶、残疾人就业援助等工作，全面清除“零就业”家庭。

（五）抓好经济运行分析和发展改革，不断加大对外开放力度

牢牢把握经济工作主动权。密切跟踪宏观经济走势，主动适应经济发展新常态，深入分析国内外发展环境的重大变化，准确领

会和把握国家发展战略调整思路，及时了解国家在财政、货币、投资、产业、价格等方面的最新政策动向。进一步加强对中部地区发展形势的预判、政策措施预研和重大项目储备，力争在省市政策调研、征求意见阶段提出我市诉求，争取政策利好惠及我市。对已出台的各项政策，要搞好回头看，根据新情况、新问题进一步调整完善，提高政策效力。进一步强化对市情和主要行业发展走势的认识，深入厂矿企业和项目现场开展调查研究，及时掌握我市经济运行新情况、新动向和苗头性、倾向性问题。深入开展“冬季行动”，建立“马上就办、真抓实干”的长效工作机制，按照全面加强政府自身建设三年规划的要求，严格依法行政，加快职能作风转变，狠抓工作落实。认真落实好政府投资项目储备编制三年滚动投资计划，加快推进当年政府投资项目建设，及早谋划未来三年开工项目，为长远发展积蓄力量。

积极承接东部省市产业转移，深入挖掘符合国家产业政策和我市发展规划的优势项目，积极参加省、市组织的各种招商活动，力争引进更多的大项目、好项目，全面增强我市经济发展后劲。巩固招商引资成果，着力解决制约项目落地、建设、发展的各种问题，为企业发展提供优质环境。大幅提升我市开放型经济发展质量和水平。紧紧抓住“一带一路”、京津冀协同发展、环渤海地区合作发展等重大战略机遇，加快各类开放平台提质增效，构建开放型经济新体制，以开放促改革、促发展、促创新，努力形成开放发展新格局，奋力开创霍州经济社会发展的崭新局面。

关于霍州市2015年财政预算执行情况和2016年财政预算（草案）的报告

——2016年8月18日在霍州市第七届人民代表大会第一次会议上的报告

王英才

各位代表：

受市人民政府委托，现将霍州市2015年财政预算执行情况和2016年财政预算（草案）提请市七届人大一次会议审议，并请市政协委员和各位列席人员提出意见。

一、2015年财政预算执行情况

2015年，我市财政在市委、市政府的正确领导下，全面落实中央、省、临汾市各项决策部署，主动适应经济发展新常态，认真执行市六届人大五次会议通过的各项决议，围绕全市经济工作部署，贯彻落实各项财政政策，提高公共财政基本保障水平，全力确保了民生、运转、发展等方面的资金需求，预算执行情况良好平稳。

（一）2015年预算执行情况

2015年全市总财力为195487万元，比上年增加了13335万元，增长了7.32%。其资金构成：公共财政预算收入67018万元，上级补助收入89740万元，上年结余20188万元，债券转贷收入4315万元，调入预算稳定调节基金12046万元，政府性基金调入2180万元。2015年公共财政预算支出161825万元，上解上级支出786万元，一般债券还本支出2940万元，安排预算稳定调节基金 3933 万元，结转下年 26003 万元。实现了当年收支平衡。

（二）2015 年收入完成情况

2015 年公共财政预算收入年度预算为 76520 万元，年终公共财政预算收入实际完成 67018 万元，为预算的 87.58%，同比减少 6.99%，减少 5035 万元。为考核任务数 67000 万元的 100.02%。其中：税收收入完成 46098 万元，非税收入完成 20920 万元。

主要税种完成情况为：增值税完成 8113 万元，为预算的 81.24%，同比减少 18.75%；营业税完成 9542 万元，为预算的 56.29%，同比增长 32.79%；企业所得税完成 2814 万元，为预算的 223.33%，同比减少 34.73%；资源税完成 2338 万元，为预算的 19.32%，同比增长 11.41%。主要非税收入完成情况为：专项收入完成 5755 万元，为预算的 73.59%，同比减少 6.41%；行政事业性收费收入完成 11588 万元，为预算的 126.01%，同比增长 28.34%；罚没收入完成 2054 万元，为预算的 66.26%，同比减少 32.99%；国有资源（资产）有偿使用收入完成 1355 万元，为预算的 294.57%，同比增长 94.57%。

2015 年全市政府性基金收入累计完成 5034 万元，为年初预算 26086 万元的 19.30%，同比减少 82.45%。

2015 年全市社会保险基金收入完成 19951 万元，为预算的 109%。

（三）2015 年支出落实情况

2015 年，公共财政支出年初安排 170454 万元，调整预算为 187828 万元，年终公共财政预算支出实际执行 161825 万元，为调整预算的 86.16%，同比增长 8.91%，比上年增加支出 13233 万元。其中，一般公共服务支出 12738 万元，为调整预算的 97.43%；公共安全支出 9627 万元，为调整预算的 92.26%；教育支出 32356 万元，为调整预算的 88.94%；科学技术支出 248 万元，为调整预算的 100%；文化体育与传媒支出 2007 万元，为调整预算的 93.48%；社会保障与就业支出 25808 万元，为调整预算的 99.69%；医疗卫生支出 16292 万元，为调整预算的 90.66%；节能环保支出 3818 万元，为调整预算的 88.48%；城乡社区事务支出 20008 万元，为调整预算的 96.69%；农林水事务支出 13429 万元，为调整预算的 63.75%；交通运输支出 6307 万元，为调整预算的 96.57%；资源勘探电力信息等事务支出 814 万元，为调整预算的 98.19%；商业服务业等事务支出 803 万元，为调整预算的 95.03%；援助其他地区支出 103 万元，为调整预算的 100%；国土海洋气象等支出 11036 万元，为调整预算的 70.45%；住房保障支出 6018 万元，为调整预算的 53.64%；粮油物资管理事务支出 205 万元，为调整预算的 100%；债务付息支出 177 万元，为调整预算的 100%；其他支出 31 万元，为调整预算的 88.57%。

2015 年“三公经费”支出执行 1873.47 万元，为预算的 82.54 万元，，其中：因公出国（境）费用 0 万元、公务接待费 224.91 万元，公务用车费 1648.56 万元（公务用车运行维护 1648.56 万元）。

比上年减少 869.75 万元，减少 31.71%；其中，因公出国（境）费用减少 100%；公务接待减少 74.07%；公务用车费减少 12.03%。

2015 年政府性基金支出执行 6546 万元，为调整预算的 83.54%。

2015 年社会保险基金支出执行 21189 万元，为预算的 100.26%。

二、2015年工作情况

2015年较好的完成了各项财政工作任务，公共财政预算收入完成6.7亿元，总量、增幅、增速排名均为临汾市第四，实现了位次大幅前移。财政预算管理绩效评价全省排名第九，位列临汾市第一，全力保障了人员工资、机关运转、民生改善、项目建设。

（一）把挖潜财源作为重要举措，增加地方财力。

2015年，面对经济下行压力，市财政在市委、市政府的坚强领导下，采取积极有效措施破解财政减收难题：一是加强税源监控，及时分析研判。深入霍州煤电集团、国电霍州发电厂、兆光电厂等重点企业，了解企业生产经营和利税情况，主动帮助企业排忧解难。二是落实征管责任，加大清欠力度。将任务细化分解到每个部门、征管人员，做到每个问题都有人去研究，每个纳税户都有人去征管，确保应收尽收。三是抓大不放小，加强小税种管理。建立了一财两税信息共享平台，部门联动强化小税种征管，防止房产买卖、土地租赁等交易中的税源流失，做到既“抱西瓜”又“捡芝麻”。四是严格非税收入管理。在严格落实2015年国家规范和取消的17项行政事业性收费项目的前提下，依法加强对保留的行政性收费、罚没收入、国有资产有偿使用收入等非税收入的征缴力度。五是盘活财政存量资金。对两年以上上级专项资金、单位账户资金、基建专户资金结转结余情况进行了认真清理，共清理收回财政存量资金2943万元，统筹用于全市经济社会发展亟需的领域。六是压缩一般性支出，切实将中央八项规定精神贯彻到财政预算和票据审核当中。按照“先有预算、后有支出”的原则，从严从紧压缩一般性支出，做到“三公”经费只减不增。

（二）把改善民生作为根本宗旨，实现民生普惠。

2015年全市民生支出137507万元，同比增长9.61%，占公共财政预算支出的83.97%。其中，全年共投入涉农资金13429万元，及时兑现了粮食直补、农资综合补贴、良种补贴、农业机械购置补贴等资金4627.73万元；投入农村公益事业“一事一议”财政奖补资金1093.57万元，涉及全市10个乡镇（办）37个村，项目涵盖农村小型水利、道路硬化、文化活动广场、绿化亮化美化等四大类；拨付了农业综合开发资金328.9万元、“三大基地”建设资金704.21万元、永和山森林公园采摘园建设资金298.4万元、“一村一品”扶持项目资金57万元，各项强农惠农政策得到全面落实。全年共拨付教育经费32604万元，同比增长29.45%，义务教育均衡发展资金、义务教育公用经费、校舍维修改造资金、扶困助学资金、幼儿园工程建设等专项资金全部拨付到位。与此同时，全市城乡低保、四类困难家庭救助、就业创业、公立医院改革、基层医疗卫生机构等财政补偿政策全部落实。全市养老、医疗、工伤、生育、失业五大保险和新农合覆盖面进一步扩大，提标资金足额拨付到位，退役安置、抚恤、残疾人事业、离退休人员经费得到了足额保障。

（三）把服务发展作为第一要务，推动项目建设。

2015年，我们紧紧抓住中央“稳增长、促改革、调结构、惠民生”的一系列政策机遇，积极加强与上级财政部门沟通、联系，主动协调、配合各职能部门，多方筹措落实项目资金。全年共落实上级资金40273万元，其中：资源枯竭型城市转移支付资金

14900万元，农村饮水安全项目172万元，既有建筑节能改造资金32.83万元，农村地质灾害治理712.7万元，保障房基础设施配套1158万元，农村社会养老体系建设410万元，农村公路建设1294万元，古村落保护150万元，霍煤南矿污水处理项目314万元，小型水库移民扶持资金30万元。同时，积极调剂、拨付各类项目资金，确保了霍州市经三路、纬五路道路建设、汾河治理与生态修复工程、城区街巷硬化改造工程、霍州东站广场、义邢线、108线通道绿化工程、农村道路完善提质建设工程、小型农田水利建设、职教中心建设项目、霍东大道污水管线建设工程、七里峪景区客运站建设项目、娲皇庙文物保护修缮项目等全市重点工程建设资金需要，促进了全市城镇化建设、生态环保、现代农业和社会事业稳步发展。

（四）把深化改革作为强大动力，提升理财水平。

为持续推进财政工作规范化、科学化，我们在强化财政管理上下足功夫，在完善运行机制上做足文章。一是细化部门预算改革。按新《预算法》要求，我们建立了全口径预算体系，把所有的政府收支统一纳入预算管理，完善预算编制方式，编实编细各项预算，硬化预算约束。同时，进一步完善预算公开制度，明确了各部门预算公开的内容、时限及责任追究，增强了预算法治意识。二是完善国库集中支付制度改革。通过加强集中支付业务管理，全市所有预算单位财政业务全部实现了电子数据贯通运行，指标分配、计划下达、集中支付等各环节都得到有效衔接，财政一体化应用平台运行良好。全年共办理集中支付业务19227笔，涉及财政资金16.8亿元，确保了资金的及时拨付、准确办理和安全运作。三是强化国有资产监管。全年完成了全市156家行政事业单位层次代码编报和产权登记工作，并严格监督国有资产出租、出借、处置行为，上缴国有资产处置收入1430万元。四是加强政府采购管理。按采购法及实施条例，出台相关的采购程序和规定，进一步明确了采购人、采购部门、监管部门的职权和责任。全年共完成政府采购业务165笔，预算采购金额5485.79万元，实际采购金额4863.13万元，节约资金622.66万元，节约率为11.35％。五是全面推开财政投资评审工作。按《财政部财政评审管理规定》和《临汾市财政投资评审管理暂行办法》要求，制定了《霍州市财政投资评审管理暂行办法》，全年共评审项目5项，送审金额2326.89万元，审定金额2218.18万元，核减资金108.71万元。六是持续完善财政内部管理。对各股室工作职责、权力实施依据、工作业务流程、廉政风险点、岗位责任人等事项进行了流程再造，重新规划30余条工作流程，出台了《霍州市财政局预算执行及业务程序管理办法》、《霍州市大额资金使用管理办法》和《关于实行上级专项资金书面告知通知》、《关于精简优化政府采购审批管理流程》、《关于财政预算评审管理暂行办法》等规定，有力促进了各项业务的有序衔接，强化了责任意识，确保了资金安全。

三、2016年财政预算草案

2016年是“十三五”规划的开局之年，紧紧围绕“进军省强市、全面达小康，共建文明开放幸福美丽新霍州”目标，适应经济发展新常态，把握稳中求进总基调，牢固树立五大发展理念，着力抓好六项重点工作，做好2016年各项财政工作。

（一）2016年预算安排原则

2016年部门预算编制的指导思想是：深

入贯彻落实党的十八大和十八届三中、四中、五中全会及全市经济工作会议精神，牢固树立依法理财理念，以提高经济发展质量和效益为中心，以深化财政改革为主线，主动适应经济发展新常态，抓好收入，盘活存量，优化支出结构，保障改善民生，强化风险防控，坚持保工资、保运转、保民生的工作方针，促进全市经济社会健康稳步发展。

遵循以上指导思想，2016 年预算编制坚持以下原则：（一）积极稳妥，量入为出，坚持收支平衡；（二）统筹兼顾，突出重点，集中财力办大事；（三）勤俭节约，过紧日子，从严从紧编制预算；（四）应收尽收，必保尽保，实行收支全口径管理。

（二）2016 年收支预算

2016 年预算编制实行全口径预算管理要求，严格按照新《预算法》编制公共财政、政府性基金、社会保险基金收支预算。

1. 公共财政预算

2016 年临汾市下达我市公共财政预算收入预期目标为 67665 万元，经测算，我市公共财政预算收入实际预期目标为 61657 万元，比上年决算收入 67018 万元下降 8%，减少 5361 万元。其中：税收收入 39157 万元，非税收入 22500 万元。本级公共财政预算支出安排 153614 万元，资金来源为：公共财政预算收入 61657 万元、上级补助收入 63302 万元、上年结余结转 26003 万元、调入资金 3933 万元，减去上解上级支出 781 万元、地方政府债券还本 500 万元。

本级主要支出项目安排情况是：一般公共服务支出 11595 万元，同口径下降 26.44%；公共安全支出 7590 万元，同口径下降 19.54%；教育支出 30617 万元，同口径增长 3.09%；科学技术支出 250 万元，同口径下降 17.22%；文化体育与传媒支出 1362 万元，同口径下降 26.42%；社会保障和就业支出 25225 万元，同口径增长 6.64%；医疗卫生支出 16440 万元，同口径增长 8.42%；节能环保支出 3779 万元，同口径下降 54.03%；城乡社区事务支出 16928 万元，同口径下降 10.1%；农林水事务支出 16981 万元，同口径增长 3.95%；交通运输支出 4408 万元，同口径下降 32.78%；资源勘探电力信息等事务支出 889 万元，同口径下降 11.04%；商业服务业等事务支出 379 万元，同口径下降 44.83%；援助其他地区支出 103 万元，同口径增长 0%；国土资源气象等事务支出 7853 万元，同口径下降 21.43%；住房保障支出 8748 万元，同口径增长 14.17%；粮油物资储备事务支出 152 万元，同口径下降 3.8%；国债还本付息支出 146 万元，同口径下降 35.96%；其他支出 169 万元，同口径增长 1026.61%。

2016 年安排“三公”经费预算 972 万元，比上年预算减少 1113 万元，同口径（下同）下降 53.38%。其中：公务接待费 311 万元，下降 47.82%；公务用车购置及运行维护费 661 万元，下降 55.58%。

2. 政府性基金预算

2016 年全市政府性基金预算收入 2412 万元，比上年实际完成数下降 52.09%；上级补助收入 14 万元；上年结转 1290 万元；政府性基金预算支出安排 3716 万元，比上年决算下降 43.23%，按基金专项用途安排相关支出项目。

3. 社会保险基金预算

社会保险基金 2016 年预算收入 32058 万元，其中，财政补贴收入 12010 万元；上年结转 19617 万元；社会保险基金支出

33897万元，均用于养老、医疗、工伤、生育、事业等项目支出；预算收支滚存结余17778万元。

以上预算安排的具体情况详见《2015年市本级预算执行情况及2016年市本级预算（草案）》

四、完成2016年预算任务的主要措施

（一）用活财政政策，增强发展动力。牢固树立“发展是第一要务”的理念，增强宏观意识、大局意识和可持续意识，继续实施积极的财政政策。一是积极落实供给侧改革各项政策措施，努力培植、稳定财源和纳税大户，稳固财政收入基础。二是持续加大与省、市相关部门的沟通、协调，争取上级政策和资金支持，努力增加全市财力，进一步做好项目申报和已申报项目的跟踪管理。三是继续严格控制和压缩一般性支出，在确保公教人员工资的基础上，集中财力保障重点工程及重点工作资金需要。四是发挥财政资金的导向作用，引导民间资本投向基础设施建设、公益性事业、服务业等，落实推广社会资本与政府项目合作模式（即PPP项目），作好牵头、协调工作。同时，充分运用好资源枯竭城市转移支付资金，加大教育、卫生医疗、“三大基地”、环境整治和基础设施建设等转型发展资金投入。

（二）严格收入征管，增加地方财力。密切关注重点税源和税收的变化走势，加强收入预测和预算执行分析。依法加强收入征管，规范收入征管秩序，严防跑冒滴漏，实现均衡入库；同时，坚持“抓大不放小”，强化小税种征管。依法加强对保留的行政性收费、罚没收入、国有资产有偿使用收入等非税收入的征缴力度。努力做到主体税种紧抓不放、地方小税不遗不漏、非税收入严格征缴、各项收入应收尽收。

（三）优化支出结构，强化保障能力。认真贯彻落实新《预算法》和国务院《关于深化预算管理制度改革的决定》，围绕预算编制、预算执行、支付管理、监督保障四个关键环节，狠抓制度落实，规范财政管理，优化支出结构，加快支出进度，集中财力保证重点支出和民生项目建设。一是积极落实强农惠农政策。继续支持农村危房改造，乡村清洁工程建设，着力改善农村人居环境。继续贯彻落实粮食直补、综合补贴政策，保障粮食安全，促进农民增收。加强土地出让收入管理，支持地质灾害治理防治、土地整理和农田水利建设等项目。加大财政支农项目绩效评价力度，加强政策落实监督检查，提升财政支农资金使用效益。二是促进公共服务均等化。推进教育协调发展，落实国家资助政策体系，从制度上保障家庭经济困难学生上得了学、上得起学、上得完学。完善社会保障制度，坚持“广覆盖、保基本、兜底线、促公平”社会基本保障原则，探索研究城乡低保、临时救助等社会救助政策，加强资金管理，促进社会公平；扎实推进机关事业单位养老保险制度并轨改革；全面落实民生政策配套资金，确保新农合、城镇居民医疗保险按政策提标。三是加大财政资金统筹力度。认真落实市人大决议，落实预算执行主体责任，强化预算约束，从严控制一般性支出和“三公”经费支出，清理、清查、核准行政事业单位资产底数，盘活存量资金，加强库款管理，加大统筹力度，推进科技、教育、农业等重点领域项目资金整合，有效提升财力保障水平。

（四）深化财政改革，提升管理能力。一是加大政府性基金预算、国有资本经营预算与一般公共预算的统筹力度，将地方政府债务分类纳入预算管理。二是加大预决算公开力度，进一步扩大公开范围，细化公开内容，拓宽公开渠道，除涉密信息外，所有使用财政资金的部门预决算和“三公”经费预决算全部公开。三是推进国库集中支付电子化工作，筑牢财政资金安全防线，提高资金运行效率，着力提升国库管理水平。四是加强预算绩效管理。扩大绩效评价范围，进一步加大项目支出绩效评价工作力度，将评价结果与下年度项目支出预算安排挂钩，凡绩效评价较差或不合格的项目，下年度不再安排类似经费，项目支出预算实行“零增长”或“负增长”。五是完善政府采购预算编制。所有使用财政性资金及其他配套资金采购货物、工程和服务的支出，均纳入政府采购预算编制范围，未编制采购预算的，一律不准实施采购。

各位代表：2016年的财政经济形势复杂严峻，财政改革发展任务繁重艰巨，财政收入下行压力持续加大，刚性支出规模扩大，财政收支矛盾突出，财政平衡和资金保障压力巨大。我们将在市委、市政府的坚强领导下，在市人大、市政协的监督支持下，坚定信心，振奋精神，务实工作，不忘初心，继续前进，为开创霍州经济社会发展的崭新局面做出新的更大的贡献！

相关名词解释和说明

1. 公共财政预算收入：指按照现行财政体制规定列入地方预算，直接缴入地方金库的财政收入。具体由两部分组成：一是税收收入，包括增值税、企业所得税、个人所得税的地方分享部分，营业税、资源税的地方分享部分，城市维护建设税、房产税、印花税、城镇土地使用税、土地增值税、车船税、契税、耕地占用税等；二是非税收入，包括专项收入、行政事业性收费收入、罚没收入、国有资本经营收入、国有资源（资产）有偿使用收入、其他收入等。

2. 公共财政预算支出：指列入地方预算的财政支出，其支出项目按功能设置“类”级科目，包括：一般公共服务支出、国防支出、公共安全支出、教育支出、科学技术支出、文化体育与传媒支出、社会保障和就业支出、医疗卫生与计划生育支出、节能环保支出、城乡社区支出、农林水支出、交通运输支出、资源勘探信息等支出、商业服务业等支出、金融支出、援助其他地区支出、国土资源气象等支出、住房保障支出、粮油物资储备支出、预备费、国债还本付息支出及其他支出等。其资金来源包括用地方当年财力安排的支出、上年结余、调入资金和中央、省一般性及专项转移支付补助收入安排的支出。

3. 政府性基金预算：指政府通过向社会征收基金、收费，以及出让土地、发行彩票等方式取得收入，专项用于支持特定基础设施建设和社会事业发展的收支预算，是政府预算收支的组成部分。其特点是目的性强，专款专用。

4. 国有资本经营预算：指国家以所有者身份从国家出资企业依法取得国有资本收益，并对所得收益进行分配而发生的各项收支预算，是政府预算的重要组成部分，其核心是调整国家和国有企业之间的财政分配关系。目前，我市在市、县两级基本建立了国有资本经营预算制度框架。

5. 社会保险基金预算：是指社会保险经

办机构根据社会保险制度的实施计划和任务编制的，经规定程序审批的年度基金财务收支计划。按险种划分为五类八种：企业职工基本养老保险基金、城乡居民基本养老保险基金、城镇职工基本医疗保险基金、新型农村合作医疗保险基金、城镇居民基本医疗保险基金、失业保险基金、工伤保险基金、生育保险基金。

6. “三公”经费预算：“三公”经费是指财政拨款支出安排的因公出国（境）费、公务接待费、公务用车购置及运行维护费。

7. 公共预算总财力：反映预算年度内预算资金来源的总规模，包括公共财政预算收入、返还性收入、一般性转移支付收入、专项转移支付收入、下级上解收入及调入资金。公共预算总财力不包括政府性基金预算收入。

8. 部门预算：简单地说就是“一个部门一本预算”，完整地反映一个部门的所有收入和所有支出，即一个部门在部门预算之外，不得再有其他收支活动。部门预算的特点就是改变财政资金按性质归口管理的做法，并实行预算内资金和部门事业收入及其他收入收支统管，统筹使用。

9. 转移支付（一般、专项）：是政府间的一种补助，是以各级政府之间所存在的财政能力差异为基础，以实现各地公共服务均等化为目标，而实行的一种财政资金转移或财政平衡制度。目前，转移支付主要由一般性转移支付和专项转移支付构成。一般性转移支付不规定具体用途，由接受拨款的政府自主使用，包括均衡性转移支付、调整工资转移支付、农村税费改革转移支付、县级基本财力保障机制奖补资金、基层公检法司转移支付、义务教育等转移支付、基本养老保险和低保等转移支付、新型农村合作医疗等转移支付、村级公益事业奖补等转移支付、重点生态功能区转移支付等；专项转移支付又称专项拨款，是有附加条件、规定资金使用范围的转移支付，要求专款专用。目前，专项转移支付主要用于农林水事务、交通运输、节能环保、社会保障和教育等方面。

10. 煤炭可持续发展基金：煤炭可持续发展基金（以下简称“基金”）是经国务院批准，财政部批复设立的，2007 年 3 月在我省境内开采原煤的单位和个人缴纳的政府性基金，是我省煤炭工业可持续发展政策措施试点的主要内容之一。基金的计征依据为所开采原煤的实际产量，基金的征收标准按不同煤种、不同矿井规模确定。所征基金主要用于解决企业难以解决的跨区域生态环境治理、支持资源型城市（地区）转型和重点接替产业发展、解决因采煤引起的相关社会问题。2014 年 12 月 1 日已停止征收。

11. 村级公益事业建设一事一议财政奖补：指村民通过规范的一事一议筹资筹劳开展村内公益事业建设项目，政府采取以奖代补、民办公助的方式，给予适当财政奖补。其目的是以农民自愿出资出劳为基础，以政府奖补资金为引导，建立多方投入、共同推进的村级公益事业建设投入新机制。

12. 保障性安居工程：指政府在对城镇中低收入家庭和农村困难家庭实行分类保障过程中所提供的限定供应对象、住房标准、销售价格或租金标准，具有社会保障性质住房的建设和改造工程。保障性安居工程主要包括建设廉租住房和对低收入住房困难家庭发放货币补贴，建设公共租赁住房、经济适用住房和限价商品住房，实施政府主导的城市棚户区改造，国有林区、垦区和工矿棚户区的改造，国有重点煤矿棚户区改造和农村危房改造。国家要求到“十二五”期末，全国保障性住房覆盖率面达到20%左右。

13. 小微企业：是指从事国家非限制和禁业行业，并符合下列条件的小型微利企业。即工业企业，年度应纳税所得额不超过30万元，从业人数不超过100人，资产总额不超过3000万元；其他企业，年度应纳税所得额不超过30万元，从业人数不超过80人，资产总额不超过1000万元。

14. 政府购买服务：是指通过发挥市场机制作用，把政府直接向社会公众提供的一部分公共服务事项，按照一定的方式和程序，交由具备条件的社会力量承担，并由政府根据服务数量和质量向其支付费用。是一种新型的政府提供公共服务方式。

15. 财政结转资金：是指结转的财政结余资金中有专项用途、需继续安排使用的资金。一般来说，结转资金都是跨年度使用的。

16. 财政结余资金：主要是指行政、事业单位在预算年度内，按照财政部门批复的本部门预算，当年尚未支用的财政拨款资金。

17. 政府和社会资本合作PPP：是政府与社会资本为了合作建设城市基础设施项目，或为提供公共产品或服务而建立的“全过程”合作关系，以授予特许经营权为基础，以利益共享和风险共担为特征，通过引入市场竞争和激励约束机制，发挥双方优势，提高公共产品或服务的质量和供给效率。

18. 预算稳定调节基金：是指由政府设立的，从规定范围筹集的，用于调节和平衡预算运行的预算储备资金。基金的安排使用接受同级人大及其常委会的监督。预算稳定调节基金单设科目，增加补充基金时在收入方反映，动用基金时在支出方反映。

19. 支出功能科目：是指反映政府管理和主要职能活动的分类科目。分“类、款、项”三级设置。主要分类具体包括：一般公共服务支出、外交支出、国防支出、公共安全支出、教育支出、科学技术支出、文化体育与传媒支出、社会保障和就业支出、社会保险基金支出、医疗卫生与计划生育支出、节能环保支出、城乡社区支出、农林水支出、交通运输支出、资源勘探信息等支出、商业服务业等支出、金融支出、援助其他地区支出、国土海洋气象等支出、住房保障支出、粮油物资储备支出、预备费、国债还本付息支出、其他支出和转移性支出。

20. 支出经济科目：是指反映支出的经济性质和具体用途的分类科目。分“类、款”二级设置。主要分类具体包括：工资福利支出、商品和服务支出、对个人和家庭的补助、对企事业单位的补贴、转移性支出、债务利息支出、基本建设支出、其他资本性支出和其他支出。

大 事 记

2016 年大事记

1 月

5 日，霍州市召开“两单两图”编制工作征求意见暨论证会。对“权利清单、责任清单、廉政风险图、行政权力运行图”（即“两单两图”）编制情况再次征求意见，进行充分论证。市委常委、常务副市长陈占平出席会议。市“两单两图”编制工作领导组成员单位负责人、人大法工委、政协社法专委、部分人大代表、政协委员以及部分乡（镇、街道）主要负责人参加会议。会上，与会人员分别从不同工作角度各抒己见，提出有针对性的意见和建议。

5 日，霍州市委书记陈纲主持召开四套班子扩大会议，传达贯彻全省经济工作和脱贫攻坚会议精神，对当前工作进行再安排、再部署。市领导崔山原、周文伟、陈占平、郑效锋、黄晓君、高雅铭、刘国平、李峰等出席会议。各乡（镇、街道）党政一把手参加会议。

6 日，全国、全省先后召开安全生产电视电话会议。市委副书记、市长崔山原，副市长朱源洪、薛泽会、郭宏生、政府党组成员门保生及市安全生产工作委员会成员单位负责人等在霍州分会场参加会议。

7 日，霍州市处置非法集资领导组召开专题会议，就推进当前处置非法集资工作进行安排部署。市委常委、常务副市长、市处置非法集资领导组组长陈占平及处置非法集资领导组成员单位有关负责人等参加会议。市委常委、常务副市长、市处置非法集资领导组组长陈占平提出要求。

7 日，霍州市委常委班子召开“三严三实”专题民主生活会。临汾市人大常委主任徐树荣全程参加指导并作重要讲话。临汾市纪委常委杜斌生、临汾市委组织部副部长刘生明出席会议。市领导崔山原、周文伟、陈占平、郑效锋、黄晓君、高雅铭、刘国平、李峰、安志勇、薛有生出席会议。

11 日，霍州市政府班子召开“三严三实”专题民主生活会。市领导崔山原、陈占平、薛泽会、田晋川出席会议。政府副市长朱源洪列席会议。市纪委、市委组织部相关负责同志参加会议。市委副书记、市长崔山原代表市政府班子作对照检查发言。市政府班子成员聚焦“三严三实”主题，结合各自的思想认识和工作实际，分别进行发言。

13 日，霍州市人大常委会副主任张根生带领 2015 年度市直目标责任考核第三小组在市人民检察院就党风廉政建设责任制、反腐重点工作落实情况及党组领导班子和副科级以上干部进行考核测评。市人民检察院检察长王华参加考核测评。考核测评中，考核组一行通过听取汇报、民主测评、分组谈话等方式对市人民检察院2015年各项工作完成情况进行考核测评。

20日，霍州市召开基层干部不作为、乱作为等损害群众利益问题专项整治测评会议。市领导陈纲、崔山原、周文伟、郑效锋、高雅铭及临汾市委第二督导组组长贾林森等出席会议。会上，市委书记陈纲就霍州市“三严三实”专题教育中，关于开展基层干部不作为、乱作为等损害群众利益问题专项整治情况进行通报并针对下一步工作作出强调。

21日，山西省文物局副局长宁立新在霍州市就文物修缮及保护工作进行调研。临汾市文物旅游局局长李艾珍、霍州市领导陈纲、崔山原、朱源洪、薛有生等一同调研。调研中，宁立新一行先后来到辛置镇段庄村三教庙、市区祝圣寺、霍州署等地，对霍州市文化资源、文物保护现状以及修缮情况进行详细了解。

21日，霍州市召开2015年度目标责任考核会议，临汾市人大常委会主任徐树荣、临汾市2015年度目标责任考核组组长、临汾市人大农村工委主任贾自胜，霍州市领导陈纲、崔山原、周文伟、陈占平、郑效锋、高雅铭、刘国平、李峰等出席会议。

22日，霍州市召开金融工作会议，对2015年金融工作进行总结，全面部署全市金融工作。市委常委、常务副市长陈占平出席会议。市处置非法集资领导组部分成员单位负责人，各乡（镇、街道）以及各商业银行、证券公司、保险公司相关负责人参加会议。市委常委、常务副市长陈占平提出要求。

22日，春节将至，市委副书记、市长崔山原带着党和政府的问候看望霍州市离退休老干部郭思红、杨春生、王金泽、雷登高、董天璐、薛宏杰、武海虎、房安国、孙玉安、张补有、要振山、肖培芳等，为他们送去新春祝愿和节日问候。市委常委、常务副市长陈占平，副市长薛泽会一同看望。

25日，山西省第十届纪律委员会第六次全体会议召开。省委书记王儒林出席会议并作重要讲话。省委常委、省纪委书记黄晓薇主持会议。霍州市四套班子在家领导、市直单位、各乡（镇、街道）负责人等在霍州分会场参加会议。

26日，中共霍州市委六届六次全体（扩大）会议在市委三楼会议室召开。会议总结回顾“十二五”时期及2015年工作，安排部署2016年工作思路和目标任务。市委全委会成员，其他县处级以上干部，各乡（镇、街道）党政正职，市直各单位主要负责人参加会议。会议由市委书记陈纲主持，并作《积极作为　真抓实干　在新的起点上推进霍州整体率先发展》的报告，市委副书记、市长崔山原就制定“十三五”规划建议向大会说明。

28日，霍州市召开2016年安全生产工作例会。市委副书记、市长崔山原，政府副市长朱源洪、薛泽会、郭宏生、田晋川出席会议。各乡（镇、街道）党政正职，安全生产工作委员会成员单位、部分企业等相关部门负责人参加会议。会议由政府副市长郭宏生主持。市委副书记、市长崔山原在会议中作出强调。

29日，被评为冠云杯·2015“感动山西”十大人物的霍州姑娘赵艳载誉而归。市委书记陈纲，市委副书记、市长崔山原接见座谈。市委常委、宣传部长黄晓君主持座谈会，市委党校常务副校长胡韩平，市妇联、团市委、教科局、鼓楼街道等单位负责人参加座谈会。陈纲代表市委、市政府，对赵艳载誉而归表示欢迎和祝贺，对她的先进事迹和高尚情操给予高度评价。

2月

2日，霍州市领导陈纲、高雅铭、朱源洪、郭宏生带领民政、安监、林业、住建、爱卫办等相关单位负责人深入兆光发电有限责任公司、大张镇、三教乡查看背街小巷治理和城乡环境卫生情况，对霍州市“冬季行动”开展情况进行专项检查。

3日，市委书记陈纲，市委副书记、市长崔山原一行先后看望广电中心、公安局、环卫公司、交警队、供电局、人民医院、供热公司、华润燃气、自来水厂等干部职工，对他们的辛勤劳动表示感谢，并致以新春问候和诚挚祝福。市委常委、市委秘书长高雅铭，市政府党组成员、公安局局长王文艺一同慰问。

4至5日，政协霍州市六届六次会议在市委党校六楼会议室召开，来自各行业、各界别的150名政协委员齐聚一堂，共商大计，共谋发展，履行政治协商、民主监督、参政议政职能。市领导陈纲、崔山原、周文伟、陈占平、刘国平等出席会议，会议选举薛泽会为政协主席。市委书记陈纲作重要讲话。

5至6日，霍州市六届人民代表大会第六次会议在市委党校召开。来自全市各行业139名人大代表，带着人民重托，履行职责，行使权利，选举陈占平为市人大常委会主任，选举任军为市人民法院院长，完成预定各项任务。

14日，霍州市委中心组集体学习传达临汾市纪委三届六次全会精神，中央、省、市领导对机要密码工作批示精神，解读2016年中央“一号文件”精神和工作内容。市领导陈纲、崔山原、陈占平、薛泽会、周文伟、郑效锋、高雅铭、刘国平、李峰等集中参加学习。

26日，霍州市召开农村土地承包经营权确权登记颁证工作推进会。政府副市长田晋川出席会议。市土地确权工作领导组成员单位负责人，各乡（镇、街道）有关负责人及2016年启动土地确权工作的106个村“两委”主干等参加会议。田晋川在会上对土地确权有关事项提出要求。

26日，2016年春节全民健步走活动在霍东大道举行。各乡（镇、街道），市直各单位以及社会各界共计5000余名干部群众参加活动。市领导陈纲、崔山原、薛泽会、黄晓君、刘国平、张根生、朱源洪、郭宏生、薛有生、薛云彪、王文艺等出席启动仪式。

27日，山西省召开农村工作电视电话会议。会议总结“十二五”时期山西省“三农”工作，分析新常态下农业农村形势，安排部署2016年和“十三五”时期农业农村工作。霍州市领导陈纲、崔山原、田晋川在霍州分会场出席会议。

29日，中共霍州市第六届纪律检查委员会第六次全体会议在市委党校会议室召开。市领导崔山原、陈占平、薛泽会、周文伟、郑效锋、黄晓君、刘国平出席大会，会议由市委常委、纪委书记郑效锋主持，作《坚持挺纪在前，严格履行职责，继续谱写纪检监察工作新的光辉篇章》工作报告，市委书记陈纲作重要讲话。

3 月

2 日，霍州市宣传文化系统召开专题会议，学习贯彻落实习近平总书记在党的新闻舆论工作座谈会上的重要讲话精神，安排部署霍州市下一阶段宣传贯彻工作。市委常委、宣传部长黄晓君出席会议并讲话。

3 日，霍州市对各乡（镇、街道）2015 年的重点工程和重点工作进行观摩考核。市四套班子领导及各乡（镇、街道）乡镇党（工）委书记、乡（镇、街道）长（主任）等参加观摩，市委副书记、市长崔山原带领观摩团观摩。

3 日，临汾市安全生产工作例会视频会召开，贯彻落实山西省政府“3·1”特别重大事故警示教育会暨安全生产工作例会精神，部署临汾市安全生产工作。霍州市政府副市长郭宏生、市长助理周武俊及各乡（镇、街道）分管副职、安委会成员单位负责人在霍州分会场参加会议。

7 日，市委副书记、市长崔山原主持召开四套班子联席会议，就当前重点工作进行安排部署。市领导陈占平、薛泽会、周文伟、郑效锋、黄晓君、高雅铭、李峰等参加会议。

10 日，霍州市卫计局、教科局、司法局、农林委、畜牧兽医服务中心、科协等多家单位在大张村开展文化、科技、卫生“三下乡”活动。

11 日，全市三级干部大会在霍州市影剧院召开。全市副县级以上领导，担任过市级实职的老领导，驻霍企业领导，各行政事业单位、条管单位负责人，各乡（镇、街道）班子成员，农村党支部书记、村委主任等 700 余人参加会议。会议由市委常委、市委秘书长高雅铭主持。市委副书记、市长崔山原作《立足新常态　描绘新蓝图　奋力开创霍州经济社会发展崭新局面》的报告。住建局、农林委、旅游局、霍山景区管委会、爱卫办等部门对承担的重点项目和工作进行承诺表态。

16 日，霍州市六届人大常委会第三十六次会议召开。市人大常委会主任陈占平，副主任安志勇、成海民、张根生出席会议。政府副市长郭宏生、法检两院负责人和市人大机关各委室主任、副主任及各乡（镇、街道）人大主席（工委主任）列席会议。会议听取审议市人大常委会《关于“年末交帐”检查情况的报告》；听取市人大执法检查组《关于职业教育法在我市实施情况的执法检查报告》；听取审议市政府《关于市六届人大五次会议代表意见，建议办理情况的报告》；吸取审议市法院《关于司法公开专项工作情况的报告》；听取审议市检察院《关于预防职务犯罪工作情况的报告》；补选临汾市三届人大代表；审议通过市人大常委会《关于市、乡两级人民代表大会换届选举的决定》；审议通过市人大常委会《关于成立霍州市选举委员会的决定》；审议通过市人大常委会《关于任命各乡镇选举委员会组成人员的决定》；审议通过市人大常委会《关于乡镇第四届人民代表大会代表名额分配情况的决定》。

17 日，霍州市召开市、乡领导班子换届工作会议。市领导崔山原、陈占平、薛泽会、周文伟、黄晓君、高雅铭、李峰、安志勇、张伟兴等出席会议。市、乡换届工作领导小组及办公室全体人员，各驻霍企业、市直部门、条管单位负责人，各乡（镇、街道）党政正职，人大主席、分管组织副书记、组宣委员等参加会议。会议由市委常委、市委秘书长高雅铭主持。市委常委、组织部周文伟宣读《通知》和《方案》，市纪委相关负责人宣读《关于在换届工作中严肃纪律要求，加强换届风气监督的通知》。市委副书记、市长崔山原作出强调。

18 日，霍州市 2016 年文化、科技、卫生“三下乡”活动启动仪式在白龙镇寺庄村举行。市委常委、宣传部长黄晓君出席启动仪式，政府副市长朱源洪主持仪式。市委宣传部、文化局、农林委、卫计局、文明办等 20 家“三下乡”成员单位参加启动仪式。此次活动捐赠款物总价值 22.7 万元，接受群众咨询 3000 余人次，发放宣传资料 2 万余份。

22 日，霍州市组织党员干部、青年志愿者走上街头开展义务劳动，拉开 2016 年环境卫生整治的序幕。市政府副市长朱源洪，市政府党组成员、政府秘书长晋学斌及市爱卫办、住建局、团市委的广大干部职工、青年文明号单位的广大青年志愿者等参加活动。

28 日，临汾市工业经济运行督导组莅临霍州市，就全市当前工业经济运行情况进行督查。政府副市长郭宏生出席汇报会，经信、统计、发改等有关部门负责人参加会议。

29 日，霍州市政协召开六届二十一次常委会议，市政协主席薛泽会，副主席薛有生、沈晓静、薛云彪、张伟兴出席会议。会议传达学习临汾市政协三届六次会议有关精神，协商通过《市政协换届选举工作方案》，协商通过《市政协 2016 年工作要点》。薛泽会在会议中就做好政协换届工作进行强调。

29 日，霍州市召开市、乡换届选举工作培训会。市人大常委会主任陈占平，市委常委、组织部部长周文伟，市人大常委会副主任安志勇出席会议。市选举委员会组成人员，各乡镇人大主席，街道人大工委主任，各乡镇选举委员会主任及部分骨干，各街道、市直、条管单位选区指导组组长及部分骨干，选举工作机构全体人员参加会议。会议由市委常委、组织部部长周文伟主持。

30 日，霍州市召开脱贫攻坚大会，贯彻落实中央、山西省、临汾市脱贫攻坚大会工作精神，部署安排霍州市 2016 年脱贫攻坚工作。市委副书记、市长崔山原，市委常委、市委秘书长高雅铭，政府副市长田晋川出席会议。市脱贫工作领导组成员单位负责人，各乡（镇、街道）党政正职及分管副职共计 70 余人参加会议。

4 月

1 日，中国共产党霍州市第六届委员会第七次全体会议在市委三楼会议室召开，会议由市委副书记、市长崔山原主持，市委委员参加会议。市委常委、组织部长周文伟就《关于召开中国共产党霍州市第七次代表大会的决议（草案）》进行说明。大会审议通过《关于召开中共霍州市第七次代表大会的决议（草案）》。决定 5 月下旬召开第七次党代会。

12 日，市委副书记、市长崔山原主持召开四套班子会议，市领导陈占平、薛泽会、周文伟、郑效锋、高雅铭、刘国平、李峰等参加会议。与会人员就临汾市印发的《关于严肃换届纪律加强换届监督的实施方案》等相关内容进行学习。崔山原作出强调。

18 日，山西省召开“两学一做”学习教育视频会，对开展“两学一做”学习教育作出安排部署。省委书记王儒林作重要讲话。省委副书记、省长李小鹏主持会议。省委副书记楼阳生出席会议。山西省四套班子负责同志，省法院院长、省检察院检察长出席会议。霍州市四套班子领导及各行政、事业、学校、医院、条管单位一把手、乡（镇、街道）党政一把手、霍煤、霍电、兆光发电等驻霍企业相关负责人在霍州分会场参加会议。

19 日，霍州市召开全市第二季度安全生产工作例会，市委副书记、市长崔山原，市委常委、宣传部部长、市政府党组成员黄晓君，政府副市长朱源洪、郭宏生、田晋川等出席会议。会议通报霍州市 2016 年第一季度全市的安全生产工作情况，对全市第二季度的安全生产工作进行安排部署。崔山原在会议中提出要求。

20 日，中共霍州市第七次党代表选举工作会议在市委三楼会议室召开。市委常委、组织部长周文伟出席会议，各乡（镇、街道）党（工）委书记、分管组织主要负责人和市直工委书记、非公工委专职副书记及市直各召集单位党组织负责人参加会议，对选举工作进行部署。

27 日，27 日为霍州市人大换届选举日，临汾市纪委换届纪律巡视组在霍州市就市、乡人大换届选举工作进行巡视。市委常委、市委秘书长高雅铭一同巡视。巡视中，巡视组对霍州市人大代表换届选举工作予以肯定。

5 月

7 日，中共霍州市委召开“两学一做”学习教育工作会议，会议学习贯彻习近平总书记关于“两学一做”学习教育的主要指示精神和中央、省、市有关会议精神，对霍州市“两学一做”学习教育进行安排部署。市四套班子领导出席会议，会议由市委常委、组织部长周文伟主持。各乡（镇、街道）党政负责人，分管组织副书记，市直工委、市非公工委，市直各部门、条管单位负责人及部分农村、社区党组书记参加会议。

13 日，全省召开县、乡人大换届选举工作学习培训电视电话会议。市委副书记、市长崔山原，市人大常委会主任陈占平，市人大常委会副主任安志勇、孟援斌，市政府党组成员、政府秘书长晋学斌等在霍州分会场参加会议。

17 日，受中国科协委托，临汾市科协主席曹寒冰对霍州市进行 2016—2020 年度“全国科普示范市”授牌，这是霍州市连续第三次获得“全国科普示范市”殊荣。市委常委、宣传部长、政府党组成员黄晓君，市政府副市长朱源洪出席授牌仪式。组织部、科协、教科局、妇联等 26 个相关单位 50 余人出席授牌仪式。

18 日，临汾市副市长陈忠辉在霍州市就教育、文化、商贸等工作进行调研。市委常委、市委秘书长高雅铭一同调研。陈忠辉一行先后来到霍州市一中、文化中心、职业中专学校、鼓楼地下商业街进行实地查看，了解霍州市商贸、文化、教育等方面的情况，听取相关负责人情况介绍。

24 日，山西省脱贫攻坚推进大会召开。贯彻落实中央扶贫开发工作会议精神和习近平总书记系列重要讲话精神，推进全省脱贫攻坚工作。霍州市四套班子领导，各乡（镇、街道）党政正职及相关职能单位、条管单位、驻霍企业负责人在霍州分会场收听收看会议。

24 日，霍州市委副书记、市长崔山原，政府副市长田晋川带领市安监局、武警消防大队、鼓楼街道等相关单位负责人深入鼓楼东街聚鑫购物中心对消防安全情况进行突击检查。

26 日，霍州市召开民兵整组训练验收总结大会。市委常委、市委秘书长高雅铭，市委常委、人武部部长李峰，市人大副主任安志勇，市政协副主席张伟兴，市政府党组成员、人武部政委卢卫红等出席会议，市农林委、交警大队、国新能源等民兵应急分队及市人民医院医疗救护队等 200 余人参加训练。

29 日，“尧风古韵·中镇霍山”大型诗歌朗诵会在霍州市七里峪镇山广场举行。此项活动是山西省举办的“华夏之根·文明之源”帝尧古都文化旅游节其中的一项。山西省作协主席、党组书记杜学文，临汾市委常委、宣传部长黄翠莲、省文联副主席、临汾市文联主席王富山出席盛会并作重要讲话。霍州市四套班子领导与近千名诗歌爱好者参加此次盛会。该活动由中共山西省委宣传部、山西省文化厅、中共临汾市委、临汾市人民政府主办，中共临汾市委宣传部、临汾市文联、中共霍州市委、霍州市人民政府承办，市委副书记、市长崔山原致欢迎词。临汾市委常委、宣传部长黄翠莲作讲话。省作协主席、党组书记杜学文提出要求。

6 月

1 日，霍州市召开脱贫攻坚会议。深入学习贯彻落实山西省、临汾市脱贫攻坚会议精神，对霍州市脱贫攻坚工作进行再安排、再部署。市委副书记、市长崔山原，政府副市长田晋川，政府党组成员、政府秘书长晋学斌及各乡（镇、街道）相关负责人，农林委、财政、水利、民政、农合等有关部门负责人等参加会议。市农林委、大张镇、辛置镇、陶唐峪乡就各自脱贫攻坚工作完成情况进行汇报。市委副书记、市长崔山原作出强调。

1 日，赵家庄小学举行“红领巾相约中国梦—关注十三五·创造新生活”暨校园艺术节表演活动。市领导崔山原、陈占平、高雅铭、成海民、朱源洪、张伟兴等参加活动，与孩子们共度佳节。

6 日，临汾市“两学一做”第二督导组在霍州市就“两学一做”学习教育活动开展情况进行全面督查。督查组一行先后深入“两学一做”协调小组办公室、中镇商贸有限公司党支部、白龙镇等地以查阅资料、听取汇报等方式对霍州市“两学一做”学习教育情况进行督查。

7 日，霍州市领导崔山原、薛泽会、高雅铭、朱源洪及相关部门负责人到市一中高考考点，查看高考情况。

12 日，临汾市委申办全省旅游发展大会投票和宣传工作督查十一组深入霍州市，就“助力临汾·家乡投票”活动情况进行督查。霍州市市委常委、宣传部长黄晓君，政府副市长朱源洪及市旅游局负责人一同督查。

15 日，霍州市委副书记、市长崔山原主持召开市委中心组学习会议。市领导陈占平、薛泽会、郑效锋、黄晓君、高雅铭、刘国平、李峰等参加学习会议，集中观看《贪与悔》警示教育片，学习《违纪违法领导干部忏悔录汇编分析》一系列违法违纪案件。崔山原在会议中提出要求。

15 日，霍州市委副书记、市长崔山原，政府副市长田晋川带领住建局、农林委、安监局、气象局、大张镇等部门负责人先后到鼓楼东大街东门桥，大张镇上乐坪村、张望村，就东门桥改造工程、夏收工作和国家光伏扶贫试点示范区建设工作现场办公。

16日，16日为中国第15个安全生产宣传咨询日，霍州市领导崔山原、郭宏生、晋学斌、周武俊等走进霍州市安全重点企业霍州化工公司，通过举行座谈会、开展安全生产宣传、现场安全检查等方式，筑牢企业安全生产防线，增强员工安全意识。

17日，霍州市召开新一届市、乡两级人大代表培训会。全市500余名市、乡两级人大代表参加会议，霍州市领导崔山原、陈占平、郑效锋、高雅铭、刘国平、安志勇、孟援斌、朱源洪、郭宏生、田晋川等出席此次培训会。

21日，霍州市召开2016年上半年经济运行分析会。市领导崔山原、黄晓君、朱源洪、郭宏生、田晋川、晋学斌、门保生、周武俊及各乡（镇、街道）和统计、发改、经信、财政、人社、农林委等相关部门负责人参加会议。会议由政府副市长郭宏生主持。会议听取全市上半年经济运行情况汇报，分析形势，查找问题，对近期经济运行工作进行安排部署。市委副书记、市长崔山原在会上作出强调。

21日，霍州市委副书记、市长崔山原主持召开市委常委会研究部署环保工作。市领导郑效锋、黄晓君、高雅铭、刘国平、李峰参加会议，陈占平、薛泽会列席会议。会议听取霍州市环境保护工作相关情况汇报。市委副书记、市长崔山原在会上作出强调。

23日，霍州市在影剧院召开全市城乡环境综合治理大会，动员全市上下贯彻落实山西省、临汾市环境保护大检查电视电话会议精神，霍州市城乡环境质量明显提升，开创霍州市环保工作新局面。市委常委、市委秘书长高雅铭主持会议。会上，政府副市长朱源洪宣读《霍州市城乡环境综合治理实施方案》，环保局、住建局等8个部门负责人作表态发言，市委副书记、市长崔山原作强调。

28日，霍州市举办专场拍卖会，公开对在全市公务用车制度改革中取消的150辆公务用车进行拍卖。

29日，全市纪念中国共产党成立95周年暨“两优一先”表彰大会在市委党校六楼会议室召开。市四套班子领导出席会议，各乡（镇）书记、街道党工委书记，乡（镇）长、办事处主任及分管副书记、组织委员，市直工委书记、非公工委专职副书记，市直单位党政负责人，条管单位负责人，市委“两学一做”学习教育协调小组全体成员，市委组织部部务会成员及各科室负责人，全市优秀共产党员、优秀党务工作者、先进基层党组织受表彰对象等400余人参加会议。会议由市委常委、市委秘书长高雅铭主持，宣读表彰决定并颁奖，受表彰代表作表态发言，市委副书记、市长崔山原作讲话。

30日，霍州市六届人大常委会第三十七次会议在人大会议室召开。市人大常委会主任陈占平，市人大常委会副主任安志勇、成海民、张根生、孟援斌和人大常委会委员出席会议。政府副市长朱源洪、法检两院、市人大机关各委室负责人及各乡（镇、街道）人大主席、工委主任列席会议。会议由市人大常委会主任陈占平主持。

30日，霍州市政协六届二十二次常委会召开。市政协主席薛泽会，市政协副主席薛有生、沈晓静、薛云彪、张伟兴出席会议。会议由市政协主席薛泽会主持。

30日，霍州市召开全民参保登记工作动员会，会议传达山西省、临汾市关于开展全民参保登记工作有关精神，并就下一阶段推进霍州市全民参保登记工作进行动员、部署。市政府党组成员门保生出席会议，全民参保登记计划工作领导组成员单位负责人及各乡（镇、街道）相关负责人参加会议。

7月

4日，霍州市委副书记、市长崔山原主持召开市委中心组学习。市领导薛泽会、黄晓君、高雅铭、李峰等出席会议。会议还就全市安全生产工作和全市经济指标完成情况及项目建设工作进行安排部署。

8日，霍州市在行政审批大厅举办不动产产权证书首发仪式，标志着霍州市不动产统一登记工作步入新阶段。市委副书记、市长崔山原，副市长田晋川，临汾市国土局相关负责人及霍州市财政、国土、农林委、住建等相关部门负责人出席首发仪式。首发仪式由市政府副市长田晋川主持。

13日，霍州市召开市政府市长办公（扩大）会议，安排部署全市环境保护大检查工作。市领导崔山原、黄晓君、朱源洪、郭宏生、沈晓静等出席会议，各乡（镇、街道）、市环境保护大检查领导组成员单位及部分企业主要负责人参加会议。

19日，霍州市在市委四楼会议室召开全市副县级以上干部大会。临汾市委组织部副部长张庚博出席会议，霍州市市委副书记、市长崔山原主持会议。会议宣读临汾市委干部任免文件和霍州市换届人事方案批复。新任职的市委组织部长牛福生作表态发言。崔山原在会上要求，各级干部要讲政治，正确对待进退留转，坚决服从临汾市委决定，维护好班子的团结稳定，新提名任职的同志要尽快进入工作角色，做好本职工作，确保霍州市的各项工作有序开展，快速推进。

21日，霍州市举行陶唐峪景区合作开发生态旅游项目签约仪式，标志着陶唐峪旅游项目正式启动。副市长朱源洪出席仪式。旅游局、陶唐峪乡、太岳林局、中景公司、环保局、发改局、农林委、公安局、交运局、水利局、国土局等部门负责人参加仪式。

22日，临汾市人大常委会主任徐树荣深入霍州市就项目开工“百日攻坚”行动进行督查。霍州市领导崔山原、陈占平、郭宏生陪同督查。徐树荣一行先后来到山西橡胶厂棚户区改造项目、开元明都项目、东门桥改造项目、安民路建设项目实地查看工程进展情况。

27日，霍州市召开全市干部大会，宣布霍州市主要领导任命决定。临汾市委常委、市委宣传部部长黄翠莲，临汾市委组织部副部长贾二元出席会议。会议中，临汾市委组织部副部长贾二元宣读山西省委、临汾市委关于霍州市主要领导干部任命决定。决定任命崔山原为中共霍州市委书记、黄晓君为中共霍州市委副书记，并提名其为霍州市人民政府副市长代理市长人选，程军为霍州市委委员、常委、纪委书记。霍州市四套班子领导，市委委员，候补委员，各乡（镇、街道）党政一把手，各行政事业、学校、医院、单位一把手，各条管单位负责人等参加会议。市委书记崔山原及市委副书记、市长黄晓君分别作表态发言。

28日，在“八一”建军节即将来临之际，市委书记崔山原，市委副书记、代市长黄晓君等看望慰问驻霍部队广大官兵与他们共庆佳节。市领导高雅铭、李峰、晋学斌、门保生等一同慰问。

28日，霍州市委书记崔山原主持召开市委常委会议。市领导黄晓君、高雅铭、刘国平、李峰、程军等出席会议。市人大常委会主任陈占平、市政协主席薛泽会、市委组织部部长牛福生列席会议。会议讨论研究《中共霍州市第七次党代会市委工作报告（征求意见稿）》和《中共霍州市第七次党代会纪委工作报告（征求意见稿）》。会议决定中共霍州市第七次党代会将于8月3日至8月5日召开。

29日，霍州市六届人大常委会第三十八次会议召开。市人大常委会主任陈占平，市人大常委会副主任安志勇、成海民、张根生、孟援斌及市人大常委会委员出席会议。政府副市长朱源洪、法检两院、市人大机关各委室负责人及各乡（镇、街道）人大主席（工委主任）列席会议。会议由人大主任陈占平主持。会议审议通过市长崔山原关于黄晓君、张发宁的人事任命议案的提请。会议审议并表决通过黄晓君同志为霍州市人民政府代市长，张发宁为霍州市人民政府副市长的人事任命；审议并表决通过《霍州市人大常委会关于接受崔山原同志辞去霍州市人民政府市长职务请求的决定》；审议并表决通过《霍州市人大常委会关于任命黄晓君同志为霍州市人民政府代理市长的决定》，并当场为黄晓君、张发宁颁发任命书。

8月

3日至5日，中国共产党霍州市第七次代表大会召开。来自全市各条战线的388名代表齐聚一堂，履行神圣职责。市委书记崔山原代表中共霍州市第六届委员会向大会作报告。市委常委、纪委书记程军代表霍州市纪律检查委员会向大会作报告。市委副书记、代市长黄晓君主持开幕式。临汾市委组织部部务委员、正县级组织员刘生明，临汾市委组织部干部教育科副主任科员王瑞琪应邀出席会议。

5日，中共霍州市第七届纪律检查委员会第一次全体会议在市委党校会议室召开。新当选的纪委委员、纪委书记程军主持会议。

5日，中共霍州市第七届委员会第一次全体会议在市委党校南楼报告厅召开。新当选的市委委员、候补委员参加会议，会议由市委书记崔山原主持。

8日，在第8个全民健身日之际，霍州市5000余名健身爱好者齐聚霍东大道，开展健步走活动，拉开霍州市全民健身系列活动的序幕。霍州市领导朱源洪、晋学斌、周武俊等参加活动。

9日，霍州市政协召开六届二十三次常委会议。市政协主席薛泽会，市政协副主席薛有生、沈晓静、薛云彪、张伟兴，秘书长冯婧等30名政协常委出席会议。市政协机关各委室负责人，市委办、政府办相关负责人参加会议。会议由市政协主席薛泽会主持。会议听取讨论通过《政协第六届霍州市委员会常务委员会工作报告（草案）》；听取讨论并通过《政协第六届霍州市委员会常务委员会提案工作情况的报告（草案）》；听取并讨论《政府工作报告（草案）》；听取市委办、政府办关于提案办理情况的通报；协商通过有关人事事项；协商通过政协霍州市七届一次会议召开决定和有关事项。

9日，霍州市六届人大常委会召开第三十九次会议。市人大常委会主任陈占平，市人大常委会副主任安志勇、张根生、孟援斌等出席会议。政府副市长朱源洪、市人民法院院长任军、市人民检察院代检察长王志刚以及人大机关各委室负责人和各乡（镇、街道）人大主席、工委主任列席会议。会议由市人大常委会主任陈占平主持。会议审议通过代表资格审查委员会《关于市七届人大代表资格审查情况的报告》；审议通过市人大常委会《关于召开市七届人大一次会议的决定》；审议通过市七届人大一次会议主席团及秘书长建议名单；审议通过市七届人大一次会议列席人员建议名单。会议进行人事任免，以投票表决的方式任命计军亚同志任霍州市公安局局长，并颁发任命书。

12 日，临汾市副市长王振宇在霍州市就土地确权进展情况、土地交易中心组建情况及大棚果蔬种植情况、畜牧养殖业情况等进行实地调研。市领导崔山原、黄晓君、张发宁等一同调研。

15 至 19 日，政协第七届霍州市委员会第一次会议在霍煤宾馆贵宾楼会议厅召开，来自全市各行业、各界别的 163 名政协委员齐集一堂，共商大计，共谋发展，履行政治协商、参政议政职能。市领导崔山原、黄晓君、高雅铭、陈占平、程军、牛福生等出席会议。

17 至 20 日，霍州市第七届人民代表大会第一次会议在市委党校六楼会议室召开。省、市、县、乡换届风气第十督查组组长王水成现场督查指导会议。山西省、临汾市人大代表，历届四套班子正职和退下来的市级领导，武装部政委、市委党校常务副校长，党群工作部门负责人，市长助理，政府组成部门负责人，法院副院长，检察院副检察长，市直正科级单位负责人，乡（镇、街道）负责人，省地营企业、系统管理单位负责人，市政协七届一次会议全体委员及市委、市人大、市政府各部、委、局、办的负责同志，各乡（镇、街道）人大主任、乡（镇）长（主任）列席会议。代市长黄晓君作《政府工作报告》。市委书记崔山原在闭幕式上作重要讲话。

17 日，霍州市第七届人民代表大会第一次会议召开。市领导崔山原、陈占平、黄晓君、郭宏生、田晋川、程军、刘国平、李峰、牛福生、郭丽华等出席会议。会议由市委常委、组织部部长牛福生主持。会议宣布中共霍州市委关于大会临时党委组成人员及各代表团党支部书记、副书记名单。市委书记崔山原在讲话中提出要求。

17 日，霍州市第七届人民代表大会第一次会议召开预备会议。167 名人大代表参加会议。市人大常委会主任陈占平，市人大常委会副主任安志勇、成海民、董文平、张根生、孟援斌在主席台就座，会议由成海民主持。会议听取《霍州市第七届人民代表大会第一次会议筹备情况的报告》，审议通过会议议程，审议通过大会主席团及秘书长名单，宣布大会须知。预备会议期间，各与会代表观看换届警示教育片。

18 日，霍州市第七届人民代表大会第一次会议在市委党校六楼会议室召开。全省市、县、乡换届风气第十督查组组长王水成驻会督查会风会纪并指导换届工作，大会执行主席崔山原、陈占平、黄晓君、高雅铭、程军、牛福生、安志勇、成海民、董文平、张根生、孟援斌、郭丽华、房文斌在主席台前排就座。霍州市出席省、临汾市人大代表，历届四套班子正职和退下来的市级领导，出席市政协七届一次会议的全体委员，市委、市人大、市政府各部、委、局、办的负责同志，市直党群组织的负责同志，市直正科单位和企业的负责同志，市人民法院副院长，市人民检察院副检察长，系统管理单位及驻霍省、地单位的负责同志，各乡（镇、街道）人大主任、乡（镇）长等列席会议。会议由市人大常委会主任陈占平主持。

19日，政协第七届霍州市委员会第一次会议举行选举会议。此次会议应出席委员163名，实到委员157名，符合法定人数。市政协主席薛泽会，副主席薛有生、沈晓静、薛云彪，党组成员王英才，秘书长冯婧参加会议。会议由政协主席薛泽会主持。会议以举手表决的方式审议通过政协第七届霍州市委员会第一次会议《选举办法》和大会总监票人、监票人、总计票人、计票人名单。会议以投票选举的方式，选举产生政协第七届霍州市委员会主席、副主席、秘书长和常务委员。薛泽会当选为中国人民政治协商会议第七届霍州市委员会主席，薛有生、沈晓静、薛云彪、王英才当选为中国人民政治协商会议第七届霍州市委员会副主席，冯婧当选为中国人民政治协商会议第七届霍州市委员会秘书长。韦泰星、叶励民等27名同志当选为中国人民政治协商会议第七届霍州市委员会常务委员。

19日，市政协第七届霍州市委员会第一次会议圆满完成各项议程，胜利闭幕。市委书记崔山原，市委副书记、代市长黄晓君，市委副书记、统战部部长高雅铭，市人大常委会主任陈占平，市委常委、纪委书记程军，市委常委、组织部部长牛福生，市政府党组成员张伟兴应邀出席会议。市政协主席薛泽会、副主席薛有生、沈晓静、薛云彪、王英才、秘书长冯婧等参加会议。会议由政协副主席王英才主持。会上，政协秘书长冯婧作《政协第七届霍州市委员会提案审查委员会关于一次会议期间提案征集和审查情况的报告》。会议通过《政协第七届霍州市委员会第一次会议政治决议和政协第七届霍州市委员会第一次会议关于常务委员会工作报告的决议》及《政协第七届霍州市委员会第一次会议关于常务委员提案工作报告的决议》。新当选的政协主席薛泽会作重要讲话。

20日，霍州市第七届人民代表大会第一会议召开第三次全体会议，167名人大代表参加会议。大会执行主席崔山原、陈占平、黄晓君、高雅铭、程军、牛福生、安志勇、成海民、董文平、张根生、孟援斌、张斌、闫会波、白亮、杜明在主席台前排就座。会议由市人大常委会副主任安志勇主持。会议以不记名投票的方式选举产生市人大常委会主任、市人民政府市长、市人民法院院长、市人民检察院检察长。陈占平当选为霍州市第七届人民代表大会常务委员会主任，黄晓君当选为霍州市人民政府市长，任军当选为霍州市人民法院院长，王志刚当选为霍州市人民检察院检察长。会议选举产生市人大常委会副主任、市人民政府副市长。安志勇、朱源洪、张根生、孟援斌当选为霍州市第七届人民代表大会常务委员会副主任；刘国平、张伟兴、张发宁、晋学斌、刘元建、吕文博当选为霍州市人民政府副市长。会议选举产生市人大常委会委员、选举产生出席临汾市第四届人民代表大会的代表。

23日，霍州市举行霍州解放70周年纪念日活动。市领导崔山原、薛泽会、郭宏生、田晋川、李峰、牛福生、安志勇、朱源洪、张根生、薛云彪、王英才、胡韩平、王志刚、计军亚等出席活动。由抗战老兵代表，驻霍部队官兵、预备役部队官兵，各乡（镇、街道）党政一把手，市直各有关单位主要负责人，共青团员和少先队员代表组成的方队，在纪念碑前整齐排列，缅怀革命先烈。

24日，霍州市政府在八楼会议室召开政府系统廉政工作集体约谈会。市领导黄晓君、刘国平、张伟兴、张发宁、晋学斌、刘元建、吕文博等出席会议。各乡（镇、街道）长（主任）、市直部门主要负责人参加会议。会议由市委常委、常务副市长刘国平主持，市委副书记、市长黄晓君提出要求。

26日，由霍州市委、市政府主办的2016年四类贫困家庭学生救助暨爱心助学活动在中镇文化广场举行。现场共救助学生2754名，捐助善款191.7万元。这是霍州市第八年爱心接力助学资助。霍州市四套班子领导，副科级以上干部，捐助企业、单位负责人和四类贫困家庭受助学生代表及家长、市一中部分师生共计3000余人参加。市委副书记、市长黄晓君主持活动。

31日，市委副书记、市长黄晓君带领相关部门负责人来到霍州市开元街道东堡村、新建北路、职业中学等地，就城乡环境综合治理和重点工程建设进行调研，市政府副市长晋学斌、吕文博一同调研。

9月

6日，霍州市邀请国资委高级干部培训班客座讲师、中国大连高级经理学院客座讲师曹建明在全市干部大讲坛上进行专题授课。市领导田晋川、程军、李峰、郭丽华等聆听讲课。

6日，霍州市召开庆祝第32个教师节暨表彰大会，回顾总结2015至2016学年的教育工作，表彰奖励一年来涌现出的先进集体和先进个人。市领导崔山原、黄晓君、高雅铭、陈占平、田晋川、程军、刘国平、牛福生、郭丽华等出席会议。

9日，霍州市委书记崔山原深入基层一线就冬季集中供热工作进行督查。市委常委、市委秘书长郭宏生，市委督查室相关负责人陪同督查。

13日，霍州市举行“美丽家园·幸福霍州”2016年台胞台属迎中秋座谈会，市委常委、市委秘书长郭宏生，政府副市长吕文博出席座谈会，市对台办、旅游局、招商局、台胞台属所在乡（镇、街道）相关负责人和全市台胞台属代表参加会议。

21日，临汾市副市长王振宇深入霍州市就项目开工“百日攻坚”行动、光伏扶贫、政策性银行贷款工作进行调研。市领导崔山原、黄晓君、郭宏生、刘国平、王英才等陪同。

29日，霍州市委副书记、市长黄晓君，政府副市长吕文博，深入霍州东站、七里峪景区督查节前安全工作，看望慰问一线职工。

10月

17日，太原科技大学专家在霍州市开展送教下乡专题培训会，市委常委、组织部部长牛福生主持培训会。市领导崔山原、黄晓君、高雅铭、陈占平、薛泽会、郭宏生、程军、刘国平、李峰、牛福生、郭丽华、田辉等与市直部门、各乡（镇、街道）负责人共同聆听授课。

17日，霍州市委书记崔山原主持召开副市级以上领导干部会议，学习传达临汾市“两会”精神，进行廉政谈话，就当前工作进行安排部署。市领导高雅铭、陈占平、薛泽会、郭宏生、程军、刘国平、李峰、牛福生、郭丽华、田辉等出席会议。

20日，霍州市政协召开七届一次常委会议。市政协主席薛泽会、政协副主席薛有生、沈晓静、薛云彪、王英才出席会议，市政协常委会委员、政协机关各委室负责人参加会议。

27日，霍州市七届人大常委会第一次会议召开。市委书记崔山原，人大常委会主任陈占平，副主任安志勇、朱源洪、张根生出席会议。市委副书记、市长黄晓君，市委常委、政府副市长刘国平，市人民法院院长任军，市人民检察院检察长王志刚列席会议。

27日，霍州市委常委会开展“讲道德、有品行”“讲奉献、有作为”“两学一做”专题学习研讨，市委书记崔山原主持会议。市领导高雅铭、郭宏生、田晋川、程军、刘国平、牛福生、郭丽华出席会议。市政协主席薛泽会列席会议。

11月

2日，临汾市人大常委会主任乔建军深入霍州市就重点工程建设、精准扶贫等工作进行调研。他强调，要树立抓项目建设就是抓发展的理念，将重点项目建设与精准扶贫工作相结合，促进经济社会健康稳定发展。市领导黄晓君、高雅铭、刘国平、朱源洪陪同调研。乔建军一行先后深入霍东新产业园区、贾村娲皇庙、液化天然气调峰储气项目、新建南路建设暨东关城中村改造工程、南环路农贸市场、鼓楼商业街及东门桥拓宽改造工程现场。乔建军对霍州市重点项目建设的有力推进给予肯定。

8日，临汾市委书记岳普煜深入霍州市就项目建设、基层党建等工作进行调研。市领导崔山原、黄晓君、刘国平、牛福生陪同调研。岳普煜一行先后深入霍州市职教中心、新建南路东关村城中村改造项目工地、南环路农贸市场，实地查看项目建设进展情况。岳普煜实地调研山西兆光发电有限责任公司运营情况。

9日，霍州市委书记崔山原，市委副书记、市长黄晓君带领霍州市考察组赴曲沃县考察文体场馆规划建设。政府副市长晋学斌、吕文博及大张镇、住建局、文化局、国土局、规划局负责人，老干部代表一同考察。

11日，霍州市召开“五城联创”动员大会。对创建国家卫生城市、全国平安县市、国家全域旅游示范区、省级园林城市和省级环保模范城市的各项工作任务进行安排部署。市领导崔山原、黄晓君、高雅铭、陈占平、薛泽会、程军、牛福生、郭丽华等出席会议。全市各单位、各乡（镇、街道）、各村、居委会及驻霍企业主要负责人参加会议。会议由市委副书记、市委统战部部长、市委党校校长高雅铭主持，副市长晋学斌宣读《实施方案》，相关单位进行表态发言，市委书记崔山原，市委副书记、市长黄晓君分别作重要讲话。

14日，全市新型农村合作医疗管理机构整体移交签字仪式在政府八楼会议室举行。市委常委、常务副市长刘国平，政府副市长刘元建，政协副主席、市财政局局长王英才等出席仪式。市编办、审计等部门负责人及相关人员参加仪式。

23 日，霍州市在政府八楼召开环保督察部署暨“五城联创”推进会。会议对全市环境卫生集中整治工作进行安排，对“五城联创”工作进行再动员、再部署，确保“五城联创”工作取得实效。市领导黄晓君、薛泽会、郭宏生、田晋川、程军、牛福生、郭丽华、田辉等出席会议。市委副书记、市长黄晓君作重要讲话，市委常委、市委秘书长郭宏生主持会议。各乡（镇、街道）负责人、市直相关部门和企业负责人参加会议。

24 日，由国家发展改革委运行局副巡视员万劲松带领的国家钢铁煤炭行业化解过剩产能第一抽查组，到霍州市就煤矿关停回撤工作进行验收。临汾市市委常委、常务副市长王振宇，霍州市领导黄晓君、张伟兴陪同验收。

24 日，霍州市连夜组织召开重污染天气应急响应工作会议，传达临汾市重污染天气应急响应有关精神，对霍州市冬季大气污染防治工作进行再安排、再部署。市委副书记、市长黄晓君，副市长晋学斌出席会议。

30 日，霍州市委副书记、市长黄晓君主持召开市委常委专题会议，就临汾市委第一巡察组向霍州市反馈的巡察情况进行研讨。市领导高雅铭、郭宏生、程军、刘国平、李峰、牛福生、田辉等参加会议。市人大常委会主任陈占平、市政协主席薛泽会列席会议。

12 月

1 日，全省开发区改革创新发展电视电话会议召开。霍州市领导黄晓君、郭宏生、刘国平、张伟兴、王英才、计军亚等及相关部门负责人在霍州分会场收听收看会议。

2 日，霍州市召开重污染天气指挥部第一次调度会，下发《重污染天气应急指挥部调度令》。各乡（镇、街道）、市直相关单位负责人参加会议。市委副书记、市长黄晓君出席会议，政府副市长晋学斌主持会议。

5 日，临汾市委副书记雷健坤到霍州市就经济社会发展情况进行调研。她强调，要以经济建设为中心，坚持新发展理念，改造升级传统优势产业，发展培育新兴产业，促进产业提档升级，实现更高水平、更好质量的发展。霍州市领导黄晓君、高雅铭陪同调研。在霍煤工业园区、国新药业中药材育苗基地、国新能源液化天然气霍州分公司、山西兆光发电有限责任公司，雷健坤详细了解企业生产经营情况。

7 日，全市脱贫攻坚驻村帮扶工作推进会在政府八楼会议室召开。会议对全市脱贫攻坚工作进行再安排、再部署，动员广大党员干部强化使命担当，狠抓工作落实，如期实现脱贫目标任务，加快全面小康进程。市领导牛福生、张发宁、薛有生、王英才等出席会议。全市驻村帮扶单位一把手，工作队队长，各乡（镇、街道）党（工）委书记等参加会议。会议由政协副主席、财政局局长王英才主持。

13 日，山西武警总队某部队冬季野营拉练途经霍州市。霍州市委常委、常务副市长刘国平，市委常委、人武部部长李峰，市政府副市长张发宁在部队临时驻地，看望慰问部队官兵。

15 日，全市第一期科级干部学习贯彻党的十八届六中全会精神培训班在市委党校开班。培训班特邀请山西省委党校知名教授郑延涛、临汾市委党校副校长郑巨东授课。市委常委、宣传部部长、三教乡党委书记郭丽华，市委党校常务副校长胡韩平出席开班仪式。

17日，临汾市政府副市长、公安局党委书记、局长马德荣带领市雾霾防控督导检查组深入霍州市检查。霍州市委书记崔山原，市委副书记、市长黄晓君，政府副市长张发宁、晋学斌陪同检查。

18日，临汾市政府副市长陈忠辉深入霍州市检查重污染天气应对工作。霍州市领导崔山原、黄晓君、刘元建、吕文博陪同检查。

18日，山西省委省政府环境保护督察组一行在霍州市就重污染天气应急工作进行专项督察。省环保督察组组长杨波出席督察汇报会。市委副书记、市长黄晓君作汇报。政府副市长晋学斌，政府办、环保局、霍州煤电煤矸石热电厂等相关单位负责人参加汇报会。

20日，中国科学院地理科学与资源研究所研究员、博士生导师、经济地理与区域发展研究室副主任张文忠在霍州市就加快资源枯竭城市转型发展进行调研，市委副书记、市长黄晓君，市委常委、常务副市长刘国平陪同。

20日，霍州市举行《霍州市人民代表大会志》首发仪式，对《霍州市人民代表大会志》编纂工作中涌现出的先进单位和荣誉个人进行表彰。市领导陈占平、郭丽华、安志勇、朱源洪、孟援斌、张发宁、薛云彪出席首发仪式。《霍州市人民代表大会志》的出版，是霍州市地方志编纂工作的又一硕果，是霍州市专志编纂的典范。

23日，霍州市召开环保工作暨“元旦春节”廉洁约谈会，贯彻山西省、临汾市环保工作部署要求，提升霍州市环保工作取得新进展。市委副书记、市长黄晓君，市委常委、市纪委书记程军，政府副市长晋学斌出席会议，市大气污染防治指挥部成员单位负责人、各乡（镇、街道）长（主任）等参加会议，会议由程军主持。

27日，霍州市召开专题宣讲会，临汾市纪委副书记成功，霍州市领导黄晓君、程军、刘国平、牛福生、郭丽华、田辉等出席会议。临汾市纪委副书记解读临汾市党代会精神。

28日，霍州市召开脱贫攻坚专项巡察汇报会。临汾市第三巡察组全体组成人员和霍州市领导黄晓君、郭宏生、程军、刘国平、李峰、牛福生、郭丽华、田辉等出席会议。市委副书记、市长黄晓君向巡察组介绍霍州市脱贫攻坚工作情况，各与会四套班子领导就霍州市脱贫攻坚工作中存在的问题进行发言，提出意见和建议。

概　况

【地理位置】　霍州市以霍山而得名，位于山西省中南部，临汾市北端，地理坐标为北纬 36°26′—36°42′，东经 111°38′—112°03′。东枕霍山（太岳山），与古县、长治市的沁源县毗邻，西望吕梁山，与汾西县相连，南有汾水一脉相通，和洪洞县接壤，北靠韩信岭，同晋中市的灵石县交界。境内地势险要，自古为南北交通要冲，素有“中州重镇”“河东屏障”之称。汾河、南同蒲铁路、108 国道、大运高速公路、大西高铁、霍永高速公路贯穿境域。以霍州城为起点，东距沁源县城 79 公里；东南距古县县城 72 公里；南至洪洞县城 46 公里，至临汾市区 72 公里；西至汾西县城 26 公里；北至灵石县城 50 公里，至省会太原市 199 公里；东北至首都北京 703 公里。境域内东西宽 36 公里，南北长 30 公里，总面积 765.39 平方公里。

【地形、地貌】　霍州市地处霍山背斜与吕梁隆折带之间，地层出露较为完整，受地层地质影响，境内四周环山，中间低洼，山高塬阔，丘陵起伏，山谷梁峁，台塬阶地，沟堰河滩俱全，境内山地丘陵为主，山地主要分布在市境东部，是太岳山断隆的一部分。霍山是霍州市最大的山脉，是中华五代分封五岳五镇十大名山之一的中镇，中镇霍山跨越洪洞、古县、安泽、沁源、灵石、介休、霍州七县市，其在霍州部分，全长 53 公里，总面积 234 平方公里。霍山重峦叠嶂，险峰峻岭极多，较大山峰有老爷顶、莲花山、摩天岭、溺陀翁、金沟墁、五龙壑，其中老爷顶是霍山主峰，海拔 2346.8 米，位于市境东南端，距市区 35 公里，五龙壑是霍山最高峰，海拔 2504.3 米，位于三教乡东北，距市区 40 公里。总体上东北高，西南低，山地丘陵占总面积的 68.9%，平原占 31.1%。

【气候条件】　霍州市的气候属温带大陆季风气候，总的特征是：四季分明，区域间差异较大，冬季寒冷干燥，夏季炎热多雨，冬夏长，春秋短，降水山区多于平川，云量少，日照足。境内气温受地形影响较大，一般平川温暖，山区凉寒，由于大陆性影响，季节变化大，年际变化大。年平均气温为 12.4℃，1 月为最冷月，平均气温－3℃，7 月为最热月，平均气温 26℃。境内年降水量为 435.3 毫米。全年降水集中在 6 至 9 月，山区降水偏多，丘陵、河谷降水偏少。境内年日照时数为 1300～3000 小时，一年中以 4 至 8 月最多，为 210～300 小时，12 月最少。霍州市风向多偏北、西北、北、南、西南。河谷风力较小，塬上风力较大，春夏之交常有寒流或雷雨。

【土地资源】　霍州市土地面积为 114.8 万亩，其中开发利用 86.27 万亩，占土地总面积的 75.14%，土地资源共分为耕地、园地、林地、城镇村及工矿用地、交通用地、水域、未利用土地八大类型，耕地面积为32.84万亩，园地面积为1.65万亩，林地面积为38.84万亩，牧草地总面积为5.8万亩，城镇村及工矿用地面积9.45万亩，交通用地面积为1.91万亩，水域用地为1.53万亩，未利用土地面积28.54万亩，主要是荒草地、田坎、盐碱地、沼泽地、沙地、裸土地、裸岩地以及其他未利用土地。

【水资源】 霍州市水资源总量为17.79亿立方米，其中平均地表径流量为5720万立方米，地下水蕴藏量为2450万立方米，河道径流量16.98亿立方米。

霍州市境内共有大小河流32条，汾河是境内第一大过境河流，年平均流量16.5亿立方米，其他较大的河流有南涧河、北涧河、西涧河、姚村河等，这些河流多为季节性河流，大都从高原、山地流入平原，落差大，水流急，含沙量多。全市蓄水工程有小型水库2座，总库容量为156万立方米。霍州市地下水根据地质类型可分为孔隙水、裂隙水、裂隙溶岩水3个含水组和5个含水层，蕴藏量为2450万立方米。霍州市泉水散布于霍山石山区、丘陵区、沿河横槽地区，境内出露源泉49处，其中郭庄泉清水涌出量最大，为每秒8.86立方米。沿东部霍山山峪有很多山间小溪流出，因霍山山区降雨量较为充裕，植被覆盖较好，长年溪流不断，但出山口进入洪积扇即大部渗漏。

【矿产资源】 霍州市矿产资源丰富，经探查，其中13种储量较大，主要有煤炭资源、耐火黏土、石膏、铝土、白云岩、磷矿、石灰石、铁矿石等。质量优，开采价值高。霍州煤炭资源丰富，埋藏从市境南端的辛置镇、陶唐峪乡直到北端的退沙街道、师庄乡均有分布，煤层埋藏面积为350平方公里，探明储量为62.5亿吨，煤种有低硫肥煤、肥气煤、肥焦煤，为全国稀有的优质煤田之一。霍州素有“山西煤乡”之称。金属矿产资源种类多，主要有铝、铜、铁、钴和稀有元素矿产，其中铝土矿储量大，什林铝土矿区面积约10平方公里，储量为2000万吨，达到大型矿床规模。

非金属矿产已探明有10多种，储量可观，品位上乘，具有开采价值，宋元时期“霍窑”陶瓷以质地优良、工艺精湛、造型优美而著称，成为皇室贡品，北京、英国伦敦等博物馆现存有霍州古陶瓷珍品，其他矿产有白云岩、硅线石、石英、长石、石英砂、耐火黏土、电石灰岩、黑砂石、石膏、紫砂石、磷矿、辉绿岩等。

【生物资源】 霍州市生物资源品类繁多，主要粮食作物有小麦、玉米、谷子、大豆、薯类等，经济作物有棉花、油葵、油菜和各类蔬菜。天然牧坡辽阔，草种丰富，牧草地总面积57982亩，天然牧草地共分为亚高山草甸类、灌木草丛类、山地灌丛类三大类，野生植物有草本植物、木本植物和可食用植物。植物有124种，其中树木、乔灌木76种，主要有松树、云杉、柏树等。野生动物有飞禽、走兽及其他。

【人口】 霍州市人口分布于平川、丘陵山区，平川人口高于丘陵山区，2016年，全市总人口291568人，其中男148313人，女143255人。2016年人口抽样调查，全年全市出生人口2959人，人口出生率为10.17‰。

【民族】 霍州境内系汉族聚居地，少数民族人口均因工作、婚姻等原因迁入，主要分布在鼓楼街道、北环路街道、开元街道及辛置镇、李曹镇、三教乡等乡镇。根据2010年第六次人口普查，霍州市共有蒙古、回、维吾尔、苗、彝、壮、满、瑶、白、土家、哈萨克、黎、佤、土、怒15个少数民族277人，占全市人口的0.1%。外国人加入中国籍1人，为女性。

【宗教】 霍州市现有佛教、道教、天主教、基督教四大宗教，全市有合法的宗教活动场所42处，信教群众3万余人，其中信仰佛教的1.2万人，信仰道教的2500人，信仰天主教的9000人，信仰基督教的8000人。佛教接受登记的场所共7处，分别是祝圣寺、赵家庄活动点、水月庵、宋庄活动点、辛置活动点、白龙活动点、退沙活动点，分布在霍州辖区内的12个乡（镇、街道）。

【国民经济与社会发展】 全市生产总值完成70.84亿元，比2015年下降4.8%。其中，第一产业增加值3.66亿元，增长5.7%，第二产业增加值43.22亿元，下降10.2%，第三产业增加值23.96亿元，增长5.1%。全市固定资产投资完成139.6亿元，下降15.3%，公共财政预算收入58547万元，下降12.6%，社会消费品零售总额332954万元，增长6.6%，城镇常住居民人均可支配收入26998元，比2015年增长6.1%，农村常住居民人均可支配收入12143元，增长5.7%。2016年底，全市金融机构本外币各项存款余额1235964万元，比年初增加88016万元，增长7.7%。各项贷款余额798409万元，比年初增加41849万元，增长5.5%。全市公路线路里程1103公里，比2015年增加6公里，全市民用汽车保有量18520辆，比2015年增长9.2%。2016年，全市接待旅游者32200人，比2015年下降21.5%，门票直接收入158万元，增长27.4%。参加城镇基本养老保险的人数为28689人，比2015年增加767人，参加医疗保险人数为120300人，比2015年增加302人，参加失业保险的人数为12915人，与2015年持平。

中国共产党霍州市委

综　　述

霍州市位于山西省中南部，临汾市北端，总面积765.39平方公里，下辖3个乡、4个镇、5个街道、199个行政村（居）、24个社区，总人口30万。全市共有党员14709名，其中女党员2938名，预备党员250名，基层党委11个，基层党总支43个，基层党支部619个。包括乡镇党委7个，街道党工委5个，下设党总支15个，党支部281个，共有党员8413名，建制村中有党组织217个，农村党员6568名；市直党委3个，党总支28个，党支部275个，共有党员5895名；非公党委1个，党支部62个，党员401名。

【党的建设不断加强】　2016年，中共霍州市委坚持“党要管党、从严治党”的方针，全面落实“两个责任”，加强党的思想、组织、纪律、作风和党风廉洁建设。推进“两学一做”学习教育，开展“六讲”“一带六联六促”“四比四看四争”“纪念红军长征胜利80周年暨霍州解放70周年”等系列活动，强化党员干部的思想政治教育。严肃换届纪律，匡正选人用人风气，配优配强各级班子，完成市、乡两级集中换届，干部精神面貌焕然一新。推进基层党建“7＋3”重点任务，落实“定查评”“三会一课”“党日活动”等制度，发挥党建在经济社会发展、集体经济破零、项目建设、脱贫攻坚等工作中的服务引领作用，基层组织的战斗力、凝聚力增强。开展“四述两谈”活动，推进监察体制改革，创新“清单定责”“廉情预警”等机制，严肃党内政治生活，严防“四风”反弹回潮，严查群众身边腐败，净化全市政治生态。把学习贯彻习近平总书记系列重要讲话精神作为政治任务，学习党的十八大和十八届三中、四中、五中、六中全会精神，全面贯彻山西省委第十一次党代会精神、临汾市委第四次党代会精神以及省市系列决策部署，引导全市各级党组织和党员干部从思想上、政治上、行动上与以习近平同志为核心的党中央保持高度一致。按照“高起点开局，高标准推进，高质量收官”原则，在全市680个基层党组织、14709名党员中开展学习教育，“两学一做”学习教育取得成效。

1. 加强党员学习。在全市开展以“领导干部讲党课，专家教授讲理论，革命前辈讲传统，先进典型讲事迹，普通党员讲心得，案例警示讲教训”为内容的“六讲”活动，打牢学习教育基础。

2. 开展党员活动。以“党员活动日”为抓手，确定每月1至5日其中一天为“党员活动日”，开展以“总结部署一次工作、足额缴纳一次党费、开展一次义务劳动、办好一件为民实事、进行一次优秀评比”为内容的主题党日活动，把党员活动、党员管理教育的软指标变成硬任务。

3. 推进党员行动。在市级领导层面，开展“一带六联六促”活动，市级领导累计深入联系点480余次，推进重点项目20余项，为联系企业提出意见建议230余条，解决贫困群众实际问题300余个。在普通党员层面，开展“四比四看四争”活动，全市1.2万多名有帮扶能力的党员，比学赶超，创先争优，共为群众办实事、解难事、做好事18700余件。在农村推行党员联户制度，在市直机关开展在职党员进社区，在非公党组织开展“三联三定一争创”活动，各级党组织共排查整改问题1816条，全体党员排查整改问题2万余条。

【经济社会全面发展】 2016年，中共霍州市委面对经济下行的严峻形势和艰巨繁重的发展稳定任务，团结带领全市干部群众，围绕“进军省强市、全面达小康，共建文明开放幸福美丽新霍州”总体目标，适应新常态，开拓新思路，推动新发展，全市经济社会发展呈现出稳中有进、稳中向好、稳中提质的局面。

1. 产业结构不断优化。工业方面，霍东新产业聚集区基础设施不断完善，霍煤机电设备制造一期9个公司投产。华润10万千瓦风能发电项目办理手续，液化天然气调峰储气项目成功试运营，亿能电器新能源汽车制造项目安装生产线。农业方面，全市无公害蔬菜种植面积3.55万亩，设施蔬菜面积达1.2万亩，优质核桃4.5万亩，规模养殖场290个。加快实施小型农田水利重点县建设项目，全年粮食总产量4351万公斤，完成全年任务的103.8%。三产旅游方面，七里峪景区完成游客服务中心、停车场、滑雪场等建设，霍州署保护修缮二期工程完成前期准备工作，启动4A景区申报工作。引进乐村淘网络科技、赶集网、苏宁易购、固德网络等4家电商平台，南街农贸市场建设项目基本完工，商贸服务业繁荣。

2. 城乡发展统筹推进。推进东关、赵家庄城中村改造、霍煤开元小区建设、橡胶厂棚户区改造等保障房建设，建成保障房523套。完成东门桥改造、赵家庄小学天桥等市政工程，整修霍煤广场、工商广场等一批小游园、小广场。新建扩建城市热电联产集中供暖换热站12座，新增供热面积70万平方米，全市热电联产集中供热总面积达460万平方米，实现城区天然气全覆盖。完成村通水泥（油）路提质工程9条路30.7公里，启动许村传统古村落保护修缮工程。大力推进地质灾害搬迁、采煤沉陷区治理、危房改造等方面工作，整体提升新农村建设水平。

3. 环境质量显著改善。以“五城联创”为统领，开展城乡垃圾清理、市容环境整治、交通秩序整治、工业污染治理，推进农村环境连片整治、乡村清洁等工程，加快实施汾河、南涧河、对竹河综合治理，完成辛置污水处理厂建设。完成总投资11亿元的电力行业燃煤发电机组超低排放改造工程，新增营造林面积1.79万亩。应对入冬以来出现的重污染天气，集中开展环保突出问题大整治，促进环境质量的持续好转。

4. 民生保障更加有力。坚持把改善民生作为各项工作的落脚点，全市民生支出占到财政总支出的82.77%。脱贫攻坚方面，把脱贫攻坚作为实现全面小康的重中之重，投资364万元完成4个光伏电站扶贫项目，实现产业脱贫600余人。发展双季槐、油料牡丹等经济作物2800余亩，实施生态扶贫。开展免费专业技能培训班3期，培训群众500余人，实施教育扶贫。为文冠果、古衙黄两个品牌申报中证扶贫板，并将文冠果科技有限公司列为“新三板”上市重点培养企业，实施金融扶贫。为全市贫困人口缴纳大病保险，做好精准脱贫兜底保障。全年脱贫人数1404人，超额完成年度任务。创业就业方面，举办3场大型人才招聘活动，帮扶“4050”人员、下岗职工、退伍军人和大学毕业生实现就业，全年新增就业人数4680人，启动事业单位工作人员招考工作，招录110名工作人员。教育方面，完成职教中心、劳动技校教学楼和实训楼、退沙和辛置公办中心幼儿园等建设，2016年高考二本达线人数超千人，霍州被列为义务教育学校管理标准省级实验试点市。医药卫生方面，加快推进新医院建设，深化医药卫生体制改革，推进公立医院改革，巩固完善基本药物制度，执行国家食药卫生标准，全市未发生较大食药卫生事件。社会保障方面，养老保险、医疗保险、新农合医疗保险覆盖率100%，连续8年开展爱心助学活动，资助贫困学生1.6万余人。完善大病救助、孤儿包联、四类贫困家庭学生救助、农村80岁以上老人救助等多种机制，困难群众基本生活得到多重保障。

5.社会秩序和谐稳定。把维护社会和谐稳定作为经济社会发展的大前提。安全生产方面，抓好重点领域的安全生产隐患排查治理，杜绝重、特大事故的发生。健全完善突发事件监测预警和应急处置救援机制，全市安全生产形势总体稳定。全年发生各类安全生产事故5起，死亡6人。信访维稳方面，加强基层矛盾排查调处，出台《“三三”信访工作新机制》，规范信访程序，压实信访责任。聘请5名法律顾问接访，妥善处置国企改革、重点工程、复转军人安置等矛盾纠纷，信访事项化解率达到95%以上。社会综治方面，启动全国平安县市创建工作，开展打黑除恶、“冬季行动”、打击“盗抢骗”、打击“黄赌毒”等一系列严打整治专项行动，破获各类案件212起，狠抓刑事案件侦破、治安管理巡逻、网上追捕逃犯等工作，群众社会安全感和满意度达到98.5%。

【领导班子】

市委书记：

陈　纲（2009.09—2016.03）

崔山原（2016.08—2016.12）

市委副书记：

崔山原（2011.05—2016.08）

黄晓君（女，2016.08—2016.12）

高雅铭（2016.08—2016.12）

市委常委：

周文伟（2010.06—2016.05）

陈占平（2007.04—2016.02）

郑效锋（2010.07—2016.07）

黄晓君（女，2010.06—2016.08）

高雅铭（2010.07—2016.08）

郭宏生（2016.08—2016.12）

田晋川（2016.08—2016.12）

程　军（2016.07—2016.12）

刘国平（2011.06—2016.12）

李　峰（2015.08—2016.12）

牛福生（2016.07—2016.12）

郭丽华（女，2016.08—2016.12）

田　辉（2016.09—2016.12）

（薛忠华）

市委办公室工作

【概况】　霍州市委办公室有工作人员

31人，中共党员30人，正科级干部9人，副科级干部7人，一般人员15人。市委办下设9个科室，其中综合科、材料信息科、政工科属内含科室，接待处、督查室、机要室、保密局、台湾事务工作办公室、信息化中心属挂靠单位。

2016年，霍州市委办公室围绕市委中心工作，按照“四讲四有”具体要求，突出“搞好服务，提升素质”两大重点，适应新常态、谋求新作为，发挥中枢纽带职能和参谋助手作用。

【队伍建设】 2016年，霍州市委办公室坚持以“两学一做”学习教育和“四讲四有”活动为载体，以“建设一流队伍，争创一流业绩”为目标，加强自身建设，提高办公室人员的综合素质。

1. 抓学习，业务素质有新提升。把学习作为提高办公室工作人员思想政治水平的一项重要举措，加大理论、业务学习力度，达到提高认识、解决问题、促进工作的目的。在学习内容上，突出三个重点。学习党章、习近平总书记系列重要讲话精神和省、市主要领导的讲话精神，提高理论素养和党性修养；学习十八大及十八届三中、四中、五中、六中全会、省委十一届一次、临汾市委四届一次、霍州市七届一次全会精神，提高服务决策的能力；学习业务知识，加强岗位训练，提高服务效率和水平。在学习方法上，坚持“三个结合”，坚持个人自学与集体学习相结合、走出去学与请进来学相结合、书本上学与实践中学相结合，形成一套符合实际的科学学习制度。“两学一做”学习教育开展以来，市委办围绕“四讲四有”，开展5次学习研讨，所有工作人员的学习笔记均达3万余字，结合自身思想和工作实际，查找问题，深刻剖析原因，加以整改，收到良好效果。在学习制度上，做到“三个到位”，学习计划制订到位，学习制度坚持到位，督促落实到位，办公室自上而下，都有学习计划和个人自学计划，采取“三查一看”考核办法，查学习计划、查学习笔记、查学习记录、看学习效果，确保督促到位和效果到位。

2. 抓管理，办事效率有新提高。深化办公室内部管理，制定完善办公室工作制度，对文秘、值班、督查等工作细化、量化，明确岗位职责，保证办公室工作高效运转。制定“四个一”值班工作制度，办公室24小时都有一名带班秘书长、一名机要保密人员、一名保卫人员、一名值班人员，遇到突发事件都能在第一时间有效解决。投资9万余元，更新一批电脑、打印机等老化设备，提升办公效率。

3. 抓作风，干部形象有新变化。按照“党要管党、从严治党”和“四讲四有”具体要求，指导市委系统15个支部完成党员组织关心清查整理规范工作，指导8个支部完成换届工作，完成15个支部的“定、查、评”工作任务。

【文秘工作】 2016年，霍州市委办公室在文稿起草上，要求文秘人员“站得高、想在前、思长远”，坚持从全局的高度发现、分析和思考问题，坚持吃透上情、掌握下情、了解外情，坚持从平时的言谈、请示、批示中领会领导思路，确保文稿起草有高度、深度和广度，能贴近中心、贴近实际、贴近领导思路。2016年，起草各类讲话稿、典型材料、情况汇报200余篇，印发文件30余篇，发挥以文辅政、凝聚人心、指导工作的作用。信息工作上，坚持“全员参与”，收集采编《霍州信息》90余期，200余条，连续6年位居临汾市前列。

【综合工作】 2016年，霍州市委办公室提升会务工作的科学性，做到重要会议办出质量，日常会议办出效率，对外交往的会议办出形象。2016年，组织承办大小会议85次，每次会议都坚持做到精心组织，周密部署，得到各级领导一致好评。加强值班工作，建立健全日常值班制度、值班日志制度、重大节假日带班制度、突发应急预案等制度，24小时无缝隙值班，保证上传下达的畅通、高效、准确。

【督查工作】 2016年，霍州市委办公室按照“突出重点、抓住关键、健全机制、创新手段”的工作思路，凡是重大决策、领导批示和群众反映，组织督促检查，了解情况、反馈信息、提出建议。2016年，督查重点工作30余次，下发督办通知18份，编发《督查简报》13期，撰写报送《督查专报》12期。2016年，共接收各类群众反映信息14余件，按时办结，办结率达100%.自全省社情民意通道开通以来，霍州市有19件被省委社情民意通道“办得好”栏目通报表扬。

【机要保密工作】 2016年，霍州市委办公室坚持绝对安全、万无一失的工作标准，按照实施方案，对机要局机房进行升级改造，于2016年4月和9月分两批对机要人员进行业务培训，提升工作效率和机要人员的业务水平。完成《保密工作》杂志征订任务。截至2016年底，组织保密检查10次，接收明报606份，密报321份，中办文件485份，机密文件42份，秘密文件382份，向上级上报专项检查材料12份。收报工作做到10分钟内签收，在第一时间送达领导批示，2016年未发生一起压报、漏报、误报、错发事件，高效及时、准确无误地完成各种文件、信函、电传的收转工作。

【党务内网工作】 2016年，霍州市委办公室强化电子办公应用，搭建党务内网平台，确保大组工网、纪检专网及全省编办网络终端的正常运行。坚持实时实地监控，抓好电子政务内网（党政网）的安全保密体系建设，建立健全网络运行维护制度和安全保密规章制度，加强密码、密钥、密码机管理和内网计算机联网操作管理，全年无一例泄密事件和重要数据丢失现象发生。加强门厅电子显示屏的管理，滚动播放上级重大方针、政策及霍州市不同阶段中心工作的宣传口号，发布各类通知，营造工作氛围，提升部门形象。

【对台工作】 2016年，霍州市委办公室维护“唐风元韵·臻美霍州”对台宣传网站，2016年共上传稿件582篇、图片261幅，为中国台湾民众直观认识霍州、了解霍州、品味霍州、亲近霍州提供实用信息；成功召开第四届“美丽家园·幸福霍州”迎中秋台胞台属座谈会，使霍台亲人联谊形成常态；紧抓第五届晋台经贸交流合作恳谈会机遇，推动霍州特产入台销售，实现产值3000余万元。协调有关部门给部分年老体弱、生活困难的台属增加并补发生活补贴；对台属坚持不定期走访和重大节日集体慰问，对提出的困难和问题，凡是符合政策要求的都予以解决。在“5·20”台湾岛内局势发生重大变化之时，根据两岸关系发展面临的新形势，制作《新变局下的两岸关系》专题教育片，组织全市台胞、台属代表观看，开展涉台教育。

【发挥参谋助手作用】 2016年，霍州市委办公室站在全局的高度想问题、出主意、动脑筋。在起草第七次党代会报告的过程中，深入基层调查研究，征求各乡镇、各部门和老干部的意见建议，提出的围绕“进军省强市、全面达小康，共建文明开放幸福美丽新霍州”总目标，适应经济发展新常态，把握稳中求进总基调，统筹推进创新发展、协调发展、绿色发展、开放发展、共享发展，加快工业转型，推进农业增效，提升三产水平，打造宜居城市，优化发展环境，增进群众福祉，坚持“党要管党、从严治党”，奋力开创霍州经济社会发展的崭新局面发展战略的工作建议，得到市委领导认可，在四届全委会上确定为霍州市 2016 至 2020 年五年工作思路，参在点子上，谋在关键处。

【服务全市重点工程】 2016 年，霍州市委办公室围绕市委确定的重点工程，全程参与、全心服务、全力支持，为工程建设尽最大努力。霍州市年初确定的总投资超百亿重点工程，事关经济社会发展全局，事关霍州 30 万人民福祉，意义十分重大。霍州市委办公室在每项工程实施中都至少有一名副秘书长参与其中，出谋划策、协调配合、督查落实，推进重点工程的有序实施。

【服务基层群众】 2016 年，霍州市委办公室在信访工作方面，做好群众的来访接访工作，倾听群众反映诉求，告知群众信访程序，维护群众信访秩序，处理群众反映的各类问题。在下乡住村方面，深入包联的南环路街道红崖堡村委会，帮助村民制定发展规划，解决群众反映的问题，赢得群众好评。

【党风廉政建设】 2016 年，霍州市委办公室强化党风廉政建设主体责任和监督责任，贯彻中央、省、市关于转变工作作风的各项规定，持续推行“四述两谈”“清单定责”“廉情预警”“约法三章”等制度，对主体责任、监督责任、领导责任和岗位责任列出清单，一旦党员干部存在违纪风险或苗头倾向，进行廉情预警提醒，把党员干部违纪风险降到最低。班子成员严格遵守党的政治纪律、组织纪律、工作纪律，加强廉洁自律，规范自己的行为，要求别人做到的自己首先做到，要求别人不做的自己首先不做。强化法治理念，以法治思维和法治方式处理具体问题，做到法定职责必须为、法无授权不可为，提高依法办事的能力和水平。倡导艰苦奋斗、勤俭办事的作风，日常接待、办公用房、公车使用和处理公务坚持按规矩办事。

【领导班子】

市委常委、秘书长：

高雅铭（2010.07—2016.08）

郭宏生（2016.08—2016.12）

副秘书长：

朱泽军（2007.07—2016.12）

杨五锁（2008.08—2016.12）

胡文杰（2011.04—2016.12）

史学选（2013.04—2016.12）

时宏伟（2013.04—2016.12）

（薛忠华）

组织工作

【概况】 霍州市委组织部是市委主管组织和干部工作的职能部门，担负着全市各级领导班子和基层组织建设、干部选拔任用、干部教育监督、大学生村官管理、人才工作等任务。组织部共有 12 个科室，即办公室、干部科、干部综合科、干部教育科、干部监督科、组织指导科、党员管理科、人才办、大学生村官管理办公室、电教中心、信息中心和党代表联络组办公室。2016 年，在上级组织部门的指导和市委的领导下，霍州市委组织部学习贯彻习近平总书记系列讲话精神和全国、全省组织部长会议及有关文件精神，以“两学一做”学习教育为龙头，以市、乡两级领导班子换届工作为重点，聚焦主业主责，精准施策发力，抓重点求突破，出实招打基础，推动各项组织工作任务落实。

【“两学一做”学习教育】 2016年，霍州市委组织部抓好上级各项“规定动作”，全面完成专题研讨、学习交流，全市组织宣讲人员或党校讲师到基层党委、支部讲党课170余场，各级党组织共排查问题1816条，整改1760条，全体党员排查问题2万余条，整改1.9万条。抓好“自选动作”，创新开展“六讲”“一带六联六促”“四比四看四争”等系列活动，市级党员领导干部以上率下、以身作则，深入联系点360余次，推进重点项目20余项，为联系企业提出发展建议150余条，解决贫困群众实际困难160余个；全市1.2万多名有帮扶能力的党员，为群众办实事、解难事、做好事18300余件。

【领导班子建设】 2016年，霍州市委组织部完成市乡两级领导班子换届工作，制定《市乡领导班子换届工作方案》《关于乡镇领导班子换届全额定向推荐工作方案》《关于在换届工作中严肃纪律要求，加强换届风气监督的通知》等文件，遵守“九严禁”和组工干部“十严禁”等纪律要求，对继续提名和新提名的换届人选进行“六查”，从严从实选任干部，杜绝“带病提拔”，确保换届工作的风清气正、平稳有序。

【干部教育】 2016年，霍州市委组织部邀请原《人民日报》副总编梁衡、军事专家杜文龙、国资委高级干部培训班客座教授曹建明等顶尖专家举办高端讲座3次。举办“送教下乡”、乡（镇、街道）领导干部能力提升专题培训班，组织农林委、乡镇、农村种植户代表到侯马、曲沃、稷山等县市现代农业示范园区参观学习，组织5名乡镇书记参加临汾市抓党建促脱贫攻坚专题培训，组织市人大机关干部、乡镇人大主席、街道人大工委主任赴深圳全国人大培训基地举办“学习人大业务知识，提高依法履职能力”专题培训。

【干部监督】 2016年，霍州市委组织部制定完善《霍州市科级干部监督管理办法》，执行科级领导报告个人有关事项、述职述廉、提醒、函询和诫勉谈话制度、经济责任审计、考核制度、问责制度和工作月报等11项制度，加大对违反制度行为的查处力度，强化对各级领导干部作风的制度约束，推动全市各级干部工作作风实现明显提升。

【干部管理】 2016年，霍州市委组织部对照机构编制部门核定的领导职数，在对党政机关、人民团体和参公事业单位配备的科级干部进行全面核查的基础上，需要消化整改超职数配备干部100名。经过前期整改消化，8月底消化35名，剩余65名，其中除市公安局、市交警大队2名可以暂不进行调整外，有63名超职配干部待消化。结合形成超职数配备干部的具体原因，召开专题市委常委会，分类施策、逐个研究，对63名超配干部进行票决，全部整改消化到位。对所管干部档案整理、核查，更换档案盒1300余个，新归档材料4000余份。在市、乡换届工作中，对13名新任干部进行任前档案审核。

【基层党建】 2016年，霍州市委组织部出台《关于发展壮大农村集体经济“破零”行动的实施方案》，设立农村集体经济破零行动专项补助资金，连续3年拨款50

万元列入财政预算。全市118个无集体经济收入村全部完成“破零”任务，收入全部达到1万元以上。全市24个城市社区全部完成200平方米活动场所的达标任务。按照“两个不低于”标准，市财政对集体经济收入在5万元以下的157个村下拨党建经费758.5万元。

建立“两个覆盖”工作台账，对尚未建立党组织的做到“五个清”。组建非公企业党组织28个，社会组织党组织3个。摸排失联党员115人，取得联系的党员108人，将107名重新纳入组织管理，1名作出退党除名处置，7名经查找仍无法联系的失联党员，按照程序作出相应处置。完成精准扶贫“建档立卡”工作，对全市1642户3880名贫困人口进行核查认定。按照“六个精准”的要求，建立领导包联贫困户和干部驻村帮扶等扶贫工作制度。发挥第一书记促脱贫攻坚的作用，对下派的19名第一书记，实行动态管理、严格考核，每人安排1万元的工作经费。19名第一书记争取对口帮扶资金200余万元，帮助群众解决实际困难87件，化解矛盾纠纷30余起，硬化道路8公里，修建水库2座，水网改造1处，修建村民文化活动广场1处、灌溉渠9000米。开展在岗大学生村干部的“考试＋考核”的招聘工作，引深拓展“定查评”工作法，全年确定各类惠民实事1417件，完成1275件，完成率90％。完成33个软弱涣散基层党组织整顿任务。制定出台《农村明星、红旗党支部（总支）考核内容及评分标准》，对创建活动中达标的明星、红旗支部书记，每月分别给予510元和410元的财政补贴。完成48名大学生村官的分流任务和新任村官的岗前培训。

【党员队伍管理】 2016年，霍州市委组织部创新开展党员活动日，全市农村（社区）党组织确定每月1日至5日（如遇节假日往后顺延）其中一天为“党员活动日”，每月开展以“总结部署一次工作，足额缴纳一次党费，开展一次义务劳动，办好一件为民实事，进行一次优秀评比”为内容的主题党日活动。制定《关于2016年发展党员工作的意见》《霍州市“十三五”期间发展党员工作规划》。开展“领头雁”培训，培训各乡（镇、街道）书记、组织委员、农村“两委”主干、下派第一书记、大学生村干部等510人。

【人才工作】 2016年，霍州市委组织部组织校企联合搭建人才供需平台，举办2016春秋两季人才招聘大会，现场招聘优秀高校毕业生3900余人；在市职业中专学校举办校园招聘会，16家省内外企业与339名学生签订实习就业协议。组织17家企业单位参加2016国家千人计划临汾行活动，促成绿园生态公司与忻州沐野食用菌研究所专家达成合作意向。开展“送教下基层”，组织市委联系专家薛龙云、陈海平等名师深入中小学校授课；邀请省人民医院专家，举办核磁共振诊疗技术人才培训会，培训医护人员127人，提升医护人才技术水平；邀请中国林科院教授，举办文冠果栽培技术培训，对60余名农村实用技术人才进行培训。举办“巧娘、绣娘、厨娘”培训班5期，培训妇女人才500余名。组织农业技术人才参加临汾市统一组织的集中培训。组织霍州籍在外人才捐款2万元，资助学生10名。更新5名专家人才充实人才信息库。在《临汾日报》《今日霍州》对市委联系的2名优秀人才事迹进行宣传报道，营造“尊重劳动、尊重知识、尊重人才、尊重创造”的良好氛围。

【自身建设】 2016年，霍州市委组织部坚持高标准、严要求，领导带头讲授党章党规专题党课，邀请党校讲师培训习近平总书记系列重要讲话精神，观看《镜鉴》等系列警示教育片，创新开展“两学一做我先行·组工干部在行动”主题活动，实行工作日志、组工干部大课堂、全员办信息、基层党建联系点、“五台账四通报一问效”5项工作制度，打造职业型、专家型组工干部队伍。

【领导班子】

市委常委、组织部长：

周文伟（2010.06—2016.05）

牛福生（2016.07—2016.12）

副部长：

韦建兵（2002.07—2016.12）

宋根宝（2007.07—2016.12）

薛国平（2011.04—2016.12）

刘树华（2013.10—2016.12）

（张壮丽　朱翔翔）

纪律检查

【概况】 中国共产党霍州市纪律检查委员会是主管霍州市党的纪律检查的工作机构，霍州市监察局是主管霍州市行政监察工作的政府职能部门。霍州市纪委、监察局在霍州市委、市政府和临汾市纪委、市监察局双重领导下开展工作。内设11个行政科室，下辖1个事业单位，即办公室、党风政风监督室、案件审理室、信访室、组织部、案件监督管理室、5个纪检监察室和信息中心。

2016年8月5日，中国共产党霍州市第七届代表大会上，选举产生中共霍州市第七届纪律检查委员会。

2016年，在临汾市纪委和霍州市委的正确领导下，霍州市纪委聚焦主责主业，重拳出击惩治腐败，持之以恒纠正“四风”，全市反腐倡廉建设取得新进展。在临汾市第四次党代会后，霍州市纪委及时领会、传达、贯彻会议精神，按照坚持“一条主线”、强化“三项职能”、推进“七大任务”的新要求，结合霍州实际及时调整工作思路，确立以强化队伍建设、规范纪律审查、把握“四种形态”、整体推进工作为核心的整体工作部署，明确工作重点，创新工作举措，加大落实力度，使各项工作取得新成效。

【落实“两个责任”】 2016年，霍州市纪委坚持改进工作方法、强化调研指导，协助市委抓主体责任落实，落实自身监督责任，督促各级党组织扛起管党治党的政治责任。霍州市纪委制定印发《2016年霍州市党风廉政建设责任书》100余份，进行责任分解，细化工作任务，实行由市委主要领导与相关人员签字背书的工作制度。8次提请霍州市委主要领导主持召开市委常委会议或专题会议，研究部署全市党风廉政建设工作，听取工作汇报，协调解决反腐倡廉工作中遇到的问题。市委书记崔山原亲自对市四套班子进行年度廉政约谈，市长黄晓君就政府系统廉政建设多次作出批示、提出要求。督促各级党委履行两个责任。在推行“廉情预警”“清单定责”等工作机制的基础上，加大对乡镇和市直部门践行“述纪、述廉、述作风、述两个责任、廉政座谈、廉政约谈”的“四述两谈”制度的指导、督促、检查力度。针对存在不足，督促市委主要领导和常委班子成员对程序、内容、记录、归档等环节进行全面规范，增强落实主体责任意识，提高谈话成效，达到解决问题、接受教育、抓早抓小的目标。市委书记崔山原在京学习期间，按照安排，由市纪委主要领导和市长黄晓君一同对部分市直机关负责人和乡（镇、街道）党政一把手进行大规模、多批次的廉政约谈，促进“两个责任”的落实。帮助基层纪委落实监督责任。霍州市纪委新一届领导班子产生后，召开全市纪检监察干部大会，集体进行廉政谈话，观看警示教育片。深入12个乡（镇、街道）和部分市直单位开展调研，了解乡镇纪委建设和基层党风廉政建设“两个责任”落实情况。针对工作缺陷和不足，督促各相关党委政府细化工作任务，强化工作举措，完善规章制度，落实责任；要求乡镇纪委敢抓敢管敢治，强化责任意识，强化监督管理，创新方式方法，完善登记备案，提升工作水平，发挥监督作用。市纪委机关各包联科室加强业务指导和协作配合，发挥坚强后盾作用，帮助基层纪委更好地落实监督责任。坚持严肃追究有关人员责任。《中国共产党问责条例》出台后，霍州市纪委贯彻落实，在省、市环保督察过程中，对履职不到位、失职渎职的52名党员干部进行问责追责，诫勉谈话18人，党政纪处分8人。

【作风建设】 2016，霍州市纪委在干部作风建设上，不搞形式、不走过场，坚持经常抓、抓经常，创新举措，抓出新成效。完善制度落实“八项规定”。加大巡查和处理力度，建立违反中央八项规定精神典型问题双月通报制度，对在社会上影响较大的典型问题进行点名道姓通报，通报违反中央八项规定精神的典型案件1件、党政纪处分4人，发现问题线索2条。抓早抓小狠刹隐形“四风”。协调霍州市委，在国庆节前制定下发《全市党员领导干部、公职人员出入隐蔽场所违规吃喝娱乐预防治理工作意见》，督促各职能部门根据自身职责开展严格检查，监督全市党员干部与本单位签定承诺书，抽调精兵强将成立2个检查组，重点检查隐蔽场所和大操大办70余次（排查隐蔽场所11处），发现疑似隐蔽场所5处，发现问题线索4条（其中查处大操大办2起、公费旅游1起，制止大操大办1起），党政纪处分2人，诫勉谈话1人，廉政约谈3人。坚持不懈形成长效机制。霍州市纪委突出抓好五一、端午、中秋、国庆、春节、元旦等时间节点，落实各项制度规定，做好经常性检查，对典型问题通报曝光，形成长效机制，造成有力震慑，对改进霍州干部作风起到积极作用。

【廉政宣传】 2016年，霍州市纪委发挥霍州廉政文化优势，扩大宣传教育覆盖面，持续创新廉政宣教载体，形成廉政宣教新格局。注重专题教育。组织700余名副科级以上领导干部参加党章、党规考核测试。结合“两学一做”学习教育，纪委机关开展专题学习34次，班子成员到基层讲授专题党课6次，组织观看警示教育片11次。结合上级会议精神、融入崭新的廉政文化元素，向全市党员干部编发廉政短信51期，2.04万条，为党员干部敲响廉政警钟。注重基地建设。强化对省级廉政教育基地—霍州署廉政文化馆的管理和维护，发挥党纪教育基地职能作用，升级信息化系统，提升科技含量，强化直观效果，2016年，组织56家单位，3000余人到馆参观。更新廉政文化一条街的全部廉政灯箱的设施、内容，“点亮”廉政文化，营造浓厚的廉政氛围。注重创新载体。抓住中华人民共和国成立66周年有利契机，在霍州市委领导下，会同市委组织部、宣传部组织开展“传承长征精神，争做优秀党员”知识竞赛和演讲比赛，组织“传承长征精神、凝聚道德力量”纪念长征胜利

80 周年暨第三届道德模范颁奖晚会，用振奋精神，鼓舞斗志的新形式展现霍州广大党员反腐倡廉、敢于拼搏的新时代风采，强化廉政宣传效果。

【巡察工作】 2016 年，霍州市纪委贯彻省委、市委巡察工作方针，执行巡察工作条例，突出政治巡察定位，推进巡察工作。巡察工作基本情况。按照上级巡察工作部署，在 5 月中旬成立巡察工作领导小组及办公室，设立 4 个巡察小组。第一轮综合巡察约谈 176 人，走访 104 人次，接受群众来访 84 人次，受理举报 20 件次，发现问题线索 32 条，涉及党员干部 32 人，移交市纪委 5 件、乡镇党委 11 件、乡镇纪委 16 件。涉矿专项巡察中，翻阅档案资料 349 份，针对性谈话 167 人，实地走访涉矿企业 5 家、28 人次，收集反馈意见 18 条，发现问题 27 个，针对性提出整改意见 27 条。涉农巡察工作中，完成对 5 家单位的巡察，共发现党建问题 25 个，发现问题线索 15 条。政治生态集中巡察约谈 173 人，其中乡（镇、街道）及市直单位党员干部 139 人，下沉一级约谈村干部 34 人；实地巡察 16 个村；查阅近 3 年会议记录共 230 余份，各种资料 800 余份。发现共性问题 10 类，立行立改项目共 5 项、13 条。进行经验总结。坚持“一个突出、四个并重”（突出政治纪律巡察，坚持学习教育、方法创新、整改优先、经验总结并重）原则。针对性制作出农村干部谈话提纲模板，政治纪律、“三务”公开、解决群众身边腐败问题谈话提纲样板共 4 个谈话提纲模板，列出近 400 条谈话条目，规范谈话内容和具体指标，加强对巡察组工作人员的技术指导，取得显著成效，对被谈话人形成震慑。关注工作进展，总结经验，发现问题，编写巡察信息，坚持“有情况就汇报，有问题不放过”的原则，共编辑上报巡察信息 37 期，其中被临汾市巡察办采用 6 期，初步形成可复制、可推广的经验总结。优化队伍建设。霍州市纪委协调市委组织部完善组长库和人才库建设，充实进 4 名巡察组长和 7 名工作人员，加大巡察力量，协调人员结构。重新调整建立的 3 个巡察组 15 人，进驻古县开展交叉巡察。

【信访管理】 2016 年，霍州市纪委受理群众举报 431 件次（上级转办 298 件，同级受理 133 件，较 2015 年同期增长 155.5%），其中来信 224 件次，来访 87 件次，电话举报 30 件次，网络举报 71 件次，其他方式 19 件次。面对涉纪信访举报数量居高不下的实际问题，霍州市纪委分析总结其中原因：1. 省委巡视，市、县巡察批转、移交较多的问题线索；2. 线索处置不及时，执纪审查不到位；3. 信访诉求无法全部满足，导致重复访、越级访。为了解决信访突出问题，实现“两提升一下降”目的，经过多次深入基层走访调研，霍州市纪委创新推行“三及时两优先一严格”信访工作机制。及时告知。信访室接到上级交办件和同级受理的实名举报件后，第一时间进行受理，稳定举报人情绪，避免举报人多头举报或越级上访。及时沟通。纪检监察室在接到信访室转交的实名举报件后，办案人员针对举报内容进行分析研判，同实名举报人联系沟通，在稳定举报人情绪的基础上征得举报人认同，获取举报问题线索和细节，提高查处问题针对性和案件查办效率。及时反馈。纪检监察室对于举报件，联系实名举报人反馈调查过程及处理结果，做到反馈到位、程序到位、思想工作到位。优先解决。纪委领导班子优先解决涉纪信访问题，职能科室优先配合涉纪信访问题处置，纪检监察业务骨干优先投入涉纪信访问题审查。指导督促基层排查确定重点信访人，对其诉求进行分析研判归类，责任到人，领导班子成员在受理、处置、调查、处理等各个环节解决问题，进行思想教育，负责稳控到底。纪委和监察局班子成员率先垂范，对于重点信访人、信访件，实行领导包案机制，全程参与，以此带动重点信访案件的优先解决。优先处置。信访室收到问题线索后，第一时间上报纪委主要领导，主要领导对每个问题线索逐条摘录、分析、研判，对举报问题和意图进行甄别。使问题线索条目化，更加明晰、更加具体、更易操作；稳定举报人情绪、取得举报人信任和认同，方便工作开展。分管副书记、常委和承办纪检监察室会对此类问题线索同样是优先研判，优先提交线索处置会，优先成立调查组查办，用最快的速度、最好的质量做到处理到位、解决问题到位。严格把关。霍州市纪委完善责任清单工作机制，明确委局班子、机关各科室和办案人员的工作任务、程序、时限、标准及追责办法。在纪律审查过程中，坚持按职责、按程序严格把关。对把关不严，导致举报件处置不力、造成不良影响或严重后果的将严肃追究责任，倒逼责任落实。“三及时两优先一严格”信访工作机制的推行，实现抓早抓小化解信访矛盾的目的，带动和提升执纪审查整体工作水平。

【运用“四种形态”】 2016年，霍州市纪委坚持正风反腐不停步，保持高压态势不放松，运用“四种形态”，突出第一和第四种形态的运用，预防、震慑、惩治腐败。抓好源头预防。按照上级要求督促同级党委、政府严格约谈程序，规范约谈记录，开展约谈工作，市纪委领导带头开展日常约谈和问题约谈21人。突出做好抓早抓小源头预防，推进“清单定责”工作机制，全市所有部门单位结合各自工作实际，进行权力定位、职责明确。落实“廉情预警”工作机制，全年下发《廉情预警告知书》37份、《廉情预警建议书》18份、《廉情预警整改书》11份，发挥基层纪委和派驻纪检组的监督作用。落实《临汾市纪委监察局建立领导干部廉洁档案工作方案》，建立涉及全市副科级以上739名领导干部93个单位的廉洁档案。强化警示教育。深入剖析违纪案例、开展警示教育，注重强化制度建设，确保执纪审查发挥出圆晕效应、综合效应、扩大效应。根据群众举报，霍州市纪委查处住建局城市管理监察大队私设“小金库”和主要负责人等8人违反廉洁自律典型案件后，立即责成住建局深入剖析问题原因，针对性地制定整改措施，举一反三进行系统整治，召开住建系统会议进行专题警示教育，相关人员做公开检查，警示教育全市党员干部廉洁从政。注重严肃查处。霍州市纪委坚持正风反腐不停步，保持高压态势不放松，发挥办案科室包联机制作用，发现基层案源，指导基层进行执纪审查，正确运用“四种形态”，提升办案数量和质量。2016年，纪检委共处置问题线索352件次，办结案件175件，其中立、结案99件，占办结案件的56.57％；谈话函询76件，占办结案件的43.43％（其中：主动交代问题4人，占谈话函询数的5.26％）；组织处理6人，占办结案件的3.42％。涉及乡科级干部8人。总体来看，立案、结案数较2015年同期下降38.2％，党纪处分较2015年同期下降31.4％，政纪处分较2015年同期下降41％。

【完善自身建设】 2016年，霍州市纪委运用各种手段和措施，以监察体制改革先行先试为契机，以规范化建设为抓手，提升纪检监察干部队伍战斗力。发力改革试点。按照中央、省、市安排，着眼先行先试，协调市委成立霍州市深化监察体制改革试点工作小组和下设机构，制定《霍州市关于开展监察体制改革的初步实施方案（草案）》，为转隶、融合制定时间表和路线图，摸清涉改单位人员、编制、机构、设备底数，建立试点工作问题台账和建议台账，为改革试点工作打下基础。霍州市纪委减少从信访受理、登记、转办、审查、查结到移送审理、处分执行等环节工作，在借鉴许多公众微信平台建设运行经验的基础上，参照检察机关的办案流程，拟在新组建纪委监委成立后，全面实行网上审批办案，实现无纸化办公。强化培训效率。落实每周集中学习教育的同时，出台《关于开展“业务提升月”活动的实施方案》，通过定期学习、以案代训、岗位练兵等形式提升干部技能。霍州市纪委分2批次选调25名业务骨干到中国纪检监察干部学院接受培训，安排参训人员归来后围绕北京学习成果、联系工作实际，开展专题讲座、交流学习经验，为深度融合打好基础。班子成员以身作则，发挥长期从事执纪审查工作的优势，坚持言传身教，随时指导各纪检监察室一律用PPT形式在线索处置会上进行汇报，在安排工作任务、问题线索研判处置、听取汇报、会议研究等过程中，提示工作思路，讲述办案实例，交流办案经验，在潜移默化中传授专业知识，规范执纪审查流程，提升执纪审查技巧。更新硬件设备。为营造优美的办公环境，针对霍州市委局机关办公场所年久失修、老化破损严重、整体环境较差、安全系数较低的情况，霍州市纪委向市委市政府申请经费20多万元，对机关办公场所进行全面改造，协调市委巡察办到原纠风办旧址办公，解决党纪教育基地距离较远、来往不便的问题。

【领导班子】

市委常委、纪委书记：

郑效锋（2010.07—2016.07）

程　军（2016.07—2016.12）

纪委副书记：

张全红（2007.08—2016.08）

监察局局长：

张建军（2010.07—2016.12）

监察局副局长：

周立峰（2011.06—2016.12）

孙　华（2016.08—2016.12）

市委巡察办主任：

杨敬奎（2016.08—2016.12）

（原俊山　赵华）

宣传工作

【概况】 中共霍州市委宣传部是市委主管意识形态工作的职能部门，主要职责有：宣传党的路线、方针、政策，主抓全市理论学习和舆论宣传，协调全市通联工作，监管和研判舆情信息，负责全市精神文明创建以及广播、电视、新闻、文化、体育、文艺创作、精神文化产品等方面的工作。内含办公室、宣传科、政工科、理论科、网络中心、文明办、通讯组7个股室。2016年，霍州市宣传思想文化工作，把深入开展“两学一做”学习教育作为“一条主线”贯穿全年工作始终，突出实施社会主义核心价值观系统工程建设“一大主题”，实现科学理论武装工作、核心价值培育工作、主流舆论引导工作、文化繁荣创新工作的提升，为实现霍州市“进军省强市、全面达小康，共建文明开放幸福美丽新霍州”的总目标提供有力的思想保证、舆论支持、精神动力和文化条件。

【夯实理论基础】 2016年，在理论武装工作中，霍州市委宣传部抓住市委中心组这个龙头，继续办好干部大讲坛，抓好学习型党组织建设，全市理论武装工作深入推进。1. 强化举措，突出重点，夯实理论思想基础。制定《2016年市委中心组理论学习安排意见》及《市委中心组“两学一做”专题教育学习计划》，完善党委中心组集中学习制度、考核制度和年度学习计划，明确学习内容、学习形式、学习要求和考核方法，联合市委组织部、市纪检委组成督查组，定期对各级党委（党组）中心组学习情况进行督促检查，为学习型党组织建设取得实效提供保障。结合“两学一做”专题教育，开展专题理论学习，下发《关于认真学习宣传贯彻十八届六中全会和省十一次党代会精神的通知》，加深干部群众对六中全会精神及省十一次党代会精神的理解和把握，对中心组集体学习内容进行重新编排，使之更加合理并突出学习重点，市委中心组全年集中学习13次，为全市各级党委（党组）中心组学习起到引领示范作用。2. 创新方法，丰富载体，强化理论宣传引导。市委宣传部在强化党员干部理论武装的同时创新学习方法，丰富载体，通过举办形式多样的活动，为学习型党组织建设注入新活力。结合2016年红军长征胜利80周年和“两学一做”学习教育，举办“传承长征精神，争做优秀党员”演讲赛和知识竞赛，新编排录制霍州三弦书《风清气正搞选举》，传承了传统非遗文化，达到宣传教育作用，受到省、临汾纪检单位的好评。3. 引深内容，学用结合，提高干部工作能力。除定期对党员干部进行理论知识培训外，将业务能力和廉政教育列入学习范畴，结合干部大讲坛，邀请知名专家学者为全市党员干部授课。邀请曹建民教授为全市党员干部讲解新常态下管理模式创新课题研究。组织全市党员干部进行《中国共产党廉洁自律准则》及《纪律处分条例》等党内法规考试，促进干部工作作风转变。

【舆论宣传引导】 2016年，霍州市委宣传部通过做大主题宣传，扩大对外宣传和加强网络管理，讲述霍州故事，展示霍州形象，唱响霍州发展主旋律，为全市经济社会发展营造良好舆论氛围。1. 加大新闻宣传报道工作力度。2016年，加大舆论宣传工作力度，把新闻中心、通讯组、电台、电视台等平面和立体媒体联合起来，对内宣传上采取立体式的宣传方式，大造舆论声势。对外宣传上立足上大报、上大稿、出头条的工作宗旨，2016年，在省、市级以上报刊发稿290篇，其中临汾市级媒体发稿261篇，省级以上媒体发稿28篇，国家级1篇，在《临汾日报》上了3个头版头条，在临汾电视台播发新闻130条，霍州网站访问量排名57421，浏览量排名52139，为霍州对外宣传打造良好声势。2. 突出把握导向，舆论环境有序平稳。对网络舆情信息工作，按照“把握导向性、突出互动性、体现主动性”的要求，建立互联网信息管理机制，健全网络舆情预警机制、部门协调机制和热点跟踪机制，使信息系统安全工作规范化和制度化；在日常工作上坚持24小时RTX在线值班制度，确保掌控网上舆情动态，2016年，监控出有关霍州的热点问题、敏感问题41件，及时加以正确引导妥善处理。组织网评56次，对一些歪曲夸大事实的不良信息和言论及时跟帖、回应，上传舆情信息670余条，共发布各种微博、新闻跟帖评论3800余条，掌握网络舆论宣传的主动权，确保全市舆论环境平稳有序。3. 创新新闻宣传理念和加强队伍培训管理。为与现代化信息传播手段接轨，在《今日霍州》微信公众平台的基础上，巩固完善网站、微信等新兴媒体的后台服务质量，全面优化。《今日霍州》形成报纸、信息网、公众微信、新华社手机客户端“四位一体”全新宣传格局。提升霍州对外知名度和美誉度。在队伍培训管理上，坚持“请进来，走出去”，2016 年 9 月，召开全市通联工作会议和网络舆情培训会，参会人数 130 余人，邀请临汾日报社资深记者，对通讯员队伍进行业务知识培训，对优秀通联工作者进行表彰，11 月《今日霍州》全体采编人员赴平遥进行兄弟县市报交流，提高通讯员队伍写稿的积极性和新闻工作者采编的规范操作能力。4. 党报党刊发行工作稳步推进。党报党刊处在意识形态领域的最前沿，是党和政府的喉舌，是主流思想舆论的载体，承载着弘扬主旋律，传播正能量、激发全社会团结奋进的强大力量的历史重任。针对 2016 年的党报党刊发行任务，召开全市动员会，进行部署，将任务量化分解，各单位一把手作为直接责任人，严格督查，定期通报。对于经费紧张的单位，要求其以党报党刊为主，经费宽裕的单位，则鼓励其多订党报党刊，将党报党刊免费赠予困难村民和困难职工。

【深化精神文明创建】 2016 年，霍州市委宣传部核心价值观是文化软实力的灵魂，以“纪念红军长征胜利 80 周年”“德润霍州·共筑梦想”等系列主题活动为重点，推进社会主义核心价值体系建设。1. 铭记历史，赓续血脉。2016 年是红军长征胜利 80 周年，是霍州解放 70 周年，开展以“传承长征精神，决胜全面小康”为主题的系列活动，在全市营造浓厚的红色文化氛围，达到铭记历史，传承发扬优良革命传统的目的。2. 道德引领，影响广泛。2016 年 3 月，在全市开展“德润霍州·共筑梦想”霍州市评选、美德少年评选、最美家庭评选等系列活动。在全社会唱响昂扬向上的正气歌，营造“崇尚模范、学习模范、争做霍州好人”的浓厚氛围。3. 道德讲堂，反响良好。“明德惟馨以驻久远”，中华优秀传统文化和传统美德需要继承和发扬。2016 年，建设一批高标准的“道德讲堂”，省、市级文明单位都建成规范讲堂、霍州市文明单位建成标准讲堂，实现文明单位全覆盖。开展以“弘扬传统文化，培育核心价值”为主题的“道德讲堂”活动。4. 志愿服务，传递爱心。2016 年，开展多种形式的“三关爱”志愿服务活动。开展以“送温暖、献爱心”为主要内容的关爱他人志愿服务，为空巢老人、残疾人等困难群体排忧解难；开展以“维护公共秩序”为主要内容的关爱社会志愿服务；开展以“保护生态环境和城乡清洁工程”为主要内容的关爱自然志愿服务。5. 立德树人，春风化雨。以各种节日和纪念日为节点，组织开展“我们的节日”系列活动，与加强和改进未成年人思想道德建设工作有机结合。组织网上祭英烈、向国旗敬礼、优秀童谣征集传唱等活动。在全市未成年人中树立“颂党恩、跟党走”的理想信念。

【推进文化繁荣发展】 2016 年，霍州市委宣传部始终高扬“文化强市”的主旋律，发展文化事业，提升霍州市综合实力和竞争力。1. 加强基层文化建设。2016 年，霍州市文化产业增加值超 2015 年比 12%，超额完成省定目标责任考核任务。2. 推进文化惠民工程。在白龙镇组织规模盛大的“科技、卫生、文化”三下乡活动，教科、文化、卫生、农业共20余个部门负责同志共同参与，为农民朋友送书籍、实物，价值达30余万元；从元月开始，相继开展“靓丽霍州”春节系列主题活动，组织各文艺团体协会联合举办“送欢乐，下基层，情系敬老院”活动；2016年5月，组织开展规模宏大的“尧风古韵·中镇霍山”诗会，邀请临汾各县25名诗歌作者莅临七里峪、陶唐峪、霍州署开展采风创作，收到来自全国各地诗歌500余篇，宣传霍州市的旅游资源，提升霍州市对外知名度。3. 打造文化精品工程。在传统文化的继承和发扬方面，2016年，挖掘整理录制省级非遗项目《霍州三弦书》三辑12个段子。录制霍州书段子40余个，为霍州书传承创造有利条件；完成霍州面塑、霍州莺歌两个非遗项目的省级非遗项目申报工作。加强对霍州市党史人物的征集整理，为霍州党史人物续编做好准备工作。撰写3篇专题论文，及时上报。上报霍州市2013至2015年的党史大事记等资料，2016年，霍州市党史办被授予“全省党史系统先进集体”称号。

【干部队伍建设】 2016年，霍州市委宣传部加强宣传思想干部人才队伍建设，宣传思想工作战斗力和凝聚力明显增强。1. 强化为党为民的工作理念。以“两学一做”学习教育为契机，宣传思想文化战线，加强理论学习，以共产党员标准严格要求每个宣传工作者，梳理汇总各自问题，落实整改，制定出台一系列规章制度，推动全市宣传思想文化战线的思想政治建设、作风建设和反腐倡廉建设，树立为民、务实、清廉工作理念。2. 突出求真务实的工作作风。全系统坚持“三贴近”原则，开展“走、转、改”活动，以“政治责任，服务品格，大众情怀，百姓视角”为理念，将工作重点放在基层，把镜头对准普通群众，在密切联系群众，扎根基层，转变工作作风上有新转变。3. 形成协调联动的工作格局。宣传思想文化系统强调“一盘棋”思想，树立“总体战”观念，实行“年初建账、年中查账、年底要账”责任机制，推进宣传思想文化工作“大宣传”工作格局，凝聚起宣传思想文化工作的强大合力，提升宣传思想文化工作的科学化水平。

【领导班子】

市委常委、宣传部长：

黄晓君（女，2010.06—2016.08）

郭丽华（女，2016.08—2016.12）

副部长、文明办主任：

刘俞平（女，2011.04—2016.12）

副部长：

毋永明（2011.04—2016.12）

马耀华（2011.04—2016.12）

宣传工委副书记：

薛四喜（2002.09—2016.12）

宣传部纪检书记：

杨武锁（2002.09—2016.12）

（樊春谷）

统战工作

【概况】 2016年，霍州市统战工作在霍州市委的正确领导下，在临汾市委统战部的指导下，围绕学习习近平总书记系列重要讲话精神，贯彻落实党的十八大精神及十八届三中、四中、五中、六中全会精神和中央、省、市关于统一战线工作系列重大决策部署，实施五个聚焦，实现五大作为，全力推进统一战线大团结、大联合、大发展，为霍州经济社会发展凝聚广泛的力量打好坚实的群众基础，为统战工作适应新常态、实现新作为、服从服务于“四个全面”奠定坚实基础。完成上级统战部门和霍州市委的各项任务目标。

【凝聚思想共识】 2016年，霍州市委统战部落实“四个纳入”“三个带头”，制定出台《关于加强新形势下党外代表人士队伍建设的实施意见》《霍州市四大班子领导干部与非公经济人士联谊交友制度》《2016年乡（镇、街道）统战工作目标责任制考核细则》等系列制度文件，并在乡（镇、街道）、非公经济组织和社会组织中配备统战委员，加强党对统一战线工作的领导。围绕十八届六中全会和中央、省、市统战工作精神举办2次专题培训，召开6次交流座谈会、3次情况通报会，强化政治引领，凝聚思想共识，增进团结互信，巩固共同的思想政治基础。

【参政议政】 2016年，霍州市委统战部制定出台《关于加强社会主义协商民主建设的实施意见》，鼓励政协委员建言献策、贡献智慧。在政协第七届霍州市委员会第一次会议中，广大党外政协委员提交提案92件，立案80余件。

【服务非公经济】 2016年，霍州市委统战部成立霍州市促进民营经济发展工作领导小组，搭建党委、政府与企业、商会沟通协商平台，服务企业信息平台，银企对接融资平台等“三大平台”，建立市级领导联系非公企业制度，采取领导包联责任制，帮扶、协调、解决非公企业发展中出现的突出问题，推动民营经济的发展壮大。霍州市工商联副会长创办的山西裕鑫博康果业有限公司，通过市委对台办牵线搭桥、沟通协调，对大枣、核桃、干果、杂粮等土特产进行深加工，把产品远销中国台湾及海外市场，年销量到3000余万元。

【宗教工作】 2016年，霍州市委统战部贯彻民族宗教政策，制定出台《霍州市关于市乡村三级民族宗教管理网络和民族宗教工作责任制实施意见》，发挥三级网络在宗教事务管理中的作用。开展“崇尚科学，抵制邪教”主题宣传月活动，倡导广大群众践行社会主义核心价值观，维护社会稳定、共同建设美好家园。在基督教非法势力专项治理中，对全市宗教活动场所进行深入摸排，取缔3处私设点，确保宗教活动有序开展，维护全市大局和谐稳定。

【领导班子】

市委常委、统战部长：

刘国平（2011.06—2016.08）

市委副书记、统战部长：

高雅铭（2016.08—2016.12）

副部长：

杨　军（2011.04—2016.12）

路　林（2012.07—2016.12）

薛学文（2012.07—2016.12）

【获奖情况】

霍州市委统战部荣获2016年度临汾市统战工作、民族宗教工作、统战理论研究工作、统战信息工作先进单位。理论文章《强化调研体系建设，提高参政议政水平》荣获临汾市统战理论研究一等奖。

（杨军）

党校工作

【概况】 中共霍州市委党校是市委的工作部门，承担着全市党员干部培训、轮训任务，下设办公室、教务处、理研室、总务处、培训中心5个职能科室，截至2016年底，共有干部职工24人。

2016年，在市委、市政府的正确领导和临汾市委党校的关怀指导下，以党的十八大及十八届三中、四中、五中、六中全会精神和《中国共产党党校工作条例》为指导，以“两学一做”学习教育为契机，围绕市委、市政府的工作大局和年初制定的目标责任制，弘扬爱岗敬业、求实创新精神，强基础、抓重点、建机制、谋发展，各个方面都取得新进展，完成全年目标任务。

【基础设施建设】 2016年，霍州市委党校按照设施先进、功能齐全、环境优美、富有生机的要求，投资40万元维修装潢200余平方米教室一间，粉刷墙壁1000余平方米，购买一套调音台、无线话筒，为图书阅览室购置2000余册图书，完善学校基础设施，校园环境更加优美。硬件建设和配套设施已达到全省县级党校一类标准。在全市党校工作会议上，市委副书记、市长黄晓君作《突出办管建用，聚力办好党校》的经验发言，受到上级领导和部门好评。

【队伍建设】 教师是教学的主导，是学校的形象，抓教师工作，重在提高素质，苦练内功。2016年，霍州市委党校新调入2名年轻教师，党校师资力量增强。有16人次到中央党校、中国人民大学、山西省委党校、临汾市委党校学习；聘请省委党校知名教授刘树信对教师进行师资培训，提高广大教师的理论水平和实践能力，丰富知识储备；组织教师参加临汾市委党校教师赛讲。李海亮同志荣获二等奖，杨丽华同志荣获优秀奖。

【干部培训】 2016年，霍州市委党校把党员领导干部培训工作作为党校工作的重点来抓。2016年，按照市委组织部和市干部教育领导组的安排，举办农村（社区）党支部书记第一书记培训班2期，培训650余人；举办农村“领头雁”等培训班2期，培训各类干部500余人；举办乡（镇、街道）领导干部能力提升专题培训班2期，培训200余人；举办入党积极分子培训班1期，培训430人；举办全市科级干部学习贯彻十八届六中全会精神专题培训班2期，培训700余人。

【对外培训】 2016年，霍州市委党校与有关乡（镇、街道）和市直职能部门联合举办各类培训班，主要有：举办市人大代表培训班1期，培训550人；举办干部大讲堂3期；举办国防教育国家安全形势专题讲座1期；举办司法局人民调解员培训班；举办国税局“营改增”申报培训班、财政局财政一体化支撑平台业务培训、财会人员业务培训班和职业技能培训班、农林委种子法培训班、统计局第三次全国农业普查试点培训班、畜牧局新型职业农民培训班、气象局气象信息员培训班等。组织教师深入乡镇、机关、企事业单位为党员、干部讲党课80多次，受训人数5000余人。

【精准扶贫】 2016年，霍州市委党校响应参与霍州市干部驻村精准扶贫“三联三包三促”活动。按照市委统一安排，组成以吴慧平为队长，程万荣、郭鹏为成员的工作队，进驻南环路街道南坛村，包联7户16人，悉心做好精准扶贫工作。

【“两学一做”学习教育】 2016年，“两学一做”学习教育开展以来，市委党校坚持“从严治校、从严管理、从严施教”的办学理念，早动手、早安排，周密部署。为使学习教育能够取得实实在在的效果，抓三个环节：1. 注重专题党课。发挥自身优势，开展专题党课，除 3 名班子成员带头讲党课外，利用教研活动时间组织教师就“两学一做”学习教育进行讲评，既使全校教职工受到教育，为教师深入基层讲党课奠定基础。2. 开展专题研讨。在“四讲四有”专题研讨中，做到人人参与，个人撰写材料，广大教职工都坚持把自己摆进去，把工作摆进去，把思想摆进去，做到净化思想、触及灵魂。3. 坚持送教上门，加强党性教育。在“两学一做”学习教育中，坚持“深入调研献良策，送教上门搞服务”活动，发挥自身知识优势，深入基层宣讲党章党规、习近平总书记系列重要讲话精神、建党 95 周年“七一”讲话、十八届六中全会精神等。对年迈体弱、行动不便的老党员送教上门，把中央精神传达到最基层，保证全覆盖。在党风廉政建设中，发挥党委主体责任和纪委监督责任，落实中央“八项规定”，完善各项制度，党校工作出现持续健康发展的良好势头。

【领导班子】

常务副校长：

胡韩平（2007.04—2016.12）

副校长：

吴慧平（2005.08—2016.12）

纪检组长：

翟晓依（女，2005.08—2016.12）

（段文洋　郭鹏）

信访工作

【概况】 1987 年成立信访局（原为信访办公室，1970 年成立），主要负责协调处理群众来市、到省和进京上访，参与解决群体性上访案件；查办重点信访案件，转办、交办信访案件及其他信访事项，协调和督促检查信访案件的处理和落实。信访局行政编制 3 人、事业编制 7 人，其中局长 1 名，副局长 2 名，信访服务中心副主任 1 名。

【信访服务中心】 霍州市信访服务中心建立于 2009 年 11 月，2015 年扩建涉法涉诉接待区，总面积 480 平方米。2010 年，市编办批复为股级建制，归市信访局管理。霍州市信访服务中心共有工作人员 7 人，设主任 1 名和副主任 1 名。信访服务中心下设接待科、综合科和联席办 3 个工作室。每周一为市级领导信访接待日，市级党政领导分 5 组每月轮流到信访服务中心接待来访群众，处理重大信访事项；利用市乡两级视频接访，12 个乡（镇、街道）主要负责人与市委领导同步接待来访群众，按照就地解决、就地化解矛盾、就地稳定情绪的要求，对群众提出的合理诉求落实“首访责任制”“首办责任制”，坚持“谁接访，谁负责”和依法按政策办事的原则，力争在第一时间、第一地点一次性处理妥当，确保合理诉求最大限度解决到位，就地化解率达 90%，控制和减少越级上访。

【信访工作】 2016 年，受理群众来访 216 批 1711 人次，同比 2015 年 517 件 3103 人次，批次下降 58.2%，人次下降 44.86%；其中群众个体访 138 件 473 人次，件次占 63.9%，人次占 27.6%；集体访 78 批 1238 人次，件次占 36.1%，人次占 72.4%。进京正常访 1 批 11 人次；进京非访 9 批 9 人次；赴省集体访 3 批 21 人次；去临汾市集体访 1 批 5 人次；市级领导接访 77 件 221 人次，结案 72 件，结案率 93.5%。

【开展法治信访】 2016 年，霍州市信访局开展法制建设年活动，以《信访条例》

《国家信访局关于进一步规范信访事项受理办理程序引导来访人依法逐级走访办法》为宣传重点，开展一系列业务指导和法制宣传。加大宣传力度，在平时接访工作中加强《信访条例》《国家信访局关于进一步规范信访事项受理办理程序引导来访人依法逐级走访办法》等法律法规的宣传教育外，定期下乡镇、入社区宣传发放有关《信访条例》的彩页，全市信访形势持续好转，群众越级上访量明显减少，规范信访秩序，形成依法逐级上访的良好氛围。

【健全网络信息平台】 2016 年，霍州市信访局将接待来访、办理来信、督查督办、网上投诉等全部信访事项放在网上流转，健全"网下办理，网上流转"，把受理、办理和结案重要环节通过网络公开，实现信访事项的"可查询、可追踪、可督办、可评价"。建立"信访事项办理群众满意度评价体系"，把办理工作置于群众的监督之下，提高信访公信力，建立健全疑难复杂信访事项，公开听证，将听证结果向群众公示，使信访工作透明化。2016 年，受理网上来访 89 件，办结 86 件，办结率 97%。

【信访维稳工作】 2016 年，霍州市信访局在全国、山西省"两会"和峰会"G20"等重要时期的稳控任务中，构建矛盾纠纷排查化解的长效机制，健全基层矛盾纠纷预警机制，落实信访信息的"零报告"制度，及时掌握信访问题底数，督促各级部门坚持常规工作定期排查，敏感时期集中排查，对群众反映强烈的热点、难点问题重点排查。发挥部门联动作用，对排查出来的各类矛盾问题，提前研判部署，提前制定措施，做到"三早"（即早发现、早处理、早解决）。"四到位"（即排查到位、调处到位、处置到位、责任落实到位），从源头上减少各类矛盾纠纷的产生，初信初访办理率达到 100%。

【解决信访"治旧"】 2016 年，霍州市信访局在解决信访"治旧"上下功夫，化解积案 2 件，把"一交办三治理"活动定为党员在行动的亮点工作。1. 化解山西省、临汾市交办重点案件。多次召开信访工作分析会对山西省、临汾市交办的信访积案进行逐一核查，2016 年，山西省交办 1 件、临汾市交办 4 件重点案件全部办结，结案率 100%。2. 结合"两学一做"学习教育举一反三，在全市开展大排查、大起底，全面排查信访积案，市直单位排查 16 件、乡镇排查 69 件，实行市级领导包案，明确每个案件的"五包一"责任。3. 强化网上流转程序，规范该次活动交办的信访案件，全部采用网上交办、网下办理、网上公开，要求涉案单位严格执行省联席办的工作原则。结案报告要体现网下办理的全过程，市信访案件的办理实现可查询、可跟踪、可评价。4. 强化督导检查，确保化解实效。加强督查指导，对各乡（镇、街道）、市直单位的工作情况进行实地督导、重点督导，督促化解问题，确保积案化解工作得到实效。

【出台《关于进一步加强信访工作的意见》】 2016 年，霍州市信访局探索信访工作新机制出台《中共霍州市关于进一步加强信访工作的意见》。按照"发现得早，化解得了，控制得住，处置得好"的原则，探索建立"三位一体、三级预警、三零目标"的"三三"信访机制。"三位一体"是通过"领导干部接访、政法部门接访、法律顾问接访"三种方式，相互配合，相互补充，相互促进，形成全覆盖，多举措化解信访问题的接访机制。三级预警包括信访事项化解和重点人员的稳控两个方面，从低到高实行黄色、橙色、红色三级预警，层层压实信访责任，推动基层及时解决群众信访问题，做到临汾市集体零上访、赴省集体零上访、进京非正常零上访的“三零”目标。信访工作意见的出台完善信访工作机制及信访联席会议、信访责任追究等制度，打造霍州市“阳光信访、责任信访、法治信访”的新理念。

【建立法律顾问制度】 2016年10月，霍州市信访局根据上级文件精神，发挥律师等法律工作者在化解信访案件中的法律顾问作用，教育引导信访人依法维护合法权益，依法表达合法诉求，化解群众信访问题，出台《关于建立法律顾问制度的意见》，聘请5名法律顾问，在信访局全日值守，全程参与信访接待。为信访人提供法律咨询；帮助符合援助条件的信访人申请法律援助；对民事纠纷信访事项负责协调处理；负责做好所包重点信访人员的教育稳控工作及其他交办信访事项。

【党建工作】 2016年，霍州市信访局开展“两学一做”学习教育，履行“两个责任”。信访局按照全市开展“两学一做”专题教育通知，在督导组的指导下，教育引导全局党员增强政治意识、看齐意识、大局意识、核心意识，在工作中比能力、提升业务水平，比作风、提升整体形象，化解群众的信访问题。领导班子成员按进度对4个专题进行研讨，局长朱巨鹏带头讲党课，阐述开展“两学一做”专题教育的重要性和必要性。支部书记师真富在七一建党95周年，通过讲述彭德怀元帅生平事迹阐释党的历史进程。学习《党章》后开展三次学习交流，全体党员写学习心得3篇，通过学习交流提高思想觉悟，增强党性修养。开展送学上门、补课，保证全员参学。对退休党员同志，安排专人联系送学上门，通报学习情况，转送学习资料。通过“两学一做”学习教育的开展，提高党员干部的政治素质，形成讲政治、讲规矩的政治氛围，全体党员干部都能守住廉政底线，执行约法三章，遵守廉政准则。领导班子对履行党风廉政建设主体责任和监督责任高度重视，建立完善统一领导，分工负责，相互协调，齐抓共管领导体制。把具体工作任务细化落实到各科室，每名党员签定党风廉政建设责任状，细化责任。领导班子提出廉洁自律“向我看齐，向我监督”的响亮口号，向全局干部作出廉洁从政相关承诺。

【领导班子】

局　长：

朱巨鹏（2007.07—2016.12）

副局长：

师真富（1995.07—2016.12）

刘国平（1989.07—2016.12）

（闫婉琼）

机构编制管理工作

【概况】 霍州市机构编制委员会办公室成立于2002年6月，是霍州市机构编制委员会常设办事机构，内设3个职能股室，分别为综合股、机关股、事业股。市编办行政编制8名，其中主任1名，副主任2名，工勤人员1名。编办下设霍州市事业单位登记管理局，正科级全额事业单位，事业编制8名，其中，局长1名，副局长1名。

2016年，市编办以党的十八届三中、四中、五中、六中全会精神为指导，以“深入改革，理顺体制，强化管理”为核心，围绕市委、市政府中心工作，创新创优机构编制管理，继续深化行政审批制度改革，推动机构编制管理工作取得新进展、新成效。

【政府职能转变和机构改革工作】 2016年，霍州市编办服务经济社会发展新常态，按照“严格总量，盘活存量，优化结构，增减平衡”的思路，进行机构编制优化配置和动态调整，把机构编制资源管好用活。根据有关要求，在市委组织部设立非公经济组织和社会组织工作委员会，撤销原市委组织部与市工商质监局合署办公的非公经济组织工委；在市财政局设立副科级事业单位财政投资评审中心；对市农林委所属事业单位进行整合调整；将市卫计局承担的新型农村合作医疗行政管理职责及经办机构承担的服务职责划入人社局，组建新的医疗保险基金管理中心，完成新农合向人社局移交工作。

【推进“放、管、服”改革】 1. 大幅精简审批事项。出台一系列文件，承接落实国务院、省、临汾市政府调整、取消和下放的审批事项，2016年，霍州市承接落实行政审批事项21项，其中新增7项，取消14项。

2. 精心编制、动态管理“两清单”“两张图”。霍州市12个乡（镇、街道）编制权责清单，绘制职权运行流程图和廉政风险防控图，按照“三报三审三反馈”的工作思路，经过合法性审查、专家论证、同级党委政府确认后，在政府门户网上挂网向社会公布。

按照上级权责清单动态管理要求，出台《霍州市人民政府关于印发霍州市政府部门权责清单动态管理办法的通知》，对35个政府工作部门的“两单、两图”已经完成第一轮动态调整，并将调整结果在市政府门户网站更新后向社会公布。

3. 规范行政审批中介服务行为。按照省、市文件精神，市政府对市政府部门行政审批中介服务事项进行集中清理和规范，编制《霍州市政府部门行政审批中介服务事项清单》，清单涉及10个市政府部门，保留行政审批中介服务事项共29项，经法制办审查后已在政府门户网站挂网向社会公布。

4. 放管结合，加大行政审批监督力度。出台《霍州市人民政府关于规范市政府部门行政审批行为，改进行政审批有关工作的实施意见》和《霍州市人民政府关于深化行政审批制度，改革加强事中事后监管的意见》，对规范行政审批行为和加强事中事后监管进行具体规定和明确要求。按照国务院、山西省、临汾市和霍州市政府全面推行“双随机一公开”监管的安排部署，对市法制办移交的31个单位的“随机抽查事项清单”进行整理、汇总和审核，有随机抽查事项236项，已在政府门户网上挂网公布。

【事业单位登记管理工作】 2016年，全市提交域名注册单位数293个，事业单位登记管理局为全市154家事业单位换发统一社会信用代码证，办理机关和群团《统一社会信用代码证书》9家。利用电子政务的便捷服务功能进行网上登记，办理设立登记3家，重新申领证书3家，办结变更登记66家，涉及变更事项74项。

【控编减编工作】 2016年，霍州市编办执行中央、山西省、临汾市机构编制管理工作有关法规政策，加强对机构编制的控制和管理，严肃机构编制纪律，考虑全市经济社会发展大局和部门工作需要的基础上，2016年，霍州市核减疾病预防控制中心等18家事业单位编制150名。

【实名制系统管理工作】 2016年，霍州市编办为严格按照实名制管理有关规定，制定《关于完善机构编制实名制管理系统人员信息的通知》（霍编办发〔2016〕10号），调整、充实、完善实名制管理系统，确保正常运行。

【领导班子】

主　任：

白　明（2013.04—2016.12）

副主任：

时宏宇（2006.06—2016.12）

马媛梅（女，2012.06—2016.12）

事业单位登记管理局

局　长：

孙　华（2011.04—2016.12）

副局长：

黄晓珊（女，2012.07—2016.12）

（曹娟娟）

老干部工作

【概况】　2016年，霍州市委老干部局在市委、市政府的正确领导和市委组织部的指导下，以开展“两学一做”学习教育为契机，以贯彻落实中办发《关于进一步加强和改进离退休干部工作的意见》为主线，把握为党和人民的事业增添正能量的价值取向，围绕中心、服务大局，凝心聚力、扎实工作，较好地完成工作任务。

【政治待遇】

1. 加强形式教育，开展理论学习。2016年，霍州市老干部局贯彻落实《关于进一步加强离退休干部党组织建设和思想政治建设工作的意见》，突出政治引领，强化政治意识。把“两学一做”学习教育作为离退休干部“两项建设”的龙头任务来抓，在全市离退休干部党员队伍中开展“两学一做”学习教育。召开各乡（镇、街道）及各市直单位分管领导会议，安排部署离退休干部党员“两学一做”学习教育工作，邀请霍州市委党校老师为离退休干部和全市离退休干部党支部书记进行为期3天的“两学一做”学习教育专题辅导，教育引导离退休干部党员不忘初心，发挥余热，自觉用党章和党规党纪规范自己的言行，严守党的政治纪律和政治规矩，增强看齐意识，在思想上、政治上、行动上与以习近平同志为核心的党中央保持高度一致，率先垂范、带头学习，把党的纪律刻印在心、见诸于行，树立离退休干部的良好形象，为建设幸福美丽新霍州做出新贡献。

2. 组织老干部参政议政。霍州市老干部局组织离退休干部代表参加2016年市级党代会、人代会和政协会议等重要会议和重大活动。春节前夕，市级党政主要领导走访慰问实职副县级以上离退休干部。

3. 强化老干部党支部建设。2016年，霍州市老干部局在7个人口居住比较集中的社区分别成立离退休干部临时党支部，为离退休干部就近参与组织生活提供方便。为保障老干部党支部活动开展，将离退休干部党支部活动经费纳入财政预算，每个支部每年活动经费5000元。参与社区活动的老干部有650多名，参与临时党支部活动的党员有230多名。

【生活待遇】　1. 2016年，霍州市老干部局完善“三个机制”运行，确保老干部生活待遇及时落实。落实老干部生活待遇的各项方针政策，规范“三个机制”运行，按时发放各项工资津贴，落实离退休干部工资标准的提升。

2. 2016年，霍州市老干部局开展特困老干部帮扶。老干部局对特殊困难老干部及遗孀帮扶工作形成长效机制，2016年上半年召开专门会议安排部署，发放救助申请表，由各乡（镇、街道）和社区组织实施，向需要帮助的老干部伸出援手，帮他们渡过难关。2016年，帮扶困难老干部及遗孀78人，拨付帮扶资金5.476万元。

3. 开展离退休干部走访慰问和体检工作。2016年7月，老干部局对全市离休干部进行登门走访慰问，发放慰问品。

2016年9月，落实《离退休干部定期体检的实施方案》，对全市521名离退休干部进行体检，投入资金20.84万元。

【基础设施建设】 2016年，霍州市老干部局加大投资力度，健全完善老干部活动阵地基础设施建设和功能。投资3万元新建健身房；投资5000元安装饮水机；投资3.6万元，维修活动中心屋顶，更换办公室门窗；投资3000元新建党员活动室，购置涉及生活常识、疾病预防、书画、诗词、楹联等价值6000余元的图书，为爱好阅读的离退休老干部提供便利；投资10余万元对3个高标准门球场进行维修，改善老干部活动环境，为老干部开展有益于身心健康的文体活动提供保障。

【主题活动】 2016年，霍州市委老干部局把为党和人民的事业增添正能量作为离退休干部工作的价值取向，制定《关于深入推进离退休干部为党和人民的事业增添正能量活动的实施方案》，把开展正能量活动作为总抓手，激发、集聚、释放、弘扬正能量。

1. 形成开展正能量活动的合力。组织、人社、财政、卫生等部门发挥老干部工作的职能主体作用，市委老干部局发挥老干部工作的管理主体作用，各乡（镇、街道）、市直部门发挥老干部工作的责任主体作用，在全市形成职能单位、管理单位、责任单位“三位一体”的老干部工作格局。落实老干部工作领导责任制，把开展为党的事业增添正能量活动作为各单位年度目标责任考核重要内容之一，为开展老干部增添正能量活动提供组织保障。

2. 扩大开展正能量活动的效应。把中组部两个《宣传提纲》列入老干部培训计划，作为老干部党校、老年大学和离退休干部党组织重要学习培训内容，加大正能量活动舆论宣传，营造活动良好氛围。7月，聘请市委党校教师，开展为期3天的离退休干部和离退休党支部书记专题培训活动，450余人次参加培训。从10月起，霍州市各涉老组织分6期共计30人，参加临汾市委老干部局组织的“不忘初心，夕阳更红”为主题的为党的事业增添正能量活动火炬手培训。霍州市老体协在老干局进行“不忘初心，夕阳更红”为主题健美操汇报表演。老年大学举办“不忘初心，夕阳更红”为主题新年音乐会。发放1000余份“不忘初心，夕阳更红”为主题的为党的事业增添正能量活动倡议书，引导和鼓励全市离退休干部积极参与增添正能量活动。

3. 搭建开展正能量活动的平台。围绕中心和大局、重大时间节点，把老同志所能所愿与社会所需所盼结合起来，搭建更能体现正能量活动主题的载体和平台，为老同志发挥作用、增添正能量创造条件。市老年大学书画班和音乐班，深入基层，开展送春联、送文艺下乡活动，利用农村庙会，开展书画诗词巡展，丰富农村文化，传播正能量，2016年开展文艺演出9场次，举办书画展11场次，为群众书写对联3000余幅。6月，老体协举办五省市门球联赛，取得优异成绩。7月，老干部书画协会举办纪念建党95周年暨红军长征胜利80周年书画展，展出书画作品200余幅。10月，举办第24届离退休干部运动会，进行门球、乒乓球、沙狐球、台球、麻将、象棋等项目比赛，老干部参与者达500多人。开展“为党的事业增添正能量活动”主题征文和“讲述励志故事，传递耆年力量”主题征文和网上宣讲活动，通过老干部讲述亲身经历的励志故事，向社会传承耆年硕德的精神力量，弘扬人生信念，激发大家为践行社会主义核心价值观凝聚力量，征集征文作品100多篇，并对优秀征文进行汇编。拍摄网上宣讲片5部，有2部宣讲片被省委老干部局采用。

【发挥余热】 2016年，霍州市关工委注重“红色经典”教育，依托南塔垣烈士陵园红色教育基地，组织老干部讲革命传统，宣传红色故事，开展生动活泼的爱国主义教育，弘扬社会主义核心价值观，向社会传播正能量。为8个中小学生做报告3场次，听众达8000余人次。聘请老干部担任重大工程项目监督员，发挥他们在环境治理、城市新貌建设等方面的作用，当好党的政策宣传员、监督员和时代风尚的引领员。

【自身建设】 学习贯彻中办发《关于进一步加强和改进离退休干部工作的意见》。(1) 集中学习。先后召开全局干部职工会议和各乡（镇、街道）、各部门离退休干部联络员会议，对中办发〔2016〕3号文件和全国老干部局长会议精神、全省老干部工作会议精神进行专题辅导学习，通过学习，提高老干部工作者对新形势下老干部工作重要性的认识，增强做好工作的责任心和自觉性。(2) 分头讨论。全局干部职工根据工作安排，对照中办发〔2016〕3号文件和全国老干部局长会议精神、全省老干部工作会议精神查找工作短板，提出加强和改进工作的意见。各乡（镇、街道）和各部门分头组织老干部讨论会，让老同志感受到党中央的关心、组织的温暖，增强政治自觉性，为改革发展增添正能量。(3) 专题调研。通过印发宣传材料等方式向组织、人社、财政、卫生等职能部门和单位进行宣传，促使这些职能部门和单位更加重视老干部工作，落实老干部工作要求。在学习讨论和专题调研的基础上，以中办发〔2016〕3号文件和全国老干部局长会议精神、全省老干部工作会议精神为指导，修订完善2016年老干部工作计划，制定下发《关于进一步加强离退休干部管理服务工作的意见》，把贯彻《意见》精神和全国、全省老干部局长会议的部署要求体现在具体工作中，抓好贯彻落实。

2. 开展“两学一做”学习教育。通过制定实施方案，建立健全局机关理论学习制度和党员干部学习制度，坚持每周一次政治理论和业务集中学习，每月一次调阅学习情况，每季度一次专题研讨活动，采取集中辅导、个人自学、手抄《党章》、诵读《党章》等多种方式开展学习，通过定期举办培训班、邀请党校教师专题讲座、实地参观学习等形式，学习党的十八届四中、五中、六中全会精神，学习习近平总书记系列重要讲话精神，开展“四比四看四争”活动和“四讲四有”专题研讨，引导党员干部牢记党的宗旨，坚定理想信念，树立“四个意识”，锤炼党性，转变作风，收到较好效果。

3. 落实党风廉政建设责任制。2016年，围绕市委关于党风廉政建设的安排部署，专门成立党风廉政建设领导组，明确班子成员的责任分工。班子成员执行党风廉政建设的各项规定，全面落实目标责任制，形成“一把手负总责，分管领导各负其责，班子成员齐抓共管”的工作格局。围绕落实“两个责任”、履行“一岗双责”的要求，建立健全清单定责”和“廉情预警”机制，贯彻落实中央八项规定，纠正“四风”，把加强教育管理、完善机制体制、改进工作作风作为增强党员干部拒腐防变能力的重要环节，筑牢拒腐防变的思想道德防线。

4. 抓好宣传调研信息工作，提升老干部工作的影响力。2016 年撰写调研课题 3 篇，上报信息 18 篇。

5. 开展精准扶贫工作。老干局帮扶对象是退沙街道王庄村 15 户贫困户（其中，11 户为低保户、4 户为五保户），根据王庄村贫困户的实际情况，制定帮扶计划，以送钱、送物、送温暖方式，解决贫困户“两不愁，三保障”问题。至 2016 年底，对帮扶对象建档立卡，逐户走访慰问 3 次，给每户分别送去毛毯、面、油、水壶、春联等慰问品。

6. 完成局党支部换届选举。按照市委组织部和市直工委的要求，召开支部大会，选举产生新一届支部委员会。

【领导班子】

局　长：

韦建兵（2010.04—2016.12）

书　记：

郭庆峰（2013.05—2016.12）

副局长：

卫秀琴（女，2012.06—2016.12）

郭园勤（2007.08—2016.12）

副主任科员：

郭兰凤（女，2012.07—2016.12）

（逄点点）

党史研究工作

【概况】　中共霍州市委党史研究室为正科级全额事业单位，主要职责是征集、整理、编纂市委重要党史资料，搜集、整理重要口述历史资料、重要党史人物回忆录，搜集、整理和研究有关中共地方党史的信息资料；认真存史，将收集的党史资料分类归档，实行科学管理；研究、编撰地方党史大事记、党史正本等党史专著；资政育人，用党史研究成果开展爱国主义和革命传统宣传教育活动。

【学习教育】　根据市委统一安排，党史研究室“两学一做”学习教育稳步开展。成立专门领导机构，制定实施方案、学习计划等，分阶段组织实施，向市委组织部、督导组上报各种材料。通过自主学习、集体学习、写学习笔记、写心得体会、开专题研讨会、讲党课、相关知识测试等环节的开展，单位全体党员干部思想得到净化，党性得到锤炼，工作得到促进。

【党史编研】　2016 年，加强 2015 年度党史资料的收集整理，通过各种方式收集全市相关单位的文字、图片资料，编写 2015 年党史大事记述，整理市委、市政府的重要会议文件、领导讲话等材料，连续第四年成功编印《执政霍州——党史资料选编》。《中共霍州市党史人物（第一辑）》编撰完成后，加强对霍州市党史人物的征集整理。查阅室存相关文献资料，向兄弟单位合理调阅有关材料，多方走访联系部分老干部、老党员、知情人士获取重要信息资料，收集相关文字与图片资料，为霍州党史人物的续编做好准备工作。

【党史宣传】　2016 年，霍州市委党史研究室与市电台举办的霍州党史广播讲座，使社会民众多渠道学习党史，不忘党恩，珍惜幸福生活，投身霍州市建设，受到社会各界好评。在“两学一做”学习教育中为部分市直单位进行党史知识宣讲，“七一”期间、长征胜利80周年纪念活动中在《临汾日报》《今日霍州》刊发相关文章，用中国共产党的光辉历史鼓舞党员干部的革命斗志，激发其工作热情。

【课题研究】 2016年，霍州市委党史研究室根据《临汾改革开放实录》的征编要求，对霍州市成功创建全国计生优质服务先进单位、科普示范市及干部作风建设3个专题进行深入研究，完成课题研究任务以市委、市政府领导名义上报成果；根据临汾市要求进行关于“不忘初心与党史工作”课题研究，撰写3篇专题论文并及时上报；按照《中共临汾大事记述》县（市）资料的上报要求，挑选整理，及时上报霍州市2013至2015年的党史大事记等资料。按照临汾党史办要求，将室存的党史人物资料再次进行全面甄别、核对、整理，按时报送相关资料。

【领导班子】

主　任：

朱壮平（2008.10—2016.12）

副主任：

刘　瑞（女，2007.08—2016.12）

【获奖情况】

2016年，霍州市党史研究室被省党史办授予“全省党史系统先进集体”称号。

（刘瑞）

市直机关党工委工作

【概况】 中共霍州市直属机关工作委员会在市委、市政府的坚强领导下，以党的十八大和十八届三中、四中、五中、六中全会以及习近平总书记系列重要讲话精神为指导，以机关党建走在前头为抓手，发挥市直工委的纽带作用，在思想建设、组织建设、作风建设、发展党员、收缴党费等方面，取得一定成绩。全面提升党员队伍的思想政治素质，保持党员队伍的先进性和纯洁性，为开展“两学一做”学习教育做好组织准备，为霍州“进军省强市、全面达小康，共建文明开放幸福美丽新霍州”总体目标提供坚强的组织保证。

【思想建设】 2016年，霍州市直机关党的工作在市委的坚强领导下，以“两学一做”学习教育为总领，加强党员干部理论武装。在市里统一部署基础上，工委强化对“两学一做”学习教育的督查指导，对“两学一做”学习教育应知应会内容进行知识测试，共发放试卷600份，在贯彻中央十八大以来的历次会议精神学习上，中心组全年组织学习讨论9次，基层单位举办四中全会专题辅导8次、十八届五中全会专题辅导5次，各种交流研讨32次。强化理想信念教育。把落实全面从严治党责任、践行“三严三实”要求、坚定“三个自信”作为核心内容。把《关于新形势下党内政治生活的若干准则》和《中国共产党党内监督条例》的学习辅导作为党员学习培训的主要内容。全年工委组织“两学一做”学习教育专题辅导、十八届六中全会专题辅导、支部书记业务辅导各1次，6课时，基层党组织举办形势报告会3次，专题讲座62次，机关党课53次。

【组织建设】 以“定查评”工作法为抓手，加强基层组织建设。2016年，霍州市党委围绕机关党建走在前头，以“评”“定”工作为抓手，在市直基层党组织中，建立县级领导联系点14个，确定强化党组织政治功能事项91项，服务发展大事132件，服务民生实事83件，推进业务工作要事228件，2016年目标完成。2016年下半年，在组织部支持下，市直6个党代表活动室硬件条件改善，财政、交通、商务等5个单位党组织开通党员远程教育专线，市直机关党组织各项制度、活动和服务更加规范高效。在严格党员管理上，规范民主评议党员工作，强化对“三不”党员的教育管理工作。按照新修订的发展党员工作细则，做好入党积极分子的培养、教育、考察工作，2016年发展党员52名，审批预备党员转正67名，完成基层党组织换届工作，调整设立总支1个、支部12个，组织关系集中排查完成，结转组织关系258件次，完成收缴党费专项检查工作，补缴党费4万余元。举办入党积极分子培训班，培训98人。完成2017年度《先锋队》杂志征订任务500份。

【作风建设】 2016年，霍州市党委转变作风，创新服务载体。落实“八项规定”，倡导“提倡艰苦奋斗，反对铺张浪费”的新风正气。“七一”前夕，组织136名市直入党积极分子和党务骨干参加“入党宣誓仪式”，接受廉政教育，启动党员志愿者服务等项活动。抓住全市大打脱贫攻坚战时机，大力推进全市“三联三包三促”活动，指导、督促、服务于市直105个驻村工作队。参与霍州市脱贫攻坚驻村帮扶工作，开展工作，建档立卡，思想上重视，行动上过硬，多次深入龙口村、赤峪村对所包联的7户贫困户多方了解，政策扶持，给予精神和物质帮助，年底对贫困户进行慰问。

【领导班子】

书　记：

车和平（2007.08—2016.12）

副书记：

赵　燕（女，2007.08—2016.12）

宋晓玲（女，2008.08—2016.12）

陈荣华（女，2008.08—2016.12）

（师真富）

对台工作

【概况】 2016年，中共霍州市委台湾工作办公室贯彻落实习近平总书记关于对台工作的新理念、新思想、新战略，围绕市委、市政府中心工作，推动各项工作迈上新台阶。

【对台宣传】 2016年，霍州市对台办贯彻落实“围绕中心，服务大局”八字方针，办好“唐风元韵·臻美霍州”对台宣传网站，坚持每周信息传输不间断，上稿件582篇，图片261幅，为台湾民众直观认识、品味幸福美丽新霍州提供实用信息。开展涉台教育工作，制作《新变局下的两岸关系》专题教育片，组织全市台胞台属代表和涉台人员进行学习教育活动。开展“魅力霍州”专题入岛宣传，为台湾媒体在霍采访、拍摄提供服务和帮助，借力推介霍州、宣传霍州，展示开放包容的霍州新面貌、新形象。

【对台交流】 1.2016年，霍州市对台办开展文化交流。组团赴台参加第五届晋台经贸交流合作恳谈会，把文化霍州和生态霍州的生动图景推介到台湾，把霍州的农业特色产品——文冠果茶、枣夹核桃展销到台湾。在台湾实地参观考察台湾部分高端农业、文化创意产业园区，带回台湾方面有关科技农业、观光农业项目的合作意向。2.开展亲情交流。做好台胞接待工作，重点向来霍参访、探亲访友的台商、台属推介霍州特色文化、霍州特色美景，扩大七里峪、霍州署、贾村娲皇庙等景点在台湾地区的知名度。3.创新开展商务交流。搭建桥梁，利用电子商务、微信平台等手段，扩大与台湾的经济交流。大张镇电商企业——山西裕鑫博康果业有限公司，2016年，把新疆大枣、霍州核桃、小米等5吨农产品销往中国台湾及香港、德国等国家和地区，海外年销总产值达3000万元。

【对台服务】 2016年，霍州市对台办调整充实霍州市委对台工作领导小组成员，制定落实《霍州市涉台突发事件应急预案》，坚持中秋、春节慰问台胞台属20多年不间断，增加九九重阳节探望慰问台属老人活动。为台属参政议政搭建平台，经过多方协商沟通，推荐2名台属加入市政协委员行列。开展台胞台属双向寻亲活动。做好台胞台属来信来访接待工作。设岗定责，落实涉台保密等方面工作。加大对贫困台属、特殊台属的教育帮扶力度，为2户台属争取市级贫困救助，推荐确定2名台属子弟为宗荣禄奖学金表彰对象。

【队伍建设】 2016年，霍州市对台办开展“两学一做”学习教育，建立完善对台工作各项规章制度，强化阵地建设、队伍建设。每周集体集中学习一天，不定期参加中央、省、地组织的集中学习培训活动，2016年，有2人在北京对台干部培训中心参加学习培训。利用《海峡两岸》《华夏经纬网》等全国对台工作信息交流平台，学习掌握党的对台工作方针政策，学习全省各地对台宣传、对台交流等方面的先进经验。锻炼队伍，提升素质，增强对台工作的时效性、针对性。坚持廉政建设、廉洁教育常抓不懈，打造风清气正的台办工作阵地。

【领导班子】

主　任：

张文林（2013.05—2016.12）

副主任：

李院红（2008.10—2016.12）

（李院红）

霍州市人大常委会

【概况】 霍州市六届人大常委会成立于2011年6月，选举出六届人大代表172名，常委会共有委员22人，其中主任1人，副主任5人，委员16人。霍州市七届人大常委会成立于2016年4月，选举出七届人大代表173名，常委会有常委会成员31人，其中主任1人，副主任4人，委员26人。常委会共有工作人员21人，内设六委一室，即内务司法工作委员会、财政经济工作委员会、城建环保工作委员会、教科文卫工作委员会、农村工作委员会、人事代表工作委员会和办公室，另有5个派出机构。

【六届人大六次会议】 霍州六届人大六次会议于2016年2月5至6日在市委党校会议室召开，应到代表172名，实到代表139名。会议选举陈占平为霍州市人大常委会主任，任军为霍州市人民法院院长。

【七届人大一次会议】 七届人大一次会议于2016年8月17日至20日在霍州市委党校会议室召开，应到代表173名，实到代表168名。会议听取和审议《霍州市人大常委会工作报告》《霍州市政府工作报告》《霍州市人民法院工作报告》《霍州市人民检察院工作报告》；审查和批准《霍州市国民经济和社会发展第十三个五年规划纲要》《霍州市人民政府关于2015年国民经济和社会发展计划执行情况与2016年国民经济和社会发展计划草案的报告》《霍州市人民政府关于2015年财政预算执行情况及2016年财政预算草案的报告》；批准《霍州市2016年国民经济和社会发展计划》；批准《霍州市2016年财政预算》。

【人事任免】 2016年，霍州市第六届人大常委会代表资格审查委员会依照选举法有关规定，对依法选举产生的170名霍州市第七届人民代表大会代表资格进行审查。常委会依法免去国家机关工作人员16人，依法任命国家机关工作人员10人。霍州市七届人大一次会议依据相关法律法规任命国家机关工作人员36人，其中常委会工作人员10人，政府副市长1人，政府职能部门24人，检察院检察员1人。

【监督工作】 2016年，霍州市六届人大常委会坚持围绕中心、服务大局，立足推动霍州转型跨越发展，适应新常态，加大监督力度，推进工作持续发展，注重“三账”监督工作，力促2016年各项目标任务完成。听取《霍州市人大执法检查组关于水污染防治法执法检查情况的报告》《关于“年末交帐”检查情况的报告》《关于职业教育法在我市实施情况的执法检查报告》；听取《霍州市政府2014年财政决算和2015年上半年财政预算执行情况报告》《关于财政收支审计情况的报告》《关于〈河道管理条例〉执法检查整改情况报告》《关于市容环境整治情况的报告》《关于农业合作社建设情况的报告》《关于大病救助及城乡低保工作情况报告》《关于财政预算执行和其他财政收支审计查出问题整改情况的报告》《关于2015年财政预算调整方案的报告》《关于市六届人大五次会议代表意见、建议办理情况的报告》；听取《霍州市政府关于机构组建调整设置的议案》；听取《霍州市残疾人联合会关于残疾人就业援助及康复救助工作情况的报告》；听取《霍州市法院民事案件执行情况的报告》《关于司法公开专项工作情况的报告》；听取《霍州市人民检察院关于预防职务犯罪工作情况的报告》。

霍州市七届人大常委会成立以来，面对新形势、新常态、新任务，牢记责任使命，依法履职尽责，提高霍州市人大常委会工作水平，竭力维护党的利益、国家利益和人民群众利益，做到“真、实、效”，不辱使命、不负重托。会议听取市人大调研组《关于全市义务教育均衡发展情况的调研报告》；听取和审议《霍州市人民政府关于2015年财政决算和工作情况的报告》《霍州市人民政府关于2015年度财政预算执行情况和其他财政收支情况的审计报告》、市政府《关于我市农村土地确权工作开展情况的报告》；听取审议市政府《关于审计查出问题整改情况的报告》、市政府《关于我市环境现状及环境保护目标完成情况的报告》；听取市政府《关于部分重点督办建议办理情况的汇报》《关于我市土地确权工作开展情况的报告》《关于审计查出问题整改情况的报告》《关于我市环境现状及环境保护目标完成情况的报告》《关于部分重点督办建议办理情况的汇报》；审议通过《市人大常委会2017年工作要点》《市人大常委会“三账”监督实施方案》《市人大常委会关于召开市七届人大二次会议的决定》《市人大常委会工作报告稿》、审议通过市七届人大二次会议主席团及秘书长名单；审议通过市七届人大二次会议列席人员名单；听取审议市政府《关于霍州市霍东新区供水工程等五个政府购买服务项目资金纳入财政中长期规划和预算管理的报告》《六五普法工作暨七五普法规划情况的报告》《关于市七届人大一次会议代表批评、意见、建议办理情况的报告》；听取市人大常委会代表资格审查委员会《关于代表变动情况的审查报告》、市人大执法检查组《关于〈计量法〉执法检查情况的报告》、《重点督办意见、建议承办单位办理情况报告》，进行满意度测评。

【重大事项决定】 2016年，霍州市人大常委会审议通过市人大常委会议事规则、市人大常委会组成人员守则、市人大常委会代表资格审查委员会组成人员名单；通过霍州市人大常委会关于开展人大代表履职活动的意见、市人大常委会组成人员集体学习制度；通报市人大常委会组成人员联系工委分组名单。

【代表工作】 2016年，霍州市人大常委会落实《代表法》，加强代表的学习培训，加大代表建议意见督办力度。加强与上级人大常委会的汇报衔接和兄弟县市人大常委会的联系交流，学习借鉴先进经验，探索工作办法和途径，提升常委会工作的科学化、规范化、民主化水平。

加强代表培训，提升素质展形象。通过县市交叉检查、赴深圳人大培训基地学习等活动，促使代表不断适应新形势、承担新任务、符合新要求。加大对基层人大工作的指导力度；通过邀请各乡镇人大主席、街道人大工委主任、部分人大代表列席常委会会议的做法，促进全市人大工作水平全面提高；通过以会代训、订阅学习资料、外出参观学习、参加知识竞赛等多种形式强化代表工作，提高代表的综合素质、业务水平和履职能力。在全省首次组织市、县、乡三级人大代表人大及相关法律知识竞赛中，霍州市代表队取得临汾市第一名佳绩。

密切联系代表，强化代表闭会期间活动。联系代表是常委会自觉接受代表监督的重要措施，是保障代表履职的重要平台，在环境整治、精准扶贫等工作中，组织以乡镇代表为主体的活动小组开展调研视察帮扶活动10余次，提升基层人大的工作效能。配合“三晋环保行”开展工作，监督环境整治工作，建立代表活动微信平台，发布信息，解惑答疑，协调解决代表在工作中遇到的困难和问题，加强联系，交流思想，形成共识，增强代表履职的责任观念和实干意识。

强化督办促落实，加大代表建议督办力度。立足解决实际问题，由常委会领导牵头，强化跟踪督办，改进办理结果征询意见工作，督促承办单位与代表进行沟通，确保代表了解并掌握建议办理进程和办理结果。通过跟踪督办，提高代表建议办理质量。

【议案情况】 2016年，霍州市七届人大一次会议共收到人大代表议案和建议、批评、意见70件（以议案形式提出的37件，以建议、批评、意见形式提出的33件），其中涉及城建交通方面35件，农业农村方面9件，社会事业方面13件，文物旅游方面5件，涉及法院的建议和批评意见1件，其他方面7件。根据《霍州市第七届人民代表大会关于代表议案的提出和处理办法》规定，经大会秘书处议案办理组研究审定，对10人以上代表联名提出的37件议案，全部改按建议、批评、意见处理。

【议案特点】 代表建议数量呈上升趋势。该次会议的议案和建议、批评、意见数量呈上升趋势，由2015年23件上升为2016年70件，上升200%。

城建交通事业发展仍旧是广大代表普遍关注的一大热点问题。该次会议代表提出的议案和建议、批评、意见，涉及城建交通方面35件，占总数的50.7%。

农业农村工作受代表关注，社会事业、民生改善成为热点议题。该次会议共收到农业农村方面的议案和建议、批评、意见9件，占总数的13.1%。收到涉及教育、文化、卫计等社会事业方面的议案和建议、批评、意见13件，占总数的18.8%。

【领导班子】

主　任：

陈占平（2016.02—2016.12）

副主任：

安志勇（2011.06—2016.12）

成海民（2011.06—2016.08）

董文平（2011.06—2016.08）

朱源洪（2016.08—2016.12）

张根生（2011.06—2016.12）

孟援斌（2011.06—2016.12）

办公室主任：

樊铁虎（2011.06—2016.12）

（朱文文）

霍州市人民政府

综　述

2016年，在霍州市委的坚强领导下，围绕“进军省强市、全面达小康，共建文明开放幸福美丽新霍州”的奋斗目标，统筹创新、协调、绿色、开放、共享的发展理念，坚持稳中求进总基调，落实供给侧结构性改革，推进产业转型、城乡建设、生态治理、改革攻坚、民生改善、社会管理等各项工作，实现经济社会的稳健发展。

【经济发展缓中趋稳】 2016年，霍州市人民政府适应经济发展新常态，应对经济下行压力，调结构、稳增长、促发展，实现整体经济缓中趋稳、稳中有进。以项目建设为引擎，实施总投资近200亿元的百项重点工程，抓好项目受理大起底，开展项目开工“百日攻坚”行动，年度重点项目建设“六位一体”任务超额完成。2016年，全市生产总值完成70.8亿元，工业增加值完成29.4亿元，固定资产投资完成139.6亿元，公共财政预算收入完成5.85亿元；社会消费品零售总额完成33.3亿元，增长6.6%；城镇常住居民人均可支配收入完成26998元，增长6.1%；农村常住居民人均可支配收入完成12143元，增长5.7%。各项指标完成了预期目标。

【产业结构逐步优化】 突出工业转型。霍煤机电制造一期6个公司陆续投产，华润10万千瓦风能发电项目扎实推进，液化天然气调峰储气项目成功试运营，亿能电器新能源汽车制造项目成功落地，生产线安装有序推进，成为霍州市转型发展的亮点。突出农业增效。推进无公害蔬菜、特色经济林、规模养殖“三大产业”，全市新增设施蔬菜1200亩，累计达到1.2万亩；完成果园改造4000亩，核桃林改造5000亩，特色经济林经济效益显著提升；扶持壮大同兴禽业、绿源乳业、聚盛牧业等规模养殖企业，打造国新能源现代农业示范园区中药材种植基地，拓展特色农业新领域。培育发展文冠果茶、太岳核桃、三教小杂粮等特色农产品龙头企业。突出三产提档。七里峪景区游客服务中心、景区停车场相继完工，滑雪场二期启动实施。陶唐峪开发项目开工建设。霍州署4A级景区申报工作进入关键阶段，许村传统古村落保护修缮工程启动实施，全域旅游示范区创建全面推开。南街农贸市场建成完工，州里商业文化街、鼓楼地下商业街等商贸市场运行良好，引进乐村淘网络科技、赶集网、苏宁易购、固德网络4家电商平台，发展圆通、顺丰、中通等20余家物流公司，繁荣商贸服务业。参加中博会、能博会等招商活动，招商引资共达成投资意向12项，投资总额169亿元。

【城乡面貌焕然一新】 修订编制《霍

州市“十三五”近期建设规划》《霍州市综合交通体系规划》等城市规划，为“十三五”科学布局城市发展奠定基础。东关、赵家庄城中村改造，霍煤开元小区建设，橡胶厂棚户区改造等一批保障房项目顺利完工。中镇楼、赵家庄人行天桥、东门桥改造等一批市政工程相继竣工，纬五路、新建南路、经三路北段等一批城市道路建成通车。新建换热站11座，新增城市集中供热面积55万平米，达到460万平方米。天然气扩户4000余户，达到3.8万户。2016年，新建和改造城市道路10.51千米、城市供水管网7.93千米、供气管网17.7千米、雨污管网27.22千米，城市功能日益完善。引深农村人居环境改善，推进完善提质、农民安居、环境整治、宜居示范四大工程，完成4所农村老年人日间照料中心、3所农村公办幼儿园建设，推进采煤沉陷区治理，完成涉及7个乡镇的可研报告，签订搬迁协议245户，拆迁49户，完成投资2959万元。改善农村群众出行条件，完成9条村通水泥（油）路共30.7千米。推进农村地质灾害搬迁、农村危房改造等工作，农村人居环境有效改善。

【环境质量持续改善】 改善人居环境、建设美丽乡村，开展城乡环境卫生整治系列活动。推进汾河、南涧河、对竹河综合治理。实施植树造林和城市绿化工程，完成营造林面积1.79万亩，新增城市绿化面积20万平方米。落实节能减排目标责任制，完成总投资11.1亿元的电力行业燃煤发电机组超低排放改造工程，辛置污水处理厂建成试运行，淘汰黄标车、老旧车456辆。应对入冬以来出现的重污染天气，落实企业限产限排、建筑施工管理、市区街路单双号限行、大货车城区禁行、面源污染控制等防治措施。对省委、省政府和临汾市环保督察组指出的问题，彻底整改，对相关责任人进行严肃问责处理，开展环保突出问题大整治、铁腕治污、控硫治污等专项行动。2016年二级以上天数204天，一级天数80天。

【民生福祉持续增进】 霍州市被确立为临汾市唯一的《义务教育学校管理标准》省级试点县，高考再创佳绩，二本以上达线1088人。不断健全社会保障体系，城乡养老、医疗、失业、工伤等社会保险的覆盖面扩大，保障标准提高。推进城乡居民医保制度整合，完成新农合移交工作。推进公立医院改革，落实财政补贴药品差价政策，群众“看病难，看病贵”问题得到缓解。社会救助制度更加完善，保障更加有效，推行“救急难”制度，2016年，救助4395人次，发放救助资金320万元。高度重视创业就业，2016年，新增就业岗位6000余个，新增就业人员4680人。建成各类保障性住房523套，超额完成上级任务。推进脱贫攻坚，全市各部门、各单位派出干部驻村帮扶工作队105支、315人，实现贫困户精准帮扶全覆盖。2016年，实现1404人脱贫，脱贫攻坚首战告捷。

【改革发展成绩显著】 实施“金融振兴”战略，设立战略新兴产业、文化和旅游产业投资基金，成立中小企业融资担保有限公司和经济建设投资有限公司，为职教中心融资2470万元，为霍东新区供水工程等5个项目争取农发行贷款1.2亿元融资计划，破解重点项目和中小企业的融资难问题。推进企业挂牌上市，文冠果科技在“新四板培育板”成功挂牌，亿能电器在“新三板”即将挂牌。推进“营改增”改革，开展涉煤收费清理规范工作，规范、取消、停征7项行政事业性收费，下调部分企业、单位保险费率，帮助企业降低运营成本。落实上级“放管服”改革各项政策，推进行政审批制度改革，方便群众办事创业。推进农村产权制度改革，土地确权工作快速推进，林权制度改革巩固提升，土地经营流转工作开展，激活农村各项生产要素，赋予农民群众更多的财产权和收益权。

【社会秩序和谐稳定】 抓好安全生产工作，彻底排查整治各类安全隐患1300余条，杜绝重、特大事故发生。加强信访维稳工作，出台《“三三”信访工作新机制》，信访事项化解率95%以上。狠抓社会治安综合治理，打击各种违法犯罪活动，命案侦破率保持100%的纪录，群众社会安全感增强，满意度提高。

【行政效能不断提升】 2016年，开展“两学一做”学习教育，推进“廉洁政府，高效政府”建设。推行“13710”工作法，强化工作督办、跟踪问效，狠抓工作落实，开通省长热线、市长热线，群众的来信来访得到办理和回复，提高政府工作效率，增强执行力、公信力。

【领导班子】

市　长：

崔山原（2011.05—2016.08）

黄晓君（2016.08—2016.12）

副市长：

陈占平（2010.07—2016.02）

朱源洪（2005.04—2016.08）

薛泽生（2007.04—2016.02）

郭宏生（2010.07—2016.08）

田晋川（2010.07—2016.08）

刘国平（2016.08—2016.12）

张伟兴（2016.08—2016.12）

张发宁（2016.07—2016.12）

晋学斌（2016.08—2016.12）

刘元建（2016.08—2016.12）

吕文博（2016.08—2016.12）

张　谦（2016.09—2016.12）

政府办公室主任：

张卫东（2016.10—2016.12）

政府办公室工作

【概况】 2016年，霍州市政府办公室在市委、市政府的正确领导和市人大、市政协的监督指导下，围绕中心工作和决策部署，坚持“枢纽畅通、服务有效、责任到位、保障有力”的工作方针，转变工作作风，提高“三服务”水平，保证市政府各项工作高效运转，各项决策部署贯彻落实。

编制情况为：政府办公室行政编制29人，事业人员14人，工勤人员7人。其中，办公室主任1名，副主任6名。

【文秘工作】 2016年，霍州市政府办公室充实文秘科人员，增配办公设施，规范文秘管理，建立文秘人员“补位”制度，加强文稿撰写学习，提升材料起草和政务信息编撰工作的质量。2016年共撰写讲话稿、汇报、总结等材料258篇。调查研究力求高质高效，立足全市中心工作、重点任务、热点问题，按照“选题准、调查深、研究透、建议实”的要求，陪同领导参与调研30余次，形成理论调研文章10余篇，为领导科学决策提供重要依据。

【信息工作】 2016年，霍州市政府办公室政务信息工作有效开展，指派正科级科员负责全面工作，安排专职信息人员具体负责全市各类信息的采集、编撰，按照准、新、快、精信息的编撰要求编发政务信息37期，共201条，其中40余条被《临政信息》

《临汾日报》《山西日报》等媒体采用，采编率提高。

【机要工作】 2016年，霍州市政府办公室机要保密工作力度加大，文印室、机要室一律不准闲杂人员滞留，不准带走只言片纸；涉密文件严格登记程序，呈送领导，传达落实领导批示；公章管理实行先签后盖，盖后登记，杜绝偷盖误盖现象发生，更不准将公章私自带出，维护政府工作的严肃性和权威性。2016年，政府办未发生任何涉密、泄密事件。

【督查和应急管理工作】 2016年，霍州市政府办公室加强政务督查工作，按照“交必办、办必果、果必报”的工作要求，围绕项目建设、民生实事、环境保护、安全生产等政府中心工作，深入基层，了解实情，现场督查，定期通报，开展各类督查40余次，上报山西省、临汾市政府各类工作自查、项目进度、政策落实等28件，承办市人大建议71件，市政协提案124件。实施“13710”工作法以来，对政府全体会议、常务会议、办公会议和专题会议的工作部署以及上级交办的重点事项，按照工作法要求，建立督办台账、反馈情况、跟踪督促落实、限时销号清零，做到事事有落实，件件有回音，确保政令畅通、政策落地。应急管理，坚持领导带班和24小时应急值守工作，提高突发事件预防和处置能力。应对2016年冬，重污染天气工作，发挥应急工作的统筹协调作用，下发调度令11次，承办、转办各种预警信息、文件100余份，上传下达，规范地传送流程，确保应对工作高效无误。

【事务工作】 2016年，霍州市政府办公室坚持部门起草、办公室核准、领导签发，执行标准公文格式，优化公文处理程序，精简文件数量，提高公文质量和运行效率。对重要文件由办公室牵头召集相关部门进行会签；对法规性文件，在领导签署前，一律由法制办进行审核把关。推进公文流转规范化建设，严格收发文程序，降低差错率。分类处理各种来文、来函、来电，准确反馈信息，上传下达。2016年，收到上级来文来函1076件，明电247件，涉密文件17件，从未出现延误工作现象。审核、起草、分发各类规范性文件30余件，未出现错发、误发或漏发现象。完善办会制度，会前做好信息收集、会场安排、人员通知、会务签到等各项工作；会中严格规范会议秩序，严肃会场纪律，做好会议记录；会后进行总结分析和会议材料整理，保证各类会议规范有序召开。2016年，组织各类会议60余次，从未出现失误。

【领导班子】

政府办公室主任、政府办党支部书记：

张卫东（2016.10—2016.12）

办公室副主任：

马建华（2011.11—2016.12）

张　斌（2011.11—2016.12）

陈　真（2011.06—2016.12）

孟援军（2011.04—2016.12）

朱文平（2016.10—2016.12）

（陈鹏　申蓓佳）

人事工作

【概况】 霍州市人力资源和社会保障局组建于2010年4月，是市级党政机关机构改革后在原市劳动和社会保障局、市人事局的基础上组建而成。到2016年底，在册干部职工372人。内设14个股室，下设25个机构。

2016年，人社局在市委、市政府的正确领导和上级部门的精心指导下，在市人大监督指导下，开展“两学一做”学习教育，贯彻落实党的十八届三中、四中、五中、六中全会精神，按照临汾市人社工作会议部署，坚持稳中求进工作总基调，坚持民生为本、人才优先的工作主线，突出扩大就业和居民增收两个重点，把改革贯穿于社会保障、人事人才和劳动关系建设各个环节，沉着应对、克难攻坚、开拓进取，完成年初确定的任务目标。

【劳动就业】 2016年，霍州市人社局把就业工作摆在首要位置，面对就业压力，迎难而上，开拓创新，落实再就业扶持政策。全市城镇新增就业人员达4632人，完成全年任务的103％；创业带动就业745人，完成全年任务的106％；失业人员再就业1486人，完成全年任务的102％；扶持就业困难人员再就业389人，完成全年任务的111％；转移农村劳动力3935人，完成全年任务的109％；高校毕业生近960人，初次就业人数300余人，小微企业再就业7户84人，财政补贴8.4万元；高校毕业生就业见习11户60人，财政补贴54.7万元；公益性岗位110余人，政府购买基层服务岗位76人。

人社局技工学校联合培训中心，围绕霍州市企业用工和就业需求，设置培训专业，制定培训计划，明确培训方向，增强培训工作的针对性。人社局技工学校招生205人，培训上岗人员1000余人，职业技能鉴定考核98人。创业培训180人，完成全年目标任务180人的100％；城镇失业人员再就业培训550人，完成全年目标任务550人的100％；农民工职业技能提升培训2500人，完成全年目标任务2500人的100％；新成长劳动力培训500人，完成全年目标任务500人的100％。

【劳动执法】 2016，霍州市人社局监察、仲裁两手抓，树立维权意识。深化劳动保障监察“网格化”管理和劳动保障监察标准化建设，加大劳动争议仲裁调解力度，接待群众来电来访210余件300余人次；仲裁案件106件，涉及640余人700余万元，结案率95％以上。规范、处罚一起做，依法开展劳动监察。劳动保障监察执法队组织开展清理整顿人力资源市场秩序专项行动，检查用人单位856户，涉及78330人，处罚用人单位69家；企业劳动合同签订率完成99％，预存工资保证金247万元；劳动用工备案率达到95％以上，2016年，处理拖欠农民工工资案件19起，涉及596人，643万元，结案率100％，维护劳动者合法权益。

【重点工程】 2016年，霍州市技工学校新校区建设项目进展顺利。教学楼项目由山西六建集团有限公司承建，总投资1560万元，建筑面积6956.43平方米，分A、B座建设，框架结构，项目完成施工；学生公寓建设项目，总建筑面积3206.1平方米，四层框架结构，项目开工建设；公共实训基地进行初步设计编制；学校运动场建设项目草案报告上报发改局，纳入山西省“十三五”产教融合发展工程建设规划；校内管网及其附属设施建设项目，办理招标手续。

【社会保险】 2016，霍州市人社局把扩大社保覆盖面，提升社会保障水平作为保障民生，稳定社会的重中之重。1. 基本养老保险。企业职工参保13756人，完成全年参保任务13656人的100％；机关事业养老保险参保7372人，完成全年参保任务7100人的103％；城乡居民社会养老保险累计参保

94321人，完成全年参保任务91682人的102%。企业养老保险基金征缴6400万元，完成全年目标任务6400万元的100%；机关事业养老保险基金征缴7000元，完成全年目标任务9000万元的78%；城乡居民养老保险基金征缴986万元，完成全年目标任务950万元的103%。2. 基本医疗保险。城镇基本医疗保险参保120300人，完成全年参保任务120298人的100%；城镇职工基本医疗保险基金征缴2.4亿元，完成全年目标任务2.4亿元的100%。3. 失业保险。失业保险参保12915人，完成全年参保任务12900人的100%；失业保险基金征缴505万元，完成全年目标任务505万元的100%。4. 工伤保险。工伤保险参保19305人，完成全年参保任务19300人的100%；工伤保险基金征缴330万元，完成全年目标任务380万元的87%。5. 生育保险。生育保险参保62657人，完成全年参保任务62532人的100%；生育保险基金征缴1272万元，完成全年目标任务800万元的159%；全市“社会保障卡”累计领取发放177184张，完成全年目标任务192737张的87%。6. 新农合。2016年10月，新农合归人社局医保中心，农民、城镇居民医保实行统一管理。参合率97%，基金8651万元，支出4888万元。7. 基金监督。基金监督机构健全，监控体系完整，执行要情报告制度，现场检查覆盖面100%以上，对审计检查发现的问题，快速处置，整改到位。

【全民参保】 霍州市全民参保登记工作于2016年6月30日启动。人社局多次召开工作推进会、研讨会、全民参保登记动员大会及登记入户调查工作培训会，以“致广大市民一封信”的形式，发放、张贴全民参保登记通告300余张，印发宣传资料5万余份，宣传信封2万份，悬挂条幅100余条。收回全民参保登记表26万余份，完成工作任务总量的86%。

【人才交流】 2016年，霍州市人社局举办春季、秋季人才招聘大会，提供就业岗位6000余个，3000余人与用人单位达成就业意向，缓解霍州市就业压力。

【人事管理】 1. 事业单位和机关工勤人员年度考核完成。按照年初的工作计划，人社局完成2015年度全市政府所属事业单位人员年度考核工作。被考核单位209家，人数6011人，优秀者879人、合格者4930人、不定等次者9人、不合格者10人。2. 规范专业技术人才队伍管理。完成市职业中专高级讲师3人、人民医院主任医师1人、农委下属高级农艺师1人的专业技术资格证书办理工作；完成农业系统2人、卫生系统5人、教育系统40人的高级专业技术职务晋升工作；完成农林委下属中级1人、司法局公证处初级2人、公安局初级2人的专业技术职务晋升工作。3. 加强公务员考核工作。人社局按照《干部管理权限》，对全市40个政府机关及参公机关单位人员进行考核。机关考核人数498人，其中机关公务员以下203人，优秀者27人、称职者170人、不定等次者8人；机关工勤52人，其中优秀者3人、合格者48人；参公单位考核人数199人，副科以下129人，其中优秀者18人、称职（合格）者108人、未考核者2人、不定等次者8人。4. 做好工资福利日常工作。对全市机关事业单位工作人员完成2016年的调资审批工作，总计7459人，其中公务员868人、参公管理人员129人、财政开支事业人员4610人、自收自支人员1852人；对全市机关公务员及参公管理人员符合晋升职级的413人进行审批，调整相应工资待遇；对全市乡镇工作人员的乡镇工作情况进行初核；霍州市调整人民警察警衔津贴标准全部落实到位，符合调整人民警察警衔津贴的人员270人；根据上级文件精神，调整退休人员基本养老金2708人；对机关事业单位工作人员调整基本工资标准进行审批，共计5607人。

【领导班子】

局　长：

侯晋川（2011.06—2016.12）

副局长：

王景文（2010.04—2016.12）

朱予平（2010.04—2016.12）

安琳娜（女，2010.04—2016.12）

纪检组长：

张会琴（女，2012.08—2016.12）

【获奖情况】

2016年，霍州市医疗保险基金管理中心被临汾市人力资源和社会保障局授予“临汾市医疗生育保险经办管理先进单位”称号。

（冯涛）

经济和信息化

【概况】 根据上级机构改革的工作要求，原霍州市商务局（经信局）与原霍州市粮食局于2015年10月合并，组建霍州市经济和信息化局（挂霍州市商务粮食局牌子），正科级建制，行政编制24人，内设13个行政科室。

【工业经济运行】 2016年，为应对经济下行的不利形势，霍州市经济和信息化局落实省政府关于企业减负“60条”“工业19条”以及“工业20条”等政策措施，加快新兴产业发展，引进完成总投资9205万元的霍州市三胜铝业有限责任公司年处理60万吨低品味铝土矿综合利用建设项目备案工作，向上级主管部门提交备案报告；亿能新能源电动车项目的引进，填补临汾市制造生产新能源电动车的空白。霍州市政府已提请临汾市人民政府参照各地方出台的关于低速电动车的管理规定制定临汾市低速电动车管理办法，解决霍州市生产的低速电动车路权及车辆保险问题。在企业引资方面，2016年5月，帮助德尔福陶瓷有限公司成功引资，开工检修，使“老企业”焕发“新生机”，成为霍州市工业经济新的增长点。2016年，全市规模以上工业企业实现工业总产值72.63亿元，实现工业增加值29.4亿元。

【入企服务及企业发展】 2016年，霍州市经济和信息化局牵头组建12个入企服务小组共36名干部，重点对全市20户工业企业（规模以上企业18户，拟入规企业2户）和一项重点项目（霍煤工业园区亿能电动汽车项目）开展服务，了解企业情况，宣传政策，收集梳理企业反映的各类问题和诉求12条，帮助企业解决实际问题，促进企业发展。2016年，组织企业参加贸易交流会、产品洽谈会等平台推介霍州地方产品，促使产品走出去。组织霍州市10余个特色及优质产品参展临汾市首届“年货节”，组织企业参加“山西品牌网上行”“山西品牌中华行”和“山西品牌丝路行活动”。

【电子商务】 2016年，霍州市经济和信息化局对接国家政策，启动“商务部电子商务进农村千县万村项目”申报工作，起草拟定《霍州市电子商务发展总体规划》。启动“电子商务孵化园”，与霍州市妇联、霍州市职中联手携作，分别于2016年1月8日与5月9日，举办两期电子商务培训班，参加培训人数近300人，黄河新闻网、临汾商务等多家媒体相继转载报道。

【粮食工作】 2016年，霍州市经济和信息化局把粮食安全作为全局工作的重中之重，保障粮食安全。定期开展春、秋储粮安全检查，储备管理“三专四落实”达到100%，“一符六无”95%以上；配合财政部门落实政策性粮食收储费用。完成上级下达的粮食收购2000万公斤，销售2000万公斤，调入350万公斤的任务。投资55万元的李曹、陶唐峪粮站晒场硬化峻工，如期投入使用。到2016年底，全市耕地种植面积18709公顷，粮食总产量81972吨。与“十二五”期间的平均水平相比，耕地种植面积增加94公顷，增长0.5%；粮食产量增加10776吨，增长15.14%。

【市场监管】

1. 成品油市场监管。针对成品油的高危环境，霍州市经济和信息化局加强成品油市场调度和运行监测工作，按照“成品油市场‘十二五’规划”，对现有及新建加油站进行审核、检查，完成5家加油站的规划确认。完成霍州市22家加油站年检工作。与各成品油经营企业签订《安全责任书》，督促监管各加油站制定突发险情应急预案，真正把安全工作落到实处。

2. 酒类市场监管。截至2016年底，霍州市经济和信息化局按上级要求，完成酒类批发户的年检工作，组织企业参加酒类培训一次。为维护酒品安全，霍州市经济和信息化局从强化宣传着手，以“3·15”消费者维权日、食品安全宣传周为契机，宣传酒类知识，散发宣传材料3000余份。工作中，检查酒类随附单溯源制度的落实情况，要求各店铺要将“不向未成年人售酒的警示牌”放在醒目处，查处手续不全的经销户。

3. 商务综合执法。2016年，出动执法车辆320余次，出动执法人员800余人次，共检查单用途预付卡188次，检查加油站339余次，检查酒类企业877个，为净化酒类市场，确保食品安全提供保障。

【安全工作】 2016年，霍州市经济和信息化局高度重视安全生产工作，把安全工作列入重要议事日程，常抓不懈，每次会议中安全生产是必须强调的主要事项。成立以局长为组长，副局长为成员的安全生产工作领导组，制订《霍州市商务（经信）系统安全生产专项整治工作方案》，落实“一岗双责”工作制，按照“全局统一领导，各职能科室依法监督，各单位各负其责，群众积极参与”的工作格局，加强对经信（商务、粮食）系统安全工作的指导、督促和检查。对下属各单位、各企业和各市场及超市进行检查、督导，发现和坚决排除系统内安全生产的隐患。针对电力、通信行业的特殊性，机关聘请有资质的专家组成检查组，三次进入基层一线进行安全检查；不定期对无人看管铁路道口进行检查。2016年，经信（商务、粮食）系统安全稳定，无安全事故发生。

【项目建设】 2016年，霍州市经济和信息化局重点项目建设工作在整体经济下行的巨大压力下，多个项目提前峻工。霍州署文化产业示范园项目是霍州市经济转型、建设文化旅游大市的重点项目，是霍州市重点棚户区改造项目，项目总占地面积约180亩，规划建设面积约40万平方米。截至2016年底，已完成一幢还迁楼（9#楼）的建设工程，其建筑面积为13971.15平方米，共150套。现已完成了5#、8#两幢商品住宅的建设。整个工程投资情况及工程形象进度均达到预期要求。山西兆光发电有限责任公司超低排放改造及烟气余热利用项目都属于节能减排项目，两个项目提前峻工达标，其中超低排放改造项目的节能减排奖励资金到位。根据省调安排国电霍州发电厂超低排放改造项目于2016年10月动工，截至2016年底，项目投资及工程形象进度均好于预期，有望于2017年7月初提前竣工。

【"两学一做"学习教育】 2016年，霍州市经济和信息化局按照市委、市政府"两学一做"学习教育安排部署，霍州市经济和信息化局成立学习教育领导小组，制定实施方案和学习计划。班子成员带头讲党课，组织全体党员学习党章党规、习近平总书记系列重要讲话精神和十八大及十八届三中、四中、五中、六中全会精神，观看警示教育片，使广大党员干部高度警醒，反躬自省，引以为戒，检查和审视自身存在的问题，结合各自实际撰写心得体会，多次开展学习交流和专题研讨会议，组织召开专题民主生活会和组织生活会3次，参观学习2次，推动"两学一做"学习教育深入开展。

【领导班子】

局　长：
赵　波（2010.10—2016.12）
党组书记：
蔡文辉（2015.10—2016.12）
党总支副书记：
李　刚（2011.04—2016.12）
副局长：
张　闻（2015.10—2016.12）
叶耀新（2007.07—2016.12）
乔珍珍（女，2012.07—2016.12）
薛文林（2015.10—2016.12）
成会斌（2015.10—2016.12）
张凌燕（女，2012.07—2016.12）
总经济师：
戴宏伟（2010.04—2016.12）
纪检组长：
朱建军（2012.07—2016.12）

【获奖情况】

2016年，霍州市经信局被临汾市粮食局评为2016年度全市粮食工作先进单位。

2016年，经济运行股刘林平被山西省经济和信息化委员会评为2016年度监测调度工作先进个人。

（刘林平）

安全监督

【概况】 霍州市安全生产监督管理局（煤炭工业局）成立于2002年7月，是霍州市人民政府的职能部门，负责综合监督管理全市安全生产工作，依法行使安全生产监督管理职权，对全市煤炭工业实行行业管理，同时承担霍州市人民政府安全生产委员会办公室（简称霍州市安委办）日常工作。到2016年底，全局在册干部职工104人。内设11个股室，2个直属单位：霍州市安全生产教育培训中心、霍州市煤炭综合许村服务场。2016年，霍州市安全生产监督管理局（简称霍州市安监局）围绕上级下达的各项任务指标，突出重点、综合整治、依法行政、强化监督，为全市经济和社会各项事业和谐、健康发展提供安全保障。

【安全生产控制指标】 2016年，霍州市发生生产安全事故5起，死亡6人。其中：道路交通生产安全事故2起，死亡2人；铁路事故2起，死亡2人；建筑施工领域生产安全事故1起，死亡2人；其他行业（领域）杜绝生产安全事故发生。

【安全生产监督管理】 2016年，霍州市安监局加强日常安全监管力度，重点对煤矿、非煤矿山、危化、工贸、民爆（储存）、烟花爆竹等行业领域开展日常监督检查。煤矿方面，落实“五人安全监管小组”制度；按年初执法计划对力拓煤业的通风、排水和瓦斯检测工作进行定期检查，确保停工停产不停风，处于安全状态。非煤矿山方面，对全市10家非煤矿山企业检查40余次，下达限期整改指令书25份；邀请专家对正在生产中的非煤矿山企业进行“会诊”。危化方面，对全市危化生产经营企业进行排查摸底，配合有关部门关闭取缔非法加油点10余处；对国新能源进行重大危险源评估、审查和备案。工贸行业方面，推进霍州煤电集团云厦建筑工程有限公司混凝土搅拌站等6家企业安全生产标准化达标创建工作。烟花爆竹方面，对2家烟花爆竹批发企业、22家烟花爆竹零售门市部进行全面摸底排查；给吉庆祥烟花爆竹有限公司、三教乡东城村烟花爆竹门市部2家烟花爆竹经营单位办理延期许可证。职业健康方面，开展职业卫生基础建设活动，25家职业卫生监管重点企业初步达到基础建设要求；向35家涉及职业危害因素的企业发放用人单位主要负责人职业病防治责任告知书，由主要负责人告知接触职业危害的劳动者。霍州市安监局发挥安委办的指导协调作用，“六措并举”推进全市安全生产工作迈上新台阶。1. 修订安全监管网络。把全市工商登记的9715家生产经营单位，177家文体、学校、水库、公园、市政、公路、仓储等行业单位，59个在建工程项目全部登记在册，一一进行“三落实”。2. 调整安委会成员单位。因人事变动，调整安委会组成人员，新调整后的安委会成员单位增加为69家。3. 下发安委办督办函及安全规范文件。全年发函23份，督办各类安全隐患整治工作。4. 实行挂图作战和对账销号。全市各乡（镇、街道）、市直各部门、重点企业全部实行挂图作战和对账销号，做到隐患挂图上墙，实时动态监管，彻底整改销号。5. 修订安全生产隐患排查台账。在原有安全生产隐患排查台账的基础上，结合实际，修订完善安全生产隐患排查台账。6. 开展安全生产警示教育。向全市各级领导及重点企业发放《临汾市2016年生产安全事故案例警示教育手册》，做到人手一册。

【安全隐患排查治理】 2016年，霍州市安监局严格排查，扎实整治，以“全覆盖”方式开展“四项活动”。1. 开展安全生产大检查和安全隐患风险大排查大整治“两项活动”。霍州市安监局按照“全覆盖、零容忍、严执法、重实效”的总要求，采取全面排查、联合检查、聘请专家排查的方式，分“三个步骤”开展安全生产大检查和安全隐患风险大排查大整治活动。重点排查。对煤矿、非煤矿山、民爆（储存）、烟花爆竹、危险化学品、冶金工贸行业领域进行大排查大整治。排查一般隐患276条，整改276条，整改率100%。跟踪督促。对于排查中发现的安全隐患，能立即整改的要求立即整改，不能立即整改的执法检查人员跟踪督促落实，监督企业制定整改方案，做到责任、措施、资金、时限和预案“五落实”。对存在重大隐患、不能保证安全生产的，坚决停产整顿；对非法违法组织生产经营建设的，坚决依法予以取缔。全面督查。引深安全隐患排查整治工作，把安全隐患消灭在萌芽状态，9月，以市委、市政府督查室工作人员为组长，霍州市安监局业务骨干为成员，成立5个市级督查组，对全市各乡（镇、街道）、市直部门、重点企业安全隐患大排查大整治工作进行督查，确保安全。2. 开展

“打非治违”专项行动。霍州市安监局狠抓非法违法生产经营这一难点，制定出台《霍州市安监局“打非治违”专项行动实施方案》文件，引深“打非治违”专项行动，形成“打非治违”高压态势。主要对危险化学品、烟花爆竹等方面违规违章行为进行集中整治。3. 督促企业全面开展“反三违”。加强企业的基层班组建设、教育培训、现场管理，霍州市安监局下发《关于在危险化学品及烟花爆竹行业集中开展“反对违章指挥、违章作业和违反劳动纪律”专项行动的通知》文件，加强监督检查力度，推动企业班组建设上台阶，从源头上巩固安全生产基础。

【安全宣传教育培训】 2016 年，霍州市安监局以依法治安为核心，加大安全宣传教育培训力度，提升从业人员安全素质，从根本上减少事故的发生。1. 联合相关职能部门，制作系列安全警示教育视频，在市有线电视台每晚黄金时间播出，宣传普及安全知识，取得较好效果。2.“安全宣传月”“安全咨询日”期间，局领导班子带队，深入霍州市化学工业有限责任公司、霍州国新液化天然气公司等企业开展宣传咨询活动，出动宣传人员 200 余人次，宣传车辆 30 余辆次，发放宣传资料 1.6 万余份，接受职工咨询 1200 余人次。3. 引深“送安全知识到基层”活动，把安全宣传任务扩展到每个安监工作人员身上，使安全知识进矿山、进工地、进乡村、进机关、进社区，把安全理念传播到每个角落。4. 督促企业开展自主培训。霍州市安监局直接监管企业培训“三项”岗位人员 214 人，自主培训从业人员 871 人。5. 开展应急救援演练，提高应急处置能力。霍州市安监局组织霍州市化学工业有限责任公司、霍州国新液化天然气公司开展液氨泄漏应急救援综合演练、LNG 罐区泄漏专项应急处置演练，提高企业从业人员的应急实战和自救能力。

【领导班子】

局　长：

杨令平（2010.05—2016.12）

党委书记：

李　红（2011.04—2016.12）

副局长：

韩黎平（2012.07—2016.12）

李春波（2002.10—2016.12）

朱全锁（2002.10—2016.12）

工会主席：

张彦玲（女，2002.10—2016.12）

总工程师：

段来友（2012.08—2016.12）

纪检组长：

周云龙（2008.10—2016.12）

（董鹏）

地方志编纂工作

【概况】 霍州市地方志编纂委员会成立于 1980 年 8 月，是政府主管的修志部门。1992 年市志、党史、档案合并为霍州史志档案馆，1998 年史志档案馆分为档案馆和史志研究室，2002 年 5 月，市志办独立办公。到 2016 年底，有干部职工 8 人，设办公室、方志股、年鉴股。市志办的主要职责是宣传、贯彻、执行有关地方志工作的法律、法规、规章和相关政策；组织、指导、督促和检查地方志工作；拟定地方志工作规划和编纂方案；制定地方志编纂业务规范；组织编纂、审查、验收地方志文稿；组织整理旧志，征集、保存地方志文献和资源；组织开发利用地方志资源，搞好地情资料库和地情网站建设；开展地方志理论研究，培训地方志编纂人员；完成本级人民政府和上级业务部门交办的其他任务。

【二轮修志工作】 2016年，霍州市志办根据《全国地方志事业发展规划纲要(2015—2020年)》，要求到2020年，全面完成二轮修志规划任务。霍州市一轮修志工作比较滞后，2011年，新的地方志编纂委员会成立后，启动二轮修志工作，经过精修细编，用3年时间完成续编2001至2010年10年资料的任务，通过限外辑要记录2011至2013年主要工作，于2014年提前完成二轮修志任务。

【年鉴编纂】 《霍州年鉴》连续出版三册，《霍州年鉴》(2011—2012)、《霍州年鉴》(2013—2014)为内部出版，《霍州年鉴》(2016)由方志出版社正式出版，霍州年鉴全面反映全市经济、社会发展的基本资料和发展状况，成为宣传、了解、研究霍州最具权威性的资料信息库和重要“窗口”；观点正确，资料翔实，文风端正，体现时代气息和地方特色，为各级领导科学决策提供准确、详尽的地情资料；是一部信息量大，权威性、可读性强的精品年鉴，为霍州市的编史、修志工作积累客观、真实、可靠的第一手资料。《霍州年鉴》(2016)客观真实地记载霍州市2015年在经济建设、政治建设、文化建设、社会建设、生态文明建设中所发生的重要事件和各行各业的重要工作，展示霍州的特色和亮点。对征集回来的资料，按照年鉴稿件的要求和特点，审核各单位报送的第一手资料，把好第一关。制定稿件上报规章制度，完备组稿相关手续，上报的年鉴稿件经单位负责人签阅，确保年鉴稿件的真实、全面。《霍州年鉴》(2016)在条目框架上，采用“2015统计报表”“霍州市2015年度工作受霍州市委、市政府奖励单位和个人情况”“霍州市委、市政府发文记录”等类目，做到门类齐全、分类科学、信息密集、资料翔实、编排有序，切实提高依法编鉴水平，发挥年鉴的资治辅政作用。2016年5月初，《霍州年鉴》(2016)组稿工作完成。截至5月中旬，年鉴一稿编纂工作基本完成，11月，进入印刷程序，12月，《霍州年鉴》(2016)由方志出版社正式出版。

【指导部门志、村志编纂】 霍州市部门志、村志的编纂工作一直以来都比较缓慢和滞后，为使这项工作逐步走上正轨，经市志办班子研究决定，鼓励和倡导有条件的部门和村编纂出版部门志和村志，切实加强对部门志、村志的规范和指导，使霍州市的部门志、村志编纂出版工作走在全临汾地区的前列。指导《师庄村志》《霍州市人民代表大会志》。2001年，《霍县人民代表大会志(草稿)》续修，将其改为《霍州市人民代表大会志》，2013年8月，重新把编纂《霍州市人民代表大会志》列入工作日程，2014年4月，开始分式编纂，全书28章103节，130余万字。2015年10月进行评审，2016年3月进行终审，2016年10月进入印刷程序。2016年12月《霍州市人民代表大会志》由中华书局正式出版。2016年12月，市志办组成评审组，对《师庄村志》进行评审，严格把好体例关、政治关、文字关。

【党建工作】 2016年，霍州市志办党支部积极做好党建工作，落实“两个责任”，贯彻落实市委从严治党的工作部署，加强干部队伍思想作风建设，开展“两学一做”学习教育。按照市委、市政府学习教育的安排部署，班子成员带头讲党课，组织全体党员学习党的十八大精神和十八届三中、四中、五中、六中全会精神以及习近平总书记系列重要讲话精神，学习党章党规，检查和审视自身存在的问题，结合各自实际撰写心得体会。通过“两学一做”学习教育，党员干部坚持党性、坚定信念、坚守品德、遵章守纪，提高自觉性，在地方志事业发展中发挥共产党员的先锋模范作用。

【领导班子】

主　任：

赵学惠（女，2011.04—2016.12）

副主任：

李亚平（女，2012.07—2016.12）

【获奖情况】

2016年，市志办被山西省地方志办公室评为县级综合年鉴工作先进集体；赵学惠被评为全省地方志系统先进个人；王晓英被评为市地方志系统先进个人。

（王晓英）

档案工作

【概况】　霍州市档案局（馆）是霍州市人民政府直属机构，履行行政管理和档案保管两种职能。到2016年底，有干部职工22人，局长1人，副局长1人，有高级专业技术职称1人，中级职称3人，初级职称9人。设四股一室一中心。

2016年，霍州档案局按照上级档案部门和霍州市委、市政府各项工作要求，围绕档案工作服从和服务于全市经济社会发展这一主线，以“两学一做”学习教育为契机，根据中共中央办公厅、国务院办公厅《关于加强和改进新形势下档案工作的意见》以及山西省委办公厅、山西省人民政府办公厅《关于加强和改进新形势下档案工作的实施意见》的要求，开展基础工作，档案事业发展，重点加强民生档案建设、档案信息化建设和档案业务建设。

【档案移交利用】　2016年，霍州市档案局接收民政局婚姻档案及工商局、政府采购中心、政府办、统计局、林业局、国土局、交通局等单位文书、业务档案、实物档案及梁衡、武沃田个人档案6700余卷（件）；资料室全年接收报纸、期刊、图书等各种资料314册；民生档案数字化工作完成扫描25万页；副局长张曼丽带队一行3人专程赴四川省茂县档案馆完成2013至2015年度档案数据异地备份工作；查阅中心接待查阅利用者460余人次，调卷650余卷。

【档案业务建设及执法】　2016年，霍州市档案局做好政府机构改革中的档案管理工作，妥善处理机构变动部门和单位档案的归属与流向，确保档案完整与安全，霍州市档案局出台《关于霍州市机构改革档案管理的通知》，以政府办名义下发，对此次机构改革中所涉及相关单位（林业局、农业委员会、计生局、卫生局、商务局、粮食局、工商局、质监局）的档案移交和保管档案种类进行详细说明，对管理和移交档案的归属与流向以及时间提出要求和建议。11月24日，霍州公路段档案管理通过临汾市档案局考评组验收，达企业科技事业单位“AA”级标准。2016年，霍州市档案局对农林委农村土地确权档案、脱贫攻坚档案及白龙镇幼儿园档案管理建档工作进行业务指导。安排专人完成对霍州市人大、政协“两会”档案的收集整理归档工作。

2016年10月，霍州市档案局由副局长张曼丽带队组成执法检查组，利用3天时间，采取查阅资料、实地查看、座谈问答等方式，对霍州市职业中学、交通运输局、统计局、农林局、卫生局、环保局、国地局、民政局、财政局、广电中心等单位移交应进馆档案情况进行执法检查。

【档案宣传】 1.2016年，开展国际档案日宣传活动。在“6·9”国际档案日之际，霍州市档案局开展形式多样的宣传活动。

霍州市档案局主办的“国旗、国徽、国歌”档案图片展正式对外展出。霍州一中、实验小学、白龙镇中学等10所中小学的600余名师生走进档案馆，感受“国旗、国徽、国歌”档案，了解国旗、国徽、国歌诞生过程的部分档案，零距离接触档案。各学校开展“爱国旗、爱国徽、爱国歌”主题活动，派学生代表参加座谈会。精选出36篇优秀文章，出版《以档案展　铸爱国魂——爱国旗、爱国徽、爱国歌征文优秀作品集》，发放给各中小学校。

霍州市档案局根据“档案与民生”的活动主题精心组织，注重将档案法律法规、档案业务知识、档案工作小常识以及山西省委、省政府联合印发的《关于加强和改进新形势下档案工作的意见》等内容有机结合，采取集中微信转发、广播电台播放《关于加强和改进新形势下档案工作的意见》，集中宣传普及档案知识，把档案声音传进千家万户。通过印制档案宣传画册、悬挂纪念标语、编印宣传资料、设立宣传咨询台、召开专题学习会等有效形式加强机关干部、普通公民的档案法制教育。6月8日，在州署广场进行档案宣传活动，设立咨询台对档案知识及问题现场解答，发放宣传资料、宣传品。

霍州市档案局开展“档案扶贫，我们先行”活动，策划印制《农户档案实务手册》漫画丛书，旨在用图文并茂的漫画形式做成通俗易懂的“口袋书”，为拓宽农民增收致富渠道指明一条路，使这些卡通娃娃带动农民早日步入小康社会。全体档案工作者分赴12个乡（镇、街道）将5000余本《农户档案实务手册》漫画丛书送到农民手中。作为山西省的全国社会主义新农村建设档案工作示范县，霍州市档案局与柳林县档案局联手开展《农户档案》微信宣传活动。仅6月7至8日，两天时间转载上千人次，点击1.6万人次。全国十多个省、市档案部门专家来电索要该书，达到“档案扶贫，我们先行”的初衷。

2.举办党旗档案图片展。推动全市“两学一做”学习教育开展，霍州市档案局从卷帙浩繁的档案资料中精选出240余件历史档案图片进行展出。“七一”前夕，霍州市四套班子领导走进市档案馆爱国主义教育基地参观党旗档案图片展。大家驻足在每一块图片、资料、长卷前，聆听讲解员的讲解，了解现行党旗式样的由来，增强做合格党员的责任感。展览期间，全市12个督导组带领120个参学单位近千名党员干部集中参观。

3.举办“永不褪色的记忆”老军人影像档案展。2016年，霍州市档案局抽调专人多地走访曾参加过抗日战争、解放战争、抗美援朝战争的老军人，根据素材制作图片展。8月1日，由霍州市档案馆主办的“永不褪色的记忆”老军人影像档案大型图片展览正式开展，向纪念建军89周年暨红军长征胜利80周年献礼。

4.开展“世界音像遗产日”宣传活动。2016年10月27日是第十个世界音像遗产日，国家档案局倡议，每位档案工作者参与宣传保护音像档案。2016年，音像遗产日宣传主题为“您的故事，勿忘勿失”，霍州市档案局围绕宣传主题，结合馆藏珍贵音像资料内容，制作微信宣传片。

【领导班子】

局　长：

李国忠（2002.07—2016.12）

副局长：

张曼丽（女，2012.08—2016.12）

【获奖情况】

2016年3月，临汾市档案局授予霍州市档案局“2015年度档案工作先进单位”称号。

2016年10月，山西省精神文明建设指导委员会授予霍州市档案局“2014—2015年度山西省文明单位”称号。

（杜黎明）

行政审批工作

【概况】　2016年，在霍州市委、市政府和上级审改部门的正确领导和支持下，市行政审批中心以开展“两学一做”学习教育为契机，以推进政务服务标准化建设为目标，围绕“简政放权、放管结合、优化服务”的工作思路和要求，改革创新、攻坚克难，推进霍州市的行政审批制度改革工作。

【党风廉政建设】　2016年，霍州市行政审批中心按照市委、市政府的要求，把开展“两学一做”学习教育作为首要政治任务来抓，按照市委督导组的要求和指导，有顺序、有计划、按步骤开展各项主题活动，结合“四比四看四争”开展审批中心党员干部包窗口活动。由审批中心党员干部与被包联窗口负责人签订承诺书，从阳光行政、严格落实首问责任制、限时办结制、一次性告知制、一站式办理、文明服务、廉洁自律等方面做出承诺。开展“党员干部亮明身份，挂牌上岗”、窗口服务评比活动，党员带头比工作纪律、比办事效率、比服务态度，评选出“流动红旗窗口”和“党员模范示范岗”。全体党员干部对自身服务态度、服务效率、服务水平进行深刻反思和自查，对于查找出的公仆意识淡薄、作风纪律涣散、集体观念较差、服务水平不高等问题主动认领，不掩盖、不推诿，明确危害，剖析根源，加强整改。

【依法清理规范审批项目】　2016年，霍州市完成3次审批项目清理对接工作。截至2016年底，依法完成14次项目清理工作，保留各类行政审批事项256项，其中，许可类116项，政府内部审批事项11项，其他权力1项，便民服务事项128项。政务大厅各驻厅窗口单位受理各类办件3041件，办结3025件，办结率99.5%，提前办结率92.7%，召开并联审批会议7次。2016年无一起群众投诉。

【规范审批运行】　2016年，在规范审批运行、优化审批服务方面，霍州市行政审批中心主要开展以下工作。

1. 根据上级文件精神，按照应进必进的原则，协调部门进驻。2016年，协调进驻政务大厅窗口单位4家，分别为新农合、住房公积金、司法局、编办，全部纳入并联窗口管理。2016年7月，在国土资源局窗口设立不动产登记、查询窗口。截至2016年底，政务大厅有37个部门进驻，其中常驻窗口20个，并联窗口17个；有工作人员108人，其中首席审批员26人，窗口工作人员82人。

2. 运用电子监察系统对各类办件的程序和时限进行监管，控制延期办件和退回件，对于超期办件要求窗口书面汇报情况，审批中心督查股按规定处理；加强对依法取消的审批事项、工商前置变后置审批事项、依法取消的行政事业性收费及霍州市依法应清理规范的26项行政审批中介服务事项的事中事后监管，确保落实到位；重点规范住建局、文化局、地震局、民政局、食药局等窗口业务办理，对审批事项的流程细化规范，对审批管理权限进行明确，对审批时限加强监管。

3. 按照山西省人民政府办公厅《关于印发山西省投资项目在线审批监管平台管理暂行办法的通知》（晋政办发〔2016〕155号）文件要求，投资1万余元，在政务大厅建成山西省投资项目在线审批监管平台。

【简政放权】 2016年，按照临汾市人民政府办公厅《关于开展“简政放权，我来@国务院”新媒体互动活动的通知》要求，霍州市行政审批中心开展“简政放权，我来@国务院”新媒体互动的宣传推广活动。在市政务大厅醒目位置，通过展架展示、张贴宣传画、摆放桌牌等形式宣传“简政放权，我来@国务院”活动，使办事群众了解“简政放权，我来@国务院”的目的和意义，扫描“中国政府网”微信公众号和下载“国务院”手机APP客户端，让群众主动参与活动。

【两集中、两到位工作】 2016年，在前期各涉审单位成立审批股，整体进驻政务大厅的基础上，霍州市行政审批中心重点规范首席审批员的业务办理和到岗情况。根据工作需要，出台《霍州市政务大厅首席审批员管理规定》《霍州市政务大厅首席审批员工作职责》《霍州市政务大厅业务办理规范》等，要求各单位首席审批员按授权权限、工作职责及政务大厅规定要求，按时到厅开展各项审批业务的办理，加强驻厅工作人员的管理。依托行政审批电子监察系统，将原先需要到单位签字审批的环节，实现在网上操作。

【强化内部管理】 2016年，霍州市行政审批中心重点从业务办理和人员管理两方面强化内部监管。驻厅工作人员实行面部签到和请销假制度，审批中心对大厅工作纪律进行不定期巡查；定期编发简报通报出勤情况，对表现较差的窗口及工作人员向相关部门及市政府上报处理；设置意见箱，开通投诉举报电话，由审批中心督查室专门负责接待办事群众来信来访；利用“窗口服务质量测评卡”对窗口服务进行测评反馈等。2016年，编发通报简报81份，通报批评工作人员14人次。

【完善制度建设】 2016年，霍州市行政审批中心不断完善制度建设，从服务基础标准、服务环境标准、服务质量标准、服务管理标准四个方面，对已有制度梳理完善，涵盖政务大厅的服务品牌、服务质量方针、目标，政务服务各项制度、管理办法、责任追究及市政府下发的规范审批运行的文件通知等，形成《霍州市政务服务标准化建设制度汇编》。

【精准扶贫】 2016年，为贯彻落实中央、山西省、临汾市及霍州市关于扶贫开发工作系列重要指示精神，推进霍州市精准扶贫工作，市行政审批中心高度重视，严格部署，成立由审批中心主任孟援军同志总负责、副主任伍雅娟任队长、综合股股长成明明、业务股股长张亮亮为队员的扶贫工作队，与乡镇包村领导及包联村两主干对接，进村入户，摸清村情及贫困户情况，建立包联脱贫台账。针对15户贫困户不同的家庭情况及致贫原因，与乡包村干部及包户干部沟通、分析，有针对性地制定帮扶脱贫措施，并拟定帮扶工作计划，将15户贫困户分两批进行帮扶脱贫。其中，2016年脱贫的有4户6人，纳入2017年脱贫计划的有11户38人。

【领导班子】

主　任：

孟援军（2011.04—2016.12）

副主任：

李长富（2003.07—2016.12）

伍雅娟（女，2012.07—2016.12）

高　锐（2012.07—2016.12）

（成明明）

政府采购

【概况】 霍州市政府采购中心成立于2007年7月，是政府直属事业单位，正科级建制，参照公务员管理全额预算事业单位，共有人员8人。其中主任1名，副主任1名。

【政府采购】 2016年，霍州市政府采购中心围绕经济、社会发展大局，发挥集中采购机构优势，全方位拓展政府采购范围，加大政府采购工作机制创新，培育公开、公平、公正的竞争机制和市场环境，强化服务意识、诚信意识，做好政府采购服务，完成各项采购任务。2016年，全市完成政府采购金额2678万元，节约资金201万元，节约率8%。市采购中心依据检察院文件要求对参加公开招标的各投标供应商资质进行行贿犯罪档案查询，查询率100%。所有的招标项目全部邀请纪检、财政、审计部门全程监督，邀请率100%，拓宽社会监督渠道，扩大监督项目实施范围，聘请社会监督员10名，凡采购预算在1000万元以上项目邀请社会监督员现场监督，社会监督员监督率100%。

【工作交流】 2016年7月19日，霍州市政府采购中心副主任刘红锁参加临汾市政府采购中心组织的政府采购业务培训班及政府采购工作经验交流会，通过交流学习借鉴兄弟县市采购管理监督工作先进经验，促进霍州市政府采购工作上新台阶。

【法律法规宣传】 2016年12月，霍州市政府采购中心开展政府采购法律法规宣传活动，印发宣传资料2000份，宣传政府采购工作，使政府采购广为人知。

【党风廉政建设】 2016年，霍州市政府采购中心坚持把廉政建设作为第一要务来抓。采购中心领导班子遵守党的政治纪律、政治原则，自觉维护党的集中统一，坚持反对分裂党、抵触党的言论、思想和行为。党的十八大和十八届五中、六中全会以来，特别是“两学一做”学习教育开展以后，霍州市政府采购中心按照市委“两学一做”专题教育领导小组的安排，集中召开（“讲政治、有信念”“讲规矩、有纪律”“讲道德、有品行”“讲奉献、有作为”），“四讲四有”4次专题研讨会，结合“两学一做”学习教育，采购中心以解决突出问题为导向，解决党员队伍中存在的思想、组织、作风、纪律等方面问题，有针对性地制定问题清单，逐项制定整改方案。通过开展“两学一做”学习教育，领导班子及全体人员“四个意识”有所增强，政治理论水平、实际操作能力、政府采购工作综合能力有很大提升。

2016年，采购中心班子把廉政建设分解细化到工作的每一个环节，明确责任，严格要求，2016年未发生一起违规违纪事件。

【领导班子】

主　任：

陈　真（2007.07—2016.12）

副主任：

刘红锁（2007.07—2016.12）

【获奖情况】

2016年7月，霍州市政府采购中心荣获临汾市财政局颁发的“全市集中采购代理机构优秀奖”。

（杨秀娟）

人防工作

【概况】　2016年，霍州市人防办坚持以邓小平理论、“三个代表”重要思想、科学发展观为指导，贯彻十八届三中、四中、五中、六中全会和习近平总书记系列重要讲话精神，以及人防相关法律法规，上级人防会议精神。以人防建设和经济社会深度融合发展为主线，以应急管理和城市地下空间开发利用为重点，围绕“进军省强市、全面达小康，共建文明开放幸福美丽新霍州”总目标开展工作，为霍州市经济建设做出贡献。

【着重抓好工程建设】　2016年，霍州市人防工作把人防工程建设摆在城市建设的重要位置，贯彻落实人民防空相关法律法规，会同有关部门拟定城市防空袭应急预案及人民防空建设与城市建设相结合规划，加大工程建设的数量、质量，战时防空与平时使用相结合。工程建设中为确保“结建”工程设计质量，抓好施工图审查，为提高施工质量，加强质量监督，保证“结建”工程高标准、高质量。

【宣传教育】　2016，霍州市人防办组织好人民防空宣传教育，把着眼点放在唤起民众忧患意识，激发爱国热情，树立国防观念，提升人防素质上。在宣传对象方面，突出中小学生人防知识教育和全体市民的基本常识教育。以人防法律法规为重点，普及人防基本常识，提升市民应急自救能力，发挥媒体优势，通过广播电视、报刊、展板等，利用每年全国法制宣传日、“9·18”警报试鸣日等，对人防基础知识进行宣传，编纂《防空防灾宣传读本》，下发到学校及有关单位。为霍州市四套班子、人武部、市分管领导征订《中国人民防空》杂志，增强广大市民关心人防、支持人防、建设人防的自觉性和积极性。

【安全工作】　2016年，霍州市人防办按照党中央国务院有关安全生产工作的一系列决策部署，结合山西省、临汾市通知精神，在全市开展防空地下室安全生产大检查。工作中，坚持“安全第一、综合治理”的方针，以“全覆盖、零容忍、严执法、重实效”为总要求，召开专题会议，制定工作方案，成立领导组，对全市防空地下室安全生产进行全面排查，向有关单位下发“防空地下室安全管理通知”。通过督促检查，各相关单位人员思想认识得到提高。在此基础上，制定预案，安全措施落实到位，责任落实到人，确保防空地下室安全无事故，为全市人防融合式发展提供良好的安全生产环境。

【机关建设】　2016年，霍州市人防办注重抓好制度建设、效能建设和廉政建设，建立健全各方面规章制度，加强机关纪律，规范办事程序，整顿机关作风，落实党风廉政建设责任制，实行“一岗双责”，坚决反对“四风”。开展“学党章党规、学系列讲话，做合格党员”的“两学一做”学习教育，进行专题学习讨论。班子队伍建设中，坚持内强素质，外塑形象，全员能力素质提高，形成奋发有为的机关风气，营造文明和谐的工作环境。配合山西省和市人武部进行国防潜力调查。强化群众防空的建设及训练，组织人民防空演练。修订《防空袭预案》，新增3台电声防空警报器。完成临汾市人防办及霍州市委、市政府部署的各项工作任务。

【领导班子】

主　任：

杨灵芳（女，2007.07—2016.12）

副主任：

张杏红（2001.07—2016.12）

陈文革（2003.02—2016.12）

【获奖情况】

2016年被山西省人民政府、山西省军区授予“十二五”期间人民防空指挥能力建设先进集体，记单位二等功。

（张杏红）

防震减灾工作

【概况】　2016年，霍州市地震局根据年初与临汾市地震局和霍州市人民政府签订的目标责任书要求，开展“两学一做”学习教育，推进防震减灾“3+1”工作体系，应急救援、震害防御、地震监测、防震减灾宣传等工作成绩显著。

【目标责任管理】　2016年4月18日，召开全市防震减灾工作会议，对全市防震减灾工作进行安排部署，印发《霍州市2016年防震减灾工作要点》和《关于调整霍州市防震减灾指挥部领导成员的通知》，指导全市防震减灾工作；市政府下发防震减灾目标责任状，明确目标任务，落实责任。编制《霍州市防震减灾事业发展“十三五”规划》。

【地震应急救援】　2016年，霍州地震局编制并印发《霍州市地震应急处置手册》；组织地震应急救援队和地震志愿者队伍开展8次防震减灾应急救援培训；建立完善10种类型的应急物资储备库，签订应急物资储备供应合同；霍州市地震局与相关部门签订《关于加强地震灾情信息资源共享与合作协议》；在全市开展地震安全隐患排查工作，重点对人员密集场所、重要基础设施和地质灾害进行地震安全隐患排查；组织全市综合性地震应急救援拉动演练1次，在企业、学校和社区组织10场地震应急疏散演练。

【地震灾害防御】　2016年，霍州市地震局加强抗震设防要求监督管理，对重大建设工程进行摸排，做好重大建设工程地震安全性评价工作，对10项建设工程进行抗震设防审批；建立霍州市建设工程抗震设防要求联席会议制度；推进服务型地震行政执法工作；加强对农村民居抗震设防指导，新建一处农村民居安全示范工程。

【地震监测预报】　2016年，霍州市地震局坚持24小时震情值班，加强震情监视和会商研判，实行周会商、月会商，落实各种宏观异常报告，执行零报告制度，制定《关于做好地震谣传应对和处置工作方案》。依法做好地震观测环境保护工作，保证辖区内3个地震台网正常运行，数据连续率98%以上，增强应急速报和应急响应能力。加强防震减灾“三网一员”群测群防队伍建设及管理工作，开展培训教育，严格考核兑现，丰富“三网一员”专业知识，提高其工作效率。

【地震宣传教育】 2016年，霍州市地震局制定下发《2016年全市防震减灾宣传教育工作方案》，对全市防震减灾宣传活动进行安排部署。通过报纸、设立咨询台、知识竞赛等多种形式对《山西省建设工程抗震设防条例》和新一代《中国地震动参数区划图》进行宣传贯彻。在州署广场和工商广场组织开展“5·12”“7·28”“12·4”等重点时段的防震减灾宣传，参加全市“科技、文化、卫生”三下乡活动，推进防震减灾科普知识“六进”活动，开展“平安中国”防灾宣导系列公益活动，发放《居民防震减灾手册》1万本、科普宣传资料2万份，为全市村居委会发放张贴防震减灾知识挂图300套，为科普示范学校赠送防震减灾科普光碟30套。参加临汾市地震局组织的“减少灾害风险，建设安全城市”为主题的防震减灾知识征文活动，收到征文2500余篇；开展防震减灾示范社区和示范学校创建工作，2016年，创建省级防震减灾示范社区1处，使全市广大群众防震减灾意识不断增强。

【辖区内震级与次数】 霍州市属国家级地震重点监视防御区，1至2级地震次数较频繁，辖区发生3.4级有感地震1次。

【领导班子】

局　长：

李忠义（2011.04—2016.12）

副局长：

成川峰（2007.08—2016.12）

董玉珍（女，2008.10—2016.12）

（董玉珍）

政协霍州市委员会

【概况】 2016年是政协第七届霍州市委的开局之年，市政协解放思想，积极探索，围绕市委、市政府的中心工作履行职能，政协各项工作得到有序、有效推进。2016年，市政协以学习为先导，坚持走访联系委员，开展各项活动，发挥委员优势作用，提高政协组织的影响力。新一届市政协委员中，有81名新委员，占委员总数的49.7%。为提高他们对政协职能的认识，增强把握参政角度的能力，市政协利用主席会议、常委会议、委组活动以及各专项会议、座谈会，组织对十八大及十八届六中全会精神、市“两会”精神和政协理论的学习，进行委员职责的教育和撰写提案，调研报告和了解社情民意等业务能力的培训。组织政协常委、专委会主任考察学习，拓宽视野。2016年，市政协各委组积极组织委员开展包括安民路建设工程、上跨南同蒲铁路立交桥工程、建材生产企业发展情况、农村环境卫生整治连片项目工程建设情况、旅游重点工程建设视察调研等活动。2016年走访委员65人次。加强与党派委员的沟通联系，定期交流思想，征求意见建议。市政协推荐委员担任部门的监督员，加强对委员履行职能情况的考核、鼓励，支持委员发表意见，建立激励约束机制，增强委员责任感，形成团结一心、和衷共济的局面。七届一次会议期间立案的132件提案，全部办理完毕，委员满意率98%以上。团市委、旅游局等部门组织提案人进行座谈会，征求意见。2016年，向临汾市政协反映社情民意近20条。内容涉及城市建设管理、服务业发展、公共设施配套、公共事业发展、机关效能建设、节约型机关建设等方面。在原有市政协简报的基础上，丰富刊物的内容，提高办刊水平和办刊质量，并以此为载体加强与各界联系，传递市情政情，交流政协工作，扩大市政协影响。在市政府网站上设置市政协专题，开辟政协要闻、领导讲话、委组活动、建言献策、委员风采等多个栏目，利用网络快速高效的功能传递政协各类信息，促进委员及群众与市政协的交流，提高市政协工作透明度和开放度。

【全体委员会议】

六届六次会议 政协霍州市六届六次会议2016年2月4日至5日在霍州市党校培训中心举行。大会应出席委员183名，实到180名，因事因病请假3名。大会议程为选举政协第六届霍州市委员会主席。市政协副主席薛有生主持开幕式，薛泽会同志当选为政协第六届霍州市委员会主席。市委书记陈纲代表中共霍州市委在中共党员政协委员会上作重要讲话。

七届一次会议 政协霍州市七届一次会议于2016年8月15日至19日在霍煤宾馆举行。该次大会应出席委员163名，实到

161名，因事因病请假2名。大会议程主要为选举政协第七届霍州市委员会主席、副主席、秘书长、常委。市政协副主席薛有生主持开幕式。市委书记崔山原代表中共霍州市委作重要讲话。按照《政协章程》规定，会议经过民主协商，以无记名投票方式，选举产生中国人民政治协商会议第七届霍州市委员会主席1名，副主席4名，秘书长1名，常务委员27名。薛泽会同志当选为政协第七届霍州市委员会主席，薛有生、沈晓静、薛云彪、王英才当选为政协第七届霍州市委员会副主席，冯婧当选为政协第七届霍州市委员会秘书长。

【主席会议】

六届二十三次主席会议 政协霍州第六届二十三次主席会议于2016年1月27日召开，会议由市政协副主席薛有生主持，副主席薛云彪、张伟兴，秘书长冯婧出席会议，政协各委室负责人列席会议。会议决定，2016年2月1日召开市政协六届十九次常委会议，审议通过六届十九次常委会议议程，协商通过提交六届十九次常委会议审议通过的有关事项。会议决定2016年2月4日至5日召开市政协六届六次全委会议，审议通过六届六次全委会议议程，协商通过提交六届六次全委会议审议通过的有关事项。

六届二十四次主席会议 2016年1月29日召开，会议由市政协副主席薛有生主持，副主席薛云彪、张伟兴，秘书长冯婧出席会议，政协机关全体人员列席会议。市委组织部副部长韦建兵到会宣布临组干字〔2016〕33号通知，提名薛泽会同志为政协主席，任命薛泽会同志为政协党组书记。市委常委、市委组织部部长周文伟讲话。

六届二十五次主席会议 2016年2月25日召开，会议由市政协主席薛泽会主持，副主席薛有生、沈晓静、薛云彪、张伟兴，秘书长冯婧出席会议。会议主要议题是传达省、市换届工作会议精神，传达学习习近平总书记在省部级研讨班讲话精神，安排部署2016年政协各项工作。

六届二十六次主席会议 2016年3月15日召开，会议由市政协主席薛泽会主持，副主席薛有生、沈晓静、薛云彪、张伟兴，秘书长冯婧出席会议。会议决定，2016年3月29日召开市政协六届二十一次常委会议，审议通过六届二十一次常委会议议程，协商通过提交六届十九次常委会议审议通过的有关事项。会议审议市政协换届选举方案，协商确定2016年重点调研考察课题，对2015年度的政协委员年度考核工作进行安排部署。

六届二十七次主席会议 2016年4月7日召开，会议由市政协主席薛泽会主持，副主席薛有生、沈晓静、薛云彪、张伟兴，秘书长冯婧出席会议。会议主要议题是通报市政协委员考核情况，由各专委组长汇报情况，研究确定市政协委员名额。讨论关于加强换届风气监督的通知，关于加强和改进人大代表、政协委员有关工作的通知。

六届二十八次主席会议 2016年4月27日召开，会议由市政协主席薛泽会主持，副主席薛有生、沈晓静、薛云彪、张伟兴，秘书长冯婧出席会议，政协机关全体人员列席会议。该次会议主要是推荐委员（不足名额补充）、安排委员考察工作。市政协主席薛泽会讲话。

六届二十九次主席会议 2016年6月30日召开，会议由市政协主席薛泽会主持，副主席薛有生、沈晓静、薛云彪、张伟兴，秘书长冯婧出席会议。会议协商通过市政协六届二十二次常委会的时间和议程，时间为

2016年6月30日上午，地点在市政协二楼会议室，议程是协商通过市政协七届政协委员名单，由副主席张伟兴宣读说明。

六届三十次主席会议 2016年8月5日召开，会议由市政协主席薛泽会主持，副主席薛有生、沈晓静、薛云彪、张伟兴，秘书长冯婧出席会议。会议决定，2016年8月9日召开六届二十三次常委会议，协商通过《常委会工作报告（草案）》、《提案工作情况报告（草案）》、审议《政府工作报告》。协商通过市政协七届一次会议有关事项。

七届一次主席会议 2016年8月30日召开，会议由市政协主席薛泽会主持，副主席薛有生、沈晓静、薛云彪、王英才，秘书长冯婧出席会议，政协各委室负责人列席会议。会议研究讨论和审议通过《七届政协委员管理办法》《常委会议事规则》《关于在委员中开展“建诤言、知民意、办民事”活动的意见》《提案和社情民意信息工作的考核办法》。

七届二次主席会议 2016年10月18日召开，会议由市政协主席薛泽会主持，副主席薛有生、沈晓静、薛云彪、王英才，秘书长冯婧出席会议。会议决定，2016年10月20日召开七届一次常委会议，协商讨论七届一次常委会议的有关事项。

七届三次主席会议 2016年12月19日召开，会议由市政协主席薛泽会主持，副主席薛有生、沈晓静、薛云彪、王英才，秘书长冯婧出席会议，政协各委室负责人列席会议。会议议题主要是安排部署七届二次常委会议有关事项。

【常务委员会议】

六届十九次常委会议 2016年2月1日政协霍州市第六届委员会第十九次常委会议召开。会议协商决定，政协霍州市第六届委员会第六次会议将于2016年2月4日至5日在市委党校培训中心六楼会议室举行。市政协副主席沈晓静、薛云彪、张伟兴，秘书长冯婧出席。市政协副主席薛有生主持会议。会议议程有三项：1. 协商通过市政协六届六次会议召开时间、议程、日程以及有关事项；2. 协商通过有关人事事项；3. 政协党组书记讲话。

六届二十次常委会议 2016年2月5日召开，市政协副主席薛有生主持会议。该次常委会议是在六届六次全会期间召开，主要议题：协商通过政协第六届霍州市委员会主席候选人建议名单（草案）；协商通过政协第六届霍州市委员会第六次会议选举办法（草案）；协商通过政协第六届霍州市委员会第六次会议总监票人、监票人、总计票人、计票人建议名单（草案）。

六届二十一次常委会议 2016年3月29日，市政协六届二十一次常委会议召开。市政协主席薛泽会主持会议。该次会议主要议题有三项：1. 传达学习临汾市政协三届六次会议有关精神；2. 协商通过《市政协换届选举工作方案（草案）》；3. 协商通过《市政协2016年工作要点》。市政协主席薛泽会作重要讲话，就做好换届选举工作提出三点要求。

六届二十二次常委会议 2016年6月30日，市政协六届二十二次常委会议召开。会议召开地点为市政协二楼会议室，议程主要是协商通过市政协七届政协委员名单，由副主席张伟兴宣读说明。

六届二十三次常委会议 2016年8月9日，市政协六届二十三次常委会议召开。市政协主席薛泽会主持会议，会议主要议题有六项：1. 协商通过《常委会工作报告》（草案）；2. 协商通过《提案工作情况报告》（草

案）；审议通过《政府工作报告》；4. 听取两办提案情况通报；5. 协商通过有关人事事项；6. 协商通过市政协七届一次会议有关事项。

七届一次常委会议　2016 年 10 月 20 日，市政协七届一次常委会议召开。市政协主席薛泽会主持会议，会议主要议题有五项：1. 政协副主席沈晓静传达临汾市政协四届一次会议精神；2. 宣读《建知办活动意见》《提案与社情民意考核办法》；协商通过《常委会议议事规则》；4. 协商通过《政协第七届霍州市委员会委员管理办法》；5. 主席薛泽会讲话，部署工作。

【重要活动】

开展政协“两学一做”学习教育　2016 年 5 月 12 日，市政协主席薛泽会组织政协党组成员和机关党员干部集中学习。在机关支部会上，他强调开展“两学一做”教育学习的重要意义，就《党章》的主要内容进行讲解，要求全体党员干部学党章党规，做合格党员，要在政协工作中贯彻好党的主张和要求，做好团结各界、凝聚人心的工作，严格要求自已，坚持求真务实，履行好政协三大职能。

开展“讲政治、有信念”专题研讨　2016 年 5 月 19 日，市政协在二楼会议室召开“讲政治、有信念”专题研讨会议，政协副主席薛有生、张伟兴及各委室主任、副主任参加会议。会议由政协主席薛泽会主持。他发言中强调“讲政治、有信念”作为合格党员的首要标准，凸显党员树立坚定正确政治方向、坚定崇高理想信念的极端重要性。各专委会主任在会议上作发言，参与讨论。

开展“调研月”活动　霍州市政协结合政协工作特点，5 月集中开展一次“调研月”活动。活动通知下发后，各委员小组积极行动，准备调研课题，在分管主席和联系委室的配合下，深入农村、社区、政府部门进行调研。

开展天然气扩户工作调研　了解霍州市天然气扩户工程的进程，发现一些工程进展过程中存在的困难和问题，督促有关部门加快解决，确保该工程进行，市政协开展天然气扩户调研工作。2016 年 12 月 15 日，市政协组织部分政协委员深入华润燃气公司的南杜壁门站、水榭花都小区施工现场和存在安全隐患的个别地方进行实地视察。在华润然气公司四层会议室召开座谈会，听取华润然气项目工程部经理张晓红关于天然气扩户情况的总体汇报，与会的委员们就汇报及视察情况，结合生活中接触到的事实，对在天然气扩户过程中存在的一些困难和问题，提出合理化意见和建议。

【重要文件】

关于开展“学党章党规、学系列讲话，做合格党员”学习教育的实施方案（摘要）1. 指导思想。全面贯彻党的十八大和十八届三中、四中、五中全会精神，深入学习习近平总书记系列重要讲话精神，认真落实省委“五句话”总体要求和临汾市委三届七次全会精神，切实加强党的思想政治建设，巩固拓展党的群众路线教育实践活动、“三严三实”专题教育和学习讨论落实活动成果，着力解决党员队伍在思想、组织、作风、纪律等方面存在的问题，保持发展党的先进性和纯洁性，为政协更好地履行三大职能提供坚强组织保障。2. 目标任务。开展“两学一做”学习教育，基础在学，关键在做，根本在严，核心在实，切实把全面从严治党落实到每个党员。3. 基本原则（1）坚持把党的思想政治建设贯穿学习教育始终，突出经常性教育的特点，夯实“学”这个基础。（2）

坚持把“学作风”贯穿学习教育始终，抓住“做”这个关键，做到学用结合，知行合一。(3) 坚持把“问题导向”贯穿学习教育始终，以解决问题为牵引来开展学习教育，带着问题学，针对问题改，做到边学边改、即知即改。(4) 坚持把“以上率下”贯穿学习教育始终，市政协党组要层层示范、层层带动，党员领导干部要以身作则、率先垂范，给支部和党员做出榜样，做到一级学一级、一级抓一级、一级带一级。(5) 坚持把加强支部建设贯穿学习教育始终，增强堡垒阵地意识，以落实“三会一课”等党的组织生活为基本形式，以落实党员教育管理制度为基本依托，不断强化党支部自我净化、自我提高的主动性。

关于在委员中开展“建诤言、知民意、办实事”活动的意见（摘要） 1. 活动的指导思想和目的要求：通过活动的开展，动员和组织政协委员自觉把政治责任、社会责任和岗位责任统一到推进经济社会发展上来，担负起时代赋予的重任，履行职能，建言献策，立足岗位，建功立业，努力在推进经济社会发展中做出新贡献、在共建和谐中实现新作为、在履行职能中取得新突破、在自身建设中展示新形象。2. 活动的基本原则 (1) 围绕中心，服务大局。(2) 发挥优势，创新思路。(3) 联系实际，务求实效。(4) 注重宣传，典型引路。(5) 加强领导，广泛参与。3. 活动内容 (1) 建诤言：要求政协委员每年至少提交一份高质量的提案或撰写一份具有参考价值的调研报告、议政发言材料等。(2) 知民意：要求政协委员每年至少反映一条能够被市级以上领导批示或市级以上相关刊物采用的社情民意信息。(3) 办实事：要求政协委员每年为社会、为群众至少办成1件有影响有效果的实事好事。

政协霍州市委员会常务委员会议事规则（摘要） 为加强市政协常务委员会的工作，充分发扬民主，提高议事和工作效率，更好地履行政治协商、民主监督和参政议政职能，根据《中国人民政治协商会议章程》的有关规定，结合霍州市实际情况，制定该规则。政协霍州市委员会常务委员会行使职权。政协霍州市委员会主席主持常务委员会的工作。主席、副主席、秘书长组成主席会议，处理常务委员会的日常工作。

【领导班子】

主　席：

薛泽会（2016.02—2016.12）

副主席：

薛有生（2007.05—2016.12）

沈晓静（女，2008.11—2016.12）

薛云彪（2007.05—2016.12）

张伟兴（2012.05—2016.08）

王英才（2016.08—2016.12）

秘书长：

冯　婧（女，2011.04—2016.12）

（王丽华）

民主党派　工商联

中国国民党革命委员会

【概况】　中国国民党革命委员会简称民革。中国国民党革命委员会创建于1948年1月1日，由李济深、宋庆龄、何香凝、谭平山等中国国民党民主派和爱国民主分子创建，是中华人民共和国民主党派之一。中国国民党革命委员会具有政治联盟特点、为社会主义服务的政党，是与执政党中国共产党通力合作的一个参政党，与中国台湾的中国国民党已无任何关系。

民革霍州支部截至2016年底，有党员38人，其中行政事业单位20人，教育界4人、医药界5人、其他9人。本科以上学历12人，大专以上学历14人。临汾市人大代表1名（张芙蓉），临汾市政协常委1名（韩腊丽），临汾市政协委员2名（刘光明、韩腊丽），霍州市人大代表1名（刘光明），政协委员11名（张建东、韩腊丽、陈英、成娟、关香珍、韩奋琴、王香香、荀黎明、高兴平、朱壮武、梁林庆），其中政协常委3名（张建东、韩腊丽、陈英）。

【政治理论学习】　2016年，民革霍州支部组织全体党员学习中共十八大和十八届三中、四中、五中、六中全会精神，学习民革省、市等一系列重要会议及相关文件精神，以强化参政议政工作为重点，创新工作机制，提高服务水平，加强自身建设，提升党员的政治理论水平和参政意识。

【日常工作】　2016年，民革霍州支部按照年初工作计划，召开党员大会2次，各小组学习活动6次。6人参加民革临汾市委召开的“双学一跟”动员会，按照会议精神组织全体党员开展“双学一跟”活动，集中学习2次，党员面对面交流会3次，每个党员都写学习笔记，撰写学习心得。支部政协委员成娟代表民革临汾市委参加民革山西省委组织的“双学一跟”学习活动演讲比赛荣获三等奖。

【参政议政】　2016年，民革霍州支部政协委员做好体察民情、反映民意、集中民智等工作，发挥参政议政、民主监督职能，就全市重大事项和重大决策发表意见，提出建议。参与政协组织的调研活动4次，撰写调研报告2篇。参与小组活动4次，在各级人大、政协例会中提交集体提案2件，个人提案18件，社情民意6件，提交临汾市议政发言2篇，主委刘光明代表民革临汾市委作议政发言。主委刘光明撰写的《关于加强高龄农民工保障的建议》和《农村学前教育存在的问题及建议》，韩腊丽撰写的《提高城镇化率要有相应的配套政策》和《关于普及个人养老保险和扩大养老保险范围的建议》，成娟撰写的《关于解决聋哑人难就业问题的建议》等，被临汾市政协采用。其中韩腊丽撰写的《关于普及个人养老保险和扩大养老保险范围的建议》被省政协采用。

【服务社会工作】 2016年，民革霍州支部开展送医送药到农村活动，组织支部医药界党员去大张镇敬老院给老人按摩，送按摩仪。12月5日，支部到霍州市边远山区三教乡金税小学开展“扶贫捐衣送温暖”活动，赠送给全校74名同学每人一件棉衣。支部结合“双学一跟”活动和扶贫工作精神，组织党员主动帮扶2户贫困户，安排其家有劳动能力的人员在支部党员的企业内就业，确保有一份稳定的收入。支部每年响应民革临汾市委号召，为灾区捐钱捐物。

【祖国统一工作】 实现祖国统一是民革肩负的重大历史使命，以和平方式实现统一，最符合包括中国台湾同胞在内的中华民族的根本利益。民革的涉台参政议政工作是重中之重。民革霍州支部与市委对台办保持配合，多方关注与台湾有关系的人士，加强与他们的沟通交流，开展慰问活动，为中华民族伟大复兴尽心尽力。

【领导班子】

主　委：

刘光明（2004—2016.12）

副主委：

刘鸿健（2004—2016.12）

张建东（2013.05—2016.12）

支部委员：

覃玉红（2013.05—2016.12）

韩腊丽（女，2013.05—2016.12）

【获奖情况】

成娟被民革省委评为2016年度优秀女党员；韩腊丽被霍州市政协评为2016年度社情民意先进个人；成娟被霍州市政协评为2016年度政协提案先进个人；覃玉红被霍州市政协评为2016年度优秀信息员。

（韩腊丽）

中国民主建国会霍州市委员会

【概况】 中国民主建国会是中国共产党领导的多党合作和政治协商制度中的参政党，简称“民建”。民建于1945年12月16日在重庆成立，是由经济界人士组成，具有政治联盟特点、致力于中国特色社会主义事业的政党。

中国民主建国会霍州市委员会成立于1987年9月。市委会下辖6个支部、1个工作委员会，共计会员90人。

民建霍州市委会自成立以来，在民建临汾市委、中共霍州市委的正确领导下，坚持以邓小平理论、“三个代表”重要思想和科学发展观为指导，开展学习实践活动，践行社会主义核心价值观，增强核心意识，开展“双学一跟”“不忘初心”主题教育活动，发挥该会密切联系经济界的特点和优势，团结依靠广大会员，围绕中共霍州市委、市政府中心工作，在加强自身建设同时，履行参政党职能，为推进霍州经济发展做出贡献。

【会务工作】 2016年3月6日，民建霍州市委组织女会员开展纪念三八妇女节座谈会，成立民建霍州市妇女工作委员会。霍州市委统战部副部长杨军、路林、薛学文，妇联主席李晓燕，民建霍州市委班子成员及全体妇女会员参加会议。丰富霍州民建女会员的业余生活，增强妇女们工作积极性和创造性。会议选举产生妇委会主任、副主任及委员，健全妇委会组织机构。

2016年12月5日，民建霍州市委参加

民主党派在三教乡金税小学开展的捐赠扶贫活动。市委副书记、市委统战部部长、市委党校校长高雅铭，市委常委田辉出席捐赠仪式，并为孩子们送去棉衣。民主党派主委在调研时发现，金税小学位于边远山区，是一所农村寄宿制学校，在校学生 74 名，其中住宿生 63 人，留守儿童 31 人，学生们大多家庭贫困，过冬时衣着单薄，没有像样的棉服。了解到这些情况后，民主党派人士为全校学生每人捐赠一件棉校服，让每个孩子都过上一个温暖的冬天。

【学习园地】 2016 年，结合“双学一跟”主题，民建霍州市委会首先召开对照交流会，开展主题实践活动。市委委员、各支部班子成员及骨干会员参加会议，会上，各基层支部分别作交流发言，就下一步工作推进计划作汇报。开展民建会员“双学一跟进企业”主题实践活动，走进侯马山西军威特种面料有限公司进行调研，进行了解企业发展情况，就“双学一跟”活动在企业开展情况进行安排部署。另外，参观彭真纪念馆，接受革命传统教育。

2016 年 5 月 18 日，民建霍州市委在工商联会议室召开“双学一跟”专题学习教育活动，学习传达民建山西省委“双学一跟”活动动员推进大会精神、中共霍州市委统战部“双学一跟”动员会精神，安排部署民建霍州市“双学一跟”活动实施方案。市委会全体委员，各支部及妇委会班子成员，会员中的人大代表、政协委员以及 2015 年和 2016 年入会的新会员 20 余人参加会议。中共霍州市委统战部副部长杨军、路林、薛学文到会讲话并进行相关知识专题辅导。

【参政议政】 2016 年，民建霍州市委会领导、会员中的人大代表及政协委员多次参加市、乡两级党委，人大政协和统战部组织的协商会、座谈会和视察调研活动，就霍州市政治稳定、经济发展、文明建设等方面问题，发表意见和建议。

在社情民意方面，根据市委、市政府中心工作，围绕社会热点、难点举办“社情民意培训班”，反映社情民意 30 余件；在提案议案方面，民建会员中政协委员和人大代表共提出提案议案 20 余件，有 2 名会员被评为市政协 2016 年度反映社情民意信息工作先进个人。

到 2016 年底，霍州市民建会员中担任临汾市政协常委 1 人、委员 3 人；市人大常委 1 人、代表 2 人；市政协副主席 1 人、常委 3 人、委员 18 人。

【领导班子】

主任委员：

赵忠孝（2014.04—2016.12）

副主任委员：

张黎明（2014.04—2016.12）

成李杏（2014.04—2016.12）

委　员：

安瑞锁（2014.04—2016.12）

郭德兴（2014.04—2016.12）

成　功（女，2014.04—2016.12）

苗永华（2014.04—2016.12）

秘书长：

安瑞锁（兼，2014.04—2016.12）

【获奖情况】

李毅荣获市政协 2016 年度反映社情民意信息工作先进个人，该同志撰写的《关于加强电动车管理的建议》社情民意被临汾市委书记岳普煜亲自批示，要求有关部门认真办理。

姚璐荣获市政协 2016 年度反映社情民意先进个人，她撰写的《关于鼓励和支持大学生自主创业》社情民意被山西省政协采用。

（安瑞锁）

中国民主促进会

【概况】 2016年是霍州市全面实施“十三五”规划的开局之年，也是霍州发展克难攻坚、奋力开拓，民进霍州总支围绕市委“进军省强市、全面达小康，共建文明开放幸福美丽新霍州”的奋斗目标积极履职、砥砺前行的一年。民进霍州总支高举中国特色社会主义伟大旗帜，深入学习贯彻习近平总书记系列重要讲话精神，落实民进临汾市委工作目标任务，努力提升参政议政的能力和水平，为全市经济和社会发展做出不懈努力。

【自身建设】 学习培训为先导，筑牢政治立场。每月20日为班子成员各支部委员学习例会，学习《中国共产党统一战线工作条例》，学习民进中央、民进省委、民进临汾市委系列会议精神及市领导重要讲话和有关文件。

5月18日，开展“两学一跟”（学习讲话、学习作风、跟党奋进）活动，5月18日至9月18日；开展“自身建设年”“参政议政年”活动；号召会员手抄《中国民主促进会章程》；青年会员去侯马市政协参加培训活动；全体会员开展“讲政治、知敬畏、守规矩”活动。

【会务活动】 2016年3月18日，召开六届四次全委（扩大）会，制定2016年工作计划，回顾2015年工作；2016年3月4日，举办“庆三八”巾帼风采座谈会；2016年5月1日，举办“纪念‘五一’口号发布65周年”座谈会；2016年8月，举办“为革命老区献爱心”大型捐助活动，为期20天，全体民进会员及社会各界共捐助衣物、文具用品及图书等609件；2016年10月，会员薛华斌为大张敬老院捐献10台按摩仪；医卫支部去靳壁村义诊（9月、10月）2次；2016年5月26日，联合临汾三中高级教师，为市二中举办免费高考讲座，4科、4场，深受师生的欢迎；2016年12月5日，民进霍州总支为霍州市歇马滩小学捐献冬季校服。

【参政议政】 申明俊《关于公车改革亟待完善相关后续政策》被省政协采用；叶励民《关于振兴发展我市中医药事业的建议》被临汾政协定为大会议政发言；李秀玲同志《关于我省高级职称评定必须结合实际的建议》被评为省人大重点督办案。党派提案《关于我市文化旅游引导重复消费的建议》被市政府采纳；苏建东同志《关于免费火化提高火葬的文明新风》被民进临汾市、市政协采纳；刘小洁《应对校园欺凌的建议》、薛华斌《打击我市“黑彩”的建议》等被评为重点提案、主席督办案。

2016年，共撰写集体提案2篇，议案、提案16篇，信息42条。

【领导班子】

主　委：

李秀玲（女，2015.05—2016.12）

副主委：

叶励民（2013.05—2016.12）

陈学兵（2013.05—2016.12）

委　员：

苏建东（2013.05—2016.12）

李泽辉（女，2013.05—2016.12）

薛华斌（2013.05—2016.12）

杨社会（2013.05—2016.12）

【获奖情况】

民进霍州总支被评为“参政议政”先进集体，申明俊、叶励民、李泽辉、薛华斌、刘小洁、苏建东被评为政协先进个人。杨社会被评为“民进临汾市委模范主席”。一中、二中支部被评为“参政议政”先进支部。医卫支部被评为“社会服务先进支部”。李秀玲被评为“参政议政，社会服务”先进个人。

（李秀玲）

工商业联合会

【概况】　中华全国工商业联合会是中国共产党领导的面向工商界、以非公有制企业和非公有制经济人士为主体的人民团体和商会组织，是党和政府联系非公有制经济人士的桥梁纽带，是政府管理和服务非公有制经济的助手。工商联工作是中国共产党统一战线工作和经济工作的重要内容。

工商业联合会具有统战性、经济性、民间性有机统一的基本特征。充分发挥在非公有制经济人士思想政治工作中的引导作用，在非公有制经济人士参与国家政治生活和社会事务中的重要作用，在政府管理和服务非公有制经济中的助手作用，在行业协会商会改革发展中的促进作用，在构建和谐劳动关系过程中的积极作用，是该会的主要职能。

截至2016年底，霍州市工商业联合会驻会人员5人，其中党员3人，会员556个（其中企业会员19个，个人会员533个），有基层商会4个，其中乡镇商会2个（白龙商会与辛置商会），市场商会1个（唐荣商会），行业商会1个（现代装饰家具商会）。

2016年，市工商联围绕市委、市政府发展战略，以服务非公经济人士健康成长和非公经济健康发展为目标，发挥党和政府联系非公经济人士的桥梁、纽带作用，当好政府管理非公经济的参谋助手。

【政治学习】　2016年，霍州市工商业联合会以引导非公经济人士健康成长为目标，创新形式和载体，加强和改进非公经济人士思想政治工作。工商业联合会学习党的十八大及十八届三中、四中、五中、六中全会精神，学习习近平总书记系列重要讲话精神、霍州市党代会与三干会精神及有关非公经济的文件、政策、法规，举办会务干部、直属基层商会负责人和执委以上的非公经济代表人士培训班。增强为会员企业和非公经济服务的针对性，提高综合素质和能力。

【业务培训】　2016年，霍州市工商联组织小微企业主参加创业能力提升培训活动。组织会员企业参加“电商进万户”集中培训、实地考察活动。组织民营企业家参加企业家能力素质提升及融资创业专题培训、企业社会责任培训等省市工商联组织的各项活动，提高企业经营效益。

【会员发展】　2016年，霍州市工商联把吸收新会员作为一项常年性的工作来抓，强化自身建设，发展壮大工商联会员队伍，服务于非公有制经济发展。制定会员发展规划，注重发展规模大、实力强、有代表性的企业入会，优化会员结构，扩大会员覆盖面。完善会员数据库、工作台账，建立一套行之有效的会员管理制度。市工商联执委以上代表人士录入全国工商联数据库，实现会员工作规范化。

【商会组织】　2016年，霍州市工商联夯实基层商会根基，延伸总商会工作臂膀，把乡镇社区商会组建作为一项重要工作来推进。按照临汾市工商联工作要求，做好宣传发动、调查摸底，为下一步做到乡镇商会全覆盖做好准备工作。

【光彩事业】 2016年，霍州市工商联引导非公经济人士参加社会公益事业，帮扶困难职工，资助贫困学生等活动。组织非公企业开展抗震救灾、扶危济困、捐资助学等活动，捐款捐物100多万元。引导非公企业解决就业难题，创造就业和再就业岗位达2000个以上。开展"百企帮百村"精准到户扶贫行动，引导民营企业与贫困户建立结对帮扶关系，做到精准到户、精准扶贫。工商联机关帮助大张镇五里垣村贫困户81岁的李巧莲老人办理低保，送去面、油等慰问品与捐款，传递党和政府的关爱。

【参政议政】 2016年，霍州市工商联成员在人大担任职务的有副主任1人、常委2人，在政协担任职务的有常委7人、委员23人。围绕全市中心工作，围绕破解民营企业融资难、化解企业诉求、优化发展环境、强化人才培养等问题，开展专题调研20余次，形成高质量的调研报告10余篇，有效推动民营经济发展，解决民营经济发展中存在问题，为帮助民营企业渡过难关、实现平稳较快发展做出积极贡献。注重发挥工商联界别政协委员和非公经济人士中人大代表、政协委员的作用，引导他们反映社情民意和利益诉求，参与政治生活和社会事务，参政议政、建言献策，提交议案、提案100多件，其中一些议案、提案被作为重点，为市委、市政府科学决策提供重要依据。

【服务非公经济】 推动非公经济转型跨越发展，是全市的工作重点之一。利用《今日霍州》、电视台、广播电台等报刊媒体，宣传民营经济人士的创业事迹，激发民营经济人士的创业热情。

搭建银企交流合作平台。多次组织召开银企座谈会，推动银企对接，缓解民营企业融资难的问题，为非公企业和创业者提供宽松的融资环境。巧借临汾市工商联和尧都农商银行股份有限公司开展的"商行助千企，百亿促转型"融资服务活动东风，为霍州市非公经济企业提供资金支持。

搭建信息服务平台。利用网络媒体，发挥商会内刊、网站、手机微信平台作用，向会员提供各类政策、商务等信息，为企业提供快捷、实用的信息服务。

搭建法律服务平台。为非公企业提供法律服务。通过举办非公经济政策、法律知识培训班以及开展上门服务，为非公企业提供政策信息、法律咨询等服务。2016年，为非公企业提供法律咨询50余次，帮助解决经济纠纷15余起。

搭建沟通协调平台。发挥非公经济联席会议的作用，参与非公经济领域重大事项的处理和协调，加强与政府职能部门的联系沟通，反映企业会员的意见建议和诉求。定期召开非公企业家座谈会，搭建企业与政府之间沟通的平台，帮助协调解决企业在发展过程中遇到的困难和问题。

【廉政建设】 2016年，霍州市工商联围绕创建学习型、服务型、创新型、和谐型、廉洁型机关，加强自身建设。开展"两学一做"学习教育，在机关内部形成讲学习、讲团结、创佳绩、比贡献的良好氛围，党员干部队伍的政治素质和业务能力明显提升。建立健全各项内部规章制度，完善激励和约束机制，推进机关工作制度化、规范化、科学化。修订完善工商联和总商会班子集体例会制度等各种规章制度；根据市委对非公经济党组织建设的有关文件和会议精神，推动会员企业的党组织组建和党员发展工作；在机关党员和基层商会党组织中开展“团结、帮助、引导、服务”活动，树立“爱岗、敬业、诚信、守法、贡献”的经营理念。机关管理规范，工作效率提高。

【领导班子】

主　席：

成海民（2013.04—2016.12）

秘书长：

周霍龙（2012.07—2016.12）

（周霍龙）

群众团体

工　　会

【概况】 2016年，霍州市总工会有干部职工29人，下设组宣部、生活保障部、财务部、劳保部、女工部、法工部、民管部和办公室8个部室。有下属事业单位2个：职工帮扶维权中心和职工俱乐部。全市有各类工会组织206个，职工总数31941人，会员31941人，会员入会率100％。

【主要职责】 1.2016年，霍州市总工会参与市委、市政府及其有关部门涉及职工切身利益政策、措施的制定，监督涉及职工利益法律法规和政策的贯彻落实；2.推动党的全心全意依靠工人阶级的指导方针的贯彻落实，突出和履行工会的维护职能，促进企业平等协商、签订集体合同和职工代表大会等维权机制的建立；3.实施送温暖工程，为困难职工办实事、办好事，推动下岗失业人员再就业，履行工会第一知情人、第一报告人、第一帮助人的职责；4.开展群众性经济技术活动，实施“职工素质工程”，加强职工思想政治工作，做好劳动模范评选、表彰、管理工作；5.加强工会组织建设，健全组织网络，协助党委管理基层工会干部，加强工会干部队伍建设，发展壮大工会组织；6.按照法律和政策规定，收好、管好、用好工会经费，加强经费审查监督工作；7.完成市委和上级工会交办的其他工作任务。

【帮扶困难职工】 1.两节“送温暖”。2016年元旦、春节期间，霍州市总工会开展两节送温暖活动，筹集送温暖资金57.98万元，对64个基层工会的1366户困难职工、6名困难劳模和1家困难企业进行走访慰问，总体实现“全覆盖，不遗漏”。困难职工实现微机联网，联网率达100％。2016年，在春节期间救助困难职工的基础上，对5人进行日常救助，救助总额5550元。

2.夏送清凉。2016年7月，霍州市总工会共筹集慰问资金55720元，对绿化队、交警队、化工公司、七里峪景区780名一线职工（农民工）进行走访慰问，为职工送去白糖、茶叶、绿豆、矿泉水等慰问用品。

3.金秋助学。2016年8月，霍州市总工会对全市考取二本B类及以上大学的困难职工家庭子女进行摸底调查，经过基层工会审查及公示、保障部筛选和入户调查，确定对张书玮、周涛等39名困难职工家庭子女实施资助，其中农民工子女10名，单亲家庭子女4名，共发放助学金7.8万元。

4.大病互助。2016年，霍州市总工会在第九期职工大病医疗互助活动中，为55名患大病职工申报医疗补助金147820元。第十期职工大病医疗互助活动，组织74个单位参加，参保人数5888人，收缴互助金211968元。

【就业援助服务】 2016年，霍州市总工会配合人社部门举办春风行动暨春季人才招聘会和秋季人力资源招聘会，来自山西省内外的80余家企业参加现场招聘，提供就业岗位3000余个，涉及20多个行业、30余个专业，促成2600余人达成就业意向。工会和人社部门工作人员现场为用工单位和各类求职者提供就业政策咨询服务，现场发放各类宣传资料1000余份，《工会会员手册》600余册。使求职者通过现场咨询，获得依法维护自身权益的有关知识。

【工会自身建设】 加强干部队伍建设。霍州市总工会加强机关干部思想政治建设，开展“两学一做”学习教育，实行每周一下午集体学习制度，学习党的十八届五中、六中全会精神及习近平总书记系列重要讲话精神，学习中国工会十六大、中央对新形势下群团工作的新要求和临汾市总工会以及霍州市的工作精神，增强工会干部职工群众观念，提高服务基层、服务群众、服务发展的能力。加强工会党组织规范化建设。市总工会按照“两学一做”学习教育要求，坚持和完善“三会一课”、主题党日活动、民主评议党员、党员党性分析、领导干部过双重组织生活等制度，一把手带头讲党课，班子成员积极参加党员组织生活会，召开班子民主生活会，增强党内生活的政治性、原则性和战斗性。加强信息宣传工作。2016年共撰写工作简报14期。

2016年，市总工会贯彻中央“八项规定”，学习中央、中纪委及上级部门出台的各项政纪、法规，全面落实中央、省、市关于“三公经费”的有关规定，健全完善机关作风建设规章制度，厉行勤俭节约，改进作风，坚决反对“四风”，市总工会班子提高战斗力，增强机关团队凝聚力，为完成各项工作任务提供组织保障。

【职工素质工程】 2016年，霍州市总工会按照市委的干部培训计划，落实领导干部培训制度，参加市里政治理论培训和上级工会的各类业务学习培训。完成机关干部职工学习培训任务。2016年，市总工会及基层工会干部职工共有30余人次参加山西省总工会、临汾市总工会和市委组织的各项学习培训活动，增强全体工会干部学习的积极性和有效性，促进班子成员思想理论素质和政策水平的提高。

【劳动竞赛】 1. 霍州市总工会深化“五小竞赛”活动。2016年5月上旬，根据临汾市总工会文件要求，市总工会制定《关于在全市企事业中全面开展“五小”竞赛活动的实施方案》，成立活动领导组，召开动员会，对活动进行安排部署，做好“五小”竞赛活动计算项目预报情况及竞赛活动进展情况统计工作，上报临汾市总工会。11月中旬，霍州市裕林源苗木种植专业合作社的“高产红薯种植法”相关发明专利资料经临汾市总工会审核通过，作为优秀成果上报至山西省总经济部。加强职工创新工作，2016年，建立1个劳模创新工作室和1个职工创新工作室。2. 做好先进推荐评审工作。“五一”期间，霍州市有1个集体受到山西省总工会表彰。有2个集体、3名个人分别受到临汾市总工会表彰，完成山西省、临汾市五一表彰大会先进集体和先进个人的评审推荐工作。3. 做好劳模管理和服务工作。规范劳模档案管理，掌握全市劳模基本情况，开展慰问救助活动。2016年元旦、春节期间，共为6名困难省级劳模发放救助金1.56万元，为25名省级劳模发放慰问金1.5万元。9月，就5名困难省级劳模和23名省级劳模春节慰问金向临汾市总工会进行申报。4. 开展“安康杯”竞赛活动。市总工会和市安监局共同签发《关于继续开展“安康杯”竞赛的通知》，制定方案，明确竞赛的主题、目标、范围、措施和考核内容。成立竞赛组委会，组委会下设办公室，设专人负责。各参赛单位也成立领导小组，围绕竞赛主题，层层发动，制定方案，落实措施，形成一级抓一级，一级保一级、齐抓共管、群防群治的安全生产管理格局。围绕安全主题，加强宣传教育。在竞赛活动中，把安全知识培训和教育放在重要位置，以“安全生产月”活动为重要契机，机关人员深入基层单位向职工群众普及安全生产知识，宣传《工会法》《劳动法》《劳动合同法》《再就业促进法》《社会保险法》《安全生产法》等法律法规，发放宣传资料3000余份，营造“人人关心安全，人人关爱生产”的社会氛围。每年对劳动安全专项集体合同、女职工专项合同检查1次。为使竞赛活动落到实处，以激励约束为手段，激发各参赛单位的参赛热情。把竞赛活动纳入全市工会工作综合考核，形成全市抓竞赛的格局，扩大“安康杯”竞赛活动的影响。

【维护职工权益】 1. 霍州市总工会开展工资集体协商工作。2016年6月底，以建立完善平等协商、职代会制度和一线职工工资保障机制建设为重点，按照“抓规范、提质量、出经验”的要求，安排全市10个乡（镇、街道）和7个行业、5个独立企业开展工资集体协商活动。签订工资集体合同22份，覆盖企业283家、职工（含农民工）5289人，实现职工工资平均增幅5%至10%，最低月工资1600元。

2. 落实女职工特殊权益，关爱女职工。2016年5月上旬，市总工会在供电公司、人社局、运管局举办3场“女性卫生健康知识讲座”，听课女职工300多人，举办现场咨询活动。8月中旬，对基层各单位发放女职工劳动保护条例答题卡，通过做题方式，使女职工对劳动保护条例有更加深刻认识。在“三下乡”“安全生产月”活动和“12·4全国法制宣传日”期间，市总工会发放《工会法》《女职工劳动保护特别规定》《劳动法》《劳动合同法》等宣传资料6000余份，在全市营造保护女职工、关爱女职工的良好氛围。

【其他工作】 1. 文体活动。2016年，“五一”期间，霍州市总工会组织举办“传承文化，提升素质”为主题的“庆五一”职工经典诵读表演大赛，20个基层单位选送的25个参赛节目以朗诵、演讲、小品等形式为大家带来一场书香盛宴。4月18至25日，市总工会组织举办庆“五一”第六届职工篮球赛，历时8天，有8支代表队参赛。5月中旬，市总工会组织基层开展以“中国梦·劳动美”第二届全省职工摄影为主题的摄影展，从摄影者的角度展示霍州市在政治、经济、文化、社会和生态建设等方面取得的丰硕成果，闫青山、张全虎的作品（《居高临下》《麦收》《精细活》《暮归》《渔歌》《铸造工》）获省总工会“优秀奖”。加强基层单位“职工书屋”建设，2016年，新增职工书屋1个——霍州市文庙社区，该社区藏书800册，为社区人员读书提供方便。

2. 组织建设。按照临汾市总工会“组建月”活动要求，2016年的组建任务是：新建独立工会10个，新增覆盖法人单位30个，新增工会会员350人。在组建月活动中，按照“三告知、两报告、一宣誓”的标准建会程序组建工会和吸纳会员。对新增独立工会进行分片包联，责任到人，做到从组建到考核的全程服务。2016年，有8个乡（镇、街道）工会联合会完成新增覆盖法人单位30个，新增会员350人。

2016年，全市各类工会组织达到206个，会员总数31941人，工会组建率和会员入会率实现全覆盖。

3. 开展“两学一做”学习教育。2016年，霍州市总工会结合工作特点和实际，开展“两学一做”学习教育，取得明显实效。通过对习近平总书记系列重要讲话精神，山西省各级领导重要讲话精神，中共十八届五中、六中全会精神，中纪委重要会议精神的学习，全体党员增强党性锻炼，强化宗旨意识。通过学习党章、党规，开展“四讲四有”和习近平总书记的“不忘初心，继续前进”、解决突出若干问题等专题内容的研讨活动，班子成员和全体机关干部的理想信念坚定，遵法守法、廉洁自律意识明显加强，工作中的责任意识和担当精神明显提高。坚持抓好问题清单和整改清单的落实工作，从职工群众最不满意、反映最突出的问题入手抓好整改，从制度建设入手建立健全作风建设长效机制。修订完善机关各项规章制度，执行上班签到、请销假制度，机关纪律作风明显好转；坚持走出去、沉下去，加强对基层工作的指导、服务和帮助，在“工资集体协商”和“工会组建月”活动中，机关全体人员分片包点，进企业，访职工，强化宣传指导。在“送清凉”“送温暖”等活动中，广大工会干部深入职工中，送物资，送政策，机关工作作风明显好转。用真改、实改、彻底改的态度和行动让职工群众感受到整改落实的决心和实效。

4. 加强党风廉政建设。落实“12388”工作法，执行党员干部个人行为“约法三章”。支部书记作为党风廉政建设的第一责任人，承担起加强和落实党风廉政建设的政治责任，带头履行主体责任，把党风廉政建设纳入干部目标管理考核，掌握班子成员的思想作风、工作作风、生活作风和履行党风廉政建设职责情况。对工作中存在的不足和职工群众反映的问题，采取谈心谈话、工作约谈、提醒告诫、责令纠错等方式，落实廉洁从政和改进作风的各项规定，把教育、制度、监督、纠风、惩治有机结合起来，使工会各项工作相互协调、相互促进、相互渗透，增强惩防体系建设的系统性、针对性，做到党风廉政建设工作与工会工作同部署安排、同督促落实、同检查考核，把党风廉政建设工作推向深入。落实市委“六权治本”各项决策部署，推进法制建设，强化财务管理，实行分管副职财务审批制度；建立“财务监督小组”，实行办公用品采购监督管理制度；加强工会经费审查审计监督，对各类专项资金、重点项目和关键环节加强监督检查；坚持民主管理，凡涉及“三重一大”事项，都要召开主席办公会议，集体研究决定，对业务招待费使用情况等干部职工关注的问题，通过机关干部大会等形式及时通报，提高工作透明度。

5. 工会法律工作。2016年，霍州市总工会建立完善部门维权联动机制。与霍州市人民法院建立职工信访案件联合调解处理制度，与市劳动仲裁院建立职工信访案件转接制度。加强与司法局、人社局劳动监察大队协调配合，研究解决劳动欠薪、劳资争议、法律诉讼等职工侵权案件。2016年，接待职工来访案件2起。规范基层工会法人资格登记、变更工作。结合市工商银行为基层设立独立账户优惠政策服务活动，安排全市有条件的基层工会设立工会专户，为基层工会办理《工会法人资格证书》和《法定代表人证书》。做好劳动关系和谐企业创建工作。按照上级政府及市总工会创建劳动关系和谐企业的有关要求，11月上旬，全市选树的国新液化天然气有限公司被临汾市总工会评为“第二届临汾市模范劳动关系和谐企业”。开展法律法规宣传活动，按照霍州市委、市政府的统一安排，12月5日，市总工会在州署广场开展工会法律法规宣传活动。现场发放《工会法》《农民工维权条例》《农民工维权口袋书》《女职工劳动保护特别规定》等宣传资料1000余份，为广大职工群众提供法律咨询，营造浓厚的法制氛围。

6. 参与“三下乡”活动。2016年3月，以霍州市文化科技卫生“三下乡”活动为契机，深入白龙镇寺庄村活动现场开展工会法律法规宣传咨询，为群众发放宣传资料1000余份，赠送工会宣传袋300余件，向白龙镇捐赠化肥5吨，价值7000元。宣传工会法律法规，使农民群众更加了解工会组织的职能职责。

【领导班子】

主　席：

刘虎虎（2012.03—2016.12）

朱泽军（2016.12—2016.12）

副主席：

朱欣平（2002.05—2016.12）

【获奖情况】

2016年3月被临汾市总工会评为2015年度法律维权工作先进单位。

（任静）

共青团霍州市委

【概况】　2016，共青团霍州市委机关有少工委、组宣部、工农青年部、办公室4个部室，截至2016年底，核定编制10名，有工作人员8名，全部为中共党员。

【基层组织建设】　1. 坚定政治立场，重现青年思想。2016年，共青团霍州市委开辟新载体。利用微信、微博等新媒体平台，推送和发布最新时事消息、工作动态，向团员青年传达有关共青团工作的会议精神。创新形式。通过向上向善好青年、团干部如何健康成长等话题在微博中开展大讨论。

2. 推进城市街道区域化团建工作。2016年，共青团霍州市委下发《关于转发〈关于全力推进街道区域化团建工作的通知〉的通知》，把团建资源、活动内容和荣誉表彰更多地向社区倾斜，支持下辖5个街道团委的区域化团建工作。改进评选表彰机制。社区团组织在团干部和团员评先评优工作中、在对驻区单位的青年文明号、青年岗位能手、青年志愿者表彰中拥有评议权。建立团市委班子人员包联社区制度。指定团干部每人专职联系3至4个社区，每月到联系社区督促指导区域化社区团建工作，帮助社区对辖区单位联系，对区域内阵地资源进行整合，指导其开展工作和活动，协调解决存在的困难和问题。协调共建委员会成员单位将资源向社区延伸。调动青年文明号、青年志愿者服务队实现资源共享，参与社区团建工作，通过结对帮扶等形式，带动新建的组织参与团的共建，建立多个青少年工作活动阵地，形成区域化团建的整体合力。

3. 团组织建设工作稳步推进。10月，开始团组织换届工作，12月23日，完成市、乡、村三级团组织换届工作任务，共青团霍州市第七次代表大会召开，选举产生新一届团市委领导班子。通过换届，将有思想、有活力、有能力、有韧劲、敢担当的一大批优秀青年干部选进团的领导班子，激发团组织的工作活力。为提高基层团干部的综合素质，结合中央、省、市三级群团工作指导意见，开展基层团干部培训，通过对业务知识、思想道德建设等内容的培训，加强对基层团干部的教育，为基层团工作的良性发展奠定基础。

4. 加强少先队组织建设。2016 年，共青团霍州市委把握和遵循少先队教育的科学内涵，健全完善少先队辅导员 QQ 群、信息库、手机短信平台，探索建立以微信、微博等新媒体为载体的信息平台，做到全队快速组织动员、信息资源全队共享。10 月 13 日，通过在实验小学举行首届少先队入队仪式展演，各学校校长、部分少先辅导员被邀请参加此次活动，为建队日纪念活动在霍州市全面铺开奠定基础。

【"奋斗的青春最美丽"系列活动】 2016 年 1 月 1 日，参与以"益路同行，感谢有你"为主题的爱心志愿者协会联谊座谈会。市政协副主席、文物局局长薛有生，团市委相关人员参加此次座谈会。对 2015 年的志愿服务工作进行总结，对涌现出的优秀志愿者进行表彰，对爱心单位举行授旗。

2016 年 1 月 7 日，临汾团市委副书记王小华、霍州团市委书记王强一行 6 人对新申报的省级青年文明号单位霍州地税局直属一分局和霍州煤电集团曹村矿工贸有限公司通勤车队乘务组进行检查验收。

2016 年 2 月 21 日，联合市人社局、工会、妇联等单位，在市文化活动中心隆重举办 2016 年度春风行动·春季人才招聘会。参加的用人单位达 80 余家，涉及 20 多个行业、30 多个专业，提供就业岗位 2000 余个，现场有 2000 人与用人单位达成就业意向，缓解全市就业压力。

2016 年 3 月 18 日，团市委响应市委、市政府号召，在白龙镇寺庄村参加 2016 年文化、科技、卫生"三下乡"活动启动仪式。

2016 年 5 月 4 日，第四届青年志愿者服务月在大张镇敬老院拉开帷幕。

2016 年 5 月 19 日，在青年志愿者服务月之际，本着奉献、友爱、互助、进步的精神，团市委组织国税局、祁临高速霍州收费站、人民医院、企保中心和爱心志愿者协会的青年志愿者，对全市贫困学生、困难家庭、敬老院进行"送温暖"慰问活动。

【"我的中国梦"主题教育实践活动】 2016 年 5 至 6 月，霍州市团市委安排部署各基层团组织、青年志愿者服务队、全市各学校团委、少先队组织配合参与"中国根·黄河魂"助力临汾投票活动。通过微信群、QQ、霍州青年公众号等网络平台发布倡议书。在 5 月 12 日、5 月 29 日、6 月 2 日，深入市区人员密集区、学校、幼儿园等地现场发放宣传单，组织群众参与投票。

2016 年 8 月，由市团委推送的山西文冠果科技有限公司"健康天使"文冠果项目在"第三届山西青年创新创业大赛"中荣获山西赛区涉农组－正式创业类二等奖。

2016 年 8 月 23 日，团市委响应市委号召，组织 100 余名少先队员和青年团员在南塔烈士陵园参与"传承革命意志，共圆兴霍之梦"纪念长征胜利 80 周年暨霍州解放 70 周年主题纪念活动。

2016 年 9 月 13 日，在市委宣传部组织下，团市委组织学校、乡镇团员青年 20 余人在七里峪三眼窑烈士陵园开展纪念长征胜利 80 周年系列活动。团员青年在烈士墓前默哀并敬献花篮。通过重温入团誓词、听党史办负责人介绍三眼窑烈士陵园的革命故事和捡拾垃圾，来表达团员青年们对革命先烈的缅怀之情。

【践行社会主义核心价值观系列活动】 2016年5月1日，在第四届青年志愿者服务月之际，共青团霍州市委组织市国税局、地税局、祁临高速霍州收费站、人民医院、人才交流中心、中国移动霍州市支公司、企保中心和爱心志愿者协会的青年志愿者们赴大张镇开展志愿服务活动。为困难学生和困难家庭送去学习、生活用品及慰问金，帮助敬老院的老人们打扫卫生、检查身体。

2016年3至9月，配合市关工委的老同志在赵家庄小学、寺庄小学、白龙镇中等学校，围绕习近平总书记系列重要讲话精神，解读“中国梦”的历史底蕴和时代内涵，向学生宣讲中国革命，建设和改革的历史进程、辉煌成就、宝贵经验和前进方向，教育和引导学生全面准确地理解党的路线、方针和政策。

2016年10月13日，少先队建队日当天，在实验小学举行以“红领巾相约中国梦——听党的话，做好少年，庆祝少年先锋队建队67周年”主题队日活动，对经过市少工委、市教科局、市新闻信息中心推荐并通过网络渠道评选出的“十佳少先队员”“十佳少先队辅导员”举行颁奖仪式，增强少先队员对少先队组织的光荣感、归属感。

2016年8月31日，继5月团市委与青年志愿者对15岁品学兼优贫困学子薛晓杰帮扶后，市少工委主任与市妇联主席带领国家二级心理咨询师李爱珍来到薛晓杰家中，通过心理咨询师的心理疏导，帮助他理性树立学习目标，应对高中生活；同时，了解其家庭实际情况，提供就业渠道，帮助其家庭增加经济收入。

5. 继2015年青年文明号单位国税局申报大厅一对一帮扶贫困学生朱怡蓉后，8月26日，他们来到该学生家中，将助学金送到朱怡蓉手中，确保该贫困学生可以安心读书，完成学业。

【树立先进典型】 2016年，共青团霍州市委定期举办青年SYB技能培训和春风送岗行动。针对有创业意愿的创业青年，依托农委、人社、劳动技校和各乡镇团委，通过送科技下乡、SYB集中培训、入村宣讲等形式，对农村青年进行专业技能培训，推动农村青年就业创业工作的深入开展。联合人社、妇联、工会举办两场人才招聘会，向全市青年提供就业岗位近5000个，完成对132名农村青年的就业指导培训，引导680名高校毕业生与企业达成意向用工协议。

建立青年能人储备库、评选青年星火带头人，挖掘和选树青年就业创业典型人物及事例，教育引导农村青年，以健峰生态农业开发、绿何祥福特产、文冠果业等优秀企业为榜样，立足实际，选准门路，探索出一条以创业促就业、以就业带增收的发展路子。

加强与农村信用社合作，实施青年创业小额贷款项目，发放农村青年创业小额贷款1000余万元，使一批有理想、有技术、缺资金的待业青年走上创业道路。

【维护青少年合法权益】

1. 推进文明礼仪体验示范校建设。

授予霍州市实验小学“省级文明礼仪体验示范校”称号，在学校各个年级开展文明礼仪话剧活动的排练与表演活动。

2. 发挥“预青办”综合协调功能。加强霍州市预防青少年违法犯罪工作小组机构建设，做好委员调整工作，完善全区未成年人保护工作联动机制。在霍州青年微信公众平台成立青少年维权律师团、心理咨询师团队，发挥律师及心理咨询师在维护未成年人合法权益以及预防青少年违法犯罪工作中的作用。

3. 关注困难青少年群体。做好希望工程工作。针对霍州市实验中学学生杨昊突发急性早幼粒细胞白血病，家庭经济困难，团市委积极联系团省委希望办，省希望办经审核给予该白血病家庭1万元资金扶持。开展各种慰问活动。利用青年志愿者服务月、学校开学之际，团市委组织青年志愿者、青年文明号单位走访慰问贫困学生，向他们捐赠学习用品和助学金；与市残联、市民政局等单位联合开展“阳光助残”活动，为孤残儿童送去慰问金，为困难青少年成长营造良好环境。发挥12355工作平台、青年志愿者心理咨询及法律工作者、青年文明号队伍作用，以预防青年违法犯罪为重要内容，开展宣传活动，增强青少年法制意识；联合预防青少年违法犯罪专项组成员单位开展预防校园犯罪系列活动。

【领导班子】

书　记：

王　强（2013.04—2016.12）

副书记：

王　凯（2007.08—2016.12）

王　婧（女，2013.09—2016.12）

张　超（2016.12—2016.12）

原　欢（女，2016.12—2016.12）

少工委主任：

曹艳玲（女，2013.10—2016.12）

（刘萍）

妇女联合会

【概况】　霍州市妇女联合会成立于1949年，至2016年12月，共有干部职工7人，其中党员5人，大专以上学历7人，主席1人，副主席2人，兼职副主席6人。内设机构有办公室、组宣部（兼维权部）、发展部（兼家庭儿童部）。基层组织有12个乡（镇、街道）妇联，12个市直单位妇委会。

【队伍建设】　2016年，霍州市妇联组织干部开展“两学一做”教育；坚持定期学习制度，传达各项政策和会议精神；举办“女性文化学堂”讲座，以“文化改变人生，智慧启迪生活，知识决定命运，劳动创造幸福”为理念，提升女性整体素质，促进女性成长、成才、成功。

举办市、乡、村三级妇联干部参加的农村巾帼“领头雁”培训班，专题为“妇女干部与妇女工作”和“新常态、新经济、互联网＋涉农产业”；举办女性文化学堂，邀请长治医学院的乔起敏老师授课，提高妇女干部服务妇女的能力和水平。

【“三八”活动】　2016年，霍州市妇联开展系列活动庆“三八”，举办“靓丽霍州·庆佳节、迎三八”广场舞文艺汇演，乐村淘电子商务有限公司为20支广场舞队伍捐赠音箱，在“今日霍州”微信公众平台进行优秀节目评选，举行颁奖仪式。2011至2016年，霍州市妇联为广场舞队伍捐赠音箱100余台，丰富广大妇女的精神文化生活；开展“三八”维权周法律宣传活动；组织女企业家和巾帼志愿者参加健步走活动。

【“六一”活动】　2016年，霍州市妇联开展系列活动庆“六一”：各乡（镇、街道）、学校、幼儿园开展各种活动庆“六一”；组织巾帼志愿者看望、慰问李曹镇驹沟村小学和杨家庄小学师生，为师生送去学习和生活用品，并和他们共度“六一”。

【组宣工作】 2016年，霍州市妇联组织改革：1. 市、乡两级妇联完成选配兼职副主席和执委，市妇联从文化、卫计、司法、霍煤、教科、农林等6个方面推荐优秀女性，召开二届四次妇联执委会，选任李正文等6名优秀妇女为妇联兼职副主席，主抓妇女文化与健身、妇女儿童身体健康、妇女维权、家庭教育、妇女精准脱贫等方面工作；乡（镇、街道）按照1∶4比例选任48名兼职副主席、157名执委；199个行政村、10个社区全部妇代会改建妇联，选配执委2087名。2. 成立民建霍州市委妇女工作委员会。

妇联宣传文化建设：以社会主义核心价值体系建设为根本，开展理想信念教育、民族精神和时代精神教育、社会主义荣辱观教育，弘扬自尊、自信、自立、自强精神。召开座谈会，欢迎“感动山西人物”霍州籍女子赵艳载誉归来，向全市妇女发出“向赵艳学习，争做霍州好人”倡议书，慰问赵艳；举办最美家庭最美家风巡讲，邀请王香香等4个最美家庭讲述她们家庭的故事，为其颁发“最美家庭”证书；联合市卫计局、职业中专学校举办“5·12”护士节专场文艺活动；举办“古韵新风·醉美霍州”首届旗袍秀活动，300余名妇女参加，和省、市旗袍协会进行对接；联合市总工会、团市委欢迎新兵入伍，为入伍新兵配戴光荣花，赠送笔记本、笔、水杯等生活用品；开展“远离雾霾，妇女在行动”宣传活动，发放倡仪书800余份；编发妇女简讯54期，妇联微信公众号推送信息79条，微信阅读达上万人次，充分利用新媒体开展妇女工作。

【发展工作】 2016年，霍州市妇联利用各种资源加强妇女创业就业培训，利用农业局“阳光工程”平台和农广校、扶贫局的培训，提高妇女创业就业能力；发挥芦笋种植协会、药材种植协会、核桃种植协会的优势，加强妇女技能培训；联合市经信局、市职中举办第二期电子商务培训班；联合职业中专学校举办第十、十一、十二期母婴护理师培训；联合人社局举办6期“巧娘、乡娘、厨娘”培训；把“巾帼扶贫大课堂”开设到乡镇、村，2016年培训人数1500余人次；通过中华好月嫂、无忧草母婴护理中心等全国连锁家政公司安置家政服务业人员达300余人；在三教乡、大张镇等6个乡镇举办妇女手工艺作品展，通过各种各样的培训和途径为妇女创业就业搭建平台，帮助妇女增收致富，使妇女转变观念，提高自身能力，培养一大批有文化、懂技术、会经营、善管理的新型女农民。

成立霍州市女企业家协会，创建女企业家交流平台，150余位女企业家分享她们的创业和管理经验；举办企业管理培训，立足本职创先争优，为妇女创新创业奠定理论基础。

开展妇女小额担保贷款财政贴息工作，解决有项目、没资金的创业瓶颈。7月21日，为19名符合条件从事10余个不同行业的创业妇女发放90万元的创业贷款，贷款第一季度利息补贴12013元发放到位。

联合市人社、工会、团委举办春季、秋季人才招聘会，搭建供需平台。发放宣传资料3000余份，提供就业岗位8000余个，达成就业意向4900多个。

【维权工作】 2016年，霍州市妇联解决妇女儿童最关心、最直接、最现实的问题，联合司法局设立妇女维权法律援助中心，指定专门律师解决妇女维权中的问题，市妇联参与人民法院庭审妇女维权和未成年人案件的陪审；开展“七五”普法宣传，发放宣传资料和宣传品 800 余份；配合市综治委开展婚姻家庭矛盾排查工作；利用霍州市妇联公众微信平台进行反家暴法宣传；2016 年接待上访维权案例 20 例，调解 19 例，法院开具“人身保护令”1 例，办结率达 100%。

【巾帼志愿活动】 2016 年，霍州市妇联联合团市委，通过发文、电台、电视台常年招募志愿者；联合市摄影家协会会员乔毅为 80 位 80 岁以上的贫困母亲拍摄照片；在母亲节组织巾帼志愿者为 5 位贫困母亲送去生活慰问品和照片；联合爱心志愿者协会开展志愿服务活动，联合妇幼保健院、计生协会开展母亲健康快车送健康到基层活动。

【帮扶工作】 2016 年，霍州市妇联联合市扶贫局对贫困妇女摸底调研，动员她们参加妇联组织的各项培训；在爱心助学活动中为有孩子上大学的贫困家庭申请救助；为 6 名贫困“两癌”和“特困”妇女发放救助金；在春节期间，联合市城建局、山冰摄影集团举办“关爱妇女、橙色荣耀——家族因你而骄傲”为环卫工作者拍摄全家福公益活动；举办“幸福启航·旗帜飘扬”关爱婴幼儿健康公益活动，为 180 名家长发放价值 6 万余元的奶粉；完成农村妇女宫颈癌免费筛查任务，为 3147 名妇女进行检查，检查出疑似病例 306 人，确诊 4 人。

【家庭教育】 2016 年，霍州市妇联开办霍州市家庭教育读书会，举办 14 期家庭教育读书会，受益家长达 1800 人；举办“看海洋奇缘，促亲子关系，帮残障人士”观影活动；开设家庭教育微信课堂。

【领导班子】

主　席：

李晓燕（女，2011.04—2016.12）

副主席：

成麦珍（女，2003.02—2016.12）

梁　艳（女，2012.06—2016.12）

【获奖情况】

2016 年 12 月 26 日，霍州市妇联被山西省妇女联合会授予 2016 年度妇女报刊及新媒体宣传推广工作先进单位。

2016 年 3 月，临汾市妇女联合会授予霍州市妇联“平阳花成长工程先进单位”称号。

2016 年 12 月，临汾市人民政府妇女儿童工作委员会授予霍州市妇儿办“‘十二五’时期实施妇女儿童发展两纲两规先进集体”

（刘晓丽）

文学艺术界联合会

【概况】 霍州市文学艺术界联合会，简称霍州市文联，是由市委宣传部主管的群团组织，是党和政府联系全市广大文艺工作者的桥梁和纽带。市文联成立于 1985 年 5 月，有工作人员 8 人。其中：主席 1 人，支部书记 1 人，副主席 1 人，副秘书长 1 人，其他工作人员 4 人，市文联下属有文学、书法、美术、曲艺、音乐、舞蹈、戏剧、摄影、民间文艺 9 个下属艺术协会，各类会员 300 余人。

【刊物发行】 2016 年，霍州市文联及《霍山》编辑部完成《霍山》第 16 至 19 期年度编辑出版发行计划。4 期共推出原创中短篇小说、散文、电影剧本、诗歌、民间故事等文学作品200余篇。

【各类艺术活动】 1.2016年元月20日，霍州市文联组织“送欢乐，下基层，情系敬老院”活动。由音协、舞协、曲协会员和书法美术协会30余人，组成慰问演出团，深入乡镇敬老院、市福利院慰问演出12场。组织摄影爱好者免费为部分敬老院老人照标准照。

2.送书法下基层活动。2016年2月，组织书法协会、美术协会、老年书画协会会员30余人，利用庙会，深入大张、退沙、许村、辛置、李曹、源头、靳壁、贾村等20余个村展览书画作品，举办书画知识讲座。

3.参加“三下乡活动”。2016年3月，参加全市科技、文化、卫生“三下乡”活动，给辛置镇新村、白龙镇寺庄等村基层群众送去价值1万余元的各类书籍。

4.为东门桥撰写“福”字。2016年4月，组织霍州市多名书法家，为新建东门桥撰写“福”字，选出24幅有代表性的作品，永久镌刻在新建东门桥两边栏杆上，提升霍州市文化品位和城市形象。

5.举办文学讲座。2016年5月11日，在市文化活动中心举办纪念毛泽东《在延安文艺座谈会上的讲话》发表74周年暨文学讲座，邀请享受国务院津贴的全国著名作家、原山西省文联副主席、临汾市文联主席、赵树理文学奖获得者谢俊杰为霍州市文学爱好者举办文学创作培训，100余名文学爱好者参加培训。

6.参加“尧风古韵·中镇霍山”诗会。2016年5月21日，参加由临汾市委宣传部牵头组织的“尧风古韵·中镇霍山”诗会以及在七里峪镇山广场举办大型诗歌朗诵会，邀请临汾各县（市、区）25名诗歌作者莅临七里峪、陶唐峪、霍州署开展采风创作，收到来自全国各地诗歌500余篇。

7.举办庆“七一”暨纪念红军长征胜利85周年书画展。“七一”前夕，在市文化活动中心，老干局、文化局共同举办庆“七一”暨纪念红军长征85周年书画展，展出作品260余幅。

8.举办征文活动。2016年8月，市文联与团市委、市教科局共同举办“爱我家乡，共建幸福美丽新霍州”为主题的征文活动，营造风清气正的社会环境，于2017年元月1日举行颁奖仪式。

9.参加“中和风韵·大美临汾”书画展。2016年9月，组织霍州市5名摄影爱好者和5名书画作者参加在乡宁县举办的“中和风韵·大美临汾”书画摄影展，展出霍州市书法摄影作品20幅。

10.成立霍州市文艺志愿者协会。2016年10月，成立霍州市文艺志愿者协会，至2016年12月登记会员120余名，分支机构9个，开展活动20余次。

11.举办“健康进万家”主题摄影展。与市摄协、德顺园大药房共同举办“健康进万家”主题摄影展活动，宣传健康理念，抵制迷信思想，促进人的全面发展。

12.文学创作。结合实际创作廉政题材的文艺作品，2016年创作2篇新编霍州书《风清正气搞换届》《神吹倒灶记》，弘扬风清气正的换届环境。

【领导班子】

主　席：

安忠伟（2011.12—2016.12）

支部书记：

贺文斌（2014.12—2016.12）

副主席：

武文平（2002.05—2016.12）

副秘书长：

邢　璐（女，2012.07—2016.12）

（武文平）

科学技术协会

【概况】　霍州市科学技术协会由市级协会、乡镇科协、村科普小组组成，是中共霍州市委领导下的人民团体，是党和政府联系科学技术工作者的桥梁和纽带，是国家推动科学技术事业发展的重要力量。霍州市科协的内设机构有办公室、普及部、青少部、咨询部。有干部职工8人，主席1人，副主席2人，秘书长1人，工作人员4人。

【科普网络建设】　2016年，霍州市科协建立健全12个乡（镇、街道）、199个村（社区）科普组织，有专人负责科普工作；7个乡镇都建有农村专业技术协会。引导、扶持科技带头人，重点培养和发展粉条加工协会、芦笋协会、小杂粮协会、中药材协会、丰和豆制品加工协会等10余个协会，每个协会都吸引3至5名科技带头人。

【科普阵地建设】　2016年，霍州市科协建有市青少年活动中心、中镇文化广场、永和公园等综合性科普活动场所，设立永和公园科普文化长廊和6组仿古式科普画廊；在开元街安装10组科普宣传栏，建设开元“科普一条街”。实施全国科普活动站、科普宣传栏、科普员（简称“全国科普‘站栏员’”）建设，每月更换一次内容；城区各社区都建有科普画廊。乡（镇、街道）全部建有科普活动室（站）、科普画廊（宣传栏）等设施，配有科普宣传设备。市区中小学校都建有科技活动室。培育扶持退沙芦笋种植基地、永合特色林果种植基地、十里铺甜瓜基地等20余个科普示范基地。

【全国科普示范市创建工作】　2016年，霍州市科协在山西省、临汾市科协的大力支持和指导帮助下，贯彻落实科普法，推进实施《全民科学素质行动计划纲要》，遵照全国科普示范市标准开展创建工作，加大科普投入，完善工作机制，创新活动载体，健全组织网络，形成全市共同参与科普工作的浓厚氛围，推动科普事业的健康发展。2016至2020年度创建工作中，霍州市勇创佳绩，三次被中国科协命名表彰为“全国科普示范市”。

2016年3月30至31日，霍州市政府副市长朱源洪和科协主席张文萍赴北京出席中国科协2016年科普工作会，参加部分全国科普示范县（市、区）座谈会，副市长朱源洪代表霍州市接受中国科协颁发的“全国科普示范市”奖牌。全国参加座谈会的县市有10家，霍州市作为临汾市唯一的一家参加会议，在“全国科普示范市”座谈会上作典型发言，增强霍州市广大科普工作者的信心，激发了其热情。

【科普日宣传活动】　2016年9月21至25日，霍州市科协组织开展以“创新放飞梦想，科技引领未来”为主题的2016年“全国科普日”活动。2016年9月21日，在霍州市四中开展科普大篷车进校园活动，随车装载的“自由落体”“动量守恒”“尖端放电”“锥体上滚”“猜生肖”等26件科普展品，让乡村学校的学生现场体验科技魅力，现场还展出50多个历届科普摄影大赛获奖作品。为600名中学生捐赠价值5000元的科普图书。开展科普进乡镇、进农村、进社区、科普巡展等科普活动。

【科普惠农工作】 科协利用传统庙会深入大张镇大张村、李曹镇李曹村、白龙镇寺庄村等地开展“三下乡”活动，为白龙镇寺庄村捐赠价值5000元的科普图书，为群众义务发放科普宣传资料5000余份，受理现场咨询2000余人次。

【社区益民工作】 2016年，霍州市科协贯彻实施《全民科学素质行动计划纲要》。加强社区科普建设，宣传科学思想，倡导科学方法，弘扬科学精神，提升社区居民精神文明和科学文化素质。利用城区优势，夯实科普基础，打造精品科普阵地。设立“一站、一员、一栏”（一站，即科技服务站；一员，即科技宣传员；一栏，即科普宣传栏），科普宣传员都由大学生村官担任。在霍州市科协引导下，霍州市北环路街道北兴社区投资13万元建起街道科普文化站，安装投影仪、音响、电脑等设备建立科普图书室，收藏各类科普图书2万余册，组织科普知识专题讲座6次，将每周六定为科普图书开放日，参加阅览人数2300人次。2016年12月，霍州市科协引导、扶持霍州市北环路街道北兴社区成功申报省级社区益民计划项目，获得10万元奖补资金，用于社区科普建设。该社区成为霍州市首家获此项殊荣的社区。

【青少年科技教育】 2016年，霍州市科协引导和鼓励广大青少年参与科普活动，参加科技创新大赛，从小树立良好的科学观念，形成学科学、爱科学、用科学的良好氛围。在2016年举办的全省第三十一届青少年科技创新大赛上，上交作品1059件，获奖作品394件，一等奖21件。在临汾市选送的作品中，霍州市实验小学选送的“夜光羽毛球”、实验中学选送的“充电风扇”参加省级终评展示并分别荣获一等奖、二等奖。10月，在临汾市第二届“青少年机器人竞赛”中荣获2个一等奖、5个二等奖、1个三等奖的佳绩。市科协被评为临汾市第三十一届青少年创新大赛基层赛事优秀组织单位，市科协副主席高霞被评为临汾市第三十一届青少年创新大赛先进工作者。

【其他工作】 2016年，霍州市科协在市新闻中心开设《科普大篷车》栏目，在《今日霍州》设有科普专栏，在政府网站设有科普网页，更新科普知识、科普信息，使科普知识深入街头巷尾。

【领导班子】

主　席：

张文萍（女，2013.04—2016.12）

副主席：

高　霞（女，2012.08—2016.12）

杨丽霞（女，2012.08—2016.12）

秘书长：

孙俊芬（女，2007.08—2016.12）

【获奖情况】

霍州市被中国科协命名为2016—2020年度“全国科普示范市”；霍州市科协主席张文萍同志被中组部、中国科协等九部委评为《全民科学素质行动计划纲要》“十二五”实施工作先进个人。

霍州市实验小学被山西省科协命名为第六批“山西省科普教育基地”；霍州市北环路街道北兴社区、霍州市鼓楼街道文庙社区被山西省科协评为“2016年山西省优秀科普示范社区”，其中霍州市北环路街道北兴社区获得省级社区益民计划奖补资金10万元，用于社区科普建设。

霍州市科协连续8年被临汾市科协评为综合工作先进单位；霍州市科协被临汾市妇联评为“三八”红旗集体。

（杨丽霞）

老区建设促进会

【概况】 霍州市老区建设促进会于2002年组建。老促会是一个特殊性社团组织，是经党中央批准，由国家、省、市、县、乡各级设立的系统组织，担负着弘扬老区革命精神，促进老区经济、文化、社会发展的使命。

市老龄人才资源开发协会于2005年组建。经市委批准，由市老促会班子成员兼任老龄人才资源开发协会工作职能。发挥离退休老干部人才优势。

到2016年底，老促会和老龄人才协会理事70人。领导机构中，名誉会长6人，会长、副会长、秘书长、办公室主任共9人（其中，2016年新增副会长3名，办公室主任1名）。

【两会工作开展情况】 1.2016年，霍州市老促会完成霍州市23个革命老区重点村贫困户扶贫项目摸底调研工作，上报上级相关部门。

2. 印刷出版中镇文脉《谁不说咱霍州好》书画集和升级版，两次印刷发行2000册。

3. 完成中镇文脉《文物编》编撰出版工作，发行量为1200册。

4. 支持革命老区重点村干节村，打造红色旅游基地，修通油盆峪、旋风峪两条旅游通道，路面全部硬化。

5. 将革命遗址——省委扩大会议旧址邢家泉北顶庙纳入永和公园规划保护工程范围，此处革命遗址对游人开放。

6. 强化组织队伍建设。新增副会长3名（董双锁、杨辉金、傅瑾璧），办公室主任1名（胡中华）。

【领导班子】

名誉会长：

崔山原　黄晓君　高雅铭

牛福生　刘元建　米培人

会　长：

郭思红

副会长：

肖培芳　薛李珠　梁红旗

张明光　董双锁　杨辉金

傅瑾璧

秘书长：

张明光（兼）

办公室主任：

胡中华（兼）

（张明光）

梁衡研究会

【概况】 梁衡研究会是一个新兴的全国性学术研究机构，2015年9月28日落地霍州，在霍州市一中图书馆揭牌成立。2016年，梁衡研究会以推进文化繁荣，服务社会主义精神文明和物质文明建设为宗旨，开展多渠道、多形式的活动，全国各地专家学者、文学爱好者参与。

【主要活动】 2016年4月18日，梁衡研究会在北京大兴区设立文学创作基地。会长郭思红，副会长薛李珠、梁红旗、李福光以及传媒部部长胡中华5人，参加开幕仪式。梁衡研究会在京的会员、学者，北京大兴区区委领导及霍州营村群众500余人参加会议。主要有4项活动：1. 向梁衡先生汇报研究会成立8个月来的活动情况；2. 在京的研究会会员卫东海、山西晚报记者贾丽、北京大兴区区委领导，进行座谈交流；3. 参观大兴区霍州营村经济建设园；4. 观看大兴区组织的文艺表演。

【霍山文化研究会】 2016年5月1至2日，由梁衡研究会、霍氏文化学会、三晋文化研究会、霍州老区建设促进会和陶唐峪乡义旺村委会联合举办首届霍山文化研讨会、霍氏祠堂论证暨霍山神文化旅游节开幕仪式。会议由霍州市三晋文化研究会会长段新莲主持，霍氏文化研究学会总监霍聂鹏致开幕词。山西省三晋文化研究会、临汾市三晋文化研究会、霍州老区建设促进会、梁衡研究会、霍氏文化研究学会80余人参加会议。5项议程：1. 围绕霍山文化传承、保护、开发进行研讨。2. 在霍州署举行霍氏宗亲祭祖活动。3. 参加霍山神祭祀和祈雨仪式。4. 对霍氏祠堂的修建论证。5. 参观梁衡研究会展厅，部分书法家为梁衡研究会留书墨宝。《山西晚报》《临汾日报》、霍州电视台、《今日霍州》报记者跟踪报道。

【创办会刊】 2016年5月，《梁衡研究》会刊编发一期，10月编发二期。两期刊发梁衡作品，大家评论及学员习作等60多篇，18万字，图片50多幅，向全国各地发行1200余份。

协助《霍山》杂志、《今日霍州》报和霍州电视台开辟“余音绕梁”“梁衡文苑”固定栏目，常年刊载、播放梁衡的文章及有关动态和评论。

梁衡研究会在陕西府谷县田家寨镇设立“梁衡文苑”，2016年5月11日，会长郭思红、副会长朱壮军、传媒部长胡中华一行3人参加在陕西省府谷县田家寨镇举办的高寒岭人文森林公园研讨会暨“梁衡文苑”揭牌仪式。梁衡先生亲临现场，国家林业局退耕还林办、中国报告文学协会，人民日报文艺部、全国生态文化学会、中国国土经济学会，以及国内文化界、林业界、新闻摄影界、中国时报、人民网和江西、青海、新疆、河南、山西、陕西等省的专家、学者及政界人物等300余人参加会议。会议由榆林市委常委、宣传部长李博，榆林市人大副主任、府谷县委书记马治东主持。主要有3项活动：1. 国内首个人文森林公园—高寒岭人文森林公园揭牌仪式；2. 高寒岭森林公园“梁衡文苑”揭牌仪式；3. 梁衡散文研讨会。

梁衡研究会向大会分发《梁衡研究》一期杂志200本。府谷县高寒岭森林公园向梁衡研究会捐赠梁衡丛书《树梢上的中国》200本，高寒岭万年树化石1墩。

2016年6月17日，梁衡研究会会长郭思红、副会长朱壮军、传媒部长胡中华一行3人应邀赴江苏省常州市参加纪念瞿秋白就义81周年暨《觅渡》发表20周年活动。梁衡和来自全国各地专家学者，100余人参加会议。会议有3项活动议程：1. 郭思红代表研究会向瞿秋白纪念馆赠送雕有秋白遗像和梁衡精句组成的大型霍州剪纸作品，参观瞿秋白纪念馆。2. 郭思红发表《家乡人眼中的梁衡》，朱壮军发表《金子和淘金者》，胡中华发表《一颗思想的原子弹》。3. 梁衡先生受聘为瞿秋白纪念馆名誉馆长，觅渡桥小学名誉校长，江苏省委机关刊物《中国剪报》创始社长王荣泰赠送梁衡研究会特制《觅渡》宜兴陶罐一对。

【其他活动】 2016年4月19日，在梁衡研究会举荐下，梁衡为霍州的山西文冠果科技有限公司题词：“中华文冠果，霍州一片云，一饮冠三军，再品百事成”；为霍州市职业中专学校题写校训“崇尚技能，创业自强”；为七里峪山门题写：“地蕴天泽”。

2016年8月，在霍州市“纪念红军长征

胜利80周年演讲”会上，梁衡研究会选送的由李泽辉创作，朱谧娜、胡中华朗诵的《长征之歌》获优秀奖。

2016年，霍州市一中成立梁衡文学社和中华魂读书会，开展“梁衡经典散文朗读大赛”“假如我是市长”作文比赛。

2016年，梁衡研究会制作梁衡散文配乐朗读110篇，《数理化通俗演义》评书71回。

2016年，研究会接待霍州市档案局、报社、政府审批中心、审计局、梁衡家人、太原12中学领导、临汾市领导、学校语文教师等50多批次1500多人参观学习。

开通“梁衡研究”公众号。2016年，微信公众号《梁衡研究》发布211期，订阅人数达1635人。“梁衡研究会”“梁衡人文森林论坛”“梁衡文苑”“梁衡研究”四个微信群每日24小时的高频率活动，构成山西霍州、陕西府州、葭州、江苏常州、海南琼州五州联袂；《人民日报》《青海湖》《西北文学》《三清媚》《中国绿色时报》《中国剪报》《山西晚报》《咸阳日报》《西北文学》《名作欣赏》《新湘评论》《山西名作》《北京日报》等报刊杂志构成合作交流体。全国有200多位专家、学者、教授参与研究，30多万名文学爱好者和梁衡粉丝，参与、学习、交流、创作。收到来自全国各地的论文300多篇。

【领导班子】

顾　问：

王荣泰（2016.06—2016.12）

郝　安（2016.06—2016.12）

崔山原（2016.06—2016.12）

黄晓君（2016.06—2016.12）

名誉会长：

刘聪博（2016.10—2016.12）

会　长：

郭思红（2015.09—2016.12）

常务副会长：

韩学东（2015.09—2016.12）

副会长：

薛李珠（2015.09—2016.12）

梁红旗（2015.09—2016.12）

朱壮军（2015.09—2016.12）

朱忠明（2015.09—2016.12）

李福光（2015.09—2016.12）

梁记全（2016.11—2016.12）

史江民（2016.11—2016.12）

赵雄飞（2016.11—2016.12）

秘书长：

李福光（兼）

副秘书长：

张记梅（女，2015.09—2016.12）

刘德瑾（2016.11—2016.12）

办公室主任：

胡中华（2016.03—2016.12）

（李福光）

老年书画家协会

【概况】 2016年，霍州市老年书画家协会，围绕党和政府的中心工作，协同市老年大学和诗词楹联学会，组织和带领广大老年书画诗联爱好者，开展学习研讨、联谊交流、办展参展及文化下乡等活动，为实现全市“进军省强市、全面达小康，共建文明开放幸福美丽新霍州”的宏伟目标，发挥特殊作用。为继承和弘扬祖国传统文化艺术，保进文化事业的繁荣和发展，做出积极贡献。

【基层组织建设】 1.2016年5月7日，在三教乡党委政府协助下，三教乡书画诗联协会成立，会员 24 人。通过协商选出会长赵明，常务副会长（兼秘书长）高国栓，副会长王怀忠、陈文明、尤东虎。聘请杨华伟（乡党委副书记）、赵培儒、薛兆俊（市会副主席）任名誉会长。

2.2016 年 9 月 1 日，组织开展市老年书画家协会成立 25 周年纪念活动，在市文化局举行庆祝大会，该会会员 120 余人出席会议。霍州市委书记崔山原，市委常委、宣传部长郭丽华，市政协主席薛泽会，市人大副主任安志勇，市政府副市长吕文博和临汾市老年书画家协会主席张北管、第一副主席李富积、秘书长郑文秀等同志应邀参加会议。会上，对该会 18 名优秀工作者和 40 名优秀会员进行表彰奖励。

截至 2016 年底，市老年书画家协会共有会员 404 人，下设 13 个基层组织。

【书画诗联展览】 2016 年 2 月 8 日至 3 月 8 日，该会同市委老干部局、市文化局、市文联等，联合举办霍州市迎新春书画诗联摄影展，霍州展出全市 100 余位老中青书画诗联和摄影爱好者作品 200 余件，其中书法作品 80 余件、绘画作品 40 余件、诗联作品 60 余首（副）、摄影作品 40 余件。展览 30 天，参观人数达 3000 余人次。

2016 年 6 月 29 日至 10 月 10 日，由市委宣传部牵头，该会与市文化局、市委老干部局、中镇书画院等，联合举办纪念建党 95 周年暨红军长征胜利 80 周年书画展，展出全市 160 余位书画诗联爱好者作品 240 余件，其中书法作品 140 余件、绘画作品 50 余件，诗联作品 60 余首（副），展览 100 天，参观人数达 8000 余人次。

2016 年 3 月 15 日，市老年书画家协会利用召开工作会议时机，协助该会常务副主席王斌正和老年大学绘画教师高晓华举办个人书画展，展出作品 40 余件。

【送展参展参赛】 1.2016 年，霍州市老年书画家协会先后向全国第五届老年大学书画展、三省四市书画展，临汾市纪念长征胜利 80 周年书画展、环保杯书画展、侨贤翰墨书画展和尧风古韵诗词征文以及汾西县纪念长征胜利 80 周年邀请展和九龙泉诗刊征文等活动，选送孙玉安、赵子俊、薛光俊等 50 余位会员的书画作品 150 余件，诗词作品 15 首等。荣获全国第五届老年大学书画展组织奖。其中昆明大观楼、中国梦晋宁美全国长联征集活动，会员张美玉 130 字长联被评为三等奖。第五届全国老年书画展五百强、个人风采五周年珍藏版，会员傅立圃作品入选入编。

【联谊交流活动】 2016 年 5 月 16 日，霍州市老年书画家协会组织 30 余名会员赴太原美术馆，参观中国著名书画家王镛书画印展览和山西省第四届工笔画展。

2016 年 9 月 14 日，应灵石县老年书画协会邀请，霍州市老年书画家协会执行主席赵子俊、常务副主席王斌正、副主席刘月虎和驻霍企业负责人安徽省书协会员肖西原及该会会员王文亮一行 5 人，赴灵石取经学习，参观灵石县举办的迎中秋书画展，并举行联谊笔会和座谈交流活动。

2016 年 9 月 1 日，市老书书画家协会成立 25 周年召开庆祝大会，特邀临汾市老年书画家协会主席张北管、副主席李富积、秘书长郑文秀等一行 5 人，到霍州参加会议，举办专题讲座和笔会联谊活动，现场书写条幅 40 余件。

2016 年 10 月 13 日，邀请灵石县老年书画协会副会长张桂芳、段双锁、董国梁，秘书长杨金丽一行 4 人来霍传经送宝，介绍学习书画的体会和经验，现场创作书画作品 60

余件，书画协会会员80余人听讲，并观看才艺展示。

【送文化下乡活动】 2016年1月中下旬，组织“写春联，送祝福”活动。在霍州市委老干部局支持下，采取集中和分散相结合的办法，组织30位书法会员，为城区离退休干部书写赠送春联1500余副，深入霍山酒业、环卫队等单位，开展书写春联和联谊笔会，深入全市8个乡（镇、街道）和2个行政村及4个社区和学校，义务书写赠送春联6000余副、条幅300余件，把新春祝福送到千家万户。

2016年3至5月，组织书画诗联下乡活动。配合全市的科技、卫生、文化“三下乡”活动，协助各乡镇书画诗联协会，利用乡村庙会活动，在大张镇的大张、下乐坪、贾村，辛置镇的二处文化活动中心，白龙镇的陈村，李曹镇的李曹、源头，陶唐峪乡的义城，退沙街道的许村、王庄，三教乡的歇马滩等，开展书画诗联巡回展览和联谊笔会活动。展出书画作品800余件（次），诗联版面8块、作品60余首（副）。组织20余位书画名家现场为群众书写条幅1000余件，吸收农村会员50余人，观赏的干部群众达1万余人次。

2016年5月19日，即墨老酒霍州市分公司开业，赵子俊、王斌正等会员应邀参加，现场书写赠送条幅20余件表示祝贺。

2016年9月28日，白龙镇寺庄学校举办“金秋墨香，传承国粹”名师书法进校园活动，会员赵子俊、傅枫一行6人应邀参加，执行主席赵子俊向全校200余名师生作专题演讲。书写条幅60余件，激发师生学习书法的兴趣，为老年书画深入学校，促进素质教育增添新内容。

【联合办学编印专辑】 与市老年大学联合举办书法、绘画、诗词、楹联辅导班。聘请有书画诗联专长的高晓华、张福义、张美玉、王斌正等担任授课老师，除寒暑假两个月外，坚持每周四进行辅导，全年授课40余课时，学员1800余人次。

2016年8月5日至9月10日，组织专人收集本会会员和书画爱好者160余人创作于2015年和2016年的书画作品200余件，整理编印《霍州市老年书画集》第六辑，共1000余册。

常务副主席傅枫编印《傅枫书法集》第二辑。副主席傅立圃编印《圃田心声》诗词集一册。常务理事高翔编印《高翔书画集》一册。

【领导班子】

主　席：

孙玉安（1991—2016.12）

执行主席：

赵子俊（2010—2016.12）

常务副主席：

晋从华（2005—2016.12）

张福义（2005—2016.12）

张作文（2006—2016.12）

傅　枫（2005—2016.12）

王斌正（2005—2016.12）

韦山栋（2005—2016.12）

段新莲（女，2012—2016.12）

刘九林（2012—2016.12）

秘书长：

张美玉（2005—2016.12）

副秘书长：

宋守宽（1991—2016.12）

武银福（2012—2016.12）

刘月虎（2005—2016.12）

赵培儒（2010—2016.12）

薛兆俊（2010—2016.12）

（张美玉　武银福）

三晋文化研究会

【概况】 霍州市三晋文化研究会于2010年成立，到2016年底，有理事48人。2016年，在霍州市委、市政府领导下，在山西省、临汾市三晋文化研究会的指导下，在霍州市政协的支持下，以挖掘、整理、研究、开发霍州历史文化史料为重点，为宣传霍州历史文化、继承和发扬霍州优秀传统，促进经济、社会、文化事业的繁荣和发展，做出积极贡献。

【主要会议】 1. 会长段新莲、副会长梁红旗参加临汾市三晋文化研究会举办的为期4天的荀子文化和地域文化研讨会。聆听全国各地知名专家教授的讲座，参加讨论。

2.2016年5月1至2日召开霍山文化研讨会。

参加会议的有来自全国各地的霍氏代表50余人，会议议程主要是霍山文化研讨会、霍氏祠堂论证会、霍氏祭祖以及霍山神园文化旅游节，与会代表还参观霍州署、七里峪、梁衡文化研究会。该次会议对霍山文化研究，霍氏文化研究起到推动作用，对于霍氏代表了解家乡、投资家乡起到引导和桥梁作用。与会代表纷纷表示，要多关注家乡、投资家乡、建设家乡。会议期间，与会代表还参加义城村和梁衡文化研究会的笔会，留下珍贵墨宝。《山西晚报》《临汾日报》相继报道研讨会的情况。

【出版书籍】 2016年，霍州市三晋文化研究会理事郭思红主编的《中镇文脉·史地编》编印出版。

按照临汾市三晋文化研究会安排，收集资料、编写《霍州市地域文化通览》一书。

【发表文章】 2016年，霍州市三晋文化研究会全年共编写文章20余篇，利用电视、报纸、微信等平台宣传霍州悠久的历史文化。

【其他工作】 2016年，霍州市三晋文化研究会坚持“三个结合”的特色路子，配合全市科技、卫生、文化“三下乡”活动，组织该会成员创作诗词楹联400余首（副），制成版面，开展下乡宣传活动。协助该会成员参与部分乡村的村志编纂工作，促进农村基层传统文化建设。

【领导班子】

会　长：

段新莲（女，2010.11—2016.12）

副会长：

梁红旗（2010.11—2016.12）

秘书长：

梁红旗（兼）（2010.11—2016.12）

（段新莲）

关工委

【概况】 2016年，霍州市关工委深入贯彻落实十八届六中全会精神和习近平总书记系列重要讲话精神，着眼于基层关工委组织建设，壮大“五老”队伍，以教育关工委为主体，开展青少年思想健康教育活动，为青少年办实事、办好事，加强自身建设，发挥广大“五老”人员的独特优势，开创关心下一代工作新局面。

【建立健全基层关工委组织】 2016年，关工委对基层关工委组织由于换届、“五老”人员年龄老化等进行调整和充实，吸收刚退下来、分管或从事过教育工作、热心关心下一代工作的老同志加入关工委组织，为开展青少年思想道德教育活动提供组织保证。

【开设“五老论坛”】 2016年，霍州市关工委在离退休老干部、老战士、老教师、老专家、老劳模中选拔20余名“五老”人员，组织老同志在《今日霍州》开设“五老论坛”发表文章，并组织他们进校园、进乡村、进纪念集会，讲革命传统，讲英雄模范事迹，讲成长成功经历，激励青少年树立正确的世界观、人生观、价值观。

【开展“中华魂”主题教育活动】 2016年，霍州市关工委召开全市青少年“中华魂”主题座谈会，推进“中华魂”主题教育活动开展。开展“遵纪守法从我做起”主题教育活动，订阅读本1万册，开展读书活动进课堂、进家庭、进头脑，引导广大青少年深刻理解和把握践行社会主义核心价值观，12月27至28日在青少年活动中心举办霍州市“中华魂”主题教育活动演讲赛总决赛，评选出小学组一等奖1名、二等奖3名、三等奖5名，中学组一等奖1名、二等奖2名、三等奖3名，对获奖选手颁发奖品，对优秀组织单位进行表彰。

【爱心助学】 2016年，霍州市关工委响应市委、市政府号召，发动全社会捐资助学奉献爱心，成立爱心助学基金会，资助贫困学生。从2009至2016年，筹集基金420余万元，物资折合105万元（全部发放），资助因病、因困学生570人，消除霍州市学生因“困贫失学”的现象，基本实现“学有所教”的目标。

【青少年思想道德健康教育活动】 依托教科局，发挥教育系统关心下一代的主战场作用，在实验小学、赵家庄小学、市一中、实验中学、市四中、白龙矿区学校等开展“情系祖国放飞梦想”及庆祝“六一”儿童节、“清明节”革命传统教育等多项健康有益的活动，收到很好的效果。

【宣传工作】 2016年，霍州市关工委组织编写出版《春华》一书，该书汇集多年来教育战线及社会各级关心、支持青少年健康的同仁们的经典之作。该书分七大部分：前言、红色记忆、学事回望、良师风范、校园春色、五老讲坛、关爱路上。

【领导班子】

主　任：

梁红旗（2015.11—2016.12）

副主任：

陈金宝（2015.11—2016.12）

李德鸿（2002.05—2016.12）

杨国珍（2015.11—2016.12）

张黎明（2002.05—2016.12）

邢立山（2015.11—2016.12）

卫秀琴（女，2003.03—2016.12）

秘书长：陈金宝（兼）

办公室主任：卫秀琴（兼）

（卫秀琴）

军　事

霍州市人民武装部

【概况】 2016年，霍州市人武部在军分区党委和霍州市委、市政府的坚强领导下，深入学习习近平总书记系列重要讲话精神，贯彻军委国防动员部和省军区的决策部署，围绕深化国防和改革这条主线，以党在新形势下强军目标为指导，以履行“五个当好”职能使命为着眼点，按照“着眼根本铸军魂，聚焦打仗搞建设，改革作风抓落实，正规秩序树形象”的工作思路，党委一班人带领干部职工和专武干部团结奉献、敢于担当、实干践诺、拼搏争先，各项建设取得成效。

【思想政治建设】 2016年，霍州市人武部把开展改革强军主题教育和“两学一做”学习教育结合，作为党建工作的龙头任务，把学习习近平总书记系列重要讲话精神和党章党规作为学习重点，采取从集中性教育向经常性教育延伸的重要举措，尽好责、抓到位、见实效。2016年，霍州市人武部开展“坚决服从改革大局，忠实履行职能使命”教育活动和“投身改革砥砺作风、革弊鼎新树形象”作风教育活动，落实学习教育各个步骤，结合自身工作实际，坚持问题导向，突出作风整改，人武部干部职工一致表示，服从改革大局，服从组织决定。“两学一做”学习教育，坚持每个专题集中讨论交流，开展“手抄党章100天”活动，开展党员承诺践诺，网上竞赛答题等活动，增强党员的政治意识、大局意识、核心意识、看齐意识，坚定正确政治方向。

【战备训练】 2016年，霍州市人武部坚持聚焦中心抓落实，坚持问题牵引抓整改。采取骨干先行培训、市属分队集中训、乡镇分队同步训的办法，对全市专武干部、民兵骨干、民兵应急分队人员进行为期4天的入队训练，参训人员近600人。霍州市人武部部长李峰带领机关人员下基层检查督促，落实乡镇应急分队训练，提升霍州市民兵应急队伍服从意识、纪律意识、使命意识。市四套班子领导和编组单位负责人集中对市属5支队伍进行训练观摩和评比验收，检验训练效果，营造良好氛围，产生显著的军事效益和社会效益，强化地方党委政府对霍州市民兵工作的支持。霍州市人武部组织民兵训练的做法被军分区转发。专业演练抓应急。在军分区的指导下，霍州市人武部组织林业局、霍煤、退沙街道、李曹镇4支队伍参与省军区组织的战备值班系统应急指挥演练森林防火示范观摩。从接到通知到演练场地不到2个小时，检验队伍的应急能力。5月25日，退沙街道民兵应急队伍180余人参加霍州市防汛及山洪灾害应急演练，山西新闻进行播报。

【兵役工作】 2016年，霍州市人武部将兵役登记工作当作中心任务来抓。人武部军事科印发兵役登记公告，成立兵役登记宣传小组，散发传单3000余份，为兵役登记奠定基础。完成征兵任务。霍州市人武部采用张贴布告、散发传单、宣传车下乡、电视台、报社、政府网站发布征兵信息等传统方式，通过微信、短信发布征兵消息，对符合条件的高中、职中、技校学生进行集中动员，扩大宣传覆盖面，征兵期间，发放宣传单1万余份，征兵短信10万余条，做到家喻户晓、人人皆知。严格廉洁征兵，坚持“五公开一集中”原则，完成征集任务。

【党管武装】 2016年，霍州市委、市政府在地方财政紧张的情况下，预算经费由原来的45万元提高到95万元，为每个乡镇申请1万元的武装工作经费，提高专武干部工作积极性。协调解决人武部基础设施工程尾款526.6万元，排污、供水、民兵训练楼配套、荣誉室建设、营区绿化养护等经费81.37万元，营区国防文化氛围营造、应急器材购置等拨付经费62万余元。投身脱贫攻坚主战场，协调资金11万元修建师庄乡下靳安村党员活动室。“八一”军事日活动。7月28日至8月3日，人武部先后组织市四套班子领导、国动委、国教委及征兵领导组成员单位200余人，开展以实弹射击、参观军营生活、野炊等内容为主的军事日活动。通过组织军事日活动，使各级领导干部知武装、懂武装、爱武装、管武装，增强地方政府领导的国防观念，推动党管武装工作向更深层次发展。专武干部队伍建设。结合地方领导换届，与组织部门沟通协调，提出建议。两名专武部长调整为乡镇纪检书记、副镇长，1名专武干事调整为副镇长，1名大学生村官纳入专武干部队伍，理顺进出渠道，提高队伍素质。

【国防教育】 2016年，霍州市人武部组织专武干部、民兵骨干和驻霍部队进行清明扫墓、祭奠革命先烈、弘扬革命传统。邀请军事科学院教授杜文龙为全市科级以上干部进行国家安全形势专题授课，霍州市人武部部长、政委到党校为培训班学员讲授国防动员、国防建设、军队改革等相关知识。协调市委宣传部、档案局、民政局、文化局等单位开展红军长征胜利80周年图片展、书法展和霍州解放70周年纪念活动等国防教育活动。

【双拥共建】 2016年，霍州市人武部按照分区要求，确定重点扶持一个村，帮扶6名贫困学生的目标任务。8月，人武部带领机关有关人员对困难老红军进行走访慰问，送去慰问品和慰问金，鼓励他们要振作精神、主动作为，解决“帮扶谁”的问题。10月，人武部领导和现役干部按照团职干部800元，营职干部500元，对定点挂钩帮扶的师庄乡6名困难学生进行一对一帮扶，资助他们完成学业。植树造林。4月初，霍州市人武部出动民兵420余人次投入南环路街道植树造林工作中，种植各种林木3280余株，建成长约4千米的“民兵号”绿化工程。

【学生军训】 2016年8月下旬，霍州市人武部应邀组织学生军训，采取统一规划，统一实施、统一检查指导的方法，对霍州市一中、二中和霍州市职业中专学校及煤电集团高中等4所学校的1500余名新生进行为期15天的军事训练，增强新生的组织纪律性和国防意识，受到学校和社会的高度赞誉。

【全省先进典型部团观摩活动】 2016年，霍州市人武部被军分区党委确定为典型交流观摩单位，人武部多次召开党委会、协调会和干部碰头会，各科室列出完成任务时间表，部长李峰、政委卢卫红按任务时间表亲自检查验收。10月下旬，迎接3个军分区和兄弟县市人武部观摩参观。

【安全管理】 2016，霍州市人武部根据军委国防动员部六个文件精神和省军区指示，重新修改完善人武部日常管理规定，对所有职工定岗定责，做到责任到人、人人有责；加强警卫人员管理，严格一日生活制度，坚持每周三次早操，每天下午一个小时体能训练，严格人员请销假制度；加大营门警卫执勤力度，加大外来人员检查登记，确保营区安全。盯住人车枪弹密、水火电钱网、酒油黄赌毒、军民纠纷等重点要素，严格人员请销假管理、严格落实车辆派遣制度、严格武器库值班检查制度，开展隐患排查，构建思想、组织、制度、技术“四道防线”，确保人武部全年安全无事故。

【后勤保障】 2016年，霍州市人武部完成与市政管网的对接，从根本上解决新营区取暖、饮水、排污等实际问题；投资20余万元对训练场进行改造，增设器械训练场，健身活动场所、休闲娱乐场所；采取政府采购方式投资25万元配置高低床、单人床、办公桌椅等营产营具，为开展民兵骨干集训、承担上级短训等任务提供良好保障，实现基层部队基础设施建设新飞跃。根据战备工作需要，对战备器材库、应急器材库、战备物资库进行规范建设，充实配备防火、防汛、防震、防暴、野战作业、指挥训练、后勤物资等各类器材物资，按照架子化、箱子化、标签化的要求进行分类存放，规范提升了战备库室建设。

【领导班子】

部　长：

李　峰（2015.03—2016.12）

政治委员：

卢卫红（2015.01—2016.12）

副部长：

徐　涛（2012.07—2016.04）

军事科科长：

徐涛（兼）

政工科科长：

焦优生（2016.08—2016.12）

后勤科科长：

王晓明（2015.08—2016.12）

【获奖情况】

2016年，霍州市人民武装部被山西省军区评为“先进典型单位”；霍州市人民武装部荣获中央军委国防部政治工作局“改革强军”军营微课广播类三等奖；霍州市人民武装部部长李峰被山西省军区评为群众性岗位练兵“专业指挥员”第三名。

武警第四中队

【概况】 武警第四中队原为中国人民解放军河北省军区独立二师七团；1969年改编为中国人民解放军临汾军区独立营一连；1970年，改编为中国人民武装警察部队临汾地区支队直属四中队；1983年，改编为中国人民武装警察部队临汾地区支队直属大队一中队；1989年，改编为中国人民武装警察部队临汾支队直属大队四中队；2006年，改编为中国人民武装警察部队临汾支队一大队二中队；2014年，改编为中国人民武装警察部队临汾支队二大队四中队。中队位于霍州市大张镇贾孟村境内，担负475储备库守卫勤务。

【加强思想政治教育】 2016年是霍州

市武警四中队转型的一年。主要是开展“两学一做”学习教育，制度建队的思路上了轨道，建章立制收到良好效果。抓好思想教育。按照支队教育安排，坚持“全员纳入、全内容落实、全时间保障”，结合四中队实际开展教育；注重将思想工作、管理工作和政治教育结合起来一起做，做到全员参与；培养官兵兴趣爱好，创新育人育才工作，促进官兵素质整体提高。

【部队安全】 2016 年，霍州市武警第四中队把安全工作放在部队建设的重要位置，中队为此专门设立安全工作小组，班内选任安全员，负责中队和班上的安全工作。中队加强枪弹管理、训练管理，每月定期对中队安全形势和官兵思想情况进行分析，查找不安全因素，采取有效措施。对单独执勤点进行隐患排查治理，落实每一项安全制度。

【营区设施】 2016 年，霍州市武警四中队坚持自建自修，粉刷照壁和营房，新建蔬菜大棚和猪圈，整理线路，制作标牌，完成对新营房新建的前期调研设计。

【部队副业】 培养官兵艰苦奋斗的精神和品质，发扬老一辈革命军人的光荣传统，四中队在 2016 年初开展以种菜、养殖为主的农副业生产。按照模块化、区域化的要求，官兵自己动手，种植蔬菜 20 余种，养猪 5 头、养鸡 50 余只。在伙食调剂方面，四中队落实伙食管理五项制度，合理调剂战士伙食，能够做到“做菜盯到场，质量盯到‘胃’”。全年蔬菜产量 9825 斤。

【领导班子】

中队长：

王　耀（2016.05—2016.12）

指导员：

张　博（2011.04—2016.12）

法　治

政法工作

【概况】　霍州市委政法委有正式工作人员28人，正科级干部13人，副科级干部4人，一般人员11人。下设6个科室，其中办公室、政工人事股、执法检查股、调研室属于内含科室，市综治办、市防范办与政法委合署办公。

【政法工作总体部署】　2016年，霍州市政法委深入贯彻党的十八大和十八届三中、四中、五中全会精神及习近平总书记系列重要讲话精神，按照中央、山西省、临汾市政法工作会议和市委六届六次全会及全市三级干部大会的要求部署，适应经济发展新常态，增强忧患意识、大局意识、责任意识，把防控风险、服务发展和破解难题、补齐短板摆在更加突出的位置，抓住维护安全稳定、服务发展大局、创新社会治理、深化司法改革、干部队伍建设五项重点，推进平安霍州、法治霍州和过硬队伍建设，忠实履行维护社会稳定、促进公平正义、保障人民安居乐业的职责和使命，为霍州市“十三五”良好开局创造安全稳定的社会环境、公平正义的法治环境、优质高效的服务环境。

【服务经济发展】　霍州市六届六次全会和全市三级干部大会，确定2016年全市工作的大盘子，市委、市政府启动实施64项总投资138亿元的重点项目。项目涉及工业转型、城市开发、生态建设、民生改善等方面，在实施过程中出现各种矛盾和问题，政法机关超前介入，掌控不稳定因素，下好先手棋、打好主动仗，把不稳定因素化解在萌芽状态。打击无理取闹、胡搅蛮缠、恶意破坏发展的不法分子和黑恶势力，为霍州经济社会健康发展保驾护航。

【平安霍州建设】　2016年，霍州市政法委坚持以加强和创新社会治理为主题，以“六六创安”为抓手，以促进和谐为目标，以“平安建设”为载体，按照《平安霍州建设五年规划》，落实社会治安综合治理各项措施，全市社会治安持续稳定，发展环境和谐有序，连续7年被临汾市评为平安县市，连续3年被山西省确定为省级平安县市。

1. 强化治安防范网络体系建设

以引深“平安霍州”建设为契机，在原有治安联防防控体系的基础上，建立以公安派出所民警为骨干，市区社区、农村自然村、单位内防为基础的防控网络体系，形成以“110”指挥中心为龙头，以派出所为平台，以巡逻干警为主体，以群防群治为基础，点线面相结合，打防管控为一体的“六网覆盖”工作体系。全市组建1支市级巡防队、12支乡级巡防队、119支村级巡防队、8支社区巡防队，巡防队员1300余人，新配备3台出警车、巡逻车1辆。推进天眼工程，增加街面、路面、社会面的视频探头数量，全市有公共监控探头5439个，城市视屏监控工程建设列入全市2017年重点工程。

2. 强化社会治安风险隐患排查整治

召开全市社会治安风险隐患大排查大整治工作会议，成立领导组。市委常委、政法委书记田晋川对此项工作高度重视，2016年，开展集中排查7次，摸排整治治安乱点15个，排查流动人口2500人次、出租房屋307间，清查洗浴中心、宾馆、网吧等“九小场所”138处，维护全市重点领域的社会治安。

3. 强化民爆物品安全管理

开展民爆物品的清查整治活动，严防各类涉爆案件事故发生。在公安和基层综治联防队员的积极参与下，收缴管制刀具48把，仿真枪1支，上缴子弹350余发，雷管14枚，土枪2支，取得民爆无事故的喜人成绩。

4. 强化公共安全管理

在全市范围内集中开展道路交通秩序专项整治活动，打击各类严重道路交通违法行为，采取流动巡逻与定点管控相结合的勤务模式，因地制宜开展晨检、午检、夜检等行动，改善城区交通环境。查处违法行为54467起，其中简易处罚20900起，非现场31992起，强制处罚1575起，行政拘留无证驾驶180人，涉牌涉证1486起，查处酒后驾驶183人；加大消防监督和执法力度，预防重、特大火灾发生。2016年，检查1023家单位，发现火灾隐患1630处，督促整改1611处，“三停”（停止施工、停止使用、停产停业）16家，临时查封10家，罚款24.4万元；开展校园法制宣传12次，开展校园内部安全检查80余次，督促95%的学校设立治安岗亭，专兼职保卫力量增加至500余人，在城区中学和乡镇中学均悬挂民警联系公示牌，在门卫处设立报警点。全市145所学校设立保卫组织，114所学校安装监控设施，30所学校实现校园巡逻和学生公寓光亮工程，净化学校周边环境。

【法治霍州建设】 2016年，霍州市政法委开展法治宣传教育，推进“法律六进”活动，重点加强党员领导干部、青少年、企业经营管理人员和农民的法制宣传教育。依托电台、电视台、《今日霍州》报和移动短信搭建“四位一体”的普法宣传平台，组织公证处、律师所、法律服务所开展“与法同行”“以案说法”等普法栏目，播出普法专题210余期，发送普法短讯3000余条次；依托永和生态公园建立法治宣传基地，在滨河小区、开元小区等6个居民区建立法治宣传长廊，扩大法治宣传覆盖面；推进“六五”普法，集中抓好国家宪法日和依法行政宣传月活动，将法治教育纳入中小学教育体系，全市围绕建设平安霍州、法治霍州、四城联创、房屋拆迁等重点工作和群众关心的热点问题，组织开展100多场法制宣传和法律咨询活动，办理法律援助案件62件，在学校编发《青少年知识手册》3000余册，印发农村城市居民法律知识100问7000册。

【涉法涉诉信访工作】 2016年，霍州市政法委贯彻《关于依法处理非正常上访行为的指导意见》，开展依法治访工作，公检法三长每周固定到信访接待服务中心接访，建立信访台账，实行领导包案化解、责任单位具体落实、科室所庭队领导牵头负责、信访部门指导、乡镇街道党委进行稳控的涉法涉诉信访化解机制。受理接待群众来访200余人次。化解信访积案25件，依法化解4起进京非访积案。依法加大对非正常上访的处置力度，对4名长期闹访人员依法予以判刑，对6名进京非正常上访人员予以拘留，维护霍州市信访秩序。

【队伍建设】 2016年，贯彻落实中央“八项规定”，开展“两学一做”学习教育，加强党风廉政建设和“两个责任”的落实，明确每名干警的工作职责，增强干警的服务意识、大局意识、责任意识，促进政法队伍公正廉洁执法。

1. 开展政法领域专项整治。围绕人民群众反映强烈的不作为、乱作为特别是执法不严、司法不公、司法腐败等执法司法突出问题，把握查摆问题、严肃查处、整改落实、建章立制四个环节，高标准、严要求，强力推进，集中查摆大操大办、参赌涉毒等突出问题，处分多名政法干警，纠正一批不严不公不廉行为，达到处分一人，警醒一片的效果。对所办案件进行全市通报，形成惩处违纪违法人员的高压态势。

2. 推进“两学一做”学习教育。按照中央、省、市要求和部署，政法委准确把握各个环节，把贯彻落实“两学一做”专题教育作为当前政治生活中的大事，结合工作和队伍建设实际，科学谋划“两学一做”专题教育工作，落实“会前学习”“三会一课”“党员活动日”等学习制度，组织学习《党章》《中国共产党纪律处分条例》《中国共产党廉洁自律准则》和中共十八届六中全会精神，开展“四讲四有”“不忘初心、继续前行”专题讨论，交流学习心得体会，开展专题研讨，坚持学习人员、时间、内容三落实，要求机关干部结合工作实际，在熟知尽知基本内容的基础上，坚持问题意识、问题导向、问题牵引，掌握好与履行职责紧密相关的规定和要求，突出学习教育的实践性，提升干事创业的积极性。

3. 加强执法监督建设。落实中政法〔2011〕34号《关于党委政法委员会对政法部门执法活动进行监督的规定》文件精神，配齐、配强执法监督机构，赋予相应的调查权、建议权和处分权，加强对人民法院、人民检察院、公安机关、司法行政机关执法人员、执法活动的监督，评查案件60起，抽查案件30起，干预而不干扰，监督而不代办，指导和协调政法各部门相互制约配合，在规范执法行为上见到实效，让群众感受到公平正义。

4. 深化党风廉政建设。落实党风廉政建设主体责任和纪检监督责任，推行“四述两谈”，落实领导干部个人有关事项报告制度，增强廉洁自律的坚定性。利用正反两方面典型进行警示教育，强化监督制约机制，严查政法干警违法违纪行为。执行办公用房、婚丧嫁娶、公车管理等相关规定，通过警示教育、明察暗访等方式，筑牢民警拒腐防变、严格执法、从严守法的思想基础。

【防范处理邪教工作】 2016年，霍州市政法委发挥职能作用，开展“防邪知识进家庭”“防邪知识进校园”活动，推进“无邪教乡镇”创建工作。对重大活动和敏感节点的社会稳定情况进行预警防范，坚持出台方案在前、细化措施在前、预防演练在前，加大对“法轮功”“全能神”等邪教组织的防范力度，在加强日常监管的基础上，配合临汾市委统一行动，对基督教非法势力进行控制，对其可能渗透的途径落实监控措施，全市没有出现非法滋事现象，实现全国和全省两会等重要节点的“四个不发生”目标。

【领导班子】

市委常委、政法委书记：

刘国平（2014.12—2016.08）

田晋川（2016.08—2016.12）

副书记：
赵纪红（2007.07—2016.12）
荀三林（2011.04—2016.12）
闫建华（2012.08—2016.12）
纪检书记：
朱壮斌（2007.07—2016.12）
委 员：
乔建民（2002.07—2016.12）
李德恩（2002.07—2016.12）

（杨涛）

公 安

【概况】 霍州市公安局下设12个内含科（室、队），12个派出所（一级所1个，二级所3个），2个直属机构（看守所、拘留所）。其中，执法勤务机构5个，分别为指挥中心、国保大队、刑警大队、交警大队、治安大队；综合管理机构4个，分别为政工监督室、法制大队、警务保障室、纪检监察室；选设机构3个，分别为户政大队、经侦大队、巡警大队。全局在册人员386人（其中授衔民警248人，未授衔干部33人，其他105人），班子成员19人，党员334人。派出所共有一级派出所1个，二级派出所3个，三级派出所8个；派出所警力149人，占到全局总警力的39%。

【户政管理】 2016年，霍州市公安局开展“一标两实”工作，全年采集录入一标两实信息209588条，采集率89.9%。2016年，全市实有人口309810人，清查出租房屋1024间，登记暂住人口1579人，办理居住证1579个，办证率为100%。办理居民身份证10240人次，办理身份证邮政特快专递473个，办理异地身份证41个。加强社区矫正工作，实现对社区矫正人员的关时监控和定位管理，重新违法犯罪率控制在0.2%以内。

【危险物品管理】 2016年，霍州市公安局加大危爆物品管理力度，局班子成员与各派出所层层签订责任书，明确任务目标，严防各类涉爆案件事故发生。全年出动警车710台次，投入警力3658人次，测爆1825台次，检查过往车1.5万余辆，收缴管制刀具48把，仿真枪1支，手铐1副。群众上缴子弹350发，雷管14发，土枪2支，全部销毁。

【消防管理】 2016年，霍州市公安局围绕消防重点工作各项具体要求，落实“政府统一领导，行业依法监管，单位全面负责，群众积极参与”的消防工作原则，开展各项专项整治行动。全市102家重点单位有72家建立微型消防站，建成率70%，率先在临汾市完成区域联防试点和演练工作，推动夏季消防安全检查工作开展。9月，由市财政拨付480万元，在全临汾市首家购置一辆54米多功能登高平台消防车。全年共检查单位1023家，发现火灾隐患1630处，督促整改火灾隐患1611处，责令“三停”单位16家，罚款24.4万元，临时查封10家。

【刑事犯罪侦查】 2016年，霍州市公安局组织开展打黑除恶、“冬季行动”以及打击“盗抢骗”“黄赌毒”“三大战役”等一系列严打整治专项行动，破获各类刑事案件204起，抓获犯罪嫌疑人102人，逮捕56人，移送起诉123人，抓获各类逃犯52名。

【经济犯罪侦查】 2016年，霍州市公安局开展打击经济犯罪专项行动，破获各类经济案件6起，抓获犯罪嫌疑人14人，其中破获一起涉案金额7705万元的伪造、变造金融票证案，查询、冻结资金财产 5000 余万元；配合外地经侦部门协查案件 3 起。

【禁毒工作】 2016 年，霍州市公安局坚持“四禁”并举，严格执法，标本兼治的禁毒工作方针，打击零包贩毒、以贩养吸等违法犯罪行为。全年破获涉毒刑事案件 5 起，刑拘 7 人，缴获毒品 62.12 克，抓获吸毒人员 40 人，社区戒毒 25 人，社区康复 6 人，强制戒毒 4 人。

【食药及环境保护工作】 2016 年，霍州市公安局主动出击，保持严打食品药品环境类违法犯罪活动的高压态势，掌握斗争的主动权。全年破获食药犯罪案件 2 起，刑事拘留 3 人，查处环境违法案件 7 起，行政拘留 7 人，警告 4 人。

【信访工作】 2016 年，霍州市公安局深化涉法涉诉信访改革，全年办结公安信访信息系统转办案件 50 起，其中，公安部 24 起、山西省公安厅 20 起、临汾市局 6 起；按规定上传局领导接访照片和信访事项录入 43 起；日常工作中接待信访群众 210 余人次；在办理过程中，按照上级公安机关要求全部使用新版信访法律文书，全部按上级规定期限办结。全年处置非访、闹访人员 14 人，其中行政拘留 11 人，罚款 3 人，训诫 1 人。

【交通安全工作】 2016 年，霍州市公安局以深化公安交警改革为动力，以服务市委、市政府十个方面重点工作和广大人民群众评价为标准，在市区范围内集中开展道路交通秩序专项整治活动，打击各类严重道路交通违法行为，加强城市管理，改善城区交通环境。开展宣传活动 56 次，编印下发宣传资料 6 万余份，宣传挂图 360 份，受教育群众 6 万人次，发布微博 100 余条，微信 800 余条。接报道路交通事故 963 起，其中涉及人员伤亡道路交通事故 113 起，立案 84 起，死亡 10 人，其中生产经营性 2 人，受伤 108 人，直接经济损失 33400 元，生产经营性死亡事故 2 起。查处违法行为 54467 起，简易处罚 20900 起，非现场 31992 起，强制处罚 1575 起。行政拘留无证驾驶 180 人，查处涉牌涉证 1486 起、酒后驾驶 183 人（醉酒 15 人）。

【出入境管理】 2016 年，霍州市公安局发挥职能作用，贯彻落实《公告》精神，推出并落实一系列便民利民的服务措施，提升群众的满意度。办理出入境证件 4587 人次，其中护照 2164 人次、港澳证 1852 人次、台湾通行证 571 人次。

【信息化建设】 2016 年，霍州市公安局持续推进“基础信息采集大会战”，采集各类信息 432054 条，签收、派发部省级各色预警指令 3500 余条，搜集上报情报信息共计 572 条，为侦查破案提供信息技术支撑。

【基础设施】 2016 年，霍州市公安局投资 1000 余万元，实施技侦工作站、警务信息基础平台、指挥平台、法制平台、治安平台等综合平台建设；投资 300 余万元，完成机关东二楼危房改造、警营文化长廊、办公楼暖气、厕所改造，改善基础设施。

【从优待警】 2016 年，霍州市公安局落实全局 259 名公务员车补发放；补发 262 名民警的警衔津贴 385 万余元，执行新标准；落实 26 名晋升警、督民警的培训费用 6 万元；落实遗留 44 名协勤人员养老、医保工资 260 余万元；解决部分派出所无食堂问题；为全局民警办理意外伤害保险；组织对全局民警体检；加大民警合法权益保护力度，支持和保障基层民警正常执法活动。

【公安便民服务】 2016年，霍州市公安局推进公安便民服务在线建设，致力实施民生警务，打造亲民公安，从涉及人民群众切身利益的小事、难事做起，为群众答疑解惑，提供援助。10月，帮助河南网民在霍州找到失散30年的亲人，得到群众认可。便民服务在线平台全年共收到群众各类咨询求助163条，发布各类信息340条，总访问量为25690，日均访问量为84，最高访问量为276，群众满意度99.39%，做到“键盘一敲事情办好，鼠标一点申请办完”。

【安全保卫】 2016年，霍州市公安局完成G20峰会，中共十八届六中全会，全国、省、市“两会”“六四”“七五”敏感期和高考、中考等重大活动维稳安保任务，对全市60个重点单位、175处要害部位、42处基础设施、11家金银首饰店普遍检查3次；对金融系统7个单位41个营业网点，2个专业金库重点检查4次，签订内部安全防范责任书45份，发现隐患40处，下发隐患通知书17份，所有隐患进行整改。

对全市中小学、幼儿园进行调查摸底，全市有中小学校97所，幼儿园144所，95%的中小学校和幼儿园均设立治安岗亭，专兼职保卫力量增加到500余人。城区中学和乡镇中学均悬挂民警联系公示牌，并在门卫处设立报警点。145所学校均设立保卫组织，114所学校安装监控设施，30所学校实现校园巡逻和学生公寓光亮工程。

【领导班子】

局 长：

王文艺（2007.04—2016.06）

计军亚（2016.06—2016.12）

政 委：

段先进（2007.06—2016.11）

关玉龙（2016.11—2016.12）

副局长：

王康杰（1999.11—2016.12）

许谟平（2011.12—2016.12）

张 诚（2011.12—2016.12）

刘雅斌（2011.12—2016.12）

牛占荣（2011.12—2016.11）

交警大队大队长：

张连杰（2011.12—2016.11）

郜宗栋（2016.11—2016.12）

（韩文军）

公安局交通警察大队

【概况】 根据公安部和山西省厅交管局的要求，霍州市公安局交通警大队设立城市中队，巡一公路巡警中队、巡二公路巡警中队、辛置中队、白龙中队、什林中队、大张中队、治超中队，根据交通安全管理职能，设办公室、宣教科、秩序科、车管所和事故一、二、三中队以及督察室、法制科、纪检室、政工科、安全设施科、指挥中心和交通事故调解委员会等，2016年，大队有民警308人。

【硬件设施】 截至2016年底，交警大队硬件设施有：1. 智能交通系统1套。功能为：视频监控功能。设置点位36处，公路主干道8个卡口和城市干线8个路口实时监控路况。电子警察功能。设点位36处，其中32处200万高清像机，4处500万高清摄像头，对闯红灯、超速、逆行、不按规定车道行驶等交通违法自动识别抓拍。卡口及信息上传功能。36处高清摄像机实时上传卡口图片信息至辑查布控系统，为交通管理和侦察破案提供技术支持和保障，强化实战应用。指挥调动功能。主要针对各类警情（道路拥堵、突发事件、工作指令等），快速接警登记事件，信息实时传递，处警过程动态跟踪，处置结果反馈等。监控信息存储功能。各类监控资料均能前端加后台服务器自动存储。录入违法行为功能。设有专用内勤室，对采集的闯红灯、超速、逆行、不按规定车道行驶等交通违法行为及时录入。2. 移动测速设备1套，执法记录仪193台，执法记录仪数据采集站6个，呼出气体酒精含量探测器13台，录音录像机24个，警务通16台，公安网电脑53台，350兆数字对讲机14台，车载台1部，执法警用车11辆。

全市境内有国道108线1条，25.6千米，省道桃临线1条，16.642千米。2016年，全市公路里程达到1087千米，其中市（县）道6条111.6千米，乡道43条336.9千米，村道284条480.9千米。一级公路23.5千米，二级公路60.4千米，三级公路87.7千米，四级公路742.1千米等外里程31.6千米，通车里程1087千米，公路密度为每平方公里0.71千米。基本框架为三纵三横网络。

【基本工作】 2016年，霍州市公安局交警大队树立创新、协调、绿色、开放、共享、廉洁和安全的发展理念，坚持“四个全面”，深化公安交警改革，以服务市委市政府十个方面重点工作和广大人民群众的评价为标准，围绕推进“城区保畅治乱工程、城市静态交通规范管理工程、降压国省道事故工程、消除危化品运输安全隐患工程、交通违法当事人行为矫正工程、农村摩托车生命安全防护工程、智能交通指挥系统工程、文明交通示范团队创建工程、车驾管综合改革工程”九项重点工程为抓手，防风险，破难题，补短板，充实与丰富新的交管组织措施，善做善成。大队主要领导交流调整后，以“四个结合”为突破口，加强领导，落实责任，确保各项任务完成。1月1日至12月25日，全队深入农村、企业、学校、客运站、中镇文化广场等开展宣传活动75次，编印下发宣传资料7万余份、宣传挂图1500份，安全教育客运驾驶人8万余人，培训有违法记分驾驶人1000余人，发布微博900余条，微信900余条，制作国省、县道及城市主要街道墙体标语52条，重大节日充分运用中镇广场大型LED显示屏、城区红绿灯配套LED显示屏宣传提示90次，中央级媒体宣传2次，省级媒体宣传16次。查处违法行为68858起，简易处罚28005起，非现场38748起，强制处罚2105起。行政拘留206人，涉牌涉证1828起，查处酒后驾驶273人。审验驾驶员1244人，驾驶员补证换证3019人。机动车注册登记735辆，其中小型汽车注册611辆，普通摩托车注册91辆，低速车注册57辆。核发检验合格证标志16204辆，其中检验免检小型汽车4362辆，检验低速车118辆、普通摩托车98辆，小型汽车10105辆，大型汽车1172辆。驾驶证初次申请19033人，考试19033人，其中，科目一6530人次，合格6081人次，合格率为93.12%；科目二7621人次，合格5669人次，合格率为74.39%；科目三4413人次，合格2958人次，合格率为67.02%。接报道路交通事故1107起，其中涉及人员伤亡道路交通事故124起，立案94起，死亡10人，受伤120人，直接经济损失36700元，生产经营性死亡事故8起，死亡9人。起诉8起，行政拘留13人，刑事拘留4人。2016年春运获临汾支队“先进集体”荣誉，全年抓获抢包犯罪嫌疑人1人，破获3起盗车案。其中，城市中队抓获抢包人事迹在人民公安报、政府法制、山西法制、警方周刊、人民网、黄河新闻网等媒体报道。

【服务全市经济社会发展】 1. 实施城区疏堵保畅工作。2016年，霍州市交警大队班子对接市委、市政府东门桥重点改造工程。城市中队重新确定12个执勤岗点及路段，将民警分成12个班组对应上岗，定人员、定路段、定时间、定任务，保安全、保畅通；加大执勤力度，实行全员上岗制，从早晨7时20分至晚19时，全员出动，全警上路，做好城市交通秩序管理工作；调整公交车线路和公交车停靠站点；加大交通巡逻力度，警用摩托全线巡逻，对乱停乱放、逆行、违规掉头、强超硬会等交通违法行为进行来客监管，重点治理，让容易引起交通拥堵的违法行为在第一时间得到纠正处理，确保道路畅通，秩序井然。

2. 实施黄标车及老旧车淘汰工作。2016年，霍州市交警大队贯彻落实临汾市、霍州市政府黄标车及老旧车淘汰工作会议精神，强化宣传，深入企业、农村入户调查摸底，报废黄标车101辆，老旧车355辆，完成2016年黄标车及老旧车淘汰任务。

3. 应对大风和强降雨天气，做好防风和防汛等极端恶劣天气情况下的道路交通管控工作。巡警一中队在强降雨巡逻中，发现108国道808km＋500m至815km路段，部分石块滚落，将石块人力清除。大张中队在深夜刮风后，排查时发现霍上线大张段有两个路边彩钢房被刮到路中间，5个彩钢房被风吹散，飘落满道；源头段有8颗40至50厘米粗的大树，被刮倒横在道路上，这些隐患都及时进行清理。此外，会同供电、林业、交通、公路等部门，对隐患路段和危险路段进行及时整改，确保汛期道路交通安全畅通。

4. 应对重污染天气工作。2016年11月27日至12月31日启动重污染天气应急响应5次，分别为橙色、蓝色、蓝色转橙色、黄色、红色。在后湾桥东口、旧108国道南口、西张村口、永康南路、涧河桥南和桥西街6处设立临时执勤点，实施单双号限行，实行闭合式管理。出动警力2165人次，警车91台次，查处交通违法303起，其中抛洒59起，遮盖不严25起，警告213起，闯禁令6起。在霍州电视台、霍州视界、《今日霍州》微信平台、霍州生活网、“双微”平台等播发霍州市公安局交警大队关于重度污染天气实施单双号限行临时交通管制公告各2次；播发致全市人民一封公开信；深入霍州安泰运业、霍州发电厂、李雅庄洗煤厂、霍煤集团煤化车队、兆光电厂、白龙洗煤厂、赵家庄小学、春潮小学、实验小学等提醒驾驶人员减少或不使用小汽车上路行驶各1次，12个农村劝导站开展宣传提示各1次。

【专项打击交通违法行为】 2016年，霍州市交警大队结合不同季节、不同情况、不同任务，以抓好重特大事故风险防控措施的落实为重点，开展2015年“冬季行动”加大全市道路交通管理工作、第二季度预防重特大道路交通事故专项整治行动工作、6月安全生产月、第三季度道路交通安全生产专项治理工作、暑期交通安全隐患集中整治、整治工程运输车辆交通违法行为专项行动、集中整治货车交通违法行为专项行动和平安年末冲刺行动等工作，清除重点车辆安全隐患，查处重点交通违法行为，强化交通安全协同共治，防控重特大道路交通事故风险，确保全年全市道路交通安全形势持续稳定。坚持城乡统筹全覆盖，打破常规全天候动态布置灵活性、法治引领规范化，开展酒驾醉驾违法犯罪行为整治行动，取得明显效果。全年累计查处酒驾醉驾273起，比2015年增加161起，因再次饮酒处罚4起，醉驾16起。

【清除安全隐患工程】 2016年，霍州公安交警大队坚持问题导向，围绕建设108国道安全示范公路目标，在市政府的领导下，与公路部门建立联动机制，维护国道道路无安全隐患。完成交通标志90余个，新增防撞护栏314米，标线醒目。与临汾支队配合，做好公路巡警二中队前端链接设备调试和培训，新安装许村口、寺庄口、新客运站等红绿灯系统，设置什林加油站、东湾桥等测速点，发挥交通技术监控设备和公路视频监控电子警察作用，提升公路防控系统能力，道路交通事故明显减少。

【农村"两站两员"工作】 2016年，霍州市交警大队根据霍州实际，借鉴重庆、广西和云南经验，成立乡镇"两站两员"机构。对两站站长、安全员和协管员等36人进行岗前培训。建立健全乡（镇、街道）及行政村道路交通安全领导保障机制、基础信息收集研判机制、交通安全宣传教育培训机制、农村道路交通安全路面查纠机制、农村道路安全监察指导机制及农村道路安全源头管理工作。以"一带二联"促进农村道路交通管理工作，并依托"两站两员"开展交通违法"大劝导"工作。

【道路交通大检查大整治】 树立红线意识，把安全生产、降事故放在首要位置。大队党总支制定道路交通安全生产工作"党政同责、一岗双责"齐抓共管实施意见，明确党总支、大队领导班子在道路交通安全生产工作中的责任。把道路交通安全生产纳入年度计划，做到同部署、同考核、同推进、同落实。根据市政府有关安全生产的一系列部署决策，树立安全生产红线意识，坚持"安全第一，预防为主，综合治理"的方针，开展社会治安风险隐患大排查大整治活动、全市公安交警道路交通安全大检查工作、集中整顿城市工程运输车和农村学生接送车辆工作、"两客一危"企业交通安全源头风险隐患排查整治工作、集中整治工程运输车辆交通违法行为专项行动、安全隐患风险大排查大整治活动、道路交通安全隐患大排查和冬季道路安全大检查工作。

坚持"滚动排查，去除存量"原则，深入车驾源头、路面行车秩序、国省道和农村重点区域集中道路隐患排查，集中推动存量隐患整改。结合专项整治，消除事故隐患。排查国省道和农村公路隐患，排查人口密集区主要路段路面排查隐患35处，其中下达隐患通知书24份（霍州公路段7份、霍州市化工公司1份、霍州市交运驾校1份、国新能源许村加汽站1份、霍州市交通运输局1份、霍州市住建局2份、霍州市开元街道1份、霍州市大张镇政府1份、霍州市道路运输管理局2份、霍州市交通运业有限公司5份、隰县胜通运输有限公司汾西分公司1份、山西汽运集团临汾汽车运输有限公司1份），自行整改11处（5所学校、霍西高速引道、国道108线寺庄口、上霍线开元小区北门、人民医院内、国道108许村口、国道108全线，安装标志牌86块）。

全年安装完成霍永高速匝道、霍州四中、陶唐峪中学、霍州煤电二中、霍州南下庄矿区小学、北环路小学及霍州人民医院、霍煤开元小区8个单位及路段减速带169米。霍州旧108线退沙桥安装护栏500米，标牌4块。霍永高速匝道安装一组四向红绿灯系统，警示标志标牌16块。108国道实施817千米涧河桥北端路面塌陷修复工程。确保措施落实到位，督促隐患排查治理，促进全市道路交通安全形势持续平稳。严格事故隐患排查。完善“五位一体”五长联动机制，坚持“工作跟着预防走，一切工作为预防”的原则，每月召开一次会议，凡发生交通伤亡事故时，“五长”全部赶赴事故现场，分析研判事故原因，寻找差距与不足，有针对性地制定措施。根据交通事故综合分析研判结果进行安排部署，采用通报、召开现场会、播放案例片等措施进行警示教育，加大交通肇事逃逸案的侦破力度。成功侦破“2·12”肇事逃逸案，起到震慑作用。清理逾期未检验未报废车辆，利用交通管理平台对全市六类重点车辆逾期未检验、未报废情况集中梳理，列出车辆及所属企业清单，组织民警上门核实，清理重点车辆基础信息，确保车辆登记信息准确、齐全，大队有关部门对重点车辆、车主姓名、联系方式、居住地址、车辆性质以及所属企业等基础信息全面核查，修改错误信息，补充缺失信息，更新调整信息，对未查找到的报废车辆及时录入缉查布控系统。清除重点驾驶人安全隐患，对大中型客货车辆驾驶人的交通违法、驾驶资格等情况集中清理，通过霍州生活向导报、霍州生活网、微信平台，大队宣教科“两微一博”等媒体，集中公布一批严重违法的六类重点违法车辆驾驶人。清理重点车辆安全技术隐患，签订《企业主体责任承诺书》，对霍州交通运业、霍州安泰有限公司10辆未处理的车辆，责令尽快办理处罚决定，对运输企业下发抄告通知10份，对存在问题的车辆一律责令要求整改，对到期要求年检的机动车和驾驶人通过媒体进行公告。

【队伍建设】　2016年，霍州市交警大队党总支以党建为龙头，围绕“7＋3”重点任务开展各项工作，特别是开展“两学一做”学习教育，进行“四讲四有”专题研讨，开展“四比四争四看”，党员在行动，岗位作贡献等关键活动环节，解决党员民警队伍在思想、作风、纪律等方面存在的问题，为全市公安交管工作持续稳定发展提供坚强的组织保证。

1. 高度重视，层层落实主体责任。根据市委和市公安局党委的安排部署，大队党总支迅速召开党总支扩大会议，结合全市交警系统工作实际，制定霍公交党发〔2016〕1号文件《关于开展“学党章党规、学系列讲话，做合格党员”学习教育的实施方案》，成立学习教育领导小组，下设办公室，确定工作联络员。2016年5月10日，召开全体党员及民警大会，对开展“两学一做”学习教育工作进行了动员部署。大队党总支从政治的高度，把加强思想政治工作、注重正规建设、固化队伍管理作为“两学一做”的主要内容，把学习教育拓宽到机关全体民警。为全体参学人员购买《中国共产党廉洁自律准则》和《中国共产党纪律处分条例》，制作大队“两学一做”学习教育问答题，发放习近平总书记系列重要讲话读本、“两学一做”学习教育资料汇编和党员干部行为规范常识汇编等学习资料。

2. 系统学习，树立新理论、新思想、新战略理念。“两学一做”学习教育开展以来，大队党总支学习党章党规和习近平总书记系列讲话精神。采取多种措施，提高全体党员民警的思想政治素质和理论水平，注重整体把握，内在联系。切实从思想上、行动上做到心中有党，心中有民，心中有责，心中有成，创造经得起实践、人民、历史检验的实绩。

3. 学思践行，岗位做贡献。在学习的基础上，大队党总支以“四比四争四看”主题实践活动为抓手，开展“党员在行动”岗位作贡献活动。向全市广大党员公职人员发放《遵守党纪党规和道路交通法律法规倡议书》，制定大队党总支成员“一带二联”促进全市道路交通安全方案，组织大队部分党员及机关民警深入霍州市福利中心，为16位老人打扫整理院内、室内卫生，为老人们表演霍州书、戏剧和歌曲等精彩文艺节目，送上面粉、食油、白糖和小型收音机等慰问品。车管、秩序、事故处理等窗口部门，围绕增强服务意识，提高办事效率，规范权力运行，标立良好形象，开展“比信念，看职守，争当先锋；比形象，看纪律，争当最美交警；比作风，看奉献，争当人民满意民警；比工作，看实绩，争当模范”活动。无论条件多么恶劣，警力跟着警情走，确保管控工作无盲点全覆盖，为群众办实事，做好事，解难事。

4. 健全制度，政治建警。从开展“两学一做”学习教育以来，大队党总支在巩固“一课三会”、民主生活会和按规定标准交纳党费等一系列党员活动日制度的基础上，结合政治过硬，业务过硬，责任过硬，纪律过硬，作风过硬的要求，加强动态管理，拓展延伸到全大队思想政治工作中。建立健全政治理论学习制度，党员民警思想状况分析报告制度，思想工作例会制度，培养选树先进典型制度和检查评比制度等一系列思想政治工作规范制度，确保“三严三实”和“两学一做”学习教育成果规范化、制度化。

【启动民生警务模式】 2016年，霍州市交警大队完成全国、全省、临汾市、霍州市“两会”、六中全会期间道路交通安保任务。保证元宵节、清明节、五一小长假、六一儿童节、中秋、国庆等重要节假日期间的交通道路安全。大队领导及机关内函科室民警放弃休息轮换一线民警值勤，体现“两学一做”学习教育的成果。专项整治期间，全警动员，庙会期间，保障全市大张、白龙、辛置等20余个村的交通道路安全、有序、畅通的交通环境，保证人民群众度过上安全、快乐、和谐的节日。中、高考期间，采取“四项举措”，确保交通秩序安全畅通；暑假期间推出“提供饮水、中午加班、延长下班时间”三项措施为大学生驾考1500余人面签。

【领导班子】

党总支书记、大队长：

张连杰（2007.04—2016.11）

郜岽栋（2016.11—2016.12）

党总支副书记、教导员：

王　力（2003.03—2016.12）

党总支委员、副大队长：

曾广平（2000.01—2016.12）

吕小环（2000.01—2016.12）

邢钦峰（2003.03—2016.12）

朱耀平（2009.01—2016.12）

朱　敏（2014.01—2016.12）

李玉平（2014.01—2016.12）

党总支委员、纪检组长：

薛新红（2014.01—2016.12）

【获将情况】

2016年，霍州市春运道路交通安全工作被临汾市公安局交通警察支队表彰为“先进集体”。

（陈春洪）

公安消防大队

【概况】 霍州市公安消防大队隶属于

临汾市消防支队和霍州市公安局领导，负责全市的消防监督检查，火灾事故调查，新建、改建、扩建工程的消防设计备案和验收，灭火、抢险救援和消防宣传等工作。大队下辖1个政府专职消防队，共有现役官兵7人、专职队员20人、文职人员10人，拥有水罐消防车4辆、抢险救援车1辆、多功能登高车1辆，担负着全市防火、灭火及各类抢险救援工作任务。2016年，重新确定消防安全重点单位102家，新建市政消火栓50部、消防水鹤4部。霍州市市政消火栓118部、消防水鹤8部。

【灭火救援】 2016年，霍州市公安消防大队完成灭火救援任务37次，其中，火灾扑灭13起，抢险救援16起，社会救助8次，出动消防车60辆次，消防官兵353人次，抢救被困人员20人，疏散人员235人，抢救财产价值56.62万元。

【部队管理】 2016年，霍州市公安消防大队落实规章管理制度，用条令条例约束官兵的行为，规范官兵的日常习惯和生活制度。加强对士兵队伍的管理教育，采取谈心方式教育士兵们服从部队建设的大局。针对中级士官，大队领导通过谈心，了解其家庭情况、思想动态和工作生活中存在的困难和问题予以解决，帮助他们正确处理好工作角色的转换，发挥中级士官在部队建设中的骨干作用，提高士官队伍的整体素质。大队在管理上“大处着眼，小处着手”，管理抓细节，教育抓养成，对中队官兵在训练、作风、卫生等方面进行量化考评。定期召开安全例会，分析事故苗头，落实安全预防事故措施。对车辆器材进行经常性维护保养，利用战勤保障资源消除安全隐患，加强对“人、车”的管理，对行政车辆和执勤车辆，以及公勤人员八小时以外和节假日的管理，做到及时发现问题，及时纠正，及时消除隐患。

【政治教育】 2016年，在“两学一做”学习教育中，大队坚持“学”“做”并进，教育引导全体官兵在学党章党规、学系列讲话、争做合格党员中强化政治意识、大局意识、核心意识、看齐意识，加强党员队伍建设。大队党支部召开“两学一做”专题学习讨论会，学习习近平总书记系列重要讲话精神，围绕党员领导干部如何在学习教育中做表率、做模范进行讨论，统一思想认识；开展“书记上党课”活动，为官兵开展党课教育，深化党员官兵对党章党规和习近平总书记系列重要讲话精神的理解和把握。提高党员官兵学习积极性。发挥党组织在学习教育中的作用，征求党员官兵意见建议，为党员官兵购买《习近平谈治国理政》《习总书记系列重要讲话权威读本》等书籍，开展读书交流活动，组织党员官兵交流学习心得，增强学习实效。响应支队党委的号召，发动全体党员官兵开展手抄党章100天活动，做到通读党章、原文抄写，引导全体党员官兵将每天手抄党章作为学习党的理论知识、增强党性观念、提升党性修养的必修课，对照党章要求找差距、定措施、抓整改、谈体会，提高思想认识，增强党员意识，为各项工作顺利开展提供有力保障。

【练兵工作】 2016年，霍州市公安消防大队把灭火执勤能力放在首要位置，加强官兵体能和业务技能水平，开展辖区情况“六熟悉”，熟悉辖区重点单位、道路、水源，做到每一名官兵心中有数。对新调整的102家重点单位灭火救援预案进行补充修订，每周开展不少于2次的灭火演练，开展重点单位灭火演练96次，提升官兵的实战水平。

强化练兵侧重点，完善练兵责任机制，明确干部包员的练兵工作责任，在大队醒目位置悬挂实战训练龙虎榜。

【执法工作】 2016 年，霍州市公安消防大队围绕消防重点工作的各项具体要求，落实“政府统一领导、行业依法监管、单位全面负责、群众积极参与”的消防工作原则，开展各项专项整治行动，加强社会单位的监管力度，督促单位责任制有效落实，加强单位内部自查，落实“一条高压线”和“三条铁规”。在检查中，以人员密集场所、易燃易爆等场所、文物古建筑为重点，将检查与宣传教育、现场整治、落实责任制相结合，加大对社会单位的监督力度，查处消防违法违规行为，督促整改火灾隐患。2016 年，共检查单位 1023 家，发现火灾隐患 1630 处，督促整改火灾隐患 1611 处，责令“三停”单位 16 家，罚款 24.4 万元，临时查封 10 处。

全市 102 家重点单位有 72 家建立微型消防站，建成率 70%，31 家社区有 11 家建立微型消防站，建成率 35%，在临汾市完成区域联防试点和演练工作。

在老年人、少年儿童活动场所等人员密集区域增设独立式烟感报警器，安装 1003 个，为确保初期火灾扑救提供有力保障。

【宣传工作】 2016 年，霍州市公安消防大队立足本职岗位，拓宽消防宣传手段，打造消防宣传阵地。通过消防官兵拜年、制作元宵节消防主题花灯、开设春播等季节性的消防讲座 8 次，开展消防宣传进农村、进家庭、进社区、进企业、进机关、进网站、进学校、进古建八进活动 10 次，在各大商场外墙悬挂消防宣传展板 20 余块，利用城市出租车的车顶标示张贴消防标语 100 余条，借广场舞、购物袋、消防背心、手机支架进行宣传，发放各类宣传资料 2000 余份，加强宣传力度。

4 月 12 日，联合霍州市教科局在霍州市第一中学举行“消防安全知识进校园”消防图书捐赠仪式。霍州市 20 多所中小学校的代表及霍州市一中的 1000 多名师生参加图书捐赠仪式，捐赠图书 2 万余册，分别从小学、初中、高中三个年龄段的学生入手，进行不同的排版，贴近学校及家庭生活实际的常用消防知识，实用性很强。

大队资金打造消防主题场所，投资 20 余万元在东环路建成消防安全示范一条街，投资 20 万元在北山公园建成占地面积 500 余亩、功能完善的消防文化主题公园，投资 10 万元在御花园小区建成消防宣传主题社区等一系列消防主题场所，使群众在茶余饭后享受消防文化大餐。

【领导班子】

教导员：

杨　宇（2014.12—2016.12）

大队长：

杨海廷（2014.12—2016.12）

参　谋：

杨春潮（2014.12—2016.12）

【获奖情况】

2016 年，霍州市公安消防大队被公安部评为全国消防监督执法先进大队，被山西省公安消防总队评为先进大队，被临汾市消防支队评为安全防事故先进单位；霍州市政府专职消防队被临汾市消防支队评为政府专职队伍建设先进单位；临汾市消防支队授予杨海廷个人嘉奖一次；临汾市消防支队授予杨春潮个人嘉奖一次、其本人还被评为安全工作先进个人；蔡承君、杨国涛被临汾市消防支队评为优秀士兵。

（武芳芳）

检察工作

【概况】 2016年，检察院内设机构有办公室、政治处、侦查监督科、公诉科、未成年人刑事检察科、反贪污贿赂局、反渎职侵权局、控告申诉检察科、民事行政检察科、刑事执行检察局、法警队、职务犯罪预防科、案件管理中心、后勤服务中心、纪检监察科、城区检察室、河西检察室、辛置检察室、什林检察室、矿区巡回检察室。全院共有干警95人，检察长1名，副检察长3名，纪检组长1名，政治处主任1名，工会主席1名，其他党组成员5名，检委会专职委员3名，检察员43名，助理检察员1名，书记员26名，司法警察5名，工人20名。

【反贪反渎工作】 2016年，反贪局立案侦查12件17人，其中贪污案10件15人，挪用公款案1件1人，受贿案1件1人，全部侦查终结并移送，收到人民法院判决7件9人均为有罪判决；反渎职侵权局共受理各类渎职侵权案件线索7件，初查不立案处理2件10人，立案侦查3件5人，其中，玩忽职守类案件2件4人，滥用职权类案件1件1人，侦查终结移送公诉部门3件5人。在查办职务犯罪过程中，遵守办案流程，做到讯问犯罪嫌疑人全程同步录音录像，全年未发生一起办案安全责任事故。

【职务犯罪预防】 2016年，霍州市人民检察院开展职务犯罪预防工作，从源头上遏制职务犯罪，创造和谐的发展环境。受理行贿档案查询380余件次，开展预防调查3次，对部分典型案件撰写案例分析报告5份，对发案单位发出检察建议5份，协助制定整改方案。利用各乡镇庙会、“举报宣传周”等活动，深入农村、企业开展职务犯罪预防宣传，抓好3D网络廉政教育馆的宣传工作，进行预防职务犯罪警示教育活动17次。开展“阳光百姓工程”，加大对涉农单位的监管力度。在山西预防专刊发表文章1篇，检察周刊刊登信息2篇。

【案件管理】 2016年，霍州市人民检察院案件管理中心发挥管理职能，开展各项案件管理业务。受理流转各类案件222件307人，其中审查逮捕案件81件110人，公诉类案件141件197人；审核各类文书2855份；接待律师预约会见、阅卷33人次，开展案件评查10件。

【侦查监督工作】 贯彻宽严相济刑事政策，寻求“宽”与“严”的最佳结合点，做到该严则严，当宽则宽，实现法律效果与社会效果的有机统一。依法打击严重刑事犯罪活动，增强人民群众安全感。适应构建和谐社会的要求，在维护社会稳定上下功夫，把案件质量放在首位。把故意杀人、盗窃、抢劫以及严重危害国家安全、破坏市场经济秩序、危害人民群众利益和生命财产安全的犯罪作为重点，依法快捕快诉，决不手软。投身“打黑除恶”专项斗争，建立案件快速审查机制。

2016年，受理公安机关提请批准逮捕的各类刑事案件84件111人，审结83件110人，批准逮捕57件75人，不批准逮捕26件35人，追捕漏犯1人。准确把握刑事政策，确保和谐执法贯穿于办案全过程。实施宽严相济的刑事司法政策，是构建和谐社会对政法工作提出的新要求。检察院在全市开展对公安机关刑事立案后未提请逮捕案件和积案情况专项监督活动，参与社会治安综合治理，从源头上预防和减少刑事犯罪。化解矛盾纠纷和释法说理工作。

增强不批捕、不起诉、撤案、抗诉等法律文书的说理性，用老百姓听得懂的语言，说明案件事实、处理过程及法律依据，减少社会对抗。

【未成年人刑事检察】 2016年，霍州市人民检察院发挥检察监督职能，保障未成年人合法权益。未检科通过与公安机关开展业务座谈会、督促开展社会调查等工作，与法院增加业务交流，严格审查审判程序及判决内容，合理提出量刑建议等多种方式加强检察机关诉讼监督工作，提升司法机关的社会形象。

未检科在起诉阶段对17名没有委托辩护人的未成年犯罪嫌疑人，提供法律援助；对于判处缓刑等轻刑罚的7名未成年人回访帮教。

【公诉工作】 2016年，霍州市人民检察院优化简易程序案件审理机制，确保高质高效。公诉科探索有利于改进工作的新思路、新方法。

2016年，公诉科受理各类刑事案件137件179人，办结119件164人，其中提起公诉案件104件142人，不起诉案件11件16人。向侦查机关发出纠正违法通知书28份，回复26份；向霍州市人民法院发出纠正审理违法通知书6份，回复4份；追诉漏犯4人，追诉漏罪5人，提出抗诉案件3件3人，临汾市院支持抗诉案件1件1人，无超期办案情况，无无罪判决案件。

【控告申诉工作】 2016年，霍州市人民检察院提高执法能力，强化诉讼监督，解决涉及人民群众切身利益的案件，维护司法公正。2016年，检察院建立控告申诉首办责任制、人民群众来访代办制、检察长预约接到和集体接访制、人民监督员参与办案机制等六项处理涉检信访案件机制，做到四个到位：对执法过错纠正到位，对赔偿退赔落实到位，对合理诉求解决到位，对无理诉求化解到位，从源头上彻底解决和消除涉检信访问题。

2016年，控申部门受理各类信访案件69件，其中举报类案件48件，举报中心初核9件。至2016年底，初核终结7件，2件移送反贪立案；控告类案件17件；申诉类案件3件，立案复查1件维持原不起诉决定。所有案件均根据归口办理原则予以妥善处理，移送院反渎局12件，院反贪局11件，院侦查监督科8件，院民行科2件，院纪检监察科3件，直接答复16件，转其他机关4件，做到事事有着落，件件有交代。

【民事行政检察工作】 以最高检提出的“加强举报人保护，惩治群众身边腐败”为指导，采取动态和静态相结合的方式，深入厂矿及乡镇、村委、社区召开新闻发布会，利用电话、发短信、法制讲座、警示教育等多种形式开展宣传。共散发宣传资料6000余份，接受宣传人数2000余人，接受群众咨询200余人次。

2016年，受理民事申请监督案件39件，审结38件。其中支持起诉15件，督促履行职责2件，申请抗诉1件，执行监督20件，生效判决监督1件，发出检察建议22件。把涉及全市社会稳定、影响人民群众生产生活的案件作为重点，解决群众诉求，化解社会矛盾。

【监所工作】 2016年监所部门审查3人次，变更强制措施。针对工作中发现的问题，对相关部门送达纠正违法通知书78份，送出检察建议3份，都已回复，对在押人员和社区矫正人员进行谈话教育，写检察信息7篇，掌握在押人员羁押情况，预防超期羁押情况发生。

对看守所监督检查时，从规章制度方面入手，完善看守所各项规章制度，督促看守所民警严格按照制度开展工作，重点加强对看守所安全工作检查，发现安全隐患，及时纠正。

【政治处工作】　2016年，霍州市人民检察院按照队伍专业化、管理科学化、执法规范化、保障信息化的要求，打造检察事业更好更快发展的基础平台。转变执法作风，树检察队伍形象。开展“两学一做”学习教育和把纪律和规矩挺在前面专题活动，开展社会主义法治理念教育，进行作风纪律整顿，坚持“三项制度”：坚持执法档案制度，增强检察干警防错案、防过错、防违纪及办案安全意识；坚持执法检查制度，务求案件质量经得起历史检验；坚持人民监督员制度，自我监督机制逐步完善，促进执法行为的规范和办案质量的提高。

【纪检监察工作】　加强党风廉政建设主体责任。根据党风廉政建设各项规定，完善党风廉政建设责任制，推进惩治和预防腐败体系建设。1.开展廉政谈话。推行分层约谈制度，由主要负责人约谈班子成员、分管领导约谈科室负责人、科室负责人约谈党员，做到层层谈、人人谈，突出约谈重点，围绕落实“两个责任”、履行“一岗双责”，谈认识、谈问题、谈举措，以谈话明责任、以谈话传压力、以谈话促落实。2.召开民主生活会。发出征求意见表，针求反馈意见，支部书记与班子成员进行交心谈心；班子成员开展会前学习，准备发言提纲，班子成员将党风廉政建设责任制和领导干部廉洁自律列入民主生活会的主要内容，开展批评与自我批评。3.制定和完善制度。出台《霍州市人民检察院工作制度》等制度规定，对执行工作纪律、会议纪律、办文程序等作出详细规定。4.狠抓制度落实。结合检察工作实际，严格执行财务审批、报销相关规定，着力规范后勤保障，推进“派车单”结算，规范公车管理；简化公务接待，落实各项财务制度，加强机关经费管理，确保检察经费使用规范高效，做到以制度管理人，以制度规范人，以制度约束人。

【法警队工作】　1.增强办案安全意识，规范执法行为。按照提审程序提押犯罪嫌疑人、陪同犯罪嫌疑人做羁押前体检，在审问犯罪嫌疑人和给证人做笔录过程中，法警队员都做到全程看护，直至案件审理结束，确保被看管的犯罪嫌疑人不逃跑、不自伤、不自杀，完成看管任务。在参与协助办案过程中，按照院规定执行，杜绝安全事故的发生。做好全院安全保卫、重大节假日安全备勤等工作。

2.建立健全制度，加强司法警察队伍规范化。制度建设是司法警察工作实现正规化管理的根本保证，按照《检察机关司法警察工作规范化建设标准》，建立健全《司法警察警务值班制度》《司法警察派警制度》《司法警察安全办案制度》《司法警察办案保密制度》等各项制度来规范法警队日常工作。法警队在人员不足情况下，坚持轮流值班，做好机关安全保卫工作，从未发生脱岗漏岗现象。

3.加强教育培训，提高司法警察业务素质。提高司法警察素质，加强司法警察纪律作风建设，解决当前队伍中存在素质偏低，有令不行，有禁不止，精神状态不佳，纪律作风涣散，工作作风不踏实等问题。根据省院《关于对全省检察机关司法警察进行素质教育和作风纪律整顿的通知》和市院《关于对全省检察机关司法警察进行素质教育和作风纪律整顿的实施意见》，检察院对司法警察大队干警加强教育培训，提高综合素质。

4. 保障办案安全，打造专业化司法警察队伍。为维护检察工作秩序，保障办案安全，全力打造专业化司法警察队伍，从2016年7月13日起，法警队开展为期15天的司法警察岗位大练兵活动。10月19日，法警队进行打靶活动，让队员们认识枪支、了解枪支、使用枪支，使队伍更专业化，为保障检察工作开展做好准备。

【领导班子】

检察长：

党组书记、检察长：

王志刚（2016.06—2016.12）

常务副检察长：

成红福（2003.03—2016.12）

副检察长：

朱惠林（2003.03—2016.12）

张　峰（2003.03—2016.12）

纪检组长：

王小虎（2003.03—2016.12）

政治处主任：

李燕燕（女，2003.03—2016.12）

反贪局长：

曹淑贞（女，2011.12—2016.12）

工会主席：

闫　林（2003.03—2016.12）

党组成员：

李　垒（2013.09—2016.12）

郭锐华（2013.09—2016.12）

乔华民（2013.08—2016.12）

专职委员：

董泓江（2013.08—2016.12）

王慧慧（女，2013.08—2016.12）

成晓林（女，2013.08—2016.12）

（杨军军）

法院工作

【概况】　2016年，霍州市人民法院有内设机构13个，即：政治处、刑事审判一庭、刑事审判二庭、民事审判一庭、民事审判二庭、民事审判三庭、行政庭、立案庭、审判监督庭、执行局、办公室、监察室、法警队，派出法庭2个，即什林法庭、辛置法庭，下属事业单位1个，后勤服务中心。有干警70人。

【刑事审判】　2016年，霍州市人民法院坚持宽严相济政策，推进平安霍州建设，开展量刑规范化工作，依法审结故意伤害、绑架、强奸等严重暴力犯罪案件25件，判处罪犯29人，维护人民群众合法权益，增强人民群众的安全感。依法审结“两抢一盗”、交通肇事、诈骗等犯罪案件48件，判处罪犯64人，维护公共安全，促进社会稳定。依法审结贪污、贿赂等职务犯罪案件12件，判处罪犯17人，保持惩治腐败的高压态势。

2016年，受理各类刑事案件118件，审结111件，结案率94.3％，无超审限、超期羁押案件发生。

【民事审判】　2016年，受理各类民商事案件775件，审结737件，结案率95.1％，调解结案229件，撤诉结案242件，调撤率63.9％，无超审限案件发生。

【行政审判】　2016年，霍州市人民法院坚持把保护合法权益、促进依法行政、化解行政争议作为行政审判工作的基本要求，关注群众诉求，推进行政机关负责人出庭应诉制度，依法妥善审理行政案件，追求行政争议的实质解决。

2016 年，审查、受理行政诉讼案件 36 件，审结 30 件，结案率 83.3％。

【执行工作】 围绕“用两到三年时间基本解决执行难”的目标，开展涉民事案件，执结 11 件，执结到位金额 32.2 万元。开展执行大会战，清理涉金融案件 77 件，执结 76 件，执结到位金额 458 万元。对失信被执行人加大惩戒力度，公开曝光失信人 215 人次，司法拘留 24 人次。开展打击“拒执犯罪”专项行动，依法严惩“老赖”，向公安机关移送犯罪线索 5 件 5 人。

2016 年，受理执行案件 330 件，执结 327 件，执结率 99.1％。

【立案工作】 2016 年，霍州市人民法院加强诉讼服务中心建设，增设调解室、来人来访接待室，全年接待诉讼群众 3000 余人次。实行刷卡缴纳诉讼费，让数据多跑路，让群众少跑腿，缩短立案时间，缩短结案周期，降低群众诉累。探索多元化纠纷解决机制，推进案件繁简分流和小额速裁。帮助弱势群体，依法为经济上确有困难的当事人减、缓、免诉讼费 4 案 19800 元。落实立案登记制，做到依法应当受理的案件有案必立、有诉必理，提高立案效率，保障当事人诉权。在加强硬件设施建设的基础上，完善制度建设，提高为群众服务的质量。从 2015 年 3 月开始实行院领导在诉讼服务中心值班接访制度，每天由一名党组成员在诉讼服务中心来人来访接待室轮流接访，共接待群众 300 余人次，当场化解疑难、复杂问题 10 余件，做到面对面答疑解惑，做好思想疏导、法律宣传以及矛盾化解工作。

【司法公开工作】 2016 年，霍州市人民法院以信息化建设为抓手，推进审判流程公开、裁判文书公开、执行信息公开三大平台建设，安装案件信息查询系统，完善人民法院数据集中管理平台，优化资源配置，建立统一协调、高效运行的综合信息平台，发挥服务、管理、监督的综合功能。建成 6 个“数字法庭”，实现远程提讯和庭审，进行全程同步录音录像。加大涉诉信访工作力度，建成远程视频接访系统，变走访为网络视频接访，实现接访人和上访人的同步交流，构建起开放、动态、透明、便民的阳光司法新机制。

【司法改革工作】 实行法官员额制是司法体制改革的重要内容之一。2016 年，霍州市法院根据山西省高院、临汾市中院要求，制定《霍州市人民法院司法体制改革首批入额法官遴选实施方案》和《霍州市人民法院法官遴选考核评分办法细则》。在员额法官遴选工作中，坚持公正、公开、择优的原则，通过申请报名、资格审查、入额笔试、民主测评、业绩考核、张榜公示等环节，经省法官遴选委员会审核、公示，确定 21 名法官为首批员额法官，完成遴选工作任务。市法院组建以员额法官为主体的 8 个审判团队，确立“2 名员额法官＋1 名法官助理＋2 名书记员”的团队审判模式。出台《霍州市人民法院关于案件分配的规定（试行）》《霍州市人民法院司法责任制的实施细则（暂行）》等制度，确保员额法官依法独立公正履行审判职责，推进市法院司法体制改革工作。

【干警培训工作】 2016 年，霍州市人民法院坚持人才兴院，树立“竞争择优”的用人导向，激发队伍干事创业热情。采取政治轮训、业务培训、岗位练兵等方式，对全院干警分层、分级、分类培训，提升综合素质。2016 年，与国家法官学院沟通联系，分 5 批次对刑事、民事、行政、执行等业务庭室的 50 余名干警进行培训。选派干警 30 余人次，参加最高院、省高院、市中院举办的各项审判业务培训。对换届选任的10名人民陪审员进行专项培训。

【基础设施建设】 2016年，对法院大院进行地面硬化、植树绿化；投资55万元对院机房网络线路进行改造升级；投资30余万元，对全院的监控系统进行改造；投资1万余元，给每个办公室安装电话，为全体干警创建舒适整洁的工作环境。

【人民陪审员工作】 2016年，霍州市人民法院深化人民陪审员制度改革，强化经费保障，扩大参审案件范围，保障参审权利。55名人民陪审员参加陪审案件957件，陪审率为78.6%，增强法院工作的透明度，保证审判工作公平、公正。

【干部队伍建设】 2016年，霍州市人民法院落实“两个责任”，狠抓“一岗双责”，筑牢拒腐防变防线。贯彻落实中央“八项规定”“五个严禁”、法官任职回避和“四述两谈”等规定，执行重大事项报告、述职述廉等制度。规范法官与当事人、律师、特殊关系人、中介组织接触交往行为。防范司法干扰，对领导干部干预司法活动、插手具体案件处理，以及法院工作人员过问案件，实行全程留痕。2016年，市法院未发生违法违纪案件。

【领导班子】

院　长：

任　军（2015.12—2016.12）

副院长：

荀杏红（2003.03—2016.12）

沈晓静（女，2003.05—2016.12）

纪检组长：

姚学义（2012.08—2016.12）

工会主席：

吴国庆（2003.03—2016.12）

党组成员：

秦建华（2003.03—2016.12）

朱壮平（2003.03—2016.12）

白银峰（女，2013.12—2016.12）

专职委员：

陈建斌（2013.12—2016.12）

魏武昌（2013.12—2016.12）

张燕萍（女，2013.12—2016.12）

（李兵平）

司法行政工作

【概况】 霍州市司法局有6个内含股（科、室），即办公室、政治科、宣教股、基层股、司法工作管理股、社区矫正股，有12个基层司法所。主管霍州市法律援助中心、霍州市公证处、山西秀竹律师事务所、山西星硕律师事务所、霍州市鼓楼法律服务所、白龙法律服务所、北环路法律服务所和辛置法律服务所。在编人员43人，公证员2人，注册律师6人，注册基层法律服务工作者17人，党员47人。

【普法宣传】 2016年，霍州市司法局以“四位一体”普法宣传平台为基础，开展法治宣传教育。1.发挥普法宣传平台作用。与霍州电台、电视台、报社、移动公司签订协议，开办普法节目、法制栏目等，形成广播、电视、报纸、手机短信“四位一体”的普法宣传平台。联合开办《与法同行》《法律讲堂》等普法节目，播出211余期，与报社联合在《今日霍州》刊登《以案说法》30余篇，编辑发送普法短信3000余条。

2.建立法治宣传基地。为增强全民法律意识，提高全民法律素质，推进法治霍州建设进程，依托永和公园建立“法治文化”公园，制作展出法治宣传版面23块，法治宣传标语12条，扩大法律宣传覆盖面。

3.开展“法律六进”活动。在重大节日、传统庙会开展以“创建法治农村，建设和谐家园”为主题的法制宣传活动，在人群密集处设立法律宣传咨询点，发放法律宣传资料、宣传品，提供法律咨询。在全市中小学校开展“送法进校园”活动，编印并发放《青少年法律知识手册》3000余册，印发农村城市居民法律知识100问7000余册。

4.开展以“弘扬宪法精神，实现振兴崛起”为主题的“12·4”法治宣传系列活动。召开“七五”普法新闻发布会，启动“七五”普法工作；依托“与法同行”栏目开展“12·4”专题宣传；在《今日霍州》刊登一期“七五”普法专版；开展“全屏宪法宣传活动”，利用电视、手机屏幕、公交移动显示屏、公共广场LED显示屏、楼宇显示屏等，宣传宪法知识，播放宪法宣传标语；在全市主要街道悬挂“七五”普法规划和“12·4”国家宪法日暨全国法治宣传日主题宣传标语；12月5日，组织30余家单位在州署广场举行大型法律宣传咨询活动，发放宣传资料1.5万份，提供法律咨询130多人次，设立展板16块，各单位组织宪法学习宣传活动，结合实际，因地制宜，精心组织有特色的宣传活动。

【法律服务】　2016年，霍州市司法局以服务重点工程项目为抓手，做好法律服务工作。1.发挥法律服务团作用。抽调公证、律师、基层法律服务人员等10名业务骨干，组建霍州市法律服务团，为霍州市重点项目、中心工作提供法律咨询、法律审核服务。2.探索与信访的结合点。坚持在信访大厅和霍州市社会管理中心大厅值班，对于涉法上访，引导走司法程序。3.提供便捷法律服务。法律服务人员对家庭困难的低保户、残疾人等弱势群体，上门服务，减免服务费，方便当事人。4.以活动为载体，加强法律服务队伍建设。在全市法律服务队伍中开展“法律服务我争先”活动。组织律师事务所、公证处、法律援助中心、基层法律服务所等法律服务机构以“六千律师服务六大发展”“法律援助在三晋”“全省律师参与信访包案化解”等活动为载体，评选先进法律服务工作者，推出精品服务案例。5.开启法律援助远程视频服务系统。法律援助降低服务“门槛”，扩大援助覆盖面，实行案件质量回访，确保提供优质高效的法律服务。2016年，全市各法律服务机构办理法律援助案件63件，免费提供法律咨询1680人次，办理各类公证事项1023件，律师和基层法律工作者代理诉讼、非诉讼案件348件，代写法律文书535份，担任法律顾问16家，维护当事人的合法权益。

【人民调解】　2016年，霍州市司法局加大对人民调解员培训力度。4月13至15日，在市委党校培训中心举办3天霍州市人民调解员培训班，全市12个乡（镇、街道）及专业性、行业性人民调解组织的人民调解员和调解志愿者500余人参加培训。开展矛盾纠纷排查调处工作，2016年，各级各类调委会共调处各类矛盾纠纷1320起，调解成功865起。

【安置帮教】　2016年，接收刑释解矫人员206名（其中，刑满释放63人，解除社区矫正143人），按一人一档建立个人档案，确定帮教人，落实帮教措施，信息录入率达100%，做到台账明确、底数清楚。通过各种渠道开展在监服刑人员信息核查65人次，对安置帮教范围的130名刑释解教人员落实帮教措施，建立帮教小组。

【社区矫正】 2016年，霍州市司法局完成审前社会调查评估89人次，组织追查、查找50余人次，警告20次、建议治安管理处罚3人，接收社区服刑人员86人。接受社区服刑人员758人，解矫605人，因居住地变更迁转异地8人，退回法律文书3人，提请撤销缓刑15人，矫正终止9人，在册153人（其中，管制1人，缓刑147人，假释1人，暂予监外执行4人），无一人脱管、漏管及虚管。1. 把好入矫关。强化社区矫正工作严肃性，由局社区矫正股组织，服刑人员本人、居住地所在村（居）委干部、家属、保证人全部到场，有关司法所工作人员参加，对服刑人员举行集中入矫宣告仪式，落实社区服刑人员集中宣告制度。2. 把好监管关。2016年，全市12个司法所对社区服刑人员实行指纹面部识别签到制度，强化对社区服刑人员的日常监管。3. 把好教育关。由社区矫正股组织，对新接收的社区服刑人员，开展为期一周的入矫学习教育，为12个司法所配置投影仪，购置学习光盘，由司法所组织对所属辖区服刑人员开展集中学习，落实学习教育制度。4. 把好劳动关。把社区服刑人员的社区服务落到实处，协调有关社区，2016年，增设4个公益劳动基地，采用社区矫正股每周五定期组织公益劳动、司法所在所在辖区组织和社区服刑人员自行参加社区服务三者相结合的方式，落实公益劳动时限，推进公益劳动常态化。5. 以活动促工作。2016年，根据市委、市政府以及上级司法行政机关部署要求，开展安置帮教“除隐患、强基础、保稳定”专项攻坚行动、社区矫正“漏管、脱管、虚管”专项活动、“关注社区矫正，参与教育帮扶”社区矫正宣传年活动、社区矫正“公正执法做表率”专项活动等系列活动。

【队伍建设】 2016年，霍州市司法局坚持周一班子例会、周二全局例会、每月15日基层站所例会“三个例会”，坚持政治理论、业务知识、廉政知识学习常态化。落实党风廉政建设“两个责任”，推行“四述两谈”制度、“清单定责”和“廉情预警”机制。在全市司法行政系统中开展“两学一做”学习教育，开展“把纪律挺在前面”专项整治活动。

【领导班子】

局　长：

郭建国（2010.09—2016.12）

支部书记、副局长：

孙亚丽（女，2007.08—2016.12）

副局长：

张　丽（女，2007.08—2016.12）

纪检组长：

晋秀萍（女，2007.08—2016.12）

政治科科长：

李晓琳（女，2012.08—2016.12）

（张磊）

法制工作

【概况】 霍州市政府法制办成立于1999年，是政府依法行政的重要监督部门，正科级建制。前身是政府法制局，主要担负指导、协调行政复议、行政赔偿、行政应诉、行政执法主体登记、行政执法资格确认、行政执法人员培训、行政执法证件颁发和注销以及协调市内各级行政机关之间在执行法律、法规、规章时的矛盾和争议、及市政府规范性文件审查、变更、废止等工作。

到 2016 年底，有工作人员 5 人。

【依法行政宣传】 2016 年，霍州市法制办结合“12·4”国家宪法日和第 16 个法制宣传日文件精神，制定《霍州市 2016 年依法行政宣传月活动实施方案》，组织安排 20 余个行政执法单位分期、分批、分点进行宣传。要求横挂宣传标语，编印宣传资料，设立宣传咨询台，组织专题学习等活动。在开展应对重污染天气，环境专项整治工作中，法制办向全市各行政执法单位及全体行政执法人员发出《倡议书》，在《今日霍州》（2016 年 12 月 9 日）开辟专栏进行宣传，使全市行政执法人员投入环境整治工作中。

【行政执法责任考核】 2016 年，霍州市法制办抽查 16 个具有依法行政执法职能的单位。对重点参与环境污染整治工作的住建局、环保局、交警大队、公路段、交运局、经信局、工商质监局等单位进行系统检查，确保依法行政程序不留纰漏。

【行政执法人员培训】 2016 年，霍州市法制办向全市各行政执法单位下发《关于对全市行政执法人员进行培训和考试的通知》，要求培训单位有培训计划，培训人员有笔记，确保培训有序开展。培训内容涉及《中华人民共和国行政处罚法》《中华人民共和国行政复议法》《中华人民共和国行政许可法》《山西省行政执法责任制规定》《行政强制法》及各部门所执行的法律法规等。

【行政复议和行政应诉】 2016 年，办理行政复议案件 2 件，办理行政应诉案件 8 件，全部结案。

【案件评查】 2016 年，评查行政处罚案件 800 余件、行政许可案件 700 余件，全部评查结束。

【规范性文件审查】 2016 年，审查规范性文件 7 项。

【领导班子】

主　任：

成建忠（2002.04—2016.12）

副主任：

韩四元（2001.10—2016.12）

孟文会（2002.10—2016.12）

（周亚峰）

临汾市公安局霍东分局

【概况】 临汾市公安局霍东分局前身是霍州矿务局公安处，2000 年 3 月，按照国务院以国发〔1994〕19 号文件批转《公安部关于企业事业单位公安机构体制改革意见的通知》精神，上划临汾市公安局，2002 年元月，正式更名为临汾市公安局霍东分局。内设机构 9 个，治安派出所 3 个，政法行政编制 46 名，在册人员 125 人，其中授衔民警 44 名，党员 91 名，班子成员 6 人。一级派出所 1 个，二级派出所 2 个，全部为正科级派出所。

【维稳工作】 2016 年，霍东分局国保和派出所拓展情报信息的获取渠道，收缴邪教宣传书籍 20 本（册）；情报网监部门上报互联网信息监控处置系统各类情报信息 250 条、互联网违法信息巡查处置系统有害信息 3600 条，完成舆情导控 600 余次，落地查控涉网人员 5 人次；加强反恐维稳工作，刑侦大队上报市局情报信息 20 条、研判报告 6 份、涉恐重点人员信息及措施 5 条，情报网监部门协助市局网安支队搜集涉恐文字和音视频信息 15 条；信访部门落实局领导接访制度，8 月，专门设立人民来访接待室，接访 50 多人次，办结信访案件 5 件，依法处置非访人员6人次；完成G20杭州峰会和中共十八届六中全会等安保维稳任务。

【严打整治工作】 2016年，霍东分局在严打整治斗争中，以“打黑除恶专项斗争深化年”为切入点，开展打黑除恶、打击“两抢一盗”、打击电信网络诈骗等专项斗争，打击一批违法犯罪活动，维护矿区稳定。共立刑事案件56起，破案33起，破案率58.9%，破案率同比提高3.2个百分点；抓获各类刑事犯罪嫌疑人33人，其中刑事拘留32人、直捕1人；批捕11人，批捕率50%；移送审查起诉31人，起诉率100%；抓获各类网上逃犯37人，其中历年逃犯3人、省内逃犯3人。在打黑除恶方面，侦办吕梁任前芳等人扰乱生产秩序、寻衅滋事、抢劫等恶势力案件，2016年，此案处于调查取证中；在打击多发性侵财违法犯罪方面，刑侦部门破获省督案件1起，孙堡派出所打掉一个涉案9人的盗煤团伙；在打击电信诈骗违法犯罪方面，立案4起，均录入电信诈骗平台；在打击经济犯罪方面，抓获组织、领导传销犯罪嫌疑人赵金奎，受理3起虚开增值税专用发票案件，涉案金额上亿元。2016年，刑事案件同比下降8%，其中，多发性侵财案件同比下降9%。

【信息化建设】 2016年，霍东分局加强公安信息化硬件建设，投入26万元，配置和更新部分办公电脑、打印机等办公设施；投入7.5万元，完成指挥中心调度高清视频会议系统升级改造；投入25万元，完成3个派出所的四级网高清视频会议系统建设；接入内网视频图像与市局公安网对接上传25路，完成外网视频图像与市局公安网对接并上传32路；由情报中心牵头，组织治安和派出所，采集导入社会信息汇聚系统信息25555条，录入“一标两实”信息总量79220条，上报综合应用平台信息管理系统行动性综合信息30条，部采1条，省采1条，市采28条；加强便民在线平台建设，共受理群众诉求62条，答复62条，上报市局信息58条，被采纳5条，便民在线服务平台群众累计访问量达49026人次。

【治安管控】 2016年，霍东分局受理治安案件160起，办结113起，行政拘留86人。治安大队、派出所开展社会治安风险隐患排查，排查出涉及政治安全、矛盾纠纷、公共安全类风险隐患171条，督促有关单位进行全部整改；推进治爆缉枪专项工作，落实“民爆物品安全管理措施70条”，李雅庄派出所查处非法携带枪支违法人员2人，收缴钢珠枪2支、钢珠弹166粒；治安部门落实对出租屋和流动人口的清查和管理，办理居住证115人；开展黄赌毒清查整治，散发宣传材料3000份，查处涉赌违法人员6人；食药部门以悬挂宣传横幅、散发宣传材料等形式，开展食药安全宣传3次，进行安全检查4次；各派出所严格厂矿企业重点要害部位人防、物防、技防措施的落实，开展治安和消防安全检查，对存在的隐患责成有关单位进行限期整改；巡警大队加强矿区面巡逻，配合有关部门完成各项安保任务。

【执法规范化建设】 2016年，霍东分局投入20余万元，完成分局办案区执法音视频管理平台建设；投入30万元，完成集审讯、留置、物证等功能的执法办案功能区改造，实现办案区和办公区物理隔离的建设目标；投入3.2万元，完成拘留所高清视频系统改造；投入2万元，完成拘留人员监区病房建设；组织法制民警和兼职法制员及执法民警学习“两个规定”，提高执法水平和质量；组织开展“五个一律”落实情况回头看活动，重点推进执法办案场所设置和管理的标准化、精细化，重点落实现场执法、讯问犯罪嫌疑人、询问违法嫌疑人同步录音录像制度；基本完成“受立案”、刑事案件“两统一”改革任务，成立案管中心，与法制室合署办公，7月，制定印发《关于进一步规范受案立案、完善受案立案监督机制的实施办法》，8月，推开受立案新机制；法制室依托执法监督平台，对网上办案情况、办案质量及案件的网上流转率实行不定期考核通报，共考评案件32起，发现纠正执法问题9个；加大对网上案件质量的巡查力度，发巡查通报9期，实现对网上办案情况的动态管理，确保网上办案率保持在98%；南下庄派出所以“八步走”工作法规范接处警，实行接处警“一止、二问、三拍、四录、五核、六移、七报、八写”，提高执法效率和质量；警务保障室加强涉案财物管理，实施专人专管，设立涉案财物保管室，建立涉案财物统一台账；拘留所加强被拘留人员的教育和管理，实现全年安全无事故。

【队伍建设】 开展“两学一做”学习教育，推动党委主体责任和纪委监督责任的落实，建立健全权力监督制约和日常管理教育机制；完成支部换届，健全基层党组织，落实“三会一课”制度，分局党委书记带头讲党课2次，班子成员以普通党员的身份参加支部活动；召开党委班子民主生活会和支部组织生活会，机关支部以争当“排头兵”为主题，治安支部以社区为阵地，刑侦支部以破案为抓手，开展学习教育，实现党建队建“双赢”；执行“党员在学习、党员在行动”计划，开展“四讲四有”专题研讨，组织全体党员进行考试和微信答题活动；开展纪律规矩教育活动，强化政治纪律和政治规矩的执行；组织民警观看《漠视的代价》《永远在路上》等警示教育片，教育和引导民警从思想上敬畏法律、行动上遵守法律，筑实拒腐防变的思想防线；组织民警代表临汾北片公安机关参加全市公安机关“两学一做”暨“两项法规”知识竞赛，选手表现出色，荣获三等奖；建立定岗定责机制，以责设岗，以人定岗，以人提效，强化民警的责任意识和工作主动性；加强教育培训，举办武器警械培训班2期，组织民警参加公安部、山西省厅、临汾市局举办的《警营大讲堂》等业务学习；经费纳入市财政预算，理顺民警的医保、公积金、养老金关系。

【领导班子】

局　长：

葛晋洁（2016.07—2016.12）

政　委：

王亚琦（2007.06—2016.12）

副局长：

史清龙（2014.01—2016.12）

曹云峰（2014.01—2016.12）

纪检书记：

杨晋生（2008.01—2016.12）

政工监督室主任：

赵峰泽（2016.09—2016.12）

（赵峰泽）

经济管理

计划管理

【概况】 根据《霍州市人民政府办公室关于印发霍州市发展和改革局主要职责内设机构和人员编制规定的通知》，霍州市发展和改革局内设办公室、国民经济综合股、农村经济股、工业经济股（市国民经济动员办公室）、社会发展股、固定资产投资股、政工股、物价管理办公室8个科室。下属信息中心、价格认证中心、农村物价管理所、城区物价管理所、招标投标监督管理办公室5个事业单位（白龙镇农村物价管理所、大张镇农村物价管理所、辛置镇农村物价管理所变更为农村物价管理所、城区物价管理所，加设招标投标监督管理办公室）。

【综合实力】 2016年，霍州市地区生产总值完成70.8亿元，规模以上工业增加值完成29.4亿元，固定资产投资完成139.6亿元，一般公共预算收入完成5.85亿元；社会消费品零售总额完成33.3亿元，增长6.6%；城镇居民人均可支配收入完成26998元，增长6.1%；农村居民人均可支配收入完成12143元，增长5.7%。

【供给侧改革】 2016年，霍州市去产能任务按时完成。召开全市推进煤炭供给侧结构性改革工作会议，关闭霍州煤电什林煤业，去煤炭产能90万吨，完成年度煤炭行业化解产能任务。去库存压力缓解。完成棚户区改造700套，应对商品房去库存压力，销售商品房41791平方米。去杠杆稳妥推进。设立战略新兴产业、文化和旅游产业投资基金，成立中小企业融资担保有限公司和经济建设投资有限公司，为职教中心融资2470万元，破解重点项目和中小企业的融资难问题。推进企业挂牌上市，文冠果科技在“新四板培育板”挂牌，亿能电器在“新三板”即将挂牌。降成本成效显著。推进“营改增”改革，打通企业抵扣链条，减轻企业税负，开展涉煤收费清理规范工作，规范、取消、停征7项行政事业性收费，下调部分企业、单位保险费率，助力企业降低运营成本。补短板力度加大。补齐创新驱动和民营经济两块短板，初步拟定《霍州市关于推进科技创新的实施意见》和《霍州市“市长创新奖”奖励办法》，将科技研发经费及专利申请资金纳入市财政预算。培育申报高新技术企业1家，申报市级技术研究中心1家，完成技术交易登记2163万元，申请专利84件，完成有效发明24件，超额完成年初预计目标。建立“小升规”培育库，培育出“小升规”企业1户。鼓励民营经济发展，新增中小微企业210户，达到1045户，吸纳从业人数14580人。

【转型综改】 2016年，霍州市发改局深化行政审批制度改革。落实“放管服”各项改革政策，推进行政审批制度改革，优化审批流程，提高审批效率，承接、取消、下放、调整行政审批事项 11 项，完成市投资项目在线审批监管平台与省、临汾市平台的联网对接。落实“两集中、两到位”工作，创新事中事后监管方式，“双随机、一公开”工作推进，方便群众办事创业。推进农村改革。推进农村产权制度改革，加速实施土地确权工作，巩固提升林权制度改革，开展土地经营流转工作，激活农村各项生产要素。完成农村产权交易中心软件的采购工作，投入运行。实现省、市、县三级美丽宜居示范村投资 2481 万元，为农村建设提供坚强保障。完成机关单位公车改革。组织召开机关公务用车处置拍卖大会，拍卖车辆 167 辆，拍卖金额 370 余万元，落实机关单位车改交通补助发放工作，完成机关公车改革任务。

【产业转型升级】 2016 年，霍州市发改局推进三大产业结构调整，夯实农业基础，促进工业转型，培育壮大新兴产业，发展服务业，全市三大产业结构由 2015 年的 4.5∶65.2∶30.3 转变为 5.2∶61∶33.8，经济结构升级。夯实农业基础。2016 年，全市完成农业增加值 3.7 亿元，同比增长 6%。粮食总产量 8197.2 万公斤，蔬菜总产量达 5770 万公斤，新发展设施蔬菜 1200 亩，完成果园改造 4000 亩，改造核桃林 5000 亩，新发展中药材 1000 亩。宇鹏养殖专业合作社、嘉隆养殖建设项目推进，畜牧业出栏量总体增长。工业转型再添亮点。霍煤机电制造一期 6 个公司陆续投产，液化天然气调峰储气项目实现试运营，亿能新能源汽车制造项目落地，生产线安装推进。现代服务业加快发展。南街农贸市场建成完工，鼓楼地下商业街、州里商业文化街等商贸市场运行良好，引进乐村淘网络科技、赶集网、苏宁易购、固德网络等 4 家电商平台，发展圆通、顺丰、中通共 20 余家物流公司，商贸服务业繁荣。文化旅游业蓬勃兴起。七里峪景区入口片区广场、滑雪场体育拓展综合度假区、汽车客运站等项目完成，霍州署文化产业示范园文化旅游配套区项目持续推进，许村古村落环境治理项目前期手续完成，由“景点旅游模式”向“全域旅游模式”转变。加大旅游宣传，巩固与去哪儿网、同程网、携程网等国内知名旅游网站的合作，签订网络宣传推介协议。

【项目建设】 2016 年，霍州市发改局推进重点项目建设。2016 年，全市实施的重点项目 79 项，涉及重点项目总投资金额 181.95 亿元，当年计划完成投资 120.04 亿元，实际完成 120.75 亿元，为计划的 100.59%。其中，省级监测项目 8 项，总投资 54.3 亿元；市、县级监测项目 71 项，总投资 127.65 亿元。推进“百日攻坚”行动。梳理出 5000 万元以上未开工项目 16 项，总投资 48.07 亿元。截至 2016 年底，开工项目 12 项，开工率达到 75%，霍煤集团南矿区污水处理建设项目和大众路富世嘉华小区建设项目完工，“百日攻坚”行动成效显著。加大招商引资力度。依托“民企入晋”有利契机，参加“华夏之根、文明之旅”招商引资推介会、北京市中国职工之家招商引资推介会和太原能源博览会等招商活动，招商引资，共达成投资意向 12 项，投资总额 169 亿元。争取上级资金支持。2016 年，争取到上级资金 15898 万元，其中，争取到国家资源枯竭城市转型资金 14900 万元，安民路建设项目和儿童福利院建设项目分别争取到中央预算内资金 600 万元和 398 万元，为项目单位解决部分资金难题。

【新型城镇化建设】 2016 年，霍州市发改局完善城市建设规划体系。坚持统筹规划、优化布局、建管并重、有序推进的原则，优化城市建设规划用地体系。修订编制《霍州市“十三五”近期建设规划》和《霍州市综合交通体系规划》为“十三五”科学布局城市发展奠定基础。2016年全市常住人口城镇化率63.8%。加快中心城市建设。新建南路东关、赵家庄棚户区改造二期、橡胶厂棚户区改造、大众路东二巷道路扩建及旧城改造、开元名都等项目推进。中镇楼、赵家庄人行天桥、东门桥改造相继竣工，纬五路、新建南路、经三路北段等城市道路建成通车，城市品位提升。加强城乡基础设施建设。新建换热站12座，新增城市集中供热面积55万平方米，达到460万平方米。天然气扩户4000余户，达到3.8万户。全年新建和改造城市道路10.51千米、城市供水管网7.93千米、供气管网17.7千米、雨污管网27.22千米，城市功能日益完善。改善农村人居环境。推进完善提质、农民安居、环境整治、宜居示范四大工程，推进农村地质灾害搬迁、农村危房改造等工作，农村人居环境有效改善。完成3所农村公办幼儿园建设，推进采煤沉陷区治理，完成涉及7个乡镇的可研报告，签订搬迁协议705户，拆迁95户，完成投资8516.4万元。改善农村群众出行条件，完成9条村通水泥（油）路共30.7千米。

【环境整治】 2016年，霍州市发改局加大环境治理力度。以“大气污染防治行动”为抓手，多措并举，重拳出击，狠抓大气污染防治，全市大气环境质量逐步改善。国电霍州发电厂超低排放改造项目完成脱硫系统#1AFT塔土建工作。辛置镇污水处理厂设备安装完成85%，厂外管网敷设完工，全线通水。霍州市化学工业有限责任公司被责令停产。全市共取缔取暖锅炉753台，淘汰黄标车、老旧车456辆。引导企业第三方治理工作，完成山东三融环保工程有限公司对兆光电厂实施环境污染第三方治理。以居委会和村委会为建设单位，开展城乡工程，建成垃圾处理点157处，乡镇垃圾转运站6座，清扫面积达249万平方米，受惠村民数18.7万人。强化生态修复建设。加快推进汾河、南涧河、对竹河综合治理。实施城市绿化和植树造林工程，新增城市绿化面积20万平方米，完成营造林面积1.79万亩，其中，育苗面积达5300亩。

【社会事业】 2016年，霍州市发改局推进脱贫攻坚。实施精准扶贫、产业扶贫、光伏扶贫、教育扶贫、金融扶贫搬迁等扶贫工程。产业扶贫方面，投资364万元实施4个乡村光伏电站扶贫项目。生态扶贫方面，在白山、柳树腰等沿山村庄引进发展双季槐、油料牡丹等经济作物。教育扶贫方面，开展免费专业技能培训班3期，为贫困户大学生发放“雨露计划”补助金。金融扶贫方面，为文冠果、古衔黄两个品牌申报中证扶贫板。通过政府购买服务的方式，安排有劳动能力的贫困人口从事环卫、保安、护路等工作，为全市贫困人口缴纳大病保险，为1618名贫困人口办理农村低保，通过政府兜底，守住精准脱贫保障线。拓展就业渠道。举办春季和秋季大型人才招聘会，提供就业岗位6000余个，创业就业745人，失业人员再就业1486人，就业困难人员再就业389人，转移农村劳动力3935人。城镇登记失业率控制在4%以内，超额完成全年任务。发展社会事业。开展国家卫生县城创建工作，教育工作被确立为临汾市唯一的《义务教育学校管理标准》省级试点县，高考再创佳绩，二本以上达线1088人。启动全民健身中心建设项目，直播卫星“户户通”建设任务全面完成。加强社会保障。推进城乡居民医保制度整合，完成新农合移交工作。推进公立医院改革，落实财政补贴药品差价政策，群众“看病难、看病贵”问题得到缓解。提高城乡养老水平，建成4所农村老年人日间照料中心，全市12个乡镇及街道建成10所老年人日间照料中心，投入运行。社会救助制度更加完善，推行“救急难”制度，全年救助4395人次，发放救助资金320万元。建成各类保障性住房523套，超额完成上级任务。

【领导班子】

局　长：

李新平（2013.04—2016.12）

书　记：

张卫东（2007.09—2016.12）

副局长：

杜文彬（2002.08—2016.12）

武维斌（2012.06—2016.12）

纪检组长：

米宝龙（2002.07—2016.12）

工会主席：

胡泽军（2002.07—2016.12）

总经济师：

史　琼（女，2012.06—2016.12）

（张琴琴）

统计管理

【概况】　霍州市统计局主要职能是贯彻实施国家和省制定的统计法律法规、政策和计划、组织实施国家统一的基本统计报表制度和国民经济核算体系，搜集、整理提供统计资料，并对全市国民经济、社会发展和科技进步情况进行统计调查、统计分析、统计预测、统计监督，向市委、市政府及有关部门提供统计信息和咨询建议，搜集、提供外县市的基本统计资料，同霍州市进行对比分析。定期发布全市国民经济和社会发展情况的统计公报。承担全国人口普查、农业普查和经济普查工作以及国家统计调查、地方统计调查工作任务。到2016年底，霍州市统计局共有干部职工19人，内设5个股室，下属17个事业单位。

【普查和重点调查】　2016年，霍州市统计局完成第三次全国农业普查登记前期准备工作，该次普查涉及全市12个乡（镇、街道），199个行政村，4.7万余户农户。

1. 城乡一体化调查调查户100户，东关、东堡、北关、建材路西居委会、北苑居委会、车站路居委会、成庄、北张、下乐坪、源头10个村及居委会，通过对每户收入消费记账调查、推算出全市居民人均收入、城乡居民人均可支配收入、农村常住居民人均可支配收入等指标，取消夏、秋两季农产量抽样调查，改由全市乡、村逐级上报。

2. 居民消费价格指数调查，对包括食品、衣着、居住在内的8大类320种商品进行物价总水平调查。

3. 农业普查涉及规模大、范围广、协调难度大，任务艰巨，通过培训、试点工作，为正式普查奠定基础。

【贯彻落实统计法】　2016年，霍州市统计工作围绕提高统计“四大工程”即联网直报、名录库建设、统计信息化、数据采集软件系统，在统计调查数据源头上下功夫，提高统计数据质量，对全市规模以上商品批零贸易和餐饮服务业法人单位13户，个体户20户，限额以下商品批零贸易调查户38户，劳动工资定期表177户，城乡调查户100户，农产品产量调查199个行政村，规模以上畜禽养殖调查户18户，工业品出厂价格调查户4户，农业普查4.7万余户，印发《中华人民共和国统计法》《山西省统计检查监督规定》和《统计违法违规处分决定》宣传手册2000余册，发送统计调查单位和个人，利用各种普查和“12·4”法制宣传日进行普法宣传。

【统计服务】 2016年，霍州市统计局干部职工完成常规统计任务，注重经济运行分析。全局上下围绕市委、市政府2016年初制定的目标任务，狠抓统计数据质量和审核评估，完成农业、工业、能源、固定资产投资、建筑业、社会消费品零售业、基本单位名录库维护、综合核算等各专业年报、季报和月报任务以及国情国力调查和各种专项调查工作。

1. 统计资料来源于社会经济发展的各个方面，反映经济社会发展的总体水平，反映经济社会发展变化趋势。新常态下经济发展增速放缓，改革进程加快，新兴产业、新型业态、新商业模式蓬勃发展，成为新的经济增长点。为开展“三新”统计监测，通过学习，了解和掌握“三新”经济活动特点和统计难点、应对思路和工作措施，熟悉“三新”相关统计标准、口径范围、统计原则和指标含义，对多家新兴产业单位进行深入调研，现场指导企业办理入库手续、填报统计报表等。

2. 提升统计服务水平，开展各项专项调查。围绕市委、市政府对经济工作的总体要求，利用统计调查和统计资料权威性，对经济发展敏感指标进行专项调查研究，多角度、全方位收集统计信息。通过对客观数据解读，撰写统计分析，反映现实情况，提出合理意见和建议，提供给市委、市政府领导及相关部门参阅。撰写统计分析，分析霍州市经济运行现状和存在问题，提出可行的意见和建议，截至2016年底，编发《规上工业形势严峻，下行压力依然很大》《创新引领产业转型，构建现代产业体系》等80多篇统计信息，受到相关部门好评。按年度发布《2015年霍州市国民经济和社会发展统计公报》和年度《统计数据资料提要》；每季编发《经济运行统计监测报告》，为各级领导提供翔实的统计数据资料和统计分析报告。

【领导班子】

局　长：

赵建荣（2007.07—2016.12）

支部书记：

郭志忠（2007.09—2016.12）

副局长：

刘姝平（女，2002.10—2016.12）

王　龙（2012.07—2016.12）

总统计师：

李　英（女，2002.10—2016.12）

【获奖情况】

2016年4月，赵建荣获临汾市五一劳动奖章。

（郭建华）

物价管理

【概况】 霍州市物价办负责全市物价管理及价格监督检查工作，主要工作包括商品价格制定、行政事业性和经营性服务收费管理、涉案物品价格认证、价格（收费）违法行为监督检查和处理、农产品成本调查、市场价格监管、重要商品和服务成本监审。到2016年底，物价办有干部职工33人，下7个股所。

【价格法规宣传】 2016年，霍州市物价办利用重大活动宣传。“3·15”消费者权益日，利用咨询台、电视、报刊等多种方式开展价格政策宣传。推进价格法规向基层深入。加大宣传力度，以宣传促服务、扩影响，全力为物价工作开展创造有利社会环境和舆论环境。推进普法教育活动。在机关开展学习法律业务知识活动，征订法律法规资料，开展学习讲座。加强法律法规知识学习考核工作。将法律法规学习纳入干部职工综合目标考核，鼓励干部参与各项涉价业务培训，提高政策法规水平。

【价格调控、监测和预警机制】 落实价格监测上报制度，为上级部门价格决策提供依据。物价办派出检查人员加大对辖区内农贸市场、超市巡查力度，要求超市做好商品明码标价工作，做到货真价实、货签对位。对粮、油、菜、蛋等群众生活必需品进行监测，每月上报监测报表，对未按规定实行提价申报销售商品的行为进行处罚，对可能引起市场价格异常波动的倾向性、苗头性问题及时进行预警预报，解决出现的问题，确保市场价格的基本稳定。

【收费管理】 2016年，霍州市物价办强化收费管理，优化价费环境，及时向上级物价部门上报事前、事中、事后监管报表。

【价格监督检查】 物价办围绕群众反映的热点、难点问题，在做好日常工作时开展各种专项检查，打击各种价格违法行为。开展涉农收费专项检查，对各乡镇卫生院、药店、超市、农村幼儿园、农村中小学进行检查，查处涉费单位35个，对违法行为进行处罚，共处罚款16万元。在节假日期间，对关系民生的副食品价格进行检查，以防止节日期间有扰乱市场价格的行为发生。根据上级文件要求，涉企收费检查、药品价格专项检查及医疗服务价格检查，发放标价签1万余张，对群众反映的供热、物业等行业不规范行为进行检查，加大重大节日价格监督检查力度，组织实施节假日价格应急工作制度，检查单位14个，处罚价格违法行为2起，实施经济制裁8起，全部上缴财政。根据临汾市价检分局要求，完成各类报表工作，为有执法资格证的同志换发执法证，完成“双随机一公开”上报工作。

【农产品成本调查】 2016年，霍州市物价办开展农产品成本调查工作。贯彻实施山西省局成本调查工作计划，统筹安排农产品成本调查工作，确保在时间和工作质量上按时完成各阶段各项调查工作任务。突出重点，促进工作取得新成效。市物价办注重以成本调查服务“三农”为重点，抓住热点、难点问题，开展农本调查工作，为市委、市政府调整产业结构，促进地方经济发展提供参考依据，发挥参谋作用。2016年，完成农户种植意向、农户存粮、农资购买专项调查；完成小麦和生猪常规调查。推进成本监审工作。学习和贯彻落实国家制定的成本监审核算办法，掌握好成本监审工作程序、原则和具体核算办法。规范管理，严格程序，做好成本监审工作。

【价格认证工作】 2016年，进行涉案物品鉴定54起，总金额513573元。其中，刑事案件35起，金额490954元，非刑事案件19起，金额22619元。做好涉案物品估价鉴定工作，开拓其他服务领域。涉案物品估价涉及面广、时限性强、责任重大，价格认证中心同司法机关密切配合，相互协作，征求委托方意见，履行职责，依据司法解释和价格法规，坚持客观、公正、公平原则，不偏袒任何一方、不推诿、不拖延，按照鉴定程序，从接受委托到出具价格鉴定结论书，每一个环节都做到有章可依、有据可查。确保鉴证案件质量，把风险规避到最低限度。打击犯罪，为稳定社会治安、改善人民生活环境做出贡献。进行涉案物品鉴定，开展资产评估。在价格认证中，坚持公平、合理、科学，对防止国有资产流失起到重要作用。介入交通事故车损鉴定，本着以调为主、调定结合的原则，加强与交警、保险部门协调配合，扩大机动车辆及配件价格信息搜集渠道和范围。客观、快速、高效地为交警部门处理交通事故提供估价鉴定依据。

【价格举报工作】 2016 年，霍州市物价办共受理各类价格举报咨询 6 件，其中：举报 1 件，咨询 5 件。办结 6 件，办结率 100%，回复率 100%，完成年度工作任务，维护群众合法权益。举报中心加强理论业务学习，提高思想意识和工作能力。加强价格政策的学习，做到学深学透，提高办案中答疑解惑的能力，熟练掌握平台操作技能，宣传 12358 价格举报平台作用，树立价格部门为民服务的良好社会形象。做好价格举报案件的登记、受理及督办工作，控制办结时限，提高办理质量，确保办结率 100%。做好价格举报统计上报工作。做好值守工作，确保重大节假日 24 小时及日常工作时间，举报电话运行畅通，方便群众，服务群众。

【领导班子】

主　任：

张卫东（2013.04—2016.12）

副主任：

成明珍（女，1999.03—2016.12）

段小斌（2002.10—2016.12）

价格鉴证师：

刘红华（女，2007.05—2016.12）

（李晓东）

审计监督

【概况】 2016 年，霍州市审计局人员编制 27 人，在编 27 人。设有办公室、财金股、法制股、行事股、企业股、投资股、监察室、经济责任审计中心。

【预算执行审计】 2016 年，霍州市审计局对 10 个单位开展预算执行审计，审计查出主要问题金额 18196.93 万元。其中，违规金额 1262.36 万元，管理不规范金额 16934.57 万元。审计处理处罚资金 18196.93 万元，其中，应上缴本级财政收入 552.37 万元，促进资金拨付到位 405.33 万元，应归还原渠道资金 299.55 万元，其他形式处理 16939.68 万元。上缴罚没 0.5 万元，上缴财政收入 552.37 万元。

【政府投资审计】 2016 年，完成政府投资审计 105 项，送审金额累计 75513 万元，审定金额 71156 万元，通过审计核减金额 4357 万元，平均核减率 5.77%。

【经济责任审计】 2016 年，霍州市审计局完成 14 名党政领导干部经济责任审计，其中，任中审计 4 人，离任审计 10 人。审计查出违规资金 1106.9 万元，审计罚款 2.03 万元，移送主管部门处理 1 起。

【其他审计】 2016 年，霍州市审计局完成 3 个乡镇的财政决算审计；开展稳增长等政策措施落实跟踪审计、保障性安居工程跟踪审计；12 月底，根据山西省审计厅、临汾市审计局安排，对长治市沁县进行经济社会发展情况审计和审计调查。

【落实“两个责任”】 强化党员干部思想作风建设，形成不想腐的心态；明确权力清单和责任清单，形成不敢腐的制约机制；完善制度建设，形成不能腐的保障机制。

【培训工作】 2016年，霍州市审计局将提高被审计单位财务管理能力作为提升审计服务能力的一项措施，12月，邀请财经专家对全局人员进行大数据审计培训，加强审计信息化建设；对霍州市100余名行政、事业单位财务管理人员，进行《行政事业单位内部控制规范》解读培训，推进全市机关单位财务管理，达到提高资金效益、降低审计风险的目的。

【精神文明建设】 依法廉洁审计，把精神文明建设和文明单位创建纳入审计工作目标管理；以人为本，在精神文明建设中突出审计干部队伍建设；制度为先，建立加强文明单位建设的长效机制；营造氛围，加强机关文化建设；服务发展，把依法审计作为精神文明建设的出发点和落脚点。

【领导班子】

局　长：
朱壮军（2007.07—2016.12）
支部书记：
张文莲（女，2013.04—2016.12）
纪检组长：
韩庆华（2012.08—2016.12）
副局长：
李　明（2007.08—2016.12）
李会文（2001.08—2016.12）
范新海（2007.05—2016.12）
李宝平（2002.10—2016.12）
总审计师：
赵　芳（女，2012.06—2016.12）

（杨立）

工商和质量监督管理

【概况】 2016年12月，霍州市工商和质量监督管理局共有干部职工125人。其中公务员103人，工勤人员9人，事业人员等13人。

2016年是工商质监合并组建后推进工作的启动之年。面对改革和发展的繁重任务，工商质监局在市委、市政府的正确领导下，围绕全市中心工作，开展“两学一做”学习教育，以“冬季行动”为开局，以服务“六大发展”为目标，打好“八大战役”，营造“六型机关”，立足本职、攻坚克难，完成各项工作任务。

【商事改革】 2016年，霍州市工商质监局实行“一照一码”登记。全市颁发加载统一社会信用代码营业执照800余份，随着商事制度改革的落实，市场主体稳步增长，同比增长18%。实施“先照后证”改革。落实工商登记前置审批事项改为后置审批，并履行“双告知”职责，确保“先照后证”改革落地生根。2016年，霍州市共有50余户企业办理工商登记业务时，不再提交审批许可证。推进年报信息公示。抽查企业66户，下达责令限期履行公示义务通知书8份，下达责令改正通知书20份；将140余户企业列入经营异常名录，56户移出经营异常名录，市场主体年报率达90%以上。

【市场监管】 2016年，霍州市工商质监局加大对无照经营的查处力度。出动执法人员528余人次，执法车辆230台次，检查各类经营户3500余户次，立案查处无照经营19户；限期办理营业执照356户，对无证无照的17户加油站、9户液化气站点以及在未经公安消防部门验收的情况下擅自从事经营活动的4家市（商）场向相关职能部门进行抄告。开展合同和注册商标专项检查，检查企业20余家。全方位整治和规范虚假广告，检查房地产广告52条。开展金融专项排查。组织开展防范打击非法集资专项排查整治2次，将10户企业列入异常名录，查处涉嫌发布非法集资活动的广告违法案件1起。开展大气污染专项整治行动。根据市政府《应对重污染天气调度令》，开展成品油专项整治行动。出动执法人员200余人次，检查加油站100多户次。配合环保部门对重污染企业进行查处。

【消费维权】 2016年，霍州市工商质监局畅通维权渠道，推进12315“五进”和“一会两站”工作，新增“12315消费维权服务站”3个，受理并处理消费申诉20余件，为消费者挽回经济损失2万余元，接受来电、来人咨询40余件，接到上级部门分派的举报案件3件，及时分流并进行调查处理。

【行政执法】 2016年，共办理行政处罚案件75件，其中：一般程序55件，简易程序20件；整理上报权责清单，各类权力事项428项，编制行政权力运行图68张、廉政风险防控图67张；做好“双随机一公开”监管工作，制定随机抽查事项清单，实施细则，建立随机抽查行政执法人员名录库和市场主体名录库，呈报市政府审核。

【质量强市】 2016年，霍州市工商质监局配合山西省工商局、质监局质量抽查。抽查4家农资企业，6家加油站12个汽（柴）油样，其中1个柴油样不合格，立案查处。帮助霍州市11家企业的68项产品标准在企业产品标准信息公共服务平台公示。对霍州市5家企业的10项企业标准进行审查、备案。开展商标注册及著名商标培养工作，帮助企业申请注册商标5件，推荐上报山西省著名商标2件（霍州市田牧禾农林产品有限公司、霍州市海燕农业实业有限公司），被认定1件（霍州市海燕农业实业有限公司）。对霍州市8家生产许可证获证企业提出整改意见，督促企业严格按要求组织生产，确保产品质量安全。做好资质认定实验室的监督检查。对霍州市5家获证实验室进行监督检查。开展能源计量监督检查。对霍州市的4家重点用能单位进行能源统计和监督检查工作。

【安全监管】 落实区域监管责任制，核清底数，完善台账，加大对锅炉、电梯、大型游乐设施、压力容器、压力管道、气瓶等特种设备的监管力度，打击特种设备安全违法行为，确保全市特种设备安全无事故。2016年，出动执法人员280余人次，排查安全隐患20余处，下达指令书21份，立案查处4起。开展“土制锅炉”“土制压力容器”专项整治工作。开展安全隐患风险大排查大整治工作。出动执法人员100余人次，排查特种设备企业20余家，发现一般安全隐患2处。开展安全隐患“回头看”，将2015年排查出的隐患作为治理重点，对华润燃气霍州公司在用的燃气管道委托有资质的检验单位检验，检验合格，消除多年遗留的安全隐患。

【非公党建】 2016年，霍州市工商质监局开展非公企业组织覆盖和工作覆盖专项行动，全市共建非公党组织63个，其中2016年新组建28个，实现组织覆盖率86%，工作覆盖率100%。深入非公企业开展“两学一做”学习教育，组织开展基层党组党员培训工作9次，参训260人次，落实“一带六联六促”活动要求，协调帮扶企业发展。参加“两学一做”有奖征文活动，1

篇稿件被山西省非公和社会组织工委、省工商局评为二等奖。建立党员活动阵地、培养优秀职工申请入党，新发展党员18名。在七一表彰期间，中镇商贸有限公司党支部被评为临汾市级先进基层党组织，其他4名党员、3名支部书记和2名党务工作者以及1个党支部被评为霍州市级先进。

【队伍建设】 坚持把学习摆在重要位置。围绕“两学一做”学习教育，学习党章党规，学习党的十八大和十八届四中、五中、六中全会精神，学习习近平总书记系列重要讲话精神，树立政治意识、大局意识、核心意识和看齐意识，夯实组织基础，搭建学习平台，层层示范带动。抓教育培训，2016年，组织在职干部参加各类业务和理论培训40余人次，涉及业务培训15次，政治党建学习10余次，网络培训3次，涉及24人次，提高干部职工的业务知识能力和水平。推进政务公开，拓宽信访渠道，推动依法行政。对外加强与媒体合作，全年在各级新闻媒体刊登稿件72篇。其中，国家级3篇，省级17篇，市级34篇，霍州政府网和信息网18篇。

【精准扶贫】 霍州市工商质监局领导班子高度重视扶贫工作，带领局机关干部职工深入陶唐峪乡南王村开展入户走访，落实责任，实行一对一、对口帮扶。组织对包联孤儿送关怀、送温暖，对非公企业中的22名老党员、困难党员进行慰问。改善局机关办公环境。完成合并组建后机关办公场所的整体改造，调整更新空调28台。

【领导班子】

党组书记、局长：

李晋峰（2015.10—2016.12）

党组成员、副局长：

解永刚（2015.10—2016.12）

朱明元（2015.10—2016.12）

郭建平（女，2015.10—2016.12）

李旺民（2015.10—2016.12）

李俊杰（2015.10—2016.12）

党组成员、纪检组长：

胡建平（2015.10—2016.12）

党组成员、非公经济工委副书记：

张丽（女，2015.10—2016.12）

党组成员：

曹小平（2015.10—2016.12）

郭润泽（2015.10—2016.12）

刘向东（2015.10—2016.12）

（*刘高彦*）

国土资源管理

【概况】 霍州市国土资源局担负着贯彻执行国土资源管理法律、法规，依法管理、保护和合理开发利用国土资源的重要职责。机关内设办公室、规费股、用地股、地籍股、矿管股、地环股、执法监察股、土地利用股、测绘办9个行政股室，下设9个直属事业单位和10个国土资源管理所，截至2016年12月底，有干部职工222人。

【耕地保护和用地保障】 耕地保护工作。签订县、乡、村三级耕地保护目标责任书，确保34.44万亩耕地面积不减少、质量不降低、用途不改变。基本农田划定和耕地质量分等定级工作。基本农田划定工作内外业完成，霍州市基本农田面积29.96万亩。耕地质量分等定级工作已启动。高标准农田建设项目。李曹镇省级土地整理项目，2016年底，工程全部完工，正在申请验收及审计。征地报批工作，上报的2014年3批次，批准面积 212 亩，由省政府批复批准征收。霍州市国土资源局积极改革，在全省率先实施用地新机制，通过城市分批次、单独选址报批、建设用地增减挂钩和废弃工矿用地复垦利用等形式，报批新增建设用地 4825 亩，保障兆光电厂、工业园区、霍东大道、天然气项目、中镇广场、永和公园、霍东新区城市道路等 30 多个建设项目的用地需求，2016 年，为全市批回 212 亩建设用地，推动霍州市经济和城市建设发展。

【地籍管理】 土地变更调查工作。2016 年，霍州市国土局开展 2015 年度土地变更调查工作，完成外业调查 74 宗，面积 317 亩，内业变更 42 宗，面积 566.3 亩，形成数据库及相关成果，经临汾市国土资源局、山西省国土资源厅初审后报国土资源部，于 5 月通过审核。8 月，按照招投标程序对 2016 年变更调查工作进行公开招标，确定作业单位，2016 年下发霍州市遥感监测图斑 121 个，监测总面积 433.76 亩，占耕地 166.69 亩，截至 2016 年底，外业核查工作结束，内业变更和资料收集汇总工作还在进行。

农村集体土地确权登记发证工作。到 2016 年底，全市范围内地籍调查工作全部结束，调查 45020 宗，面积 4002 公顷，数据录入结束，到 2016 年底进行县级自检工作。

土地利用总体规划修改完善工作。根据山西省厅相关精神，在做好规划中期评估数据更新的基础上，对各相关项目用地单位进行意见征询，深入实地对各乡镇拟上项目进行调查，汇总落实重点项目 59 个，用地面积 13606.35 亩，《规划》初稿形成，待临汾市下达霍州市的规划指标最终确定后，合理确定调整方案。

用地规划管理工作。2016 年，霍州市国土资源局为霍州市陶唐峪旅游景区（一期 B 区）建设项目、热电联产集中供热工程项目、霍州市 2016 年小街、小巷道路改造工程项目、霍州市紫薇园、霍州市南涧河湿地公园——北岸绿化景观建设等项目办理土地预审手续。

【节约集约利用土地】 节约集约用地情况。2009 至 2014 年所供宗地中疑似闲置率为 0。2009 至 2014 年所供宗地开工违约比例为 0，开工未竣工违约比例 3.12%。闲置土地处置及再利用工作。按北京督查局反馈意见对历年来 6 宗闲置土地全部处置完毕。土地供应工作。2016 年，霍州市国有建设用地供应计划完成率 223%，住宅用地供应计划完成率 100%。市政府保障性安居工程供地完成，供地率为 100%。农转征工作方面。2011 至 2015 年农转征项目平均供地率 86.16%。

【地质灾害防治与搬迁】 2016 年，霍州市国土局召开全市气象趋势会商会，分析研究霍州市 2016 年汛期的天气状况特征。市、乡、村三级人民政府层层签订目标责任状。以市政府名义印发《霍州市 2016 年度地质灾害防治方案》，强化地质灾害宣传工作。完成地质灾害治理搬迁任务 114 户，竣工率 100%。

【矿产资源管理】 2016 年，霍州市国土局提交储量年报审查登记表，上报临汾市国土资源局。落实储量动态监管机制。组织 5 家山西省、临汾市发证矿山企业编制 2015 年度矿山储量年报，并完成评审工作。对县级发证的矿山企业由国土资源局测绘队进行实地测量并编制储量检测报告。完成矿产资源开发利用统计上报、审核和数据库上报工作。开展 2015 年度矿山开发利用年度检查工作。完成全市 28 家持证矿山企业年度检查，实地检查16座，确定28家矿山企业年检合格，合格率为100%。年检结果和数据通过年检系统上报完毕。完成全市所有持证矿山企业2015年度矿山开发利用统计数据上报工作。为2家兼并重组煤矿换发长效采矿许可证，建立兼并重组矿山企业换发长效采矿证台账。征收资源价款630万元。配合参加山西省、临汾市国土部门组织的矿业权勘察开采信息公示系统培训工作，组织本级发证矿山企业的培训工作。按照临汾市局要求，组织该辖区内生产矿井通过市局行政监察室遴选作业单位，编制2016年度矿山储量年报。为2016年度矿业权信息公示及矿产资源开发利用统计工作打好基础。

【国土资源执法监察】 2016年，霍州市国土局按照市政府及临汾市国土资源局统一安排，开展霍州市严厉打击土地矿产资源违法行为百日行动、打击非法盗采矿产资源行为专项整治行动、做好2016年冬打击非法违法采矿工作等多项行动。截至2016年底，出动巡查人员2700人次，领导带队督查120余人次，组织联合执法100人次，检查私开坑口120处，关闭矿11个（27个坑口）。通过排查，霍州市范围内未发现非法盗采矿产资源行为，非法盗采发案率一直保持为零。加大土地执法力度，截至2016年底拆除违法建筑1300余平方米，制止违法占地行为16余起。立案查处8宗，立案率、查处率、履职率100%，遏制土地违法行为。进行土地卫片执法检查。2016年，卫片监测到霍州市图斑74个，总面积317.5亩，其中耕地213.88亩。经核查，合法图斑17个，面积101.9亩，其中耕地91.4亩，违法图斑6个，5个地块，面积25.2亩，其中耕地面积12.5亩。非新增建设用地51个，包括设施农用地、临时用地，伪变化。测算问责比例2.88%。监测到霍州市矿产卫片1个图斑，经核查为实地伪变化。按工作要求，对违法案件全部下发行政处罚决定，全部申请法院强制执行，向纪检部门提出追究相关责任人的处分建议。按照卫片执法检查规范要求，逐块建档组卷，年底通过2015年度卫片验收检查工作。

【不动产登记发证】 确保工作连续和平稳过渡。市长办公会专题研究推进霍州市不动产登记工作，会议就2016年不动产登记的机构、人员、资料移交、窗口设立、平台建设等工作进行全面部署，科学统筹调配相关资源，按照“基础先行、制度保障、部门衔接、便民高效”的要求，推进此项工作。人员整合到位。根据上级要求，成立霍州市不动产登记局和霍州市不动产登记中心，到2016年底，霍州市不动产登记局和霍州市不动产登记中心工作人员全部到位。

办公场地落实到位。根据办理项目需要，在霍州市政务大厅设置窗口，利用原有的国土资源窗口，进行重新组阁，设立不动产登记窗口、不动产查询窗口、不动产综合等窗口。制定工作方案和业务流程。根据《不动产登记暂行条例实施细则》起草《霍州市不动产登记服务指南及办事流程》；通过对业务流程的梳理，涉及9大类、107小类，具体工作讨论研究中，发征询意见函给相关部门，实现不动产登记依据的统一。整合资料。制定霍州市不动产登记《资料移交方案》，对土地登记、房屋登记、林地登记资料分类、分步骤移交。边移交资料，边开展土地、房产、林业的数据整合。信息平台建设。不动产登记信息管理基础平台的建设，是各项制度落实和信息共享的基础。统一安装山西省国土资源厅招标确定的苍穹不动产登记信息管理平台软件。根据平台系统开展土地、房产、林业数据收集整合，空间数据转换，地籍区、地籍子区、宗地框架的搭建。全市共发新证160本，出具不动产权证明614份。

【信访维稳】 2016年，霍州市国土局坚持“局长接待日”制度。截至2016年11月底，共接待群众来信来访120余人次。其中，受理的群众信访件中反映土地方面问题的12件，反映矿产方面问题的1件，做到来信有回复，来访有答复、有记录。

【基层基础建设】 2016年，霍州市国土局按时编制并上报国土资源形势分析报告以及《山西国土资源综合统计指标》；抓好宣传报道工作。截至2016年12月，在人民网山西频道发表文章3篇，在《今日霍州》报道3期，向临汾市国土资源局报送信息40期。在“4·22”地球日、“6·25”土地日、“8·29”测绘日当天，向全社会大力宣传国土资源相关法律法规知识。开展行政执法案卷评查工作，形成自查报告，上报临汾市国土资源局。组织相关人员参加省、市执法监察等各种业务培训。

【法制国土建设】 制定印发《全面推进法制国土建设实施方案》《法治国土建设2016年工作要点》。成立法治国土建设工作领导组，督促法治国土工作的开展。制定《国土所建设标准实施方案》，规范国土所建设标准。

【“两学一做”学习教育】 安排部署。2016年，霍州市国土局党总支召开专题会议，成立领导机构，研究制订《“两学一做”学习教育实施方案》，召开学习动员大会。

组织学习。以支部为单位进行学习，各支部制定学习计划，专门印发学习计划到每个党员干部手上，统一发放学习记录本，要求全体党员干部结合自身工作实际，开展自学活动，逐字逐条学习党章。

开展讨论。各支部按照计划开展“讲政治，有信念”“讲规矩，有纪律”“讲道德，有品行”“讲奉献，有作为”四次专题讨论，各支部书记给全体党员讲《遵守党章党规》《党的光辉历史》专题党课，全体参学党员手写心得体会。

开展专项促学活动。局党总支将“两学一做”学习教育开展作为2016年党员干部教育的重要内容，通过跟踪督查、随机检查学习笔记、心得体会等专项促学活动，了解掌握各党支部学习贯彻情况，交流做法经验，推动学习贯彻工作落实。

【领导班子】

局　长：

杨　华（2009.10—2016.12）

副局长：

曹明忠：（2012.03—2016.12）

李月罡：（2012.06—2016.12）

刘前茅：（2015.11—2016.12）

纪检组长：

李宏伟：（2012.06—2016.12）

总工程师：

李　峰：（2012.06—2016.12）

主任科员：

王慧博：（2012.06—2016.12）

副主任科员：

曹光杰：（2012.06—2016.12）

高怀斌：（2012.06—2016.12）

执法监察大队队长：

王荣生：（2012.06—2016.12）

土地收购储备中心主任：

陈　鹏：（2012.08—2016.12）

（李陆陆）

招商工作

【概况】 2011年，经国务院批准，霍州市列入国家第三批资源枯竭型城市，2012年根据临编发〔2012〕31号文件和霍编发〔2012〕9号文件精神，设置霍州市招商局，为市政府直属事业单位，事业编制8人。是霍州市人民政府主管全市招商引资、投资促进和对外开放的职能机构，内设科室3个，分别是办公室、招商室、外商投诉室。

【党风廉政建设】 2016年，霍州市招商局开展"两学一做"学习教育，把党风廉政建设融入招商业务建设、领导班子建设、干部队伍建设和党的建设中。机关全体党员学习党章党规，学习习近平总书记系列重要讲话精神，重点明确基本标准，树立行为规范，领会党中央治国理政新理念、新思路、新战略。

【招商引资情况】 按照"工业转型发展，增强地方财力；发展特色农业，增加农民收入；发展眼球经济，宣传扮靓霍州；科学经营城乡，富裕霍州人民；发展文化产业，建设文明霍州"的总体思路，"走出去、请进来、找老板"，宣传霍州，让更多客商了解霍州，认识霍州，走进霍州，投资霍州，发展霍州。2016年，签约项目12个，签约资金达169亿元，超额完成上级下达的全年工作任务（130亿元）。1200亩巴旦木种植项目、SGR烟气脱硝催化剂再生项目、大张镇中心幼儿园项目、鸣梦手工老粗布项目、霍煤集团开元小区建设项目先后建成投产。

【招商引资洽谈会】 2016年3月14日，深圳市鼎诚汇富股权资产管理有限公司项目资深顾问庞雨成到霍州洽谈垃圾处理项目；3月14日，颐高集团副总经理倪昌虎到霍州考察电子商务产业园场地；3月22日，晋商银行赵行长到霍州洽谈相关合作项目；3月23日，红星美凯龙投资发展公司总经理、《人民代表报》社长助理、摄影部主任吴龙江一行到霍州洽谈相关项目；4月13日，中电投新能源投资有限公司（北京）业务主管杨丽军到霍州洽谈相关项目；4月25日，陕西金世纪投资管理有限公司刘渭江到霍州和市主要领导洽谈相关合作事宜；5月16日，陕西金世纪投资管理有限公司刘渭江一行5人到霍州就如何实现双方合作共赢洽谈、对接；5月28日，国家发改委国际金融中心郭主任一行到霍州洽谈招商引资相关事宜；9月9日，北京海润新能源科技有限公司韶华生产总监到霍州洽谈光伏发电事宜；9月10日，天津宝迪农业科技有限公司一行来霍洽谈生猪养殖事宜；9月18日，景成新能源投资有限公司吕峰到霍州洽谈合作事宜；9月20日，裘利兴会长同霍州市委书记崔山原，市委副书记、市长黄晓君，副市长刘国平就浙商文创园设计修改一事对接洽谈。

【招商引资活动】 2016年3月2日至6日，霍州市招商局组织市政府重点办、发改、国土、住建、广电中心、大张镇等相关部门赴杭州，对杭萧钢构股份有限公司、颐高集团有限公司、郎溪（中国）经都产业园、浙江向上投资有限公司嘉兴智慧产业创业园等4家企业实地考察和面对面交流；4月7至9日，和晋商银行主要负责人一行5人带着意向登门拜访西安金世纪集团董事长刘渭江，就如何投资建设霍州面对面进行洽谈，精准对接，达成初步合作意向；5月18日，参加山西重点项目推介重庆对接会后，实地考察重庆佳仙食品有限公司，签订投资意向协议；6月2日，市委副书记、市长崔山原，副市长郭宏生参加“华夏之根·文明之旅”招商引资推介会；9月7日，市委副书记、市长黄晓君，副市长刘国平到太原参加能源博览会；12月5日，副市长刘国平参加由临汾市政府在北京市中国职工之家主办的招商引资推介会。

【签约项目】 2016年，签约项目12个，主要涉及工业、农业、三产等行业。12个签约项目是：晶科电力有限公司布式光伏发电项目（退沙街道），颐高数码市场有限公司颐高电子商务产业园项目（大张镇），华润电力投资有限公司投资华润霍州光伏项目（三教乡），海润光伏科技股份有限公司海润光伏发电项目（白龙镇），重庆佳仙食品有限公司投资核桃深加工、农副产品深加工、万吨水果保鲜库项目，健峰生态农业科技发展有限公司1200亩巴旦木种植项目，圣鑫乾元环保科技有限公司SGR烟气脱硝催化剂再生项目，山西四建霍煤集团开元小区建设项目，霍州王庄文笔塔绿色庄园有限公司文笔塔绿色庄园乡村旅游项目，霍州市政府投资1.2亿元人民币建设的大张镇中心幼儿园项目，霍州市坤英棉织品加工公司鸣梦手工老粗布项目，霍州市化学工业有限责任公司年产40万吨合成氨、70万吨尿素项目。

【领导班子】

局　长：

关文旗（2011.11—2016.12）

支部书记：

董铁柱（2013.12—2016.12）

副局长：

芦　芳（女，2012.07—2016.12）

乔志峰（2012.07—2016.12）

【获奖情况】

2017年2月，霍州市招商局荣获2016年度临汾市招商引资贡献奖。

2017年2月，关文旗荣获2016年度临汾市招商引资先进个人称号。

（芦芳）

财政税收

财　　政

【概况】　霍州市财政局是综合管理全市财政收支，实施财政监督，参与宏观经济调控的职能部门。到2016年底，共有干部职工84人，下辖12个行政股室、4个事业单位和12个乡（镇、街道）财政所。2016年，财政部门围绕全市经济工作会议精神，按照“保工资、保运转、保民生”总体要求，树立依法理财理念，适应经济发展新常态，以抓财政收入为主线，以细化财政管理为抓手，严格预算管理，优化支出结构，增强绩效观念，保障改善民生，完成各项财政工作任务，确保财政收入应收尽收，确保公教人员工资按时足额发放，确保法律法规规定的重点支出和民生支出，促进全市经济社会平稳较快发展。

【财政收入】　2016年，霍州市一般公共财政预算收入完成58547万元，为预算67665万元的86.53%，同比下降12.64%。

其中：国税部门完成13220万元，为预算的128.59%，同比增长47.57%；地税部门完成23180万元，为预算的70.90%，同比减少37.59%；财政部门完成22147万元，为预算的89.69%，同比增长5.87%。

上级补助收入89740万元，地方政府转贷收入11370万元，2015年结余24088万元。全年收入合计183745万元。

【财政支出】　2016年，全市公共财政预算支出165031万元，为年度预算的105.32%，同比增长1.98%。其中：一般公共服务支出16694万元，同比增长31.06%；公共安全支出10065万元，同比增长4.55%；教育支出34016万元，同比增长5.13%；科学技术支出357万元，同比增长43.95%；文化体育与传媒支出2042万元，同比增长1.74%；社会保障与就业支出26156万元，同比增长1.35%；医疗卫生与计划生育支出18300万元，同比增长12.33%；节能环保支出6082万元，同比增长59.3%；城乡社区事务支出10555万元，同比减少47.25%；农林水事务支出15697万元，同比增长16.89%；交通运输支出6255万元，同比减少0.82%；资源勘探电力信息等事务支出881万元，同比增长8.23%；商业服务业等事务支出2547万元，217.19%；国土海洋气象等支出6312万元，同比减少42.81%；住房保障支出8689万元，同比增长44.38%；粮油物资管理事务支出33万元，同比减少83.90%；债务付息支出350万元，同比增长350万元。

2016年，政府性基金收入6193万元，上级补助收入494万元，地方政府债券转贷收入5500万元，2015年结转1290万元，政府性基金支出10900万元，上解上级支出6

万元，政府性基金调出 1471 万元，年终结转 1100 万元。全年地方财政总支出合计 175931 万元。

【支持教育事业】 2016 年，财政局把支持教育事业发展放在首位，投入高于财政经常性收入增长幅度，全年教育支出达到 34016 万元，同比增长 5.13%。在生均经费和公用经费按进度拨付的基础上，重点支持均衡发展奖补资金 300 万元、校舍维修资金 416 万元、均衡信息化工程 600 万元，幼儿园改扩建资金 340 万元，义务教育阶段家庭困难寄宿生补助 111.67 万元，补助学生 996 人；拨付 1463.89 万元，解决市职业中专学校新校区建设、实训基地建设及学生各项补助资金缺口。

【支持社会保障事业】 2016 年，医疗卫生事业方面，全面推进公立医院综合改革，拨付取消基本药品加成收入补贴资金 221.46 万元，公立医院改革奖补资金 300 万元，新购置两辆急救车及设备。基本公共卫生服务经费财政补助标准由 40 元提高到 45 元，财政配套资金全部到位；落实新农合财政补助标准由 380 元提高到 420 元，该级配套资金 863.47 万元。全年共拨付就医补偿资金 6883.94 万元，其中，住院就医补偿患者 201781 人次，门诊补助 170221 人次，拨付补偿资金 1647.27 万元，大病医疗支出 357.94 万元，切实减轻农民的就医负担。社会保险福利事业方面，建立统一的城乡居民基本养老保险制度，拨付城乡居民基本养老金 2167.42 万元；救助“四类”家庭在校贫困生 1027 人，发放救助金 120 万元；救助贫困大学生 108 人，发放救助金 76.26 万元；低收入家庭重病重残救助 87 人，拨付救助金 2.29 万元；80 岁以上高龄补助 2108 人，发放救助金 271.1 万元；发放城乡低保金 1864.76 万元；落实农村五保供养政策，五保供养对象 521 人，拨付供养资金 383.8 万元；落实残疾人救助相关政策，对一、二级重度残疾 1679 人发放护理补贴 94.29 万元、困难残疾人 706 人发放生活补贴 41.04 万元。保障性住房方面，加大廉租房建设资金投入，安排资金 1160 万元购置 121 套公共租赁房；拨付城镇低收入住房保障家庭租赁补贴资金 96.34 万元，惠及保障户 468 户。就业创业工作方面，财政局通过加强基层就业平台建设、强化职业技能培训、开发公益性岗位等方式，推进再就业工作。全年拨付基层就业平台经费 68.9 万元，举办创业培训班 6 期，拨付创业培训费 19.4 万元；农村劳动力职业技能培训 23 期，培训费 68.8 万元；发放公益性岗位补贴 387.27 万元；拨付政府购买基层公共服务岗位补助 111.9 万元。

【落实惠农惠民政策】 霍州市财政局促进三农发展。2016 年，共拨付涉农资金 15854.21 万元，同比增长 18%。在落实各项惠农政策方面，通过“一卡通”方式发放农业支持保护补贴 1738.16 万元；支付农机具购置补贴 147.75 万元；发放退耕还林资金 263.73 万元；发放低收入农户冬季取暖货币化补贴 1377.86 万元；拨付农业防灾减灾稳产补助资金 92.5 万元，使党的政策惠及全市 59907 余农户。在支持农业农村发展方面，全面落实村级公益事业“一事一议”财政奖补政策，项目涉及 10 个乡（镇、街道）36 个村，涵盖农村小型水利建设、桥涵建设、道路硬化工程、文化活动广场建设、绿化美化工程五大类，总投资 1071.27 万元，拨付财政奖补资金 743.69 万元。

【监督检查】 2016 年，财政局开展三项监督检查工作：(1) 加强财政内控体系建设。按照“六权治本”要求，把加强财政内部控制作为从源头上推进党风廉政建设和反腐败工作的重要抓手，聚焦预算编制、预算执行、支付管理等核心业务，制定《霍州市财政局内部控制体系建设工作实施方案》和《内部控制基本制度》，建立覆盖财政资金运行全过程的监督管理机制，财政业务相关管理办法及具体操作规程正在审定中。(2)乡镇财政资金监管工作。对大张镇、鼓楼街道财政预决算情况进行检查，并延伸检查4个村级账务，完善乡镇财政资金信息通达、公开公示等工作制度，确保乡镇财政资金安全、规范、高效运行。(3)会计信息质量检查工作。按照2016年重点对涉及人民群众切身利益的扶贫领域资金、环境整治资金、教育资金使用情况进行监督检查的要求，对农林委扶贫办、卫计局、爱委办、第四中学进行会计信息质量检查，对发现的原始凭证不规范、内部会计管理制度不完善等现象进行及时纠正，严肃财经纪律。

【财政改革】 2016年，财政局加强财政管理，提升科学理财水平。

1. 完善预算管理，强化预算约束。按照“全口径”预算管理要求，对2016年部门预算编制进行改革与优化，细化基础信息录入，完善财政供养人员基本信息、遗属补助人员信息、办公房屋建筑物情况、信息化建设运行维护情况等内容，提高部门预算编制精准度；完善预决算公开制度，建立预决算信息公开长效机制，从严控制预算追加，提高财政资金使用透明度，打造阳光财政；坚持量入为出、收支平衡原则，严格控制一般性支出，做到“三公”经费只减不增，2016年，全市“三公”经费同比减少53.55%。

2. 完善国库集中支付管理。严格落实部门预算与支出标准，从抓支出凭证的合法性、真实性、规范性入手，严把支出审核关。全年通过大平台办理集中支付业务19227笔，涉及财政资金18.13亿元，确保资金及时拨付、准确办理和安全高效。为加强财政信息化建设，启动国库集中支付系统由cs系统向bs系统升级工作，65家部门单位升级后，将通过互联网实现单位业务数据与财政相关系统实时交互，可同步查询、打印相关表格、凭证，从而提高工作效率。截至2016年底，65家部门单位全部连通，软件调试完成，并对108名财务人员进行业务培训。

3. 全面推行财政投资评审工作。推行投资评审、绩效评价、预算编制“三位一体”的管理机制，研究制定《霍州市财政投资评审管理办法》，完善工作流程，建立复核制度，对财政性投融资50万元以上建设项目的工程概算、预算等进行评价审查。2016年，共评审政府性投资工程项目36个，项目送审投资额20173.21万元，审定金额19197.53万元，审减资金975.68万元，核减率4.84%，节约政府投资，提高财政资金使用效益。

4. 加强政府采购管理。推进政府采购的电子信息化平台建设，结合各部门日常办公需求，制定出台《霍州市2016年度日常办公设备采购限额标准》，统一19类办公设备采购限价。1至12月，共监督完成集中采购目录采购业务244笔，预算资金5355.61万元，实际采购金额4951.247万元，节约率7.55%，监督备案各单位分散采购业务251笔，采购资金203万元。

5. 强化国有资产管理。全面规范资产配置、使用、处置等各环节的管理，构建国有资产管理全过程的有效监管体系。为摸清霍州市行政事业单位“家底”，夯实管理基础，

2016年，开展全市行政事业单位国有资产清查工作，印发工作指南，开展业务培训，实现动态管理；全面推进公务用车制度改革，完成车改取消的公务车辆处置任务，其中：对146辆公务用车进行公开拍卖，拍卖收入324.43万元，溢价率达到91%；报废处置车辆62辆，处置收入1.86万元，有效避免国有资产流失。

6. 加强政府性债务管理。全面完成财政部安排的地方政府债务清理甄别工作，按规定使用管理专项政府债券和一般债券，将债务收支全面纳入预算管理，防范和化解财政风险。截至2016年底，霍州市地方政府债务余额为60258.71万元，按霍州市可用财力与政府性债务相比较，市政府债务率在临汾市各区县居较低水平。在加强财政管理的同时，完善财政各项管理办法，确保工作有章可循、有据可依。结合霍州市财政局工作实际，2016年出台《霍州市财政局预算执行及业务程序管理办法》《霍州市大额资金使用管理办法》《关于实行上级专项资金书面告知方式的通知》《关于精简优化政府采购审批管理流程的通知》等规定，细化工作程序、明确工作责任，强化刚性约束，促进财政工作规范化和科学化。

【党风廉政建设】 2016年，财政局贯彻落实党的十八大及十八届三中、四中、五中、六中全会精神，落实党风廉政建设“两个责任”，以“两学一做”学习教育为契机，以党的建设和作风建设为抓手，强化教育学习，完善制度机制，增强财政干部队伍的宗旨意识、党性观念、纪律意识、廉洁意识和奉献精神。

1. 落实主体责任，推进党风廉政建设。落实党风廉政建设“两个责任”和“一岗双责”，做到每项工作既有责任领导，又有具体责任人员，树立抓好党风廉政建设是本职，不抓是失职，抓不好是不称职的工作理念，从组织领导、指标分解、任务落实等方面入手，构建党风廉政建设责任制考核运行机制。通过层层签订党风廉政建设目标责任书，逐级逐层分解责任，传导压力，并与“四述两谈”相结合，形成党风廉政建设上下联动、齐抓共管的工作格局。开展廉政文化进机关活动，制作廉政警示标牌，提醒广大党员干部严格遵守市委“约法三章”；通过主要领导讲党课，举办党风廉政建设专题讲座、道德讲堂，组织观看廉政警示教育影片，开展廉政法规知识测试等方式开展警示教育，做到警钟长鸣、防微杜渐，在全局营造苦干实干、廉洁自律、文明和谐的工作氛围。

2. 强化教育学习，加强干部队伍建设。2016年，霍州市财政局通过办班培训、以会代训、函授和自学等形式，开展新《预算法》知识、软件操作规范等业务培训，开展各种有针对性的调研活动，在提高财政干部业务素质的同时，探索破解财政工作瓶颈的办法。

3. 推进政务公开，转变工作作风。扩大政务公开的范围，加大其力度，在霍州市人民政府门户网站开辟专栏，实现财政预决算、部门预决算及“三公”经费预决算信息公开，确保人民群众的知情权、参与权和监督权，打造阳光财政。协同市检察院，推进“阳光百姓工程”，通过定期将各项涉农政策、资金进行电子录入，借力“互联网+阳光百姓工程”平台，使涉农资金在阳光下晾晒，政府权力在阳光下运行，涉农服务在阳光下开展，实现涉农资金的精准监管。强化机关文化建设，推进“六型机关”建设，严格落实“首问负责制”“限时办结制”和

"责任追究制"，转变服务态度，狠抓文明办公，提高服务质量。严格执行财政干部"十不准"规定，主动接受群众监督，以"行为规范、务实为民、勤政高效、和谐清廉"树立财政干部队伍的良好形象。

【创建省级文明单位】 2016年，霍州市财政局持续巩固省级文明单位创建成果，深化省级文明单位创建工作，开展各类主题实践活动。

1. 始终将精神文明建设作为一项系统工程。按照"规划先行、巩固提升、注重实效、全面建设"的原则，制定出台2015至2019年精神文明建设规划，结合财政工作特点，2016年初将创建工作列入年度财政工作要点，细化创建工作方案，将创建工作与各项财政业务工作同规划、同部署、同落实、同考核。

2. 修订《财政局文明单位创建奖惩暂行办法》，年初同各股室签订《文明单位创建责任书》，以此为依据，对在创建工作中涌现出的先进股室、个人进行表彰奖励，推广其好经验和好做法。

3. 丰富活动载体，推进创建活动。财政局提出以建设一个强有力的领导班子、锻造一支过硬的干部队伍、营造一种和谐的工作氛围、打造一面优质的服务旗帜、争创一流的财政工作业绩为主要内容的"五个一"创建目标，以此内容为载体，全方位开展精神文明创建活动。(1) 建设一个强有力的领导班子。政治理论学习。坚持中心组学习制度，深刻领会习近平总书记系列重要讲话精神，严格落实党的各项战略部署，探索新时期财政工作发展途径，使班子成为领导财政工作的行家里手。坚持带头讲党课，发挥领导干部学习的表率作用。强化作风建设，贯彻落实民主集中制，坚持重大问题集体讨论决定，集思广益、科学决策，自觉接受群众监督。带头落实中央"八项规定"，认真学习《中国共产党问责条例》《中国共产党党内监督条例》等内容，持之以恒反"四风"。定期召开专题民主生活会，开展批评与自我批评，使咬耳扯袖、红脸出汗成为常态。2016年，财政局针对婚丧嫁娶、业务操作、工作纪律等问题开展约谈22人次，确保财政资金和财政干部"双安全"。深入践行党的宗旨。完善干部联系基层、精准帮扶制度，开展攀穷亲、结对子和解民忧、送温暖活动，财政局同李曹镇驹沟村结对子，帮助驹沟村修建文化活动广场、改造学校校舍、亮化乡村道路、绿化荒山荒坡。在精准扶贫工作中，除下派3名干部驻村帮扶外，57名党员干部与白龙镇白龙村118户贫困户建立帮扶联系，春节前自发捐款2万余元购置面粉、食用油等生活必需品开展节前慰问，为贫困群众奉献爱心，充分展现"一方有难，八方支援"的大爱品格和众志成城的团结精神。(2) 锻造一支过硬的干部队伍。提高队伍的思想道德水平。开展思想道德建设主题教育活动，以学习贯彻《公民道德实施纲要》为纲领，通过建设机关文化走廊、举办道德讲堂等形式，开展共产主义理想信念和社会主义核心价值观教育，强化干部的公仆意识、敬业精神和廉洁品质。开展以"亮身份、亮职责、亮承诺"为内容的"党员示范岗"活动，在工作岗位上突显出党员的先进性，发挥党员的示范带动作用。提高队伍的业务素质。2016年，举办20余期不同形式培训班。(3) 营造一种和谐的工作氛围。开展丰富多彩的文娱公益活动。建立党员活动室、图书阅览室，通过开展"好书荐读"、节假日组织青年志愿者打扫敬老院、清洁街道护栏等公益活动。组建财政职工篮球队，先后举办全市财税系统篮球比赛、乒乓球比赛、财税廉政专场文艺晚会等活动，在活动中陶冶情操，增强集体主义精神。春节、重阳节对离退休老干部进行慰问，遇到干部职工生病住院，局领导都要到医院看望，让职工真正感受到单位大家庭的温暖；定期组织健康体检，建立完备的职工健康档案；制定困难职工帮扶制度。加强机关卫生安全管理。严格落实卫生制度，倡导爱护公共设施，保持环境整洁，营造整洁文雅的办公环境；建立完善应急保障机制，提高处置突发事件的能力；经常性开展安全教育，严格落实安全生产制度，强化安全防范意识，通过签订干部职工安全承诺书，开展消防、地震疏散演练及知识培训等活动，全力建设平安机关。（4）打造一面优质的服务旗帜。强化干部职工的服务意识，倡导换位思考，践行公开承诺。公开办事流程，提高办事效率。推行党务政务和财政预决算公开，实现阳光财政。增强全市财会人员的预算法治意识，确保人民群众的知情权、参与权和监督权，有利于从源头上预防和治理腐败；坚持实行岗位责任制、首问负责制和限时办结制，狠抓文明办公，推行“文明用语”“办公禁语”和挂牌上岗，通过创建柜台查询、电话查询、网上查询等一整套服务体系，逐步形成“一个窗口”对外的规范化服务，转变工作作风，树立财政工作人员的良好形象。（5）争创一流的财政工作业绩。持续强化精神文明建设，以创建成果促进财政各项工作，市委、市政府确定的重大部署、重点项目和重要民生支出得到较好保障。狠抓财源挖潜，确保财政平稳运行；落实支农政策，统筹城乡发展；完善投入机制，保障改善民生；深化财政改革，提升科学理财水平。

【领导班子】

局　长：

王英才（2007.07—2016.12）

书　记：

赵秋香（女，2013.04—2016.08）

副局长：

李德云（兼任农发办主任）

（2013.04—2016.12）

董燕妮（女，2002.10—2016.12）

陈建斌（2002.10—2016.12）

李玉琴（女，2007.08—2016.12）

财政局纪检组长：

王荣安（2012.08—2016.12）

总会计师：

张芙蓉（女，2012.07—2016.12）

工会主席：

孙建斌（2003.03—2016.12）

【获奖情况】

霍州市财政局被临汾市财政局评为“2016年度财政工作综合考评优秀奖”；

霍州市财政局被临汾市社会治安综合治理委员会评为“2016年度综治工作先进单位”；

2016年3月，张芙蓉被临汾市妇女联合会授予“最美平阳花暨三八红旗手”；

张芙蓉被临汾市总工会授予“临汾市维护女职权益贡献奖”。

（朱明亮）

国　税

【概况】　霍州市国家税务局成立于1994年，市局机关下设15个机构，包括12个内设科室（办公室、政策法规科、收入核算科、纳税服务科、征收管理科、人事教育科、监察室、机关党委办公室、税源管理一科、税源管理二科、税源管理三科、税源管理四科)、1个事业单位(信息中心)、1个直属单位(稽查局)、1个派出单位(辛置税务分局)。到2016年12月,共有正式在职干部职工104人。主要负责辖区内增值税、消费税、企业所得税、车辆购置税和出口退税的管理工作。

【管户变动情况】 截至2016年底,国税局共有管户3109户,其中,单位纳税人1210户,个体经营纳税人1899户。总户数比2015年增加925户,增加比例42.35%,其中单位纳税人增加376户,增加比例45.05%;个体经营纳税人增加549户,增加比例40.67%。从管户分行业来看,农林牧渔业107户,采矿业35户,制造业140户,电力热力燃气及水生产供应业11户,建筑业52户,批发和零售业1793户,交通运输仓储和邮政业127户,住宿和餐饮业253户,信息传输、软件和信息技术服务业73户,金融业32户,房地产业58户,租赁和商务服务业111户,科学研究和技术服务业62户,水利、环境和公共设施管理业10户,居民服务、修理和其他服务业190户,教育11户,卫生和社会工作16户,文化、体育和娱乐业27户,公共管理、社会保障和社会组织1户。

【税收收入】 2016年,国税局累计完成税收收入61822万元,同比增长3924万元,增幅6.78%。其中,中央级累计37785万元,同比减少3823万元,减幅9.19%;地方级累计24037万元,同比增长7748万元,增幅47.57%。

分税种,增值税累计同比增长4798万元,增幅9.00%,拉动整体税收的增长;因山西兆光发电有限责任公司退税3355万元,导致企业所得税累计同比减少906万元,减幅23.56%,减幅明显;其余税种同比都有不同程度的缩减,减幅、额度很小,对整体税收影响甚微。

分行业,主要以三家企业为例。(1)山西兆光发电有限公司“双税种”减收。因退预缴企业所得税3355万元,该企业累计实现税收15976万元,较2015年同期减少3338万元,减幅17.28%。增值税累计实现15936万元,同比减少3378万元,减幅17.49%。一方面,企业发电计划走低,只有50亿千瓦时,较2015年实际发电量减少17.04亿千瓦时,减幅25.42%。全年累计上网电量546501万千瓦时,较2015年同期的632340万千瓦时减少85839万千瓦时,减幅13.57%。另一方面,自2016年元月起,上网电价下调333元/万千瓦时,较2015年的3518元/万千瓦时下降9.47%,成为影响该企业税收的第二大推手。(2)霍州煤电集团有限责任公司大幅增收。该企业2016年累计实现税收18322万元,较2015年同期增长7353万元,增幅67.03%。增收原因主要是:企业主产品炼焦精煤累计销量同比增长57.52万吨,增幅18.55%,11月,当月价格同比增长358.29元/吨,涨幅79.37%,环比增长179.07元/吨,涨幅28.40%,煤炭行业去产能政策杠杆效应明显。(3)中国国电集团公司霍州发电厂同比减收。该企业2016年累计实现税收10756万元(含企业所得税1832万元),同比减少1613万元,减幅15.31%。企业基本情况类似于山西兆光发电有限公司,2016年,发电计划(基础+大客户直供)53.1亿千瓦时,较2015年实际发电量53.21亿减少0.11亿千瓦时,减幅0.21%。同时其上网电价也下调333元/万千瓦时。1至11月累计上网电量

461975万千瓦时，较2015年同期的493093万千瓦时减少31118万千瓦时，减幅6.31%。

【营改增】 经国务院批准，自2016年5月1日起，全国范围推开营业税改征增值税试点。建筑业、房地产业、金融业、生活服务业等原营业税纳税人，全部纳入试点范围，由缴纳营业税改为缴纳增值税。营业税改征的增值税，由国家税务局负责征收。在税率设置上，建筑业和房地产业适用税率为11%，金融业和生活服务业适用税率为6%，境内单位和个人发生的跨境应税行为，适用零税率。征收率设置上，除部分不动产销售和租赁征收率为5%外，统一征收率为3%。

2016年，霍州市国税局先后完成对637户纳税人的前期确认工作、222户纳税人的分行业培训工作、621户营改增纳税户身份核实修改工作、72户一般纳税人的申报培训工作和分行业税负分析工作，成功打赢“能开票”“会申报”“分析好”“改进好”四场战役。

【国地税合作】 2016年，霍州市国税局以深化国、地税征管体制改革为主线，与地税部门沟通协商国、地税合作相关事宜，成立国、地税业务通办领导组，搭建联席会议制度，召开5次国、地税联席会，研究讨论国、地税合作的整体框架和营改增的相关事宜，共同制定出台《霍州市国家税务局霍州市地方税务局2016年度国地税业务合作的实施方案》，讨论形成霍州市国、地税业务通办操作指引（发票代开）》，搭建起国、地税业务合作微信交流群，明确35项落实合作事项，同时确定在落实国、地税合作联席会议制度、联合开展税收分析、联合采集第三方信息、联合开办纳税人学堂、联合开展风险应对等11项合作方面率先开展深度合作，国、地税在服务上深度融合、执法上适度整合、信息上高度聚合的成效初步显现。（1）联合开展税收宣传。设立国、地税税法咨询点，开展联合税收宣传，向纳税人发放税收宣传资料300余份，咨询答疑30多条；联合为全市50多名大学生村官举办一次税收相关政策和服务指引培训工作，为村镇社区储备税宣力量。（2）联合开展税收培训。联合举办“纳税人学堂”培训活动，为纳税人举办两期所得税主题培训工作，分别对小微企业所得税税收优惠政策和企业所得税汇算清缴内容进行专题培训，累计培训纳税人440户次，做到教学资源共享，培训成果共享，实现纳税人“上一堂课，办两家事”的目标。（3）委托代征。2016年，地税部门在国税大厅代征各类税费233.14万元，国税委托地税代征1.44万元，其中二手房交易0.35万元，房屋出租1.09万元。（4）其他重点合作事宜。2016年，霍州市国、地税完成在办税服务厅互设窗口各2个，联合办理设立登记250户，变更登记178户，协同办理注销登记49户；联合采集财务报表，共联合采集财务报表586份；联合开展欠税管理，共同发布欠税公告22户次；联合开展非正常户管理，共同认定非正常户12户；协同开展定期定额核定工作，共同开展定期定额核定工作213户次。联合开展稽查工作，共同确定6户稽查对象；加强信息交换，通过电子交换方式累计共享1053条涉税信息；联合对368户纳税人开展信用等级评定，评定出A级纳税人6户，D级纳税人5户；国、地税与霍州市信用联社共同签订“银税互动”协议，共助力企业健康发展，引导纳税有效遵从。

【稽查工作】 2016年，国税局贯彻落实省、市稽查工作会议精神，结合单位工作实际，认真部署各项检查工作，围绕整顿规范税收秩序这根主线，以税收违法案件查处为重点，以查促管、以查促查，实现稽查工作质量和效率的全面提升。2016年，自查和查补结案案件4户，实现查补入库税款及滞纳金62.86万元。

【纳税服务】 1. 精简办税流程。在A、B级纳税人及“营改增”一般纳税人中推广取消增值税扣税凭证认证政策，共惠及400余户企业；全面落实合理简并纳税人申报缴税次数，对1499户纳税人实行按季申报，切实减轻纳税人办税负担。

2. 拓宽办税渠道。推行并完成对税务登记等6大类31个办税事项的省内通办，对80户次市域企业实现预约办税服务，有1000余户企业使用升级版发票系统实现网络验票，国、地税大厅互驻窗口各2个，增设1台自助办税机，推广e税客掌上办税和山西国税网上申报升级版，让纳税人办税选择更多元。

3. 优化纳税服务。共完成对200余户次流程业务的内部流转窗口出件，举办各类“纳税人学堂”专题培训8次，有338户纳税人可享受到发票网上申领、专业邮寄配送服务等便民举措；落实“二维码”一次性告知制度，实现纳税人基础办税流程、报送资料、办理时限等一次性电子化告知；强化纳税信用等级评价结果运用，为2015年度纳税信用A、B级的纳税人提供更优质、更有针对性的服务；推广实名办税，完成1525户管户实名采集工作，促进纳税人诚信自律；向中介机构公开购买15名劳动力，充实到办税窗口，有效缓解大厅办税压力。

【党建工作】 1. 开展“两学一做”学习教育。坚持领导带头，全员覆盖，组织召开12次党组中心组学习、10次全员集中学习、4次主题讨论、3次专题党课和1次专题民主生活会，每个党员抄写笔记3万多字，撰写心得体会6篇，查摆领导班子问题10条，制定完善整改措施5条。发挥党组织战斗堡垒作用和全体党员干部先锋模范作用，开展“推进营改增，党员做先锋”活动，成立党员先锋队，投身于营改增前线，助力税改平稳过渡。成立扶贫工作队，对包联的师庄乡4个行政村共13户贫困户开展入户摸底和节前慰问，研究帮扶对策，实施精准扶贫。党员干部党性修养和理想宗旨意识显著提升。

2. 夯实党建管理基础。开展党组织“三会一课”、民主生活会等制度落实专题检查，梳理出7大类共11个问题，制定完善清单，督促支部整改。制定完善《霍州市国家税务局党建工作责任制》等6项制度，出台《中共霍州市国家税务局党组工作准则》和《中共霍州市国家税务局党组议事内容目录清单》，组织完成党委和各支部换届选举，完善工会机构，规范党费收缴，开展党员组织关系排查、党代表和党员违纪违法清理工作，召开年中党建专题会，提升党建管理水平。

【文明创建】 2016年，国税局围绕为国聚财、为民收税这一中心工作，以提升干部职工文明素质和税务机关文明形象为目标，创新载体，注重实效，开展文明单位标兵创建活动，促进各项工作质效的提升。

1. 强化思想道德建设，营造学习氛围。以学习党史党章党规、习近平总书记系列重要讲话精神为基本内容，学习《中国共产党廉洁自律准则》《中国共产党纪律处分条例》和省、市、局推荐书目，有效提升党员干部党性修养和理想宗旨信念。举办特色“道德讲堂”。按月制定讲堂计划，按照规范的活动载体和流程开展特色“道德讲堂”：围绕《习近平用典》内容学习进行的“诵经典”，注重身边可学可信优秀典型的“好人榜”，全员一起学唱公民道德歌，科室负责人轮流当主讲，形式多样，引导广大干部讲文明、讲道德、树新风。

2. 组织主题争创活动，搭建服务平台。开展以创建“党员示范岗”“巾帼示范岗”“纳税服务明星”“税收执法标兵”为主要内容的“挂牌亮岗，承诺服务”等活动，做到挂牌服务、文明征税；组织“传承好家风，带动好税风”活动，在好家风、好家训作品征集、“最美家庭”“书法摄影”报送评选等活动中，1幅书法作品荣获省局二等奖，干部职工王亚琴家庭入选临汾市局十个最美家庭名单；创新开展“我们的节日”主题活动。完成在线实名注册志愿者88人，参与各类活动127人次，春节期间，开展慰问困难职工和老干部活动，清明前夕，到霍州市革命烈士陵园开展缅怀先烈活动，五四青年节到霍州市大张村对贫困小学生开展捐资助学，“七一”建党节前夕到霍州市革命博物馆追寻革命足迹，中秋、春节对李曹敬老院孤寡老人进行节日慰问，重阳节看望老干部。与此同时，建档立册，建立“善行义举榜”，组织开展学雷锋志愿服务活动，开展敬老扶贫、爱心帮扶、税收宣传等志愿者主题服务，用行动践行文明。

3. 注重纳税人诉求，提升纳税服务水平。精简办税流程。在A、B级纳税人及“营改增”一般纳税人中推广取消增值税扣税凭证认证政策，共惠及400余户企业；落实合理简并纳税人申报缴税次数，对1499户纳税人实行按季申报；拓宽办税渠道。推行并完成对税务登记等6大类31个办税事项的省内通办，有1000余户企业使用升级版发票系统实现网络验票，国、地税大厅互驻窗口各2个，增设1台自助办税机，推广e税客掌上办税和山西国税网上申报升级版，让纳税人办税选择更多元。

4. 加强精神文明建设，践行核心价值观。完善党和群团组织建设，开展“攻坚营改增，党员当先锋”主题活动。实施精准扶贫，对包联的师庄乡4个行政村共13户贫困户开展入户摸底和节前慰问。建立网络文明传播小组，宣传引导税干恪守网络道德，文明上网，自觉开展网上和手机文明传播行动。开展节能低碳活动，节约会议开支，搞好公务接待，节约用水用电，鼓励干部职工双面用纸，最大限度减少办公设备待机时间。开展文明餐桌“光盘行动”，在食堂设置文明用餐提示牌，倡导“不剩饭、不剩菜”的文明餐桌行为；开展陈规陋俗专项整治活动，重点整治大操大办、封建迷信等活动；关心干部健康发展，建立职工健康档案，定期组织开展全员体检，建立帮扶困难职工制度，2016年，对2名重大疾病、重大困难干部职工进行救济帮扶。

【领导班子】

局　长：

米玉峰（2008.01—2016.12）

副局长：

马红石（2010.11—2016.12）

郭继宏（女，2010.11—2016.12）

薛武鸿（2010.11—2016.12）

宗海强（2016.6——2016.12，北京挂职干部）

纪检组长：

王临纲（2010.11—2016.12）

【获奖情况】

2016年，国税局办税服务厅获全国“青年文明号”和全国“巾帼文明岗”，国税局被山西省精神文明建设指导委员会授予“文明单位标兵”；纳税服务科支部被中共临汾市国家税务局党组授予先进基层党组织；稽查局被临汾市国家税务局授予稽查工作先进单位和联合惩戒优秀单位，被临汾市稽查局评选为税务稽查文书及稽查档案管理优秀单位；国税局报送的1幅书法作品荣获省局“传承好家风，带动好税风”活动二等奖；国税局被临汾市局选定为绩效管理标杆单位，在全省30家区县局单位“一市一县推经验”评议活动中取得第6名。

王临纲入选省局巡视人才库；刘蕾被中共山西省国家税务局党组授予优秀共产党员；郭旦旦被省局纳入总局素质提升“115”工程——专业骨干项目人员名单，李炎龙、张荣荣、李彦婷3人被省局纳入总局素质提升“115”工程——岗位能手项目人员名单；薛琼荣获山西省总工会女职工委员会女职工劳动保护条例知识竞赛优秀个人奖；刘蕾、李亚琴、荀彦平、邢刚4人分别被中共临汾市国家税务局党组授予优秀共产党员和优秀党务工作者称号；房记珍被临汾市国家税务局和临汾市总工会联合授予办税服务岗位能手称号；曹娟被临汾市国家税务局和临汾市总工会联合授予纳税评估岗位能手称号；张展被临汾市国家税务局和临汾市总工会联合授予稽查岗位能手称号；郭旦旦被临汾市国家税务局和临汾市总工会联合授予爱岗敬业标兵称号；王亚琴家庭被临汾市国家税务局评为临汾市国税系统最美家庭；郭旦旦、张荣荣、李彦婷、李炎龙4人被临汾市国税局评为全市国税系统岗位能手。

（郭旦旦）

地　税

【概况】 霍州市地方税务局成立于1994年，内设办公室、人事教育股、计划会计股、财务核算中心、征管信息股、税政管理股、规费管理股、后勤管理中心、纪检监察室、纳税服务股、党办共11个股室，下设稽查局、直属一分局、直属二分局及第一税务所、第二税务所、第三税务所、第四税务所、辛置税务所、什林税务所、白龙税务所、大张税务所、七里峪税务所共3个直属单位、9个基层税务所。负责霍州市2924户纳税人的地方税收和煤炭可持续发展基金、残疾人就业保障金、工会经费、价格调控基金、河道工程维护管理费、教育费附加、文化事业建设费、地方教育费附加、采矿排水水资源费等8种规费的征收管理工作。到2016年底，共有干部职工130人（含退休干部），其中党员96人，占干部职工的74%，硕士研究生学位3人，本科学历49人，大专学历49人，大专以上学历占干部职工的78%。

【税收收入】 2016年，组织各项收入44016万元，其中：各项税收完成36791万元，非税收入7225万元。在税收收入中，组织入库省以下地方公共财力33505万元，县级地方公共财力23179万元，为霍州市经济发展、民生改善提供财力保障。

【法治地税】 （1）推进税务行政审批改革：强化改革事项的落实，将后续管理纳入日常税收征管工作，及时将有关文件精神传达到各业务部门和税源管理单位。严格规范性文件管理，依法对新出台的规范性文件进行审核备案，对2010年以来出台的税收规范性文件进行清理，公布3个文件失效。加强风险控管，科学分类应对省、市局下发的纳税评估疑点信息412户次，追缴税款3.21万元；完成省、市局税收执法督察检查配合工作，及时分析存在的问题及原因，制定整改时间表和责任书，保证问题及时纠正，不再发生，以降低风险。（2）规范政务管理、调研队伍建设和财务预算审批管理。完善各项规章制度，组织公文处理专题培训，重点关注安全加密、信访工作和舆情监控工作；加强经费收支、固定资产管理和政府采购等工作，开展固定资产大清查，理顺资产管理，提高依法行政和依法管理水平。与城市规划设计部门联系，共同设计制作全市税源分布图 19 幅、档案资料 1 套，细化管户分布，方便办税厅人员进行管户划分和管理员对照查看；与国税局协同开展国、地税管户对比核查，对在国税已办证、地税未办证的 1242 户，在地税已办证、国税未办证的 335 户进行分解核查，确保责任落实到岗，管户信息一致；严格按照“基层单位提出核定建议，税源管理部门初审，定额核定小组评审，局长办公会审批，定额公示”流程，完成 852 户个体工商户审批工作。（3）税种管理更加精细。对 54 户纳税户进行个人所得税汇算辅导，受理年所得 12 万元以上纳税人自行申报 782 人。完成 258 户企业所得税汇算，共计入库税款 792.69 万元，其中预缴税款为 739.28 万元，税款预征率为 93.26%。明确购销合同印花税核定征收比例和范围。

【科技地税】 2016 年，地税局做好“一中心多平台”维护与运用。做好营改增和“金三”数据迁移后的应对调整工作，阳光税务监控平台、税收执法记录平台、电子征管档案管理平台、监察预警管理平台、过程控制平台、数据分析平台顺利运行，重点解决各类管理软件分散使用而形成的信息不互通、数据提取不方便和系统利用深度不够、人为因素影响等问题，最终实现在一体化应用下各项业务平台的集成，做到数据集中处理、分析运用和数据直接提取。“金税三期优化版”征管软件上线任务顺利完成，9 月，测试量占全市 35.06%，连续 10 天取得测试业务第一名。加强大企业税收管理，按要求报送大企业税收快报、税收收入异常变动分析报告、千户集团企业名册更新情况，完成信息指标查询、审核。加强专网安全管理和实时监测，杜绝违规外联，全局杀毒软件注册率达 100%。

【营造环境】 1. 营造一个清洁、整洁、简洁的工作环境。开展文件督查督办，实行会议决议督查、文件审批督查、重点工作督查，及时掌握各项工作进展动态，对因政策影响或有其他特殊情况不能完成的绩效目标任务予以调整，对落实不力、进展缓慢的目标任务进行预警提示，以推动各项工作按照计划推进。2016 年，地税局共组织开展督查 198 项，其中会议督办 15 项，文件督办 128 项，重点督办 45 项，并根据工作进展进行多次跟踪督查督办。开展工作环境争先创优，按照《霍州市地方税务局开展工作环境争先创优活动实施方案》《办公场所卫生考核内容及评分标准》和《个人形象评分标准》，按季进行评比。2. 营造一个公正、公平、公开的政务环境。便民春风行动落到实处。实施“一窗式”服务，将个人缴纳契税业务纳入办税厅，实现真正意义上的征管查三分离。开展国地税“六个联合”工作，联合出台合作方案和推进意见，联合建设办税厅，联合对 278 户纳税人进行信用等级评定，联合与信用社签订银税互动战略合作协议，联合开展税法宣传，联合举办 6 期纳税人培训班，全面推动国、地税纳税服务深度融合。重点组织对“前台零反复，后台零审批”措施 3.0 版内的 2 类 154 项服务措施进行梳理修正和学习宣传，保证措施执行到位。加强“纳税服务订阅号”建设与维护，增加纳税人和社会人士参与次数，拓宽税法宣传服务。实行领导班子征期办税厅值班制度。在办税服务厅自助办税区设领导值班岗，负责部门间协调，处理突发事件，受理纳税人咨询或投诉。严格执行民主集中制、党组工作条例、“三重一大”等各项制度，开展党组中心组学习20次。加强干部职工教育培训，结合“岗位大练兵，业务大比武”、省级业务能手摸底考试、山西干部在线学习等工作，组织开展综合素质培训、所得税政策、“金税三期”操作、绩效管理工作等各类学习9次，组建学习小组，开展定期集中学习，提升干部队伍的专业知识水平。完成精神文明单位创建工作，再次荣获省级精神文明单位称号，稽查局、一分局被评为省级青年文明号。组织开展“传承好家风好家训”活动，征集和诵读家训经典。参加市局“四大标兵评选”活动，叶建新、杨丰菁、薛辉分别被评为市局税收管理标兵、税务稽查标兵和纳税服务标兵，叶建新还代表全市税收管理标兵进行事迹发言。组织观看先进人物事迹报告会，开展困难职工、道德模范、退休职工春节慰问，举办重阳座谈会、退休职工欢送会等，受到老干部一致好评。组建志愿者服务队，开展“学雷锋”“五四”青年志愿活动，慰问农村孤寡老人、看望残障儿童；组建精准扶贫队，对大张镇北张村36户和小张望村1户贫困户进行多次走访和分类扶贫，增强社会责任感，工会也荣获“省五星级基层工会”称号。选拔优秀选手参加全市地税系统第一届职工运动会全部比赛项目，锣鼓队在运动会开幕式上进行精彩表演，展示霍州地税人风采，获得一致好评。地税局荣获市局颁发的运动会最佳组织奖，王文山、赵红生、武华丰、杨丰菁组成的华牌队荣获华牌团体第三名，一分局陈小平荣获踢毽子女子个人第二名。

【绩效管理】 以“一中心多平台”为支撑，以“三科目”绩效考核为抓手，推进地税现代化和绩效考核试点工作。指标设置做到务实、科学。在绩效管理指标的设置上，坚持务实、科学的原则，围绕税收中心工作，在股室考核指标的制定上，一方面，尊重业务差异，制定出各股室、稽查局、直属单位的个性指标。另一方面，又充分考虑到局机关统一管理的实际，制定出考核股室、稽查局、直属单位的共性指标。在考核下级单位时，本着业务性质不同和工作实际需要，将重点工作的计分权重进行调整，探索性地将组织收入工作调整为160分，占到总分的20%，以考核力度去推进税收收入的完成，达到以考促落实的目的。推进“三科目”考核。科目一考核是规范化考核。即省市局绩效管理与目标责任制考核。科目二考核是个性化考核。包括定量考核和定性考核，主要依托“一中心多平台”。科目三考核是效果运用。重点是正面激励为主，结果主要用于“五个优先”，即优先提拔、重用、入党、评先评优评模和外出参加培训。绩效管理电子台账务实有效。从“科技地税”建设的思想出发，将省、市局要求填写的年计划、月记实、季打分等表格进行合并，上线运行绩效管理电子台账小软件，提升绩效管理台账数字管理。2016年地税局被省局推选为“一市一县推经验”单位，参加总局绩效管理标杆单位的评选。

【领导班子】

局　长：

贺立华（2015.12—2016.12）

副局长：

薛德明（2006.09—2016.12）

王虎良（2006.09—2016.12）

王文明（2013.08—2016.12）

纪检组长：

张学军（2013.08—2016.12）

【获奖情况】

霍州市地方税务局工会委员会荣获省模范职工之家——省五星级基层工会；霍州市地方税务局被评选为山西省地方税务局绩效管理“一市一县”推经验先进单位，推荐参加总局绩效管理工作评选；霍州市地方税务局第一税务所被山西省人力资源和社会保障厅、山西省地方税务局授予2015—2016年度山西省地税系统先进集体。霍州市地方税务局被临汾市地方税务局授予2016年度优秀税收科研成果评选荣获优秀组织奖；霍州市地方税务局被临汾市地方税务局授予全市地税系统职工运动会最佳组织奖；霍州市地方税务局在全市地税系统职工运动会华牌比赛中荣获第三名；霍州市地方税务局直属一分局被临汾市地方税务局授予2016年度临汾市地税系统先进集体；霍州市地方税务局征管和科技发展股被临汾市地方税务局授予2016年度临汾市地税系统先进集体；贺立华、薛德明、王文明被中共临汾市地方税务局党组授予2016年度科级优秀公务员；王文明、张学军、任荣萍、张俊梅在临汾市地方税务局2016年度优秀税收科研成果评选中荣获三等奖；叶建新被临汾市地方税务局授予临汾市地方税务局税收管理标兵；杨丰菁被临汾市地方税务局授予临汾市地方税务局税收稽查标兵；薛辉被临汾市地方税务局授予临汾市地方税务局纳税服务标兵；陈华利、任荣萍、张杏红被临汾市地方税务局授予2016年度临汾市地税系统先进工作者；陈华利、杨丰菁被临汾市地税系统党建工作领导组授予临汾市地税系统优秀共产党员；陈小平在全市地税系统职工运动会毽子女子单人比赛中荣获第二名。

（陈慧芳）

金　融

金融办

【概况】 2016年，根据《中共临汾市委、临汾市人民政府关于印发〈霍州市人民政府职能转变和机构改革方案〉的通知》（临发〔2014〕18号），设立霍州市金融工作办公室，正科级建制，为市人民政府工作部门。市金融工作办公室设1个综合股，负责处理机关日常事务和综合协调工作。机关行政编制5名。贯彻执行党和国家金融工作方针政策和相关法律、法规，掌握全市金融运行情况；配合国家、省、临汾市金融管理（监管）部门做好货币政策落实及金融监管工作；协调拟定并组织实施霍州市金融产业发展规划和政策措施；研究金融发展重大问题，及时向市委、市政府提供决策参考。负责建立全市金融工作沟通协调机制；组织搭建政银企沟通合作平台；组织协调引导金融机构运用各种金融创新工具和融资平台为霍州市经济社会发展提供金融支持和保障，负责对全市金融机构、非银金融机构的考核工作。负责指导和推动地方银行业金融机构改革与创新工作；负责推进地方创新类金融组织的试点工作；负责指导证券、保险业等非银机构的改革创新工作；指导和协调全市产权交易市场建设工作。负责研究制定金融市场发展布局规划，指导和推动金融市场体系、金融创新示范区建设；牵头开展小额贷款公司的申报审核、协调监管和年度评价工作；负责吸引市外金融机构落户；负责推进地方金融发展环境建设；负责建立对地方金融生态环境建设的评价机制；负责协调防范和化解金融风险；参与指导金融人才培训和引进工作。承办市人民政府交办的其他事项。

【小额贷款公司及融资性担保公司监管及年审】 对小额贷款公司及融资性担保公司进行监管及年审，引导、规范其规范经营，保证霍州市金融领域稳步发展。包括：一次性告知补正材料。按规定受理或不受理；审查其项目材料的合规性，提出审核意见和建议；确定是否批准同意，产权协议转让事项；通过验收或专项检查活动，确保其项目立项的合法合规性。

【处置非法集资工作】 调整处置非法集资领导小组人员名单，出台处置非法集资的相关方案，明确各领导组单位的职责。1.针对房地产领域、农民合作社、金融类投资公司等进行专项排查；2.对“互联网金融风险专项整治”提出工作方案，针对p2p网络借贷和股权众筹、通过互联网开展资产管理及跨界从事金融、第三方支付、互联网保险等业务进行规范，排查危险并加大监管力度，运用技术手段对可疑事件进行摸底，维护互联网金融稳定；3.针对非法集资领域的信访矛盾工作进行排查化解，通过各大宣传平台，宣传非法集资知识，结合当前农村地区实际现状，部署关于农村地区防范和处置非法集资的工作，加强宣传教育，强化线索排查。

【领导班子】

主　任：

董春波（2015.10—2016.12）

中国人民银行霍州市支行

【概况】　2016年，霍州支行结合霍州市经济金融工作实际，执行稳健的货币政策，团结带领全行干部职工，履行基层中央银行职责。辖内经济金融平稳健康发展，在人行临汾中支专业考核中，支行有5个专业排名前六，其中，金融稳定两个专业排名第一，征信专业排名第三。

【贯彻货币政策】　2016年，霍州支行贯彻落实稳健的货币政策，加强窗口指导，推动信贷投放。引导金融机构全面准确执行稳健的货币政策，支持实体经济的合理信贷需求，增强金融支持经济发展的均衡性和可持续性。跟踪分析稳健货币政策的实施效应，加强对信贷总量调节、信贷投放结构以及金融机构信贷投放行为方面的指导、协调。促进霍州经济转型跨越发展。截至2016年12月底，辖区金融机构各项存款余额123.6亿元，各项贷款余额79.8亿元。

【“普惠金融”服务工作】　2016年，霍州支行改善农村支付结算环境，以普惠金融为导向，重点落实《山西省农村金融综合服务站建设工作指导意见》，持续扩大农村金融综合服务站覆盖广度，鼓励推动农村支付服务平台与农村电商平台的有机结合，促进农村支付结算环境改善。截至2016年底，霍州市12个乡（镇、街道），199个行政村，建设农村“金融综合服务站”161个，覆盖行政村159个，覆盖率达80%。

【金融管理】　2016年，霍州支行严格按照“两管理两综合”工作要求，在“金融服务与管理信息系统”内按月对金融机构日常管理考核情况进行录入，按季进行通报，加强对金融机构的日常考核，认真做好对辖内金融机构的综合评价工作。6月，组织相关业务部门对邮政储蓄银行霍州支行进行综合执法检查，并对存在的问题进行通报。

【人民币管理】　2016年，霍州支行全面强化货币发行业务操作程序，围绕“科学调度、严格管理、降低成本的原则”的工作目标，科学预判现金运行形势，合理调拨发行基金，适度加大小面额货币硬币化推广力度，高质量做好现金供应工作。2016年，累计投放76196.8万元，194笔；累计回笼38663.5万元，151笔；全年调入发行基金79325万元，5笔；调出发行基金14238.4万元，5笔；净投放37533.3万元。全年投放10元以下小票（币）2222.7万元，共收缴假币246张，金额19455元。

【国库资金管理】　2016年，霍州支行开展规范化管理标杆库创建活动，根据实际情况制定“国库业务操作一日流程”，严禁违规违章操作，提高会计核算质量，取得明显效果。2016年，共办理手工税票业务1138笔，金额4634万元；电子横联87180笔，金额243936万元；直接支付业务29542笔，金额184128万元；退库业务137笔，金额3882万元；更正业务110笔，金额6336万元，未发生任何差错。通过柜面监督共发现不合规凭证10笔，其中，涉及支出业务5笔，金额

179万元，收入业务5笔，金额271万元，按照有关规定进行妥善处理。

【金融知识宣传普及】 2016年，霍州支行组织全辖金融机构在“3·15”金融消费权益、日征信宣传月、金融知识普及月、“12·4”法制宣传日期间开展支付结算、反洗钱、反假人民币、征信和金融消费权益保护宣传活动，向社会公众普及金融知识。开展“春蕾工程”，把《金融与诚信》带入小学生课堂。9月，与教育部门联手在霍州市辖内小学实施《金融与诚信》进校园活动。在秋季开学之际，将《金融与诚信》课本发放到霍州市辖内59所小学3200余名五年级学生手中。举办3期“金融知识进校园”辅导员培训班，为霍州市各小学五年级老师进行金融知识普及培训，培训内容围绕“金融与诚信”课本，以“货币—信用—银行”为主线，包括货币基本知识及反假知识，信用的作用、银行的产生和中国金融体系等金融基础知识，目的是加深教师对金融知识的理解和认知，希望通过教师的言传身教，带动和影响学生学习金融知识的积极性。支行与霍州市农村信用联社组织宣传小分队深入贾村小学、鼓楼街道小学、北关小学、李曹小学、赵家庄小学等学校开展金融知识普及宣传活动，向小学生介绍理财和真假币识别等生活小常识，并向同学们赠送支行精心制作的有关金融与诚信的书签和书皮。

【平安建设】 2016年，霍州支行把“平安创建”作为重中之重，把安全工作当作第一要务。与新进人员签订保密承诺书，从加强保密教育入手，增强支行员工的保密安全意识，提高保密技防能力。对支行保密工作、计算机安全、印章管理、制度建设等进行全面排查，发现问题和隐患及时整改。健全完善安全保卫工作的规章制度，创新安全保卫工作方法，探索建立安全保卫工作长效机制，维护支行的安全和稳定，保证支行各项工作有序推进。

【领导班子】

行　长：

刘亚琴（女，2013.10—2016.12）

副行长：

刘文合（2008.07—2016.12）

梁亚龙（2011.09—2016.12）

白建荣（2013.10—2016.09）

纪检组长：

陈京记（1992.01—2016.12）

副主任科员：

申子正（2004.01—2016.12）

刘杏华（2011.09—2016.12）

张琳珍（女，2011.09—2016.12）

（王铁军）

中国银行业监督管理委员会临汾监管分局霍州办事处

【概况】 中国银行业监督管理委员会临汾监管分局霍州办事处（以下简称霍州监管办）位于霍州市鼓楼东大街38号，隶属于中国银行业监督管理委员会临汾监管分局。2016年，霍州监管办引领银行业促改革、防风险、强服务，维护辖内金融稳定。截至2016年12月底，霍州市共有银行业金融机构44个，其中，工行5个、农行4个、中行3个、建行2个、信用联社22个、邮储银行自营网点2个、代理网点6个。全辖银行业金融机构各项存款1235964万元，较年初增加88017万元，增长7.1%；各项贷款798409万元，较年初增加41850万元，增长5.2%。

【督导案防】 根据山西省局、临汾分局案防工作会精神和监管办职责，明确各银行业金融机构一把手为案防工作第一责任人。2016 年初，与辖区金融机构负责人签订《2016 年案件防控工作目标责任书》《2016 年度双向承诺书》，配合公安部门进行安保检查，按季派专人列席各金融机构案防分析会，发现问题，督促各机构拿出切实可行的整改措施进行纠改，督促各机构做好案件防控两评工作。要求各机构做实、做细评价工作，对评价得分较低机构，提出整改意见，使案防工作落到实处。

【服务实体经济质效】 2016 年，霍州监管办组织辖内银行业金融机构开展“引领银行业服务实体经济系列活动”。综合采取有效措施，提升银行业服务实体经济质效。围绕活动专题，深入开展调研，通过座谈会、调查问卷、实地走访等形式，了解重点工程、小微企业、三农、扶贫项目和贫困户方面存在的困难及问题，研究采取有效措施，提升银行业服务实体经济的能力。本着节约高效原则，挖掘和高效利用各种资源，坚持集中宣传和日常宣传、网点宣传与流动宣传、传统媒体与新型媒体相结合，多渠道、多方式广泛宣传有关政策、产品、服务及政策，营造银行业服务实体经济的良好氛围。

【党风廉政建设】 贯彻习近平总书记系列重要讲话精神和银监会、山西银监局系统 2016 年党风廉政建设暨纪检监察工作会议精神，落实全面从严治党责任，聚集监督执纪问责，把纪律和规矩挺在前面，落实中央“八项规定”精神。重点对《党章》、习近平总书记系列重要讲话精神以及《习近平关于党风廉政建设和反腐败斗争论述摘编》《习近平关于严明党的纪律和规矩论述摘编》《中国共产党廉洁自律准则》《中国共产党纪律处分条例》等进行学习。

【现场检查】 根据霍州市政府互联网金融风险专线整治工作的分工安排，在工商等部门对各类从事互联网金融业务的机构进行关键字检索筛查。经查，霍州辖内均不存在互联网金融机构。监管办配合霍州市公安局开展辖内金融机构安全保卫评估检查，对发现的问题提出具体整改建议和要求，得到有效落实。根据分局安排，派出 1 名同志到分局就农村中小金融机构小企业融资难、融资贵、钢铁煤炭企业调查、村镇银行和资金互助社“两加强两遏制”回头看专项检查和案防工作检查。

【非现场监管】 深入调查研究，掌握辖区内银行业金融机构运行中存在的各种问题，及时进行沟通和交流，根据实际情况作出相关提示或进行通报，向上级部门反馈各种金融信息，客观做好信用社监管评级，根据监管指标，按照省局程序从严、客观进行监管评级考核，督促信用社明确专人按时上报“1104”报表；上门座谈，针对性对高管人员进行监管谈话和信息沟通，提示其经营管理中可能存在的风险；做好信用社监管会谈和约见会谈，年中、年末分别对农村信用社存在问题进行通报，对产生问题的原因进行分析，提出明确的监管要求并督促其限期整改，对一些有可能发生违规的行为约见其高管人员，阻止违规发生，做到防患于未然；积极履职，深入基层督导工作。针对互联网金融风险专线整治及非法集资工作、“村村通”惠农工作、各网点落实行政许可情况、服务小微企业宣传等深入各金融机构督导开展情况。

【领导班子】

主　任：

胡秀斌（2013.09—2016.12）

副主任：

王红斌（2013.07—2016.12）

（王红斌）

中国工商银行霍州支行

【概况】 中国工商银行股份有限公司霍州支行，隶属于中国工商银行股份有限公司临汾分行。支行下设5个网点、3个部室、1个中心。5个网点分别是支行营业室（含牡丹卡业务中心和现金业务中心）、东大街支行、开元支行、辛置支行、矿区支行。3个部室分别是：综合部、法人客户部、个人金融部。1个业务中心是个贷业务中心。全行共有在职员工110人。

【业务发展】 2016年，工行霍州支行在市委、市政府的正确指导和大力支持下，按照上级行总体工作思路要求，强化内控管理，深化经营结构和运行管理机制改革，不断加大对霍州市重点优势企业和中小微型企业的扶持支持力度，调整结构、拓展市场、防范风险、提升效益，实现各项业务顺利、协调发展。

2016年，各项存款24.7亿，储蓄存款时点余额23.1亿元，较年初净增1.4亿元，完成任务的129.9%；各项贷款余额23.3亿元，其中个贷2.3亿元，完成任务的101%；中间业务收入1903万元，完成任务的138%；实现拨备前利润5088万元，完成全年任务的87.6%。拓户、理财、分期、信用卡、基金、保险、贵金属等核心产品指标保持稳定增长。

【优质服务】 2016年，霍州支行坚持以客户为中心，改善服务态度，完善服务措施，提高服务质量。强化服务工作组织领导，完善《霍州支行服务工作考核管理办法》，加大服务检查的力度和频度，提高员工做好服务工作的积极性和自觉性；同时严格按照服务管理要求，及时组织员工观看晨会直通车，增强服务流程的操作性、有效性，加大客户引导分流力度，增强核心业务的营销效果，提高窗口服务水平，使全行服务工作上一个新台阶。

【制度建设和内控案防】 2016年，霍州支行强化内控案防制度建设，提高综合管理水平。1.加强组织领导，细化防范职责。坚持内控案防分析会工作制度，强化责任落实。2.注重案防教育，落实动态排查制度。结合“两学一做”学习教育，加强对党员干部的廉洁从政教育、职业操守教育。3.强化环节防控，提高运行监督水平。坚持月巡查制度，组织开展支行现场管理突击轮岗工作，及时对离岗人员进行离岗审计。4.建立健全员工行为规范主题教育的长效机制，有效根除风险隐患。5.做好安全保卫综合治理工作。在强化制度、完善队伍的基础上，加大安全保卫工作检查力度，推进与尧都护卫联勤保卫、监督互助工作，确保支行网点工作的顺利开展。6.做好科技维护和技术保障工作。强化对全行计算机运行安全管理，加强对计算机病毒的防范和软件升级工作，确保全行计算机系统的安全运行。

【企业文化和队伍建设】 2016年，霍州支行长期以来始终把企业文化建设和员工队伍建设放在突出的位置。鼓励和支持员工利用业余时间参加业务知识、专业技术的培训学习，为员工提高业务素质和专业技能提供条件。在2016年临汾分行组织的多次技术比武、专业技能大赛、合规知识竞赛中均取得优异成绩。在广大党员干部中开展“两学一做”学习教育，重温入党誓词，召开专题学习教育讨论会。开展“四风”整治活动和“两学一做”学习教育，使全体党员干部的党性修养和综合素质不断提升。坚持以人为本，关心员工生活，为全行员工安排体检，开展“为一线员工夏季送清凉”活动以及为满足部分员工购房需求的“开元名都”团购房活动。促进企业文化建设发展，开展拔河、跳绳、踢毽子、投篮球等趣味比赛，参加分行组织的职工运动会和当地组织的羽毛球比赛，均取得良好成绩。

【支持地方发展】 2016年，霍州支行响应政府号召，坚持与企业同呼吸共患难，帮助企业优化融资结构，加速资金周转，保证不抽贷、不押贷，缩短贷款发放时间，为企业加速资金周转，提高资金使用效率提供通道。2016年，全年累放贷款13.05亿元，帮助企业渡过难关，支持地方经济。创新模式，努力解决小企业融资“瓶颈”问题。为解决中小企业融资难、融资贵、担保难的问题，该行推出“网贷通”“小微企业物业贷”，针对核心企业的“供应链融资”，微型客户的专属金融产品《中国工商银行微型客户小额担保贷款管理办法》和小微企业的金融产品，为亟须资金客户解燃眉之急，为地方经济发展做贡献。

【领导班子】

党支部书记、行长：

范　捷（2012.02—2016.12）

副行长：

陈小平（2010.04—2016.11）

安春荣（女，2014.07—2016.12）

史晓春（2015.07—2016.06）

田国荣（2016.08—2016.12）

段晋辉（2016.11—2016.12）

【获奖情况】

2016年被临汾分行授予综合竞争力考评先进单位。

（崔胜远）

中国农业银行霍州市支行

【概况】 中国农业银行霍州市支行位于霍州市东大街165号。隶属于中国农业银行股份有限公司临汾分行，下辖支行营业室、大众路分理处、鑫阳分理处、鑫泽分理处4个网点，内设综合办公室、财会运营部、客户部3个部室，至2016年底，全行共有干部职工126人。

【业务发展】

1. 存款。至2016年底，全行各项存款余额达13.94亿元，较年初净增1.13亿元，其中：个人存款余额13.3亿元，较年初净增1.61亿元；对公存款余额0.64亿元，较年初下降0.48亿元。

2. 贷款。至2016年底，全行各项贷款余额达10.6亿元，其中：个人类贷款余额0.5亿元，较年初净增0.13亿元；法人贷款余额10.1亿元，较年初净增6亿元；农户贷款余额20万元，较年初增加20万元。全年累计发放各类贷款9.3148亿元，签发银行承兑汇票3740万元，办理贴现300万元。

3. 中间业务收入和利润。2016年，农行霍州市支行不断巩固传统中间业务，挖掘新兴中间业务。全年实现中间业务收入617万元，拨备后利润681万元。

4. 资产质量。2016年初，农行霍州市支行共有不良贷款余额527万元，其中，机构类和公司类余额为481万元，个人不良贷款余额46万元，不良贷款占比0.5%。

【优质服务】 2016年，霍州市农行坚持以客户为中心，改善服务态度，完善服务措施，提高服务质量，强化服务组织领导，加大服务检查力度和频率；制定和完善霍州市农行优质服务考核管理办法，加大奖罚力度，提高员工做好服务工作的积极性和自觉性；严格按照服务“七步法”要求，增强网点服务流程的规范性；通过组织员工每天召开晨会、夕会，规范服务内容，提高服务效率。

【支持地方经济发展】 2016年，农行霍州市支行立足自身实际，服务霍州经济，致力于霍州重点企业发展和农民进城安家等项目的支持。全年累计发放个人一手房按揭贷款51笔，计1108万元，农民安家贷款52笔，计1020万元，农户小额贷款4笔，计20万元，发放流资贷款9.1亿元，签发银行承兑汇票3740万元，办理贴现300万元。与霍州市自来水公司签订代收水费合作协议。建设标准化农村金融服务站，方便村民小额存取、转账、查询等。转账电话的安装，使广大村民足不出户就可以缴费，全年累计代缴费4万余笔，代收新农合缴费5000余户，金额85万元。完成对市委、市政府安排的精准扶贫任务。

【领导班子】

党委书记、行长：
王智勇（2014.09—2016.12）
党委副书记、副行长：
陈记平（2012.05—2016.12）
纪委书记、副行长：
郭亚玲（女，2011.01—2016.12）
党委委员、副行长：
郭江波（2015.05—2016.12）

（王国平）

中国建设银行霍州支行

【概况】 中国建设银行股份有限公司霍州支行是一家国有股份制商业银行，位于霍州市鼓楼西街。内设科室：综合业务部、营业部、鼓楼东街分理处。截至2016年底，共有人员30人。

【主要业务指标】 存款情况。一般性存款余额20.34亿元，比年初新增1.6亿元，时点新增连续三年稳居同业第一。其中：个人存款余额达15.58亿元，时点比年初新增0.52亿元；对公存款余额达4.76亿元，四家商行占比达到59.29%，时点比年初新增1.08亿元，新增占比达100%。资产业务情况。各项贷款余额12.89亿元，其中：办理霍州煤电集团回收再贷款业务9.5亿元；山西兆光发电有限公司贷款余额2.8亿元；小企业贷款1户，余额400万元，清收小企业不良贷款157.06万元；个人贷款余额5502元，比年初新增223万元；签发银行承兑汇票2.5亿元，票据贴现9.6亿元。实现中收1408万元，利润总额5170万元。

【工作措施】 2016年，中国建设银行霍州支行紧扣“三大主题”，推进“一三五工程”，公私联动，两翼齐飞，特别是旺季营销取得的丰硕战果，为全年工作奠定坚实基础；发挥优势，把握机遇，取得个人存款业务的重要营销成果；巩固与重要对公客户良好的合作关系，继续做大做强对公业务；适应网点“综合性、多功能、集约化”要求，做好服务转型。

【渠道建设】 北环路、开元街两个离行式自助投产；鼓楼东分理处附行式自助完工投入使用；北大街和鼓楼西街两个离行式自助获得省分行批复并签订房屋租赁协议，争取2017年投入使用；支行营业部整体装修从开工到开业仅用3个月，完成施工建设；分别在支行营业部和鼓楼东分理处布防9台智慧柜员机，满足广大客户的需求。

【关爱员工】 用好有限的资源，把好事办好，把实事办实，在符合财务制度规定条件下，择优确定员工生日蛋糕、三八慰问品、春节慰问品供应商，把不多的钱用好，确保员工满意；在2015年作息时间改为“朝九晚五”，尽最大限度保障员工休息时间的基础上，2016年在支行和鼓楼东分理处设立“员工休息室”，配备微波炉，整修员工就餐环境，鼓励员工士气。

【领导班子】

行　长：

乔　煜（2014.11—2016.12）

副行长：

董玉龙（2011.05—2016.12）

副行长：

马红霞（女，2015.03—2016.12）

【获奖情况】

旺季营销在市分行考核中取得多个综合奖项和7个个人奖项，支行党支部获市分行党委授予的“先进基层党组织”称号；支行党支部书记乔煜被省分行党委评为“优秀党务工作者”；董玉龙同志荣获“全国金融五一劳动奖章”。

（董玉龙）

中国银行霍州支行

【概况】 中国银行股份有限公司霍州支行位于霍州市鼓楼东大街198号，隶属于中国银行股份有限公司临汾市分行。霍州支行下设2个部、3个网点，2个部分别为综合管理部、业务发展部，3个网点分别为营业部、鼓楼支行、辛置支行。2016年底，全行在职员工67人。

【业务发展】 截至2016年底，中国银行霍州支行各项存款余额18.72亿元，其中，储蓄存款余额17.45亿元，公司存款余额1.3亿元，外币存款181万元。各项贷款余额18.60亿元，其中，公司贷款余额16.91亿元，零售贷款余额0.59亿元。

【金融改革】 2016年是“十三五”规划开局之年，也是供给侧结构改革元年。受世界经济复苏疲软、中国增长周期调整、产能过剩依然严重等多重因素影响，中国经济面临下行压力，当地经济受阻不前。为适应新形势下的金融发展需求，中国银行霍州支行及时调整经营策略，发展互联网金融，抢占客户资源，筑实客户基础。

【拓展新的授信领域】 做好授信项目的储备和投放工作，确保重点企业重点项目授信资金落实到位，2016年累计投放工业企业贷款18.7亿元。做好居民生产、生活消费信贷，保障居民日常生活及消费，2016年，累计投放居民消费贷款69人次，计1889万元。

【惠民社保】 中国银行霍州支行为国有大型商业银行，响应国家号召，履行社会责任。作为社会保障卡业务合作的唯一一家金融机构。截至2016年底，向全市职工和居民发放社保卡8万余张，配合社会保障局征收居民参保费640余万元。为广大有车一族提供免费安装ETC，实现高速路上畅行无忧，赢得广大客户的好评。作为当地唯一一家纪念币发行单位，发行猴年纪念币、鸡年纪念币及孙中山诞辰150周年纪念币，满足广大居民收藏需求。

【网点智能化改造】 随着网点智能化建设的推进，2016年中国银行霍州支行对辛置支行进行全面的网点智能化装修改造，网点布局更加人性化。智能化设备的安装、使用加快霍州支行向智能化网点的转变。

【企业文化建设】 中国银行霍州支行开展送温暖活动，建设“职工之家”，开展春游蝴蝶谷、七里峪摄影拾风，参加市分行组织的演讲赛、“两学一做”学习教育汇报演出，丰富员工业余文化生活，增强全员的主人翁意识。

【党的建设】 坚持开展党员学习，贯彻落实中央方针政策，把党建工作做实。2016年，中国银行霍州市支行被评为省行优秀党总支、省行四强四优党总支、总行级优秀党总支，是中国银行霍州市支行建行25年来最高荣誉。同时以党建带团建，发挥团支部作用，引导青年员工传播正能量，向先进人物、先进事迹学习，基层团组织的战斗力明显增强，青年员工朝气蓬勃、勇往直前的精神面貌正在展现。

【领导班子】

行　长：

张严平（女，2015.01—2016.12）

副行长：

闫　峰（2015.11—2016.12）

郝元华（2016.04—2016.12）

【获奖情况】

2016年，荣获中国银行山西省分行“四强基层党支部”“先进基层党组织”称号；获临汾市分行“公司资产业务突出贡献奖、利润突出贡献奖”。

（张卫国）

中国邮政储蓄银行霍州支行

【概况】 中国邮政储蓄银行霍州市支行位于霍州市开元街，2008年8月正式挂牌成立，下设“三部两支行”即：综合管理部、三农金融部、公司业务部、支行营业部、北环路支行。支行拥有8处网点，其中自营网点2处，代理网点6处。2016年底，全行在职职工32人。

【业务发展】 2016年，中国邮政储蓄银行霍州市支行以科学发展观为指导，围绕省、市行“提升能力、合规运营、精细管理、稳健发展”战略，按照“三强三抓三确保”的总体思路，调整业务结构、强化营销理念，创新服务手段，推进各项工作。2016年，全行各项存款15亿元，各项贷款余额2.64亿元，全年累计发放贷款2.5亿元。

【支持地方建设】 2016年，中国邮政储蓄银行霍州市支行认真贯彻落实党中央、国务院赋予邮储银行服务“三农”的历史使命，确立“服务三农，服务中小企业，服务民生”的战略定位。坚持“阳光信贷”服务文化和“信贷八不准”工作要求，立足霍州地方经济，发挥网点和品牌的优势，推出新产品和新服务，满足广大城乡群众和中小企业的资金需求。2016年，霍州支行发放涉农类贷款72笔，金额927.18万元；支持农村七大户：植户、养殖户、农产品流通经营户、农药化肥经销户、副食百货零售户、小型机加工户和农村小企业户。对县域内小微企业、个体工商户等发放贷款166笔，金额2577万元，发放对象主要为霍州市内及各个乡镇的商户。邮政储蓄银行霍州市支行成为推动霍州经济又好又快发展的金融新引擎。

【企业文化建设】 中国邮政储蓄银行霍州市支行非常重视企业文化建设，把业余文体活动作为凝聚职工向心力、增强团队精神的大事来抓，鼓励职工积极参与，参与率达到90%以上。支行相继组织员工参加市分行组织的运动会、三人制篮球、全民健步走、摄影、书法绘画等文化体育活动。每年在职工生日来临之际送去生日贺卡及意外保险。为党员过政治生日，重温入党誓词。每年安排员工进行体检。

【领导班子】

行　长：

李　靖（2015.01—2016.12）

副行长：

张玉芳（女，2016.08—2016.12）

（郑越）

农村信用合作联社

【概况】 霍州市农村信用合作联社是霍州市唯一一家地方性金融企业，是农村金融的主力军。联社下辖1个营业部、8个信用社、5个分社、7个储蓄所，共21个营业网点。截至2016年底，在职员工245人。联社机关设职能部室13个：信贷管理部、资金市场部、风险合规部、计划财务部、统计信息部、人力资源管理部、稽核审计部、安全保卫部、会计运营部、综合办公室、纪检监察室、小微企业贷款中心、风险资产清收中心。

【存贷款业务】 截至2016年底，各项存款余额30.47亿元，较年初净增2.47亿元，市场份额、新增份额均居霍州同业首位；各项贷款余额15.4亿元，剔除转贴现外较年初增加5689万元，其中，涉农贷款占各项贷款的90%以上。

【业务拓展】 2016年，适应市场需求，推出“果农贷”“果商贷”“易车贷”“住房、商用房按揭贷”等产品，有效支持“三农”、小微企业、重点项目建设和精准扶贫项目，为拓展业务、增收创利奠定基础；完成149个“农村金融综合服务站”创建目标，实现金融服务全覆盖。开办代理保险、代售理财、代缴移动、电信话费、交警罚没款等中间业务；办理约期存款、买入返售、贴现等同业业务。

【经营成果】 2016年，总收入1.75亿元，实现经营利润4553万元，人均经营利润18.58万元。

【支农工作】 2016年，霍州市农村信用合作社通过不断简化程序、完善功能、改进作风、提高效能，加大支农支小力度，支持地方经济建设。在支持种、养、加、大棚等传统农业产业的基础上，重点支持规模种养、农民专业合作社、家庭农场等新型农业经营主体，发展壮大小微企业贷款中心专门服务，支持小微企业和工商户。全年累计发放支农贷款5.36亿元，支持农户、现代农业经营主体4582户，支持农业基地园区3个、农民专业合作社21个、养殖大户15户。

【内控管理】 2016年，按照上级部门要求，不断健全资金业务治理体系，规范业务操作流程、完善授权审批制度，加强人员教育培训，有序、合规地开展资金业务。通过实行“四单”管理，加强制度执行检查、业务合规检查、专项业务排查等工作，促进合规经营。多部门形成合力，细化问责办法，按程序对问题责任人及责任部门进行问责，起到震慑作用。

【企业建设】 2016年，霍州市农村信用合作社统筹规划，精打细算，对包括机关在内的14个网点的水电暖设施、屋顶防水、办公室等进行。改造维修，形象面貌焕然一新。参加市委、市政府组织的全民健步走、羽毛球比赛；组织举办“农信杯”登山比赛、金融知识“六进”等活动，多方面展现农信精神风貌；春节期间，在东大街悬挂农信标识的灯笼亮化街道。组织举办爱心助学、博爱一日捐资活动。承担北关居委会39户贫困户帮扶任务，两次上门为贫困户送去毛毯和米、面、油等生活用品，制定信贷帮扶计划，为8户贫困户和一个扶贫项目发放贷款321.7万元。

【党建工作】 2016年，霍州市农村信用合作社开展“两学一做”学习教育，巩固党的群众路线实践活动和“三严三实”专题教育活动，加强党建工作，推进廉政作风建设。联社党委从严管党和“两个责任”得到有效落实；党员干部理想信念更加坚定，能严守政治纪律和政治规矩；全体党员党的意识、党员意识、宗旨意识、自律意识、遵纪守规意识明显提升；党的组织生活、党员日常管理、基层支部建设更加规范。

【领导班子】

党委书记、理事长：

洪海荣（女，2015.08—2016.12）

纪检书记、监事长：

王建林（2015.08—2016.12）

党委委员、副主任：

曹　斌（2015.10—2016.12）

党委委员、副主任：

孙文清（2015.10—2016.12）

党委委员、副主任：

牛红军（2015.10—2016.12）

（李飞飞）

中国人寿保险霍州市支公司

【概况】 中国人寿霍州市支公司隶属于中国人寿保险股份有限公司，位于霍州市河西开发区涧北村。2016年，公司坚持“重价值、强队伍、优结构、稳增长、防风险”的经营思路，加快核心业务发展，优化业务结构，改善队伍质态，推进销售转型，加快重点业务发展，巩固和扩大县域市场竞争优势，经营业绩良好，多项指标创上市以来新高。

中国人寿保险霍州市支公司内设综合管理部、个险销售部、团体业务部、银行保险部、客户服务中心，下辖李曹、大张、什林、辛置、陶唐峪5个营销服务部，到2016年底，共有业务员200多人。

【业务发展】 2016年，中国人寿霍州市支公司践行“客户至上，服务至上”发展理念，践行中国人寿特色寿险发展道路，努力实现又好又快发展。2016年，公司总保费收入8879.77万元，同比增长29.48%；涵盖生存、养老、疾病、医疗、身故、残疾等多种保障范围。中国人寿响应国家号召，与农合深入合作，为霍州市广大农民朋友及时进行大病救助。至2016年底，共计报销金额500余万元，惠及霍州300多户家庭。

【经营理念】 2016年，中国人寿霍州市支公司坚持以“文化”之魂凝聚人心、引领发展。以“成己为人、成人达己”“用心经营、诚信服务”等推陈出新、一脉相承的核心理念为标志，以健康向上的企业文化激励着一代代国寿人拼搏进取、奋发有为。

【企业文化建设】 2016年，霍州人寿围绕“服务一流，管理一流”的创建目标，坚持“两手抓，两手都要硬”的方针，一手抓创建，一手抓业务发展，围绕“创新服务”工作中心，着眼于促进社会全面发展的大局，提高员工素质、规范行业作风，优化行业服务，树立品牌形象。铁心拼搏，奋力攻坚，推动业务健康、持续、快速发展。

【领导班子】

经　理：

翟志刚（2013.08—2016.12）

副经理：

董爱珍（女，2013.08—2016.12）

韩灵芝（女，2015.05—2016.12）

（高玉强）

中国人民财产保险股份有限公司霍州支公司

【概况】　中国人民财产保险股份有限公司霍州支公司成立于1981年。内设8个营销团队，一个综合办公室，共有工作人员43人，是霍州市最大的财产保险公司。2016年，坚持秉承“以人为本、诚信服务、价值至上、永续经营”的经营理念，弘扬“求实、诚信、拼搏、创新”的企业精神，为促进改革、保障经济、稳定社会，造福霍州人民提供强大的保险保障。立足霍州经济社会发展全局，坚持以市场为导向，客户为中心，引领霍州财险市场发展。围绕霍州市委“进军省强市、全面达小康，共建文明开放幸福美丽新霍州”的总目标。公司积极参与和支持霍州市的各项活动，为受灾企业，农业生产和个人恢复生产生活，稳定社会秩序，发挥保险经济补偿作用做出贡献。

【业务范畴】　2016年，中国财保霍州支公司主要开办企事业单位财产险、家庭财产险、机动车辆险、货物运输险、煤矿企业险、建筑安装工程险、农业保险、责任保险、信用保险、意外伤害险、短期健康险等财产保险业务。

【业务发展】　2016年，中国财保霍州支公司巩固政策支持性业务优势，在推进农村保险业务发展的进程中，全力支持和服务“三农”，人保财险的“三农”保险工作到霍州市各级政府的重视和认可。建立组织领导机构制，出台相关文件，推动“三农”保险业务的发展。发挥先发优势，以发展政策性农险为牵引，保证农险业务在霍州农险市场的主导地位。

为公司对标市场，把攻克自家车市场贯穿到工作中，作为主要工作来抓。霍州车险市场疲软，竞争日益激烈，各种手段层出不穷，花样不断翻新，导致公司保费、续保等指标一路下滑。霍州市的标志性车险市场大部分由公司掌握，在车险业务上占主导地位。

【经济效益】　2016年，机动车辆险保费1721.3万元、意外伤害保费23.1万元、农业险保费234.8万元、家庭财产险保费2.4万元、企业财产险保费954.3万元、货运险保费0.8万元、责任险保费257万元、一览子保险4.5万元、保费收入合计3198.2万元。赔款支出1537.53万元。

【领导班子】

经　理：

成建树（2014.04—2016.12）

副经理：

师金峰（2011.04—2016.12）

经理助理：

付卫东（2014.04—2016.12）

李红明（2014.04—2016.12）

（武卫民）

中国太平洋人寿保险股份有限公司霍州支公司

【概况】　中国太平洋人寿保险股份有限公司霍州支公司（以下简称太平洋寿险霍州支公司），隶属于中国太平洋人寿保险股份有限公司山西分公司。公司成立于2003年10月，位于霍州市河西区中部宏佳商贸城4至6层。经过近14年创业，公司已经跃居为霍州市场上第二大寿险公司，业务规模不断扩大，业务结构不断优化。公司拥有内勤员工8人，外勤营销人员1400余人。

【业务发展】　2016年，太平洋寿险霍州支公司遵循寿险规律，发展保障型和长期储蓄型业务，拓展个人传统分红期缴业务和短期意外险等核心业务，业务结构持续优化，内含价值不断增长，公司保持良好的发展态势。2016年，公司全年标准保费收入已达1.54亿元，全年太平洋寿险霍州支公司共受理报案169件，结案169件，赔付金额230余万元，其中，最大的单笔赔案赔付金额10万元，最小单笔赔案赔付金额107元。

【公益活动】　2016年，太平洋寿险霍州支公司追求自身发展，并致力于各类公益活动，履行企业公民的职责。开展关爱孤残、捐资助学、扶贫赈灾等公益活动。持续开展太平洋保险“责任照亮未来”爱心支教活动，得到社会各界的一致好评。

【企业文化】　2016年，太平洋寿险霍州支公司秉承“诚信天下，稳健一生，追求卓越”的企业核心价值观，坚持“稳健经营，以效益为中心”的经营思想，开拓业务，加强基础管理，应对市场发展变化带来的新挑战。太平洋寿险霍州支公司以“做一家负责任的保险公司”为己任，履行社会责任，坚持寿险经营规律，在业务发展、客户服务、内控管理和风险控制等方面都取得显著成效，为霍州经济社会发展和民生保障做出贡献。

【领导班子】

经　理：

王延华（2013.07—2016.12）

（王延华）

农　业

农林工作

【概况】 霍州市农林委组建于2015年9月，在原霍州市农业委员会、霍州市林业局的基础上组建而成。到2016年底，有在职干部职工92人，其中，行政人员24人，事业人员68人。内设6个行政科室：办公室、计划发展与资金管理股、农业工作股、农村工作股、营林绿化股、资源林政股。下设事业单位17个：农业综合执法大队、农业林业技术推广站、经济作物办（西张垣园区管委会）、农村经营管理站、经济林管理站、种子种苗站、植物森林保护检疫站、土壤肥料工作站、屠宰业办公室、能源站、林业站、林权服务中心、森林派出所、森林公园管理中心、国营苗圃、森林消防大队、辛置木材检查站。独立核算的事业单位3个：畜牧兽医服务中心、农机中心、农业广播技术学校。

【粮食生产】 2016年，全市粮食作物播种面积27.01万亩，其中，小麦16.2万亩，玉米6.8万亩，谷物杂粮4.01万亩。粮食总产量8550.67万千克，完成全年任务6200万千克的138%。其中夏粮产量4199.57万千克，秋粮产量4351.1万千克。

【农民收入】 2016年，霍州市农村居民人均可支配收入达到12293元，较2015年11488元，增长7%。主要措施有：加强农民职业技能培训，提高农民素质技能，提高农民就业增收能力；通过“三资”清理，盘活闲置房产、林地、机动地等农村集体资源，增加发包收入，从而增加农民收入；实施粮食高产创建工程，果树、核桃林提质增效项目，提高产量和品质，有效增加农民收入；落实强农惠农政策，各项补助及时到位。针对小麦白粉病，市委、市政府资金扶持，及时进行统防统治，稳定小麦产量。针对果蔬病虫害，农林委购买药物，及时采取防治措施，有效提高产量和品质。

【特色产业建设】 2016年，上级下达霍州市蔬菜任务为新增设施蔬菜1100亩。实际完成新增设施蔬菜1200亩，主要分散在三教、李曹、白龙、陶唐峪、大张等乡镇十几个村，分别为温室200亩，大棚500亩，拱棚300亩，食用菌200亩。发展特色蔬菜3000亩，其中芦笋2000亩，秋葵1000亩。

在果树生产方面，完成4000亩果园改造任务，涉及李曹、三教、陶唐峪3个乡镇11个村。重点采取果树高光效树型改造、铺设反光膜等技术，全部完成上级下达的果园改造任务，通过实施果园改造，对提高水果的产量和品质起到示范促进作用。

在发展中药材方面，完成上级下达的1000亩任务，主要在白龙镇陈村、师庄乡白山村新发展油料牡丹、地黄等药材。为拓宽农户增收渠道，提升霍州市农业产业化发展水平，霍州市委、市政府同山西省国新能源发展集团有限公司达成西张垣中药材种植及育苗基地建设合作意向。计划分三期对西张垣中药材种植及育苗项目进行合作发展，2016年，农林委和国新集团晋药业公司完成第一期合作移交工作。

【农业行政执法】　在行政综合执法方面，贯彻落实中央、省、市农村工作会议和全国农资打假专项治理行动电视电话会议精神，开展农资市场日常监督和管理工作，开展农产品质量安全监管工作。结合“3·15”消费者权益日，开展“放心农资下乡进村宣传周”“食品安全宣传周”等活动，组织种子站、技术站相关人员先后到各乡镇、县城等人员密集区开展农资宣传、农资检查活动。利用广播、电视传媒，对全市农民如何购买放心农资产品和如何辨别真假农资进行宣传。联合霍州市10家农资经营户组织车辆10辆，人员24人，深入李曹、陶唐峪、三教、师庄4个乡镇，对种子、肥料、农药20余个品种进行销售和宣传，使农民用上放心农资产品。组织执法人员对5个肥料生产企业和1个农药生产企业进行检查。对全市60余家农资经营户经营的20多种肥料和30多个玉米种子品种进行检查，有效堵住假冒伪劣农资进入霍州市场的渠道。按照市政府的安排，结合“12·4”宪法宣传日活动和市农委新型职业农民培训机会深入农村对农民进行法律知识宣传讲解并发放《中华人民共和国农产品质量安全法》《农产品质量安全知识问答》《食品安全法》《购种须知》《如何鉴别假种子、农药、肥料》《小麦栽培技术培训》等宣传材料2万余份，悬挂横幅20条，接待咨询群众1万余人次。出动120车次，检查6个生产企业和60余家农资经营户，出动300人次到农村基层农资市场、农产品交易集散地、农产品批发市场、农贸市场等处发放宣传资料，办理案件7起。有效控制劣质农业生产资料的生产、销售，打击违法生产经营活动。在农资打假专项治理期间，执法人员严格按程序办事，文明执法，以教育和处罚相结合，不刁难生产经营户，不姑息其违法行为，不徇私枉法，树立公正执法、文明执法、热情服务的执法人员形象。对全市农资经营户和农民种植专业合作社进行培训，提升营业人员的职业道德水平。

【农产品质量安全】　认证主体及产品1个（核桃）；复查换证主体及产品2个（苹果、核桃）；认定产地面积2.5万亩。对“三品”认证通过的主体奖励5000元。开展“三品”追溯试点工作。增加对无公害农产品芦笋追溯试点，对霍州市兴龙芦笋专业合作社所生产的芦笋进行档案管理，对产品销售贴标，对产品进行抽检，监测合格率达99%。完成“霍州核桃”地标申报。成功申报“霍州核桃”地理标志产品。投资300万元完成农产品质量安全检测检验站建设，2016年，建设和设备安装配套工程全部完成，即将投入使用。

【农村土地确权颁证】　2016年，霍州市的土地确权任务是在2015年确权基础上，继续完成剩余8个乡（镇、街道），106个行政村，近15万亩耕地的土地确权工作。全市先后开展发包方、承包方调查和承包地块调查工作，成立农村产权流转交易监督管理委员会和农村土地经营权仲裁委员会，建立霍州市农村产权交易中心，12个乡（镇、街道）的乡级土地流转中心均挂牌运行，所有村居都配备村级联络员。

到2016年底，8个乡镇，106个行政村全部完成一轮公示，有35个村完成二轮公示。12月，启动土地承包合同签订工作，全市199个行政村陆续开始进行合同签订工作。

【深化集体林权配套改革】 2016年，为巩固集体林权制度改革成果，加快林业产业结构调整步伐，增加林农收入，刺激林下经济发展，采取“经济林补偿200元，生态林补偿120元”的补偿标准，鼓励造林投入，增强林业持续增效能力。2016年，共投资25.83万元，造林1291.5亩。

为健全风险保障体系，提高霍州市公益林抵御自然灾害的能力，为3.89余万亩的公益林购买保险。根据协议，在保险期内，由于火灾、暴风、暴雨、暴雪、洪水、泥石流、冰雹、霜冻、雨凇以及病虫害等原因直接造成保险林木流失、被掩埋、主干折断、倒伏或者死亡，保险公司按照保险合同约定负责赔偿。

【新一轮退耕还林】 2016年，霍州市新一轮退耕还林工作，涉及8个乡（镇、街道），61个行政村。摸底工作开始后，通过政策宣传，落实退耕意愿，同国土部门沟通，衔接图纸数据，配合各乡（镇、街道）比对图纸等方式开展工作，进行摸底调查，顺利完成摸底调查工作，上报市林业局，为下一步具体实施打下基础。

【改善农村人居环境】 2016年，霍州市完成1个省级和1个市级美丽宜居示范村创建任务。石鼻村完成市级升省级美丽宜居示范村任务，对许村古村落保护性修复进行规划，完成许村市级美丽宜居示范村创建任务。

到2016年底，陆续完成大张镇贾村、李曹镇石鼻村2个省级美丽乡村创建，三教乡龙泉村、退沙街道许村2个临汾市级美丽乡村创建，完成辛置村、陈村、周村、茹村、李诠庄、红崖堡、永和村、西街8个村（居）的美丽宜居示范村建设工作，抓住霍州市城镇化、“五城联创”的机遇，与时俱进，将村庄规划改造、道路建设绿化、垃圾收储处理、产业发展与提高村民生活品质列入重要议事日程，掀起“美丽乡村”建设高潮，取得明显成效。

【畜禽屠宰管理】 落实生猪屠宰企业安全主体责任。同霍州市三家大型生猪养殖场签订安全生产责任书，从源头上确保生猪安全。同霍州市鲜肉食品厂签订安全生产责任书，加强对屠宰企业的监管。在加强对病害猪无害化处理的监管力度。病害猪无害化认定和处理由市畜牧局出具处理通知单，由市畜牧局官方兽医，屠宰企业负责人，畜禽定点办监管人员，三方在场三方签字，共同监管完成。加强屠宰企业安全生产日常管理。要求企业建立屠宰设施设备检修保养制度，确保设施设备运行良好。对屠宰设施设备和屠宰关键环节，进行定期巡视检查，及时发现安全隐患，及时排除。做好市场检查。同市畜牧局开展联合执法，对农贸市场、超市、肉摊进行检查，发放安全生产和食品安全等宣传资料。

2016年，按要求完成临汾市下发的各项任务，严厉打击私屠滥宰、注水或注入其他严禁物质、宰杀病死畜禽的不法行为，规范屠宰行业秩序，保证人民群众吃上“放心肉”。

【造林绿化】 2016年，完成上级下达的营造林合格面积17900亩。其中，天保1.1万亩，巩固退耕还林成果干果林项目3700亩，中央财政造林补贴项目2000亩，特色经济林项目1200亩。到2016年底，全部完成17900亩的营造林任务。在育苗方面，全市共育苗5300亩，完成全年育苗任务。全市5亩以上育苗户有57户，国营苗圃1处，省级林场育苗3处，30亩以上个体育苗户27户，零散户30户。全市的苗木资源在数量和质量上，既能够满足霍州市林业发展的需要，又可以外销其他省、市、区，为霍州市林业建设奠定良好的物质基础。

【护林防火】 1. 落实层次责任。同12个乡（镇、街道）签订护林防火目标责任书，并要求乡镇与村（居）签订责任书，逐级分解防火任务，层层落实护林防火任务和责任，全市形成上下一心、齐抓防火的良好氛围。2. 狠抓宣传教育。为提高全民防火意识，开展护林防火宣传教育活动。加大宣传教育力度，印制1000份“防火通告”粘贴到乡村，在《今日霍州》刊发，电视台播放“防火教育动画宣传片”，广场电台播放“防火提示”。利用手机信息平台发“警示”、“天气预报”和“防火通知”，利用网络平台发“护林防火”视频。在旅游景区入口处增设检查站，宣传防火、收火种，教育游客注意防火。在坟头墓地集中的区域，拉宣传横幅、立防火警示牌，对上坟祭祖人员发放防火传单，宣传防火。在全市学校开设护林防火课，开展防火知识进校园活动，使学生成为护林防火的义务宣传员。集中时间，组织消防队员，开展防火宣传，在沿山乡镇和人口密集地区进行广泛的护林防火宣传教育。3. 加强火源管理。加强野外火源管控。完善“网络化”管理，对全市划分的270个防火责任单元，加密巡查，及时发现和制止野外违规用火。沿山确定19个定点看护点，进山进沟实施严格看管，杜绝火种入山入林；调整充实防火护林员，全市80余名护林员全部上岗到位，履职尽责，全天候监测森林火情，做到火情早发现、早报告、早处置；清除农村交错区杂草，安排2800亩重点区域。由防火责任单位组织，划区域清除，消除火患；坚持值班值守，严格实行市、乡两级护林防火24小时领导带班值班制度，做到责任明确，任务到人，不脱岗漏岗，确保上下信息畅通。森林消防专业队和护林员24小时开通手机，一旦发生火警，立即组织人员及时扑救，把火灾损失降到最低；4. 充实防火物资。投资34万元，新购置无人飞机一架，10套高压细水雾灭火机，对现有物资库常备工具进行充实，集中购买，统一管理，特别是沿山重点乡镇物资库全部充实必要工具。完善扑火预案。市防火办结合实际，完善防火扑火预案，使其更具有针对性和操作性，各重点乡镇和林场也都制定各自的扑火应急办法，做到无火备战宣传，有火能够及时组织扑救，加强消防专业队技能培训。

【植物保护和森林病虫害防治】 2016年，指导农民防治面积累计达24万亩。在植物产地检疫工作方面，对全市3.2万亩果树、2000余亩蔬菜按植物产地检疫规程进行全程监控，对重大作物病、虫、草疫情进行调查。

加强森林病虫害防治是巩固霍州市造林绿化成果，保证森林面积和蓄积稳步增长，推进造林质量提升的有效手段。继续聘请常年管护员对全市造林项目进行管护，加强对管护范围内森林病虫害的看护；重点抓好林业大户病虫害的防控工作，为核桃种植大户和村提供药品服务，到地头进行虫害防治指导。截至2016年底，全市未发生病虫害灾害，成灾率0，无公害防治率100％，测报准确率90％，种苗产地检验率99％。

【职业农民培训】 2016年，在农民培训工作方面，围绕农民增收目标，整合培训资源，完善培训体系，创新培训形式，围绕粮食高产创建、农技推广、测土配方等项目开展各种类型和形式的培训，开展多层次、多形式的农民技能培训，全年共培训农民397人，提高农民科技和技能水平，促进农民增收。

【技术服务】 1. 为霍州市核桃种植大户提供修剪、综合管理技术服务。霍州市核桃主要栽植乡镇进行核桃低产低效林改造，连续两年对霍州市核桃实施提质增效。技术服务队为全市核桃种植大户、林业生产合作社、核桃工程区域提供修剪和综合管理。技术服务，在项目实施过程中确定专人负责，及时发现解决改造中遇到的困难和问题，将专业队实施改造和培养当地农民技术员相结合，通过专业队现场授学，示范管理，充分调动广大种植户管理核桃的积极性和主动性，让广大种植户掌握核桃修剪、施肥等技术要领，做到改造一批园，培养好一支队伍。2. 对西张垣优质核桃示范园进行延期管护。2016年，创新模式，加大对林业重点民生工程的管护力度，由政府出资100余万元，确定有资质、信誉好的专业队对西张垣优质核桃示范园进行延期管护。聘用专业队对西张垣优质核桃示范园进行定期修剪、喷洒药物、施肥，确保园区内核桃经济林长势良好，早日见产达效。

【脱贫攻坚】 2016年，霍州市农林委展开一系列开创性工作，贫困识别、建档立卡、挂图作战等基础工作初步夯实，产业扶贫、光伏扶贫、教育扶贫、生态扶贫等重点工程有序推进。建成张望、孔涧、北益昌、柳树腰4座光伏电站。为全市3817名贫困人员购买大病医疗补充险和意外伤害险。引种双季槐、油料牡丹、皂角等经济作物2800亩。为健峰养殖、文冠果两个公司申报中证扶贫板，并将文冠果茶列为“新三板”上市重点培养企业，争取挂牌上市。实施“雨露计划”，为7名建档立卡贫困本科大学生发放教育扶贫“雨露计划”补助金3.5万元，有效增强贫困群众的获得感，提升对扶贫工作的满意度。派驻干部驻村帮扶工作队105支，实现贫困户帮扶工作全覆盖。

【党风廉政建设】 2016年，推进“两学一做”学习教育。做到学习教育开展“严”，重点任务推进“实”，工作统筹结合“紧”。学习教育开展情况好。党组成员轮流辅导学习、开展特邀专家讲座、市级领导讲党课、送学到家、重温入党誓词等活动；原汁原味学党章学党规，学系列讲话，做合格党员，营造学习先进典型的良好氛围，引导党员牢记党规党纪，牢记党的优良传统和作风；组织“四讲四有”和“七一”专题研讨，调动党员参与的积极性和主动性，为党员干部投身农村经济发展、促进农林工作开展打下坚实基础。

在党风廉政建设方面，全面落实上级反腐倡廉建设工作会议精神，坚持“标本兼治、综合治理、惩防并举、注重预防”的方针，把党风廉政建设融入农业、林业、扶贫业务建设、领导班子建设、干部队伍建设和党的建设之中；以作风为突破口、以教育为基础、以制度为保障、以监督为关键、以纠风为重点，加大从源头上预防和治理腐败的力度；继续推进惩防体系建设，切实加强党风廉政建设和反腐败工作，为推动霍州市农林事业实现新飞跃提供坚强保障。

【领导班子】

主　任：

张云峰（2015.09—2016.12）

党组书记：

薛文斌（2015.10—2016.12）

副主任：
张建华（2015.10—2016.12）
徐　强（2015.10—2016.12）
杨红平（2015.10—2016.12）
李宝春（2015.10—2016.12）
总农艺师：
王亚平（女，2015.10—2016.12）
纪检组长：
胡泉水（2015.10—2016.12）
党组成员：
翟春明（2015.10—2016.12）

（杨昭）

水利工作

【概况】 霍州市水利局位于霍州市汾东开发区，担负着全市农田水利基本建设、农村饮水安全、防汛抗旱、水政执法、水土保持、水资源管理、河道管理等重要职责。内设办公室、规划计划股、水利与水土保持股、农村水利股4个职能股室；下辖水资办、水保站、河道站、移民办、抗旱服务队、七里峪灌区、十里铺扬水站、城郊灌区、杨家庄水库、凿井队10个基层事业单位，其中水资办、水保站为副科级建制。到2016年底，共有干部职工220人，其中，全额财政开支人员21人，自收自支人员199人，乡镇水利员15人。有班子成员9人，中层干部20人，党员75人，大专及以上学历60人，中专学历53人。

【水资源管理】 霍州市制定并下发《关于实行最严格水资源管理制度的实施意见》《实行最严格水资源管理制度工作方案》，对全市水资源管理执行情况实行严格考核，强化考核结果运用。通过实施最严格水资源管理，全面提高水资源监测、监控能力，推进节水技术应用，确保水资源开发利用控制、用水效率控制和水功能区限制纳污“三条红线”落到实处，使霍州市水资源管理工作更加规范。

2016年，全市总取水量4962.1万立方米。按取水用途分：生活用水640万立方米，生产用水4262.1万立方米（其中，第一产业2608.1万立方米、第二产业1424万立方米），生态用水60万立方米；按水源分：地表水1187.7万立方米，地下水3718万立方米。

【农田水利建设】 2016年，共完成农田灌溉面积9.05万亩，13.6万亩次。

1.2015年度中央财政小型农田水利重点县建设工程：2015年，霍州市小型农田水利重点县建设工程总投资2759.82万元，其中：中央财政资金1200万元，省财政资金1200万元，霍州市财政配套240万元，群众自筹119.82万元。涉及霍州市陶唐峪、辛置、南环路、鼓楼4个乡（镇、街道），38个行政村。实施节水灌溉面积26977亩，其中：管道输水灌溉24352亩，涌泉灌1000亩，渠灌1625亩。工程于2015年9月7日发布招标公告，10月13日完成招投标，确定五个土建标承建单位和2个材料供货单位。

截至2016年底，完成蓄水池、阀门井、防冲池、U型渠修建及各类管道铺设等工程建设。新增灌溉面积1.2877万亩，恢复灌溉面积0.11万亩，改善灌溉面积1.30万亩，新增节水灌溉面积1.7万亩。

霍州市农田水利建设项目，霍州市农田水利建设项目分为三教乡和辛置镇两个项目区，总投资规模750万元，其中：省级资金

610万元，县级配套资金140万元。项目涉及辛置镇、三教乡2个乡镇3个行政村，建设管灌面积3500亩。

该项目于2016年4月27日批复建设，7月5日完成财政评审，7月6日发布招标公告，8月10日开标确定两个施工标、一个材料标。

项目实施后，新增灌溉面积3500亩，可缓解当地水资源短缺问题，有效改善项目区群众生产条件，改善生态环境，提高灌溉水利用率，灌溉省水、省工、省时，经济效益显著，为当地农业经济健康发展提供水利支撑。

【水土保持】 2016年，完成水土流失综合治理面积1.5万亩，其中：基本农田840亩，水保造林6160.5亩，封山育林7999.5亩。

【防汛抗旱】 2016年，霍州市发生多次较强降雨，启动两次防汛应急三级响应。面对近20年来罕见的严峻防汛形势，霍州市水利局坚持以人为本，严格落实责任，加强物资储备，开展防汛演练，科学调度指挥，及时预警预报，快速启动预案，精心组织实施，做好防汛抗旱各项工作，确保霍州市安全度汛。主要包括：召开防汛工作会议，签订责任状，把防汛责任落到实处；调整充实防汛指挥部成员单位和职责分工；修订完善防汛应急预案；严格执行24小时防汛值班制度、领导带班制度；组织开展防汛重点区域和重要基础设施专项检查，排查安全隐患，完成整改落实；储备防汛物料，落实抢险队伍等，为全市安全度汛打下坚实的基础。开展抗旱工作，出动流动机械设备，利用小泉小水扩大灌溉面积，推广科学种植技术，有效降低旱情损失，保障粮食安全。

【河道整治】 汾河是霍州市的过境河流，属于黄河流域，由市境西北王庄入境，流程30.6千米，流域面积765平方千米。沿途有10条支流汇入，东岸横向分布的王庄河、退沙河、姚村河、南涧河、段庄河、阴底河、辛置河、北益昌河8条支流和西岸的西涧河、大沟河2条支流分别由东向西、由西向东汇入汾河，构成霍州市完整的河流体系。

根据中共中央、国务院《关于全面推行河长制的意见》及省水利厅《关于确定全省河流分级名录的通知》要求，霍州市认真组织、全面开展河湖分级名录划定工作，组建市、乡、村三级“河长制”等。

1. 确定河湖分级名录。全市流域面积50平方千米以上的河流主要有汾河、南涧河、北涧河、李曹河、姚村河、辛置河、对竹河7条河流。

2. 明确“河长”名单。确定总河长、分河长、乡河长和村河长名单。总河长由市委书记、市长担任；各条河流的河长由市长、副市长分别担任；按照“属地管理，分段负责”的原则，河流流经区域属地乡镇主要领导担任“乡河长”；河流流经区域村委会干部担任“村河长”。

3. 加强入河排污口管理。“河长制”工作开展以来，霍州市对汾河入河排污口的设置情况进行全面排查，并登记造册，严格管理，对不符合要求的及时下发通知采取措施进行整改或封堵。

【水政执法】 2016年，霍州市水利局以最严格水资源管理制度为抓手，严格控制水资源开发利用、用水效率和水功能区限制纳污“三条红线”，着力打造节水型社会，加快从“用水管理”向“需水管理”“单项治理”向“系统治理”转变，提升水利安全保障能力。

1. 开展水法宣传。2016年，霍州市水利局在第二十四届“世界水日”和第二十九届“中国水周”宣传活动期间，围绕“落实五大发展理念，推进最严格水资源管理”宣传主题，利用广播电台、电视台、报社、手机微信等开展多种形式的宣传活动。共发放宣传资料5000余份，宣传画400多份，悬挂横幅标语24条，出动宣传车2台次，进一步增强社会各界“爱水、护水、节水”意识。

2. 强化水政执法，严厉打击水事违法行为。2016年，按照“纵向到底、横向到边”的目标要求，重点查处非法取水、毁坏植被、河道采砂等行为，严格依法行政，加大查处力度。加强日常巡查，及时发现、及时制止、及时处理巡查中发现的各种水事违法行为，将违规违纪消灭在萌芽状态。全年共查处水事违法行为10余起，下发责令停止水事违法行为通知书15份、缴费通知书20份，下达清障通知书2份。

3. 加大水利规费征收力度。2016年，水利局执法征费工作克服困难，深挖费源，加大力度，足额征收，完成各项水利规费征收2900万元，其中：水资源费2440万元，水土保持补偿费74万元，河道维护管理费386万元。

【开展水环境集中整治】 2016年，霍州市水利局围绕《环境保护目标责任书》和工作任务，把环境保护工作纳入班子例会主要议事日程，成立领导机构，出台工作方案，明确目标责任，教育和引导广大干部职工认识环境保护工作的重要性，实行环境保护与水利业务工作同步协调推进。

在水源地环境整治、采砂洗砂企业专项治理和河道垃圾清理工作中，排查乡镇集中供水水源地8处、采砂洗砂企业32处，及时清理汾河、南涧河垃圾并确定专人看护、巡查。按照环保部反馈的采砂洗砂企业存在问题，高标准、严要求，全面整改，严格验收。对未达到整改标准的企业，不予验收，继续整改，直至合格；对拒不进行整改的企业，坚决予以取缔，切实把环境保护好。

【精准扶贫工作】 2016年，霍州市水利局承担辛置镇宋庄村、郭庄村和辛庄村3个村、53户、123名贫困人口的包联帮扶工作。抽调班子成员、中层干部和部分党员承担53户贫困户的包联帮扶工作，进村入户与贫困户面对面了解详细情况，制定措施，精准帮扶，把中央精准扶贫政策宣传、落实到位。

【党风廉政建设】 2016年，霍州市水利局落实市委关于党风廉政建设“两个责任”有关要求，加强队伍建设、作风建设和效能建设，开展正风肃纪工作，持之以恒抓作风建设，提振精气神，为“打硬仗、补欠账”增添动力。严格落实主体责任。坚持“一岗双责”，把党风廉政建设与水利业务工作同研究、同部署、同检查、同落实、同考核。严格落实监督责任。局纪检组聚焦监督主业，突出监督主责，提高监督能力，做到执好纪、把好关、履好责。加强对执行党的政治纪律、民主集中制、党风廉政建设责任制、领导干部廉政自律等方面情况检查。把制度建设作为行风建设的重要环节，进行梳理、修订和规范，加强制度建设，简化办事流程，缩短办事时限，提升服务质量，改进服务水平，提高办事效率，防止和杜绝违法违纪行为。

【自身建设】 霍州市水利局贯彻中央“八项规定”，落实“三严三实”，抓住关键环节，盯住重点领域，加强领导班子和干部队伍建设，及时解决群众来信来访问题，认真排查，沟通协调，妥善处理，增强干部职工廉洁自律意识，坚决反对和纠正“四风”，防止问题反弹，推进中央“八项规定”常态化。

【领导班子】

局　长：

王林锁（2010.04—2016.12）

总支书记：

王记栓（2007.08—2016.12）

总工程师：

安五达（1998.05—2016.12）

总支副书记：

祁朝辉（2013.05—2016.12）

副局长：

乔晓东（2012.06—2016.12）

纪检组长：

刘国新（2012.08—2016.12）

工会主席：

李俊芳（女，2002.10—2016.12）

水资办副主任：

李文忠（2003.02—2016.12）

水资办副主任：

樊荣平（女，2012.08—2016.12）

（闫会军）

畜牧兽医服务

【概况】　2016年，霍州市全年生产指标是肉产量1.7万吨、蛋产量1.0万吨、奶产量0.78万吨。到2016年底，肉产量达到1.78万吨，蛋产量达到1.05万吨，奶产量达到7850吨。蛋鸡存栏64万羽，出栏33万羽。肉鸡存栏45万羽，出栏270万羽；猪存栏7.5万头，出栏11.7万头；羊存栏8.5万只，出栏4.5万只；牛存栏1900头，出栏470头。畜牧业产值4亿元，农民人均畜牧业纯收入达到1100元。

【重点工程完成情况】　太岳山庄土猪建设项目。2016年，计划投资300万元，建设猪舍1500平方米，存栏土猪、野猪400头。截至2016年底，完成投资350余万元，建成猪舍1000余平方米，土猪、野猪补栏230余头。嘉隆猪场建设项目，2016年，计划投资650万元，建设猪舍5000平方米，办公区200平方米等。该项目投资700余万元，建设猪舍5000平方米，办公区200平方米，年初目标全面完成。截至2016年底，存栏2300头，出栏2700头。

【主要工作开展情况】　1. 畜牧兽医中心采取集中培训、以会代训等学习方式，全体人员政治业务和理论水平得到明显提高。2. 派出专业技术骨干赴陕西杨凌、吉县、蒲县、侯马等地开办的现代畜牧业发展、畜禽规模养殖、畜禽防疫和化验室建设监督执法等专业理论知识培训班，提升技术骨干业务水平。3. 邀请山西省畜牧业兽医学校及市局的专家，就鸡、猪常见病的预防与治疗、畜禽及产品安全监管等知识进行培训，提高防疫队伍技能水平。4. 市、乡、村层层签订动物防疫目标责任书，认真做好规模养殖场的程序化免疫和散养畜禽的集中强制免疫，实现重大动物疫病应免率达100%，抗体监测血清600份，并及时向养殖场（户）进行反馈，为养殖场饲养管理提供科学研判依据，全市无动物疫病发生，全面完成防疫工作。5. 完善冷链体系建设，科学存贮、运输、发放疫苗，确保疫苗质量和畜禽免疫应急死亡台账齐全、资料完善、应激死亡，赔偿机制的有效发挥使老百姓的损失降到了最低。6. 对全市30个兽药经营户进行升级管理培训及不定期监管，加大对瘦肉精、饲料、兽药等专项检查工作力度，查处并销毁假劣兽药100余盒，立案2起（一般案件），罚没788元，杜绝兽药经营户销售伪劣假冒兽药的行为发生，确保霍州市饲料等投入品的安全。7. 对全市60余家规模养殖场全部实施市、乡、村三级畜禽产品网格化监管，保障区域内畜禽及其产品质量安全。8. 加强畜产品安全抽样检测培训。对霍州市畜产品质量安全例行检测，向省局送样26批次，检测结果全部合格。9. 3月20日，在城南鲜肉食品厂开展“3·20”全市消毒灭源启动仪式，将消毒工作常态化，净化养殖场所及周边环境，切断疫病传染源。10. 依托“3·15”“12·4”、科技“三下乡”、传统庙会、市广播电台牧业天地等活动平台，进村入户，宣传四法六条例等法律法规，发放法律法规等资料4万余份。11. 加强和规范病死畜禽无害化处理工作，要求病死动物无害化处理在两人监管下进行，建立健全无害化处理台账，年猪无害化处理1883头，羊1510只，确保公共卫生和畜禽产品安全，促进畜牧业健康发展。12. 发展青贮玉米6000余亩，紫花苜蓿800余亩。13. 霍州市畜牧兽医服务中心依托一个种猪场，两个种鸡场，一个种羊场。为霍州市及周边县市提供杜长大优种猪6000余头和海兰白（褐）优种蛋鸡、双A＋肉种鸡600万羽。14. 完善畜产品质量安全监管体系，严格电子出证，建立健全出证台账，全力做好产地检疫、屠宰检疫，保证检疫率达100％。

【领导班子】

主　任：

杜继保（2010.10—2016.12）

副主任：

韩国华（2012.08—2016.12）

纪检组长：

倪嘉隆（2012.08—2016.12）

总　工：

吴舟平（2012.08—2016.12）

执法队长：

周永华（2012.07—2016.12）

农机管理

【概况】 霍州市农业机械发展中心的主要职责是对全市范围内的农业机械及其驾驶操作人员进行生产指导、安全管理、新技术新机具推广、农机具购置补贴、农机维修、农机产品质量监督管理工作。有编制22人，有干部职工17人，内设机构有：农业机械安全监理站、技术推广站、技术培训站、生产经营管理站、产品质量投诉站。

2016年，霍州市农业机械总动力新增0.33万千瓦，累计20.17万千瓦，农机原值增700万元，累计达到1.307亿元。拖拉机拥有量达3649台，其中，大中型拖拉机706台，小型拖拉机2674台，联合收割机增加10台，累计到269台。全年机耕作业面积达到28万亩，机播作业面积25.9万亩，机收作业面积27.4万亩，2016年，全市农机总投入700万元。全市农机经营总收入280万元，农机经营纯收入达到3838万元。

【农机购置补贴】 2016年，霍州市继续实施农机具购置补贴政策，宣传推进惠农政策成果，提升农机化装备水平。通过补贴，共补贴各种机具263台（件），其中，大中型拖拉机46台，小型手扶拖拉机10台，拖拉机拥有量达3649台。自走式玉米联合收割机新增10台，累计达到84台，其他农机具增加197台（件）。全年使用国补金179万元，带动农民投资7010万元。扶持农户170户，激发农民购机热情，减轻农民作业负担，提高全市农机装备水平，使全市农机化综合作业水平提高两个百分点。

【涉农资金专项整治】 2016年，按照山西省、临汾市业务部门部署，市农机中心对涉农资金进行专项整治，特别是农机具购置补贴资金，抽调专人利用1个月时间走村入户开展对农机购置补贴资金专项整治，对全市2014至2016年35马力以上大中型拖拉机及动力机械进行人机见面，逐户核查，对860份电子与纸质档案进行比对，消除安全隐患，确保机补资金的安全使用。

霍州市坚持农机服务体系建设与市场运行机制相结合的原则，尊重农民、农机户的意愿，发展农机大户、农机专业合作社等服务组织，农机社会化服务体系建设发展迅速，成效显著。

2016年，全市农机维修点82个，从业人员146人，农机经销点28个，从业人员67人，拖拉机驾驶培训机构1个。2016年，全市农机专业合作社达到10个，社员305人，农机专业合作社固定资产680万元。农机社会化服务体系的构架基本形成，促进农业生产的发展。

【农机新技术推广】 2016年，霍州市农机发展中心采取政策倾斜，措施扶持，促进新技术推广工作。2016年，霍州市首次引进农机深松智能监控设备投入使用，完成农机深松整地作业补助面万亩，作业质量全部达到28厘米以上（数据来自网络监控平台）。

【农机行政执法】 霍州市农机发展中心履行法律赋予的权力，开展农机行政执法活动。1.加强教育。利用传统集会、庙会及“3·15”消费者维权日，开展农机法规政策宣传，发放农机驾驶操作及安全知识，农机质量及投诉知识等宣传资料4000余份。深入乡村、农机作业生产第一线，开展送农机依法行政和安全知识下乡活动，对农机作业人员进行法律法规、安全操作、维护保养等相关知识教育宣传，增强农机手的守法意识。2.加强农机行政执法干部队伍建设。强化农机安全政策法规、业务知识和岗位技能培训，打造政治坚定、业务过硬、作风优良、清正廉洁的农机行政执法干部队伍，提高农机依法行政的水平，创建“文明执法，优质服务”的农机执法形象。3.严格农机安全技术检验和驾驶操作人员安全教育工作。2016年，将安全检查与农机检审验相结合，严格拖拉机、联合收割机牌证的核发和年度检验。共检验机车160台，新登记注册拖拉机、联合收割机76台，培训新驾驶员30人，安全教育培训农机驾驶员160人，农机职业技能鉴定10人，与农机驾驶员签定安全生产责任书160份、安全承诺书160份。健全完善农机安全监理牌证技术档案，农机安全生产检查台账和农机事故处理档案。2016年，共纠正违章作业30起，车证不符2起，不按规定存放14起，消除农机安全隐患，杜绝农机事故发生。

【新型职业农民培训】 2016年，霍州市农机发展中心按照“政府推动、学校主办、部门监管、农民受益”的原则，结合国家农机购置补贴项目的实施，围绕提高农村劳动力素质，开展新型职业农民培训工作。2016年，举办新型职业农民培训班一期，培训100人。通过培训，使农机驾驶员的业务技术水平、法规理论素养得到有效提高，将安全意识贯穿于农业生产过程中，促进农机标准化管理水平提升，提高对农业安全生产的科技贡献率。

【领导班子】

书 记：

刘国斌（2013.05—2016.12）

副主任：

秦 磊（2012.08—2016.12）

工会主席：

周进华（2003.03—2016.12）

（梁安庆）

农业综合开发

【概况】 霍州市农业综合开发办公室共有人员8人，主任1人，副主任2人，纪检组长1人，一般人员4人。主要职责是编制全市农业综合开发中长期规划；开展项目前期准备和申报工作，按批准计划组织项目实施，对竣工项目组织全面验收，落实工程管护；管理农业资金及工程质量，负责资金筹集，支付报账，办理有偿资金借款，回收及财务管理事宜。

【土地治理项目】 马刨泉灌区高标准农田建设项目为2015年度国家农业综合开发土地治理项目，涉及三教乡的梨湾、东城、下辛庄、杜庄4个行政村，开发面积6500亩，总投资924.3万元，实际完成投资854.91万元。

项目计划内容：新打机井3眼，配套机井7眼；架设输变电线路0.4千米，新修衬砌渠道20.8千米，铺设φ150塑料节水灌溉管道43.9千米，修建渠系建筑物841处；土壤改良150亩；新修田间道路6.09千米；路旁植树11200株；技术培训300人次，示范推广谷子种植150亩。

实际完成工程：新打机井3眼，配套机井7眼；架设输变电线路0.315千米；衬砌渠道19.92千米，铺设塑料节水灌溉管道43.51千米；修建渠系建筑物1041座，土壤改良132.83亩；新修田间道路5.391千米；路旁植树9340株；技术培训300人次，示范推广谷子种植150亩。2016年9月，临汾市农发办对该项目进行检查验收。

2. 什林北垣高标准农田建设项目为2015年市级项目，涉及退沙街道什林村，开发面积1700亩，总投资248.1万元。项目主要建设内容：配套机井1眼（新建管理房1座），埋设管道21千米，新建蓄水池4座（其中，500立方米蓄水池2座，200立方米蓄水池2座）；新修田间砂石路3.4千米；农田防护林3000株。该项目批复下达较迟，经过资金评审、工程招投标程序，确定施工单位后，农发办迅速组织中标单位合理安排工期，抓紧施工，于2016年12月6日全面开工。截至12月底已完成田间道路路基平整3千米，埋设管道10.5千米。

3. 柏乐片高标准农田建设项目。为霍州市2016年度国家农业综合开发土地治理柏乐片高标准农田建设项目区，涉及李曹镇的杨家庄、刘家山、小涧、柏乐、上王、下王6个行政村，开发面积9000亩，总投资905.36万元。

项目规划内容：新建电灌站1座；修复配套机电井8眼；架设高低压输变电线路1.45千米，配套变压器4台（套）；新修衬砌渠道10.58千米；埋设管道43.44千米；新建渠系建筑物601座；维修蓄水池（120立方米）4座，新建蓄水池（100立方米）2座；改良土壤629亩（平整土地629亩，机械深耕629亩）；新修田间路12.84千米。栽植农田防护林6200株；技术培训500人次；测土配方9000亩。

柏乐片高标准农田建设项目于2016年7月下达批复，经过项目资金评审、工程招投标等相关程序，确定施工单位。农发办迅速组织监理单位、项目施工单位、项目设计单位等相关人员进行技术交底，提前积极主动与项目乡镇、村干部共同协商，做好开工前准备工作。项目于2016年11月开工，截至12月底，完成架设高低压线路1.12千米，安装变压器4台，埋设管道8200米，平田整地110亩，新开道路路基2200米。

【产业化项目】 1. 亚峰养殖专业合作社扩建项目。2016年，霍州市亚峰养殖专业合作社年出栏900只优质肉羊，养殖基地扩建项目总投资121.13万元。共有羊舍地面硬化1100平方米，围栏修缮和更新35套；饲草棚地面硬化400平方米，屋顶更新250平方米；新增蓄水池1座；新建保温羔羊舍260平方米；新增玉米收储机1台；引进种羊120只。截至2016年12月底，已完成现有羊舍地面硬化1100平方米，饲草棚地面硬化400平方米，新增蓄水池1座，新建保温羔羊舍260平方米，新增玉米收储机1台。

2. 恒源养鸡专业合作社配套设施建设项目。霍州市白龙恒源养鸡专业合作社年出栏42万只肉鸡，养殖基地配套设施建设项目总投资123.85万元。新增饲料库840平方米，化验室24平方米，消毒池39立方米。完善养殖设施，包括新增出粪皮带30条，A型水线5700米，更新供热管道及散热器1套，鸡笼50组。截至2016年12月底，已完成新增饲料库840平方米，化验室24平方米，消毒池42立方米，A型水线5700米，更新供热管道及散热器1套，鸡笼50组。

【党建工作】 按照市委安排部署，2016年5月12日，召开“两学一做”学习教育动员会，成立领导组，制定实施方案。班子领导高度重视，多次召开专题会议，传达贯彻市委有关文件和会议精神，集中研究、周密部署。始终坚持周一学习制度，集中学习党章党规、习近平总书记系列重要讲话精神。通过记笔记，写心得，专题研讨，提高党员个人理论素养和党性修养，补足党员干部“精神之钙”。

【领导班子】

主　任：

李德云（2013.04—2016.12）

副主任：

成志明（2002.05—2016.12）

任淑华（2007.07—2016.12）

纪检组长：

荀建平（2003.08—2016.12）

（郭变琴）

气　象

【概况】 霍州市气象局始建于1972年，地处临汾盆地北端，故有临汾“北大门”之称。位于白龙镇白龙村北，即东经111°42′，北纬36°35′，海拔550米。共有在编职工6人，临时工3人，退休人员4人。在职人员中，党员7人，本科学历5人，大专学历2人。

霍州市气象局实行上级气象主管机构和本级人民政府双重领导，以上级气象主管机构领导为主的管理体制。主要承担该辖区内气象工作的行政管理职能，依法履行气象主管机构的各项职责，为该区域的防灾减灾、经济发展和社会稳定服务。

霍州市气象局的机构规格为正科级，内

设综合管理科、防灾减灾科（机构规格为股级）和直属事业单位霍州市气象台（站）（机构规格为副科级）。

【气象监测】 2016年，霍州气象局高度重视基础业务工作，始终把提高基础业务质量作为重要工作来抓，从而使得综合观测业务稳步提升。完善业务工作制度，始终坚持24小时业务值守班和领导带班工作流程。完成新型自动站标准化建设，气象站业务升级为双套自动站并轨运行，及时维护网络设备和供电线路，增设断电、断网报警措施，确保网络通讯畅通，气象资料上传准确及时。多次升级加强“山西省气象资料处理业务平台”和“中国气象局综合气象观测系统运行监控平台”的运用，气象数据传输及时率和资料准确率大幅提高。加强区域自动气象站的巡检和维护，做到每月一次清洁仪器和清理杂草工作，保障气象仪器的正常运行，提高传输率和可用率。完成综合气象业务岗和专业气象服务岗人员的设置，做到人员进岗尽责。加强天气监测与会商，遇关键性、转折性、灾害性天气，带班领导和值班人员坚守在岗，充分运用综合气象监测、卫星云图、雷达拼图等气象现代化设备进行综合分析判断，做出准确的天气预报，并通过MAS手机短信平台、大喇叭、微信公众号、电视台等及时发布最新天气预报。在上级指导产品的基础上，结合当地实际情况加以订正，制作各种气象灾害预警信号和重要天气服务产品，及时发布重要天气的预报预警服务信息。

为建立政府主导的气象为农服务组织协调机制，成立气象为农服务领导组。2016年，气象工作纳入乡镇考核目标任务；《霍州市国民经济和社会发展第十三个五年规划纲要》中提出了强化气象为农服务，明确“智慧气象”建设内容等；在灾害易发区安装9套预警信息大喇叭。

【气象防灾减灾服务】 2016年，重点推进气象灾害预警平台建设。高标准建成国家突发事件预警信息发布平台，预警信息通过手机、电子屏、大喇叭、微信公众号、电视、电话等发布手段，展开直通式预报预警服务，信息渠道畅通。预警信息发布涉及市、乡级政府机关和涉农部门、村级两委班子、农村种植养殖大户、地质灾害群测人等，建立县、乡、村三级数据库，预报预警信息发布对象1255人，气象信息员实现199个行政村及重点灾害区域全覆盖，在大张农业示范园和李曹镇建成标准化气象服务站。

【人影工作】 霍州市气象局高度重视人影工作，建立各项人影安全规章制度，在人影库安装有监控设备及防盗门，购置消防灭火器，更新人工增雨火箭设备操作自动化，在师庄敬老院新建人工增雨烟炉一套。

【气象服务】 霍州市气象局统一思想认识，提升服务理念、改善服务方式、拓展服务领域。成立由气象台长高振朝为组长的气象服务组，以确保气象为农服务的组织领导。利用国突平台、电视、报纸、广播、电子屏、微信公众号和手机短信等手段，为地方政府和社会公众提供准确、及时、优质、高效的气象服务。开展面向农民的新型农业经营主体的“直通式”气象服务，做好决策气象服务工作。

2016年，霍州市气象局制作元旦、春节、春运、春耕春播、夏收夏种、汛期、中高考、国庆、秋收秋播等专题服务材料，利用乡镇电子屏、微信公众号发布各类天气预报，遇有灾害性、关键性、转折性天气，则通过MAS手机短信平台向市各级领导、有关部门发布长、中、短期天气预报，为指导农业生产、减少气象灾害给人民生产生活带来的影响起到重要作用。

在地面气象站和区域气象站观测的基础上，充分运用山西省精细化气象监测预报预警业务系统、综合气象监测系统、山西气象业务内网、乡镇预报订正等系统，利用各种云图、雷达资料及数值预报产品做好预报预警。重点利用MAS平台、国家突发事件预警信息发布平台、大喇叭、显示屏、电视广播、传真、微信公众号等途径，开展预报预警信息发布。在常规天气预报的基础上，开展强对流天气和突发气象灾害的短时临近预报预警业务。针对关键性、转折性天气和对农业生产有较大影响的灾害性天气，开展针对性的农业气象灾害预警工作。

2016年，霍州市气象局启动3次暴雨应急响应，及时发布降水、预警信息，同时进行传真到市应急办、防汛办。在霍州市城市重污染天气应急响应期间，霍州市气象局成立城市重污染天气预警应急响应领导小组，合理安排应急响应工作，密切监视天气变化，及时发布预报预警，及时与上级气象台进行天气会商，有重大天气及时向霍州市委、市政府有关领导汇报，并和环保局沟通联系。每天8至9时、17至18时为环保局提供未来3天天气预报，通过MAS手机短信平台向市领导、市直单位一把手、重污染应急响应领导小组等发布天气预报，17至18时向环保局提供临汾市环境气象公报；具备人工增雨（雪）作业天气条件时，及时向重污染天气领导小组通报情况并组织实施。

截至2016年底，制作提供的服务产品为：短时临近天气预报，48小时短期天气预报，48小时乡镇天气预报，周（旬、月）天气预报，旬（月）农业气象情报，春耕春播、夏收夏种、汛期、秋收秋播、节假日及重要社会活动专题预报，重要农事季节及重大天气过程专项气象服务等。发布地质灾害预警信息3次，各种气象灾害预警信号71期，重要气象信息80期（次），重要天气报告卡7次。

依托“十三五”规划重点工程和中央“三农”专项，发挥气象为农服务标准化示范县、乡的辐射带动作用，在“三农”专项服务中，继续开展面向新型农业经营主体和经济作物的直通式、智慧型气象服务，开展气象服务示范园区及标准化乡镇建设，提升气象为农服务效益。打造特色农业示范园区，在大张农业范示园区办公楼建立气象信息服务站，在示范园区办公楼上安装气象电子屏及北斗预警大喇叭1套，在芦笋园区安装气象电子横屏和气象信息发布终端，在芦笋大棚内安装农田小气候仪1套，在园区水肥一体站附近设置气象科普版面，在霍州农业园区安装农业大棚温湿报警仪10套。在霍州市委、市政府办公楼安装气象服务终端，方便政府领导及时了解最新气象信息。

主动提供重大活动气象服务保障，服务政府，服务行业，服务公众。2016年，共发布各类气象服务材料60期，近1500余份，转折性天气、关键农事季节启动领导决策气象短信服务，通过手机短信向市政府、乡（镇、街道）和相关职能部门领导及家庭农场发布气象信息5万余条。免费提供政策性农业保险气象服务80余次。

为加强人工影响天气组织和管理，霍州市委组织部印发《关于成立了人工影响天气工作领导组的通知》，领导组负责全市人工影响天气工作的组织和指导。继续做好人工影响天气作业基础建设，完成人工增雨火箭发射装置的更新更换。

【依法行政】 落实安全防范措施，做好人影、气象服务、应急处置、车辆管理、防雷、施放氢气球、信息网络等安全管理工作，未发生安全生产责任事故。配合临汾市防雷中心对辖区相关企事业、危化行业、易燃易爆场所等开展防雷安全检测和防雷工程跟踪验收，增强各部门的安全责任意识。霍州市气象局审批项目全部进入政务大厅，确定副局长李计萍为首席审批员、工程师原冬梅为审批员，及时清理审批项目，重新规范防雷设施设计审核和竣工验收项目两个工作流程，通过版面进行公示。强化气象行政审批综合管理，规范行政审批行为，进入霍州市行政审批大厅后，全面实行一个窗口办事、一个平台审批、一条龙服务、一站式办结，杜绝体外循环，提高行政审批时效和服务水平。全面履行气象行政管理职能，对辖区内易燃易爆危险化学品等重点行业领域开展防雷安全检查工作。霍州市辖区内危化企业共 45 家，检查单位涉及煤矿、液化气站、加油站等，全覆盖检查完成，并建立安全管理档案。

【党风廉政建设】 制定《霍州市气象局 2016 年党风廉政建设和反腐败工作方案》《霍州市气象局 2016 年党风廉政建设和反腐败分工方案》及《霍州市气象局 2016 年党风廉政建设和反腐败检查方案》，制定《霍州市气象局落实党风廉政建设主体责任和监督责任实施方案》及《霍州市气象局领导班子责任清单》。单位负责人分别与干部职工签订《党风廉政建设责任书》《安全生产责任书》，与分管财务领导及相关财务人员签属《财务管理责任书》。制定《霍州市气象局 2016 年领导班子成员落实党风廉政建设责任清单》，建立领导班子成员及各科室落实党风廉政建设责任制台账，对重点任务和工作责任分解细化、责任到人。强化权力运行监督，细化政（局）务公开工作，内容涉及财务、人事、党建和精神文明建设、业务与服务。至 2016 年底，局务公开事项共 16 项。

贯彻落实习近平总书记系列讲话精神及党的十八届中纪委六次全会精神，学习传达全省、全市气象部门党风廉政建设工作会议精神、省局 2016 年全省巡视整改和防雷改革推进会议精神、霍州市第六届纪律检查委员会第六次全体会议精神及《中国共产党廉洁自律准则》《中国共产党纪律处分条例》等，增强守纪律、讲规矩的自觉性，提升干部职工思想觉悟。

组织案例警示教育，结合中共十八大以来发生的“身边人、身边事、身边案”，以支部学习会形式，先后组织学习《省纪委通报 6 起违反中央八项规定精神典型问题》《中共山西省纪律检查委员会关于 6 起党员领导干部违反中央八项规定精神问题的通报》《省局党组纪检组转发大同、晋中、阳泉、晋城、临汾、运城市纪委有关违反中央八项规定精神案件通报》等案例，强化案例警示教育效果。

开展宣教月活动，围绕党风廉政宣传教育月活动主题进行专题学习，制定《霍州市气象局党风廉政宣传教育月活动学习目录》，组织党员干部集中进行学习，观看电影《焦裕禄》；开展党内法规专题培训，2016 年 3 月 25 日下午，霍州局组织党员干部收听收看临汾市局举办的党内法规专题培训，撰写学习心得体会；单位负责人贾康民于 2016 年 4 月 5 日做“学习贯彻《准则》和《条例》”专题党课，切实增强守纪律、讲规矩的自觉性。推进廉政文化建设，征集廉政书画作品 2 幅，4 月 8 日上午，霍州气象局召开退休老干部座谈会，老干部们各抒己见，对台站的现代化建设成果和工作上所取得的成绩表示赞赏，对今后工作提出宝贵意见。

局党支部高度重视党建工作，制定“定、查、评”工作目标任务，建立《霍州市气象局党员活动日制度》《霍州市气象局联系服务群众制度》等，健全《霍州市气象局党支部工作规则》。制定实施方案，严格按照换届流程，开展基层换届工作。对2008年4月以来的党费收缴工作进行自查，没有党员补交、少补交、不补交党费情况。开展“两学一做”学习教育。

【基础管理】 加强单位内部管理，建立健全规章制度。执行部门内控安全制度，完善修订单位制度，强化制度执行力。坚持每周一召开例会，总结上周工作，安排下周工作，保障单位事务的及时开展，促进部门内部规范管理工作。

【财务管理】 推进财务管理规范化运行，严格按照年初预算要求执行，规范使用各种不同渠道资金，完成中央、地方预算执行任务。规范财务流程，严格执行“县账市管”。强化项目管理，通过项目调研、班子决策、三方询价等措施，确保项目建设顺利实施。

【气象防灾减灾宣传教育】 2016年，做好防灾减灾宣传工作，利用“3·23”“5·12”“12·4”等开展宣传活动，通过展板、散发宣传材料、现场咨询等方式宣传气象防灾减灾科普知识。全年宣传报道省、市级网站刊30篇。夏收夏种期间，组织人员走上田间地头，为农民发放《夏收期天气预报》。安全生产月期间，干部职工深入闹市区，为群众发放宣传材料。世界气象日来临之际，临汾市气象台台长戴有学为霍州市三中的师生做气象科普知识讲座一次，普及气象科普知识。霍州气象局为高考学子精心制作“霍州高考专题预报”海报，张贴在各个考点附近。

【领导班子】

局　长：

贾康民（2016.02—2016.12）

李沁宁（2003.01—2016.01）

副局长：

高润琴（女，2003.01—2016.08）

副局长兼纪检员：

李计萍（女，2014.03—2016.12）

台　长：

高振朝（2014.10—2016.12）

（高振朝）

工 业

煤炭运销

【概况】 山西煤炭运销集团临汾霍州有限公司（简称霍州煤销公司）是在2009年7月由1984年成立的山西省煤炭运销总公司临汾分公司霍州市公司的基础上改制而成，注册资金2000万元。主要经营范围：煤炭运销，煤、焦、铁化验。至2016年底，公司内设：综合工作部、财务管理部、人力资源部、业务部4个部室；下属企业有物流车队、企业公司、辛置发煤站（挂靠）3个单位。三合煤焦发运站，圣佛煤炭发运站两站隶属于临汾聚晟能源有限责任公司，由霍州煤销公司代行两站运行维护管理职能。

【工作重点】 围绕市公司煤炭贸易销售平台，抓市场、抓用户、保任务、创效益；加强贸易风险防控，优化流程，明确责任，严格事前防控和事中防范，严控经营风险；创新激励机制，培养销售队伍，激发业务团队和一线人员的主观能动性；公开市场业务，利用现代网络信息技术，运用“互联网+”思维，探索易货贸易，拓宽贸易渠道；加大债权清收力度，重点清收短期贸易货款，回笼资金，整体调配，提高资金周转率；按照集团公司要求，尽快向项目公司转型，重新定位、重新规划，找准生存和发展着力点。

【财务运行情况】 1. 资产总额：6875.76万元。2. 负债总额：12601.51万元。3. 营业收入：115.05万元。4. 利润总额：－1057.68万元。5. 三项费用：830.2万元。6. 资产负债率：183.27%。

【重点工作完成情况】 2016年，旧欠清收目标任务为1652万元。其中，市场化贸易资金债权清收313万元；市场化贸易资金债权本年清回旧欠两笔，共计约35万元，其中，河南金马能源有限公司约25万元；徐州天安化工有限公司10万元；中电投永济热电有限公司旧欠56.71万元，已发律师函催收。全面完成2016年王庄煤矿的后期看守及聚晟公司三合煤焦发运站和圣佛煤炭发运站运行维护代管工作。安全维稳工作推进。社会管理综合治理暨稳定工作健康开展。公司在安全工作中加强综治维稳工作体制机制的贯彻落实，彻底杜绝不稳定因素，调动全体党员干部和广大职工全力以赴保稳定，凝心聚力促和谐，做推进煤销企业健康发展的典范。

【党风廉政建设】 2016年，霍州煤销公司党总支深入学习贯彻习近平总书记系列重要讲话精神，特别是在党的十八届六中全会上的重要讲话精神，贯彻学习党的十八大和十八届三中、四中、五中全会精神，继续落实中央“八项规定”，狠抓作风建设，大力整治“四风”问题。在公司党总支开展

“两学一做”学习教育的成功基础上，围绕公司2016年的主要工作任务开展党总支的各项工作，发挥党组织坚强的政治保障和组织保障作用，克服困难，营造和谐稳定、团结拼搏的工作局面。

霍州煤销公司未出现影响公司稳定的群体性上访事件、安全生产事故、刑事案件、治安防范责任事故，确保公司各项工作正常有序推进。

【领导班子】

经　理：

郭五谋（2015.09—2016.12）

书　记：

成卫平（2013.11—2016.09）

郭五谋（2016.09—2016.12）

副经理：

杨水平（2015.09—2016.12）

张金龙（2002.04—2016.05）

薛三有（2007.06—2016.12）

（蒋文军）

供　电

【概况】　国网霍州市供电公司成立于1960年12月，占地面积3697.5平方米，位于霍州市北环路17号。2016年是“十三五”开局之年。公司上下严格贯彻落实临汾公司“严、深、实”工作作风总要求，围绕“五项重点任务”，加强作风建设，打造攻坚团队，提升发展质量和经营绩效，各项工作保持总体向好的发展态势，公司整体实力提升。

【供电指标】　2016年，售电量完成2.66亿千瓦时，比计划多售1200万千瓦时。综合线损率完成9.16%，比计划升高0.16%。售电均价累计完成521.55元/千千瓦时，同比降低45.31元/千千瓦时，实现安全生产8693天。公司全年未发生影响公司安全和形象的事件。

【电网建设】　2016年，霍州市供电公司优化霍州市网架结构。科学规划“十三五”电网，合理增加电源布点，提高互供能力，完成110KV（千瓦）青朗坪、35KV（千瓦）陶唐变电站站址初选工作；完成35KV（千瓦）陈村变电站2号主变及二段母线的改造投运工作，结束区域内变电站单主变运行的历史；完成10KV（千瓦）878城东线与城市环网改造工程、10KV（千瓦）寺庄515等线路大修工程，下大力气解决城农网主干线重过载、运行状态差等问题。

开展新一轮农网升级改造工程。共计投资837万元，改造村落15个，新建及改造配电台区22个，增容改造10千伏配变58台，容量11910千伏安，新建及改造10千伏线路28.11千米、低压线路48.6千米；完成17个台区低电压专项治理工程，增容改造5600KVA/15台，更换低压电缆24.21千米，解决了572个低电压用户用电难问题。

【安全生产】　2016年，霍州市供电公司各级管理人员严格把握现场安全，累计深入作业现场162个，到位236人次，执行现场监督卡172份；开展安全大检查和缺陷隐患整治专项活动，共计发现缺陷130个，其中，变电类8个，线路类119个，其他类3个，发现隐患12个，清理树障1873棵，整改率为100%。

完成春秋检、迎峰度夏及迎峰度冬工作，完成技改、大修、安措47项；开展全员安规两票培训工作，坚持日通报、周分析、月考评制度，全年执行两票738份，累计两票奖12907元，处罚630元；开展防汛、消防、事故抢修等应急演练，增强员工应对突发安全事件的处置能力和业务技能；开展“安全生产月”“每周安全日”“交通学习日”等活动；宣传《电力法》《电力设施保护条例》等电力法规，累计发放宣传资料22500余份，下发隐患通知单30份，构建保护电力设施的法制环境。

【其他工作】 深入学习贯彻中共十八届六中全会精神和全国国有企业党的建设工作会议精神，落实《准则》和《条例》，严肃党内政治生活，从严加强党内监督。推进“两学一做”学习教育，开展“三亮三比”“寻找身边的最美党员”“最美党章评选”“党员在行动”等主题活动，党员“四个意识”增强；开展6期“以案说规”活动，领导班子包干班组讲政策、讲形势、讲法规，提升职工的规矩意识；开展关键岗位廉政风险识别和承诺活动，常态开展车辆监督通报，筑牢廉政风险防控机制；开展金秋助学、“两节”慰问和困难职工救济活动；结合元旦、劳动节、国庆节等节日，开展丰富多彩的文体活动；落实离退休人员“两个待遇”，为离退休职工订阅健康报刊，举办棋牌竞赛活动；发挥职工书屋和职工活动室功能，组织“读吧”分享活动与猜成语等活动；每周开展瑜珈与乒乓球训练，促进职工的身心健康。公司保持省级文明单位称号，扎根线路一线的班组长杨涛被霍州市委评为优秀共产党员。

【领导班子】

经　理：

韩继斋（2010.12—2016.12）

书　记：

张　云（2013.03—2016.12）

副经理：

荀保平（2013.03—2016.12）

范　军（2008.01—2016.12）

杨　军（2010.12—2016.12）

工会主席：

段红斌（2004.08—2016.12）

【获奖情况】

霍州供电支公司被评为2016年山西省五星级基层工会（省模范职工之家）。

2016年度临汾供电公司营配调贯通先进单位。

（张燕兵）

中小企业服务

【概况】 2016年，中小企业服务中心以开展“两学一做”学习教育为契机，贯彻落实国家、省、市一系列支持中小微企业健康发展的政策措施，突出抓项目建设、环境优化、产品升级三个重点，扩张经济总量，推进产业升级。出台一系列政策措施，通过抓规模、抓骨干、抓改制、抓招商、抓服务等多种措施，使全市中小企业经济始终保持稳定发展的态势。

【主要经济指标完成情况】 截至2016年11月底，全市有各类中小微企业835户，从业人员19872人。其中，私营企业687户，从业人员10193人；农民专业合作社231户，从业人员2292人；个体工商户7785户，从业人员16604人。2016年，全市中小微企业实现营业收入50.2亿元，同比增长1.2%；实现利润－6500万元，比上年增亏6000万元；上缴税金1.3亿元，同比下降2.6%。

【中小微企业转型发展】 坚持“需求导向，服务为本”工作理念，优化发展环境，推进小微企业创办，实施创新能力、管理素质、创业能力提升计划。

抓好国家“29条”和山西省“17条”“15条”等一系列扶持政策的宣传落实，组织班子成员和机关人员进入霍州市绿源生态农业发展有限公司、宏昌肥业科技有限公司、聚盛牧业、勤三郎保洁服务保险公司、健峰生态农业科技发展有限公司等企业进行政策解读，将省、市有关扶持中小微企业发展的优惠政策进行现场解读。

完成“小升规”的年度目标任务。2016年初完善“小升规”基础库数据的更新工作，建立“小升规”培育库，将霍州市洪昌肥业科技有限公司、山西霍州国新液化天然气有限公司、霍州煤电集团亿能电气有限公司三户企业确定为2016年“小升规”企业。

建立“小升规”培育企业监测制度，加大统计监测力度，掌握企业生产状况，及时帮扶解决企业在生产中存在的困难和问题，为企业健康发展提供政策扶持。到10月底，霍州煤电集团亿能电气有限公司收入达2300万元，合乎“小升规”企业标准，上报临汾市，完成临汾市下达霍州市“小升规”一户目标任务。

重点实施“专精特新”中小企业申报工作，经过中小企业服务中心严格审查，截至2016年底，霍州市共有聚盛牧业有限责任公司、海燕农化实业有限公司、洪昌肥业科技有限责任公司3家通过审核正在上报。加强对“管理标杆企业”基本情况的摸底排查，初步统计有霍州市绿源生态农业发展有限公司、洲鼎旅游开发有限公司、同兴禽业、海燕农化实业有限公司、洪昌肥业科技有限公司5家。通过培育和支持，促进其走上专业化、精细化、特色化、新颖化发展之路，增强企业核心竞争力。

【服务中小微企业】 2016年4月25日，组织市工商联以及健峰生态科技公司等5家企业共计20人参加临汾市“真抓实干，焕发民营经济发展活力”专题讲座。2016年6月15日，组织霍山酒业有限公司、文冠果茶科技公司带上公司特色产品参加临汾市“专精特新”中小企业产品展，展示霍州市近年来中小企业发展成果。加大培训力度，提高职工素质。按照省、市中小企业培训工作要求，11月17日，组织5家企业参加2016年“千人计划”专家临汾行活动，拓展视野，增长见识，初步达成一项合作意向。2016年10月25至30日，组织全市11家企业20余名管理人员在临汾思麦尔商务酒店参加山西省2016年中小企业管理人员专题培训临汾班，提高现代企业管理水平。加大民营经济发展机制创新力度，出台霍州市《进一步支持民营经济健康发展的意见》《四大班子领导联系民营企业工作方案》，一名领导包联一个企业，针对性进行帮扶。在充分考察的基础上，进行实地了解和资料规范，认定霍州市12家中小微企业并推荐到市人社局，享受国家支持专业人才到小企业就业的优惠政策。

【党风廉政建设】 2016年5月13日，召开“两学一做”学习教育动员大会，严格按照要求搞好每项工作，组织观看3部专题教育片，集中学习17次，完成规定学习篇目《党章》《中国共产党纪律处分条例》等，观看《最美村官段爱平》《永远在路上》等警示教育片。召开专题民主生活会和党员组织生活会，开展座谈讨论交流会3次，“一把手”讲党课2次；开展“送专家、送政策、送服务”主题实践活动；采取下发征求意见表、个别座谈等方式广泛征求“四比四看四争”方面存在的问题，开展富有特色和实效的比、争、创活动，真正从思想认识上得到提高，工作作风得到转变。

鼓励中小微企业发展新产业、新模式，培育科技型小微企业、作为实施中小微企业成长工程的重要着力点，努力在推动中小微企业转型升级上取得新突破。实施中小微企业成长工程，新创办小微企业2户。高度关注民生，克难攻坚，想方设法寻找政策依据，争取政府支持、部门协调，寻找机关大院置换合作伙伴。中小企业服务中心由于体制改革，遗留问题多。一方面，做好职工的思想政治工作，充分化解矛盾，稳定他们的思想情绪。另一方面，与人社、养老、医疗等部门协调配合，从政策方面争取并得到政府的支持30万元。解决企业2名到龄人员退休问题和16人的养老问题。与相关部门积极沟通协调解决医保问题。

【领导班子】

主　任：

赵红宏（2010.04—2015.12）

副主任：

韩保平（2011.07—2015.12）

纪检组长：

荀　敏（女，2012.08—2015.12）

（杜秀峰）

霍州华润燃气有限公司

【概况】　霍州华润燃气有限公司成立于2009年9月，由华润燃气集团控股，山西天然气有限公司参股双方成立的合资公司。2009年11月，霍州市行政区域内独家经营燃气业务，包括管道燃气、压缩天然气及汽车加气站的特许经营权30年；2011年12月，成功收购霍州市煤气中心，并于2012年3月平稳过渡整合，完成市场一体化工作。截至2016年底，公司有员工126人，员工结构初步实现专业化、知识化、年轻化。公司下设8部1室：总经理办公室、计划财务部、安全技术部、市场开发部、工程部、客户服务部、运行管理部、物资供应部、车用燃气事业部。2016年，公司围绕华润燃气集团“学标杆、促变革”管理思路，以市场发展为导向，紧扣5C价值体系，加强内控管理，通过“五升五降五抓”提高安全管理能力，为激发组织活力，体现岗位价值差异性，全面梳理薪酬管理体系，优化全员绩效管理，确保组织健康有序发展。

【企业文化】　企业使命：通过持续不断地发展，为客户提供优质、高效、安全的燃气及服务，把霍州华润燃气建设成为霍州市公用事业中“安全专业，服务一流，受人尊重”的优秀企业，并努力实现股东价值和员工价值最大化。企业愿景：通过不断的创新和变革，努力达到国内燃气行业同规模城市中排名前列，成为受人尊敬的城市燃气企业。战略目标：成为综合实力“中国第一、世界一流”的燃气企业。管理哲学：打破边界，协同共赢。企业信条：包容、信任、感恩、回报。用人理念：海纳百川，唯才是用。

【安全生产】　为打造华润燃气提出的现代化本质安全型企业，公司开展安全管理工作，重点是：全面完善和执行各项安全生产管理规章制度和工作程序，夯实安全管理基础，建成运作高效、横向到边、纵向到底的公司安全管理体系，实现全员安全管理、全面安全管理、全过程安全管理模式。2016年，未发生特别重大事故、重大事故、较大事故；未发生人身死亡和重伤事故；未发生一般事故；管网燃气泄漏自查率100%；未发生重大燃气泄漏、中毒、火灾、爆炸、停气事件；第三方破坏起数0起。

【优化职业健康与安全管理体系】 2016年，霍州华润公司重新审视安全工作、理顺思路，开展全方位危险源辨识、合规性评价，梳理更新流程文件，优化安全管理模式，使安全管理由粗放型向精益型转变，实现由事后查处被动管理向事前预防主动管理转变。

【推行岗位危险源辨识手册】 为了使安全管理重心从班组下移至岗位，使员工操作更加明白化、简易化、规范化，公司为所有操作岗位制作岗位危险源辨识手册，内容涵盖操作规程、危险源告知和班组管控要点等方面，要求每位员工将手册时刻装在身上，时时进行学习，按照标准操作。

通过学习岗位危险源辨识手册、观看岗位操作视频、制定岗位标杆值、评选安全生产红旗标兵等一系列活动，达到"人人都明白安全，人人都是安全标兵"的目标。

【探索、创新班组安全管理新模式】 提升各班组整体安全管理水平，创新班组安全建设模式，开展班组结对活动，中层管理人员及高管对班组进行"一对一"结对帮扶。

【推行GPS巡检系统】 公司依托智能化信息技术，实现安全管理由人工处理的初级阶段，向智能化信息技术的高层次管理转化，避免管理方面的盲点和人为管理的失误。通过建立安全管理信息综合平台，先后对调压设备、阀门井、客户安检进行信息化管理。为保证设备信息化顺利实施，根据现有调压箱、阀井的情况分级别进行管理。实现设备管理智能化，巡线管理系统化。

【优化安检管理】 针对用户不配合、检查隐患整改难度大，加大对隐患的整改力度，对发现的一级隐患用户，直接进行停气处理，提高安检的效率。整改人员采取"隐患整改PK值"，对完成较好的进行奖励，提高安检整改人员积极性。由此使用户安全用气严峻的形势得到明显改观。

【安全检查】 公司将安全监督检查作为预防手段，拓展渠道，进行全方位、深层次、立体式的监督检查。改变安全检查模式，采用总经理安全检查、专项安全检查、季节性安全检查、飞行检查等各类型检查，加强隐患管理，提升公司运行能力。

为保证企业生产安全，防范并消除各类隐患，组织开展各种形式的检查，其中，公司级检查37次，发现隐患120余项，整改率97%。重点检查包括：总经理安全检查、燃气管线专项检查、客户专项检查、消防专项检查、设备专项检查、CNG加气站专项检查、场站专项检查等。

【安全宣传】 通过"四纵五横"的宣传网络，开展广泛的、形式多样的安全文化宣传活动，从而达到"社会效果不留死角"安全教育全覆盖的效果；其中四纵分别为：进街道、进社区、进家庭、进企业；五横分别为：电视、客服大厅、网络、手机短信、宣传单。活动主要包括：宣传彩页5万余份、电视宣传片2次、标贴5000份、短信10余万条等。

【开展"安全生产月"活动】 根据国家《关于开展2016年全国"安全生产月"活动的通知》，开展以"加强安全法制，保障安全生产"为主题的安全宣传活动及安全知识竞赛、岗位技能比武等活动。加强安全生产部门之间的沟通与交流，使公司的安全生产工作再上新台阶。

【安全教育培训】 对新进、转岗员工按照培训内容和学时要求严格进行三级安全教育；对重要岗位人员及特殊工种进行安全培训；利用“安全学习日”对全体员工开展应知应会安全教育培训，开展公司级安全培训17次，全员覆盖。主要开展《安全管理制度汇编》、危险源辨识培训、应急管理培训、劳保用品培训、新《安全生产法》培训等。

【开展应急演练】 为了做好消防管理的保障工作，年初对消防器材维保、更新、充装。开展综合应急演练，检验公司的应急能力和有关部门的协调配合，提升应急处置能力。2016年，开展两次公司级综合应急演练。分别为桌面及实战演练，锻炼了公司应急抢险能力，为保障公司安全运行打下良好的基础。

【节能减排】 推进节能减排工作，将工作落到实处，完善制度和管理措施，加大宣传力度，以全国节能宣传周和全国低碳日为契机，开展“节能有道、节能有德、低碳城市、宜居可持续”为主题的节能减排宣传活动，将节能减排工作纵深推入，坚持节能减排管理检查的常态化，切实加强监督。

【安全生产费用】 加大安全投入，改善工作环境，提升工作效率，加强公司安全管理。主要费用投入：安全宣传、消防器材、打击偷盗气、安全培训、设备的采购、劳保用品采购及设备校验费用、应急演练费用等。

【民生工程】 截至2016年底，拥有门站一座、加气站一座，主城区累计铺设次高压管网2.54千米，中压管网72.95千米，低压管网519余千米。发展工业用户1户，商业用户193户，公福用户2户，加气车辆500多辆。在居民用户发展方面，燃气扩户工程在2012年、2013年均被市委、市政府确立为重点工程受到支持和关注。截至2016年底，拥有天然气居民用户27750户，大幅提升城市主城区气化率，全市基本实现管网全覆盖。在主城区市场基本饱和的情况下，霍州华润燃气与政府联合确定“提升中心，拓展两翼，辐射周边”的总体发展思路。提升中心城区气化率；向南，重点实施南环路街道、辛置镇天然气覆盖；向北，重点实施李雅庄、退沙街道天然气覆盖。以一体两翼为基点，向周边农村全面辐射。

【党风廉政建设】 2016年，为落实中共霍州市委决策部署，霍州公司党支部开展“两学一做”学习教育，霍州公司依据“两学一做”工作计划，建立党员微信群，制定党员活动日制度，开展多种形式学习教育，进行专题研讨。为检验党员学习成果，及时跟进党员笔记，进行知识测试，完成霍州公司党支部“两学一做”资料汇编工作。总结“两学一做”学习教育开展情况，并向上级集团党委、市直工委报送党支部建设、学习教育相关资料50余篇。

【领导班子】

总经理：

赵　阳（2015.06—2016.12）

财务总监：

郝文彬（2015.01—2016.12）

副总经理：

李　军（2014.05—2016.12）

吴　涛（2015.05—2016.12）

邱兆龙（2016.03—2016.12）

（郝文彬）

国电霍州发电厂

【概况】 2016年，国电霍州发电厂认真贯彻地方政府及上级公司各项决策部署，坚持以“一五五”战略为指导，以经济效益为中心，以“双提升”工作为抓手，应对市场变化，推进各项工作，实现“争A创星”目标。

【安全管理】 厂主要领导高度重视并坚持参加生产例会和班组安全日活动，约谈外委方负责人，开展安全教育，部署安全任务，强化制度执行，推进各级人员安全生产责任制有效落实。深化“三反四保”，组织专项安全检查29次，开展“两个百日”等活动，坚持微信平台和厂网曝光，深入查找问题，狠抓闭环整改，堵塞管理漏洞，夯实安全生产基础。强化重点管控，聚焦液氨、氢站等重大危险源和检修技改现场、外包工程等重点领域，突出“两票”“三措”检查重点，实行全方位监督检查，有风险、有作业就有监督的要求得到落实。截至2016年底，实现连续安全生产1707天。

【环保工作】 加强运维管理，结合工况变化和现场实际，制定运行超前调整措施，全年环保设施投入率、排放指标和排放总量3项指标均满足标准要求。主动适应环保政策，完善设备设施，落实改进措施，有效降低环保考核风险。统筹实施环保改造，严格安全、质量、工期控制，完成一号机组超低排放改造任务。

【现场安全文明生产标准化建设】 严格按照“顶层设计、精准实施、示范建标、分区推进”16字建设方针，建立制度体系，制定管理制度和实施方案8项，通过报道、微信、宣传看板、对比照片等多种形式，强化标准宣贯；坚持“已治理区域持续改进，待治理区域务期必成”的原则，责任主体主要负责，全员义务劳动清理，突击队重点攻关，全面推进标本兼治。立足专业和班组双级对标，强化责任落实，实现自查与整改无缝对接。

【完成一号机组大修任务】 针对一号机组大修工作，充分考虑场地狭小、交叉作业多、人员经验不足等不利因素影响，科学制定检修项目，细化检修作业文件包，超前准备备品备件，严把安全质量关，强化时间节点控制，下发大修任务书、网络进度图，完成检修项目480项，实施节能改造项目14项，执行作业文件包80份，完成投产以来首次机组大修。

【提高生产运营水平】 强化运行管理，开展“两会一活动”，深化指标竞赛，强化培训演练，主动适应调度方式，完成各项工作任务。强化设备治理，把检修标准化作业贯穿于工作全过程，实施日常消缺和停备消缺项目，统筹实施检修节能技改项目，设备可靠性和经济性明显提高。强化监督管理，把握设备检修解体机遇，分析运行状况，研究制定防范措施，技术监督的保障作用得到有效发挥。全年未发生机组非停，4月27日和5月分别创投产以来单日、单月发电量历史新高。

【经营工作】 2016年，霍州发电厂紧抓营销、燃料、成本费用三条防线，应对电价下调、电量下滑、煤价上涨等市场变化和政策调整，完成各项责任考核目标任务。燃料管控成效显著。全面实施阳光采购，制定并严格落实日采购计划，实现不同煤种合理搭配，利用市场化手段有效控制采购价格。实现燃煤验收标准化作业，严格落实控制热值差的各项措施，引入风险管理机制，确保来煤质量。强化应急管理，顺利完成连续大负荷及防汛期间的保供应任务。成本管控严格有效。细化计划编制，强化过程控制，有效发挥预算的刚性约束作用。深化指标对标，分析问题原因，制定落实措施，指标排名持续提升。拓宽融资渠道，优化债务结构，压降资金占用，资金成本明显降低。

【企业管理】 2016年，霍州发电厂以“双提升”为抓手，完善体制机制，推进依法依规治企，增强企业内生动力。推进“双提升”工作。落实华北公司推广精益管理要求，制定学习计划，实施提升措施，有效推进“双提升”工作。参加华北公司“精益项目”发布会，5个项目全部获奖。根据“四个集中管控”部署，对接华北公司财务共享中心和物资询比价采购平台，组织召开项目询比价工作座谈会，实现工作业务有序衔接。深化对标管理，完善考核机制，搭建培养平台，成立指标提升小组6个，修订管理标准85个，9人参加华北公司培训学习，96人取得上岗资格证件，充分发挥管理导向作用。依法依规治企取得实效。严格履行招标程序，强化合同管理，建立内部审计、效能监察长效机制，完善内控体系。细化固体排放物管理职责，完善与周边环境的协作手续，建立外委队伍后评价管理制度，有效降低企业运营风险。加强对辛能公司领导，强化对关键业务的监督指导，合理合规发生关联交易行为。辛能公司经营稳定向好。强化安全管理，狠抓责任落实，实现无重大设备损坏，无人身伤亡，无同等责任以上交通事故的安全目标。同步开展“双提升”，减少外委劳务成本，清理低效、无效资产，提升自主经营水平，获得各业主方高度认可。紧跟形势变化，强化教育引导，增强人员市场意识和服务意识，保持职工队伍稳定。

【全面从严治党】 落实中央全面从严治党工作部署，党的政治优势得到充分发挥。

党建工作。开展“两学一做”学习教育，宣传贯彻中共十八届六中全会、国企党建工作会议精神，学习党章党规、习近平总书记系列重要讲话精神，开展讲党课、听党史等专题活动8项，选出“党员之星”6名、道德模范12名，召开专题民主生活会，推进学习教育要求落到实处。健全责任体系，制定工作要点，签订目标责任书，强化党委委员落实“一岗双责”，组织召开党支部书记述职评议会议，推进各级履行抓党建职责。加强党支部建设，以党员责任区、党员突击队等形式，发挥党组织和党员作用，激发基层活力。围绕工作重点和工作亮点，制作宣传看板100余块，对内、对外发表稿件550余篇。

党风廉政建设。党委的主体责任和纪委的监督责任有效落实。细化工作任务，明确工作目标，制定年度工作计划，逐级签订目标责任书和从业承诺书，推进各级落实抓党风廉政责任。完善体制机制，将廉政建设落实情况纳入班子成员和中层正职述职范围，形成齐抓共管的监督合力。实践“四种形态”，加强日常监督和提醒，强化执纪问责，营造风清气正的企业氛围。

和谐稳定局面。强化民主管理，深化厂务公开，通过职工组长联席会等方式，审议相关制度、合同和报告事项，维护职工合法权益。创新竞赛比武形式，激励职工岗位成才，凝聚发展正能量。构建和谐环境，落实惠民工程，组织文化活动，帮扶困难职工，形成浓厚的家园文化氛围。

【领导班子】

厂　长：

刘义新（2016.11—2016.12）

党委书记：

蔺勇奇（2014.03—2016.12）

副厂长：

齐保新（2015.08—2016.12）

总工程师：

刘洪志（2014.02—2016.12）

副厂长：

高新贵（2014.07—2016.12）

纪委书记、工会主席：

武丽梅（女，2014.06—2016.12）

【获奖情况】

2016年2月，被国电华北电力有限公司授予2015年度华北公司先进单位；

2016年3月，被临汾总工会被授予2015年度组织建设工作先进单位；

2016年5月，被国电华北电力有限公司评“霍电杯”煤质化验技能竞赛团体第一名；

2016年6月被国家工商行政管理总局授予守合同重信用企业；

2016年8月，被中共霍州市委、霍州市人民政府评奉献企业爱心誉满古霍大地；

2016年9月，被中电联电力行业信用体系建设办公室授予电力行业信用企业AAA级。

（王慧芳）

兆光电厂

【概况】　山西兆光发电有限责任公司位于山西省临汾市霍州市，地处电力网架枢纽及负荷中心，是格盟国际能源有限公司投资建设的现代化大型环保企业，装机总容量1800兆瓦，总投资71亿元人民币。一期工程为2×300兆瓦亚临界直接空冷机组，于2005年9月投产发电；二期工程为2×600兆瓦超临界双缸双排汽直接空冷机组，于2009年9月投产发电。年发电126亿千瓦时，可实现利税5亿元。

【主要经济技术指标完成情况】　发电量60.07亿千瓦时；机组利用小时3337.46小时；等效可用系数74.56%；综合厂用电率7.21%；上网电量55.8亿千瓦时；实现利润总额3.04亿元，实现净利润2.5亿元；安全生产3839天。

【安全生产】　公司落实安全生产责任制，强化安全监督检查，着力构建安全生产长效机制，实现全年安全生产无事故。强化责任意识，规范安全管理。公司与各部门、各单位签订2016年度安全生产责任书，落实以各级行政正职为安全第一责任人的各级安全生产责任制，建立健全公司安全生产责任体系、监督体系和制度保障体系，使安全生产工作组织到位、管理到位、措施到位，责任到人。2016年，共排查整治安全隐患及问题1841项，整改完成1821项，整改完成率98.9%；召开安全工作例会和安全网工作会议共59次，印发《安全通报》10期、《安全简报》12期。

【环境保护】　2016年，超低排放改造完成后，除尘器投运率达到100%，除尘效率达到99.99%以上，全年公司烟尘排放量为49.32吨，同比减少388吨。脱硫设施投运率达到100%，累计综合脱硫效率达到99.4%，全年烟气SO_2排放量为418.09吨，同比减少1933吨。脱硝设施投运率达到99.7%，累计综合脱硝效率达到90.38%，全年烟气 NOx 排放量为 785.36 吨，同比减少 871.92 吨。

【企业管理】 1. 完善制度措施，保证机组安全稳定运行。公司严格执行“两票三制”和《二十五项反措》，严格把好“两票”审票关、许可关、执行关、验收关；严格执行巡回检查制度、交接班制度、设备定期切换和试验制度，实现“凡事有章可循，凡事有据可查，凡事有人负责，凡事有人监督”。“两票三制”和“四个凡事”的继续严格执行，规范运行管理、消缺管理，基本上杜绝误操作，确保发电机组的安全稳定运行。

2. 优化指标管理，提高机组效率。公司定期聘请集团公司专家到生产现场进行指导；每月进行两次真空严密性试验，及时查找和处理真空系统漏点；7 月，正式开始实施《小指标竞赛考核管理办法》，运行人员主动优化运行方式，机组的各项经济指标明显优化。为提高经济效益，公司以燃烧中煤为主，尽量增加煤泥掺配量，在满足机组接带负荷与环保指标的前提下争取经济效益最大化，2016 年，共掺烧煤泥约 43 万吨。

3. 严格遵守调度纪律，提升企业竞争力。运行人员在“负荷及时跟踪”和“申请免考”上开展工作，杜绝长时间偏离计划曲线接带负荷，尽量规避考核。2016 年，通过全体运行人员的共同努力，公司双细则考核实现净收入 532 万元（实际到账）。

4. 调整机组运行方式，合理安排机组发电。公司根据城市供热任务和全年电网负荷情况，向山西省电力调度控制中心申请，供热期间启动两台 300MW（兆瓦）机组发电和供热，安排两台 600MW（兆瓦）机组检修；从 3 月初开始，争取两台 600MW（兆瓦）和 1 至 2 台 300MW（兆瓦）机组发电，既可保证城市供热，也能充分利用 5 至 8 月的负荷高峰期提前完成发电任务，为后续增发电量创造有利条件。

【设备管理】 2016 年，公司合理安排机组检修和技术改造，四台机组分期进行检修，其中 3# 汽轮机进行大修；完成了 3#、4# 机组超低排放改造，1#、2# 锅炉过热器分隔屏改造，2# 炉 B、C 磨煤机分离器改造，3#、4# 机引风机变频改造，一单元 DCS 系统升级改造；利用钢材价格低谷机会，更换全厂腐蚀严重的消防水管道等工作。通过机组检修和技术改造，四台机组健康水平、运行可靠性得到提高，基本上保证机组随调随启，为公司完成董事会下达的各项生产经营目标提供必要保证。

【和谐企业建设】 1. 加强领导班子建设，着力推动企业发展。公司党委坚持中心组学习制度，定期召开民主生活会，贯彻执行中央“八项规定”和《“三重一大”集体决策制度实施办法》，提高公司领导班子科学决策和驾驭全局的能力。

2. 强化正风肃纪教育，推进党风廉政建设。公司纪委与各支部签订《党风廉政建设目标责任书》，制订《2016 年党风廉政建设工作计划》，印发《2016 年纪检监察工作要点》，参与燃煤管理、合同管理和招投标监督管理。组织全体党员进行“两学一做”知识培训，学习《中国共产党问责条例》《中国共产党党内监督条例》等规章制度。公司全年未发生违法违纪事件。

3. 加强企业管理，营造风清气正氛围。根据集团公司党委要求，公司开展“一报告两评议”工作。2016 年，严格按照选拔任用程序，选拔聘用 1 名部门副经理。采用竞争上岗方式，选拔聘用 1 名见习值长。通过考试，选拔 3 名技术水平较高的热工专业大学生充实到设备管理部。在年度评选先进工作中，坚持向生产一线和基层职工倾斜。在霍州市第七届人大代表和政协委员选举中，发电部周聪和肖志军同志当选为霍州市人大代表和政协委员。

4. 加强员工技能培训，大力征集合理化建议。公司组织开展岗位培训、技术比武、应急演练等有针对性和实效性的技能培训。在2016年集团公司组织的第三届职工技能大赛中，公司参赛选手获得优异成绩。公司工会组织开展合理化建议征集活动，广大职工踊跃参加，公司对采纳的合理化建议给予一定的奖励。

5. 加强企业文化建设，推动企业和谐发展。公司利用局域网开辟政策法规、企业文化、公司新闻、生产动态等栏目，加强企业文化宣传工作。举办拔河、篮球、羽毛球和卡拉OK比赛，丰富员工的业余文化生活，彰显企业凝聚力。

【领导班子】

党委书记、总经理：

王全忠（2014.08—2016.12）

党委委员、副总经理、总工程师：

林树彪（2015.07—2016.12）

党委委员、副总经理、总经济师：

杨健宏（2015.07—2016.12）

（刘毅伟）

山西霍化

【概况】 山西省霍州市化学工业有限责任公司，位于山西省霍州市退沙街道什林村。下设总经理室、财务部、销售部、安全生产部、设备检修部、能源事业部、合成事业部、尿素事业部、化机部、电控部10个部门；从业人员800人，中高级技术、管理人才280多人。

企业拥有总资产6亿元，产值6亿元，具有年产24万吨合成氨、40万吨尿素、联产5万吨甲醇的生产能力；配备年产900万条编织袋的塑料制品厂；拥有一、二类压力容器制造资格的化工机械部门。霍化公司主导产品“霍邑牌”尿素为山西省名牌产品，“霍邑”商标被评为山西省著名商标，通过了ISO9001国际质量认证。

【党建工作】 中共山西省霍州市化学工业有限责任公司委员会，设党委办公室和纪检督察室，下设总经理室党支部、企财党支部、经营党支部、生产党支部、能源党支部、合成党支部、尿素党支部、化机党支部、电控党支部9个基层支部，共有党员102名。

2016年，公司党委与各基层党支部签订包括党风廉政建设在内的《党建工作责任书》。按照“分级管理”的原则，公司党委书记对公司领导班子和各部门正职的党风廉政建设负总责。其他成员根据工作分工，对分管范围内党风廉政建设和分管部门正职党风廉政建设负直接领导责任。要求各部门正职实行“一岗双责”，负起党风廉政建设第一责任人的职责，解决本部门涉及党风廉政建设全局的重大问题和职工反映强烈的热点问题，在管辖范围内，把党风廉政建设与物质文明、政治文明、精神文明和企业生产任务一起部署、落实、考核，坚持管事必先管人，管人必先管思想，在政治思想和行为作风上与党中央保持高度一致。

【工会工作】 霍化公司工会下设9个分工会，有工会会员800人，连年被评为霍州市先进基层工会组织，被临汾市总工会评为“工人先锋号”集体和临汾市“安康杯竞赛先进集体”。霍化工会努力加强工会在企业生产经营中的民主管理、民主监督作用，履行工会职能，围绕健全工会组织建设、发展和谐劳动关系、加强困难职工帮扶、活跃职工文化生活等重点开展工作。热情关心职工生活：开展“夏送清凉，冬送温暖”活动，每逢节日，工会都积极筹措资金进行慰问；公司成立专门的“慈善委员会”，对困难职工发放慈善基金，2016 年，公司通过“金秋助学”、困难救助等形式累计发放慈善基金 11 万元，救助员工 60 余人次。增强工会活力，发挥工会组织作用，开展业余文化活动。利用“元旦”“春节”“三八”“五一”“国庆”等重大节日时机，开展各类文化活动，先后举办了职工趣味运动会、篮球赛、歌咏比赛和消夏文艺晚会等活动。

【经济指标完成及生产情况】 霍化公司 2016 年生产尿素 18 万吨，完成产值 3 亿元，实现销售收入 3 亿元，上缴税收 180 万元。

2016 年 10 月 5 日，化工公司因整体化肥市场下滑，企业亏损严重，无法维持生产，经请示市主管部门及集团公司，实行停产整顿。

【领导班子】

总经理兼党委书记：

刘光喜（2014.09—2016.12）

副总经理兼工会主席：

陈阳平（2009.05—2016.12）

生产副总经理：

王　勇（2014.09—2016.12）

销售副总经理：

向志武（2009.05—2016.12）

财务副总经理：

何永华（2014.09—2016.12）

总经理助理：

徐建华（2015.01—2016.12）

纪检书记：

原修安（2010.01—2016.12）

（原修安）

山西霍州国新液化天然气有限公司

【概况】 山西霍州国新液化天然气有限公司是山西省国新能源发展集团有限公司旗下山西天然气有限公司下属的全资子公司。公司按照服务低碳生产力、服务低碳消费、服务新型产业集群、服务生态文明建设和服务新型城镇化建设的“五个服务”理念，深入推进“气化山西”战略，推动山西省及霍州市由燃煤时代向燃气时代转型跨越。

公司于 2014 年 12 月 24 日在山西省霍州市注册成立，注册资金 1 亿元，位于山西省霍州市大张镇西张村，主要负责霍州液化天然气调峰储气设施项目的建设及运营管理工作，负责霍州市及周边县市 LNG 加气站的建设和管理。

公司本部下设 7 个部门，分别为综合办公室、财务管理部、市场营销部、党群工作部、生产运行部、安全环境部和工程技术部，在灵石县设有分公司。

公司秉承“气化山西”的战略发展要求，以“学无止境，追求卓越”的企业精神，坚决落实“群防、严查、重处”的安全理念，紧盯市场和形势的变化，在“战争中学习战争”，永远地学习他人，自强不息；更好地实践自己，锲而不舍，努力培植他人无法复制的核心竞争力，致力于山西省能源需求多元化、优化能源结构、改善生态环境，以清洁、优质、安全的天然气，为山西省及霍州市的可持续发展做出企业应有的贡献。

【企业情况】 霍州液化天然气调峰储气项目占地面积约80亩，是省重点建设项目及省级转型综改重大项目。项目日处理原料天然气10万立方米，LNG产量约70吨/天。项目投产后可实现年利税2000余万元，年产LNG2.8万吨，可替代煤炭23.56万吨，减排氮氧化物605.46吨，二氧化碳1916.2吨、烟尘1032吨。

霍州液化公司全力打造液化天然气产业链，发展业务除液化工厂外，下设LNG加气站两座，均位于108国道旁，为过往LNG重卡充装提供便利条件，改善因排放导致的环境问题。

为拓展业务，霍州液化公司负责建设代县球团厂煤改气工程项目，项目经过现场地勘测绘、设计图纸、基础建设、气化调压设备接入四个阶段，于2016年12月底完成代县21个球团厂的煤改气工程且供气运营。不仅完善了公司的点供业务体系，拓展公司的业务链，更有效地提高公司的经济效益。

【党建工作】 2016年，霍州液化党支部受到上级党组织的关怀和指导，霍州市市委领导多次莅临公司考察指导工作。支部组织各种党员培训活动，落实“两学一做”学习教育，召开民主生活会，旨在加强制度建设，强化党员管理，着力培养作风优良的高素质党员。

霍州液化党支部紧密结合企业实际，促进企业党建与生产经营、企业文化的充分结合，建立健全党员教育管理和激励机制，以推动企业发展为动力，以塑造先进文化为抓手，组织各种党员培训学习活动，为企业的健康发展提供强大的精神动力和组织保证。通过党建和企业文化的有机结合，提高企业的管理能力，增强企业凝聚力，帮助和引导员工树立正确的世界观、人生观、价值观，推动企业文化建设，培养一大批生产技术人才，营造和谐发展的企业氛围。

【领导班子】

总经理、党支部副书记：

周　礼（2014.06—2016.12）

党支部书记：

房　飞（2014.10—2016.12）

副总经理、工会主席：

陈丽珍（女，2015.05—2016.12）

总工程师：

张增旭（2015.01—2016.12）

财务总监：

王旭升（2016.04—2016.12）

安全总监：

李　萌（2016.06—2016.12）

【获奖情况】

2016年11月，霍州液化公司被共青团霍州市委授予“青年文明号”称号。

2016年12月，霍州液化公司被临汾市总工会授予“模范劳动关系和谐企业”称号。

（罗刚）

霍州煤电集团

【概况】 霍州煤电集团有限责任公司（以下简称“霍州煤电”）位于国家规划的山西省三大煤炭基地之一——晋中基地，是国内少有的低硫炼焦煤基地之一。霍州煤电前身为霍县矿务局，成立于1958年，2000年改制，2001年加入山西焦煤集团并成为其子公司。2006年签署债转股协议，于2013年完成工商登记，变更为有限责任公司，注册资本金498019.87万元。下辖子分公司56个，驻外办事机构4个，资产总额523.42亿元，在册职工53880人。

经过58年发展，霍州煤电已逐步发展成为晋南地区最大的国有企业和晋中煤炭基地最大的能源企业，形成自己的特色。

探索实施“区域公司＋专业化”管理模式，有汾河焦煤、吕梁山煤电、晋北能化、晋南煤业、吕临能化5个区域公司及发供电、机械制造、建筑建材、物流贸易、新产业5个板块，逐步构建以煤为主，多业并举，煤—电—材为主产业链的发展格局，分布在临汾、吕梁、忻州、长治和运城5市所辖12个县（市）。截至2016年底，拥有矿权井田总面积822平方千米，资源储量738544.3万吨，可采储量342969.7万吨。

煤炭主业形成以辛置、团柏、丰峪、李雅庄、干河、三交河、回坡底、木瓜、店坪、庞庞塔10座生产矿井为主体的基础区，以晋北、腾晖、紫晟、兴盛园等14座新建矿井和资源整合矿井为主体的增长区，以谭坪、中峪、桑峨等新井建设为主体的战略区的“三区”发展格局。

围绕“霍州煤”品牌，打造“辛置”“丰焦”两个名牌产品，延伸发展冶炼精煤、电煤两个大类，肥煤、1/3焦煤、焦煤、贫瘦煤等20多个高端优质品牌煤种，具有低灰、低硫、低磷、热稳定性好和黏结性强等特点，享有“冶金工业细粮”的美誉。其中辛置肥煤内在品质稳定，低磷、黏结性和结焦性良好，岩相组成中，镜质组、惰质组分含量适中、所产生的胶质体流动性好；汾河公司硫分≤1.0%的1/3焦精煤硫分较低，属于单一煤种，黏结性较强的优质炼焦煤。产品市场覆盖国内20多个省、市，远销日本、韩国等国家。

建企以来，企业被国家工商局列为首批“守合同重信用企业”，荣获全国“安康杯”竞赛优胜企业、“全国档案工作先进集体”等荣誉。特别是2000年改制以来，企业改革发展步入快车道，规模实力显著增强，先后获得全国“五一劳动奖状”、山西省“安全生产工作先进单位”、山西省“功勋企业”等荣誉称号。

【产量情况】 2016年，原煤生产百万吨死亡率为0.033，原煤产量3002万吨，精煤产量1004万吨，总进尺17.7万米，煤炭总销量2282万吨，发电量4.61亿度，销售收入225亿元，利润2800万元，工业增加值50亿元。

【安全生产】 霍州煤电集团公司贯彻落实中央、省、焦煤集团一系列关于安全生产的指示精神和具体要求，以瓦斯零超限、水患零威胁、设备零失爆、操作零违章、人员零伤亡为总体目标，重点实施李雅庄地面钻孔瓦斯抽采试验、团柏防治水治理两大品牌工程，探索改进重大灾害防治举措，完成腾晖通风系统工程，晋北三采区排水系统建设，更换非金属瓦斯抽采管路19366米，实施防治水应急演练、带压开采水灾害治理等一系列有力举措，有效杜绝重特大事故的发生。

【经营管理】 2016年，霍州煤电集团公司坚持强化增收节支。明确集团公司利润中心，矿井、洗煤厂成本中心的职能定位，推广“阿米巴”经营理念，划小核算单位，激发各级市场主体自主经营、自我发展能力，特别是晋南公司自我加压，主动作为，实现自2011年9月区域公司成立以来的首次盈利；在增收上，编制完成矿井3至5年衔接规划，发挥干河综掘六队、辛置综掘六队等13个高进队组的引领作用，推广应用机械化搬家、掘锚一体化等新工艺，全年完成原煤产量3002万吨；分批将具备社会服务能力和技术服务职能的设计咨询、监理、总医院、物业等11个单位推向市场，凯硕传媒、品墨文体、云厦勘探分别实现利润101万元、5万元和10万元，展现出良好的发展前景；在降本上，发挥市场倒逼机制，出台《进一步加强下半年生产经营的30条管控措施》，统筹盘活内部资源，成立设备租赁分公司，2016年共盘活设备420台(套)，节约费用2.3亿元。成立成本费用监督组，严格成本管控，严肃指标考核，原煤完全成本比计划219元/吨降低16元/吨，降幅8%。

坚持强化资金管理。坚持现金为王，出台《关于进一步加强资金管理和风险管控的办法》，最大限度发挥资金效用；探索融资租赁、票据融资、信用证融资等新型融资方式。

【强化管理】 2016年，霍州煤电集团深化法人治理结构。贯彻落实省委省政府《关于省属国有企业加强党的领导和完善法人治理结构的实施办法》，修订完善集团公司股权监管、“三重一大”决策等制度，规范实施季度财务等重大信息公开、权责分明、协调顺畅、运作高效的体制机制。

深化三项改革。薪酬分配改革，构建薪随效动的薪酬分配动态管理体制，井下一线、井下辅助、地面操作岗位人员工资比例日趋合理。劳动用工改革，推行“五统一”劳动用工管理制度，全面开展委外队伍整顿及定编、定岗、定员工作，全年完成转岗分流5123人。机构改革，压缩管理层级，杜绝五级公司，提升吕临能化、霍恒监理等单位管理层级，白龙选煤厂划归团柏管理，对集团公司机关43个处室职能进行重新界定和优化。公司治理结构更加科学规范。

【科技成果】 2016年，霍州煤电集团以服务企业健康发展为目标，以解决安全生产中的重大问题为导向，对全岩快速掘进、保水开采技术等19个项目进行专项攻关，全岩快速掘进技术取得月最高单进120米的好成绩；综合机械化采煤、保水开采等项目获得焦煤奖补资金3849.8万元；全年获得省部级科学技术奖7项，取得专利授权13项，专利受理23项，为企业科技减免税1833万元。获得科技进步和经济效益“双丰收”。

【人力资源】 2016年，霍州煤电集团落实“四铁”好干部标准，适应“三区”战略布局，以培养锻炼为基础，以选准用好为根本，以从严管理为保障，举办公司历史上首次科处级干部培训班，近百名优秀干部过关斩将，脱颖而出。技术序列，倡导“工匠精神”，搭建成长平台，涌现出“五小”创新项目240余项，创造效益2500余万元，12项成果发明在省煤炭系统竞赛中获奖，辛置矿陈青、庞庞塔矿李岗、团柏矿闫民成被中煤协会评为“煤炭行业技能大师”。操作序列，组织开展第九届职工技能运动会。2016年完成初级工培训1461人，中级工4211人，高级工1546人，通过技能鉴定7645人。企业“三条线”人才成长通道更加顺畅，各层次人才不断涌现，安全保障能力不断提升。

【节能环保】 加强绿色开采。优化采区、采面设计，采区平均回收率提高到

80.3%，节约资源，延长服务年限；特别是店坪矿“切顶压煤无煤柱开采”项目的实施，创造直接经济效益近亿元。加强节能降耗。全面推行能耗定额管理，节能量完成4.15万吨标准煤，完成焦煤考核计划的110%；万元产值综合能耗、吨原煤生产综合能耗均位于焦煤前列。加强环保工程建设。南矿区污水处理站主体工程、李雅庄脱硫除尘、脱硝等16项重点工程全部完成；取得腾晖一海圣一体化开采、千万吨项目铁路专用线等16个批文，木瓜、总医院通过环保设施竣工验收；投入2190.4万元进行矸石山治理，辛置、李雅庄等16座矸石山全部按照时间节点完成集中整治。探索发展循环经济。探索清洁化生产新模式，不断延伸煤、超越煤。鑫钜激光熔覆产品试制成功并批量生产；亿能、山源股份制改造及“新三板”挂牌请示取得国资委批复；天化公司破产重整，全力止血治亏；霍源通30万吨煤泥再分选回收系统完成投资2170万元，主体工程完工；粉煤灰陶粒、捕收剂和石墨烯项目正在开展前期准备工作。加强矿区环境整治。围绕工业广场、楼堂馆所、道路、市场、住宅小区“五大区域”，持续美化、亮化、绿化、硬化、净化矿区环境；开展“开元小区是我家、我为小区添绿色”主题活动；店坪、团柏等单位分别荣获山西省“五一劳动奖状”“安康杯”竞赛安全明星企业等荣誉称号。

【民生改善】　2016年，霍州煤电集团坚持把安全、发展作为最大的民生。在生产经营异常困难的情况下，全年及时足额发放12个月工资；开元小区、锦绣家园小区等5906套住房全部分配到户，团柏矿教学楼主体完工，南矿区公路建成通车，南矿区集中供热管网改造完成。想方设法，多方筹集，为528名退休人员办理养老金领取手续，缴纳五项法定保险5.55亿元，提取公积金1.6亿元，完成71170名职工医疗保险的社会统筹管理工作。全年慰问、发放各种救助金584万元；安置退伍军人141人；老年门球队勇夺全省年度门球选拔赛冠军。职工家属获得感持续增强，提升幸福指数。

【证照手续办理情况】　2016年，按照《霍州煤电集团公司证照办理节点》要求，发扬钉钉子精神，完成全年77个证照办理节点中的39个。木瓜矿通过14年不懈努力，取得长期采矿许可证。薛虎沟获得省环保厅环评验收批复，证照手续全部完备，进入生产矿井序列；三交河下组煤通过验收，紫晟取得长期采矿许可证，晋北、腾晖进入联合试运转；千万吨和汾源环评取得备案；霍东矿区总体规划获得国家环保部批复，为推进中峪、泽新、顺义等项目创造条件。

【坚持“两手抓”】　2016年，霍州煤电集团公司坚持培育先进产能和退出落后产能“两手抓”。在培育先进产能上，坚持有计划、按比例、可持续，在“提效、保质、增量、稳序”上求突破，辛置、丰峪、团柏、李雅庄、干河、三交河、店坪、薛虎沟8座矿井成为首批先进产能释放矿井，释放产能82万吨；辛置、团柏、李雅庄等6座矿井进入新一轮先进产能认证程序；薛虎沟、木瓜通过产能公示，分类推进整合矿井建设，集团公司合法生产矿井达到9座，总产能2080万吨，新增产能210万吨；加强诚信企业建设，集团公司荣获煤炭企业信用等级AAA级最高荣誉，为下一步申报先进产能创造有利条件；在退出落后产能上，什林、沙坪、宝鑫3座矿井于10月31日前完成矿井关闭和产能退出工作，退出产能180万吨。在

“退”和“进”中做好主业文章，产业发展质量有效提升。

【领导班子】

董事长、党委书记：

王永革

副董事长、党委常委、总经理：

戎生权

党委常委、副总经理：

王建军　张金耀

总工程师：

李慎举

副总经理：

赵耀东　卫广生　秦雪贵　靳文虎

党委常委、纪委书记：

刘永洲

党委副书记、工会主席：

张立忠

副总经理、总工程师：

李民族

总会计师：

王新奎

总法律顾问：

罗　劼

总经理助理：

张随喜　胡永山

（米兰）

住建　环保

住房城建

【概况】 霍州市住建局是霍州市人民政府负责住房保障和城乡规划建设管理的行政职能部门，内设办公室、政工人事股、计划统计股、市容建设与园林管理股、村镇建设管理股、建筑业管理股、房产住房管理股等1室6股，下辖规划局、市容管理局、房产管理局、公用事业局、园林局5个二级局和基层企事业单位33个。到2016年底，共有干部职工1000余人，局党总支下设19个支部，共有党员450余名。

2016年，霍州市住建局以中共十八届三中、四中、五中、六中全会精神为引领，鼓足干劲、迎难而上，开展“两学一做”学习教育及相关活动，推进重点工程建设，加强各项工作管理，使各项重点工程和中心工作全面推进，住房和城乡建设事业稳步发展。

【市容管理】 2016年，霍州市住建局开展城区市容环境卫生综合整治工作。重点规范医院、学校附近，农贸市场出入口及早点、夜市和沿街所有门店的经营秩序和卫生，清理各类破损残缺的门头牌匾65块，下发整改通知单23份，清除乱贴乱画的“牛皮癣”小广告13200余处。及时制定露天烧烤、建筑工地扬尘、煤烟防治、城市重点区域市容环境等专项整治实施方案，印发“垃圾不落地，霍州更美丽”倡议书和市区露天烧烤专项整治通告。对露天烧烤划定禁设区域和非禁设区域，对非禁设区域摊点进行达标规范，对禁设区域内的烧烤摊点予以取缔。对北环路家家利游园进行重新整修，给西张游园、税苑小游园、凤华广场重新安放健身器材。按照省级保洁示范街道和省级容貌示范街的创建标准，投入资金，配套设施，强化措施，大众路通过省级保洁示范街道验收，前进街通过临汾市容示范街道验收。

【城市绿化】 2016年，以市政府名义制定《创建省级园林城市实施方案》，霍州市创建省级园林城市工作正式启动。围绕创建省级园林城市工作，重点在品种、布局、造型和管护上下功夫，质与量并抓，实施城市主要街路、公园、广场、游园等绿化新栽、补栽及提档升级改造工作，配合东门桥、赵家庄天桥、纬五路、工商广场等重点工程建设进行绿化移栽。在“五一”、国庆前夕，通过政府采购牵牛、孔雀草、万寿菊、非洲菊、一品红等品种共计30万盆，栽植于街道花箱，美化市容。全年实现新增城市绿化面积约20万平方米，为创建省级园林城市打下坚实的基础。

【住房管理】 2016年，霍州市住建局继续加大保障性安居工程推进力度，700套棚户区改造（包括城中村）全部开工，棚改货币化安置完成257套，城镇保障性住房基本建成523套。主动邀请人大代表、政协委员、纪检监察部门、公证机关和群众代表对保障房分配的全过程进行监督。4月，通过公开摇号、阳光操作，有160户低保住房困难家庭圆了“住有所居”的梦想。为规范物业管理，对全市住宅小区的治安、环境、安全进行重点检查，对全市有电梯的小区进行电梯安全专项检查。建立商品房预售款监管制度，开通商品房预售网签信息系统，对开发企业的预售行为进行监控，提高管理水平。

【城乡规划】 2016年，霍州市完成《霍州市“十三五”近期建设规划》《霍州市海绵城市规划》《霍州市城市地下综合管廊工程专项规划》《绿地系统规划》《城市停车场和停车设施专项规划》等17个专项规划编制；完成霍东新区、东城区、河西区、旧城区、城北区、高铁区、什林区、辛置区8个区的控制性详细规划编制，实现城市建设用地面积27.5平方千米的控规全覆盖；完成《华润燃气公司大张CNG天然气加气站修建性详细规划》。2016年，共办理规划手续50项，其中，建设项目选址12项，建设用地18项，建设工程20项。

【城市供水】 2016年，完成有效供水量568.87万立方米，比2015年同期增长7.52%；完成售水量529.05万立方米，比2015年同期增长3.89%。新增用户4620户，用户总数达42241户。全年累计新铺设供水主管道13358米，新增水表阀门井168座，安装市政消火水鹤4台，安装300总阀门8个，安装用户远传水表1173块、普通水表1589块，安装300超声波总表1块。“供水服务热线”受理用户用水诉求3100余人次。水质综合合格率、供水管网压力合格率、管网维修及时率均保持100%。实施老化水表更换工作，完成开发区及桥西区3200余块水表更换。在东门桥拓宽改造工程建设中，安排专门施工队伍，改造供水管网393米，安装阀门7个，300总表1块。经过努力，霍东新区供水工程前期筹备审批工作已经全部完成，争取早日建成投产，惠及市民。

【城市排水】 2016年，霍州市对城区排水设施进行清淤，对贯穿城市的北涧河进行清理，共清挖雨水井1200余座，清挖淤泥400多立方米。全市清挖暗渠淤泥2770余立方。更换下水道井篦、井盖200余座，备足防汛物资，制定符合霍州实际的城市防汛应急预案及实施方案，应急小分队及时处理，确保城市安全度汛。

【城市集中供热】 2016年，霍州市继续实施热电联产集中供热工程，投资约8800万元，新建退沙换热站、文锦苑换热站、星河蓝湾换热站等12座换热站，新建和改造供热管网46.89千米，新增城市集中供热面积55万平方米，达到460万平方米。

【城市道桥】 2016年，霍州市住建局完成霍州市鼓楼东街上跨南同蒲铁路立交桥工程（桥长50米，宽30米）、霍州市安民路道路工程（长1419米，宽15米）、纬五路（东环路～经二路）道路改造工程（长807米，宽22米）、霍州市鼓楼东街赵家庄小学人行过街天桥（该项目采用钢结构，跨度52米）、霍州市城区小街小巷改造工程（共12条）等多项道桥工程，提升道路通行能力，方便市民出行。

【城市燃气】 2016年，霍州市住建局对三家液化气站、华润燃气有限公司进行全面排查与整改，各企业制定自查报告，切实做到安全运营，对发现的问题和隐患，进行整改。对无证经营站点归入正规液化气站，使其正规化、合法化。天然气市政中压管道铺设5千米。民用用户扩户4000余户，达到3.9万户；商业用户扩户45户，达到205户。

【城市照明】 2016年，霍州市住建局在后塞路、大众路安置区安装路灯，提高霍州市小街小巷的亮化率；对霍东大道（4个）、开元街（2个）箱变顶进行除锈刷漆等防腐处理；对市区主要街道上小广告多、灯杆掉漆腐蚀严重的路灯杆进行刷漆防腐处理（共计59杆）；对市区主要街道上接线盖腐蚀损坏严重、线头外露的路灯进行大面积修复修补工作，其中：开元街55个，经二路16个，东环路40个，北环路50个，兴霍路30个，共计191个。受理路灯故障电话90余次，累计完成紧急抢修30次，对市区LED路灯进行过5次彻底大检修，确保城市亮灯率及设施完好率98%以上。

【地下管线】 2016年，霍州市住建局完成城市地下管线普查、信息系统建设、综合规划等工作。地下管线普查工作完成霍州市主城区25平方千米及辛置、什林片区范围内的探测任务，共探测地下管线总长度817.157千米，探测管线点39472个，绘制综合管线图411幅。信息系统建设完成管线普查成果数据的入库工作，能够真实表达管线走向、材质、实际地理位置等信息，满足城市地下管线的三维应用、综合分析等应用。

【乡村清洁工程】 2016年，霍州市住建局继续深入推进乡村清洁工程，结合霍州市农村发展实际情况，编制完成《县域农村垃圾治理专项规划》，落实配套资金354万元，创建验收达标示范村120个，并同市政府协调落实全市各乡镇、街道将各自辖区内的乡村垃圾运至城市生活垃圾处理厂进行处理，促进农村人居环境卫生改善。

【节能减排】 2016年，霍州市住建局继续开展居住建筑节能改造，计划改造面积7.4万平方米，涉及大张农贸市场小区、隆晟小区、城建小区、瑞祥小区、475处小区、鑫源小区、光明小区7个小区。2016年，完成设计、可研等前期工作。

【领导班子】

局　长：

刘怀忠（2011.11—2016.12）

总支书记兼规划局长：

梁红毅（2011.04—2016.12）

副局长：

段连锁（2002.05—2016.12）

孟祥林（2013.05—2016.12）

纪检组长：

马利民（2011.04—2016.12）

总工程师：

乔鹏军（2007.08—2016.12）

总支副书记：

刘　峰（2013.04—2016.12）

市容管理局局长：

房延忠（2011.04—2016.12）

【获奖情况】

2016年4月，霍州市住房保障和城乡建设管理局（山西省劳动竞赛委员会）荣获山西省五一劳动奖状；

2017年1月，霍州市住房保障和城乡建设管理局（临汾市规划局）被授予临汾市城乡规划工作优秀单位；

2017年1月，申智勇、李明明（临汾市规划局）被授予临汾市城乡规划先进个人。

（张记锁）

环　保

【概况】　霍州市环保局成立于1990年，内含股室6个：办公室、法制股、管理股、宣教股、人事股、生态股。下属单位16个：稽查队、监测站、防尘办、固体废物管理中心、排污权储备交易中心、信息中心、档案室、环境监控中心、环境监察大队、环境监察一中队、环境监察二中队、环境监察三中队、环境监察四中队、环境监察五中队、环境监察六中队、环境监察七中队。到2016年底，共有员工128人，财政开支54人，排污费开支74人；男81人，女47人；党员69人，局班子成员8人。大专以上文化程度110人。

环保局主要职责：贯彻执行国家、省、临汾市有关环境保护的方针、政策、法律、法规和规章制度；制定全市环境保护规划；负责污染防治工作，组织实施环境管理、综合整治、环境监测、环境宣传；负责生态保护、环境安全、辐射管理、技术推广等工作；负责查处环境纠纷、污染事故、生态破坏事件等查处工作；组织编制发布环境质量报告和环境状况公报。

【环境管理】　2016年，全市推行网格化环境监管，建立市、乡、村三级环境监管网格，市直机关部门和企业同时建立网格化监管制度。严格遵循服务经济发展、服务环境建设的原则，执行环境影响评价和“三同时”制度，发挥环保服务窗口的作用，优化办事程序，提高办事效率。2016年，共办理环境影响评价审批50家，发放排污许可证16家，环保竣工验收11家。2016年，立案27起，结案25起，共处罚款36.5万元。

【环境治理】　1.水项目减排。霍州煤电集团丰裕煤业阴底矿井水处理站矿井水处理及回用项目于2015年7月通过临汾市局验收；农业源（浩瀚养鸡专业合作社、衡利达养殖农民专业合作社、嘉隆养殖有限公司）完成治理。霍州市朝阳污水净化有限公司2015年认定污水处理量为538万吨，2016年增加城市污水管网约5千米，污水处理量大约为607.9万吨，增加处理量65.9万吨。

2.气项目减排。2016年，山西兆光发电有限责任公司1#、2#、3#、4#机组超低排放改造完成，并分别于2016年2月、1月、6月、7月通过省环保厅验收。霍州煤电集团煤矸石热电厂1#、2#机组脱硫脱硝改造项目于2016年7月通过临汾市局验收。国电霍州发电厂1#机组于2016年9月10日停机进行超低排放改造，12月15日完成改造。

3.烟粉尘减排。霍州煤电集团煤矸石热电厂1#、2#机组于2015年12月完成除尘改造，2016年7月，通过临汾市局验收。

4.污染减排。2016年经自查核算，消减SO_2（二氧化硫）3071吨，NOx（氮氧化物）3365吨，烟粉尘4632吨，化学需氧量237吨，氨氮23.8吨。

5.大气污染防治。严格按照《大气污染防治行动计划》和《临汾市关于加强PM2.5防控改善提升市区空气质量实施方案》的要求，大力开展大气环境治理。（1）严治煤烟污染。（2）严抓工业废气污染。（3）严控机动车尾气污染。（4）严管二次扬尘污染。（5）开展秸秆综合利用，禁止焚烧。

6.大气环境治理。

油气治理。霍州市东环路站、西张站、友谊站、呈祥站、东方站、运大站及中石油、中石化所属加油站，完成油气回收治理进行验收，油气污染物稳定达标排放。

严治煤烟污染。继续实施热电联产集中供热工程。投资1.2亿元，2016年，新增集中供热面积约55万平方米，达到集中供热面积约460万平方米，新建换热站12座，城区中供热覆盖率达到95%以上。截至2016年底，共有33个换热站，取缔居民取暖锅炉753台。加大天然气置换及扩户进度。累计投资1亿元，完成天然气扩户2.2万户，全市气化率达82%。开展餐饮业油烟治理，全市所有营业性餐饮炉灶全部强制使用清洁燃料。制定烧烤区域规划，开展专项巡查，规范烧烤摆摊，市区环境质量得到有效净化。全市范围内无10蒸吨/小时及以下新建燃煤锅炉。

严格机动车尾气和油气回收管理。加强霍州机动车检测线管理，派驻专业技术人员，严格上线车辆尾气检测。推进新能源汽车和清洁能源汽车，全市350辆出租车全部改装使用天然气，年使用量约180万立方。共淘汰黄标车、老旧车456辆。

严控二次扬尘污染。加强建筑工地车辆管理，全部实行封闭式运输。投入10台洒水车辆，在城区各重点路段定时洒水抑尘，减低车辆二次扬尘污染。同时，积极开展“文明工地”创建活动，要求各建筑企业按标准建设二次扬尘污染防治设施，配备防治设备。

严禁秸秆焚烧。召开《夏季小麦秸秆和麦茬禁烧专项整治》大会，制定《霍州市夏季小麦秸秆和麦茬禁烧专项整治实施方案》，印发禁止秸秆焚烧通告，在全市范围内进行广泛宣传。各乡镇、街道和有关职能部门组织禁烧巡逻队，全天候巡查，及时制止和查处秸秆焚烧事件，有效杜绝环境违法行为发生。

【环境监测】 霍州市环境监测站2016年一直承担着全市空气、地表水、区域噪声、交通噪声等例行监测，全年空气质量一级天数为57天，二级以上天数共146天，三级天数为86天，四级天数为23天，五级天数为36天，六级天数为18天。2016年全年空气质量监测，SO_2（二氧化硫）年均值为26μg/m^3（微克/立方米），NO_2（二氧化物）年均值为32μg/m^3（微克/立方米），PM10（直径小于10微米的颗粒物，俗称可吸入颗粒物）年均值为101μg/m^3（微克/立方米），PM2.5（直径小于2.5微米的颗粒物）年均值为82μg/m^3（微克/立方米）。2016年，地表水COD（化学需氧量）：王庄桥南68.160mg/L（毫克/升）、北益昌桥南45.301mg/L（毫克/升）；氨氮：王庄桥南13.527mg/L（毫克/升）、北益昌桥南6.600mg/L（毫克/升）。2016年区域噪声平均值昼间为：52.5dB（A）（分贝），夜间为45.0dB（A）（分贝）；2016年交通噪声平均值昼间为：68.6dB（A）（分贝），夜间为54.1dB（A（分贝））。

【环境督查】 2016年，环保部华北督查中心、省委省政府、临汾市委市政府对霍州市环境保护工作进行多次督查。

霍州市委、市政府对环境保护工作历来高度重视，始终按照“党政同责”“一岗双责”的要求，将环保工作与政治、经济等工作同研究、同规划、同部署、同检查、同考核。2016年，多次召开市委常委会、四套班子会、政府常务会议专题研究环保工作。在全委会、三干会、人代会等重要会议上，对生态环境保护工作进行专门部署。市委书记崔山原和市长黄晓君先后30多次对环保工作进行具体批示。市委、市政府相继出台《关于在全市开展城乡环境综合治理的实施方案》《全市环境保护大检查实施方案》《霍州市大气污染防治2016行动计划》《霍州市水污染防治2016年实施方案》《霍州市关于环保部综合督查反馈问题整改实施方案》《霍州市环境网格化监管实施方案》等一系列文件，启动城乡环境保护大检查、小麦秸秆禁烧等环境保护综合整治工作一系列专项行动。

2016年11月11日，召开“五城联创”动员大会，对“五城联创”工作进行动员部署，将创建省级环保模范城作为“五城联创”的主要内容，举全市之力予以推进。11月23日，市委、市政府组织召开迎接省环保督察部署暨“五城联创”工作推进大会，对城乡环境卫生大整治和环境污染问题整改工作再次安排部署。落实“一岗双责”的要求，通过签订责任状，将环保工作责任分解到各乡（镇、街道）和各职能部门，实行环保一票否决制，建立责任追究制、网格化监管制，并加大宣传引导力度，在全市上下形成人人重视环保，人人参与环保的浓厚氛围。

【开展环保综合整治】 2016年，市环保局围绕创建“省级环保模范城”和提升全市环境质量的目标，以开展环保大检查活动为载体，开展城乡环境保护综合整治。

1. 开展“蓝天行动”，深入治理大气环境。继续加大城区煤烟污染治理，实现城区集中供热和天然气全覆盖。开展餐饮业油烟治理，所有营业性餐饮炉灶全部使用清洁燃料，开展露天烧烤专项整治，规范烧烤摆摊，划定禁设区和非禁设区，取缔48家，规范32家，市区环境质量得到有效改善。严抓工业废气污染防治。兆光4#机组完成超低排放改造。对霍州煤电煤矸石热电厂实行限产。霍州化工公司全面停产。抽调专人，对重点企业环境污染防治设施进行24小时驻厂监管，督促落实大气污染防治目标企业主体责任。严格机动车尾气和油气回收管理。加强对机动车检测线管理，派驻专业技术人员，严格上线车辆尾气检测。对加油站油气治理和所售汽柴油进行专项检查，所有加油站全部实现油气回收。对老化严重的大气自动监测设备进行更换，加强对监测人员的培训、考核，提高自动数据采集的准确率和传输效率。

2. 开展“清水行动”，深入推进水污染防治。加强工业废水治理。化工公司、辛置矿、李雅庄矿、团柏矿和曹村矿（丰峪煤业）5个污水处理站全部建成投入运行，提升污水处理效果，实现达标排放。加大城市生活污水治理力度。扩大城区污水收集管网，日处理能力达到1.6万吨。完成辛置污水处理厂主体建设，于11月29日试通水。完成李曹、贾孟两个村生活污水处理设施建设，为全市农村生活污水治理起到示范带头作用。开展畜禽养殖业专项整治。对全市280余家大小养殖场（户）进行全面排查整治，完善环保设施，规范畜禽粪污还田。全面实行汾河断面生态考核补偿机制，将考核指标全部下达到各个重点排水企业。

3. 开展“清洁行动”，严控二次扬尘污染。加强建筑工地车辆管理，全部实行封闭式运输。在城区各重点路段进行定时洒水抑尘，减少车辆二次扬尘污染。开展“文明工地”创建活动，要求各建筑企业按标准建设二次扬尘污染防治设施，对12家建筑工地进行规范，全部按要求加高围挡，硬化路面，洗消车辆，覆盖堆物，洒水抑尘。实施高铁站前广场建设和“一街（开元街）一道（霍东大道）一线（旧108线）一园（清雅园）”精品打造工程，通过补植、色彩配置、改造等措施，栽植各种苗木24.3万余株。投资200余万元，完成霍侯一级路、霍东大道、开元街、中镇广场绿化7000余平方米。实施乡村清洁工程，以建设“干净、整洁、有序”的工作生活环境为目标，以整治摊点乱摆乱放、车辆乱停乱靠、垃圾乱扔乱倒、广告乱贴乱画等现象为重点，以居委会和村委会为单位，全面实施城乡清洁工程，建成垃圾处理点157处，乡镇垃圾转运站6座，清扫面积达249万平方米，保持村庄环境卫生清洁，使18.7万村民受益。

【治理重污染天气】 2016年11月25日临汾市应对重污染天气紧急会议后，当晚立即组织会议安排部署，紧急启动三级黄色预警，采取相应措施。

1. 迅速安排部署。成立重污染天气应急指挥部。由市长黄晓君任总指挥，副市长晋学斌任副总指挥，全市各乡（镇、街道）负责人，纪检、组织、宣传、环保、住建、气象、教科、公安、供电、安监等部门一把手为指挥部成员。于2016年11月18日、24日、25日，12月1日多次紧急召开指挥部会议，启动应急响应预案，安排部署应对工作，通过采取排污企业限产停产、建筑工地停止土石方作业、主城区机动车限行、禁止燃烧秸秆垃圾等措施，积极应对重污染天气。

2. 加大宣传督查力度。重污染天气应急预案启动后，通过电视台、电台、《今日霍州》专刊以及政府网站、各类微信平台等各种媒体不间断播发临汾市委、市政府《致全体市民朋友的公开信》、临汾市大气污染防治“冬十条”以及开展冬季森林防火和禁止野外用火等各类应急响应应对措施。临汾市迎接省委、省政府环保督察动员会后，成立督察组采取对重点部位抽查、沿路发现随机检查等方式进行专项督查。2016年11月30日、12月1日，市长黄晓君和纪委书记程军分别带队采取“四不两直”的方式开展夜查，先后发现11处问题，当场责令限期整改落实。

3. 立即整改落实。对于临汾市督察组现场检查发现的7处问题，立即安排相关乡（镇、街道）和行业主管部门负责人逐项研究，整改落实。对于2016年11月23日以来全市排查巡查发现的17处突出问题，要求所在乡（镇、街道）负责人当场表态承诺，制定整改措施，明确整改时限，确保按时按要求完成整改。

【环境宣传】 2016年，“6·5”世界环境日，开展形式多样的环保宣传活动，在州署广场活动现场，霍州市政府副市长郭宏生向群众分发1000余份环保资料，指导宣传工作。在辛置煤矿开展“绿色骑行，低碳环保”百人骑行活动，倡导绿色出行、低碳生活、文明交通的理念。在国电霍州发电厂组织全市重点企业、环保从业人员，开展新《环保法》《大气污染防治法》知识有奖竞答活动，掀起学习、贯彻、落实新《环保法》《大气污染防治法》的热潮。2016年12月4日，在州署广场开展新的《大气污染防治法》《水十条》《土十条》专题宣传活动。

【领导班子】

局　长：

杨永才（2011.11—2016.12）

支部书记、副局长：

成周明（2002.01—2016.12）

副局长：

薛小记（2000.12—2016.12）

翟庆云（女，2008.06—2016.12）

工会主席：

段向党（2002.06—2016.12）

党组成员：

张丽兵（女，2012.07—2016.12）

张玲丽（女，2012.07—2016.12）

副书记：

秦仰军（2013.04—2016.12）

【获奖情况】

2016年，成周明、李建军荣获国家级从事环保工作三十年纪念章。

（朱水龙）

交通　邮电　通信

交　通

【概况】　霍州市交通运输局是霍州市人民政府主管公路交通的职能部门，主要负责全市公路网络规划、县乡公路建设养护、运输生产管理、城市客运和出租车行业管理及交通战备等工作。承担道路运输市场秩序监管的重任。下设办公室、政策法规股、规划投资股、公路科技与安全股、交通路政大队、道路建养中心、财务结算中心、物业租赁管理中心、交通建设工程质量监督站、规划设计室、重点办、农管办、法制办、邮政快递企业属地安监办、城市出租客运管理办公室和道路运输管理局。市国防动员委员会交通战备办公室挂靠合署办公。

【基础设施建设】　2016年底，全市公路通车里程为1103.03千米，公路密度144.38千米/百平方千米。其中，行政等级里程为：国道4条70.359千米，省道1条11.58千米，县道6条111.525千米，乡道44条344.563千米，村道326条565.003千米；技术等级里程为：高速公路45.967千米，一级公路23.561千米，二级公路49.849千米，三级公路107.072千米，四级公路851.154千米，等外路25.427千米。(新增公路通车里程5.95千米，新增高级路面19.583千米，高级路面占到总里程的72.08%)。全市公路桥梁117座8593.31米，其中特大桥1座2421.96米，大桥17座3607.16米，中桥21座1258.52米，小桥78座1305.67米。

【公路建设】　1. 加强农村公路建设，完成2016年完善提质工程9条30.7千米，完成投资1472万元；完成2016年安全生命防护工程6条10.46千米，完成投资290万元；完成御家山撤并建制村通水泥（油）路3.7千米，完成投资250万元；完成义旺～南李庄、大运路～三合，七里峪～七北线共6千米，完成投资282万元。共计完成投资2294万元。

2. 准确上报公路基本建设项目完成情况月报表、2016年新改建情况年报表等，年报表进行相关统计资料的分析。完成临汾市交通运输局安排的农村公路路况、融合交通、车购税结存、自然村及油返砂等调查统计工作。

3. 在各项工程建设中，强化监督机制，从立项报告、勘察设计、工程预算、公开招投标直至施工整个过程，抓住监督这一环节，有效堵塞漏洞，确保工程建设质量。强化公路建设市场监管，对安全生命防护工程、村通水泥（油）路完善提质工程信息粘贴公示牌进行公示。建立和完善工程质量责任制和监督保证体系，加强对安全生命防护工程、村通水泥（油）路完善提质工程质量管理，强化过程控制，使质量处于受控状态。对安全生命防护工程、村通水泥（油）路完善提质工程进行抽查，合格率在85%以上，关键指标抽查合格率达到90%以上。

【公路养护】 2016年，霍州市交通局按照农村公路养护管理实施方案进行农村公路养护管理，加强县、乡公路的日常清洁维护和道路安全隐患的排查，形成完善的制度体系，使管理走上规范化、法制化、长效化轨道。评选出文明示范路：上霍线、龙曹线、上霍线至林场线；评选出文明示范乡镇：李曹镇、南环路街道。在开展“四好”农村公路建设过程中，在制定的农村公路养护管理实施方案等文件的基础上，明确公路管养各级职责并制定防汛工作应急预案，印发《各养管所应对重污染天气加强农村公路环境治理的通知》等文件，完善农村公路养护体系，保障农村公路安全畅通。2016年，共清理路面塌方2000余立方，边沟清淤2800余立方，疏通涵洞18道，安装公路安全标志标牌298套，修复水毁边沟1025余米，水毁路基填土5500余立方，修复水毁路面4200平方米，路基防护380余立方，新建涵洞急流槽460余米，达到公路畅、洁、绿、美、安的基本要求。2016年底，霍州市乡公路优良率为84%。

【安全生产】 安全生产管理上，贯彻落实党中央、国务院以及山西省、临汾市关于安全生产工作的一系列决策部署，树立安全生产“红线”意识和以人为本、安全发展的理念，坚持“安全第一，预防为主，综合治理”的方针，以“全覆盖、零容忍、严执法、重实效”为总要求，开展安全生产专项整治行动。严格落实企业安全主体责任、部门监管责任，做好安全从业人员“全培训”、安全防范措施“全渗透”、安全科技支撑“全覆盖”，开展反对违章指挥、违章作业和违反劳动纪律专项行动，开展道路运输平安年活动，安全生产“打非治违”专项行动和道路运输安全隐患大排查快整治活动，制定《关于在全市交通运输系统开展安全生产大检查的实施方案》，重点检查道路运输、公路桥隧运营、公路工程等领域，排查整改12处安全隐患。2016年没有发生任何安全责任事故，保持安全生产的良好局面。

【路政执法】 2016年，霍州市交通运输局以“规范执法，提升服务”为目标，开展“路政宣传月”活动，开展农村公路路域环境综合整治活动，路政大队二支巡查中队在分管领导带队下，对县级公路进行巡查，共检查各种车辆4000余辆，打击损坏路产路权行为。重点治理农村公路乱堆乱放、占道施工、占道经营、私设非公路标志牌等违法行为，严厉查处私设平交道口、车辆敞篷运输造成的滴漏抛洒污染路面、损害公路标志及公路附属设施的行为。2016年共清理县、乡公路沿线非公路标志、标牌14块，提升路产路权管理和综合服务能力。2016年没有发生公路“三乱”现象。

【运输市场监管】 2016年，霍州市开展“道路运输安全年”安全宣传教育活动，深入运输企业、维修企业、驾校，引导企业和社会各界参与道路运输隐患排查和治理工作。共组织客运企业人员集中安全培训教育5期，培训人员318人次。2016年，更换新能源公交车34辆，占比达57.6%。新增通客车建制村1个（东王村）。农村客运公交化改造线路3条：霍州～东站，白龙～汾西，霍州～南关。为方便农村旅客乘车，设立临时停靠点：火车站、漪汾路口、北环路、东堡村口、南街、滨河路红绿灯、退沙家属区。新增农村客运候车亭15个。2016

年，淘汰客车黄标车6辆，完成黄标车淘汰任务，全市共淘汰768辆黄标车。“12328”受理事项办结率达95%以上。

公共交通发展上，落实城市公交优先战略，推进“绿色公交”发展。新建公交车站2个，提升城市公交智能化、现代化水平。在城市出租车管理方面，重点落实出租汽车公司的主体责任，提升管理水平，使出租汽车行业形象得到改善。引深城市客运市场秩序整顿活动，强化出租公司的综合监管，开展车容车貌整治，加大执法检查力度，采用“随车跟踪”“现场拍照”方法，打击绕道、欺客、宰客和无证经营等各类违法运营行为。共查处各类非法从事出租汽车经营行为55起，处理未取得许可、无从业资格证等各类违章80余起，规范城市出租汽车行业管理，提高城市客运服务质量。

【党建工作】 交通运输局党总支下设4个党支部，即交通运输局党支部、道路运输管理局党支部、公路段党支部、交通企业党支部。全系统共有党员192人，2016年，共发展新党员4人。2016年在全体党员中开展“学党章党规、学系列讲话，做合格党员”学习教育。

【大事记】 2016年1月19日，由霍州市统战部副部长路林带队的霍州市年度目标责任制考核组一行3人，对霍州市交通运输局2015年度目标任务完成情况进行年度考核。

1月22日，南赵线（南庄～洪洞界段）公路改造工程通过临汾市交通运输局竣工验收。

4月13日，冯霍线（下辛庄～西张段）和（歇马滩～下辛庄段）公路改造工程、义邢线（义旺～前河底）公路改造工程通过霍州市政府交工验收。

4月27日，霍州市第七届人民代表大会代表第七选区按照人大代表选举办法，并采用无记名投票的方式，选举产生霍州市第七届人民代表大会代表，孙杏锁、张水林当选为霍州市第七届人民代表大会代表。

5月6日，中共霍州市委交通运输局总支委员会主持召开出席中国共产党霍州市第七次代表大会代表选举会议，大会以无记名差额投票方式进行，选举产生交通系统出席中国共产党第七次代表大会代表，张晓波、杨瑞波、成晓文、薛凌霄、张小丁当选为交通系统出席中国共产党第七次代表大会代表。

10月，2016年村通水泥（油）路完善提质工程和2016年安全生命防护工程开工。

12月15日，山西省交通运输厅总工程师王四小一行对霍州市农村公路安全生产检查工作进行督导检查，临汾市交通运输局局长白建成、霍州市政府副市长张伟兴、交通运输局局长孙杏锁及相关工作主要领导陪同检查。

【交通战备】 2016年，霍州市交通运输局制定霍州市“十三五”交通战备发展规划，完成国防交通信息数据更新和霍州市交通运力潜力调查；开展《国防交通法》宣贯活动，完成各项工作任务。

【领导班子】

局　长：

孙杏锁（2010.04—2016.12）

书　记：

张晓波（2011.04—2016.12）

副局长：

王　震（2007.08—2016.12）

刘　飞（2002.05—2016.12）

纪检组长：

王晓东（2013.05—2016.12）

总工程师：
韦月杏（2012.07—2016.12）
交战办主任：
张晓波（2007.08—2016.12）
交战办副主任：
李　民（2003.03—2016.12）

（荀宝雷）

公路管理

【概况】　山西省霍州公路管理段始建于1959年，位于霍州市滨河南路62号，占地面积3083平方米，建筑面积1922.88平方米。到2016年底，有干部职工69人，(其中，正式职工29人，无固定期限合同工8人，固定期限合同工4人，聘用制大学生5人，离退休职工23人)。机关下设两股1室1大队（两股：财务资产股、工程技术股；1室：综合办公室；1大队：路政大队）及3个养护道班（退沙中心道班、圣佛大道班、朱杨庄道班），拥有筑养路机械设备9台件。主要担负霍州境内国道108线19.23千米、省道桃临线16.742千米、G108复线6.645千米，共计42.617千米的养建管工作任务。

【公路养护】　2016年，霍州市公路局开展公路养护“八比八看”活动，坚持预防养护和科学养护相结合，加强普通干线公路路面巡查、清扫和管理力度，公路养护优良率72.27，米QI值86.99，推进路基、路面达标，打造“畅、洁、绿、美、舒、安、谐”公路通行环境。1. 在国道108介霍路K807＋658米～K817＋134米处高标准完成路基、路面达标工作；在GH108线（京昆复线）K811＋559米处许村桥评定为四类桥后，及时在相应位置设立限载、限速标志，在桥两侧安装限高杆，对该桥进行限高、限宽管制，只允许小型载客汽车通行，禁止载重货车通行，联合公安、交警部门，对该处载重货车进行交通管制，确保车辆通行安全。2. 打造“一级路灵石交界，二级路汾西交界”两条绿色长廊，恢复花池20个，增设花坛12个，对沿线绿化进行更新补植，对国道K819＋050米～K822＋000米处平台外边坡进行紫穗槐补植护坡；在国省干线公路上粉刷5块路政宣传标语，增强安全行车意识，形成舒适美观的文化大道；自筹资金对圣佛道班、退沙道班整体进行粉刷，圣佛班院内混凝土进行铺筑，让一线职工在休息之余有个温暖、干净、舒适的家。3. 投资60余万元，采用共建、联办等方式，在K810＋200米～K811＋00米处许村路段共同修建加深排水设施，下行开挖边沟500米，增设盖板140余块，彻底解决路面排水和村民生活污水排放问题。4. 采取多项措施应对重污染天气工作。研究制定雾霾恶劣天气的应急预案，宣传应对重污染天气工作的重要性，禁止在公路沿线焚烧枯草、树木落叶等垃圾，治污减排，从根本抓起；安排工程养护机械洒水车，对所辖国省干线公路上的中央隔离带及公路两侧的花草树木进行冲洗，适时给路面进行适当洒水，减少环境污染；将冬季储备的防滑料全部装入包装袋，租用清洗车清洗道路中央防眩网、隔离带，防止二次扬尘；在公路沿线重点路口实行路政执法和公路养护工双重实时监测，严防抛洒车辆上路，做到道路抛洒随时清扫。

2016年，共计清扫路面26807平方千米，清扫中央隔离带70600米。清理杂物2203立方米，清理绿化平台90618平方米，清理边沟 117487 米，清理落石 22 立方米，清理杂草 1350 平方米，清理路面淤泥 120 平方米，清理中央路缘石杂物 15759.5 平方米，清理塌方 38 立方米，清挖边沟 191.3 立方米。清理杂物 6885.2 立方米。清洗隔离带圆头 70 个，清洗防眩板 53848 米，清洗桥梁防撞护栏 2056 平方米，清洗防撞墙 2136 平方米，清洗标志牌 70 块，清洗波形护栏 769.72 千米。整修边沟外墙 41429 平方米，整修绿化平台 54191 平方米，整修高平台 33745 平方米，整修边坡 59870 平方米。粉刷路沿石 2400 平方米，行道树刷白 4656.4 平方米，设施刷新 4873 平方米，标线刷新 2 次 23159.42 平方米。回填砂砾 1257 立方米，回填绿化平台缺口 38.5 立方米。铲草 95920 平方米，打草 36720 平方米，疏通桥梁泄水孔 10 个。

【小修工程】 2016 年，在所辖国省干线公路上刷油 1208 平方米，贴缝 775 米，灌缝 46364.8 米，挖补坑槽 2311.3 平方米，埋设轮廓标 212 根，埋设道口标柱 154 根，现浇混凝土拦水带 20 米，维修路缘石 124.5 米，现浇环形安全岛 8 立方米，路口铺盖板 20 米，新增波形护栏 1659 米，边沟修复 300 米。恢复损坏波形护栏 875 米，端头 40 个，防眩网 98 米，桥梁钢管护栏 13 米。东湾桥：护坡修复 65 平方米，台阶修复 30 节。新增许村危桥：标志 7 套，限高杆 2 套，限宽防撞墩 28 块，强制减速带 40 米。介霍路：新建边沟 30 米，新建拦水带 30 米，挖路口 270 米，路口铺盖板 380 块，路口埋设管道 54 米。介霍路 K810＋000 处危险路段：沉陷灌缝 216 米，增设标志牌 9 块，强制减速带 20 米。许村、寺庄完善事故易发路段标志牌 4 套。

【路政管理】 1. 强化路政执法人员业务学习和思想作风纪律整顿，增强廉洁执法、公正执法、文明执法理念。推行责任路段管理、路政人员签到签退制度，强化路政人员责任意识，确保路政工作扎实开展。2. 在应对重污染天气过程中，安排路政人员做好巡查记录，联合相关部门切实加大车辆抛洒的综合治理力度，对有抛洒车辆进出的厂矿、企业、沿线洗车点及时下发整改通知单，改善路容路貌，防止二次扬尘。3. 广泛开展路政宣传，出动宣传车 1 辆，喷刷宣传标语 8 幅，张贴布告宣传画 20 份，发放宣传单 500 余份。4. 从严从快查处损坏路产路权的违法案件，2016 年清除非交标志 150 余块，清理堆积物，120 立方米，查处路政案件 11 起，结案 100%，收回路产赔补偿费 71218 元。办理平交路口审批案件 1 起，收回一次性接入费、维护费 10 万元。

【安全管理】 2016 年，霍州市公路局开展安全知识培训，组织观看安全教育影片，宣传安全知识及预防事故技巧和自我保护等知识，悬挂安全条幅 10 条，散发宣传资料 200 余份，增强全员安全生产意识。落实安全生产目标责任制，明确单位主要负责人为安全生产第一责任人，形成“谁主管、谁负责”和“管业务必须管安全”的安全工作监管体系，层层分解签订《安全生产目标责任书》及《安全承诺书》，逐级细化分解目标管理责任指标，落实安全生产责任。开展“安全生产专项检查行动”“汛期安全检查”“安全生产月”等专项行动，对霍侯一级公路桥梁中央钢筋混凝土护栏进行改造，对桃临线临崖临水路段增设波形护栏，各涵洞台帽加设警示标注，所辖公路全部完善标志标线，辖区隐患路段、危险路段基本消除。

【应急管理】 2016 年，霍州市公路局加强应急管理工作的组织领导，成立领导机构，制订应急预案管理办法，建立专门值班室，实行专人24小时值班制度、突发事件信息报送制度和领导带班制度。开展一次冬季扫雪应急演练，做到救援队伍配备到位，应急物资储备到位，建立“横向到边、纵向到底”的应急预案体系。1. 介霍路涧河桥台背坍塌，危及行车安全，在第一时间封闭交通，协调交警进行交通管制，在分局的支持下，及时进行施工处治，恢复正常交通；2. 加强汛期安全工作，实行领导轮流带班，值班人员24小时值班制，路政人员、养护人员实时观测，发现险情，及时上报。在国道108线K815＋100米～K815＋300米处，公路路基边缘坍塌，坍塌范围顶部距离公路边缘6米远，坍塌未涉及公路，存在一定安全隐患。险情发生后，对该路段采取半幅封闭的处置措施，安排专人进行现场观测，确保过往车辆行车安全。

【工会工作】　2016年，霍州市公路局落实职代会制度，签订集体合同，推广厂务公开制度，工会委员会、经费审查委员会、女职工委员会“三委”健全，有职工书屋、职工食堂、文体活动中心等设施。组织开展劳动竞赛、单项技术比武、技术创新、“五小”活动、“五型班组”创建活动，班组建设有内容、有做法、有典型、有创新。为单位12名女职工办理36份特病保险，保费720元；为单位职工44人办理职工大病互助，共计1584元。为单位全体职工缴纳五险一金及意外伤害险1074371.4元。

【技术创新】　根据分局劳动竞赛委员会《关于在分局系统深入开展“五小”竞赛活动的实施方案》文件精神要求，按照提高生产效率、降低成本消耗、强化内部管理、促进企事业单位发展的基本要求，围绕公路养管中心工作，成功完成洒水车改装成清洗车和盖板挂钩两项新技术。1. 洒水车车改装。针对国省干线公路中央隔离带人工清洗费用大、速度慢、危及养护工安全等弊端，通过聘请专业技术人员，投资10万余元，将洒水车改造成洒水、清洗中央隔离带和防眩网多功能车，比直接申请购买专用清洗车节省费用近62万元，每清洗一次中央隔离带和防眩网比用人工清洗节省费用0.76万元，而且省去养护工在道路中间作业的环节，达到保安全、降成本、提效率的良好效果。2. 盖板挂钩。针对人工吊装盖板效率低、费力、工时长等弊端，成功研制盖板挂钩技术，用装载吊装盖板，每个台班所需费用为200元，比人工节省300元，达到省时、省力、安装速度快等效果。

【党建工作】　2016年，霍州市公路局以“两学一做”学习教育为引领，推动党的建设迈上新台阶。组织全体党员干部学习《中国共产党廉洁自律准则》《中国共产党纪律处分条例》《关于新形势下党内政治生活的若干准则》《中国共产党党内监督条例》等党章党规，学习习近平总书记系列重要讲话精神，观看《焦裕禄》《榜样》等教育影片和山西省委推荐剧目《最美村官段爱平》。党支部书记给全体党员讲党章党规和党的光辉历史专题党课。班子成员参加霍州市组织的专题测试，完成“四讲四有”专题研讨和“学习贯彻系列讲话，解决若干突出问题”学习交流。在中共十八届六中全会、山西省第十一次党代会、临汾市第四次党代会召开之后，第一时间组织党员干部进行学习，深入领会最新精神。

围绕公路工作实际，开展“两推进两争创四确保”“三亮三看三做”“立足岗位当表率，完成目标做贡献”“五小”竞赛等系列特色活动，党支部排查问题5项，党员排查问题20项，全部完成整改，推动公路事业繁荣发展。在基层党建重点任务上，根据霍州市委组织部对基层党组织换届的安排部署，严格程序、规范操作，通过召开党员大会，选出新一届支部委员会。2016年，2名同志被分局授予优秀共产党员，1名同志被霍州市委授予优秀共产党员，1名同志由预备党员转正。

【精神文明建设】 2016年，霍州市公路局巩固提升“临汾市文明和谐单位标兵”创建成果，推进“六型”机关建设。在机关大院搭建自行车棚，解决单位电动车、自行车随意停放问题。通过政府采购，给每个办公室及主要岗位配齐电脑、打印机、空调、执法摄像仪等硬件，实现机关办公现代化。在临汾市、霍州市就大气污染防治向市民发出公开信、临汾市总工会发出“让我们的天更蓝”倡议书之后，积极响应、立即行动，第一时间通过单位微信群、公开栏向全体职工发出倡议，倡导职工从眼前做起，从小事做起，积极践行低碳生活方式，尽量少开车、不开车，多选择公交、自行车、步行等绿色出行方式；推进无纸化办公，少用打印机，离开办公室随手关灯、关闭电脑电器等设备；节约用水、用电，减少一次性用品使用，树立起“空气面前人人平等，治污减霾是我们共同责任”的新理念，争做绿色文明职工。经常性开展形式多样、内容丰富的群众性精神文明创建活动和群众性文化活动，领导班子成员参加霍州市健步走活动；五一劳动节，组织职工参加霍州市文化局举办的“信合杯”登山活动；青年节期间，组织职工参加“友谊杯”篮球赛，激发职工健身热情。推进“寻找最美山西交通人”活动，在霍州市开展的以“传承长征精神，凝聚道德力量”为主题的纪念红军长征胜利80周年暨第三届道德模范颁奖晚会上，职工郝贵华被评为“霍州好人”，真正传播公路好声音，讲述公路好故事，弘扬公路事业，传播正能量。

【精准扶贫】 2016年，按照霍州市委、市政府“三联三包三促”干部驻村精准帮扶的要求，成立由党支部书记薛凌霄任队长的驻村工作队，第一时间深入包联的南环路街道东湾村、圣佛村，对联系的建档立卡37户贫困户，进行逐户走访，摸清贫困户实际情况，逐户制定帮扶措施，确保贫困户精准脱贫、稳定脱贫、不再返贫。元旦期间，携带米、面、油等慰问品逐户走访慰问。

【党风廉政建设】 在落实党风廉政建设“两个责任”上，健全“六项制度”，完善“六个机制”，认真落实中央“八项规定”“六定”工作制度，开展“党风廉政宣传教育月”活动、纪律作风专项整治行动，解决慵、懒、散、推、拖等突出问题，班子成员建立干部廉洁档案，签订《公务用车使用管理承诺书》《个人廉洁承诺书》，维护公路系统风清气正、廉洁自律的良好形象。

【领导班子】

段　长：

胡凤英（女，2004.02—2016.03）

秦华平（2016.03—2016.12）

党支部书记：

薛凌霄（女，2008.12—2016.12）

副段长：

王建国（2004.02—2016.12）

齐青海（2014.07—2016.12）

【获奖情况】

2016年1月，被临汾市精神文明建设指导委员会评为临汾市文明单位标兵；

3月，被临汾公路分局评为精神文明建

设第一和工作先进单位；

11月，档案管理工作达省AA级标准，山西省档案局颁发了山西省企事业单位档案工作规范化管理等级证书（AA级）。

乔文杰同志被山西省公路局临汾分局评为劳动模范，郝贵华同志被霍州市委、霍州市人民政府评为第三届“霍州好人”。

（陈智华）

运输管理

【概况】 霍州市道路运输管理局是霍州市道路运输市场的行业管理部门，担负着规范、调控、培育和发展运输市场，合理配置市场资源、促进道路运输经济持续健康发展，保障广大旅客、货主和消费者合法权益的职责。管理服务范围包括：道路旅客运输经营、道路货物运输经营、道路运输站（场）经营、机动车维修经营、机动车驾驶员培训、机动车综合性能检测、汽车租赁、物流服务（含搬运装卸、客运代理、货物配载、仓储理货和信息服务）、源头治超和城市公共客运经营、出租汽车经营11个分支行业。主要业务有：道路运输经营许可、相关业务备案、道路运输管理行政执法、道路运输行业监督检查、安全管理和行政处罚。

【行业管理】 2016年，霍州市有货运企业及经营户995个，货运车辆1978辆，总吨位24509.94吨。物流企业12个。规模较大的货运企业有霍州煤电集团曹村矿汽运工区。按照国家节能减排工作要求，共淘汰黄标车768辆。

客运企业6个。经营长途客运的1个，为霍州市安泰客运公司；经营市内乡镇客运的1个，为霍州市交通运业有限公司；经营公交客运的2个，为霍州市城市公交公司和辛置公交公司；经营出租客运的2个，霍州市城市出租客运公司和霍州市玉祥汽车出租公司。全市有长途客车51辆，座位数1387个，乡镇客车79辆，座位数1567个，公交客车59辆（电动车34辆），出租车350辆。管理方面，针对客运行业经营行为不规范、非法从事客运出租汽车较多等问题开展专项稽查行动，组织执法人员开展打击“黑车”的专项整治行动，共查处各类非法从事出租汽车经营55辆，处理未取得许可、无从业资格证等各类违章80余起。对全市出租汽车进行以经营资格、服务质量和安全技术性能为主的集中检查考核，统一换发驾驶员服务质量监督卡。按照临汾市更新电动公交工作要求，城市公交客运公司置换电动公交24辆，辛置公交置换10辆。

维修企业41个。其中一类企业1个，二类企业16个，三类企业24个。2016年3月1日，交通运输部颁布实施《道路运输车辆技术管理规定》，道路运输车辆不再实行强制二级维护制度。

驾校3所。霍州市汽车驾驶学校有教练车50辆，教练员51名，2016年培训学员2087名；霍州市交运驾校有教练车55辆，教练员60名，2016年，培训学员1879名；霍州市永安驾校现有教练车20辆，教练员21名。全年开展营运驾驶员继续教育1540人。

货运源头单位46个。全市46家源头企业全部签订源头治超目标责任书，严格落实责任主体。源头治超方面，全年共出动车辆510余辆次，出动执法人员3500余人次，出动车辆1480余车次，在辖区内检查车辆3100余辆次，违规违章处罚1000余辆。对源头执法人员、源头企业治超相关人员进行培训考试，共培训人员300余人次。

综合性能检测站1个，年检测车辆2000余辆次。

【安全管理】 2016年出动安全执法人员3200余人次，排查隐患38起，全部整改。开展“道路运输平安年”安全宣传教育活动，在客运站、中镇文化广场、东大街、高铁东站摆设牌匾10余块巡回展览，宣传安全事故警示案例，发放安全运输宣传资料1万余份。组织客运企业人员集中安全培训教育5期，培训人员318人次。5月12日，在全国“防灾减灾日”组织全市出租行业开展综合应急演练，针对出租车运营中可能发生的车辆碰撞、车辆被抢、车辆自燃以及防汛等科目进行演练。政府分管副市长、市交安委、市安监局、市交通运输局、市交警大队等领导及道路运输企业、驾校负责人现场观摩由消防支队、120急救中心和城市客运出租公司、玉祥出租汽车公司等100余人参加的演练。

【学习教育】 开展“两学一做”学习教育，把学习教育作为履行主体责任的重要一环，组织全局党员把握重点、突出关键、积极整改，学习习近平总书记系列重要讲话精神，加强作风建设，在严要求、重落实、见效果上下功夫。每月召开支部会议，成立6个党小组，做好2016年“定、查、评”工作，进展情况及时上报市直工委，确定4名入党积极分子，按时收缴党费，制作党建工作版面、党员阅读园地，制定党风廉政建设方案，成立党风廉政建设领导小组。加强作风建设督查工作。专门督查局机关各科室上班情况，严格考勤制度、奖惩制度、值班制度等；督查外勤单位的执法情况，包括执法人员上岗情况、军容风纪、执法程序、执法文书等。

【帮扶工作】 12月8日，开展干部驻村精准帮扶工作，制定《霍州市道路运输管理局干部精准帮扶实施方案》，并向每名帮扶工作队员下发《霍州市道路运输管理局干部精准帮扶工作手册》。运管局帮扶的对象是霍州市白龙镇后柏木村、陈家庄村、马岭村，一共25户贫困户，68名贫困人员。其中，陈家庄村15户贫困户，后柏木村2户贫困户，马岭村8户贫困户。元旦、春节期间，帮扶工作组对包联贫困户进行慰问。所有包联帮扶工作组均入户3至4次，通过实地走访，基本摸清帮扶对象致贫的原因。

【行业文明建设】 2016年，高考期间，霍州市道路运输管理局组织100余辆出租汽车以及全部公交车参加“爱心送考”活动，出租汽车免费接送高考学生200余次，在广大市民中较好地树立城市客运服务市民、服务社会的良好形象。

11月20日，霍州市客运站实现供暖，结束霍州市客运站自2011年正式运营以来无暖气的历史。

【领导班子】

支部书记、局长：

杨瑞波（2011.04—2016.10）

局　长：

成晓文（2016.10—2016.12）

副局长：

朱建文（2010.08—2016.12）

王荣华（2012.05—2016.12）

梁晓华（2014.07—2016.12）

张华栋（2014.11—2016.12）

苗永志（2016.10—2016.12）

副书记：

刘永平（2006.07—2016.12）

郭秋生（2014.03—2016.12）

工会主席：

成　华（2013.02—2016..12）

局长助理：

杨福记（2016.10—2016.12）

支委成员：

付华丽（2014.03—2016.12）

李建民（2014.03—2016.12）

王齐军（2014.03—2016.12）

朱慧斌（2014.03—2016.12）

【获奖情况】

2016年获临汾市运管系统道路运输管理工作目标责任完成优秀单位。

（郭秋生）

治　超

【概况】　霍州市治理非法超载车辆办公室是正科级事业单位，全额财政拨款，事业编制人员8人，负责组织、协调、指导全市非法超限超载车辆。治超办建设总投资300余万元，采用现代化技术手段，运用高科技装备，将治超各种信息资源进行有效整合，不断叠加，延伸功能，形成集治超监控、管理服务于一体，基本覆盖全市辖区内国省道、市乡道及公示源头企业的综合性治超信息网络系统。治超办建有监控中心指挥系统、路面监控点监测系统、磅房车辆检测系统、源头治超管理系统和安全保障系统五大系统，是霍州市人民政府按照山西省、临汾市治超领导组的总体要求，强力推行科技治超工程的重要载体。

【安全管理】　2016年，霍州市治超办坚持抓综治、保畅通、保安全、为人民的工作宗旨。加强安全监管，强化安全责任，增强安全意识，安全管理水平得到明显提升。全年未因超限超载车辆而发生安全责任事故。

1. 明确安全生产责任。按照“党政同责，一岗双责，齐抓共管”的安全生产机制。明确各成员单位、责任人安全职责，开展“知责履责”活动。提高对治超安全管理工作重要性的认识，增加投入（包括人、财、物），强化督查，及时向市委、市政府汇报工作，确保治超安全管理工作落实到位。

2. 加强安全应急管理。完善治超突发性带伤处理应急预案，确保预案真正落实到部门、单位和个人。健全突发事件处理值班制度，明确责任人员，值班人员必须在岗，及时妥善处理突发性事件，不得撤离职守。完善治超安全设施，包括治超站（点）的安全设施、标志标线、防护设施及必要的消防设备。加强联动机制，保证安全畅通。与各成员单位沟通协调，加强长效联动机制，采用多管齐下、齐头并进的方式，确保治超工作顺利进行。

【治超限载管理】　1. 成立组织，明确责任。落实市政府治超第一责任人的责任，成立霍州市治理非法超限超载车辆领导组，各成员单位负责人为组成人员，领导组下设办公室，市治超办设为常设机构，推行治超机制改革，转变治超办职能。

2. 加大投入，科技先行。建设无人值守系统，加大科技治超力度。为推进霍州市科技治超工作，杜绝部分短途超限超载问题，把科技治超工作作为全市治超工作重点加以推进，采取分期、分步实施无人值守检测系统升级建设。该套无人值守系统建设，推进全市公路超限检测站，重要源头企业的联网工作，使信息平台使用走向正规化、制度化、规范化。

3. 追究问责，惩处并举。对于执法人员以权谋私，执法不到位、不严格、不公正等问题，一经发现，责任倒查，从严、从重、从快处理。治超办通过定岗定责，优化组合，组建一支业务精通执法队伍，通过加强学习，提高人员素质，强化内部管理，进行全面监管。

【内部管理】 2016年，霍州市治超办把治超管理与党风廉政、精神文明建设紧密结合。全市治超各成员单位负责人带头学习。重点学习治超新的法律法规，使全市每个治超领导组成员做到用法律法规指导治超工作。加强对治超执法人员教育培训。通过对运政执法人员“点对点”培训，强化治超执法人员源头治超工作素质；通过举办全市源头企业治超工作人员培训班，对46个公示源头企业的126名治超工作人员进行治超法规知识“面对面”讲解，增强源头企业自觉治超的责任意识。加大对治超执法行为监督检查力度。市治超办工作人员经常深入治超现场，检查指导治超执法，确保治超案件依法公正处理，杜绝公路“三乱”行为发生，把依法治超工作推向新台阶。狠抓源头监管创新路。2016年，以“转作风”强监管，重科技、无双超为主题，以提升源头监管能力，完善科技治超网络，强化长效监督机制为内容，以创建无双超先进市为目标，大胆探索，开拓创新，树立突出源头治理强化执法监管，完善建立长效机制的治超工作“一个宗旨”，加大巡查力度，规范源头企业装载行为，加强货运管理，做到长效治理“八注重”“八实现”。

【党建工作】 2016年，治超办围绕建设学习型机关，开展“学党章党规、学系列讲话，做合格党员”学习教育。为加强对教育活动的组织领导，治超办成立“两学一做”学习教育领导小组，领导小组下设办公室，具体负责组织开展，沟通情况，布置任务，协调运作。推动全面从严治党向基层延伸，解决党员队伍在思想、组织、作风、纪律等方面存在的问题，保持党的先进性和纯洁性，为治超办全面发展提供坚强组织保证。

【领导班子】

主　任：

米玉彬（2012.07—2016.12）

副主任：

赵文溢（2012.11—2016.12）

（赵文溢）

邮　政

【概况】 霍州市邮政分公司位于开发区滨河北路，是集行政和综合业务与一体的办公大楼。主要的部室有：综合办公室、市场部、代理金融中心、发行投递部。分支机构：鼓楼北街支局、滨河路支局、李雅庄支局、辛置镇支局、桥东街营业所、北外环营业所、北环路营业所、白龙营业所、团柏营业所、电厂营业所、师庄邮政所、三教邮政所、陶唐峪邮政所、李曹邮政所。到2016年底，该分公司有合同制职工73人，劳务工49人，内退员工2人，退休职工37人。管理人员4人，其中，局领导2人，部室主任2人。

【固定资产】 2016年，霍州市邮政分公司。主要设备：车辆5辆；AT米自助取款机共9台；办公电脑共29台；终端设备共40台；打印机共43台；捆钞机2台；新增扫描枪2把；包裹捆扎机1台；传输设备1台。

【企业管理】 2016年，霍州市邮政分公司秉承中国邮政集团公司、山西省邮政公司、临汾市邮政分公司的管理理念，通过加强对邮政企业人、财、物的科学和系统管理，实现对人、财、物资源的最佳优化，发挥其最佳效能。促进邮政业务的发展，促进生产能力的增强，促进服务工作的改进，促进劳动生产力和企业经济的提高。在新形势下，邮政企业面对着新的机遇和挑战，邮政企业坚持解放思想，实事求是，树立正确的世界观和创新意识，摒弃因循守旧、安于现状的观念，大胆探索研究，实现管理思想现代化、管理机构高效化、管理方式民主化、管理方法科学化。

【服务管理】 1. 用心服务，调整服务管理流程，为客户创造良好服务环境。随着邮政业务发展规模扩大，调整服务流程，规范服务行为，加强和更新服务监督尤为必要。调整服务流程的根本出发点就是“用心管理”，要以邮政管理思想现代化为目标，采用科学的思维方式和方法，制定切实可行的服务流程，规范服务行为，为优质服务创造良好的内外部环境，使客户在诸多细节服务方面及时得到享受和满足。

2. 提供综合服务方案，有针对性地开展细节服务。面对激烈的市场竞争，针对客户的不同情况、不同需求，利用遍布全国城乡的邮政网络和先进技术，制定有针对性的、满足客户多种需求的综合服务方案，学会做客户的参谋和顾问，与客户互动沟通，为客户量身定做细节服务，让客户觉得亲切，让客户觉得备受尊重和关注，让客户享受到全方位的细节服务。

3. 树立品牌服务理念，以诚信服务赢得客户的忠诚。市场经济是信誉经济，得人心者得市场，用最优质的、情感化和超值化的细节服务，发展新客户，巩固老客户，赢得客户的忠诚。

【业务指标】

2016年业务指标及完成情况

单位：万元

专　业	基本目标	累计完成	完成比例
储汇	1042	1015	97.46%
函件	50	134.5	268.99%
报刊	113	111.07	98.29%
集邮	85	42.14	49.58%
代理保险	230	166.53	90.02%
电子商务	98	105.32	107.47%
分销	75	16.32	21.76%
机要	0.5	0.43	86.67%
出租	14	1.2	8.59%
快递	106	65.06	61.38%
合计	1813.5	1657.57	91.40%

【储汇业务】 邮政储蓄自1986年恢复业务以来，经历邮政代办储蓄、自办储蓄、邮政储蓄银行的成立几个阶段。霍州市邮政分公司是代办邮政储蓄，经过多年的发展，建成覆盖全市城乡、矿区，网点面最广的金融服务网络。储蓄业务是该局营业收入的重要来源。

2016年，该局计划目标1042万元，完成1015万元，完成计划的97.46%。

宣传和推广网上银行、手机银行等电子类渠道业务。全年办理各手机银行3954户，办理网上银行4821户，使广大居民足不出户，就可以实现汇款、转账、支付、购买金融产品等业务，方便广大人民群众。

【函件业务】 函件业务是邮政基本业务之一，是实现通信的一种方式，通信自由是中国宪法所保护的公民的一项基本权利，中国邮政受政府委托，承担着提供普遍服务的任务，起到保障公民通信权利、维护国家信息安全的重要作用，中国邮政集团公司在《中国邮政邮务类发展纲要》中将函件业务定位为邮政重要的核心业务。

函件业务包括：普通邮资封片业务、商函业务、账单业务、无名址函件业务、邮政贺卡业务。随着现代科学技术的不断发展，传统函件业务受到很大冲击，函件作为个人通信的服务功能在不断弱化，但每年的新年贺卡作为新年的节日问候，是其他现代工具无法替代的。2016 年，计划目标 50 万，完成 134.5 万，完成计划的 268.99％。

【报刊业务】 报刊发行业务是邮政部门利用遍布全国的邮政通信联系用户广泛、传递迅速等特点将编辑出版后的报纸、期刊与出版物，以订阅或零售的方式按期投递或销售给读者的业务。

2016 年，报刊发行计划目标为 113 万元，实际完成 111.07 万元，完成计划的 98.79％。

【集邮业务】 集邮业务是从邮政通信业务中派生出来，又与其相关联的一种业务，是以经营邮资票品、集邮品、集邮用品为主的一项邮政业务。邮政企业既是满足广大集邮爱好者收集、鉴赏和研究的需要，也为企事业公关宣传、对外联系、提升形象等提供个性化邮品开发服务。

2016 年，集邮业务收入计划目标是 85 万，完成计划 42.14 万，完成计划的 49.58％。集邮册数完成 1997 册。

【代理保险专业】 代理保险业务是邮政储蓄机构受保险公司委托，向客户提供销售保险产品、代收保险费、代付保险金、代办保全等保险服务，获取收益的一种经营行为。

2016 年，霍州市邮政分公司保险专业计划 230 万元，实现收入 166.53 万元，完成计划的 90.02％。

【电子商务专业】 2008 年山西省邮政信息业务局更名为山西省邮政电子商务局。业务涵盖种类更加广泛，经营代收话费、邮储短信业务、航空票务代理、自由一族四大业务，其中代收话费、邮储短信业务为支柱型业务。

2016 年，电子商务计划目标 98 万元，完成 105.32 万元，完成计划的 107.47％。

【党务工作】 邮政分公司党总支下设 3 个支部：机关支部、辛置支部、退休支部。党员 26 人，党总支带领全体职工落实“三会一课”，学习中共十八大精神和习近平总书记系列重要讲话精神，贯彻执行党的政策和方针，按时召开民主生活会，做好党风廉政和精准扶贫工作，党员们在工作中都能以身作则，率先垂范，发挥模范带头作用。

【工会工作】 2016 年，邮政分公司工会下设民调组织、女工组织、宣传组织、文体组织，该分公司组织健全，活动丰富，在市分公司的各项活动竞赛中取得优异成绩。工会小家的建设更是温暖了全分公司职工的心。每年按时召开两次职工代表大会，该局的重大事件都在职代会上解决。该分公司职代会已升为三星级标准。

【领导班子】

局　长：

秦辰龙（2009.07—2016.05）

刘晓红（2016.05—2016.12）

曹保荣（2016.05—2016.12）

（黄克）

霍州车站

【概况】　霍州火车站位于山西省临汾市霍州市境内。该站铁路线路中心里程位于南同蒲线自大同站起至蒲州站之间550千米300米处，隶属大秦铁路股份有限公司侯马车务段管辖，为双线电气化区段。霍州站等级为二等站。按技术性质为中间站，按业务性质为客货运营业站。该站线路情况：站内有7条线路，2条货物线，1条待机线，1条轨道车库线。车站管辖专用线：霍州三合专用线、四七五专用线、中冶专用线、什林小线专用线。车站设有区域内燃调车机1台。到2016年底，车站有职工123人。

【货运完成】　2016年，霍州火车站装车29375车，卸车36车，货物发送吨数221.8万吨，运输收入32671.27万元。旅客发送人数616634人。

【党建情况】　霍州站为党总支，上级为中共侯马车务段委员会，有党员45人。设党总支书记、副书记各1人，加总支委员3人共5人。下设行车党支部、货运党支部、客运党支部。3个党支部各设书记1人。

【安全管理】　车站主要卡控接发列车、穿正作业和调车作业的安全。车站制定并实施值班副组长全过程监控施工和穿正作业，除进行接发列车、穿正监控等必要的工作外，只要各专用线有作业，值班站长必须全过程对车辆的静、动态防溜进行现场监控，有效地保证车站的安全生产。车站还规范职工考勤、台账填记、文件收发、信息上报等考核制度。

【后勤文化生活】　车站为活跃职工文化生活，每天开放文化室、健身房供职工活动。在春节、“五一”节、国庆节期间经常开展群众性的乒乓球、台球、拔河、羽毛球等竞赛活动；在“三八”节专为车站女职工举办各种趣味活动，使职工业余文化生活更加丰富多彩。车站还不断完善对车站小单身、小庭院、小伙食团、小菜地、小浴池、小图书室、小文化室、小药箱的投入和管理，深化职工小家建设。

【领导班子】

站　长：

吕亚东（2016.09—2016.12）

总支书记：

王会民（2016.09—2016.12）

副站长：

李　鹏（2016.09—2016.12）

刘建明（2016.09—2016.12）

李国荣（2016.09—2016.12）

工会主席：

王欣欣（2016.11—2016.12）

【获奖情况】

2016年，有1个班组荣获车务段先进集体荣誉称号；5名职工获得车务段“建功立业”个人荣誉称号；5名职工获得车务段“优秀工会积极分子”荣誉称号；1名职工获得车务段“好家属”荣誉称号。

（刘红玲）

辛置车站

【概况】　辛置火车站位于山西省临汾市霍州市辛置镇境内。该站铁路线路中心里程位于南同蒲线自大同站至蒲州站之间563千米851米处，隶属大秦铁路股份有限公司侯马车务段管辖，为双线电气化区段。辛置站等级为二等站。按技术性质为中间站，按业务性质为货运营业站。辛置站站内有10条站线。

该站管辖铁路专用线：辛置矿专用线、总仓库专用线、国电霍州发电厂专用线、团柏矿专用线、曹村矿专用线和货场专用线。车站设有专区域内燃调车机1台。到2016年底，车站有职工86人。

【货运完成】 2016年，辛置车站装车25157车，卸车411车，货物发送吨数1692548吨，运输收入24423.2万元。

【党建情况】 辛置站为党总支，上级为中共侯马车务段委员会，有党员15人。设党总支书记、副书记各1人，加总支委员3人共5人。下设行车党支部、货运党支部。2个党支部各设书记1人。

【安全管理】 车站实施重点作业的强力卡控。针对辛置矿专用线紧邻车站，作业量占全站装车的70%的实际状况，车站制定并实行安全管理制度。值班站长除做好接发通勤列车、穿正监控等必要的工作外，只要辛置矿专用线有作业，必须全过程对车辆的静、动态防溜考核制度。车站规范职工考勤、台账填记、信息上报等考核制度。至2016年年底，车站实现安全生产9647天。

【后勤文化生活】 车站以创建星级“八小工程”建设为目标，完善对车站小单身、小庭院、小伙食团、小菜地、小浴池、小图书室、小文化室、小药箱的投入和管理。由工会主席、站长、书记共抓，深化职工小家建设，丰富职工业余文化生活。在春节、“五一”劳动节、国庆节期间经常开展群众性的乒乓球、台球、拔河、羽毛球、书法及摄影展出等活动，在“三八”节期间专为车站女职工举办趣味活动，使车站职工的业余文化生活更加丰富多彩。

【领导班子】

站　长：

孔繁贵（2014.12—2016.12）

书　记：

李松虎（2015.03—2016.12）

副站长：

贾红卫（2013.09—2016.12）

焦亮川（2013.10—2016.12）

工会主席：

王　云（1998.03—2016.05退休）

石根平（2016.05—2016.12）

【获奖情况】

2016年，车站1个班组获车务段“建功立业”先进班组荣誉称号。有3名职工获得车务段“建功立业”个人荣誉称号、3名职工获得车务段“优秀工会积极分子”荣誉称号。

（王云）

圣佛车站

【概况】 圣佛火车站位于山西省临汾市霍州市南环路街道境内。该站铁路线路中心里程位于南同蒲线自大同站起至蒲州站之间556千米283米处，隶属大秦铁路股份有限公司侯马车务段管辖，为电气化区段。该站为三等站，按技术作业为中间站，按业务性质为货运营业站。该站线路情况：站内有7条线路，正线2条，到发线4条，货物线1条。车站管辖专用线：兆光电厂专用线。管辖专用铁路：白龙洗煤厂专用铁路。到2016年底，车站有职工39人。

【货运完成】 2016年，圣佛车站装车10885车，货物发送吨数670877吨，运输收入 1005.3 亿元。

【党建情况】 圣佛站为党总支，上级为中共侯马车务段委员会，有正式党员 9 人。设党总支书记 1 人，加总支委员 3 人共 4 人。下设行车党支部、货运党支部。2 个党支部各设书记 1 人。

【安全管理】 安全是铁路一切工作的生命线。该站从卡控接发列车、穿正作业和调车作业的安全抓起，只要是专用线有作业，值班的副站长必须对车列的调动进行全程监控，有效地保证车站的安全生产。车站规范职工考勤、各种账簿的填记、车务段文件收发、各种信息等内容。至 2016 年底，车站实现安全生产 5243 天。

【文化生活】 车站以创办优秀文化室、优秀职工小家为目标，活跃职工文化生活。工会经常开展群众性的乒乓球、拔河、书法竞赛等活动，共享和谐候车文化，管理和发展“八小工程”，让职工树立爱车站、爱岗位、爱铁路的敬业意识。车站完善对“八小的投入，做到“八小”管理好，职工爱站爱岗心情好，让职工感受到在车站大家庭里团结和谐的气氛。

【领导班子】

站　长：

訾元洲（2015.08—2016.12）

书　记：

张德贤（2015.10—2016.12）

副站长：

刘明亮（2013.11—2016.12）

闫润龙（2016.09—2016.12）

工会主席：

闫润龙（2005.07—2016.12）

【获奖情况】

车站有 1 个班组获得车务段“建功立业”集体荣誉称号，3 名职工获得车务段“建功立业”个人荣誉称号，1 名职工获得车务段“好家属”荣誉称号，2 名职工获得车务段“优秀工会积极分子”荣誉称号。

（闫润龙）

霍州东站

【概况】 霍州东站位于山西省霍州市李曹镇境内，车站中心里程位于大同至西安高速线 444 千米 521 米处，隶属大秦铁路股份有限公司侯马车务段管辖。该站为三等站，按技术作业为中间站，按业务性质为客运站。

霍州东站（站中心 K444＋521）下设到发线 4 条（含正线 2 条），设大型养路机械停留线 1 条，工务轨道车库线、接触网作业车库线各 1 条，安全线 2 条。设基本站台和侧式站台各 1 座，站台上均设风雨棚 1 座。车站设旅客地道 1 座。

车站两端进站方向制动距离内均为超过 6‰下坡，在太原南方向到发线接车末端设安全线作为隔开设备，西安北方向利用维修车间岔线作为隔开设备。到 2016 年底，有职工 37 人。

【客运完成】 2016 年，霍州东站旅客发送 505408 人，客票收入 2738.1 万元。

【党建情况】 霍州东站为党总支，上级为中共侯马车务段委员会，有正式党员 14 人。设党总支书记 1 人，总支委员 2 人。

【安全管理】 安全是高铁站一切工作的生命线。车站从卡控接发客运列车作业、为旅客服务抓起，逐步规范职工班前点名、出场接车、现场接车、班后总结的一班作业标准化作业程序，做到一切按照军队标准化为准则，不得有丝毫麻痹大意，坚决保证高铁站安全再安全。至2016年底，车站实现安全生产913天。

【文化生活】 车站工会经常开展群众性的健球、乒乓球、拔河、书法竞赛等活动，引导职工共享和谐候车文化建设。车站较好地管理和发展“八小工程”建设，让职工树立起爱车站、爱岗位、爱铁路的敬业意识。在创办优秀文化室、优秀职工小家活动中，活跃职工的业余文化生活，该站加大对“八小”的投入，做到“八小”管理好，职工业余文化生活丰富多彩。

【领导班子】

站　长：

师记龙（2014.01—2016.12）

书　记：

巩小东（2014.07—2016.12）

副站长：

毛红梅（2015.03—2016.12）

业务主管：

程　斌（2016.06—2016.12）

工会主席：

徐文僧（2014.07—2016.12）

【获奖情况】

霍州东站荣获2016年度太原铁路局先进集体荣誉称号，车站1名职工获得车务段“建功立业”先进个人荣誉称号，1名职工获得车务段“好家属”荣誉称号，1名职工获得车务段“优秀工会积极分子”荣誉称号。

（师记龙）

电　信

【概况】 2016年，霍州电信分公司聚焦转型战略，坚持党建统领，以4G业务和光纤宽带两项基础业务为抓手，以互联网+、天翼高清、翼支付等产品应用为突破，以提高网络质量和服务水平为根本，狠抓执行落实。收入市场份额提升0.38PP；2016年运营收入完成1100万元，较去年增幅21%，行业排名第一。

【党的建设】 2016年，霍州分公司坚持以党建为统领，推动党支部建设标准化工作，结合生产运营情况，对党支部的设置进行全方位的优化。支部由归属第4支部调整为独立的第11支部，实现各基层单位党组织的全覆盖。开展“两学一做”学习教育，制定教育实施方案，建立班子成员联系点制度，领导班子深入一线讲党课，开展知识竞赛、党员干部先锋行活动。开展最美身边人、道德讲堂活动，推进翼家人团队文化建设，打造讲政治、讲道德、守规矩团队。完善纪检监督体系，开展反腐倡廉教育。成立党风廉政建设领导小组，设置专职纪检监察人员，签订党风廉政建设责任书，有效开展“五个一”活动，为企业持续健康发展保驾护航。全力配合中国电信集团公司巡视整改工作，从组织领导、巡视动员、问题查找、问题自纠、问题整改等方面，把巡视整改工作落到实处。

【市场运营】 2016年，移动业务新增能力加速，质态指标改善，年新增移动用户0.6万户（净增0.3万户），较2015年提升27.5%。4G用户发展快速推进，2016年突破1万大关，4G用户渗透率全市排名第二，4G卡渗透率全市排名第一。移动业务户均流量接近1G，较年初提升400米以上，全市排名第三。宽带净增能力加强，年净增宽带用户0.3万户，份额提升1.6PP，净增量全省排名第一；宽带结构持续优化，百兆用户占比40%，较2015年末提升10PP。新增专线电路12条，净增10条，同比增长19%。新兴业务稳步发展，天翼高清渗透力达到16.6%，物联网用户数达到251户，翼支付活跃用户渗透率7.1%。

【渠道建设】　2016年，霍州电信分公司加强商圈、网格、支局、乡镇渠道建设，新增有效渠道21个，渠道总数达到36个，提高服务范围和服务能力，通过分类运营，加强服务监督，实现量收双丰收。2016年，实体渠道收入同比增长12%，全市排名第三；实体渠道宽带业务新增同比提升16%；实体渠道移动业务新增同比提升28%，全市排名第三。

【网络建设】　2016年，霍州电信分公司为提升用户感知，更好地为用户提供高品质的网络服务，霍州电信分公司重点加强4G网络建设，提升网络支撑能力。2016年，4G基站新增入网21个，累计88个，实现市区、县城及乡镇区域的连续覆盖，市区、县城覆盖率分别达到95%和94%以上，高速及高铁覆盖率达到90%以上。提升光宽端到端能力，新建端口2万，FTTH端口能力达到3万。其中：农村建设2万，达到20.9%。加强骨干层成环保护，IPRAN设备A成环率从16%提升至60%，3G基站成环率达到72%，全市排名第三；4G基站成环率58%，全省排名第二。持续优化传输网络，城域网出口带宽从80G扩容至200G；2016年累计新增通达乡镇光缆13条，通达率100%；2016年敷设基站间接入光缆136段，敷设光缆达361.89皮长千米。

【提速降费】　2016年，霍州电信分公司落实国家“宽带中国”战略，加快高速宽带建设，为“大众创业，万众创新”提供支撑，为“互联网＋”行动计划的实施做出贡献。在霍州开展“百兆大提速”活动，2016年固定宽带单位带宽价格下降55%，移动宽带上网流量单价下降37%，对于129元/月及以上档的融合套餐用户，在具备网络能力的条件下，给予免费使用百兆光纤宽带和天翼高清的优惠。率先响应国家号召，全面取消国内长途、漫游费，率先推行全流量计费（即电话、短信折合为流量，统一计费）。

【服务提升】　2016年，霍州电信分公司以客户满意为目标，打造水平化消费者信任网络，开展新入网关怀、星级服务、流量异常、国际漫游、高额预警、到期关怀等主动服务。推进营业厅服务达标工作，实现自有厅服务显性化、标准化，使自有厅的投诉处理、厅店环境和服务信息展示有质的改善。推进服务管控互联网化，通过用户评价的常态化、自动化、互联网化，实现对营业厅服务的即时测评。建设装移修满意度评估机制，推进宽带“先装后付”“24小时修障，超时双倍赔偿”“零拒绝、零退单”等多项差异化服务，提升用户服务水平，使《自有渠道服务规范》、投诉率、投诉处理及时率、投诉处理满意率4项服务指标保持在标准要求以上。开展精准扶贫工作。全面参与信息进村入户工程，开展农民手机培训和农技推广服务工作，让农民不出村、不出户，即可享受便捷的信息服务；通过物联网等新技术应用助力产业扶贫。

【领导班子】

经　理：

王文军（2013—2016.12）

移　动

【概况】　中国移动通信集团山西有限

公司霍州市分公司，截至2016年底，共有员工60人。霍州移动分公司主要经营移动电话、数据、无线电话以及多媒体业务、计算机信息网络国际联网和基于移动通信业务的各类增值业务。除提供基本语音业务外，还提供宽带接入、移动办公、彩信、飞信、咪咕音乐、和留言、和通讯录、和地图、和视频、和包（手机钱包）、和阅读、和生活、139邮箱、和商城等多种增值业务。拥有“全球通”“神州行”“动感地带”等著名客户品牌。

【业务指标】 截至2016年底，霍州移动分公司运营收入共10800万元，完成全年目标的104%；新建通信基站52个，累计建设基站数量282个；无线固定电话用户数达到4950户，电话用户普及率达到7.3%；移动电话用户19.7万户，移动电话普及率65%，光缆线路总长达1898千米，PON端口共3.5万个，宽带接入用户数达到16060余户。

【基础设施】 霍州移动积极开拓业务市场，截至2016年底，建成16个移动卖场，93个代办网点。用户通信份额达83.24%，辖区内共有宏基站282个。构建1898余千米的光缆传输网，建成覆盖全市的移动通信网络，实现通达各乡镇、各行政村及主要自然村的数据业务专线接入，4G网络基本实现乡镇以上级别的连续覆盖，重点景区和重要区域100%覆盖。采用SDH、OTN、PTN、OLT等光通信产品构建了传输网，可满足无线、集团客户、家庭客户等各类不同制式、不同带宽的业务接入，出口带宽达到20GE。

【集团业务】 基于中国移动数据网络的各类集团应用取得可喜成就，利用集团专线、集团短彩、和教育、无线固话等业务稳定市场。“和教育”合作学校达83所，用户数1.8万人。配合霍州市财政局金税项目、国土资源局专线和I米S电话整体合作项目、信访局“阳光工程”项目、水利局山洪防灾监控项目、法院I米S电话、医保专线、新农合专线、人民医院I米S电话、华润燃气员工终端合作、炬能公司专线等项目顺利实施。作为霍州市信息化建设的主导运营商，以在信息化领域雄厚的基础和优势，为霍州市信息化进程贡献力量。

【主要工作】 2016年，霍州分公司坚持以客户为中心，勇于创新，锐意进取，开展各项业务的营销，打造企业品牌，满足不同消费群体的需求，体现“正德厚生，臻于至善”的企业价值观。移动营业厅是办理移动业务的主要渠道，以“一流的管理水平，一流的服务质量，一流的社会效应”为目标，热情服务，敬业奉献，取得突出成效。

【工会活动】 2016年，霍州分公司开展丰富多彩的活动：元旦期间，举办包饺子活动，组织员工集体庆生活动，举办员工乒乓球比赛、跳绳比赛趣味赛、演讲比赛等，组织登山、健步走等活动，通过一系列活动。提升团队凝聚力和团队协作意识。

组织“青年文明号服务社会”系列活动，开展以“和你一起，扬雷锋精神，展志愿风采”为主题的系列公益活动。每周开展一次下乡宣传活动。推进精准扶贫工作，为2个扶贫村共计12户帮扶对象捐款赠物，定期开展慰问和帮扶。公司组织员工积极参加反腐倡廉教育月、“两学一做”学习教育等党风廉政建设专题教育，服务社会，甘于奉献，展现移动人风采。

【领导班子】

经　理：

王延龙（2015.02—2016.12）

副经理：

薛建军（2013.08—2016.12）

刘　俊（2013.08—2016.12）

（王延龙）

联　通

【概况】　中国联合网络通信有限公司霍州市分公司成立于2008年9月5日，经历邮电分家、移动分营、南北分立、重组融合等，隶属于中国联合网络通信有限公司。

【网络基础设施建设】　1.推进光纤入户建设，提高固网宽带接入速率。加大力度推进宽带网络光纤化改造，全市199个行政村已全部光纤化，城市家庭宽带接入能力基本达到50M，农村家庭基本达到20M，并不断加快光改进度来实现全网的光纤化改造。

2.加大4G移动网络建设力度，提升用户手机等移动终端上网速度。逐步提高3G/4G率，使3G/4G移动宽带网络覆盖目标达95%以上人口。到2016年底，3/4G基站64个，2/3/4G并存基站81个。降低4G网络使用门槛，通过多种合约补贴帮助用户更换4G终端，享受4G高速上网服务。至2016年底，2G用户13529户，3/4G用户24525户。

【优化收费模式，降低上网费用】　1.直接降低固定宽带资费。2016年，执行的是：城区50M资费768元/年，农村20M资费550元/年。

2.降低移动宽带资费水平。中国联通采取多项措施，降低移动宽带资费水平。开展区域内流量月包促销活动，流量跨月不清零；推出超值实惠定向流量。针对农村用户的“美丽乡村”定向流量包，2元10GB月流量；针对中小企业的钉钉和钉钉卡，钉钉内用户特别优惠；推出不限流量、不限通话分钟，每月只要199元的冰激凌套餐；结合用户通信消费行为进行大数据深入分析，引导用户选择适合自己的套餐，提高套餐匹配度，降低用户通信支出。

3.开展固定宽带和4G融合业务，降低总体费用。联通公司以固移融合为基础，推出智慧沃家融合套餐，其中，包括宽带、移动电话流量，可在资费水平不变的前提下，使用户获得更多可用流量。2016年，执行的资费是：农村年交612元，月送400分钟通话、500M流量、IPTV。城市年交912元，月送400分钟通话、800M流量、IPTV。

联通公司加强网络覆盖，提高网速，降低优化资费，陆续推出多项让用户用得起、用得放心的通信服务。网络速率持续提升。移动网方面，从2009年3G商用时7.2Mbps的速率，经过多次提速，到2016年4G网络峰值速率已达150Mbps，网速提高20多倍，与欧美的4G峰值速率相当。固定宽带方面，联通公司推进“宽带中国”行动，加快网络光纤化改造和新增区域光网覆盖。至2016年底，霍州联通光纤宽带接入端口数达到58544，光速宽带用户达到25235户。

【领导班子】

总经理：

王林杰（2016.02—2016.12）

副总经理：

岳军明（2015.04—2016.12）

刘成杰（2016.02—2016.12）

（刘文娟）

商业贸易

供销工作

【概况】 霍州市供销社是为全市农业、农村、农民提供服务的集体合作经济组织，负责全市供销社的组织、管理、服务和指导工作。其办社宗旨就是为“三农”服务。办公地址：前进街1号。内含科室有：办公室、人事股、财务股、统计股、资产管理股、监察办。到2016年底，机关工作人员16人。所属基层社、商场、公司在册职工270人（其中在岗90人）。退休职工250人，所属基层供销社10个（城关社、白龙社、师庄社、阎家庄社、李曹社、大张社、下乐坪社、三教社、冯村社、辛置社）。11个市直公司或商场（农业生产资料服务中心、废旧物资回收公司、棉麻公司、盐业公司、日杂公司、果品公司、工业品公司、土产公司、霍州商场、新桥大楼、鼓楼商场）。主营商品：日用百货、农业生产资料、食盐、烟花爆竹等。

【农资经营管理】 2016年，霍州市供销社和霍州市锦恒农业科技开发有限公司签订标识交换股权协议，成立霍州市供销社惠农服务中心，在李曹镇和三教乡下设两个惠农服务站，统领全市农业生产资料购销任务，相继下设20余个农资销售网点，直接服务农户达1万余户，服务土地面积超过5万余亩，农资销售达到1000余万元。

【食盐经营】 2016年，盐业公司坚持市场稽查和配送商品相结合的经营理念，做到“宣传到人，稽查到点，送货上门”。打造终端服务平台，在全市各大厂矿、中小学校、综合超市等地，累计设立食盐专供网点100个，保障供给全市居民合格食用盐。加大盐政法规宣传力度，建立盐业专营稽查小分队，常年在全市食盐经销网点和市境主要出入路口巡回，打击非法销售行为，保障全市人民的用盐安全。碘盐合格率和供给率均到100%，食盐销售300余万元。

【烟花爆竹经营】 日杂公司一方面抓好仓储安全管理，实行仓储、经营两分离，质检、量测两到位；另一方面，会同公安、安监、工商部门，严查无证经营，通过元旦、春节市场的集中专项整顿，坚持日常的巡回检查管理。2016年，未发生一例假冒伪劣烟花爆竹安全事故，烟花爆竹销售300余万元。

【安全经营】 2016年，霍州市供销社加强安全工作，把安全责任落实到领导班子、机关科室、基层单位的每一个层面，渗透到各商场、公司、基层社和每一个零售门店，制定出台安全隐患排查、安全值班、安全防汛、安全工作零报告以及重特大隐患挂牌督办制度和安全生产治理责任追究制度等，构建起行之有效的安全工作责任追究制度。实行市社领导带头值班，基层单位领导轮流值班，机关科室包片负责，重点部门、特殊岗位专人值班的四级安全响应机制，做到通信畅通、汇报及时、处置迅速，为各单位经营发展营造良好的安全生产环境。

【电子商务】 2016年，霍州市供销社紧跟市场动态，关注农民需求，面对“大众创业，万众创新”“互联网＋”社会经济发展新态势，分别与山西康和利电子商务有限公司及山西金蚂蚁电子商务有限公司达成合作协议，开展农村电商公共服务体系、农资及农副产品上行体系、农资及日用消费品下行体系、乡村物流体系的建设和农村互联网金融业务。截至2016年底，供销社两家电商企业正式挂牌营业。

【信访稳定】 2016年，霍州市供销社把信访稳定工作贯穿于各项工作中。成立信访稳定工作领导组，建立市社、基层单位行政一把手、市社机关首问接待三道防线，把信访问题消化在源头。在市民政局的政策支持下，建立动态管理、能进能出的职工最低生活保障防线。建立起以基层单位为主体，市社统一指导调济的职工养老、医疗保险基金上交机制，为部分基层社、空壳公司超龄、待退职工办理退休手续。把全系统的病、残、弱职工，“40、50”下岗职工，纳入困难职工帮扶救助体系。

【领导班子】

主　任：

李小涛（2012.12—2016.12）

副主任：

段耀峰（2012.12—2016.12）

（索琪昌）

烟草专卖

【概况】 霍州市烟草专卖局组建于1983年6月。下设3个股室，即专卖股、客服股、综合股。到2016年底，全局共有干部职工31人，党员18人。具有大专学历30人，中专学历1人。霍州市烟草专卖局（营销部）在霍州市委、市政府和临汾市烟草专卖局（公司）的正确领导下，在地方各职能部门的配合下，按照“进军省强市、全面达小康，共建文明开放幸福美丽新霍州”的总体目标，以“卷烟上水平，服务地方经济”为工作重点，各项工作都齐头并进、和谐健康发展。

【主要经济指标】 2016年，烟草专卖局销售卷烟9284箱；卷烟销售收入2.3亿元，卷烟销售条均价99.6元，同比增加8.5元。上交地方税金1500余万元。

【专卖管理】 2016年，烟草专卖局与霍州市人民法院、人民检察院、公安局联系，建立健全公、检、法和烟草专卖联合打假机制，及时组织召开“四部门”联席会议，成立涉烟刑事犯罪活动组织领导机构，设立联合打假办公室。联合打假长效工作机制包括：联席会议制度、情况信息通报制度、涉烟刑事犯罪案件移送和备案制度、涉烟刑事犯罪案件督查督办制度、政策调研制度。

2016年，共出动执法检查人员1600余人次，检查车辆370余台次，查获各类违法案件56起，查获各类非法卷烟44.78余件，上缴罚没款6800余元，查获案值5万元以上案件1起，移送公安1起，移交工商1起。

【领导班子】

局长、经理：

郭文生（2014.11—2016.12）

专卖副局长：

郭小平（2008.03—2016.12）

营销副经理：

马　强（2012.06—2016.12）

行政副局长：

原海平（2015.10—2016.12）

【获奖情况】

霍州市烟草专卖局（营销部）2016 年度被省文明办评为“文明单位”。

（原海平）

教育科技

教育科技事业

【概况】 霍州市教育科技局是霍州市人民政府设立的行政管理部门，负责全市教育科技工作的总体规划、统筹管理等；具体履行中小学教师资格的认定、招聘录用、职务评聘、培养培训、考核奖惩及技术承包、咨询、开发等工作的组织、审批、登记、管理等职能。截至2016年底，共有各级各类学校100所，其中，公办学校90所（普通高中3所、职业中专学校1所、初中10所、九年一贯制学校4所、小学48所、小学教学点21所，特教学校、电大、教师进修校各1所），民办学校10所。共有教师3198人，其中，公办学校教师2766人，民办学校教师432人；共有学生35396人，其中，小学20355人，初中8523人，高中5569人，职中908人，特教41人。2016年，霍州市教育科技局以开展教育管理年工作为主线，以巩固提高教育教学质量为中心，开展“两学一做”学习教育，推进《义务教育学校管理标准（试行）》省级实验工作，抓教学，科学规范抓办学，预防为主抓安全，全力以赴抓教研，全面实施素质教育，深化科技服务，确保全市教育科技事业的科学、和谐、可持续发展。

教育工作

【省级实验工作】 2016年，霍州市被确定为《义务教育学校管理标准（试行）》临汾市唯一的省级试点县。为构建符合国家标准、体现山西特色、适合临汾义务教育学校发展需要的学校管理标准体系，形成可复制、能推广的操作模式，霍州市成立领导机构，组织专家指导团队，各负其责、齐抓共管。多次邀请省内外专家对全市义务教育阶段学校管理者进行《管理标准》业务培训。10月，组织教科局班子成员、中小学校长、机关相关股室负责人赴国家级实验区孝义市进行观摩学习，提高实验工作的针对性和前瞻性。全市各学校完善《学校发展规划》《学校章程》及系列管理制度，确立研究课题，制定具体推进方案，逐条落实《管理标准》92项指标。截至2016年底，有部分学校初步达到管理标准要求。

【教育投入】 2016年，霍州市财政对教育的拨款为42075.97万元。生均教育事业费：小学8304.9元，初中9663.24元；生均公用经费：小学2479.45元、初中2396元。

【师资队伍】 2016年，邀请山西省、临汾市级教育专家开展听课评课、做示范课、现场教学报告等形式多样的培训活动，在校本教研、课题研发、重构课堂教学新方式、提高课堂教学实效性等方面进行悉心指导，提升教师队伍的整体素质。全市各校开展“一师一优课，一课一名师”活动，微课制作，公开晒课，提升中小学教师的信息技术应用能力。全市各校全部配备县级及以上学科带头人、教学能手或骨干教师，各学校专任教师的学科、年龄、职称、性别等结构逐步趋于科学合理。开展区域内义务教育阶段学校校长、教师交流活动，校长、教师的交流比例达到10％以上，基本实现义务教育阶段学校师资配置均衡。在全市开展争创“三优”活动，转变教师教育观念，更新教师教学手段，优化课堂教学结构，培养学生核心素养，提高教育教学质量。加强师德师风建设，出台《霍州市关于中小学教师师德师风管理办法》和《霍州市中小学教师师德师风考核办法》，采取明查暗访、公布举报电话等方式对违反教育的“三乱”行为造成恶劣影响的学校及教师进行严肃查处，规范教师从业行为，树立行业新风。

【教育民生工程】 2016年，按照《霍州市四类困难家庭学生固定救助办法》，对全市双亲亡故、单亲亡故、父母一方卧病在床、本人重大残疾的四类困难家庭学生和升入大学的霍州籍贫困大学生进行摸底认证。采取舆论引导和政策支持相结合的办法，鼓励关心热爱教育事业的企事业单位和个人捐资助教、爱心助学。成立爱心助学基金会，召开集资大会，常年在市区各大商场、超市设立爱心捐款箱，使助学工作步入制度化、规范化轨道。2009至2016年，爱心助学基金会共募集资金5211014.1元，募集的物资价值1057136元，资助贫困学生1033人次。北京霍州籍同乡会发起成立京霍情爱心助学基金会，2010至2016年，共募集资金60余万元，募集的物资价值55万元，资助学生87人。全市优秀民营企业家朱志宏成立的紫云爱心助学基金会，2003至2016年，共资助学生397人，资助金额235.6万元。以霍州籍台湾同胞宗荣禄先生命名的“宗荣禄奖学基金”，1993至2016年，共资助学生1200人，金额12万元。由卫计局发起成立的“圆梦女孩”助学基金，资助学生24人，资助金额2.4万元。市总工会“金秋助学”成立以来，共资助学生325人，资助金额55.77万元。2016年8月26日，在中镇文化广场举办霍州市四类困难家庭学生救助暨爱心助学大会。市四套班子领导、全市广大科级干部、企业家、社会各界爱心人士等，纷纷向广大困难学生慷慨解囊，奉献爱心，现场共募集捐款1060161元，救助学生458人。

【平安校园建设】 2016年，霍州市把加强学校安全工作作为教育工作的一项重要任务，坚持“安全第一，预防为主，综合治理”的方针，开展创建“平安校园”活动，完善中小学、幼儿园以校长、园长领导下的安全保卫工作责任制，加强校园内部安全工作队伍建设，动员全体师生员工参与安全防范工作。完善校园的值班、巡查、消防、食品安全等管理制度，实行安全工作经常巡查和定期检查相结合的工作机制。定期检查、维护和维修校园基础设施及设备，重点防范危及师生安全的危房倒塌、食物中毒、交通、触电、溺水等事故。暑假和寒假放假前，印发《致全市中小学（幼儿园）家长的一封信》，家校结合，全面落实监管责任，取得良好效果。协调有关部门加强网吧管理，加强群防群治，打击扰乱学校治安的违法犯罪活动，从严治理校园及周边环境。加强和改进学校德育工作，发挥法制副校长的作用，定期举办法制教育讲座，从源头上预防青少年犯罪，构建和谐校园，为学生健康成长创造良好社会环境。

【教育管理工作】 市教科局将2016年确定为教育管理年，提高教学仪器、文体器材、多媒体和图书资料等设施设备的使用率，整体提升义务教育学校办学水平。该项工作是促进义务教育均衡发展的重要举措，也是有效破解义务教育“择校”难题的现实需要。发挥优质教育资源的带动辐射作用，探索办学模式改革，整体提升义务教育学校办学水平和质量，有效缩小城乡、校际差距。通过落实《义务教育学校管理标准（试行)》，以建立现代学校管理制度，提高义务教育水平，促进学生全面发展为目标，实施素质教育，完善学校管理制度和工作机制，促进义务教育阶段学校管理的标准化、精细化和现代化，提高义务教育学校管理水平。通过开展教育管理年工作，加强学校各功能室、教学仪器、图书资料等的管理和使用，发挥其作用，更好地服务于教育教学工作，巩固义务教育均衡发展成果。

【教育教学质量】 2016年，高考成绩取得历史性进展，再次突破千人大关，2016年，全市参加高考人数2733人，二本B类以上达线人数1088人，比2015年净增85人；达线率39.8%，比2015年净增2.5%。理工类最高分624分，文史类最高分557分。中考成绩持续巩固，位居临汾17个县（市、区）第三名。高考、中考同获丰收，同创历史新高。以高考、中考为标志，霍州市教育彻底走出低谷，步入良性发展轨道。霍州市全面加强城乡学校联合，做到教研活动、教师培训、教学质量互联，教育资源、教育管理共享。以课改先行校联合体为依托，采用“专题培训，观摩议课，经验交流，归纳提升，运用推广”的工作模式，开展送教下乡、名师与农村骨干教师结对、农村骨干教师“手拉手”以及教学开放周、优质课展示等活动，构建校际间、班级间、同伴间的促优转困帮扶模式。制定出台《霍州市关于进一步加强教学工作的指导意见》《霍州市中小学教学常规管理量化评估细则》，组织开展教学新秀评选、教科研论文评比、网络集体备课等活动，组织编写小学“三级教案”和初中“教纲”“讲学稿”，引领全市中小学课堂教学同步发展，在全市教科系统形成“校校抓质量，人人抓教学”的良好氛围。

【学生综合素质】 2016年，全市高度重视素质教育工作，把促进学生全面发展放在工作首位。全市各学校通过内挖外引，开设霍州威风锣鼓、霍州年馍、板画、沙画、创意手工、围棋、合唱、舞蹈、武术、跆拳道、书法、拉丁舞等多个社团，激发学生的兴趣和特长，提升学生综合能力。成功举办建筑模型大赛、小主持人大赛、“中华魂”主题演讲赛、啦啦操比赛、广播操比赛、航空模型比赛、“激情教育梦”师生书画展等活动，展示学校社团活动的成果。在临汾市第31届青少年科技创新大赛中，霍州市获奖作品高达423件，占到临汾市获奖作品的四分之一，荣获临汾市第一名。在临汾市第2届“青少年机器人竞赛”活动中，霍州市取得2个一等奖、5个二等奖、1个三等奖的佳绩。在临汾市第7届中学生田径运动会上，取得高中女子团体第三名的好成绩。在山西省“中华魂”主题教育活动中，荣获优秀组织奖。在全国第五届中小学生艺术展演活动中，荣获全国优秀组织奖，其中6件学生作品荣获省级二等奖。同时，全市各校开展践行社会主义核心价值观教育活动，广大师生的精神风貌明显改变，道德水准明显提升，灵魂得到净化，校园内风清气正，处处充满正能量。

【学前教育】 2016年，全市共有幼儿园143所，其中公办园35所，民办园108所；在园幼儿10119名，入园率98%；幼儿教师865名。2016年，投资870万元，建成白龙镇寺庄幼儿园、退沙街道许村幼儿园、陶唐峪乡义旺幼儿园，基本实现全市每个乡（镇、街道）都有一所标准化公办幼儿园。坚持“扶持一批，整治一批，取缔一批”的原则，积极创设条件，鼓励和扶持民办幼儿园做强做优。霍州市学前教育以国家《幼儿工作规程》和《幼儿园管理条例》为指导，坚持以幼儿为主体，以教师为主导，面向全体，寓教于乐，寓教于做，主动发展，使幼儿的智力得到开发，使幼儿养成良好的生活与行为习惯。按照两个法规要求，提高幼儿教师水平，保证教育质量，改善办学条件，优化育人环境。

【小学教育】 2016年，全市共有小学69所，在校生20355人，小学入学率达100%，毕业率达100%。全市各小学全面实施素质教育，落实国家课程标准，开全课程，开足课时，开展大课间活动，落实阳光体育运动，教育教学质量稳步提升。

【初中教育】 2016年，全市共有初中14所，在校生8523人，初中入学率达100%。严格规范办学行为，实现“划片、免试、就近”入学，均衡编班，阳光编班，国家课程得以全面开足开全。开展城乡学校之间、优质学校和薄弱学校之间“捆绑式”“结对子”帮扶活动，城乡之间、学校之间差距逐步缩小。

【高中教育】 2016年，全市共有普通高中学校3所，在校生5569人。普通高中办学规模不断扩大，全面推进素质教育，实施课程改革，开展教学研究，探索多元化的发展思路，办学效益明显提高，高中教育教学质量稳步提升。

【民办教育】 2016年，全市共有民办学校10所，在校生3720人。贯彻落实《民办教育促进法》，坚持“积极鼓励，大力支持，正确引导，依法管理”的办学方针，加大对民办教育机构的检查指导力度，提升民办教育的办学档次，规范办学行为，全市民办教育呈现出健康、有序、快速的发展态势。

【职业教育】 2016年，霍州市教科局围绕市委、市政府总体发展目标，开展面向农村的职业教育，职业教育服务社会的功能逐步增强。职业中专学校瞄准市场设置专业，设立“京津学生实习就业服务中心”，创造“订单培养，对口就业，跟踪服务”的“霍州职教模式”，学生就业率达到99%以上，职业教育步入快速发展轨道。

【特殊教育】 2016年，霍州市教科局投资560余万元为市特殊教育学校配足配齐各类硬件设施，使全市广大聋哑及智障学生能够享受到现代化的教学及康复训练。

【成人教育】 2016年，霍州市教科局以建设社会主义新农村为目标，开展送科技下乡活动，顺应全市农业调产大形势，以成人学校为依托，针对性地举办农村科技培训，推动农业发展、农民增收，共开展各类技术培训100余次，培训3万余人。2016年，白龙镇和陶唐峪乡通过了学习型乡镇临汾市级验收。

科技工作

【科技创新发展】 2016年，市教科局申报霍州市聚盛牧业有限公司承担的杜湖杂交肉羊标准化养殖技术、霍州煤电集团辛置实业有限公司承担的真空外载荷绝热板的开发研究等3项市级项目及山西文冠果科技有限公司承担的文冠果茶产品种植及开发省级项目，同时配合临汾市科技局完成优质核桃标准化栽植示范基地建设及粉煤成型连续气化工艺的开发项目完结验收工作。邀请省专家深入企业指导高新技术企业申报，主动上门走访服务，先后深入霍煤新产业公司、霍煤曹村工贸有限公司、辛置实业有限公司等，召开座谈会，对公司领导、技术研发及财务工作人员进行专业指导，宣传高新技术企业认定意义，详细讲解申报程序及注意事项，通过面对面交流，解决企业在申报过程中遇到的难题。先后促成山西文冠果科技有限公司与北京林业大学自然保护区学院开展合作，共同建立科研合作基地及社会实践基地，霍煤新源通新产业投资有限公司同煤炭科学研究总院山西煤机装备有限公司等10余家科研院校和机构在新能源、生物柴油、煤机装备、种植业、养殖业和农副产品加工业方面开展技术合作。培育指导霍煤新产业有限公司申报临汾市级技术研发中心建设通过认定。

【科普宣传教育】 霍州市教育科技局面对企业，积极引导，开展政策宣讲进企业活动。先后深入山西文冠果科技有限公司、霍煤新源通有限公司等全市具有科技潜力的企业进行摸排式走访，与企业沟通座谈，宣讲普及激励企业自主创新的相关政策，进行宣传解读。开展科普进校园活动。通过学生的参与，让学生在参与中学习新知识、新技能。举办科技创新大赛在城区学校举办航模大赛及建筑模型大赛。开展科技知识大放送活动。先后在大张、白龙、辛置等乡镇设立咨询台，向当地群众普及农业科技等科普知识。现场答疑，就农民关心的问题作出解答，宣传相关的农业科技政策，让老百姓感受到科技下乡的实惠和政府心系群众的关怀。3月18日，霍州市“文化、科技、卫生”三下乡启动仪式上向白龙镇寺庄村捐赠价值4万元的科技图书及文体器材。开展“创新引领，共享发展”为主题的科技活动周，与基地、合作社合作，多次开展各类农业实用技术培训，邀请中国林业科学院副研究员王利兵、博士毕泉鑫为广大农户授课，培训内容涉及文冠果疏花、修枝技术等实用技术以及文冠果经济价值和存在问题及解决方案，对文冠果的人工控制授粉技术和产业发展进行深入讲解。

【专利资助工作】 霍州市教育科技局利用知识产权宣传日、知识产权宣传周、科普宣传周等活动，深入社区、学校、企业开展知识产权宣传和现场咨询活动。在现场咨询活动现场，工作人员现场宣传知识产权法律法规知识、接待群众咨询、发放知识产权宣传册，提高广大市民对知识产权的认知度。开展知识产权培训，组织企业参加专利培训。邀请高新科创专利事务所冷所长一行在霍煤新产业公司开展专利申请知识等培训并就专利申报、专利数据预警达成合作协议，保证专利申请的数量和质量。重点选择煤机装备制造、新材料、生物医药等高新技术产业领域，会同专利事务所专家上门开展专利服务，动员企业申请专利，与企业科技人员座谈分析，提高企业专利挖掘和保护能力。2016年，共申请专利84件，其中发明申请37件，拥有有效发明24件。实施知识产权战略，推动知识产权战略落实，完善知识产权工作体制机制，提升知识产权创造、运用、保护和管理能力，推进企业实施知识产权战略。

【领导班子】

局 长：

乔桂平（2010.08—2016.12）

副局长：

薛云彪（2002.10—2016.12）

朱志峰（2012.08—2016.12）

董 江（女，2010.03—2016.12）

纪检组长：

李海龙（2012.08—2016.12）

督 学：

王虎广（2011.04—2016.12）

总支委员：

张 菁（女，2010.03—2016.12）

【获奖情况】

2016年，霍州市教育科技局荣获全国第五届中小学艺术展演活动优秀组织奖、山西省“中华魂”主题教育活动20周年优秀组织奖、山西省第二届中小学安全知识网络竞赛优秀组织奖、被评为《山西教育·幼教》杂志优秀通联单位、临汾市文明单位标兵、临汾市“一师一优课、一课一名师”先进单位、临汾市综治工作先进单位、临汾市尧神杯主题征文优秀组织奖。

2016年，薛忠虎荣获“临汾市优秀工会工作者”称号；刘明星荣获临汾市第三十一届青少年科技创新大赛先进工作者称号；梁琴荣获临汾市巾帼建功标兵称号；刘小洁荣获临汾市“一师一优课、一课一名师”先进工作者称号。

（薛忠虎　卢晓华）

霍州一中

【概况】 霍州市一中校始建于1948年，其前身是霍县师范学校，1954年改为初级中学，1958年开始招收高中班，成为一所完全中学。“文化大革命”后不再招收初中班。1983年更名为霍县第一中学并恢复招收初中班。1990年撤县建市后，更名为霍州市第一中学，自此不再招收初中班，成为一所高级中学。至2016年，发展成为一所20轨制的省级示范高中。全校60个教学班，学生3000余人，教职工278人，其中：国家级模范2名，省级模范教师18名，省级学科带头人12名，省级骨干教师6名，省级教学能手6名。全校党员共计92人，其中，在岗党员72人，离退休党员20人。

霍州市一中于2007年迁入新校区，新校区占地面积175亩（116500平方米），总建筑面积54683.36平方米，生均建设用地36平方米，绿化总面积33900平方米，生均10平方米。有400米标准化田径场地和足球场地各1个，篮球场6个，羽毛球场6个，单杠3副，器械体操区300平方米。

霍州市一中拥有设备资源：6个56＋1的微机室；5∶5∶3结构的理、化、生实验室；1∶1∶1结构的理、化、生探究实验室；地理专用教室，地理探究实验室，语音实验室，60个多媒体教室等。

【高考成绩】 2004至2016年，最杰出的学生代表有3名：2004年刘俊锐以理工类688分的高分考入清华大学；2008年韩倩倩，以临汾市理工类状元的身份考入北京大学；2010年郭琳琪以理工类646分的成绩被香港中文大学录取（全额奖学金）。开创霍州高考史上的先河，在临汾市也是首屈一指。2013年一中高考成绩喜人，二本达线人数415人，其中一本达线人数137人；2014年，一中二本达线552人，一本达线175人，再次刷新一中高考历史纪录；2015年，二本达线 747 人，其中一本达线 253 人。

2016 年，高考成绩再上新台阶，二本以上达线人数 831 人，创历史新高。

【办学思想】 发展定位：把学校办成奠定学生学力发展基础和人格发展基础的摇篮。培养目标：把学生培养成具有中国灵魂、国际视野和一技之长的社会主义建设者和接班人。管理思想：依法治校，民主理校，科研兴校，特色立校，质量强校。

办学理念：为学生成长奠基，给教师发展铺路。办学特色：文化育人。社会承诺：让学生健康成长，让家长放心满意，让社会满怀期待。校训：立德树人，修己达仁。校风：学高为师　身正为范。学风：想——就要壮志凌云；学——务必脚踏实地。

【发展目标】 1. 总目标：构建文化校园，彰显学校特色，铸就示范品牌。

2. 学生素质培养目标：培养学生具有自主学习和合作学习的意识和能力，能认识到学习是人类生活中不可缺少的一部分，有良好的文明素养和行为习惯，懂得与人交往的基本礼仪与社会规范，知道感激社会、父母、师长的关爱并加以回报，具有有理想信念、敬爱父母师长、尊重他人、热爱集体、热爱祖国的意识与情感。坚持要求学生“要做就做到最好”，从而培养“凡事认真”的习惯。学生学习成绩合格率达到 95%以上，优秀率达到 30%至 50%，学生身体健康素质达到 98%的国家标准。

3. 教师素质培养目标：修身养性，知书达礼；形象得体，为人师表；文明施教，因材施教；尊重学生，礼待家长；勤于学习，充实自我。专业知识扎实，具有娴熟的现代教育技术，遵循学生成长规律，树立科学的人才观，发现挖掘每个孩子的潜能，实施差异发展。全校教师本科率达 100%。培养省级骨干教师由 6 人增至 15 人，市级骨干教师由 11 人增至 30 人，省级学科带头人由 12 人增至 18 人。培养一支专业化班主任队伍，新增 5 至 10 名骨干班主任。50%以上的教师有科研能力，50%的教师有课程开发的能力，每年在发表科研论文 5 篇以上。

4. 教学质量管理目标：贯彻落实“十六字”教学方针和“五环节助学法”，优化教学常规管理，继续创新和完善有效课堂教学模式，培养学生自主学习、刻苦探究、勇于创新的能力；培养教师具有较强的课堂驾驭能力、教材处理能力、科研创新的意识；师生关系和谐发展，实现学生综合素质逐步提高、教师整体素质提升、学校教学质量在临汾市名列前茅。

【梁衡研究】 2015 年 9 月，霍州市委、市政府站在文化强市的战略高度，决定引进文化项目——“梁衡研究会”，经过市“老促会”的协调，通过霍州一中的全力配合，梁衡研究会于 9 月 28 日挂牌成立。此项目的引入具有深远的历史和现实意义。丰富“文化育人”办学特色的深刻内涵。梁衡的散文有 62 篇入选中小学教材。

梁衡是霍州市下马洼村人，是中国当代著名散文家、政论家、新闻理论家和科普作家，他的作品多次入选语文课本，成就突出，影响深远。“梁衡研究会”落户霍州一中，把梁衡赠送的《中学生散文读本》《中学生素质读本审美艺术卷》《中学生素质读本成功立业卷》《中学生素质读本感恩真情卷》《中学生素质读本哲理人生卷》《数理化通俗演义》等书籍以及梁衡先生的个人成长历程开发为霍州一中的校本课程，设有专门的梁衡图书室及电子阅览室，在展厅里有梁衡先生各个时期工作和生活的图文介绍，陈列有梁衡先生所有的作品及部分手稿，既可供研究，也是青少年步入学术殿堂的有力阶梯，以此为起点力争把霍州一中的校本课程研发推上一个更高、更新的平台。

【建筑及园林文化】 霍州一中的建筑设计尽显文化育人功能：从空中俯视，呈半圆形的综合实验教学楼和图书馆形成一个硕大的“问号”，象征着霍州一中是一个求知、质疑、解惑、求真的理想场所。霍州一中的建筑布局呈现阶梯上升的特色：教学实验楼由东向西C、B、A三区分别为三、四、五层，公寓区到餐厅到教学区节节升高，南大门向北到教学区也是步步高升。象征着霍州一中的学子将在这里持续进步，霍州一中教师的业务水平、职业修养不断提升，霍州一中在时代的潮流里稳步前进，不断发展。楼前广场的“腾飞”雕塑象征着霍州一中的学子将在这里起飞远航。学校绿化面积高达60%，树木和花草植物种类多达50余种，有人工湖、假山、亭阁，可称得上是一所“生态园林化学校”。

【门厅、墙壁及走廊文化】 霍州一中本着让每一处门厅、墙壁及走廊都会说话，成为育人的有效手段的原则，根据场合功能不同设置相应的育人内容：教学楼门厅是为学校发展做出杰出贡献的名师专栏，昭示着霍州一中名师济济、实力雄厚，也彰显脚踏实地、敬业奉献的师风师貌。每个教室都有以班主任为核心的独具个性的引领学生发展的班级墙壁文化。教师办公室也设计了引领师德、教学的办公室墙壁文化。教学楼顶的“科学规范办学，竭尽全力教学”，是霍州市委、市政府对霍州一中办学方针的指导；教学楼西侧“修身、启智、健体”六个大字指明学校的育人目标，引领着学子的人生发展方向。C区消防通道是以《论语》中提取出的警句为内容的论语文化，从修身、为学两方面对学子的发展起到引领作用。餐厅柱壁是以节俭为主题的条幅文化。“做有世界眼光中国灵魂的中学生”的醒目标语是学校育人的宏伟目标。公寓楼北是以《弟子规》内容为主体的黑板报文化，引领学子孝亲、睦友、守规、明礼。紧邻南大门是以名人雕塑为核心的名人文化。图书馆过道是以成功学子为主题的“博士文化走廊”。

【节日文化】 传统节日、国家纪念日蕴含着丰富的文化育人元素，可以激发学生对民族文化、伟大祖国的深厚感情，可以引导学生形成健全的人格、良好的品德，健康的审美情趣。依据这一特点，霍州一中举行一系列的节日文化活动。

清明节扫墓活动可以引导学生敬慕英烈，树立无私奉献的报国志向。端午节以屈原的忠贞爱国、心忧百姓、志趣高洁为主题，引导学生在了解节日背景、节日风俗的基础上，学习屈原高洁的人格、正直的品质、忠贞不渝的家国情怀。五四青年节、国庆节举办以爱国为主题的歌咏比赛、演讲大赛、诗歌朗诵用以激发学生的爱国热情。以“五四”为节点的校园文化节举办文艺汇演、校园歌手大赛、书法绘画大赛、课本剧演出等活动激发学生对艺术的向往和追求，培养健康的审美情趣。

【班级文化建设】 霍州一中的班级文化建设别具一格。为增强班级凝聚力，霍州一中分别于2011年5月10日和2015年5月19日举办两届班歌大赛，两届班歌大赛都是学生作词、音乐老师谱曲，既增强班级凝聚力，培养学生对音乐艺术的兴趣，也激发广大学子的创新热情。

从2013年起，霍州一中的高考誓师由集体宣誓调整为以班级为单位宣誓，个性突出，效果大增。教师团队的誓师也成为一个亮点一种惯例。

【校史文化】 霍州一中校史室体现了1948年建校以来霍州一中几代人艰苦创业的历史以及取得的杰出成就，校史文化成为教育广大师生热爱学校、努力工作和学习、勤奋上进的精神加油站，光辉的校史增强了霍州一中人对学校的自豪感。

【校旗校徽校歌文化】 霍州一中的校旗、校徽、校歌全部由一中师生自主设计、创作。校旗、校徽、校歌凝聚着一中师生的宏伟理想、孜孜追求与自信、乐观、向上、积极进取的精神风貌，也充分体现了一中人与时俱进的创新意识和无与伦比的创新能力。

【国防教育文化】 2015年9月，霍州一中被霍州市武装部定为“国防教育示范校”，并在霍州一中图书楼开辟国防教育展览室。霍州一中的国防教育首先是以军训为载体，进行多层次的国防教育：苦练军姿，锤炼顽强意志，聘革命老人讲战争故事，请部队同志作国防形势报告，组织“立志成才，报效祖国”“位卑不敢忘忧国”主题演讲会，搞长途拉练、探军营、睹军容、学军风活动，鼓励有志学子报考国防、空军院校等。除军训之外，抓住“九·一八”、“五四”、国庆等纪念日，组织学生查阅资料，回顾历史，了解国际国内形势，制作主题板报，举行爱国诗歌朗诵及演讲大赛。

【曹端文化】 2015年8月，学校决定成立“曹端研究会”，把清正廉明的传统为官文化引入学校，让学生从学生时代起就仰慕并培养淡薄名利、正直清廉、干净做人、一心为民的高尚情操。提前校准人生方向，从源头戒除贪慕富贵、奢侈淫逸、损公利私的消极思想，为国家形成风清气正的政治环境做好基础工作。

【支部换届】 霍州一中党支部全面贯彻党的教育方针，执行上级党委的各项决议，在教科局党总支的直接领导下，推进各项工作目标的完成，以抓教师职业道德为突破口，以抓教学工作为中心，坚持“围绕教学抓党建，抓好党建促教学”指导思想，充分发挥党组织的政治核心作用和监督保证作用，推动学校党建工作及教育教学工作顺利开展，取得一定成绩。

2016年10月，在霍州市委组织的精心部署和市直工委的周密安排下，党支部换届。严格按照组织程序，公开、公正、公平地实施党支部的换届工作，并得到上级部门的批复。根据批复文件，党支部由5人组成：韩学东任党支部书记，房建斌任党支部副书记，陈海平任组织委员，成文安任宣传委员，陈军平任纪检委员。

【精准扶贫】 贯彻落实《霍州市干部驻村精准帮扶“三联三包三促”实施方案》，承担霍州市三教乡杜庄村10户困难群众的帮扶任务。支部书记、校长韩学东带领党政班子成员多次赴杜庄村开展扶贫工作，深入每一户困难群众家中，详细了解家庭面临困难、致贫原因等情况，并号召全校党员为帮扶对象捐款、献爱心，全体党员积极响应，不到半个小时即募集到爱心捐款3660元。

【领导班子】

校长、党支部书记：

韩学东（2005.09—2016.12）

副校长：

陈海平（2005.09—2016.12）

成文安（2005.09—2016.12）

安国华（2005.09—2016.12）

刘光明（2013.11—2016.12）

校长助理：

贺志锋　房建斌　张记梅（女）

刘振明　李红有　陈军平

（李红有）

霍州二中

【概况】　霍州市第二中学是一所12规制的全日制普通高中，创办于1986年，2002年9月，迁址到建材路北科技路旁，新校区占地面积70余亩，绿化面积达1万余平方米，环境优美，设施先进，配备有高规格的实验室、计算机教室、多媒体教室、会议室、图书室等设施，有一支业务精通、敬业奉献的教师队伍。2016年9月，学校新增首批国家级免费师范生2名，补充新鲜血液，优化教师团队的年龄结构。截至2016年底，学校共有36个教学班，在校学生1980余名，拥有教职员工162名，其中，在编教师132名，拥有中学高级职称的11人，中学一级职称的45人。

【德育工作】　2016年，霍州二中强化对学生的德育教育，春风化雨，润物无声。学校坚持每周一次的升国旗和国旗下的演讲活动；班主任每周坚持对学生进行一次主题班会教育活动；每逢青年节、国庆节、元旦等重大节日，学校必以板报、文艺等形式开展纪念活动；每年清明节前，学校必组织学生到霍州市爱国主义教育基地——南塔烈士陵园凭吊英烈，缅怀先辈，激励学生珍爱和平，珍惜青春；市二中先后召开两次全校大型感恩励志教育活动，密切家校关系，激发学生的学习动力；每学期，校长李林锁采取多种形式，或深入班级，或召开大会，或个别谈心，对学生进行正确的世界观、人生观、价值观的引导点化教育，既传播正能量，又润泽学生心田。

【教科研工作】　2016年，霍州市二中坚持教科研工作的常态化、多样化，做到教科研每学期有计划，每周有活动，每月有总结，每年有交流。2016年，开展新教师赛讲、骨干教师示范公开课、全体教师微课大赛等活动，高三教师和霍州一中教师进行两次考前信息交流活动，还邀请2名临汾一中骨干教师来校进行传经送宝交流活动，提高市二中教师的教育教学水平。2016年，经过激烈角逐，市二中共有18名教师获得省、市级学科带头人和骨干教师光荣称号。

【特色办学】　针对生源基础较差的校情，市二中结合实际，抓住课改的大好机遇，及时调整办学思路，经过多年实践摸索，走出一条具有鲜明二中特色的健康、快速、可持续发展的多元办学之路。学校开设有音乐、体育、美术、书法、舞蹈、播音主持、影视编导、空中乘务、健美操等特长教育科目，为学生的高考和就业提供一个极为有利的发展平台。“家校携手，合作共赢”是市二中成功的又一大法宝，学校一直重视着家长和学校的联系，随时欢迎家长到校参观、听课、座谈，2016年，市二中召开三次全校性的家校联席大会，听取学生和家长的宝贵意见，家校携手同行，定位精准，目标明确，收到事半功倍的效果。

【高考成绩】　2016年，市二中高考达线人数首次突破“百人”大关，达线110人，其中一本达线39人，达线率35.4%，取得建校以来高考最好成绩。

【平安校园建设】　2016年，市二中强化岗位目标安全责任制，坚决实施安全责任一票否决制。经校委会研究决定，学校把每月的12日定为“安全教育日”，坚持在“安全教育日”前后进行全校师生安全疏散演练，提高师生应急自救能力。平时学校利用黑板报等形式，对学生进行交通、食品卫生、用电等安全教育。2016年10月27日，学校专门聘请山西省政安消防科教中心习延俊主任来校对广大师生进行安全逃生专题讲座，提升师生安全逃生技能。在日常管理方面，学校强化门卫管理制度，对外来人员一律实行登记准入制，平时学生进出校门实行证、条统一制度，让不法分子无隙可钻、无机可乘。2016年，学校重新调整停车区，师生车辆实行集中存放、分区管理、专人看护，加大巡查力度。2016年11月底，学校建成覆盖全校的视频“电子天眼”，实现校园安全监控的全天候、无死角，提高学校安全隐患的发现、排查能力，增加了师生的校园安全系数。

【校园文化建设】 2016年，霍州市二中建设迈上一个新台阶。学校在教学楼前后、办公楼两侧设置40多面文化宣传版面，内容有世界名人故事、中华传统美德故事、名师风采、校园新事等，对师生进行潜移默化的文化熏陶；五四青年节前后，学校开展文艺汇演、书画展、音乐周等一系列丰富多彩的文化活动；9月开学初，学校对新生进行为期一周的军事基本技能训练，锻炼学生的意志，强化学生的集体主义观念。11月，举办“争做五好小公民”演讲比赛，12月，举办“迎新年”拔河比赛。市二中成立教职工健美操队和书法学习班，丰富教职员工的业余文化生活。2016年，学校新购图书资料4000余册，充实学校图书馆。

【校园标准化建设】 2016年暑期，市二中对学生公寓进行一次大规模装修美化，改善学生住宿条件。11月，造型独特、装饰一新的学校大门亮相，市二中增加一道风景和一张特制名片。12月9日，学校400米标准塑胶体育场及配套设施建设工程正式破土开工。

【领导班子】

校　长：

李林锁（2014.01—2016.12）

副校长：

胡泽斌（2005.08—2016.12）

李秀玲（女，2005.08—2016.12）

（陈安明）

职业中专

【概况】 霍州市职业中专学校创建于1987年，是国家级重点中等职业学校，山西省星级管理四星级学校，山西省市级文明学校，山西省职业教育先进单位，山西省模范单位，山西省教育系统先进集体，临汾市名校。校址位于霍州市北环路18号。校园占地面积4.5公顷，建筑面积2.2万平方米。到2016年底，学校共有教职工150余名，全日制在校学生1200余名。学校开设有计算机应用、机电技术应用、汽车运用与维修、护理、学前教育、旅游服务与管理、电子商务7个专业。其中，计算机应用专业、机电技术应用专业为省级示范专业，汽车运用与维修专业为临汾市示范专业，护理专业、学前教育专业、旅游服务与管理专业、电子商务专业为热门专业。学校另有驾校1所，年培训学员2000余人，医院1处（床位50张），供医护专业学生实习之用。有校外实习基地25处，如北京同仁物业、北京玛钢玮业有限公司、北京欢乐起航幼儿教育集团、国电置业公司、海信（北京）电器有限公司、北京量子伟业发展有限公司、北京汽车制造厂、北京汇智高科等。还有京津学生实习就业服务中心1个，该服务中心就近跟踪服务，加强对学生实习就业指导工作。至2016年底，学校在京津晋实习就业的学生达2700余人。霍州市职业中专学校发展成为一所学历教育与成人教育相结合、职前教育与职后服务相结合、基础教育与技能培训相结合，长期短期互补、联合自办并存的国家级重点中等职业学校。

【办学理念】 2016年，霍州市职业中专学校坚持以立德树人为根本，以服务发展为宗旨，以促进就业为导向，开展校企合作，培养技能人才，传承工匠精神，促进就业创业，为建设人力资源强市提供人才支撑。

【制度建设】 全校上下团结一致，齐心协力谋发展、凝心聚力思转型，教育教学质量稳步提高。深入自查自纠，完善各项管理制度。学校全面修订完善20项管理制度，为学校工作顺利开展提供制度保证，强化学校安全工作，确保校园和谐平安。特别是加强学籍管理，严格按照国家、省、市要求，依法依规办事，做到准确无误。做好精准扶贫，贯彻落实国家政策。按照公开、公正、公平的原则和上级有关要求，认真组织国家助学金发放和免学费工作，2016年共免1300余名学生学费240余万元，为172名学生发放国家助学金34.4万元，自筹资金11万元，为110名学生发放校贫困生补助，为120余名学生免除住宿费4.8万元。学校班子成员参加精准扶贫工作，帮扶陶唐峪乡王海平村19户贫困户，完成阶段性工作。

【教育教学】 2016年，学校在抓好教改的基础上，狠抓常规教学各个环节，保证教学工作顺利开展。在2016年山西省第十届职业院校技能大赛上，学校参赛学生获得1个二等奖，2个三等奖，1名教师获得优秀教师指导奖。创新德育工作，使学生既成才又成人。针对职业学校学生的特点，学校严格按照《中等职业学校德育大纲》要求，对学生实施德育教育，在各专业部设置专职德育教师，通过主题班会、优秀毕业生报告、专家讲座、歌咏比赛、技能大赛、文明风采竞赛等丰富多彩的校园活动，加强对学生的德育教育工作，保证学生要成才先做人。加强师资建设，打造“双师型”教师队伍。支持教师参加各种培训，考取相关专业的高级职业资格证书。建设实训基地，改变学生实训难状况。学校加强实训基地建设，申请到省财政资金150万元，地方配套60万元，建成省级计算机实训基地，学校有国家级实训基地1个，省级实训基地1个，共有实训实验室35个，电脑360台，设备价值近千万元。

【办学特色】 “订单培养，校企合作”是职业中专学习的办学特色。2016年，职业中专学校继续推行订单培养、校企合作就业模式，邀请与学生专业对口、工作环境好、工资待遇高的企业来学校进行招聘，提升毕业生实习就业质量。2016年3月29日，举办第十一届校园招聘会，有北京同仁医院、北京东方科技集团股份有限公司、北京市人大、中国黄金总部、国电接待中心等16家用人单位参加招聘会，有339名学生分别与16家企业签订实习协议，和学校开展订单培养联合办学的企业有22家。截至2016年底，在北京、天津、太原稳定就业学生数达2700余人，人均年纯收入3至4万元，每年可为霍州市带来1亿元收入。加强实习管理，保证学生稳定实习。学校在北京设立京津学生实习就业服务中心，及时了解实习就业学生的思想动态和实习就业状况，排忧解难，为学生的稳定实习、高薪就业、阳光体面工作创造条件。2016年，学生实习率达100%，稳定率达95%，实习专业对口率达90%，学生实习稳定率高，对口率高，工资待遇高，走在全山西前列。

【对口升学】 开展校校合作，为学生升学创造条件。为使学生有更好的发展空间，满足学生升学愿望，学校作为山西省首批“3+2”大中专对接试点学校，从2013年开始先后与山西轻工学院、太原旅游职业学院、河南三门峡职业技术学院等5所大专院校签订联合办学协议，实行“3+2”大中专对接办学模式，学生入学注册，毕业后就可免试入大专院校就读，2016年，共有110名学生直接升入对接大专院校就读，另外，学校通过对口升学、高职自主招生，还为大专院校输送70余名学生。

【转型培训】 （1）做好技能培训工作，为经济发展提供支撑。为做好学校转型工作，使学校工作更加贴近地方经济，更加服务好地方经济发展，学校充分发挥优势，开展各种培训班母婴护理培训班5期，培训533人；护士药剂师培训班2期，培训98人；电商培训班3期，培训385人；汽车驾驶人员培训班10期，培训1503人。2016年共计培训2500余人次。（2）开展校企合作，促进霍州经济发展。学校引进“晋淘易电子商务有限公司”，作为学校电子商务专业实训基地，对促进学校电子商务专业的发展，对教师的培养起到积极作用。

【新校区建设】 职教中心是霍州市2011年的重点工程，2016年，已完成职教中心新校区建筑面积3.5万余平方米，共投资9800余万元。

【领导班子】

校　长：

薛国全（2005.08—2016.12）

书　记：

张爱民（2007.07—2016.12）

副校长：

师玉平（1998.05—2016.12）

张曹喜（1999.04—2016.12）

陈国锁（1999.04—2016.12）

刘平生（2005.08—2016.12）

（朱庆文）

霍州市实验中学

【概况】 霍州市实验中学前身是霍县第二中学（完全中学），创建于1986年，1990年更名为霍州市第二中学，2005年8月，按照上级“高、初中分离办学的要求”，霍州市第二中学初中部留在原址，改名为霍州市实验中学。

霍州市实验中学是霍州市公办全日制初级中学之一，位于霍州市北环路79号，占地面积32384平方米，校舍建筑面积16350平方米。办学规制为16轨，有48个教学班，2492名学生（其中寄宿生119名），169名在编教师。学校师资力量雄厚，教学设施齐全，教学环境宜人，教学管理规范。

【安全工作】 2016年，霍州实验中学成立校长为组长、行政人员和班主任为成员的安全工作领导小组，学校与每个班级、每个师生分别签订安全责任书。学校安全小组利用集会、课间操、班会等时机加强师生的安全教育，制定事故及时报告制度，建立突发事件应急预案和安全预警机制，落实校舍安全检查制度，发现安全隐患，及时处置，在校园醒目位置设置安全警示标志，配置必要的安全设施，各楼层灭火器按标准配备，在每个楼层的出口张贴“紧急疏散示意图”和安全警示语。配备安全保卫巡视员，负责处理校园内外的突发事件。学校每天安排 3 名行政人员全天候值班，挂牌上岗，早、中、晚到校门口维持秩序，课间到指定地点区域巡视，有效遏制校园突发事件发生。2016 年，实验中学编制《初中学生防灾安全守则》，结合《中小学公共安全教育》读本，对学生进行安全教育，教给学生必要的安全知识，定期开展安全自救演练活动。学校向学生发放安全教育宣传单。寒暑假及节假日期间，学校安全小组向学生家长发一封公开信，通过校迅通平台发布相关信息，要求家长教育孩子在假期注意各方面安全。加强门卫责任意识，对进出校园的人员进行登记调查，每天早、晚在校园内进行巡查。学校未出现一起安全责任事故。学校牢固树立“安全为天”思想，制度建设规范，措施落实有效，督查要求详细，纠错问责及时，把隐患消灭在萌芽状态。

【名师工作室】 名师工作室以稳妥推进课堂教学改革为基点，强化目标引领与过程管理，力求师资培训效果。内强素质，主动适应课改新常态；外树形象，营造教育新亮点。2014 年 11 月 4 日，成立名师工作室，组成教研团队，开启教科研工作。

团队指导思想：以“立德树人”为目标，以“名师、学科带头人、骨干教师、教学能手”为主体，发挥名师示范、引领、辐射作用，形成骨干教师团队和专家型研究群体，全面推进教师队伍建设，提升教育教学质量。

团队理念：务实、创新、发展

团队品质：相互谦让不争抢，相互理解不埋怨；相互帮助不刁难，相互提携不赌气；相互支持不拆台，相互团结不指责。

团队格言：不忘初心，相互激励，本我真心，努力前行；正气于胸，和气于心，喜气于面，锐气于身。

团队机构设置：总负责人：都福平，分管领导：安海峰，主任：刘玲玲，副主任：刘淑萍，成员：实验中学省功勋教师、省学科带头人、省骨干教师、省教学能手、临汾市学科带头人、临汾市骨干教师、临汾市教学能手，共计 14 人。

团队声誉：名师工作室是一支“师德表率、育人楷模、教学能手、教研专家”团队，有较强的理论修养、先进的教育理念和改革创新意识，在霍州市教育领域具有一定知名度。

团队制度：专家教师和指导教师颁发证书，聘期一学年。每学期对青年教师教科研活动至少指导 5 次。每学年进行一次全校性公开课或专题讲座。同等条件下，优先派出学习进修、评优、评模、晋升职称。每周参加 1 次名师工作室例会。

团队工作措施：示范引领辐射，师德培养、理论学习，外聘专家引领，科研创新、教研反思，搭建成员个人成长平台，分析存在问题，进行课题研究，培养青年教师，多元化学习交流，等等。

团队工作台账：1. 学校教科研

（1）名师工作室成立之初，吸收一些学员，结对学习，共同教研，指导教学，起到引领示范辐射作用。

（2）名师工作室对其 12 位成员的“精品课”，从说课流程、教学设计、教学理念、多媒体课件等进行汇总，形成《教科研足迹之二——一师一课一品牌》一书。

（3）名师工作室发挥集体智慧优势，创建实验中学“四环节教研”模式。第一环节：汇总上周课堂教学遇到的问题，交流探讨；第二环节：提出下周上课的知识点、难点、重点，由主备课人主讲，其他（她）教师补充；第三环节：交流教法及对重点、难点的突破方法；第四环节：典型题例，包括基础题、提高题、拓展题。

（4）2015 年 12 月，名师工作室组织开展教学能手大赛，由工作室成员担任评委，15 位教师参赛，175 人次参加，涌现出刘志明、曹雯雯等一批优秀青年教师。

2. 霍州市教科研

（1）2015 年 11 月，霍州市初中业务校长例会暨实验中学“教学管理”现场会在实验中学举办，全市约 80 人参加。该校杨丽华等 3 人进行观摩课教学，初一语文组、英语组和初二数学组进行“四环节集体教研”现场观摩展示，对全市起到引领、示范、辐射作用。

（2）2014 至 2016 年，霍州市区域教研活动中，实验中学作为牵头学校，名师工作室组织教育教学专题讲座 5 场，主讲人分别是安海峰、刘淑萍、桑瑞平、高强、樊雪梅，涉全市 80 人次，部分稿件收录在搜狐、腾讯新闻网站。特别是樊雪梅的《基于核心素养的中考备考研究》反响很大。

从 2016 年春学段起，名师工作室开展“同课异构”活动，邀请兄弟学校参加。该校同课异构最大特点是：一“老”一青，以“老”带新。老师们相互激发、求同研异，共同提高。

（3）2016 年 11 月 23 日，名师工作室承担并参与霍州市争创“三优”优质高效课评选观摩活动，该校晁晓霞、关雅、朱淑云做课。

（4）2015 年、2016 年寒暑假，霍州市教研室组织集体备课，一些教师成为备课组核心成员。语文：刘晓燕、关雅；数学：刘淑萍、杜合平、李莉；英语：王艳慧、朱淑云；历史：柏彩婷、成健、薛玲玲；地理：朱旗林；思品：刘玲玲、武艳丽；物理：谢文霞；生物：桑瑞平。

（5）2014 年该校夏东升等 4 人、2015 年陈萍萍等 5 人、2016 年靳党欣等 4 人，在霍州市教师进修校、教科局师训股组织的暑期全市教师培训活动中，担任授课教师。

2014 年该校姜丽、2015 年杜合平等 4 人、2016 年张丽萍、朱艳玲在霍州市教研室组织的中考研讨会上做专题讲座。

3. 临汾市教科研

（1）2015 年 12 月，名师工作室承担中南传媒集团“送教下乡”培训活动，霍州市及汾西县约 200 人参与。乔蕾等 3 人做研讨课，受到听课者好评。

（2）2016 年 11 月，名师工作室承担临汾市教育局“送培下乡”活动，全市参加教师约 150 人。姜丽、张芳林、成健、张立萍与临汾市名师同台献课，效果良好。

（3）2016 年 12 月，临汾市教育局安排该校对口帮扶汾西三中，经多次协调达成共识。实验中学将在教科研、课堂教学等多方面进行帮扶。

4. 山西省教科研

（1）刘玲玲 2014 至 2016 年，刘淑萍、张芳林担任山西省网络研修辅导教师和坊主。

（2）2016 年底，实验中学一直参与山西省教育学会“十一五”“十二五”规划课题。

团队突破与创新：

1. 国家课程要求学校开设“综合实践活动课”。2016 年 12 月 8 日，组织“物理小制作”汇报展示，孩子们兴趣浓厚。为了培养孩子们的阅读素养，提高阅读能力，于2016年12月22日和12月26日组织“少年正在读书时”“中外名著知识竞赛活动”。

2. 连续5年参加山西省教育学会“十一五”“十二五”课题规划项目《初中教学与评价改革试验与研究》《提升中学生学业考试能力的行动研究》。

2016年，由校长都福平和姜丽老师主持，中国高等教育学会教师教育分会“十三五”科研课题“中华优秀传统文化与现代语文课堂教学实践研究”子课题“中华优秀传统文化与现代语文课堂教学实践研究”，正在进行，并获得课题先进实验学校称号。

2014至2016年，由张芳梅主持，全国教育科学规划中国教育学会“十二五”重点课题中的子课题“学校、家庭、社会三结合教育最优化实验与研究”已结题。

2016年秋学段，报送霍州市教研室初一数学等6个小课题。校级小课题共7个。

名师工作室反思总结一些教科研小成果，比如：《无反馈教学的思考》《复习课教学环节建议》《初一英语教学环节建议》《理念、能力、艺术在课堂教学中的体现》《实验中学教学理念》《霍州市实验中学优秀教师20条》等。

3. 校委会根据学科发展不平衡现状，提出加强薄弱学科的建设。从师资上优先挑选，增加薄弱学科教师人数，派出学习聆听专家指导，与兄弟学校同上研讨课、交流课，实行教师末尾淘汰制，增加对薄弱学科的资金投入，使物理、化学、历史等薄弱学科迎头赶上。

团队业绩与成果：

2016年12月1日，关雅老师代表临汾市语文学科，参加山西省首届教学技能大赛，荣获一等奖。山西省学科带头人3人，骨干教师3人，教学能手3人，赛讲及做课10人次，网络培训辅导5人次；

临汾市名师2人，学科带头人3人，骨干教师2人，教学能手1人；

霍州市学科带头人10人，骨干教师3人，教学能手6人，公开课、观摩课5人次，培训、讲座18人次。

2014至2016年，教师发表国家级、省级论文10余篇。2014年，刘晓燕《语文阅读教学需要发展学生思维》和《当好作文教学中的“导演”》在国家级刊物《教育百家》上发表。2015年，刘玲玲《构建“四位一体”大学生创新创业支持系统》在国家级刊物《环球市场信息导报》上发表，在《教育学文摘》上发表《例谈情境教学在思想品德课中的作用》。2016年，高强《浅谈趣味教学在中学语文课堂中的作用》在国家级刊物《中外交流》上发表。

【养成教育】 根据初中学生特点，狠抓学生养成教育，注重学生品德修养。开展“主要节日”教育、绿色环保教育、革命传统教育、爱路护路教育及“中国梦”系列教育等活动，以“主题教育”促养成。强化学生习惯培养，规范学生仪容仪表，规范学生行为，以“两个规范”促养成。实施“国学”诵读制度，完善“综合评价”机制，把“行为评价”经常化，结合“课改”促养成。坚持校内、校外教育相结合，通过“家长会”、开放周、关工委、送法进校园、教师家访等途径，“健全教育网络”促养成。四项措施有效促进学生良好行为习惯的形成，提升学生养成教育质量。

【优势特色】 加强校园文化建设，优化校园绿化、美化、亮化效果，提升硬件建设水平，为师生创建优美的工作和学习环境。构建富有浓郁文化气息的墙壁、走廊、楼梯、教室、办公室文化，彰显人文内涵。加强心理活动室和心理咨询室建设，把心理健康教育辐射到每个班级和每个学生，使学生达到心理健康化；以快乐大课间、多彩的活动课为平台，助推学生全面发展。丰富多彩的社团活动，凝聚集体的智慧，展示学校的实力。

【《管理标准》实验】 2016 年，霍州市实验中学以《义务教育学校管理标准》省级实验工作为抓手，以校园文化建设、社团活动、档案建设、课题研究四大块为阵地，以《霍州市实施〈义务教育学校管理标准〉督导考核评估细则》为标杆，以“走出去，请进来”“学榜样，重创新”“勤分析，多总结”为方法，学校推动“实验工作”不断深入。

【中考成绩】 2014 年，参考人数 1200 人，在全市前 15 名有 10 人，600 分以上者 78 人，达临一中定向分数线者 67 人，达霍一中定向分数线者 418 人。

2015 年，参考人数 1100 人，在全市前 10 名有 8 人，在全市 102 个 600 分以上人中有 59 人。

2016 年，参考人数 800 人，在全市前 10 名有 6 人。600 分以上有 146 人，达霍州一中定向分数线者 368 人。

【领导班子】

校　长：

都福平（2014.01—2016.12）

副校长：

王耀全（2005.08—2016.12）

安海峰（2005.08—2016.12）

副书记：

刘秋平（2005.10—2016.12）

【获奖情况】

2016 年，霍州市实验中学获：

全国素质教育先进示范校

山西省文明学校

山西省现代教育技术实验学校

山西省“课堂教学与评价改革研究”示范基地学校

山西省课题先进实验学校

山西省创建平安校园先进单位

山西省防震减灾科普示范校

全省五好基层关工委先进集体

山西省优秀地方课程和校本课程三等奖（校本课程《软式垒球》）

临汾市教研工作先进单位

霍州市教学育人先进集体

霍州市中考质量一等奖

（成连生）

文化旅游

文　化

【概况】 2016年，根据《中共临汾市委、临汾市人民政府关于印发〈霍州市人民政府职能转变和机构改革方案〉的通知》（临字〔2014〕18号）的文件精神，设立霍州市文化局，将原市文体广电新闻出版局的职责划入市文化局，不再保留市文体广电新闻出版局，正科级建制，为市人民政府工作部门。其主要职能有：贯彻执行上级有关文化艺术、体育、广播电视、新闻出版事业有关方面的法律、法规和方针、政策以及国家有关非遗保护和文化产业方面的政策，拟定并组织实施全市文化事业的发展规划和年度执行计划，促进全市文化事业的蓬勃发展。内设办公室、文化股、体育股、广电新闻出版股4个股室。下属单位有：文化市场行政综合执法大队（副科建制），图书馆、群艺馆、少年儿童业余体校4个事业单位及影剧院有限责任公司、演艺有限责任公司和电影放映发行有限责任公司3个企业单位。局机关行政编制为10人，其中局长1名，副局长3名，纪检组长1名，总工程师1名，股级职数4名。另行工勤人员1名。

【文化产业完成情况】 2016年，霍州市文化产业增加值为1.33亿元，比2015年（1.18亿元）增长13%，超额完成省定目标责任考核任务。

【文化活动】 2016年春节、元宵节期间，霍州市文化局组织举办“靓丽霍州”系列文体活动，有元宵节红火表演、广场舞展示、元宵节灯展、书画摄影展、电影放映、戏曲汇演、霍州书演出、羽毛球比赛、门球比赛、全民健步走活动等。

春节期间，组织举办“迎新春”书画展，共展出300余幅画；参与协调、指导各乡镇组织举办2016年春节系列文体活动，参演单位共计100余个，观众人数达5万余人；组织舞蹈队参加“山西省网络首届春节联欢晚会”。正月初一至初七，威风锣鼓参加运城公祭舜帝活动。3月，完成霍州市文化产业发展现状调查摸底建档工作，汇总上报；5月23至25日，组织参与“尧风古韵·中镇霍山”诗歌朗诵会；5至6月，指导参与霍州市“古韵新风醉美霍州”（智诚杯）首届旗袍秀大赛；新增“超星移动图书馆”，倡导用手机读书；6月7日，组队参加在临汾市九州广场举办的临汾市第四届“梨花奖”广场舞大赛；7月1日，组织举办建党95周年暨长征胜利80周年书画楹联展，共展出260余幅书画作品；霍州市威风锣鼓参加山西国新能源“七一”庆典活动。9月，霍州市威风锣鼓参加上海国际旅游节开幕式。

组织召开“迎老乡、回故乡、建家乡”霍州市文化产业在外人士恳谈会。

2016年，指导基层开展文体活动50余次，参与人数达1.6万余人；为基层配送文体器材，价值10余万元。

【体育活动】 2016年2月22日，在市财保公司举办“PICC”杯青少年围棋比赛。3月，为基层发放并安装体育健身器材。4月8日，在市灯光篮球场举办“五一”职工篮球赛。4月15日，霍州市篮球协会成立。5月6日，在悬泉山举办“农信杯”登山比赛，共有来自社会各界的400余人参赛。5月22日，在永和公园门球场举办为期3天的华北五省（市、区）门球精英赛，共有来自五省市的16支队伍参加比赛。6月27日至30日，霍州市健身操队参加孝义市举办的山西省第五届老年人体育健身大会，囊括全部5个项目优胜奖，获得“最佳编排奖”和“道德风尚奖”。7月，组织举办第十二届HBA篮球赛。8月8日，组织举办全民健身系列活动启动仪式暨“强健体魄·阳光生活”健步走活动。9月，代表临汾市参加山西省第五届老年人体育健身大会广场舞比赛，获得规定套路第二名、自选套路第四名的优异成绩。8月24日，健身操队参加临汾承办的山西省老年人体育健身交流大会开幕式表演。9月8至10日，组织举办“鄂尔多斯杯”羽毛球赛，共有21支队伍参赛。9月27至29日，参加山西省第五届老年体育健身大会，获规定、自选两个优胜奖和优秀组织奖。10月，门协代表队参加临汾市门球锦标赛，1人获单打第四名；2对4人获双打冠、亚军，团体荣获亚军。10月2日，举办“星河蓝湾杯”平踢毽比赛，有20支队伍参赛。组织举办重阳节老年人系列运动会。10月22至25日，霍州市代表山西省参加在云南德宏州芒市举办的“瑞丽航空杯”全国老年人健身球操交流赛，一举夺得3个项目的优胜、一个项目优秀以及“最佳编排奖”“最佳表演奖”“道德风尚奖”等八个奖项。12月9至11日，组织举办“霍州市2016年乒乓球比赛”，共有10余支队伍参加。

2016年，为基层配送58套体育器材，组织业务骨干培训6次。

【文化新闻出版市场管理】 2016年，对霍州市辖区内文化市场进行整治检查，共检查文化经营场所40家，其中检查网吧25家，对未按规定登记身份证的3家网吧立案依法进行处罚，警告文化经营场所10家，对部分文化场所负责人进行相关的法制教育。4月，对组织开展霍州市出版物市场和印刷复制企业开展专项检查行动，共检查音像制品店3家、书店7家、印刷企业5家，暂扣违法盗版音像制品98张（册），取缔经营非法出版音像制品的观坡街音像租赁店。开展春节、“五一”、暑期、“十一”期间文化经营场所安全生产大检查行动，将安全生产大检查文件精神传达到各个文化经营场所，对检查出有安全隐患的歌舞厅、网吧进行现场整治，要求限期整改。8月，组织开展打击非法“网络共享”网站及设备产品专项治理行动。检查电视维修器材设备经营店铺3家，检查全市各宾馆、洗浴休闲场所等。9月，组织开展“打击盗版教材教辅专项检查”，对校园周边报刊经营点、图书零售店、网吧、歌舞娱乐场所及游艺娱乐场所进行突击检查，维护广大师生合法权益，净化校园教学环境。在全市范围内先后组织开展“3·15”法制宣传周、“4·26”知识产权保护等宣传活动。完善行政审批“两集中、两到位”

工作长效机制。

【文化下乡】 2016年3月18日，在霍州市白龙镇寺庄村，由市委宣传部牵头，组织启动霍州市2016年科技文化卫生“三下乡”活动。霍州市文化局资助白龙镇文化活动经费5万元，用于开展各项文体活动；赠送白龙镇14个行政村价值2.8万元的图书。

2016年送戏下乡150场，送电影下乡2000余场，霍州书表演队在全市农村社区巡回演出30余场。

【非物质文化遗产】 2016年，挖掘整理录制省级非遗项目《霍州三弦书》三辑12个段子。深入基层慰问演出30余场，受到观众的好评。

5月，新编排录制霍州三弦书《风清气正搞选举》，受到山西省、临汾市纪检委好评。霍州市换届选举期间，三弦书《风清气正搞选举》在12个乡（镇、街道）进行巡回演出，起到宣传教育作用。

6月11日，组织中国第十一个文化遗产日活动，在中镇文化广场及文化活动中心举办以“保护成果·全民共享”为主题的宣传活动，现场发放宣传材料1000余份；装饰宣传车深入街道、社区、学校等人口密集区开展宣传和咨询活动。

10月，完成霍州面塑、霍州莺歌两个非遗项目的省级非遗项目申报工作。

2016年，对霍州市李曹镇、三教乡、陶唐峪乡3个乡镇开展乡村文化记忆工程普查工作建档上报。

【领导班子】

局　长：

张建民（2010.11—2016.12）

总支书记：

王海平（2010.04—2016.12）

副局长：

关志红（2012.05—2016.12）

庞天授（2010.04—2016.12）

薛晓波（2012.07—2016.12）

纪检组长：

闫学文（2012.08—2016.12）

【获奖情况】

霍州市文化局获国家三级文化馆（2015至2018年度），获临汾市2016年度“全民健身”先进单位，获临汾市2016年度“文化市场管理”先进单位。

（薛帅）

广播电视

【概况】 霍州市广播电视服务中心担负着全市广播、电视的宣传和事业的发展、规划、管理、服务等职能。下设办公室、总编室、新闻部、播出部、审片室、人事科、广告部、财务室、政工科、技术部、网络中心、广电网站、电台13个部门，共有干部职工100人。2016年，霍州市广电中心以宣传为中心，以创新为动力，以队伍建设为保证，唱响主旋律，打好主动仗，为霍州转型跨越发展营造良好的舆论氛围。

【党建工作】 2016年广电中心党支部高度重视，成立由党支部书记任组长的“两学一做”学习教育领导小组，制定《广电中心关于“学党章党规、学系列讲话，做合格党员”的学习教育实施方案》和《广电中心“两学一做”学习计划》。先后开展“送学”“核查”“党日制度建设”和有特色的自选动作。“七一”期间，广电中心对离退休党员送学上门，进行慰问，送去关心和温暖。开展党员组织关系“五核查”，即核查党员名册、入党材料、组织关系、党费缴纳、现实表现，理顺党组织关系，健全完善党员档案，确保全体党员干部参加“两学一做”学习教育全覆盖、无遗漏。

制定《霍州市广电中心党员活动日制度》，对活动范围、活动内容及形式、组织实施作出明确规定。组织全体党员开展“四比四看四争”主题实践活动，即：比学习劲头，看政治素质，争当信念坚定的标兵；比作风建设，看党性修养，争当令行禁止的表率；比修身做人，看道德品质，争当弘扬正气的先锋；比工作实绩，看宗旨意识，争当干事创业的公仆。形成人人争先，个个创优的良好氛围。

【节目宣传】 （1）突出宣传重点，精办《霍州新闻》电视栏目。《霍州之声》电台栏目，结合新闻宣传需要，电视台策划推出《“两学一做”》《市乡换届选举》《城乡环境卫生综合整治》《“华夏根·黄河魂”助力临汾》《旗帜》《创业霍州人》《道德力量》栏目。电台推出《一路阳光》《倾听107之文化霍州》《与法同行》《卫生与健康》《爱在蓝天下》《领航之音》《戏曲欣赏》《霍州党史记事》《国学经典诵读》栏目。制作播出涉及环境保护、森林防火、食药安全、城市交通等10余类公益广告。（2）加强新闻策划力度。增加深度报道内容，减少报道中的官话、套话和空话，增强时政报道的贴近性和观赏性，提高新闻报道的公信力、亲和力、吸引力和感染力。2016年，电视台共播发《霍州新闻》300期，播发《一周要闻》54期，发稿2000余条。完成全市三级干部大会、霍州市六届人大六次会议的实况直播、尧风古韵诗歌朗诵会现场录制。（3）加大对外宣传力度。2016年，广电中心新闻工作者发掘线索，掌握信息，加大对外宣传霍州的力度。电视台在临汾台播发新闻130条；广播电台在临汾台播发新闻150余条。为了扩大霍州的知名度，霍州广播电视台网站发挥网络平台优势，开展“两学一做”学习教育期间，紧跟形势，充分发挥新型媒体作用，链接人民网《“两学一做”学习教育》栏目，以营造舆论氛围，为对外宣传霍州造声势。

【事业建设】 2016年，广大工作人员认真学习广播电视有关法律、法规及先进的数字电视技术和知识，提升业务素质，提升服务质量。利用国家资金对发射台基础设施进行建设。

广播电台在市内各主要街道新增广播30余个，维护并更新100余个广播，满足市民收听需求。

【安全播出】 广电中心坚持安全发展理念，以高度的政治意识和责任意识，把广播电视网络安全播出作为全中心工作的重中之重来抓，通过抓好日常和敏感期的安全防范，以及施工生产、防火防盗等安全生产和安全播出工作，确保广播电视节目信号的安全、优质、高效传输。2016年，没有发生任何安全责任事故。

1. 安全事故大排查工作。

网络中心各个片区组织人员对所辖范围进行定期或不定期的有线网络故障大排查，查出的问题及时解决，使各线电视信号的网络传输做到防患于未然，保证信号安全传输。网站继续加强安全防范措施，安装配置专业杀毒软件，加强防篡改、防病毒、防攻击。

2. 抓好安全生产和安全播出隐患大排查工作。

2016年，广电中心组织安全播出领导小组成员和相关技术人员，对全中心安全播出责任部门和安全播出、安全生产各个环节、部位进行彻底排查，包括有线电视前端、永和公园发射塔、电台、新闻制作室，以及全台防火、防盗、防水等，做到不留死角，不漏部位。

【领导班子】

主　任：

张志坚（2013.04—2016.12）

书　记：

叶革新（2013.04—2016.12）

电视台总编辑：

朱朝晖（2013.04—2016.12）

副主任：

薛晋骊（女，2003.02—2016.12）

杨治红（女，2007.06—2016.12）

纪检组长：

成记明（2003.02—2016.12）

副总编辑：

刘彦俊（2003.02—2016.12）

杨燕华（女，2007.06—2016.12）

总工程师：

张韦韦（女，2012.07—2016.12）

（段志芳）

新闻信息中心

【概况】　新闻信息中心，正科级建制。内设机构有办公室、编辑部、网络部、通联部。全额事业单位，编制15人，在岗人数16人。领导职数1正3副。人员主要从原霍州报社调入。出版市委、市政府主办的连续资料《今日霍州》，宣传党的路线、方针、政策，国家法律、法规，政府的政令和行政规章。报道市委、市政府的决策和重大工作部署，围绕市委、市政府的中心工作，搞好新闻宣传，推进决策执行；利用网站、公众微信平台、手机客户端等新兴媒体，报道全市政治、经济和社会各方面新人、新事、新经验、新气象，反映人民群众的意见、建议和要求。传播科技知识，发送经济信息，活跃城乡文化，培养新闻写作人才，不断提升霍州对外美誉度。

【报刊发行】　2016年，新闻信息中心坚持“团结尚学、创新敬业”的团队精神和“政治责任、服务品格、大众情怀、百姓视角”的办报理念，加大传统媒体与新兴媒体的纵深融合力度，坚持“三贴近”原则，开展“走转改”活动，强化新闻策划，创新报道方法，注重新闻质量，突出栏目特色，报道主题鲜明、高潮迭起，完成宣传报道任务。2016年共出版发行《今日霍州》53期，编发微信500余条，完成年初制定的计划和任务，为霍州市各项事业发展提供强大的精神动力和思想保证。

【宣传报道】　新闻策划是办好报纸的生命线，也是提高新闻宣传质量、增强媒体竞争力的关键。2016年，新闻信息中心领导班子和编委会成员继续从强化新闻策划机制上下功夫，完善综合策划和专项策划制度，对近阶段重点、热点新闻进行分类梳理，对重大主题、重大活动、重大典型新闻进行策划把关，使新闻宣传有深度、有新意、有特色、有影响。坚持要闻新闻策划制度和一周稿件点评制度，调动采编人员发现新闻、采写新闻的主动性和积极性，集思广益，“深挖井水”，从广度、深度上挖掘新闻源，在新闻创新、提高报道质量上下功夫、做文章。

【宣传典型】　2016年，《今日霍州》在开办“冬季行动在进行”“廉政言论”“商务之窗”“科普专栏”等专版专栏的基础上，创新设置“践行社会主义核心价值观”“科技创新在基层”等栏目。组织精干力量，开设“寻访霍州好人”栏目，旨在通过挖掘霍州好人，在全社会营造“知荣辱、讲文明、树新风、促和谐”的浓厚氛围。围绕“五城联创”开辟“建设生态霍州”“创建在行动”等栏目，宣传各单位、各乡（镇、街道）在城乡环境整治过程中的好做法和好经验，营造良好舆论氛围。在《今日霍州》公众微信《今日霍州》信息网开设便民服务窗口，内容包含餐饮住宿、休闲娱乐、特色产品、安全出行等栏目，推进霍州市文化旅游产业发展，更好地服务广大人民群众。

为加大传统媒体与新兴媒体的融合力度，新闻信息中心审时度势，在《今日霍州》电子版成功运行的基础上，正式注册运行《今日霍州》“微信公众平台”，该平台定期发布全市最新新闻、政策动向、应急信息等。广大读者可以扫描《今日霍州》二维码或搜索订阅号“今日霍州”加关注，就可以及时收看霍州市最权威、最流行的新闻资讯。完善新华社霍州手机客户端和《今日霍州》信息网，《今日霍州》已形成报纸、信息网、公众微信、新华社手机客户端“四位一体”全新宣传格局。新闻信息中心巩固完善网站、微信等新兴媒体的后台服务质量，全面优化，合理设置《今日霍州》各个宣传平台的页面布局，做到第一时间以最新颖的方式向广大读者发布党的路线、方针、政策，国家法律、法规，政府的政令和行政规章以及霍州市的最新动态，让广大读者及时掌握国家及霍州市各方面的最新信息。

【领导班子】

主　任：

杨武锁（2016.10—2016.12）

副主任：

陈雪琴（女，1998.05—2016.12）

杨　华（2012.07—2016.12）

梁建峰（2012.08—2016.12）

【获奖情况】

《朱小海：把群众的事放在第一位》和《霍州姑娘异地扶老救孤情》荣获临汾市优秀新闻作品三等奖。在晋、冀、鲁、豫县市报高峰论坛上，霍州市新闻信息中心获银牌奖，《今日霍州》获报纸编辑银牌奖。关莉获山西省优秀记者编辑荣誉称号。

文　物

【概况】　霍州市文物管理局行使全市境内各级各类（地上、地下）文物工作依法行政、保护管理、科学研究及合理利用的职能。2001年1月，成立霍州市文物管理局，为市政府直属事业单位。到2016年底，共有干部职工50人，领导班子5人，专业技术人员11人。下设8个科室，分别为办公室、文物科、安督科、文物稽查队、霍州署博物馆、鼓楼文物管理所、娲皇庙文物管理所、观音庙文物管理所。全市共有文物保护单位558处，其中国家级重点保护单位4处（霍州署博物馆、陈村遗址、贾村娲皇庙、赵家庄观音庙），省级重点保护单位3处（霍州鼓楼、上寺祝圣寺、韩壁遗址），临汾市级重点保护单位2处；市级文物保护单位95处，其余为一般文物保护单位。

【文物安全管理】　成立霍州市文物局安全生产监督领导小组，确定基层安全专管员。与霍州署博物馆、观音庙、娲皇庙、鼓楼、祝圣寺、陈村遗址等文保单位签订2016

年安全责任书，明确安全责任，落实安全管理，取得较好效果。对县级以上文物保护单位，每半年进行一次安全大排查，发现问题，督促安全责任人及时进行整改。在汛期来临前，保护单位举行庙会活动时，文物局都要进行重点检查并派人进行蹲点，安全值守。及时向省文物局报送“文物单位安全状况排查表”。制定霍州署监控室、消防蓄水池等重点地点的安全值班管理制度，明确各重点地点的安全值班人员，落实安全责任。制定霍州署博物馆安全生产消防应急预案，每季度对安全管理员进行一次安全知识培训学习，每半年组织单位人员进行一次安全应急演练。下发“全面落实文物安全监管党政同责一岗双责”的通知。为消防队整理“消防安全重点单位档案”归档工作。

通过完善安全管理制度，落实全责任，安全定期巡查常规化，重要节点的重点值守制度化，强化工作人员安全观念，全市文物保护单位实现2016年安全无事故。

【文物保护】 实施完成贾村娲皇庙、段庄三教庙泥塑、彩绘等文化布展工作。启动贾村娲皇庙的文化布展设计工作，完成东西厢房的泥塑彩绘工作。对国保、省保单位保养实施维护工作。对霍州署二堂进行揭瓦维护，抢救性保护。霍州署二堂自2008年就出现渗漏，为使文物得到有效保护，文物局对其实施抢救性保护，施工中，严格白灰比例，严格上灰泥、上瓦施工程序，确保工程质量与施工安全；对霍州署谯楼二层地面进行重新铺墁，使谯楼上雨水排泄顺畅；对霍州署东西科房、内宅、静怡轩、悦云堂院、厨房院、东西厢院、谯楼顶、谯楼两侧厢房等各处。房顶进行清扫、勾抿日常维护保养。对霍州鼓楼进行维护保养，更换损坏或不配套的翼角兽套，重新更换铺墁维修一楼、二楼地面。对贾村娲皇庙大殿殿顶及东西垛殿进行勾抿保养，特别是对大殿及垛殿损坏破裂的角兽全部进行整修与更换，确保贾村娲皇大殿的完整与完美。国保单位贾村娲皇庙因精美壁画而闻名，多年来，该壁画上出现裂缝，颜色有剥落，有的地方碱蚀严重，有的地方出现泥皮掉落等严重险情，经市政府同意，得到省文物局技术支持，山西省文物局联系山西省博物院，山西省博物院抽调专业人员进行娲皇庙抢救性保护修复方案的设计，6月13日，由山西省博物院设计的“国保单位霍州娲皇庙壁画抢救保护方案”通过专家组评审。

【启动霍州市文明守望工程】 2016年，针对文物保护单位多，国家文物保护资金投入有限的现状，文物局广泛动员社会力量参与文物保护，推行文物认领保护，取得较好效果。文物局与南环路街道、赤峪村委及文物认领人李海宏就朝阳洞文物保护修缮与合理利用签订文物认领合同，从而实现霍州市个人认领文物保护工作零的突破。

【启动旅游服务接待中心建设】 2016年，通过对办公区南侧两大间三小间房间的改造，为给游客提供较高质量服务奠定基础。对偏门西侧五间房屋进行配套改造，从而为破解霍州署长期存在的单一门票收入为最主要收入的狭窄路子，实现吃住行游购娱多元开发、多元收入奠定基础。

【文物考察】 2016年，对市民提供的一些文物线索进行实地调查。文物局先后到董家庄、马家洼考察新石器时代遗址。对大沟村修龙王庙事宜，文物局主动到实地调查，与村干部沟通，强调维修需要注意的程序和维修时需要注意的一些事项，得到村干部及村民认同。

【文物旅游】 挖掘民俗文化，在霍州署成功拍摄古装民俗微电影《州官嫁女》，丰富旅游文化内涵，搞活文物旅游。节假日文艺演出内容丰富。节假日期间实现大型场景剧《圣谕广训》复演，开展传统霍州书、蒲剧、文艺演出、威风锣鼓、太极拳表演常态化。有效弘扬优秀传统文化，丰富游客旅游活动内容，受到游客称赞。成立霍州署旅游洽谈服务接待中心，为游客提供旅游咨询、租车信息、宾馆住宿、餐饮服务、旅游产品等全方位服务。在商务旅游、养生旅游、研学旅游、休闲度假、情感旅游、探奇猎险等方面进行大胆尝试，取得一定经验。利用“5·18”国际博物馆日，“5·19”中国旅游日，“6·10”自然与文化遗产日，宣传相关文物知识，举行文艺演出，免费为游客开发霍州署博物馆，受到广大游客的好评。

【党建工作】 2016年，开展“两学一做”学习教育。文物局领导高度重视，周密部署；制定实施方案，制定主题教育学习计划，规定学习时间；每位党员都能认真学习，班子成员讲党课，既教育全体党员，又加深理解。通过学习党章党规、习近平总书记系列重要讲话精神，大家都能坚定理想信念，自觉在思想上、政治上、行动上同党中央保持高度一致，时刻向党中央看齐，向党的理论和路线、方针、政策看齐，向党中央决策部署看齐，做到党中央提倡的坚决响应，党中央决定的坚决执行，党中央禁止的坚决不做，树立四种意识，拥有担当精神。

【党风廉政建设】 1. 签订党风廉政建设责任书。通过梳理，完善党风廉政责任清单，明确廉政责任，局纪检组同班子成员及各股室办负责人签订党风廉政建设责任书。

2. 定期召开党风廉政建设专题会。对单位工作人员进行党风廉政教育，使工作人员强化廉政意识，做到依法行使权力，自觉遵守党纪国法，自觉转变作风，严守纪律。

3. 进行廉政约谈。通过一把手和班子成员约谈，班子成员与分管股室负责人约谈，达到监管下级、教育同志、预防腐败的目的。

4. 紧盯关键节点及个人重大事项，提早预防预警，防止违反“八项规定”和“四风”问题反弹。

通过对工作人员进行教育，加之纪检部门的有效监督，单位杜绝大操大办婚丧事宜，防范违规事件的发生，单位工作人员转变工作作风，都能自觉遵守党纪国法，时刻保持廉洁自律，服务意识增强，推动单位各项工作顺利开展。

【领导班子】

局　长：

薛有生（2007.07—2016.12）

书　记：

孙　炳（2013.04—2016.12）

副局长：

成笃文（2012.07—2016.12）

纪检组长：

张秀斌（2002.09—2016.12）

工会主席：

刘树伟（2002.09—2016.12）

（孙炳）

旅　游

【概况】 霍州市外事旅游局成立于2001年，是市政府直属事业单位，正科级建制，行使旅游行业行政管理职能，是负责本行政区域旅游行业监督管理工作的职能部门。霍州市外事旅游局全额事业编制数为17名，其中，局长1名，副局长2名，纪检组长1名，股级领导职数3名。内设机构有办公室、行业督查股、综合开发股。

主要职责：贯彻实施有关旅游的法律、法规；编制并组织实施旅游发展规划和年度计划；指导、协调旅游资源开发、利用、保护和旅游设施建设；组织旅游宣传，开发国内外旅游客源市场；会同有关部门协调旅游交通运输，改善投资环境，指导旅游商品市场开发和旅游安全工作；监督管理旅游经营活动，受理旅游投诉，查处或者参与查处侵害旅游者和旅游经营者合法权益的行为；组织、管理和指导旅游行业人员的教育培训；促进旅游行业发展的其他工作。

【陶唐峪景区】 2013年与山西中景旅游开发有限责任公司签订合作协议，市旅游局本着“不求所有，但求所在”“服务企业，市场运营”的原则，全力支持景区的开发工作。景区前期开发建设所需的环评、可研、总规等各项手续均已顺利通过专家评审，成功在临汾市发改局完成项目立项工作。截至2016年底，与太岳林局就土地事宜以及村民饮水问题进行反复协商和确定。景区山门前综合服务区立项开工手续办理，施工索道已安装，循环路打桩结束，前期各项工作进展有序。

【七里峪景区】 受煤炭企业整体不景气的影响，七里峪景区处在投资方霍煤集团资金断链的不利境况下，2016年，市旅游局采取“三步走”方案进行应对。与霍煤集团沟通谈判，商讨下一步合作方案；吸引社会资金，投资七里峪滑雪场项目，在2016年1月完成初期投资2000万元，建设完成对外开放一期工程滑雪场训练道部分，当月即实现60万元的营收；筹备二期工程滑雪场初级道和滑草场的建设，截至2016年12月，二期工程完成投资1000余万元，完成总工程量的65%；争取政府公共投入，开工续建七里峪入口引导区三标段建设工程，总投资1819万元，主要建设内容包括景区停车场和游客服务中心。游客服务中心主体建设完成，停车场也初具雏形。此外，筹划七里峪野生动物园、漂流、客运站和滨水景观工程，完成方案设计和选址，正在加紧筹备前期手续。

【全域旅游申报工作】 为贯彻落实霍州市委、市政府关于“五城联创”的决策部署，加快推进霍州市旅游产业转型升级，发挥霍州市旅游业作为战略性新兴产业和主导产业的带动作用，促进霍州市旅游从“景点旅游模式”向“全域旅游模式”转变，推动旅游业及相关产业做大做强，市旅游局开展创建“国家全域旅游示范区”活动，制定全域旅游示范区实施方案，认真准备前期申报活动所需的各项资料，深入推进“五城联创”活动，为成功创建国家全域旅游示范区打下坚实基础。

【宣传推介】 发展全域旅游，利用“互联网＋”等新媒体渠道加大宣传推介力度，推进招商引资和景区市场化运作，取得较好经济效益和社会效益。主要表现：利用电视、报刊和高铁、广场等各种媒体资源进行立体式、轰炸式宣传。2016年，中、英、韩三语标识系统在七里峪景区成功安装完毕，提高景区的整体档次和品位；在临汾市滨河路安装擎天柱广告牌，持续加大宣传霍州市旅游资源力度；太原高铁站成功嵌入霍州市景区宣传版面，多渠道、全方位、立体式让广大游客全面了解霍州旅游。

助力临汾旅游投票工作成效显著。在2016年上半年举办的山西省旅游发展大会举办权比赛活动中，市旅游局响应临汾市政府、临汾市文物旅游局号召，助力临汾旅游投票，通过网络、媒体、报刊、彩页等多种渠道和方式进行宣传和现场投票，在霍州市委、政府、党校、高速口、高铁站、中镇文化广场、工商广场、人民医院、北山公园等人群密集处都设立大型户外醒目广告牌鼓励市民投票。

做好常规性宣传推介工作，市旅游局还做好国家非物质文化遗产—威风锣鼓和霍州特色纪念品，比如年馍、粗布床单等产品的宣传推介工作。2016 年 9 月，市旅游局代表山西省参加上海市第二十七届旅游节开幕巡演，与来自内蒙、陕西、云南等省近 10 支表演队及英国、美国、澳大利亚、波兰、印度、俄罗斯等 20 余支国外代表队同台竞技，上演各自最具民族文化特色的地方文艺节目。霍州 50 多位威风锣鼓精英代表山西 3000 万人民出场献艺，这是霍州威风锣鼓时隔 11 年后再次应邀参加上海国际旅游节开幕式，推介霍州，推介山西。

【旅游执法】 2016 年，外事旅游局开展执法人员培训和宣传工作。为加强霍州市旅游执法队伍建设，提升旅游执法人员依法行政能力，贯彻落实《旅游法》，推进依法之旅，推动霍州市旅游执法工作迈上新台阶。市旅游局副局长朱军华参加山西省旅游局于 2016 年 11 月 22 至 25 日在汾阳市举办的全省旅游执法人员培训班。通过培训，学习国家旅游局和山西省旅游局最新会议精神，全面学习《旅游法》、全域旅游和旅游执法方面的知识。

【完善权益保障】 贯彻执行《中华人民共和国旅游法》《旅行社条例》《导游人员管理条例》等法律、法规中有关导游人员从业、执业各项规定，坚决取缔无证导游。严禁导游人员未经旅行社委派私自承揽导游业务，严禁导游擅自变更旅游行程或者中止服务活动以及向旅游者索取小费、诱导（欺骗、强迫或者变相强迫）旅游者购物或者参加另行付费旅游项目，规范导游服务行为。加强安全宣传教育培训，增强导游从业人员安全意识。各涉旅部门不断提高对旅游安全宣传教育培训重要性的认识，增强旅游从业人员“没有安全就没有旅游”的思想观念，组织开展安全宣传教育培训工作。市旅游局坚持不定期举办培训班，组织学习从业人员的基本素质、旅游案例等相关法规，提高旅游从业人员基本素质和安全意识。做好旅游法律知识普及和旅游投诉工作。利用电视、广播、微信和网络等媒体，广泛宣传、普及旅游常识和旅游法律、法规知识，将潜在的旅游质量问题消除在出行之前，明显降低旅游投诉的数量。利用“3・15”消费者权益保护日、“5・19 中国旅游日”和“黄金周”“小长假”等特殊节点，设立旅游咨询服务台和投诉点，现场或电话受理旅游投诉，全方位宣传旅游法律、法规知识，加强旅游维权宣传，引导理性消费和正确维权。

【旅游收入情况】 2016 年，霍州市 3 个主要景区：七里峪、霍州署和陶唐峪，接待游客共计 7 万人次，门票直接收入达 168 万元。

【领导班子】

局　长：

董　娟（女，2010.12—2016.12）

党支部书记：

梁学军（2013.12—2016.12）

副局长：

董文莲（女，2002.10—2016.12）

朱军华（2012.06—2016.12）

刘学军（2012.06—2016.12）

纪检组长：

苗新胜（2002.09—2016.12）

【获奖情况】

2016 年被临汾市文物旅游局评为 2016 年度行业管理先进单位。

（梁洁）

医药卫生

卫生计生

【概况】 霍州市卫生和计划生育局，承担着全市医疗卫生、预防保健、计划生育、卫生行政执法、国家基本公共卫生服务、健康教育、健康扶贫等行政管理工作。2016年，市卫计局推进医疗卫生体制改革，提高计划生育和妇幼健康服务能力，加强国家基本公共卫生服务，开展健康扶贫工程，提升健康教育和卫生计生服务质量，加强党建和依法行政，强化目标责任落实，推进各项工作开展。

【医药卫生体制改革】 2016年，卫计局把推进医药卫生体制改革作为改善民生、助推卫生计生事业发展的重要工作，全力推进。调整充实公立医院改革工作领导机构，落实《霍州市公立医院改革实施方案》和5个配套文件；高值耗材网上阳光采购全面启动，大型器械检查费用下调10%得到落实；霍州市人民医院实行药品零差价销售，药品差价由市财政进行补贴，2016年，补助资金77万元，及时落实到位；实行双向转诊试点工作，医联体工作框架初步形成，工作人员财政基本工资上调10%，有效破除以药养医，降低群众医疗费用。霍州市公立医院改革在全省复核中名列临汾市前五，为深化医药卫生体制改革、保障人民群众健康打下坚实基础。

【计划生育和妇幼健康服务】 2016年，卫计局推进全面两孩政策以提高计划生育服务管理水平为目标，坚持计划生育基本国策，推进妇幼保健和计划生育十大民生工程。城市、农村奖扶资金共落实422.6万元，其中农村“4＋2”奖励扶助对象核实5200人，共发放奖扶资金342.7万元；城市满16周岁独生子女父母共核实154人，独生子女父母退休一次性奖励26人，两项奖励共发放79.9万元。对2100名农村孕产妇落实补助金额48.6万元。对全市2576名孕产妇进行系统管理，住院分娩率达到100%，访视率达到94%；对3936名孕产妇进行艾滋病、乙肝、梅毒的检测，阻断艾、梅、乙的母婴传播。免费筛查新生儿疾病3526例，筛查率达到96.7%；对城乡3560名孕产妇免费发放叶酸；预防神经管缺陷。加强对0至3岁儿童的系统管理和4至6岁在园儿童的入托入园体检工作。宫颈癌免费检查共3146例，送病检348例，确诊4例；对1260对实行计划生育的夫妇开展免费孕前优生健康检查，有效降低出生缺陷。为全市2320户农村实行计划生育的独生子女和221户村级计生服务员各办1份意外伤害保险，保险金额为76230元。设置计生药具发放网点25个，2016年，共发放计生药具6种共30410盒。开展“圆梦女孩活动”，为12名成绩优异的贫困女孩每人发放1000元的圆梦基金。对113名独生子女按《山西省计划生育条例》规定落实中考加10分的待遇。严把计划生育“一票否决”关，2016年，共审核个人1735人，集体75个，否决1人。

【国家基本公共卫生服务】 2016年，卫计局以规范提升基本公共卫生服务工作为抓手，提高服务全民健康水平。人均基本公共卫生服务经费由40元提高到45元，保障服务数量与质量；开展家庭医生签约服务，覆盖面不断扩大，重点人群健康服务针对性、及时性得到有效加强，2.64万名农村老年人享受到免费健康体检；精神病管理建档率、管理率、服药率等各项指标较以往大幅提高；免疫规划疫苗报告接种率达95%，结核病、艾滋病、布病、麻疹等重点传染病得到有效防控，5种重点地方病达到消除标准或保持稳定控制状态；居民电子健康档案建档率达75%。高血压、糖尿病规范化管理率达60%。

【健康扶贫工程】 2016年，卫计局组织乡镇卫生院、社区卫生服务中心、村卫生室开展健康扶贫“五个一”活动，全面完成贫困村识别、贫困户识别及贫困人口信息录入工作。对因病致贫、因病返贫人员全部建档立卡，送医上门，开展帮扶活动。2016年，接受服务群众2474人，发放健康教育宣传资料3000余份。县、乡两级医疗机构全部建立健康扶贫绿色通道。按照市委统一安排，卫计局包联陶唐峪乡百亩沟村、乔沟村36户贫困群众，全局干部落实包联责任，开展帮扶活动，为困难群众带去温暖，带去健康科学的生活理念。

【健康教育和卫生计生服务质量安全】 2016年，卫计局认真学习贯彻全国卫生与健康大会精神，及时学习，广泛宣传，开展健康教育与健康促进工作，印发《健康知识口袋书》《中国公民膳食指南》《公民健康素养66条》等学习宣传资料，指导和帮助人民群众树立健康意识，倡导健康生活。做好重污染天气下卫生应急与健康指导工作。坚持“安全第一，预防为主，综合治理”的方针，以服务全市卫生事业健康发展为目标，加强医疗质量管理，促进医疗服务水平。开展创建“平安医院”活动，严厉打击涉医犯罪行为，实现医疗纠纷、“医闹”事件数量的下降。把医疗安全、食品安全、饮用水安全、公共场所安全、消防安全等工作摆在重要位置，统筹推进，建立长效防范体制。排查安全隐患，狠抓整改落实，化解卫生计生领域信访突出问题，卫生计生系统进京赴省赴临“零上访”，确保全市卫生计生系统的安全稳定。

【党建和依法行政】 卫计局把落实党风廉政建设两个责任和“两学一做”学习教育有机结合起来，落实党风廉政建设和反腐败各项工作任务。开展“两学一做”学习教育，卫计系统党员干部党性意识得到提高。加强对党风廉政建设工作的领导，充实党风廉政建设领导机构。定期组织召开专题会议，分析研究开展各项工作。把加强思想道德教育、提高卫计干部的纪律规矩意识作为做好党风廉政建设和反腐败斗争工作的基础，建立和完善党风廉政建设和反腐败工作相关制度，坚持用制度管人、管物、管事的原则，确保党风廉政建设各项工作顺利开展。从严落实两个责任，围绕卫生计生方面损害群众利益的突出问题，在全系统开展一系列专项整治活动，优化医疗服务环境。加强卫生计生专业人才队伍建设，先后有3名医学专业大学生、2名村官入编就业，在全市事业单位公开招聘工作中把医疗卫生人才作为重点，卫计系统用人进人取得突破。建立完善“双随机”抽查、行政执法全过程记录等制度，开展医疗机构依法执业大检查、打击“两非”等专项检查，净化霍州市医疗市场。开展“弘扬石兰峰精神，争做最美卫计人”活动，评选树立一批卫生计生系统涌现出的先进典型，塑造卫生计生工作者的新形象。

【领导班子】

局　长：

贾亚龙（2015.09—2016.12）

党组书记：

邱彩花（女，2015.09—2016.12）

副局长：

武燕平（2015.09—2016.12）

张　铭（2015.09—2016.12）

李红梅（女，2015.09—2016.12）

范淑芳（女，2015.09—2016.12）

纪检组长：

段晓琴（女，2015.09—2016.12）

（董晓峰）

人民医院

【概况】　霍州市人民医院创建于1947年，是一所集医疗、教学、科研、预防、保健和康复为一体的二级甲等综合公立医院，是全市城镇职工、城镇居民基本医疗保险、新型农村合作医疗和各种商业保险定点医院、交通事故绿色通道定点医院、法医协作医院。全院编制床位220张，年门诊6万余人次，住院9000余人次。

医院设备先进，技术力量雄厚，到2016年底，共有工作人员390人，在编240人。专业技术人员313人，其中高级职称32人，中级职称132人。拥有荷兰飞利浦1.5T超导磁共振成像设备、德国西门子螺旋CT、美国GE新一代双能DR成像系统、日本岛津500MAX光机、数字HD高清晰腔镜手术系统（腹腔镜、关节腔镜、膀胱镜、宫腔镜）、德国西门子四维彩超、双能骨密度仪、奥林巴斯CV-290电子胃肠镜、C-14呼气试验检测仪、阴道镜、德国WOLF电切镜和钬激光碎石系统、血液透析机、法国梅里埃微生物诊断系统等大型设备，医院的诊治水平得到长足发展。

医院科室设置齐全，心血管内科、神经内科为山西省县级医院重点专科；神经内科、骨科为临汾市重点学科；神经外科、产科为霍州市重点学科。随着医疗技术和专业人才的不断完善，开展腹腔镜、宫腔镜、膀胱镜、关节镜、经尿道前列腺电切术、经尿道膀胱治疗肿瘤电切术等先进的技术，居于该区域领先地位。其中心内科冠心病监护病房（CCU）、重症监护室（ICU），神经内科康复室，经过近几年的飞速发展，成为霍州市较具规模的特色科室之一，设备先进，技术精湛，可以独立完成各种冠心病、急危重症患者及多种手术后病人的监护与康复。

2014至2016年，山西省人民医院对口支援霍州市人民医院。在受援期间，山西省人民医院将长期派驻专家在市人民医院开展诊疗活动，对医院人员进行全面培训，协助医院新技术、新项目开展，建立特色科室，完善远程医疗、双向转诊等，整体提高医院的管理水平和医疗服务水平。

【业务工作】　2016年，霍州市人民医院门诊66974人次，预约诊疗服务16706人次。急诊6839人次，体检18个单位，1000

余人次。收住9343人次，正常分娩805人次。参保参合人员8023人次，占出院人次的86%。手术共2745台次，其中门诊手术576台次，住院患者手术2169台次（1945人次），同比增加512台次，增长30.9%；产科增加306台次，消化科内镜下治疗增加123台次，二者占83.8%；腔镜手术73台次，占3.4%，较2015年增加32.7%；急诊手术1337人次，占68.7%；择期手术610人次，占31.3%；术前平均住院1.9天。收治危重病人411例次，占出院人次的4.4%，抢救成功率91.7%，出院病历7日回收率91.03%。

【优质护理服务】 2016年，全院9个病区全部开展优质护理服务，完成护理管理目标48项，完成率91%。全院特一级护理合格率100%，护士满意度96.4%。无菌物品合格率、急救用品完好率分别为99.6%、99.9%。压疮发生率为0，护理安全不良事件11例，均及时报告、规范处置，无不良后果。

【业务培训】 2016年，按要求完成全院医护人员基础知识和基本技能培训，组织院内培训33次，累计培训2120人次。外出培训113项136人次，8名专业技术人员赴山西省大型三甲医院进修学习。申办1次省级、3次市级继续教育项目共培训477人次。申请参与国家级科研课题1项。

【质量安全】 1. 完善医疗质量安全管理体系。正式成立医院质量管理办公室，统领各委员会工作，充实院级管控层面。梳理关键环节、重点流程，整理完善各种诊疗常规、技术规范、操作规程等。围绕患者安全和15项核心制度的落实，逐步分解细化流程，各项质量指标趋于良好，出院者实际占用总床日61336天，床位使用率88.2%，平均住院日6.5天。2016年医疗纠纷4起，较2015年减少50%，均经医调委妥善解决；有效投诉14起，无医疗事故。

2. 推进处方、医嘱点评。临床药师真正深入临床开展逐级点评，临床医师、上级医师、科主任、临床药师共同参与，使合理检查、合理用药、合理治疗成为临床主导，医嘱合理率64.1%，处方合格率77%，抗菌药物使用率47.7%，住院患者药占比35.15%，同比降低3.67%。

3. 加快实施临床路径。2016年，人民医院有13个专业组，新增29个病种实施临床路径，共开展68个病种2857例，入组2525例，入组率88.4%，占总住院人次的27%；较2015年增加1134例，增长81.5%；变异265例，变异率10.5%；退组106例，退组率4.2%；完成2419例，完成率95.8%。截至2016年底，人民医院累计开展临床路径病种达到78个。

4. 促进临床合理安全用血。落实《医疗机构临床用血管理办法》《临床用血技术规范》等法律、法规，严格输血指征，确保安全用血。储血点2016年服务2484人次，输血201人次，应急调配血液13次。院内输注去白悬浮红细胞788U、血浆26625ml、血小板6个治疗量，成分输血率100%，无输血不良反应。

5. 规范传染病防治。报告传染病404例，其中乙类传染病317例，丙类传染病87例，无甲类传染病，无重大传染病疫情，传染病漏报率为0。落实结核病“三位一体”的管理要求，承担该区域内结核病的发现、报告、诊断、治疗、转诊等工作。2016年，该院结核病门诊初诊128例，确诊99例，新涂阳13例。初诊患者查痰47例，查痰率36.7%。确诊肺结核24小时内专报网络录入 99 例，无漏登。大疫情网报疑似结核病 44 例。转诊 7 人次，发放免费治疗药品 132 人次。出生婴儿 1860 例，新生儿首针“两苗”安全接种 1764 例，接种率 95.8%。为乙肝阳性产妇所生婴儿免费注射乙肝免疫球蛋白 48 人次。食源性疾病监测报告管理工作受到上级好评，网报食源性疾病病例 100 人次，2016 年无重大食品安全事件发生。

6. 强化医院感染管理。落实“清洁的手呵护健康”和“安全注射”两个行动计划，开展住院患者医院感染发病率横断面调查，实施全面的院感质控指标监测，医院感染发病率 0.38%，无漏报；多重耐药菌（耐碳青霉烯鲍曼不动杆菌）感染发现率 0.02%，多重耐药菌（耐碳青霉烯鲍曼不动杆菌）感染检出率 15.4%；医务人员手卫生依从率 56.2%，I 类切口手术部位感染率 0.77%，I 类切口手术抗菌药物预防使用率 50.5%，导尿管相关泌尿系感染发病率 0.6‰，医院感染现患率 0。全年监测消毒液合格率 100%；空气合格率 98.1%；物表合格率 93.2%；血透室透析用水合格率 100%；透析液合格率 100%；胃镜、肠镜内腔面监测合格率 100%。

7. 巩固爱婴医院建设成果。儿科纯母乳喂养率 90%，产科纯母乳喂养率 98.6%，无指征剖宫产率 5.7%。出生缺陷筛查孕妇 2353 例，无孕产妇死亡。无烟医院、平安医院建设继续推进，院区环境整洁，秩序良好，无恶性伤医和重大不安全事件。

【学科建设】 2016 年，霍州市人民医院更新高压氧舱设备，为病理科、眼科更新增配设备 10 余台，使基础性学科在医院发展中持续跟进不掉队。购置美国强生超声刀系统、可视喉镜等，为微创手术发展提供硬件支撑。2016 年，12 名专业技术人员顺利定科，充实到临床医技一线，成为医院团队中的新生力量。

【就医环境】 2016 年，霍州市人民医院关注群众就医感受，加大基础建设投入。2016 年，公开招标 6 次，为科室购置 31 类设备 67 台套，总投入 568.59 万元，全部使用政府拨付的公立医院改革财政补助专项资金。其中，两辆救护车及车载急救设备的购置装备，使人民医院的院前急救和转运服务能力明显提升，医患安全得到有效保障。

门诊手术室建设完工投入使用，医院地下停车场改建，院区露天场地整体硬化，病区楼道全部安装暖风机，住院楼、门诊楼楼顶防水处理，消防设施设备系统维修保养，住院楼病房环境改造，护理站、病房门窗修缮一新，病区全部配备双摇活动床，在骨科、外科、消化科增设重症监护病房，患者诊疗休养环境和舒适度大大改善。完成医技楼顶楼、急诊楼三楼彩钢结构工程建设项目，新增建筑面积 670 平方米，部分缓解医院业务用房紧张的状况。

【完成政府各项指令性任务】 2016 年，120 出车 1594 次（其中空车 492 次），接回病人 1208 人次。开通绿色通道 20 人次。100%完成政府指令性任务 29 项，出车 11 次，安排医护人员 160 人，累计服务 53 天。推进“警医联建”工作，完成霍州市看守所医护 24 小时值班任务，17 名医生、15 名护士累计出勤 366 天。落实“医检联动”，全力配合检察院、法院工作，派出 3 名医生累计出勤 48 天，提供专业的医疗保障。配合教科局完成 1774 人次高考体检，配合武装部完成 260 余人次征兵体检，配合公安局完成 900 人次入监入所嫌疑人员体检，门诊个人体检 400 余人次。

【关注弱势群体】 2016 年，霍州市人民医院实施五保户“一站式”医疗救助服务22人次，垫付医疗费用177536.16元。为肢体、语言、听力、智力等残疾人员评定残疾等级523人次，免除全部评残费用2万余元。配合霍州市民政局为霍州市32名60周岁以上低保户失能老人进行专业评估和鉴定。

【健康知识宣传】 2016年，组织40余名医务人员下乡6次，现场义诊、预约服务达千余人，发放宣传单1000余份。提供健康咨询、导医导诊、预约诊疗等服务，在消化科、妇产科、磁共振室和超声科公共区配备高清电视机，为患者、家属实时播放健康教育宣传片；制作图文并茂的健康指导图册，简明易懂。开展健康讲堂、健康教育讲座40余次，印制发放资料3000余份，累计受众800余人次。组织开展结核病、世界卫生日、世界无烟日等宣传活动，累计发放宣传资料1万余份。转诊病人1983人次，其中农合转诊病人1629人次，较2015年增加334人次，增长25.8%；医保转诊病人354人次。

【外引内建借力发展】 消化内镜中心专家坚持每周来院出诊，完成胃镜检查561例、肠镜检查335例、内镜下息肉（肿物）摘除术124例、食管及幽门支架置入4例，ERCP2例。省人民医院磁共振室专家长期轮流坐诊，磁共振学科在管理、技术上高起点发展。

与山西省舜正司法鉴定中心合作，与山西省肿瘤医院、山西省心血管病医院签订医疗联合体合作协议书，开展双向转诊，派出医师进修学习。逐步形成有序的转诊网络，更好地为患者提供方便、快捷、优质、连续的医疗服务。

【精益管理】 推行精细化管理，提高医院运营水平。医用耗材通过招标采购直接为医院节约费用50万元。在保证试剂耗材同等市场价格的前提下，积极争取设备捐赠：罗氏全自动生化分析仪1台，希森美康全自动血球仪1台，郑州安图全自动化学发光免疫分析仪1台，共为医院节约资金210万元。推进后勤服务社会化，非医药护技专业岗位的工作经劳务公司向社会购买服务；与侯马市环杰医疗废物处置中心签订医疗废物集中处置协议；委托保安公司对医院门禁系统、停车场地进行管理，提高运行效率。增设信息资源科，标志着信息化建设步入专业化轨道；将简单陈旧的成本核算系统更换为合理用药系统，有效利用资源。一批年轻人走上质控办、医学装备科、影像科、西药房等部门的管理岗位，实施临床医师、影像医师同工同酬，专业技术及管理队伍活力倍增。安排后勤员工24小时值班服务全院，确保安全顺畅运行。建立完善医院院、科两级资产账目，资产管理准确归位，为实施全成本管理迈出重要的一步。

【技术创新】 坚持技术创新与引进，开展新技术、新项目7项。2016年，共完成消化内镜、腹腔镜、宫腔镜微创手术222台次。专家带领开展腹腔镜下低位直肠癌根治术1例，腹腔镜下食道裂孔疝修补术1例，首例腹腔镜、胆道镜、十二指肠镜三镜联合胆囊切除总胆管探查术在霍州市人民医院成功开展。消化内镜中心全年开展胃镜检查2039例（其中无痛胃镜250例），肠镜711例，同比增加57%；内镜下息肉、肿物摘除术244例，上消化道异物取出术16例。胃肠肿瘤化疗顺利起步。磁共振检诊2767人次。

【文化建设】 2016年，霍州市人民医院以开展“两学一做”学习教育为契机，创新“五讲四美三热爱”载体，从党员思想教育入手，以人为本，以病人为中心，统一认识，坚定立场，提升境界，拓展活动范围，丰富活动内涵，把学习党章党规、习近平总书记系列重要讲话精神落实到做合格医务人员的目标要求，贯穿于日常的服务行动，与“仁爱、奉献、团结、创新”的医院文化深度融合，落地生根，浑然一体。

关心职工，在医院保持发展的基础上，改善工作环境，为全院371名职工进行健康体检，完善年度健康档案。

【党风廉政建设】 加强廉洁从医教育，推进党风廉政建设，坚持以“病人为中心”，围绕从医倡廉、制度保廉、监督促廉的工作思路，以教育预防为主线，以机制创新为抓手，严格执行中央“八项规定”，认真落实“九不准”，推行重要部门、重点岗位人员轮岗制度，规范院务党务公开、三重一大集体决策和社会监督制度。把党风廉政建设贯穿于医院发展大局之中，贯穿于医院管理全程之中，努力提高党员干部端正党风、廉洁从业的自觉性，不忘初心，从自身做起，以身作则、率先垂范、做好表率。

【领导班子】

院　长：

乔亚明（2012.08—2016.12）

书　记：

张春生（2012.08—2016.12）

副院长：

杨冬莲（女，2001.11—2016.12）

院长助理：

张军丽（女，2015.01—2016.12）

【获奖情况】

霍州市人民医院检验科被山西省临床检验质量控制中心评为实践质量评价优秀单位。

霍州市人民医院团支部被评为临汾市五四红旗团支部。

（张霍龙）

霍州市中医院

【概况】 霍州市中医院建成于1986年10月，下设内科、儿科、外科、妇科、五官科、皮肤科、康复科、烧伤科及辅助科室，开设病床50张，其中，卫生专业技术人员65人，中级以上职称18人。是一所集医疗、科研、急救、预防和康复于一体的中医医院，承担着霍州市周边10余万人民群众的预防保健、常见病诊疗、大病预约、转诊及手术病愈后的康复、护理等职能。中医院从1987年开始接诊病人，诊疗原则为“突出中医特色，中西医结合”。1992年获山西省卫生厅“文明中医院”称号；1996年获临汾地区“先进单位”称号。医院承担着全市突发事件的紧急救援工作。

【中医院迁建】 霍州市中医院旧址位于霍州市桥西街46号。自2005年开始，由于管理滞后、经营不善等诸多原因，中医院各项业务逐步下滑。院内房屋年久失修，裂缝滴漏，破烂不堪，已成为危房；原有医疗设备全部丢失损坏，公共财物遗失严重。2010年，上级部门批准新建霍州市中医院门诊住院楼，该项目是中央预算内工程项目，共投资1650万元，其中，国家专项资金1300万元，地方配套350万元，新建于霍东新区经五路东侧、开元小区南侧，占地13亩，该项目为地上四层（局部五层），框架结构，建筑总面积6400平方米。2011年11月动工，2013年底主体工程完工，2014年开始进行室内装修。

2014年6月，经霍州市人民政府批准，位于桥西街46号的原中医院土地挂牌出让。

【中医药适宜技术推广】 2016年，霍州市人民医院为充分发挥中医药适宜技术在基层防治常见病、多发病的优势和作用，保护人民群众身体健康，对全市7个乡镇、5个社区服务中心300余名村卫生所医务人员进行中医药适宜技术培训。

【党风廉政建设】 2016年，霍州市人民医院领导带头廉洁自律、厉行节约，认真执行中央“八项规定”和山西省、临汾市有关廉洁自律的规定和要求，落实党风廉政建设责任制，推进党风廉政建设和反腐倡廉斗争，确保医院的和谐、稳定、健康发展。

【人才培养】 2016年，霍州市人民医院派出各个专业人员去上级医院进修学习，使员工不断开阔视野，增长知识，了解发展趋势，明确行业要求，学习先进技能，学有所得，学以致用，逐步缩小与同行业的差距，提高整体业务素质。

【发展规划】 2016年，霍州市人民医院的管理者锐意改革，与时俱进。要利用中医药实践，在国内和国际的地位和影响力不断提升，必须找准切入点，针对患者所需，开发医学新领域，满足不同层次患者的医疗需求。要走专科专病之路。利用传统的中医药治疗方法，结合现代医学技术，走出一条专科专病模式之路，以点带面，发展壮大自己，不断引进新技术、新项目，促进专科的全面发展。要依靠服务治疗竞争发展自己，树立品牌意识，为广大患者提供优质、安全、温馨、便捷的服务。通过在基层培训中医药适宜技术，培训中医人才等活动，获得充足的市场份额，取得社会效益和经济效益。

【领导班子】

院　长：

王雅琳（女，2012.08—2016.12）

书　记：

马国平（2003—2016.12）

副院长：

孔生福（1993—2016.12）

王海林（1993—2016.12）

（孙俊萍）

爱国卫生工作

【概况】 霍州市爱卫办是霍州市爱国卫生运动委员会的办事机构，共有干部职工9人（其中正科级2人，副科级3人），主要职责是：负责全市爱国卫生工作的组织协调、监督指导、检查评比、表彰奖励等，组织开展以环境治理、除害防病、农村改厕为重点的群众性爱国卫生运动。

【环境整治】 发挥协调职能，巩固省级卫生城成果，做好创建国家卫生城准备工作。2016年11月11日，启动国家卫生城市创建工作，出台《霍州市创建国家卫生城市实施方案》，邀请省专家进行指导培训。在全市组织开展宣传活动，通过排查摸底，建立市容环境卫生台账和整改记录，多次开展环境卫生集中整治活动，深化爱国卫生清洁运动和乡村清洁工程督促检查，健全城乡环境卫生管理的长效机制，推动环境卫生管理城乡一体化进程。

【爱国卫生月】 2016年，霍州市爱卫办多渠道、多方位开展爱国卫生月活动，下发《关于开展第二十八个爱国卫生月活动的通知》和《关于开展第二十八个爱国卫生月活动的实施方案》，对“爱卫月”活动进行具体部署，明确2016年“爱卫月”活动的指导思想和工作重点，要求各乡（镇、街道）、有关部门、各单位广泛开展环境卫生综合整治、农村改厕、“除四害”等工作，有效预防和控制各种疾病的发生和蔓延。

【农村改厕】 2016年，霍州市爱卫办把农村改厕工作纳入爱国卫生建设工作重点，制定改厕工作方案，对全市厕所进行统计造册，深入乡（镇、街道）及各村，发放宣传彩页1万余份。

【“除四害”】 2016年，霍州市爱卫办下发《关于全市统一灭鼠的通知》文件，并从省消杀站购回“除四害”药物，免费发放，对重点单位进行密度监测，预防和减少病媒传播疾病发生和蔓延。

【领导班子】

主　任：

武　翔（2011.04—2016.12）

党委书记：

李　涛（2013.12—2016.12）

副主任：

毋历华（2002.05—2016.12）

朱志华（2002.12—2016.12）

李　毅（2007.08—2016.12）

（李毅）

医药管理

【概况】 霍州市医药有限公司始建于1956年7月，2006年10月，由原山西省霍州市医药药材公司改制而成，是一个具有独立法人资格的医药商业骨干企业。注册地址：霍州市鼓楼东街146号。经济性质为：有限责任公司。公司机构设置为“六部一室”，即财务部、质管部、采购部、储运部、销售部、信息部和办公室。并独家投资设立山西德顺源大药房连锁有限公司，两个公司为同一法人，实行人力资源共享，统一管理。到2016年底，共有药品从业人员150人。经营范围为中药材、中成药、中药饮片、化学药制剂、抗生素、生化药品、生物制品（除疫苗）、精神药品（限二类）、蛋白同化制剂及肽类激素、医疗器械、保健食品12大类共计5800余个品规的医药商品。担负着霍州市、霍州煤电集团、铁路职工、居民及门诊大额疾病医保刷卡，霍州、汾西、洪洞等地基药配送及全市30万人民群众防病治病、康复保健、抢险救灾药品供应任务。

【经济指标】 2016年，霍州市医药公司商品销售收入：实际完成13740.72万元，占年计划11506.6万元的119.42%，与2015年同期的12626.43万元相比提高8.83%。实现利润：实际完成305万元，占年计划200万元的152.5%，与2015年同期的195.24万元相比提高56.22%，净增绝对额109.76万元。上缴税金：实际上缴421.95万元，占年计划460万元的91.73%，与2015年同期的455.4万元相比降低7.35%。

注：2016年度商品销售收入统计口径因企业内部改革按两个公司计算，含霍州医药销售给德顺源的4065.5万元，实际纯销净额为9675.22万元。

【经营战略】 2016年，医药公司按照采购当先锋、两库作后盾、四轮齐驱动、合力攻难关的总体思路，强抓业务工作。连锁销售中心：以“八加一”门店为重点，带动零售业态稳步发展。以黄金单品为突破口，拉动销售、毛利双提升。以探索“一店一所”经营模式为亮点，通过采取外聘医师长期坐诊和邀请省城名医定期坐诊的方式，在第二连锁药店开办中医坐堂医诊所，为销售业绩增长起到助推作用；以会员制管理为抓手，稳定客流，吸引客户，会员累计发展达16819人，共计打折让利金额9.11万元，让消费者得到实惠，有效拉动零售销售增长。医院销售中心：抓住市人民医院、霍州煤电集团总医院两大客户不放松，实施全程跟踪服务，及时掌握临床用药需求，畅通特供绿色通道，理顺战略合作关系，提高供货占有比例，全年完成销售额2532.22万元，与2015年同期的1810.96万元相比，提高39.83%，净增绝对额721.26万元。基药销售中心：在基药配送管理由省级下放到市级之时，抢抓基药配送机遇，搞好市级对接，抢抓基药货源，增加基药品规；抢抓基药市场，实施霍州、汾西全覆盖，开辟洪洞市场，从而形成基药销售三大战区。细化销售目标，实施措施跟进，全年基药配送金额达1850.24万元。其中，霍州战区完成795.92万元，汾西战区完成407.01万元，洪洞战区完成647.58万元。经临汾卫计委多次排名各项指标综合考核，始终名列前三名，基药配送工作实现新突破。外埠销售中心：推进区域总代理战略的实施，将江西汇仁肾宝片、山东东阿阿胶块及复方阿胶浆等品种，打造成向外拓展的主打品种，借助“晋临医药联盟”平台，走出临汾，跨入大同、运城、吕梁市场，全年外埠市场销售额达367.59万元。

【惠民医保】 发挥医保部部长、定点药店店长和医保专管员协调配合作用，形成齐抓共管格局。坚持医保工作例会制度，定期不定期开展企业内部自查，及时解决医保工作中的问题，促进医保工作良性发展。强化员工做好医保工作的责任意识，提高员工医保知识水平和操作技能。紧扣医保服务协议，规范刷卡服务行为，坚持人、证、卡三对照，严格审核，重点控制大额处方、超剂量购药以及以药换药等不规范行为，严格执行单笔刷卡购药消费超300元登记制度，建立霍煤集团在外居住职工返霍集中购药备案制度，从各个方面促进医保规范运作进程。抢抓机遇，重新打造医保定点药店新格局，新增霍煤集团医保刷卡门店5个，在永盛连锁药店开通城镇居民医保刷卡业务，为公司实施医保战略部署打下基础。做好门诊大额疾病服务业务，在第二连锁药店连续两年承担霍州市城镇职工门诊大额疾病244名患者用药任务的基础上，2016年，在连锁店辛置、民康连锁药店申请安装霍煤集团医保门诊大额疾病刷卡软件系统，为医保业务再拓展培育新亮点。

【质量管理】 增强全员质量意识，落实各岗位质量管理职责，严格规范操作程序，形成人人抓质量、事事抓规范的良好氛围。强化GSP管理人员工作技能培训，提高质量管理人员的业务技能和法律素养。提高执业药师和从业药师的执业能力，组织32名执业药师和9名从业药师参加省执业药师协会继续再教育培训，丰富执业人员的专业知识。加强库区温湿度实时监测和电子监管扫码核注核销管理，商品销售做到有码必扫，有效保证药品在流通过程中可追溯和安全性。采取企业自查和接受监督检查并举的方法，促进质量管理水平的提升。

【人才培育】 2016年，霍州市医药有限公司在人才培养方面，推行内部培养与外部引进相结合的双轨制人才发展战略。采取“请进来，走出去”的方式，借助战略合作伙伴资源平台，强化员工整体素质的提升，先后与南京同仁堂、江西汇仁、湖南九芝堂等厂商联合举办12期药品知识、营销策略、服务技巧等专业知识培训，组织中层管理人员与各门店销售精英赴石药欧意、山东东阿、石家庄新兴药店连锁店参观学习，汲取先进管理经验，提升自身经营管理水平。政策支撑，营造浓厚的学习氛围，鼓励员工勤奋学习，报考各类专业技术职称。全年有34名员工通过自学和短期集中培训参加各类执业资格和技术职称考试，5名员工考试成绩符合执业药师录用资格，8名员工取得营养师证书，2名员工取得调剂员证书，1名员工取得物流师证书。大胆引进、落实待遇，严格执行公司《关于加快专业技术队伍建设的有关规定》。坚持尊重知识、尊重人才，用感情留人，靠待遇养人，为提供就业岗位，解决企业技术人员不足问题，从社会上聘用3名执业药师。

【企业庆典】 2016年是公司成立六十周年暨企业改制十周年的庆典之年，借此契机，公司组织启动品牌宣传年系列活动，以此提升企业知名度。与市摄影家协会合作举办“德顺源杯”摄影大赛。参赛作品达上千幅，从中遴选出200幅优秀作品集结成册。与市剪纸协会联合举办首届“德顺源杯”精品剪纸展。将48幅优秀作品装裱加框，在公司一楼大厅进行展览宣传，彰显企业深厚文化底蕴。聘请专业策划公司，量身设计制作改制十周年图片成果展。图文并茂地展现企业改制十年的发展辉煌历程。同时还重新整理续编《公司大事记》和《基础数字汇编》两本册子，为公司留下档案资料。10月27日晚，一台由职工自编自导自演的庆典晚会在市电视台多媒体中心进行演出，展现新时期霍州医药人和德顺源的凝聚力。与众多知名厂商联合举办司庆让利惠民活动，推出免费检测、免费熬胶、打折让利等项便民优惠服务。

【领导班子】

董事长、总经理：

张国新（2006.10—2016.12）

董事、副总经理：

苏小明（2006.10—2016.12）

张海杏（2006.10—2016.12）

李成文（2015.03—2016.12）

（孔睿）

食品药品监督管理

【概况】 根据霍州市人民政府《关于霍州市食品药品监督管理体制改革的实施意见》（霍政发〔2013〕41号）和霍州市人民政府办公室《关于印发霍州市食品药品监督管理局主要职责内设机构和人员编制规定的通知》（霍政办发〔2013〕46号）文件精神，市食品药品监督管理局设置5个内设机构、1个稽查队和6个乡镇监管站。截至2016年12月，共有行政人员20人，事业人员17人，工勤人员2人。

【“两学一做”学习教育】

1. 抓好“两学一做”，筑牢政治根基。

2016年，食品药品监督管理局组织全体党员学习市委实施方案，领会精神，明确要求，把全体党员的思想统一到以习近平总书记为核心的党中央。领导班子及时召开会议，研究制定实施方案，成立领导机构，为开展学习教育提供思想保证和组织保证。2016年5月11日，召开全体党员动员大会，支部书记崔世娟宣读实施方案，局长张凤梅作动员讲话，全面动员部署，做好活动准备。召开“讲政治、有信念，讲纪律、有规矩，讲道德、有品行，讲奉献、有作为”四次专题研讨会，领导带头，率先垂范，踊跃发言，深入讨论，破除思想藩篱，筑牢政治根基。坚持“三会一课”制度，每月1日开展党日活动。领导干部定期讲党课，强化党员干部党性教育。“七一”学党史，接受革命传统和爱国主义教育，牢记宗旨，不忘初心，锤炼过硬作风。结合工作实际，领导班子研究确定“三带头、三提高”特色活动，统筹协调，促进工作。进行学习测试，检验学习成效。督促全体党员添加“临汾党员先锋号”微信公众号，融入新媒体，更好地开展学习，使学习达到事半功倍的效果。确定专人及时向督导组报送进展情况和有关资料，自觉接受督导，查缺补漏，巩固成效。

2. 抓好业务学习，提升执法能力。

坚持集中学习。每周二定期集中学习，把食品药品监管法律法规、总局规章、执法规范和日常监管执法工作有机结合起来，坚持学中干，干中学，聚焦问题，把握重点，提升工作能力和水平，适应监管工作发展的需要。提升学习层次。组织监管人员参加国家总局、山西省局、临汾市局高级研修学院组织的食品药品监管专业培训，特别是10至11月组织工作人员集中参加临汾市局组织的法制、餐饮、食品生产、食品流通、药品、保健食品化妆品监管工作培训班，聆听专家讲解，加强研讨交流，增强监管工作的针对性和有效性。2016年，共培训监管人员60余人次。

【食品药品宣传】 2016年，霍州市食药局以舆论宣传为先导，拓宽渠道，多措并举，积极引导公众理解、支持、参与监管工作。1. 集中宣传。组织开展“3·15”消费者权益保护日、科技、文化、卫生“三下乡”“3·31”食品药品投诉举报宣传日、食品安全宣传周、农村庙会等宣传活动，领导带头，全员参与，贴近群众，贴近实际，发放宣传资料，接受群众咨询，宣传食品药品法律法规和安全知识。“三下乡”活动中，给白龙镇捐赠食品药品安全知识读本1500册，巩固基层宣传阵地。2. 主题宣传。开展新《食品安全法》主题宣传，设立15个公交站宣传栏，制作宣传版面400块，发放到各行政村、学校，建立宣传园地。建立3个基层科普宣传站，定期开展宣传活动，为基层群众提供食品药品法律法规和安全知识咨询及服务。3. 媒体宣传。在霍州电视台、霍州广播电台、霍州报等新闻媒体开辟宣传专栏，宣传工作动态、法律法规和安全知识，扩大宣传覆盖面，构筑宣传工作长效机制，使食品药品安全知识覆盖到各个角落。

【食品药品许可】 全面履行食品生产经营许可工作职责，确保许可工作集中统一办理，梳理许可事项，优化许可流程，缩短许可时限，提升许可效率。建立完善各项规章制度，坚持用制度管权、用制度管事、用制度管人。坚持公开、公平、公正的原则，公开许可内容、许可程序、许可时限，为行政相对人提供规范有序、方便高效的服务。2016年，临汾市局核发《食品生产许可证》2份，霍州食药局核发《食品生产加工小作坊许可证》8份；核发流通类《食品经营许可证》323份，餐饮服务类《食品经营许可证》82份，餐饮服务类《小作坊许可证》242家；临汾市局核发《药品经营许可证》4份，通过GSP认证药品零售企业5家。

【食品药品日常监管】 2016年，为规范全市食品药品生产经营管理，采取六项举措：下发自查通知书。2016年初向全市食品药品生产经营企业下发自查通知书，明确自查重点和要求，督促企业开展自查自纠，消除安全隐患，规范经营管理。签订安全责任书。同全市食品药品生产经营企业签订安全责任书，强化责任意识、主体意识，督促企业严格遵守食品药品监管法律法规，规范生产经营行为，提升管理水平。严格执行“月初定计划月末现场查”工作制度。各监管站每月确定3至5家企业进行集中规范，通过现场指导、教育培训、隐患排查等方式对各企业制度执行、记录管理、质量控制等关键环节按照法律法规要求统一规范，领导班子每月底开展督查指导，查缺补漏，消除隐患，完善管理，落实责任，一级抓一级，层层抓落实，提升食品药品行业整体水平。2016年，共规范食品生产加工小作坊12家，食品流通企业85家，餐饮服务企业92家，药品经营企业16家，保健食品经营企业42家，化妆品经营企业55家。开展监管信息平台录入工作。加强信息化建设工作，通过省局信息系统逐一录入食品生产经营企业基本信息，及时录入日常监管信息，实现动态化监管。通过信息平台共录入食品生产加工企业12家，食品流通企业238家，保健食品经营企业59家，化妆品经营企业71家。推进企业信息化建设，督促19家食品流通企业建立电子台账。建立健全诚信档案。各监管站将辖区食品药品生产经营企业许可情况、日常监管情况等资料建档留存，实行“一店一档”，建立基础信息库。推进“明厨亮灶”工作。各监管站选择辖区具备条件的餐饮服务单位进行监督指导，加强硬件建设，完善设施设备，将厨房食品原料及操作过程向消费者全面展示，方便消费者监督。2016年，共有10家餐饮服务单位实现“明厨亮灶”。

【食品药品培训】 2016年，各监管站、各职能股结合自身实际，科学制订培训计划，精心遴选培训内容，适时组织全市食品药品从业人员开展集中培训，免费发放培训资料，重点就制度执行、人员管理、进货查验、台账记录、质量控制等内容进行重点培训，促进从业人员依法规范管理。2016年，共开展各类培训12次，培训各类从业人员480人次。10月24日，邀请临汾市药械不良反应中心专家对全市药品经营使用单位药械不良反应监测工作人员共计120余人进行专题培训。培训会上，授课专家全面细致地讲解药械不良反应事件监测报告收集、填写、评价的技术要求等内容，监测人员进行交流研讨，增强监测工作的针对性和有效性。

【重大活动的食品药品安全】 2016年5月28日至6月8日，保障“尧风古韵·中镇霍山”诗会食品药品安全。落实责任，细化措施，同七里峪景区有关餐饮服务单位签订《重大活动餐饮服务食品安全责任承诺书》，深入服务单位现场监督、集中检查、重点驻守，消除安全隐患，规范经营管理。强化技术支撑，开展食品快检36批次。保障高考、中考食品药品安全，组织工作人员不间断在考点周边进行值守、巡查，提升应急处置能力，坚决杜绝安全事故发生。保障霍州市第七次党代会、霍州市市人大七届一次会议、霍州市市政协七届一次会议期间的食品药品安全，服务全市政治大局。

【食品药品违法案件查处情况】 1. 依法查办案件。组建食品药品稽查队，充实执法人员，严格依法办案，坚决维护法律权威。重点围绕无证经营、超范围经营、生产经营假冒伪劣产品开展市场稽查，及时发现食品药品领域存在的违法违规问题和线索，坚决取缔无证生产经营行为，依法打击违法违规行为，有力维护市场秩序。加强部门联动，开展联合执法，形成执法合力。2016年，共立案28起，结案28起，处罚全额7.16万元。

2. 回应群众诉求。畅通“12331”投诉举报电话，做到24小时有人接听受理投诉举报，充分运用“12331”投诉举报平台，主动接受群众投诉举报、反映问题。坚持有报必接、有接必查、有查必复，做好投诉举报登记，开展现场调查核实，依法对违法违规行为进行查处，有效处置食品药品生产经营过程中出现的各类问题和矛盾，及时向举报群众作出答复，使群众的合理诉求得到最大限度的保障，维护人民群众的合法权益。2016年，共受理群众投诉举报10起，处理10起。

【纯净水生产专项整治】 2016年，霍州市食药局组织监管人员对全市5家桶装饮用纯净水生产企业进行地毯式监督检查。重点检查生产者的资质是否合法，证照是否齐全，是否在有效期内；检查生产环境、车间、设备、水桶、产品包装标识、从业人员健康状况是否符合规定要求；检查生产消毒杀菌措施是否落实，出厂产品是否检验，是否建立完善的生产记录、检验记录和销售台账等各项记录。全面排查和消除桶装饮用纯净水质量安全隐患和突出问题。通过专项整治，确保人民群众饮用安全。

【食品流通领域专项整治】 2016年，霍州市食药局以各大商场、超市、批发商及专营店、批发市场、集贸市场，城乡结合部销售网点以及库房、农村地区食杂店为重点区域，以水产品、冻品、奶粉、肉及肉制品为重点品种，严查无证经营行为、未严格落实进货查验和查验记录制度、台账记录不健全、供货方资质不健全、检验报告不符合规定的行为，有力规范食品流通市场秩序。共检查农贸市场3个，水产品、冻品经营单位20家，奶粉经营单位21家，肉及肉制品经营单位120家，酒类经营单位56家，责令整改82家。

【春秋季学校食堂专项整治】 2016年，霍州市食药局以《食品安全法》、食品安全管理制度落实情况，从业人员体检及培训情况，设施设备运行维护、餐饮具消毒管理、食品留样，食品及其原材料采购索证、索票、验收等各项制度的落实情况为检查重点，严格落实主体责任，切实消除安全隐患。共检查学校食堂85家，责令改正42家。

【保健食品流通专项整治】 2016年，霍州市食药局以减肥类、辅助降血糖类、增强免疫力类、缓解体力疲劳类、改善睡眠类、通便类6类功能保健食品为重点检查品种，以产品购进渠道是否合法、索证索票是否齐全、台账记录是否完整、标签说明书是否符合要求为重点检查内容，开展保健食品流通专项整治，加大安全隐患排查力度，促进保健食品经营秩序持续好转。共检查保健食品经营企业55家，责令改正16家。

【疫苗专项整治】 霍州市食药局组织自查。3月23日，组织全市药品经营使用单位召开“打击非法经营使用疫苗”会议，及时传达临汾市局紧急会议精神，要求辖区所有疫苗经营使用单位立即开展自查，自查内容包括2013年以来所经营使用疫苗的品种、来源、去向等有关情况并报送自查报告。全面排查。全体执法人员深入辖区各疫苗经营使用单位开展现场检查，逐一摸清底数，全面掌握情况，留存工作痕迹，确保检查全覆盖。共检查疫苗经营使用单位65家，责令整改6家。部门联动。查清疫苗案件线索，严惩违法犯罪行为，经市政府同意，成立由市食药监、公安、卫计局等部门组成的非法经营疫苗案件联合工作组，部门联动，协调配合，齐抓共管，形成合力，确保疫苗专项整治圆满收官。

【药品市场专项检查】 2016年，霍州市食药局强化疫苗、含特殊药品复方制剂、基本药物、中药材中药饮片、广告药品及互联网销售药品、终止妊娠药品等重点品种的监管，严格检查药品进货查验记录、进货票据、处方药销售记录，严肃查处从非法渠道购进药品行为，切实规范药品流通秩序。共检查药品经营企业40家、各类医疗机构120家。加大回收药品专项整治力度，严厉打击购进渠道不明、票据不全的违法行为，维护人民群众用药合法权益。

【避孕套专项整治】 霍州市食药局以医疗器械经营企业、药品零售企业、商场、超市、保健品店为重点单位，重点检查是否取得《医疗器械经营企业许可证》或《医疗器械经营企业备案证》，是否经营未经注册、无合格证、过期失效产品，避孕套产品购进渠道是否合法，是否具有产品注册证，是否过期失效，产品说明书、标签、包装标识是否符合规定，与产品注册的内容是否一致等，严防不合格产品流入市场。共检查各类单位22家，责任改正8家。

【医疗器械专项整治】 2016年，霍州市食药局重点围绕日常管理、购销渠道、储存条件、代理销售等开展专项整治。在企业进行自查、作出承诺的基础上，组织执法人员深入医疗器械经营企业认真检查，抓好问题整改，查处违法行为，切实规范医疗器械市场秩序。共检查医疗器械经营企业11家。开展体外诊断试剂经营专项检查。重点对企业经营许可、储存运输管理开展检查，消除安全隐患，促进规范操作，确保体外诊断试剂质量安全。共检查体外诊断试剂经营企业2家。

【食品药品检验工作】 2016年，霍州市政府高度重视食品检验工作，拨款45万元作为专项经费保障。从5月开始，委托谱尼测试集团股份有限公司开展抽检332批次，其中，初级农产品250批次，流通领域食品82批次，超额完成临汾市局下达的240批次的任务，提升食品监管工作的科学性和靶向性。5月17至19日，配合临汾市局开展年度抽验工作。严格按照工作程序和要求，深入3家药品经营企业、3家医疗机构抽取药品26个品种，为药品监管工作提供有力技术支撑。

【党风廉政建设工作】 2016年，食药局以廉洁机关建设为目标，落实主体责任，加强廉政教育，防微杜渐，警钟长鸣，营造风清气正、团结奋进的工作氛围。领导班子以身作则，率先垂范，廉洁自律，恪尽职守，努力做心中有党、心中有民、心中有责、心中有戒的“四有”公仆。1.开展廉政学习。组织干部职工学习习近平总书记在中纪委六次全会上的重要讲话、王岐山书记署名文章《用担当的行动诠释对党和人民的忠诚》《中国共产党廉洁自律准则》和《中国共产党纪律处分条例》等党内法规，以及《中共临汾市委关于落实党风廉政建设党委主体责任和纪委监督责任的实施意见（试行）》和临汾市纪委、临汾市监察局《落实中央八项规定精神十问》，自觉接受廉政教育，筑牢拒腐防变思想防线。2.落实“两个责任”，签订廉政责任书。党组担负起党风廉政建设主体责任，纪检组担负起党风廉政建设监督责任，同全体干部职工签订廉政责任书，明确责任，狠抓落实。3.建立廉情预警机制。制定权责清单，强化日常监督，勤“扯袖子”，常“咬耳朵”，对出现的苗头性、倾向性问题按照廉政风险等级进行廉情预警，及时消除廉政隐患。4. 开展“四述两谈”，增强廉政工作的针对性。通过述纪、述廉、述作风、述主体责任，对中层干部进行廉政约谈，对全体干部职工进行廉政座谈，使党风廉政建设工作言之有据、抓之有效，提升党风廉政建设工作水平。

【领导班子】

局　长：

张凤梅（女，2013.04—2016.12）

支部书记、副局长：

崔世娟（女，2013.04—2016.12）

副局长：

高琴玲（女，2012.06—2016.12）

纪检组长：

高晓华（2012.08—2016.12）

党组成员、副主任科员：

崔卫民（2015.10—2016.12）

（高亮）

红十字会

【概况】　中国红十字会是中华人民共和国统一的红十字组织，是从事人道主义工作的社会救助团体，是国际红十字运动的成员。中国红十字会以发扬人道、博爱、奉献精神，保护人的生命和健康，促进人类和平进步事业为宗旨。

山西省霍州市红十字会成立于1990年9月，为原霍州市卫生局下属单位，副科级建制，内设办公室和赈灾救济股2个科室，2016年底，有工作人员4人，其中，3人参照公务员管理，1人为事业人员。红十字会会长由市政府分管领导兼任。

【历史沿革】　中国红十字会于1904年3月10日在上海创立。中华人民共和国成立后，中国红十字会于1950年进行协商改组，1952年恢复在国际红十字运动的合法席位。1993年10月31日，《中华人民共和国红十字会法》颁布施行。

【体制建设】　2010年，经临汾市组织部批准，霍州市红十字会参照公务员管理（临组通字〔2010〕58号）。2015年4月14日，霍州市编制委员会下发文件（霍编发〔2015〕2号），霍州市红十字会由霍州市卫生局代管改由市政府领导联系，但因各种条件所限，至2016年，仍挂靠霍州市卫生和计划生育局。

【冠名医院】　2011年5月，经山西省红十字会、临汾市红十字会批准，霍州煤电集团总医院冠名“霍州红十字医院”。

【工作情况】　根据《中华人民共和国红十字会法》，开展备灾救灾的准备工作及募捐救助工作。霍州市红十字会被纳入霍州市政府应急预案体系，建立各类红十字应急救援队伍；依法向全社会开展募捐工作，面向困难群众开展人道救助工作，开展“博爱助医”“博爱助学”“博爱助困”等公益项目。在2016年元旦、春节期间开展“博爱送万家”活动，救助220余户贫困家庭，改善城乡居民的生产及生活条件。开展卫生救护培训工作。霍州市红十字会开展防灾减灾应急救护培训，普及重点行业、重点人群的培训工作，推进应急救护知识进乡镇、进社区、进学校、进企业、进机关，提高人民群众应对突发事件的反应能力和现场自救互救能力。2016年3月，配合全省开展中小学学生网上应急知识学习活动；9月，举办全市大学生村官应急知识培训，经山西省、临汾市红十字会审核，对达标人员颁发《山西省红十字会现场救护培训资格证》。管理好石兰峰墓园和石兰峰纪念馆。石兰峰墓园和石兰峰纪念馆是霍州市爱国主义教育基地，位于霍州市李曹镇李曹村。2002年6月，编辑出版《人民的好医生——石兰峰》一书，重修石兰峰墓园，建成石兰峰纪念馆，清明节期间，免费对全社会开放，由红十字会负责组织好全市人民群众特别是当地学校、机关、亲属，卫生系统各单位的参观学习及扫墓活动，发放宣传资料，做好讲解工作，接待参观人员2000余人。开展无偿献血、造血干细胞捐献、遗体及人体器官捐献工作，搭建爱心奉献平台。开展国际与地区间的交流合作，发挥红十字民间外交作用。

【领导班子】

会　长：

朱源洪（2008.08—2016.08）

刘元建（女，2016.08—2016.12）

专职副会长：

薛　炜（2015.04—2016.12）

副会长：

田向东（2007.08—2016.12）

【获奖情况】

2016年3月，薛炜荣获山西省人力资源和社会保障局、山西省红十字会颁发的“山西省红十字系统先进个人”称号。

（薛炜）

检验检测中心

【概况】　依据省政府《关于市县食品药品监督管理体制改革的实施意见》（晋政发〔2013〕）27号和《临汾市人民政府关于临汾市食品药品监督管理体制改革的实施意见》，整合市直各部门现有检验检测资源，构建公共检测平台，组建霍州市综合检验检测中心。根据霍州市机构编制委员会于2015年11月30日下发的《关于政府机构改革中整合调整有关事业单位机构编制事宜的通知》（霍编发〔2015〕52号文件）的要求，将霍州市质量技术监督局检验测试所职能和人员并入霍州市综合检验检测中心，2016年7月27日正式挂牌成立。人员编制20名。其中，主任1名，副主任1名，总检验师1名。中心内设5个科室，分别为：办公室、业务室、食品检验股、计量检定测试股、产（商）品检验股。承担着全市的计量检测、食品、药品、农产品等各类检验任务。

【“两学一做”学习教育】　按照市委统一部署，检验检测中心开展“两学一做”学习教育。在学习活动中，坚持问题导向，坚持边学习、边讨论、边落实。严格按照既定要求、既定程序统筹协调，稳步推进。

坚持每周二1个小时集中学习，要求每人笔记达3万字以上。

参观霍州署廉政文化馆，开展实地教育。

制定权责清单。结合工作实际，制定“权力清单”和“责任清单”，使权力运行更加公开，更加透明。

【计量检测实验室建设】　计量测试所是霍州中心面向社会承担计量量值传递工作的重要技术机构。该所现有实验室面积480平方米（恒温实验室220平方米），拥有各种检测设备7台（套），建有7项社会公用计量标准；实验室划分为衡器室、天平室、加油机室、燃气表室、压力室5个工作室；

开展有汽车衡、台秤、天平、燃油加油机、血压计、压力表、燃气表7项计量器具的检测工作，各实验室检测配备合理，基本满足霍州市检测工作需要。

【民生计量工作】 2016年，检验检测中心开展与老百姓生活密切相关的计量器具的强制检定工作，按照周期对涉及贸易结算、安全防护、医疗卫生、环境监测等方面的台秤、电子汽车衡、血压计等计量器具进行强制检定，对燃气表“民用四表”进行首次检定，2016年检验检测中心共检定衡器572台、天平28台、加油机296枪、压力表1000余块、血压计92台、燃气表2000余块，确保消费者利益，为广大消费者营造良好的计量环境。

【工业计量工作】 深入企业生产车间、实验室，严控计量环节，对企业在用计量器具开展检定校准服务；帮助企业建立健全强检计量器具登记台账，完善计量管理制度，建立计量管理体系；对企业在用的强检计量器具进行登记备案，掌握计量器具的检定周期，并按照周期进行检定，确保计量器具的量值准确；加大对企业的计量宣传力度，提高企业加强计量管理的自觉性，增强企业管理人员的计量意识，主动做好计量器具的配备、日常管理等工作。根据企业的需求，组织企业计量人员学习班，帮助企业制定计量管理标准，提高企业计量人员的综合业务素质。

【能源计量】 节能降耗是市委、市政府中心工作之一，该中心把加强能源计量管理、促进节能降耗作为工作的新抓手和新推手，定期对重点耗能企业能源计量器具进行检定，从企业用水、用电、用煤等方面把好节能降耗关。

【业务培训】 计量是一门专业性特别强的科学领域，因此，不断学习是计量人的工作需要。2016年9月10日，该中心组织8人到山西省食品药品监督检验所进行为期3个月的学习培训，提高业务水平，拓宽业务渠道。

【领导班子】

主　任：

朱全锁（2015.03—2016.12）

（慕华）

妇幼保健

【概况】 霍州市妇幼保健院成立于1976年，是政府设立的公共卫生事业机构，以贯彻落实《母婴保健法》《中国儿童发展纲要》《中国妇女发展纲要》为主线，以开展群体保健为中心，以促进妇女儿童健康为主题，以为妇女儿童服务为宗旨，提高出生人口素质为重点。面向群体、面向基层、预防为主的妇幼卫生工作方针，从而降低孕产妇死亡率、婴儿死亡率及出生缺陷发生率。到2016年底，全院在职职工35人，专业技术人员34人，共设6科1室，即妇保科、儿保科、健教科、功能科、信息科、财务科和办公室。主要仪器有B超、阴道镜、视力筛查仪、血球分析仪、心电图机等。

【卫生项目】 为了保护广大妇女儿童身心健康，降低孕产妇死亡率、儿童死亡率，提高住院分娩率，2009年，启动“降消”项目，农村孕产妇住院分娩与新农合相结合，对在定点医疗助产机构住院分娩的农村孕产妇进行补助。2016年，农村孕产妇住院分娩共补助1826人，补助金额54.73万元，对所有农村待孕妇女（包括流动人口）

实行增补叶酸预防神经管缺陷项目，免费发放小剂量叶酸，减少出生缺陷的发生，提高出生人口素质。2016年，共发放叶酸15780瓶，服用2630人，知晓率达98%。开展预防孕产妇艾滋病乙肝梅毒母婴传播项目服务，负责全市预防艾滋病、梅毒和乙肝母婴传播工作的日常管理、技术培训和业务监督指导，结合孕产期保健服务，为孕产妇提供预防艾滋病、梅毒和乙肝母婴传播的健康咨询和检测工作，为阳性孕产妇及所生儿童提供干预措施。

【宫颈癌筛查】 宫颈癌筛查为防治妇女常见病多发病起到重要的保障作用，2016年，对全市35至64岁的农村适龄妇女进行宫颈癌免费筛查，共发放宣传材料2万余份，印制相关表册2.8万余份，体检3146人次，确诊4例，疑似23例，进行有效治疗及跟踪随访。

【新生儿疾病筛查】 新生儿疾病筛查工作启动以来，妇幼保健院根据新生儿疾病筛查实施方案的要求，宣传新生儿疾病筛查的重要性和迫切性，使广大家长在知情基础上自愿进行筛查。2016年共筛查2960例，筛查率98%。

【出生医学证明管理】 根据《母婴保健法》及《山西省出生医学证明管理办法》的要求，出生医学证明实行微机化管理，专人专管，证章分开，严格分级管理。空白证依号码顺序发放，落实“两锁三铁”的存储要求，依规规范开展首次签发、换发和补发，严格废证管理，做好登记、上报等工作。

【健康教育】 健康教育是一项与全民健康有关的事情，是提高全民健康水平的有效手段。通过制订详细的工作计划，采取进村入户，媒体宣传，举办孕妇学校，预防艾滋病、梅毒和乙肝母婴传播工作，母乳喂养宣传周宣传，健康快车，媒体宣讲及发放资料等方式和活动，提高全民健康教育知识的知晓率。

【三网监测】 2016年，霍州市妇幼保健院以县、乡、村三级网络为依托，加强信息的统计、上报、反馈、核实工作，实行每月例会制度，进行培训，提高基层妇幼人员的整体素质，使妇幼信息做到及时、准确、科学，为政府制定政策提供科学依据。

【领导班子】

院　长：

刘华新（2013.04—2016.12）

书　记：

陈　静（女，2002.08—2016.12）

（成如珍）

疾控中心

【概况】 霍州市疾病预防控制中心是市政府设立的公共卫生事业机构。其前身是霍县防疫站，创建于1974年，2002年正式更名。到2016年底，霍州市疾控中心共有干部职工30人，专业人员23人，其中，高级职称者1人，中级职称者10人，初级职称者12人，其他人员7人。专业人员当中年龄50岁以上的人员6人，40岁以上人员13人，临近退休人员3人。

疾控中心分门诊检验、疾病控制、行管后勤三大系列，内设办公室、计划免疫科、结防科、性病艾滋病科、应急科、传染病科、检验科、门诊部、财务科、慢病科、地病科共计11个科室。拥有原子吸收分光光度计、酶标仪、生物安全柜、200毫安X光机等检验及诊断仪器设备20余台（套）。目前能开展HIV检测、碘盐检测、消毒效果检测、水质常规9项检测、布病检测。

2013年，为配合霍州市政府州署改造项目，霍州市疾控中心整体搬迁至原建筑公司废弃楼二楼，占地面积不足300平方米，2个或3个科室挤在一个办公室工作，检验设备无法正常摆放，严重制约预防控制工作正常开展。

【计划免疫】 计划免疫实行市、乡、村三级接种制度。2016年，全市“七苗”接种率均达95%以上。抓好、扩大国家免疫规划实施工作。以维持高水平免疫接种率为目标，狠抓适龄儿童计免建卡、建证、接种工作，把建卡、建证、接种工作当作搞好计免的基础工作来抓。在全市实行定点接种，卫生院实行定点接种与上门接种相结合的方式，提高适龄儿童免疫接种率和及时接种率；每两个月开展一次冷链运转。2016年6月11至18日对全市15个接种单位开展免疫规划相关工作情况进行督导，发现问题及时纠正。各种免疫规划疫苗基础免疫接种率均达到上级要求。霍州市16个接种单位实现儿童预防接种信息微机管理，所有接种疫苗的儿童要求在7天内完成信息系统录入。做好计免针对性疾病的监测工作。继续对计免针对性疾病实行“零”病例报告与主动监测制度。落实专人负责，每旬对哨点医院主动监测。全市未发现麻疹、新生儿破伤风、百日咳、流脑等计免针对性疾病，无出现脊灰、白喉病例发生，计划免疫针对性疾病得到有效控制。加强、扩大国家免疫新增疫苗接种工作，提高新增疫苗接种率。2016年6月11至25日对全市2013年出生的常住及流动儿童进行国家免疫规划疫苗接种率的查验工作，该项工作已完成。按照国家免疫规划程序开展日常接种，采取各种措施，加强宣传，提高适龄儿童接种率。

【传染病防控】 全市传染病管理，实行市、乡、村三级报告、预防、控制管理制度。加强法定传染病监测和疫情管理。2016年无甲类传染病病例发生，无重大传染病暴发流行。开展全市传染病网络直报工作，网络报告覆盖率、及时率、审核率等均达到100%。截至11月30日，共报告各类传染病576例，其中，肺炎269例，肺结核52例，手足口病8例，流行性感冒53例，其他感染性腹泻62例。做好重点传染病防治工作。按照上级要求，结合霍州市实际情况，疾控中心把非典、人禽流感、甲流、艾滋病、狂犬病、乙脑、流感等纳入重点传染病防治，做好传染病疫情报告、个案调查，及时处理疫点，防止疫情扩散。全市无其他重大传染病暴发流行。做好手足口病疫情防控工作。中心及时开展健康教育，发放宣传资料，防止疫情暴发流行。

【结核病防治】 2016年1月1日，按照“三位一体”工作要求，截至11月30日，非结防机构共上报86例可疑似患者，其中重报患者19例，出院患者0例，转诊1例，追踪66例，追踪到位44例，追踪到位率66.67%。痰检处置有效规范，2016年1至11月共接诊92例患者，查痰64例，痰标本共计152份，随访人病人82人，痰标本164份。药物管理规范有序，对结核免费药品实行日清月结，每月根据病人数量，预算库存量，及时调整计划，以保证病人用药安全、供应及时，同时加强药品管理，防止流失、变质、过期检查有无缺货现象出现。加强药品账目管理，专柜专放、专人管理，每周对药品进行盘库，做到出入库相符，杜绝失效浪费和差错事故的发生。

【艾滋病防治】 2016年，霍州市疾控中心加强艾滋病疫情管理工作，及时对霍州市7例新增病例进行随防转介工作，对既往感染者进行个案随访工作，对其密切接触者实行流调和HIV抗体检测，定期随访；建立健全科学规范档案；加强艾滋病综合防治信息数据管理系统的管理工作。截至2016年底，对看守所79名新入所监管人员进行常规HIV抗体检测，结果均为阴性，进行艾滋病防治和相关知识健康教育，检测结果及时上报市疾控中心。开展自愿咨询和检测工作，建立健全规范化档案及个案登记，咨询检测147人，结果均为阴性，将结果上报市疾控中心。规范抗病毒治疗，扩大抗病毒治疗的覆盖面，对所管理的免费抗病毒治疗的艾滋病病人的定期随访领药、CD4检测、病载检测、临床检验、心理关怀、支持与干预，并将结果及时上报专报系统。对霍州市高危场所进行摸底，并选择人群密集场所开展宣传教育、安全套推广等活动，加大100%安全套推广使用的工作力度，提高高危人群对防治艾滋病知识的知晓率，完成干预105人次，检测105人，发放宣传资料3000余份，发放安全套1000只。性病系统信息及时上报，按时于每月10日前进行网络直报，5日前完成季报。根据上级要求，对看守所干警、干预人员26人进行培训；按时参加上级业务部门的业务培训，提高自身业务素质。

【慢性病防治】 截至2016年底，疾控中心共收到医疗机构上报的死亡报告卡636张，审核636张，报告死亡率为212/10万，距离临汾市要求的平均水平还有差距。要求各乡镇每季度配合计生公安部门核实死亡个案。上报的基层医疗机构中猝死亡率较高的是三教、师庄、大张等几家卫生院，其余各家每月定期及时上报死亡个案录入系统，力争年底之前使霍州市的猝死亡率达到上级要求。对各直报单位人员进行新的死亡报告系统的培训，从而使新系统正常运行。慢性病管理工作，每季度上报老年人管理报表，收集整理数据，2016年，对基层老年人慢病管理进行4次督导，利用2周对所有乡镇第一季度的基本公共卫生工作做了一次较为全面的基本调查和考核。精神病防治工作，2016年，确诊精神病例120例，疑似病例149例，要求各乡镇精防人员将确诊患者录入系统、纳入管理。截至2016年底，系统在管患者620人，非在管37人，检出率2.1%，10月25日，对各乡镇的所有村医进行严重精神障碍患者的健康管理培训。

【生物制品管理】 霍州市疾控中心为加强对疫苗的管理工作，于2015年1月21日成立生物制品科。加强对疫苗购进、冷链、运输、储存等一系列的管理工作。

【地方病防治】 根据全省碘盐缺乏病监测方案要求及霍州市碘盐监测规划，疾控中心完成2016年度中央转移支付项目碘盐监测工作。疾控中心按东西南北中划分5个抽样片区，每个片区各随机抽取1个乡（镇、街道），每个乡（镇、街道）随机抽取4个行政村，对于市场上出现的不合格碘盐及非碘盐，经过反复试验及确认，采用现场半量与实验室定量监测相结合的方法，通过检测比较真实地反映霍州市碘盐供应现状及居民食用碘盐含量状况。共监测样品300份，其中，合格碘盐218份，不合格碘盐52份，非碘盐30份。合格碘盐率72.7%，碘盐覆盖率90%，碘盐合格率82.6%，盐碘中位数23.1mg/kg。与多部门合作开展“5·15碘缺乏病防治宣传日”活动，发放宣传资料多份，接待咨询200以上人次，提高公民对食用碘盐防治碘缺乏病的意识。将完成的监测结果上报至市疾控中心。中心地病科完成大骨节病监测采样工作，共进行临床调查和X线检查55人，未发现大骨节病病例。布病监测工作全面完成，共采集827份血样。碘缺乏病监测采7至12岁儿童尿碘样品200份，采集孕妇尿碘100份，结果正在检测中。疟疾防治工作，主要是每月对开展“三热”病人血检医疗机构的血涂片镜检质量进行抽查复核。截至2016年11月底，县级人民医院镜检数128份，复核17份，符合率100%。每月均按要求按时上报疟疾复核汇总表，建立健全疟疾资料管理，收集完整、真实，记录清晰、准确的各类疟疾资料，立卷归档，妥善保存。电子文档形式的资料信息及时备份，确保数据安全。

【检验检测】 为了系统了解饮用水卫生基本状况和变化趋势，为加强饮用水安全管理工作提供依据和技术支持，2016年中央财政安排专项资金，疾控中心开展城市和农村饮用水水质卫生监测。4月和8月分两次对城市6个监测点、农村15个监测点和4所“十二五”期间所建的学校进行出厂水和末梢水的检测，丰水期和枯水期两次共采集水样50份，检测项目34项。中心检验科积极配合地病科及性艾科等科室工作，完成碘盐监测工作300份，合格碘盐218份，不合格52份，非碘盐30份，合格碘盐食用率72.7%，碘盐合格率84.6%。布病监测筛查865份，其中RBPT阳性50份，SAT阳性34份，剩下781份为阴性，5月全部完成。

【领导班子】

主　任：

孙建勇（2013.04—2016.12）

副主任：

王温良（2002.10—2016.12）

马小丽（女，2007.08—2016.12）

（刘红林）

社会生活

民政工作

【概况】 霍州市民政局是主管社会行政事务的政府职能部门。2016年，根据山西省、临汾市民政工作精神，围绕霍州市的工作大局，立足于保障和改善民生，完善社会救助体系建设，立足于增强公共危机防范意识，提升综合减灾救灾水平，立足于加强基层民主政治建设，保障人民群众的民主权利，立足于支持和服务国防建设，做好优抚安置工作，立足于加强和创新社会管理，全面提升社会事务管理服务水平，为“进军省强市、全面达小康，共建文明开放幸福美丽新霍州”做出积极贡献。民政局内设办公室、社会福利股、民间组织管理股、优抚安置办、基层政权股5个股室，下辖低保中心、救助站、福利中心、地名办、婚姻登记处5个事业单位，有工作人员32人。

【城乡低保】 城乡低保严格按照户主申请，乡（镇、街道）受理，入户调查，民主评议，张榜公示，乡（镇、街道）初审，民政部门审批的程序进行操作。严格执行分类施保，分类管理，定期复审制度。建立保障对象能进能出，保障标准有高有低的动态管理机制。根据《国务院关于进一步加强和改进最低生活保障工作的意见》和《民政部关于最低生活保障审核审批办法（试行）》及山西省临汾市相关文件精神，印发《霍州市城乡居民最低生活保障操作规程》，规范低保申请、审核、评议、审批、公示程序。完善对象认定条件，明确户籍状况、家庭收入和家庭财产是认定最低生活保障对象的3个基本条件。城市低保在强化入户调查、邻里访问、信函索证等调查手段基础上，建立与市公安交警大队、房产管理局、工商局及交通局城市客运相关机关信息共享的救助申请家庭经济状况人工核对机制。农村低保明确家庭经济状况核查的内容和方法，改进工作手段，提高低保认定的准确性。截至2016年底，保障人数及保障金发放情况分别为：城市低保保障人数1384户，3080人，发放金额1206.66万元。农村低保保障人数1107户，2521人，发放金额661.07万元。

【农村五保】 贯彻落实《国务院五保供养条例》和《山西省五保供养办法》，全面落实各项农村五保供养政策，规范农村五保供养申请、审核、张榜公示。严格按照个人申请，调查评议，张榜公示，乡（镇、街道）审核，民政局审批上报的程序进行操作，实现应保尽保，按标施保。2015年，霍州市人民政府出台《霍州市农村五保供养服务机构管理实施细则》（霍政办发〔2015〕36号），加强全市五保供养服务机构建设和管理。至2016年底，农村五保供养对象为506户，512人，其中，集中供养127人，分散供养385人。集中供养标准为7200元/年人，分散供养标准为6600元/年人。2016年，累计发放五保供养金384.53万元。2016年，根据《山西省民政厅关于开展农村五保供养专项整治工作的通知》，集中两个月的时间，开展农村五保专项整治工作，把应保尽保、按标施保及安全保障作为专项整治工作核心，全面核查住房、消防设施、电气设备和防火防汛设施，检查饮食卫生。对各项规章制度是否健全，责任落实是否到位，安全隐患是否排除等方面进行全面细致的检查，确保五保对象的基本生活得到有效保障。

【社会救助】 1. 开展城乡医疗救助工作。扩大救助覆盖率，提高医疗救助的惠及范围和救助水平，农村五保、城乡低保、不享受公费医疗报销的优抚对象均取消救助病种限制、救助起付线，提高救助比例。规范申请、审核、审批程序，印发《霍州市城乡医疗救助操作规程》（霍政民发〔2015〕12号）。严格按照救助对象个人申请，调查评议，张榜公示，乡（镇、街道）审核，民政部门审批的程序进行操作。完善医疗救助制度，严格规范管理，优化办理流程。制定《城乡医疗救助“一站式”即时结算实施细则》，对农村五保对象、重点优抚对象、城乡低保对象开展医疗救助“一站式”即时结算服务，为困难群众提供方便快捷的就医渠道，减少救助环节。2016年，社会救助人数及救助金发放情况分别为360人，217.16万元。

2. 落实社会救助暂行办法，及时有效缓解城乡困难群众突发性、临时性生活困难，救助范围扩大，救助标准提高。探索开展“救急难”工作，对因家庭遭遇突发事件、意外伤害、重大疾病或其他特殊原因导致生活陷入困境，其他社会救助制度暂时无法覆盖或救助之后仍有困难的低收入家庭和特殊困难家庭给予应急性、过渡性救助。2015年，根据国务院、省、市相关文件精神，出台《霍州市城乡居民临时救助操作规程》（霍政民发〔2015〕21号）对“四类”在校贫困生和贫困大学生救助和急难救助（意外事件、重大疾病救助）、低收入家庭中重残、重病人员救助，进行规范化管理。临时救助金按照社会化发放和现金发放相结合的方式进行。在具体工作中根据“救急难”工作的特点，本着便民简易的原则，将小额救助金审批权委托乡（镇、街道）进行审批。由乡（镇、街道）根据救助对象申请的相关材料和困难的特殊情况及维持当前基本生活的需要，给予不超过300元的临时困难救助。救助金额在500元以上的，由乡（镇、街道）按程序上报审批，实行社会化发放；300元以下的以发放现金为主。2016年，各类临时救助金发放情况：“四类”在校贫困生救助3313人，发放救助金162.96万元；贫困大学生救助415人，发放救助金83.2万元；急难救助317人，发放救助金58.3万元；低收入家庭重残重病救助335人，发放救助金12.46万元；80岁以上高龄补助8694人，发放补助金286.9万元；畜牧人员12人，发放救助金2.37万元。2016年，累计救助对象13086人，累计发放救助金646.2万元。

【防灾救灾】 灾害应急预案体系基本形成，预防减灾救灾救济工作得到有效保证。开展“5·12”全国防灾减灾日宣传活动，把防灾减灾融入群众的日常生活中，公众的防灾减灾知识普及率明显提高，应对自然灾害的能力大大增强。下拨救灾物资做到救助对象民主评议、张榜公示、公开发放，接受监督，确保灾民和困难群众的基本生活。2016年，下发棉大衣100件，棉被300条，棉衣裤200套，面粉1000袋。

【优抚安置】 2016年，霍州市民政局双拥优抚安置政策全面落实，军政军民关系融合发展。开展重大节日走访慰问驻军活动，组织伤残军人到山西省民政伤残康复医院疗养，给8023部队退役人员进行体检，逐个建立体检档案；给重点优抚对象发放门诊补助，有四种标准（1）在乡1至6级伤残军人每人每年1000元；（2）在乡7至10级伤残军人每人每年500元；（3）在乡复员军人、武装部遗属每人每年500元；（4）带病回乡在乡两参人员每人每年100元；把重点优抚对象纳入医疗救助范围，2016年，共救助78人；符合安置的退役士兵已全部安置；全面落实优抚政策，优抚对象的抚恤优待补助资金做到足额到位，及时发放，义务兵家属优待金足额兑现，保障优抚对象的合法权益。

【基层政权】 推行以村（居）民代表会议为主要形式的民主决策、民主管理制度，实行村（居）务“四评两公开”，推进霍州市村（居）民自治进程；制定《霍州市村务监督委员会工作规程》，规定监督委员会成员的任职条件、推选程序、工作职责和权利义务、监督内容、程序和工作制度，加强村务民主监督工作。规定和细化村务公开内容和形式，规定公开的程序和时间，实现村务公开制度化、经常化。在加强村民自治制度建设基础上，根据上级民政部门要求，在三教乡和退沙街道选择条件比较好的10个行政村进行农村社区试点工作。

【民间组织】 严格社会团体和民办非企业单位登记的申报、审核、审批等程序，强化档案管理。加强社团和民间组织的检查指导，坚持定期年检工作，推动社团组织良性发展。2016年，全市共有社团18家，民办非企业单位78家。

【婚姻登记】 建立健全婚姻登记管理制度，推进婚姻登记规范化建设，加强信息化管理，实现全省婚姻登记信息联网，全面提升婚姻登记管理服务水平。2016年，共办理结婚登记3452对，离婚531对。无1例违规登记，登记合格率达100%，档案入档率达100%。

【社会事务】 1. 根据《国务院关于开展第二次全国地名普查的通知》（国发〔2014〕3号）和省市精神，制定《霍州市第二次全国地名普查实施方案》，2016年，开展组织筹备、启动动员、成立机构、制定方案、人员培训、搜集资料等各项工作，截至2016年年底，完成80%的普查任务，预计2017年2月完成全部地名普查任务。2. 加强对孤残儿童、弃婴的救助保护，落实孤儿养育费标准，每人每年7560元补贴，按季度实行社会化发放；对21个在校孤儿继续实行四套班子领导包联帮扶服务，给予助学救助。3. 加强流浪乞讨人员救助站管理建设，完善配套桌、椅、床、柜、被褥等设施设备，规范救助程序，落实救助资金，开展在车站、繁华区域、桥梁涵洞、闲置房屋等场所的经常性排查搜救，提供食宿、衣物、疾病治疗等救助，2016年，救助流浪乞讨人员206人，救助资金6.8万元，实现城市街面无流浪未成年人的目标。4. 加快发展社会养老服务业。在发挥现有农村敬老院和社会福利中心资源优势的基础上，加强对2所民办养老院的监督管理。2016年是养老服务质量提升年，依据服务质量检查指南115项，逐条逐项对养老服务机构进行安全隐患大排查、大整治，把安全隐患消除在萌芽状态，真正做到以人为本，安全为天。继 2015 年建成 11 个集休闲、娱乐、餐饮于一体的老年人日间照料中心后，2016 年，又新建 4 所。为建立健全以居家养老为主导，社区养老为依托，机构养老为补充的社会养老服务体系提供基础保障。

【领导班子】

局　长：

董亚星（2007.07—2016.10）

张全红（2016.10—2016.12）

书　记：

李建平（2007.08—2016.12）

副局长：

李红平（1998.04—2016.12）

纪检组长：

张燕珍（女，2015.11—2016.12）

（朱晓华）

残疾人事业

【概况】　霍州市残疾人联合会是代表残疾人利益，维护残疾人合法权益，团结教育残疾人，为残疾人服务，管理和发展残疾人事业的人民团体。主要职责：宣传贯彻《中华人民共和国残疾人保障法》，维护残疾人权益，开展各项业务和活动为残疾人服务，承担政府委托的部分行政职能，管理和发放《中华人民共和国残疾人证》，管理和指导各类残疾人群众组织，培养残疾人工作者，发展和管理残疾人事业。

霍州市残联正式在编工作人员 9 人，内设综合股、组织宣传文体股、康复股、维权股 4 个股室。下设残疾人康复和托养中心、残疾人就业服务所和残疾人辅助器具供应站 3 个事业单位，其中残疾人康复和托养中心编制 5 人，在编人员 2 人，缺编 3 人。

【组织建设】　2016 年，因人事变动调整充实市人民政府残疾人工作委员会成员单位。建立健全市各乡（镇、街道）残联组织，明确各乡（镇、街道）残联理事长和村（社区）专职委员的职责。及时调整村残协专职委员，经过村委推荐、乡镇考察，报残联备案，全市 12 个乡（镇、街道）186 名村（社区）残协专职委员全部调整配齐到位。组织各残疾人专职委员进行业务培训，派出工作人员分别到太原、大同、运城、临汾参加山西省、临汾市残联举办的各种业务培训。利用网络平台发布残联相关信息。建立市、乡残联工作人员和村残疾人专职委员三级网络短信平台，发布相关残联工作安排和任务部署。在加强政务大厅办证服务水平的基础上，根据残疾人需求，协调市人民医院对部分行动严重不便残疾人解决办证难问题，下基层深入乡镇、村（社区）为疑似残疾人进行上门办证服务，2016 年，累计核发二代残疾人证 645 件，截至 2016 年底，全市共有持证残疾人 5287 人。

【康复工作】　1. 推进残疾人“人人享有康复服务”目标的实现。重视康复宣传工作。利用新农村信息中心、电视广播等媒体，开设康复知识专栏，开展康复知识专题讲座。结合数据动态更新调查，认真摸清底数。由参加过培训的康复协调员进行入户调查，掌握各类残疾人数量、致残原因、家庭状况、健康状况、康复需求，以及康复、教育、劳动就业和参与社会生活等情况，做到情况明了，底数清晰。认识残疾儿童康复的重要性。了解救助项目、定点康复机构及康复途径，各村（社区）康复协调员对该辖区内残疾儿童进行摸底登记，建立全市残疾儿童随报制度和残疾儿童动态数据库，做到新生一例登记一例，早预防、早筛查、早转介、早治疗、早康复。

2. 抓好康复项目的落实工作。开展盲人定向行走培训，共培训各乡（镇、街道）80余人，通过培训，使他们掌握盲人定向行走技巧，方便他们的生活。抓好康复项目的落实。配合临汾市残联对全市有假肢需求的残疾人进行筛查，为3名残疾人安了假肢；深入乡镇、村对全市白内障患者进行筛查，为全市340例白内障患者实施复明手术；转介残疾儿童9名；对有需求的残疾人发放轮椅168辆、助听器4台、盲人用品208件、低视力辅具105件、其他辅具208件。肢体残疾康复技术指导中心康复训练服务人数36名。

【就业工作】 2016年，霍州市残联按要求完成“残疾人就业与职业培训实名制统计系统”录入工作。加大残疾人职业技能和农村实用技术培训力度，2016年为山西省、临汾市输送5名职业技能培训人员。11月，组织90名残疾人开展残疾人、农村贫困残疾人实用技术培训，培训内容为油用牡丹和秋葵种植。做好“一店三基地”培育建设工作。根据山西省、临汾市“一店三基地”建设标准，对“金手指”盲人按摩店进行检查、上报。

【维权工作】 通过法律法规和维权知识宣传，增强残疾人法制观念，提高维权意识，使残疾人合法权益得到保障。发挥法律援助中心和法律救助站作用，免费为残疾人进行法律咨询，为1名残疾人提供法律救助，主动和司法部门联系，与律师相互交流、共同探讨，为贫困残疾人提供法律救助服务。确定专人负责残疾人机动轮椅车燃油补贴工作。通过媒体广泛宣传，对补贴人员和机动车辆严格按照标准要求进行审查，建立规范档案，为25名肢体残疾人足额发放机动轮椅车燃油补贴。2016年没有一起上访案件。

【社会保障工作】 残疾人“两补”工作。按要求出台《霍州市人民政府办公室关于印发霍州市困难残疾人生活补贴和重度残疾人护理补贴实施办法的通知》，霍州市符合重度残疾人护理补贴发放条件的重度残疾人1696人，实际发放人数1679人，未享受的人员为自动放弃11人，长期外出无法取得联系者6人，累计补贴人数6306人，发放金额945900元，发放工作全部以打卡方式直付给残疾人，其中省级472950元，霍州市472950元。霍州市符合困难残疾人生活补贴发放条件的706名残疾人全部享受生活补贴，共计发放410400元。残疾人参加城乡居民养老保险工作。全市有2118名残疾人参加城乡居民养老保险。对缴费困难的一、二级重度残疾居民全部实施政府代缴基本养老保险金。2016年，有954名重度残疾人享受此项政策。

【宣传文体工作】 2016年，霍州市残联利用电台、报纸及街头宣传等形式开展宣传活动。主要包括中央、山西省、临汾市残疾人法律法规、残疾人社区康复、精神病防治等内容，印刷发放办理残疾人证须知等各项宣传资料。利用第二十六次“全国助残日”、第十七次“全国爱耳日”和科技、文化、卫生“三下乡”等活动广泛宣传发动，使大部分残疾人及其亲属及时了解并掌握残疾人事业的相关知识，依法维护自身权益。在市电视台开办“爱在蓝天下”专题节目，在《今日霍州》开设残疾人专题栏目。2016年，共计开播“爱在蓝天下”54期，在《今日霍州》刊出残疾人法律法规及有关知识30

期，在出租车飘字打出各种政策项目及专项活动宣传标语半年。2016年，共撰写信息15篇，利用信息网络平台和微信发出各种短信和微信50余条。通过电视台播出残疾人新闻节目10余条。“爱耳日”和“助残日”及科技文化卫生“三下乡”期间，组织残联志愿者服务队深入残疾人家中和寺庄广场开展系列活动，发放各种宣传资料1万余份，“康之声”有关专家免费残疾人进行体检和听力检测。

11月，通过政府采购为50名残疾人发放价值5000元的健身用品。12月，选送3名残疾人参加临汾市残联举办的“超越自我·绽放梦想”残疾人才艺大赛，取得优异成绩。

【教育工作】 2016年，残联与教育、民政及乡（镇、街道）相互配合、相互协作，在特殊教育、残疾儿童就学、残疾人子女就学等方面做了大量的工作。继续做好残疾儿童入学受教育工作，经过残联和教育局共同努力，霍州市残疾儿童入学率达到90%以上。特教学校进一步完善，2016年，新开设智障、自闭两个班，共招学生45人。实施市政府出台的重度残疾学生和重度残疾人子女就学救助政策，2016年，共救助残疾学生和重度残疾人子女100余名。落实省彩票公益金助学项目，上报在校残疾人子女大学生2名。

【扶贫工作】 2016年，基层党组织扶贫助残工程，经过调查，确定15名帮扶对象，根据各个帮扶对象的实际情况，各村党支部从实际出发，分别为15个家庭选择脱贫项目，确定能人党员作为帮扶人，签订责任书和协议书。根据上级安排，为每个帮扶对象提供3000元的帮扶资金，为帮扶对象脱贫致富打下良好基础。

【全国残疾人基本服务状况和需求数据动态更新】 根据临汾市残工委《关于做好全国残疾人基本服务状况和需求信息数据动态更新工作的通知》精神，将全国残疾人基本服务状况和需求专项调查转变为常态化的信息数据更新。

2016年8月，在霍州宾馆举办霍州市残疾人基本服务状况和需求数据动态更新调查员培训会，使每位调查人员掌握调查目的、意义、方法和步骤。入户调查详尽细致，做到乡不漏村，村不漏人。在入户调查阶段，每位调查员对每个调查项目做到解释到位，对每个调查对象的服务状况和需求做到了解详尽、询问细致。每个村（社区）调查结束后，由残联班子成员包乡镇督查，及时复查，把问题解决在第一线，真正做到高标准、严要求。录入工作准确高效。录入是整个调查工作的最后一关，抽调各乡（镇、街道）专人负责，进行严格培训。12个乡（镇、街道）共有100余名调查员参与调查，共调查残疾人5139人，录入信息4942条。

【领导班子】

理事长：

闫记红（2010.11—2016.12）

党支部书记：

郭伟华（2014.01—2016.12）

副理事长：

朱文华（2003.02—2016.12）

何广文（2007.08—2016.12）

秘书长兼理事：

高　荣（女，2003.02—2016.12）

理　事：

何东红（2003.07—2016.12）

（杨泽艳）

民族宗教

【概况】 霍州市民族宗教事务局担负着全市民族宗教事务的工作，内设民族宗教股和办公室，行政编制4人。主要职能是依法履行民族宗教管理职能，保护公民宗教信仰自由和正常的宗教活动，促进民族宗教团结、稳定和谐发展。全市有佛教、道教、天主教和基督教活动场所42处，信教群众3万余人。

2016年，民族宗教事务局落实党和国家的民族宗教政策，学习贯彻中央民族工作会议、全国及省、市宗教工作会议精神，依法管理民族宗教事务，夯实民族宗教工作基础，促进民族团结、宗教和睦、社会稳定。

【民族宗教维稳工作】 开展民族宗教领域社会治安风险隐患大排查、大整治活动，结合当前民族宗教工作实际，2016年多次进行排查，建立风险隐患台账，确保民族宗教领域安全稳定；开展宗教活动场所安全专项整治工作。制定《2016年全市宗教活动场所安全工作实施办法》《2016年夏季消防检查工作方案》等，召开场所安全工作会，与场所负责人签订《安全文明宗教活动场所责任书》，推动宗教活动场所制度化建设；调整霍州市民族宗教工作领导小组，健全完善县、乡、村三级民族宗教网络和镇、村两级责任制。

【清真食品监管】 2016年，霍州市民族宗教局在中小学开展民族团结创建活动，进行城市少数民族流动人口的调查研究，掌握全市少数民族流动人口基本情况及生活现状，加强公共服务体系建设，维护其合法权益。按照《山西省清真食品监督管理办法》和霍州市清真食品监督检查实施方案要求，多次开展清真食品安全专项检查，坚决杜绝假冒清真食品和“清真不清”现象，并在检查中发放宣传资料，为清真食品管理工作营造良好社会环境和法治环境。

【民族宗教工作法治建设】 2016年，霍州市民族宗教局总结民族宗教系统“六五”普法工作经验，制定“七五”规划。局机关干部坚持学习宗教政策法律、法规，注重学以致用，注重解决实际问题。2016年6月，开展“民族宗教政策学习月”活动，举办宗教政策法规主题培训，编印发放《宗教法律法规知识问答》《宗教政策法规宣传手册》《宗教工作应知应会》《关于依法管理宗教事务的通告》等2000余份，组织镇、村干部和场所负责人及主要教职人员学习。在火星庙会等民间信仰节日期间，发放消防安全资料、文明敬香倡议书等。根据“双随机一公开”工作要求，制定宗教活动场所遵守法律法规情况监督检查1项随机抽查事项及主体名录库、执法检查人员名录库、工作细则等，确定随机抽查比例和频次，提高法治化建设水平。

【和谐教堂创建活动】 宗教局制定《关于2016年以“规范”为主题开展和谐寺观教堂创建活动的方案》，通过召开会议、举办培训、发放材料等多种形式深入宣传，开展“规范年”创建活动，通过“三个促进”，提高宗教活动场所管理的规范化水平。

(1) 活动规范。指导各宗教团体、宗教活动场所自觉在政策法规和教义教规允许的范围内开展活动，把好宗教节日和大型活动关；给佛、道教下发《关于进一步推动文明敬香、建设生态寺观工作的通知》，倡导文明敬香，推动生态寺观建设。

(2) 管理规范。制定下发《霍州市宗教活动场所安全消防标准》《宗教活动场所应急预案》《安全消防制度、场所安全检查台账样本》《财务公开样表》等，推动宗教活动场所建立健全内部管理制度。结合私设点整治工作对基督教场所管理组织成员、教职人员、信教群众信息对进行重新登记、调查摸底，做到情况明、底数清。

(3) 行为规范。在宗教界开展“学习讲话、学习作风，跟党奋进”（双学一跟）活动，佛道教以场所为主体组织学习宗教法律法规、佛道教教义教规，天主教结合创建活动引导天主教的发展与社会主义社会相适应，基督教开展教牧同工培训会，研习教义，开展基督教中国化研讨活动，在临汾市基督教研讨会上进行发言。组织开展“宗教慈善周”活动，各宗教活动场所结合实际情况和自身特点，进行各类扶贫济困等公益慈善活动，彰显宗教界服务社会、有益群众的精神风貌。

【依法治理宗教领域重点问题】 2016年，开展防范基督教非法势力及其活动专项治理工作。霍州市成立以市委书记崔山原为组长的专项治理工作组，分为摸排稳控、侦察处置、宣传教育3个工作小组，制定工作方案，对基督教私设聚会点进行全面彻底摸排，掌握其活动及人员基本信息，澄清底数，梳理分类，建立台账。利用私设点聚会时间，多部门、多轮次、多角度、多层面约谈约访重点人员，了解其思想状况，讲解国家宗教政策和法律法规，劝导群众到合法场所活动，对部分私设点按“属地管理”原则，明确监管责任人，制定监管措施，教育转化工作取得实质性进展。

【领导班子】

局　长：

晋学清（女，2013.04—2016.12）

（马璐）

住房公积金管理

【概况】 临汾市住房公积金管理中心霍州管理站隶属临汾市住房公积金管理中心下属事业单位，设有3个科室，分为办公室、业务科、信贷科。2016年，围绕年初工作任务目标主题，从维护职工权益、加快改善中低收入职工家庭住房条件出发，履行职责，攻坚克难，创新工作，为霍州住房公积金发展营造良好氛围。

【业务指标】 霍州市住房公积金业务运行继续保持平稳、健康的态势。截至2016年底，全市住房公积金缴存单位225个，共有职工11350人，全年归集7822万元，较2015年同期增长808万元，提取856笔，共计3031万元。其中，离退休提取1112万元，购建房提取1224万元，偿还个人住房贷款提取379万元，其他提取316万元。2016年，共发放贷款140笔，共计3376万元，共收回贷款3616万元。

【基础数据整理】 2016年，霍州市公积金管理站贯彻落实中央关于住房公积金工作的决策部署，按照住建部《住房公积金基础数据标准》和综合服务平台建设要求，结合霍州市实际，坚持以人为本、精细管理的总要求，围绕住房公积金数据建设的总体布局，以提高数据质量、保障数据安全、防范资金风险为导向，以消除、纠正各类错漏数据为重点，促使住房公积金数据规范化、标准化，推进数据资源汇集整合应用，发挥数据在提升管理能力和服务效率中的作用，推动霍州市住房公积金事业稳步健康发展。

【扩大公积金覆盖率】 对单位聘用人

员、劳务派遣人员等进行跟踪，做到应建尽建，应缴尽缴，稳步推进民营企业建制工作，力争让更多住房困难的弱势群体早日踏入住房公积金惠民“门槛”；加大行政执法力度，对违反《住房公积金管理条例》规定的单位，不再办理住房公积金缴存登记，并纳入黑名单，少缴或欠缴公积金行为的依法进行处罚；全方位宣传公积金政策，使更多群众认识、了解公积金的重要意义，为全面推进公积金覆盖面营造良好氛围。

【提升服务水平】 2016年，霍州市公积金管理站加强窗口服务规范化建设，充实“12329”服务平台，为职工提供更好的政策咨询等服务；优化业务流程，对公积金缴存、提取、贷款等业务流程进行梳理优化，在风险可控的前提下，精简办理手续，缩短办理时限；提高服务能力，加强学习型机关建设，开展业务培训、公积金专管员经验交流等一系列学习教育培训活动，提升干部职工队伍的整体素质和服务水平；抓好住房公积金信息公开工作，利用中心网站等便于公众知晓的方式，让社会公众更好地知晓、理解住房公积金各项重要政策，积极回应缴存职工关注的问题，提高处理问题的透明度，加快公积金政策在群众中的快速传递。

【党风廉政建设】 2016年，霍州市公积金管理部开展“两学一做”学习教育，着重抓住岗位和权力运行的关键环节，制约权力运行，促进廉洁为民。坚持标本兼治、综合治理的方针，推进住房公积金廉政风险建设工作，保障住房公积金所有者合法权益。根据《2016年霍州管理部党风廉政建设工作目标责任书》，履行管理部主任作为第一责任人的职责，并结合管理部工作实际，明确责任范围，在任务分解方面，根据党风廉政建设的具体要求，细化、量化各项工作任务，并按照各科室的工作职责分别落实到每一个人，避免违法违规行为的发生，保证党风廉政建设责任制在本管理部的贯彻落实，发挥制度在党风廉政建设中的保障作用，使住房公积金管理工作不断与时俱进。

【领导班子】

主　任：

王　平（2014.01—2016.12）

（王海香）

乡镇工作

三教乡

【概况】 三教乡地处霍州市东北隅，北靠晋中市灵石县，东邻长治市沁源县，西接师庄乡，南连大张镇、李曹镇，总面积156平方千米，所辖32个行政村，57个自然村，总人口2.2万人，耕地6.8万亩，乡人民政府驻地为下三教村。党委政府机关内设党建办、综合办、社会事务办、经济发展办4个办公室，设农村服务中心、综合便民中心、计划生育中心、服务管理中心、经济发展中心5个办事机构。

2016年，三教乡围绕“打造现代农业基地，建设幸福美丽三教”的奋斗目标，推进“惠民生、保安全、维稳定、美环境、抓项目、强党建”等各项工作，应对挑战，攻坚克难，全乡经济社会发展取得成效，综合实力增强。全乡2016年经济生产总值达55520万元，农民人均纯收入达14371元，同比增长7.1%。

【产业建设】 2016年，三教乡做大做强“特色林果，无公害蔬菜，精品杂粮，规模养殖，乡村旅游”五大产业。通过政策帮扶，健峰生态农业巴旦木种植、歇马滩农牧循环经济园、干节农业综合发展园、祥丰种养示范基地、中益茂养殖等产业规模扩大，梨湾小米、龙泉苹果、健飞小杂粮等合作社品牌效应凸显，年度固定资产投资任务全面完成。截至2016年底，全乡秋杂粮播种面积达36589.96亩，小麦播种面积达10993.3亩，规模化苹果种植4230亩，核桃种植10582亩，芦笋种植1200亩，西红柿、红薯、马铃薯种植1200亩；猪存栏10170头，累计出栏8636头；牛存栏250头；羊存栏16397只，累计出栏5100只；蛋、肉鸡合计存栏64406只，累积出栏175892只；驴存栏近1000头；鹿存栏60头。

【精准扶贫】 2016年，三教乡成立脱贫攻坚领导小组，强化责任，细化措施，党员带头，全员发动，全乡157户贫困户，414人，2016年实现脱贫101户，261人，超额完成2016年脱贫任务。

【危房搬迁】 2016年，三教乡完成涉及高王庄、杨节、神半节等村40户地质灾害搬迁治理（其中包括神半节12户新建搬迁安置），完成全乡10户危房改造、10户公共租赁住房验收、20户危房调查申报任务，确保群众居住安全。

【社会保障】 帮扶弱势群体，落实最低生活保障、“四类”贫困家庭学生救助、农村80岁以上老人等弱势群体的帮扶救助政策。2016年，完成农村低保户85户，225人支出62万元，农村五保户集中供养11人，分散供养53人，支出104万元，农村80岁以上老人306人支出40.3万元，救助

“四类”贫困家庭学生109人。全乡参加养老保险8719人，筹集养老保险资金89.8万元，参保率98%。其中60岁上享受新型农村养老保险的2985人，享受率100%，每月发放养老金268650元，月人均90元。全乡医疗农合应参19403人，实际参合17802人，参合率达92%，筹资达267万元。

【计划生育】 三教乡打造计生工作行政示范乡镇，开展孕前优检等优质服务项目，严格坚持奖励扶助，特别扶助、独生子女父母奖励对象的申报、评议、审核、复查程序，做到及时申报。2016年，全乡新增独生子女户17户，双女户3户，国家奖扶2户，退二孩指标3户。全乡完成孕前优检151对，为独生子女家庭购买人身意外保险229户，为计生专管员入保人身意外保险33份，利用庙会等活动发放药品及宣传资料8000余份。

【教育卫生】 三教乡把教育工作纳入党委、政府工作重要议事日程，实行干部联系学校制度。推进九年义务教育，幼儿学前三年入园率达到85%，小学、初中适龄学生入学率达100%。建立教育安全工作领导机构，多次组织学校和站所召开联席会，专题研究安全工作。开展校园安全隐患排查、周边环境整治和师生安全知识教育，全乡各学校200米以内无网吧，无侵占校园及道路现象，更没有安全责任事故和治安案件，教学秩序良好。三教乡共有各级各类医疗卫生机构34个，其中，卫生院2所，农村卫生站32个，病床20张。专业卫生人员15人，其中，执业医师11人，执业助理医师1人，注册护士3人。2016年，医疗机构完成诊疗3000余人次，完成全乡居住人口的健康普查。

【综合治理】 2016年，三教乡按照“完善一个网络，谋划两条路子，打造三支队伍”的“123”工作思路开展安全稳定工作。(1)加强安全防范。年初与村、企业分别签订安全生产目标责任书，要求各村、各企业成立相应机构配置人员，落实安全生产八项制度、隐患排查治理报告制度和例会制度，制定应急救援方案。全面排查非煤矿山、道路交通、食品药品、建筑施工等行业和领域的安全隐患63条，及时整改，利用各村庙、集会开展安全宣传，累计发放宣传资料4000余份。(2)开展灾害防治。制定汛期防灾方案，完善群测群防网络，加强地灾点警示牌的保护工作。利用黑板、标语、喇叭等形式宣传普及防灾减灾知识，灾害防治工作取得明显成效。(3)创新社会管理。三教乡设置社会服务管理中心，各村成立综治机构、治保会、调委会和联防队。2016年，乡村两级累计化解矛盾纠纷70余起，从源头上杜绝信访案件的发生。(4)维护信访稳定。加大信访工作力度，成立乡信访服务办公室和各村信访服务站，并实行全天值班、每日“零报告”等制度，畅通群众诉求渠道。2016年，信访矛盾排查60例，全部解决。(5)护林防火。健全森林防火领导机构，设立40人的乡级防火队伍，配备器材和100余套防火服装。在山口、峪口等重要地点设立警示牌、检查站，派专人值守，实行入山登记，全乡2016年无一起森林火灾事故。

【环境整治】 2016年，三教乡按照打造全市环境优美乡镇、建设美丽乡村的目标，以“五城联创”为契机，以点带面、连片推进，推动沿线整治、三堆清除、定点倾倒、网络管理、树立典型、专人巡查等6条措施，打响乡村环境整治战。坚持典型引路、重点突破，以龙泉、东王、下辛庄等村为示范，以霍冯线为重点，实施乡村清洁工程。各村定人、定岗、定路段，定期清扫垃圾，管理树木，强化公路沿线环境整治，保持乡村卫生。建立秸秆禁烧专项工作目标责任制，各村配备巡查人，实行网络化监管。大整治中，全乡共清理陈旧垃圾3600余方，新建垃圾池23个，指定垃圾倾倒点8处，粉刷墙壁8万平方米，沿线环村植树4000余株，绿化林带杂草清除140余亩。强化林地保护，加大林区巡查力度，林区内无随意放牧、损树毁树、偷砍乱伐、挖砂采石、乱占林地等现象。完成农林交汇地杂草清除150余亩，完成新一轮退耕还林调查3915亩，签订合同890份。申报龙泉村为绿色村庄，干群合力，打造环境优美、山清水秀、生态宜居的示范乡镇。

【项目建设】 2016年，三教乡把项目建设作为推动发展的强大引擎和重要抓手，落实重点项目“六位一体”目标责任书的工作要求。完成100千瓦光伏发电扶贫项目施工；完成投资1200万元涉及12个村的1.2万亩农田的水利渠道灌溉工程；完成投资930万元的马刨泉区高标准农田建设和投资460万元涉及干节、主乐等村1500亩旱作农田节水工程；实施涉及7村3条11千米的道路完善提质工程和李涧至东城道路硬化整修工程；验收通过投资达200万元涉及杜壁、下辛庄等7村的文化广场、梁子节（柏木川）户户通“一事一议”等工程。工程项目的实施，为发展现代农业筑实基础。

【文化建设】 2016年，三教乡秉持“文化来源基层，产业服务大众”的文化建设理念，在文化建设的设施完善、服务提升、特色引领和综合联动四个方面取得突破。深挖三教“儒释道”文化，创建楼道文化，巩固提升省级文明和谐乡镇创建成果。完成7个村文化广场建设，完善全乡文化广场设施。开展群众喜闻乐见的文体活动，举办库拔、东王、机关专场3场“春节”“元宵节”双节文艺汇演，举办“三八”“五四”活动，参加市“传承长征精神，争做优秀党员”演讲赛和主题知识竞赛，分获一、二等奖。库拔秧歌成功申报为市级非物质文化遗产。在全乡营造健康向上、文明和谐的良好风尚。

【党建工作】 2016年，三教乡坚持遵循“围绕发展抓党建，抓好党建促发展”的思路，创立“一带一联互促十建”工作思路：发挥党建带头作用，强化党员干部包联实效，全面促进“两学一做”学习教育、集体经济破零、脱贫攻坚、项目建设、环境整治5项重点工作开展，引领经济发展、产业转型、民生改善、文化繁荣、安全生产等10个方面建设，在夯实基层组织上下功夫，在综合联动发展上求实效，在打造党建特色上出成绩。在具体工作中，贯彻执行上级决策，落实民主集中制。（1）落实责任，强化党委核心作用。规范程序，精心组织，完成换届任务，选出党委班子成员8名，纪委委员5名，市党代表26名，市人大代表10名，乡党代表105名，乡人大代表54名。（2）完善制度，强化组织引领作用。开展基层党建工作“7＋3”工作任务，落实“三会一课”“四议两公开”等制度，实行“八三三定查评”工作法，100项两定目标全部完成。对库拔、安乐庄、娃节3个软弱涣散村党组织，实施精准扶贫，推动整顿升级。（3）抓实包联，强化支部堡垒作用。按照“三三三”的工作思路，开展“两学一做”学习教育，发挥“三在一平台”作用，开展“六讲”“四比四看四争”活动，进行“四讲四有”专题研讨，落实党员活动日“五个一”制度，增强支部凝聚力和战斗力。开展“三包一联”促“两增两转两提升”主题实践活动，全乡900余名党员为群众办实事、难事，做好事共700余件。3名下派第一书记联合派出单位，帮助解决群众实际困难8件，化解矛盾纠纷9起，争取对口帮扶资金8万余元。采取政策引导、挂图作战、包联督促、协作审核等方式，通过外包集体机动地、荒山荒坡荒沟、闲置校舍、水井设施等集体资产，集体创办或入股特色农业等途径，完成全乡23个“破零”任务村的集体经济上万，全部登账通过审计，保障村级集体收入。（4）廉洁自律，净化乡村政治生态。推进“六权治本”，制定“两单两图”，明确责任分工，形成用制度办事、管人的权力运行机制。建立健全“清单定责”和“廉情预警”机制，推行“四议两公开”工作法以及村账乡管、党务公开、政务公开等制度。严把执纪关口，下发廉情预警告知书13份，诫勉谈话1人，保持乡村良好政治生态。

【领导班子】

市委常委、党委书记、人大主席：

郭丽华（2012.08—2016.05）

（任党委书记、人大主席）

（2016.05—2016.08）

（任党委书记）

（2016.08—2016.12）

（任市委常委、党委书记）

党委副书记、乡长：

马魁东（2013.03—2016.12）

人大主席：

赵　琛（女，2016.05—2016.12）

党委副书记：

赵　琛（女，2014.01—2016.05）

杨华伟（2016.04—2016.12）

纪检书记：

杨华伟（2015.11—2016.04）

朱慧峰（2016.04—2016.12）

武装部长：

朱慧峰（2014.05—2016.04）

党委委员：

蒋成丽（女，2014.05—2016.12）

要　将（2016.05—2016.12）

副乡长：

要　将（2016.05—2016.12）

邢媛媛（女，2016.05—2016.12）

【获奖情况】

2016年三教乡荣获临汾市“科普工作先进集体”；荣获临汾市“2016年度综治工作先进单位”。

（杨智平）

师庄乡

【概况】　师庄乡位于霍州市北部，东与三教乡接壤，西南与退沙街道毗邻，北与晋中市灵石县交界，属温带大陆性气候，总占地面积90.4平方千米，耕地2.3万亩。全乡共有31个行政村，46个自然村，总户数4900户，总人口1.5万人，下辖32个农村支部，5个机关企事业支部，共有党员782名。“五好”支部2个。师庄乡人民政府驻师庄村，全乡机关人员34名，公务员14人，事业单位20人。乡机关（包含科室）主要有：党建办、综合办、社会事业办、农业服务办，下设计生所、民政办、林业站、工青妇等组织。2016年，师庄乡党委政府围绕“推进人口城镇化，建设和谐新师庄”这一目标，扭住“安全生产和信访稳定”两个重点，完成各项目标任务，推动全乡经济社会平稳较快发展，为“进军省强市、全面达小康，共建文明开放幸福美丽新霍州”做出贡献。

【民生工作】 2016年，师庄乡党委将民生改善作为一切工作的出发点和落脚点，坚持发展为民的总方向，倾力抓教育，倾情抓社保，倾心抓卫生，全乡群众的幸福指数提高。

全乡共有1.5万人，截至2016年底，有1.2万余人移居城镇，常住人口不足4000人，且大多为老弱病残，民生工作对于一个边远山区乡镇来说显得更加重要。推进人口转移，保护传统村落，实现和谐发展是全乡最大的民生。

1. 人口转移。人口转移市民化是山区乡镇实现城镇化的大趋势。成王庄、尉家沟两村整体搬迁工作已进入实质性阶段，郝家腰村整体搬迁工作已进入尾声。

2. 人民群众基本生产生活需求。水利方面，争取上级支持，为韩家岭、师家洼更换抽水泵，赵洼山、山头等村进行水网改造，解决村民用水困难的问题。交通方面，投资380余万元实施新四村和王庄煤矿道路贯通工程，确保村民生产生活出行便利。环境卫生方面，成立乡领导包村、村委主任直接负责的乡村清洁工程工作领导组，多次召开专题工作会议。建立环卫队，并根据各村实际情况划分责任片区，责任到人。制定相关卫生保洁运行制度，村规民约，日常自查制度，督查巡查工作机制。尤其是针对公路沿线的“脏、乱、差”现象，坚持全民参与和专业队伍相结合，加大日常保洁力度，完善各村垃圾池等配套设施建设。清理垃圾千余吨，墙体刷白3000余平方米，刷写标语130余条，粉刷树木2.2万余株，清除林带杂草500余亩，清除“四堆”900余处，村容村貌明显改观，人居环境日益好转，乡村面貌焕然一新。林地保护方面，加大林区巡查和政策宣传力度，林区内无随意放牧、损树毁树、偷砍乱伐、挖砂采石、乱占林地等现象，加强林区管理和保护。退耕还林面积达6676亩。除做好以上工作外，土地确权和精准扶贫工作是师庄乡2016年工作的重点。截至2016年底，全乡31个行政村中27个村已完成二轮公示，12个村已与农林委签订合同，进度较快，多次受到上级领导好评。精准扶贫工作经过建档立卡“回头看”信息采集，全乡列入精准扶贫贫困人员102户232人，涉及19个村。乡党委通过帮扶脱贫、政策脱贫、创收脱贫等方式，2016年脱贫任务已全部完成。

3. 强农惠农政策落实。粮食补贴、农机补贴、低供煤货币化补贴、地质灾害、沉陷区项目建设等党和国家惠农政策予以落实。乡便民服务中心运行正常，减少村民办事环节，提高服务效率。

4. 社会保障工作。宣传落实民生保障政策。全乡新农合参合率连年保持在96%以上。新型农村社会养老保险参保率达到92%。落实最低生活保障制度，为104户、238人办理最低生活保障，基本实现应保尽保。享受80岁及以上补贴的老人216人，享受“四类”贫困学生补贴的97人。全乡五保户集中供养率达到60%。

5. 关注弱势群体。师庄乡残联为29个一级残疾人办理补助金，为38个有需求的残疾人配备轮椅、低视力助视器等日常生活用品，让残疾人感受到党和政府的温暖和关怀。开展残疾人基本服务状况和需求专项调查，深入了解残疾人在生活救助、社会保障、康复服务、就业帮扶等方面的现有状况，为开展帮扶救助奠定基础。

【安全发展】 师庄乡党委政府严格落实安全生产的各项政策法规，按照党政同责、一岗双责、齐抓共管、失职追责的总要求，责任到人，认真排查，全面整治。(1) 抓私开矿。截至2016年底，全乡所有的私开矿全部关闭。对经雨水冲刷或自然塌陷致坑口开漏的情况，一经发现，立即封堵填埋，同时实行常态化巡查，杜绝私开矿的死灰复燃。(2) 抓防火。护林防火期间，采取专业队巡查和群防群治的方法，发现火情，及时扑灭，2016年没有发生一起火情事故。(3) 抓防汛。针对全乡旧房多，危房多的实际情况，进行防汛演练，认真排查，发放躲迁通知书，该搬的搬出，该加固的加固，保证人民群众住房安全。(4) 抓道路交通、食品药品、学校、易燃易爆品等安全工作，排除隐患30余处，2016年没有发生安全责任事故，确保人民群众生命财产安全。

【信访稳定】 2016年，师庄乡党委政府发挥乡矛盾纠纷排查调处中心和村民调解委员会作用，坚持乡领导班子轮流接访制度，雷打不动，特别是重视下访，主要领导亲自深入一线，实地了解情况，找准问题症结，有的放矢，对症下药。各项工作的开展从一开始就把制度、办法制定科学，实施力求公正公平，从源头上治理矛盾纠纷的形成。对历史遗留或新出现的问题，不等不靠、不推不拖，敢于面对，勇于解决。有效化解沉陷区治理、地质灾害等复杂历史遗留问题，为全乡平稳发展打下坚实基础。2016年信访大幅度减少，没有发生大的集体或越级上访案件，信访形势持续好转。

【社会治理】 2016年，师庄乡提升辖区网格化管理，各村网格长、网格员登记规范，都能及时上报信息，深入村民开展服务，及时与市乡两级综治部门沟通联系，为群众解决具体问题。党员干部带头移风易俗，倡导新风，改革成效显现。开展社会主义核心价值观系统工程，在全市开展的“十大道德模范”评选活动中，乡党建办主任刘锦丽荣获“霍州好人”荣誉称号，带动广大党员干部自觉践行社会主义核心价值观，争做霍州好人，营造文明霍州的良好氛围。

【项目建设】 针对师庄乡地广人稀、干旱少雨、土地贫瘠、交通不便等实际情况，乡党委政府因地制宜抓调产、重特色、上项目、求突破。2016年，完成的项目主要有：种植业方面，继续抓好红星小杂粮种植合作社扩展工程，新发展5个村，截至2016年底，全乡有13个村种植面积达到千亩以上；扩大文冠果种植，位于师庄乡白山村的宁加华种植合作社，文冠果种植基地面积扩展至1000亩，种植500亩，主要涉及白山、赵洼山两个村。文冠果浑身是宝，叶子可以做茶叶，果皮可以制药剂，果实可以加工食用油，材质为传统的“降龙木”，号称北方的“红木”，是优质的家具木材。该项目在全山西省也是独此一家。成立山西文冠果科技有限公司，新建文冠果茶叶厂1个，产品问世，投放市场，深受客户青睐，市场前景广阔。新建中药材初级加工厂1座，上市产品有蜜制地黄，产品进入市场后，深受消费者喜爱。在养殖业方面，除传统的散养羊始终稳定在万只以上外，新发展各类养殖合作社7家，特别是恒晟养殖专业合作社正式建成后，养鸡规模达到3万只，养猪规模达到2000头以上，成为师庄乡养殖业的龙头。

【基层党建】 2016年，师庄乡围绕“两学一做”学习教育、基层组织建设、党员队伍建设、反腐倡廉建设等方面开展工作，强化基层党组织“两个功能”，提升基层党建工作整体水平。

1.“两学一做”学习教育。“两学一做”学习教育开展以来，师庄乡认真学习习近平总书记系列重要讲话精神，乡班子成员带头集体学习32次，带头讲党课，召开专题研讨会5次，开展“双联系、双关怀、双带头”特色活动，班子成员及包村干部每人联系1至2户，根据实际情况进村帮扶，详细记录日志，通过帮扶，全乡16个村58户126人脱贫。组织各类学习培训，先后对农村两委干部、普通党员、积极分子集中培训5次，培训人数达500余人次。在对党员组织关系集中排查工作中，共排查出失联党员23人，经查找取得联系的党员22人，仍然无法取得联系的党员1人。对情况较为明确的22名失联党员进行教育引导后，将他们重新纳入组织管理，1名退党除名。发挥“领头雁”的作用，鼓励引导农村党员干部创业增收。

2.乡党委班子建设。狠抓乡党委班子建设，制定完善党建第一责任人制度、乡领导干部签到、班子例会、领导分片包联、重大事项决策等制度，用制度管人、管事，用制度推动落实，为党委班子“强身健体”。坚持重大事项民主决策机制，推行班子成员分片包联的“五包”机制，每名班子成员包一个片区，“包信访、包安全、包稳定、包项目、包发展”，做到“千钧重担大家挑，人人肩上有指标”。

3.基层组织建设。落实“定、查、评”和“四议两公开”工作法，截至2016年底，年初确定的106件乡、村两级惠民实事全部完成。乡党委坚持把支持基层党建作为基层组织建设的着力点，从建立保障机制、改善基层条件、强化党内关怀入手，拨付资金投入基层，真心诚意服务基层，夯实基层党建基础，上级下拨基层党建工作经费139.5万元全部拨放至各村，要求各支部对存在的软件、硬件等问题，拉出清单，该配齐桌椅、电教设施的全部配齐，该修理接通网线的全部接通，党员活动室面貌焕然一新。多方筹资10万余元，新建下靳安村活动场所，使党员干部活动有场所，群众办事有渠道。加强软弱涣散支部整顿，对摸排出的下靳安村、马赛沟村、坡底村3个支部，成立整顿工作组，一事一策，针对性的进行整治，使3个村的基层党组织重新焕发生机与活力。在集体经济“破零”工作上，师庄乡共31个行政村，除周村1个村外，其余30个村均为集体经济破零对象。2016年，30个村全部完成破零任务，集体经济收入均在1万元以上。其中，依靠霍煤李雅庄矿和汾西煤业南关矿搞服务实现集体经济破零的村有13个，其余17个村“破零”主要采取集体土地承包、闲置校舍及其他资产出租或拍卖等综合措施。17个村中，成王庄、李家脑、郝家腰3村除采取以上办法外，分别与南关矿和李雅庄矿初步达成搬迁意向，至2016年底，完成具体测量及赔付标准确定等任务，更多地增加集体经济收入。在党员队伍建设上，严把入党关口，疏通党员出口，真正把优秀的青年选入党的队伍，把不合格的党员清除出去，确保党员队伍的纯洁。落实乡村书记抓基层党建“面对面”述评，全面落实党建第一责任人制度、党员承诺评议制度及“一课三会”“四议两公开”等制度，完善基层组织民主管理、民主监督等制度，以制度规范行为，以制度保障工作，以制度促进作风。

4.党风廉政建设。落实党风廉政建设“两个责任”，推行“四述两谈”制度和“12388”工作法，开展乡、村两级领导干部党风廉政教育活动，落实中央“八项规定”和霍州市相关规定，推行以“述纪、述廉、述作风、述两个责任、廉政约谈、廉政座谈”为主要内容的“四述两谈”制度，增强党风廉政建设的针对性、创新性、有效性、严肃性。强化廉政风险防范管理，发挥“廉情预警”机制作用。全方位抓好党风廉政建设和工作作风建设，落实从严治党。严格村级财务“两支笔”审批制度，强化监督检查，实行“三务”公开，接受群众监督，使农村各项工作逐步走上科学化、制度化、规范化轨道，最大限度地预防农村干部职务犯罪。开通举报电话和信箱，鼓励干部群众进行监督举报，加强对不良风气的监督和制止，做到人人高效率、事事快节奏、件件求实效，促进干部清正、政府清廉、政治清明，凝聚推动发展的强大合力。

【领导班子】

书　记：

张文轩（2013.03—2016.12）

乡　长：

闫会滨（2013.03—2016.12）

人大主席：

朱瑞华（2013.04—2016.12）

副书记：

刘景娟（女，2014.01—2016.12）

纪检书记：

王志俊（2012.08—2016.12）

副乡长：

李建国（2012.06—2016.12）

闫娴蓉（女，2014.03—2016.12）

安建华（2016.04—2016.12）

党委委员、武装部长：

韩光兵（2012.08—2016.12）

党委委员、组织委员：

刘惠娜（女，2014.03—2016.12）

【获奖情况】

2016 年 11 月，朱瑞华、闫娴蓉获得临汾市人大常委会举办的“人民代表大会制度及相关法律知识竞赛”一等奖。

（刘惠娜）

陶唐峪乡

【概况】 陶唐峪乡地处霍州市东南部，霍山脚下，东南与洪洞县接壤，西南与辛置镇毗邻，北与李曹镇相邻，总面积 64 平方千米。下辖 24 个农村党支部，27 个行政村，36 个自然村，耕地面积 3.6 万余亩，林地面积 17 万亩，人口 20736 人，5300 余户。至 2016 年底，共有中、小学校 12 所，幼儿园 5 所，学生 1700 余人。

陶唐峪乡主导产业为种植业和养殖业，种植业以粮食、苹果为主，干果和中草药为辅，养殖业以养猪、养羊为主，养鸡为辅，重要的农副产品加工企业有聚盛牧业有限公司和丰陶源食品有限公司，服装外贸加工企业有晋颐兴服饰有限公司。

【教育事业】 实施校改工程，2015 年，投资新建茹村学校教学楼、阎家庄学校功能实验室、义旺学校住宿楼和功能教室，经过室内外装修，全部投入使用。2016 年，实施陶唐峪中学、义旺幼儿园校改工程，改善全乡的教育教学条件、解决学生寄宿难题，使陶唐峪乡基本达到义务教育阶段学校均衡发展标准，为霍州市义务教育均衡发展奠定坚实基础。

【脱贫攻坚】 全乡建档立卡贫困户有 360 户、911 人，2016 年的任务是完成 142 户、315 人脱贫。陶唐峪乡成立脱贫攻坚领导组，包村干部分片开展入户调查核实，摸清情况，指导制定脱贫方案，通过政府兜底、贫困户自主脱贫、光伏发电扶贫项目等方式，完成年度脱贫攻坚任务。

【民生工程】 2016年，全乡民生方面投入达2000余万元。其中，总投资1300余万元的陶唐峪老年公寓建设项目，3月开工建设，总建筑面积4200余平方米，主要用于老年医疗康复及老年活动中心，至2016年底，主体工程已建设完成，进行室内外装修，将于2017年9月投入使用；投资150余万元在成家庄村实施截潜管道灌溉工程，铺设管道4000余米，解决该村1000余亩经济林的灌溉问题；投资400余万元，全乡30台变压器的更换工作，完成立项工作，将于2017年完成；投资21万元，完成辛庄、双头垣、桃花渠3个村道路坍塌抢修工作，保障村民正常的生产生活；投资10余万元在王海平村更换1800余米输水管道，有效解决全村人畜饮水问题。

【文明创建】 乡党委将文明创建工作摆上党委议事日程，严格明确职责，制定创建方案和规划，召开专题会议，分析问题，查找不足，改进提高。在乡、村两级干部共同努力下，部分村庄整体面貌焕然一新。指导茹村制定“宜居村”建设规划，上报市农林委。《今日霍州》对观堆、义城、南杜壁3个村进行“美丽乡村行”报道。观堆村按照创建省级卫生村标准，进行省级卫生村创建。

【社会事业】 宣传民生保障政策，全乡新农合参合人数16400人，参合率连年保持在98%以上。新型农村社会养老保险参保人数9260人，达到90%。落实最低生活保障制度，为89户、238人办理最低生活保障。享受80岁及以上补贴的老人229人，享受“四类”贫困学生补贴的1142人。全乡五保户共71人，集中供养率达到65%以上。落实科技兴农政策，培养农业科技人才，2016年组织农技培训1753人次。培育1个农业科技产业化示范基地，50个农业科技示范户。规范档案管理，做到标注规范，归口合理。落实人口和计划生育基本国策，宣传计生条例、奖扶政策、婚育新风、免费服务等内容，组织158对有指标待孕的夫妇到市站做优生检查建档，使出生缺陷发生率降低。通过严格程序，甄别出享受国家奖扶政策14人，享受独生子女奖扶政策396人，享受农村主动放弃生育二孩家庭奖扶政策3人，兑现率达100%。

【陶唐峪开发进展】 2016年，景区总体规划、二期景区入口区域概念规划方案、霍山省级自然保护区陶唐峪片区生态旅游规划，环评通过，景区山上及入口功能概念方案及施工图已完成，关于国有林地租赁，林业厅已通过，报林业厅等待立项批文，土地手续和国土局沟通办理，新农村小区正在测绘及设计中。

【财政奖补项目完成】 通过“一事一议”，南王村投资14.69万元修建排洪水渠；义城村投资29.86万元修建文化广场；阎家庄村投资48.84万元修建文化广场；义旺村投资27.86万修建文化广场；偏墙村投资8万余元修建拦河坝。这些项目完善基础设施，优化人居环境。

【“三大基地”】 以辛庄大棚为中心的设施蔬菜种植基地日光节能温室达到80余棚。在成家庄、沙窝、观堆、南杜壁等村实施退耕还林干果项目，新发展优质核桃1000余亩，将核桃种植面积扩展至4000余亩，培育形成干果林基地。孔涧村发展种植油牡丹140余亩，扩大南李庄聚盛牧业羊场的养殖规模，实现科学饲养，2016年，出栏育肥羊5000余只。扶持聚盛牧业等农产品加工龙头企业做大做强。农业龙头企业带动农村经济增长，转移农村剩余劳动力，改善生态环境。

【民营企业】 在“大众创业，万众创新”的引导下，观堆村晋颐兴服饰有限公司积极联系劳动部门，引进服装加工机器100余台，进行外贸加工，解决100余人就业问题。辛庄村投资300余万元创办山西丰陶源食品有限公司。在农村基层党组织引导支持下，陶唐峪乡民营企业迅猛发展，不仅为农村集体经济“破零”奠定基础，也为全乡经济社会发展注入持久动力。以发展规模化、标准化、产业化农业为目标，扶持有志向、有实力、有能力的农村创业带头人发展农业合作组织，扩大产业规模，提升技术水平，实现联产联营。至2016年底，共发展养殖、种植专业合作社25家，覆盖农户300余户，农产品种植规模扩大，农业产业化水平显著提升。

【社会治理】 2016年，乡党委、政府创新社会事业管理方法，坚持和谐安民总导向，抓治安、保稳定、强安全、治环境，社会秩序更加和谐稳定。

1.“狠”抓治安。开展平安陶唐建设，严厉打击和遏制各类违法犯罪活动和邪教组织，人民群众社会安全感增强，满意度不断提高。广泛开展普法教育活动，全面推行网格化管理，对民爆物品、学校周边、村民聚集区等区域进行专项整治，强化对刑满释放人员等特殊人群的教育和帮助，有效维护辖区社会政治稳定大局。

2.“稳”抓信访。围绕“事要解决”的原则，严格履行领导班子接访、包案制度。2016年乡、村两级共排查出各类矛盾纠纷25起，调处23起，调处率92%，接访25起，化解24起，结案率96%。涉及霍永高速、大西高铁、义邢线和南赵线改造等工程的一大批信访案件得到有效解决，实现2016年无越级上访的目标。

3.“常”抓安全。坚持“安全第一，预防为主，综合治理”的方针，精心组织，周密安排，做到不走过场，严密排查，全面覆盖，不留死角，排查出的问题即时整改，不出纰漏，不出事故。建立以包村领导为主要责任人、村支两委干部为第一责任人的安全生产责任机制，落实安全生产八项制度、隐患排查治理报告制度，层层签订安全生产目标责任书，开展“安全生产大检查”“安全生产月”等活动，摸清存在的隐患，落实整改措施和责任，实现源头防范和长效管理。深刻吸取“3·19”火灾事故教训，对全乡防火工作体制和防火区域进行自查自纠，提高全乡人民防火意识。为确保防汛安全，制定防汛应急预案，组建应急抢险队伍，坚持汛期24小时值班，于7月中旬在孔涧村举行防汛演练，提高群众防御山洪灾害的应对能力，有效确保防汛防灾安全。在地质灾害防治方面，制定防灾方案及地灾群测群防网络，通过各种形式普及防灾知识，共完成治理搬迁9户，原有旧窑已进行拆迁、封堵。在采煤沉陷区治理方面，按照霍州市人民政府〔2016〕16号文件要求，精心组织，采取先易后难、分类实施、整体推进的方式贯彻落实此项工作，到2016年底，取得阶段性成效。

4.“强”抓环境。响应霍州市“五城联创”工作要求，建立乡领导包村、村委主任直接负责的乡村清洁工程工作领导组，组建环卫队，划分责任片区，责任到人。制定相关卫生保洁运行制度，村规民约，日常自查制度，督查巡查工作机制。针对公路沿线的

“脏、乱、差”现象，坚持全民参与和专业队伍相结合，加大日常保洁力度，完善各村垃圾池等配套设施建设。2016年，投资20余万元，1000余人次参与环境卫生治理，新建垃圾池10个，刷白树木2万余株并圈红，涂刷墙壁5万余平方，清理垃圾8000余方。配备垃圾清运车辆16辆，垃圾桶3700个。

【完成换届选举】 严格程序、严肃纪律，全面落实市委换届工作有关要求，印发换届“九严禁”，确保换届工作风清气正。全乡七个选区选举出51名乡人大代表、107名乡党代表，12名市人大代表、19名市党代表。4月29日，成功召开乡第四届党代会，选举产生新一届党委、纪委领导班子。于5月9日顺利召开陶唐峪乡第四届人代会，选举产生新一届乡政府领导班子，并审议通过政府工作报告。

【“两学一做”学习教育】 “两学一做”学习教育自启动以来，全乡各党组织层层动员部署，精心组织安排。各党支部组织开展“四讲四有”专题讨论4次，习总书记“七一”讲话和“四比四看四争”专题讨论2次，“学习贯彻系列讲话，解决若干突出问题”学习交流会1次，党员人人发言，所有党组织和党员个人全部列出问题清单，并进行积极整改。

【专项整治】 重点整治基层干部不作为、乱作为、贪腐谋私、执法不公等损害群众利益问题。针对排查出的问题，建立整改清单，明确责任主体、整治措施和整治期限，实行销号管理，确保整治工作落到实处。严格落实“清单定责”机制、“四述两谈”制度、“廉情预警”工作机制。

【加强队伍建设】 党员干部认真践行习总书记关于全面从严治党的要求，贯彻《准则》和《条例》，联系思想、工作和生活实际进行对照反思，把党的政治纪律和政治规矩内化于心、外化于行，更好地规范自身行为。始终坚持日常教育与集中培训相结合，采取“请进来”和“走出去”等方式，开展“领头雁”延伸培训，对全乡27个“两委”班子和骨干党员集中培训2期，培训党员300人次。做好发展党员工作，2016年发展党员17人。

【党风廉政建设】 落实乡党委主体责任，明确班子成员“一岗双责”，制定实施方案，成立领导小组，强化对全乡党风廉政建设的组织领导。加大对党务公开、政务公开、村务公开的监督管理力度，各村成立村务监督委员会，重点审查集体财务收支、征地拆迁补偿、农业发展补贴、退耕还林、低保等涉及群众切身利益的问题，并接受社会监督。落实中央“八项规定”精神，推动反“四风”向深度和广度延伸，形成科学规范、指导性强的作风建设制度。

【基层党建工作】 落实党员组织关系集中排查和党费收缴工作，从2016年3月开始，在全乡各基层党组织中开展党员组织关系集中排查工作，经各支部认真梳理排查，排查出漏登记党员4人，取消预备党员资格并除名3人，死亡未上报党员13人，未排查出失联党员，2016年底，共有党员724名。2016年，各支部按党费收缴办法建立党费收缴报告单和月缴费登记表，确保按时足额缴纳党费；按期完成机关、老干、教育、卫生院支部换届选举工作，整个选举过程程序严密、操作规范；机关党支部认真落实党内政治生活制度。落实“三会一课”制度，坚持每月召开一次支部委员会和党员大会，结合“两学一做”学习教育，坚持领导干部带头讲党课。围绕“五个一”开展党员日活动，组织机关党员开展义务劳动，深入农村一线包联贫困户，帮助所包联村完成中心工作，发挥先锋模范作用；稳步推进集体经济“破零”。全乡27个行政村，村集体经济收入5万元以下村有16个，无集体经济收入村11个。截至2016年底，11个村集体收入均突破万元以上，完成破零任务；整改村级活动场所。根据党建工作安排要求，琵琶垣村支部报批为无村级组织活动场所，南程村支部报批为危旧狭小活动场所。琵琶垣村支部活动场所建设采取改造修缮方式，完成五孔窑洞的土建装修工程，圈墙围院，硬化地面，投资达16万余元；南程村支部活动场所为1987年建筑，木质屋顶，年久风吹日晒雨淋，腐朽坍塌，属危旧狭小。彩钢封顶，室内装修办公设施软硬件基本配套，投资达5万余元。全乡其他支部活动阵地都进行加强完善，基层阵地建设水平全面提高；保障落实基层党建经费。按照基层组织建设有关要求，根据全乡实际，乡党委召开专题会议，加大党建工作经费投入力度，对辖区25个农村党支部制定党建工作经费分配方案，建立使用管理、责任追究等制度，在加强活动场所建设、完善配套设施、强化功能配置等方面，根据各支部党建工作进展情况逐步予以支付。严格落实村级党建专项经费，确保专款专用和最大限度的使用效率。

【领导班子】

党委书记：

张　斌（2013.03—2016.12）

党委副书记、乡长：

张　伟（2013.03—2016.12）

人大主席：

王丰奇（2013.05—2016.12）

党委副书记：

李建华（2014.01—2016.12）

纪委书记：

黄华君（2015.11—2016.12）

武装部长：

安宝山（2014.05—2016.12）

副乡长：

武晓伟（2013.03—2016.12）

朱三桂（女，2014.05—2016.12）

郭　飞（2016.05—2016.12）

张记华（2016.05—2016.12）

组织委员：

李晓丽（女，2016.05—2016.12）

【获奖情况】

2016年，王丰奇荣获临汾市“优秀共产党员”称号。

（李政）

大张镇

【概况】　大张镇地处霍州市东郊，总面积36平方千米，耕地面积28078亩，镇辖14个行政村，有29549人，下设18个基层党组织，有党员958名，镇党委、政府内设综合办公室、党建办公室、经济发展办公室和社会事务办公室，设农业服务中心、文化服务中心、企业服务中心、计生服务站、国土资源所、财政所6个事业机构。

2016年，全镇经济总收入7.6亿元，同比增长10.3%，农民人均纯收入13518元，同比增长7.5%。大张镇总体自然结构是“一滩六垣两河”（大张～靳壁～下乐坪滩，靳壁垣、北张垣、张望垣、上乐坪垣、青郎坪垣、西张垣，北涧河、南涧河）。大张镇产业结构以种植业、养殖业、加工业和商贸服务业为主。2016年，大张镇党委、政府带领全镇党员干部和广大群众，把服务全市重点项目作为全镇工作的主线，拼搏进取，奋力争先，为实现“进军省强市、全面达小康，共建文明开放幸福美丽新霍州”目标做出应有贡献。主要工作体现在民生改善、安全发展、信访稳定、环境卫生、项目建设、基层党建等方面。

【经济发展】 大张镇推动经济发展的主导产业是种植业、养殖业、加工业和商贸服务业。这四大产业在巩固原有规模效益基础上，2016年有更大发展。西张垣优质核桃大面积投放市场，贾孟村新建集苗圃、粮食、无公害养殖等多种经营于一体的示范农区，上乐坪村新建向阳规模养鸡场，同兴种鸡、绿色田园种鸡、瑞健养猪等提升科学化、专业化水平，粉条、香油、年馍等传统加工业创新包装，销售更好。随着霍州市城市东扩，全市商贸服务重心东移，农村合作经济组织、农产品质检机构、专业合作社、服务公司、中介机构等发展迅速，第三产业和劳动力市场快速发展。农村土地承包经营权确权登记颁证工作释放了农村经济发展潜力。成立会计委托代理服务中心及“三资”管理中心，促进农村工作规范化，70%的五保户在镇敬老院集中供养。

【基础设施建设】 2016年，大张镇与城市规划有效衔接，美丽乡村建设规划完善，机构健全，依托全国重点镇建设，大张、西张、贾村加快城镇化建设步伐。随着贾村美丽宜居示范村建设进程加快，贾村区域已成为霍州市新城一角。大张镇积极做好粮食补贴、农机补贴、新型农合、新型农保、城乡低保、救急难、低供煤货币发放等项惠民工作，新建镇便民服务中心和社会救助服务中心。各村设立便民服务点，方便群众，提高效率。对弱势群众针对性地开展救助救济工作，新建北张、贾村两个日间照料中心，为60岁以上老人提供更为舒适的活动场所，困难群众基本生活得到多重保障。

【扶贫工作】 2016年，大张镇共有建档立卡贫困户241户503人，通过镇村干部及下派工作队精准帮扶，制定扶持产业、政府兜底、推荐就业等精准帮扶计划并采取措施，有112户250人脱贫，完成年度脱贫任务。

【林业及水利】 2016年，大张镇加强林地保护，严格护林防火，辖区内无林地放牧、损树、偷砍伐、挖砂采石、乱占林地行为，林地无火灾发生；全镇14个村完成饮水安全工程，大张、下乐坪、贾村、西张4个村接入城市供水，加强境内河道管理，完成小型水利重点工程，完成人畜饮水、农田灌溉、生态治理、防汛抗旱及山洪灾害防治预警平台建设任务。

【教科工作】 大张镇将教育工作纳入全镇重要工作和发展规划体系，建立责任制，全镇幼儿学前、小学、初中入学率及在校生保留率均达100%。加强校园安全，2016年未发生校园安全事故。深入推进科技兴农，开展科普宣传和培训工作，推广应用科技成果，及时报送科技动态信息，培育科技产业化示范基地、示范村、示范户和科技带头人。

【基层文化建设】 大张镇充分发挥镇文化站和村级文体设施作用，组织引导群众开展丰富多彩的文体活动，多次举办书画展、纪念活动、体育比赛和文艺汇演。

【卫生计生工作】 加强领导，健全网络，强化服务，落实政策，镇卫生院、计生服务站和村级卫生所全部达标，符合政策生育率、老年人体检率、免疫接种率、农民参合率均达要求，提升人民群众健康水平。

【新农村档案管理】 完成各类文件资料归档工作，及时、准确上报《霍州年鉴》（大张镇资料）。

【安全发展】 大张镇树立安全意识，建立健全安全工作领导机构，落实人员、责任、设施，开展“打非治违”“六打六治”“安全生产大检查”“安全生产月”和气象工作“八有”标准创建活动，对煤矿、非煤企业、交通运输、学校、食品卫生、地质灾害、民爆物品、气象、防汛、建筑、消防、危化、森林防火、秸秆焚烧、防震减灾等项工作进行排查治理，有效消除隐患，落实安全法规和责任，健全安全制度，制定应急预案，开展应急演练，加强安全巡查，全镇没有发生安全事故。2016年，组建一支由民兵组成的应急小分队，与国新能源联合组建专职消防队，组织山洪灾害及防汛演练和消防应急疏散演练。引深法治建设和综合治理，加快法治政府和法治社会建设，加强社会服务管理中心建设，推行网格化管理，开展普法活动、反邪教宣传和平安创建，净化校园及周边环境，加强对治保、民调、联防、禁毒等基层综治组织整顿，提高防范和打击效能，维护稳定社会治安秩序，辖区无重大刑事案件和邪教组织及人员活动坚持依法行政，落实《土地法》《资源法》和《城乡建设规划法》，严格规划审批和执法监察，规范征地行为，严厉打击各种违法占地、违章建设、滥占耕地和非法采矿行为，加强地质灾害防治工作，依法拆除大张、西张、上乐坪等48处违法建筑，无证非法采矿查处率达100%，为建设文明和谐新大张创造良好社会环境。

【信访稳定】 大张镇落实信访工作制度，明确责任，限时处理，主动解决各类矛盾和问题；推行信访服务中心工作模式，新建高标准信访服务大厅，坚持领导接访。建立信访网络，实行“一站式”服务，开展网上办案和分类办理，及时化解各类矛盾纠纷，及时办结上级及网上交办案件，全面遏制越级上访、集体上访、重复上访、非正常上访发生，坚决杜绝重大群体上访事件。时刻紧绷维稳工作之弦，立足大局，不讲条件，不遗余力，顶住压力，迎难而上，重要节日和关键节点多次赴省进京值班，快速反应，果断处置，实现全国“两会”、中共十八届六中全会及山西省、临汾市“两会”等重大节点“零上访”，从根本上扭转大张镇过去因征地拆迁矛盾引发上访多的被动局面，信访工作向制度化、规范化和法制化轨道迈进。

【环境卫生】 大张镇地处城乡结合部，环境保护和环境卫生整治工作任务较重。2016年，按照全市“五城联创”工作要求，开展“创卫”活动，特别是针对重污染天气的严峻形势，开展环境治理和环境卫生整治，实施乡村清洁工程，落实环境保护的各项措施，全镇环境状况变化明显、焕然一新。广泛宣传发动，健全制度，签订环境保护和秸秆禁烧责任书，实行网格化管理，确定专人，组建分队，加强爱卫、城建两支专业保洁队伍管理，划分责任区，落实工资待遇，配备环卫设施，发放清扫服装，加强督促检查，实行严格考核，在全镇形成环境卫生常抓不懈、常整常新长效机制。2016年，全镇共出资180余万元，出动人力3000余人次、机械1000余台次，清理垃圾2万多方，新修建文化墙20余处，修复残墙断壁6处，清理河道1700米，关闭砂厂3座，取缔储煤场3处，环保整治养殖企业5个，发放宣传材料1万余份，悬挂标语50余条，使“冬十条”等措施家喻户晓，增强群众环境保护意识和健康卫生意识。各村都进行街巷道路硬化、绿化、亮化、排水、环卫等基础设施配套建设。至2016年底，全镇共配备垃圾转运车25辆、小型装载机12台，设立垃圾中转站1个、污水处理站1个、垃圾处理场15个、定点垃圾点78个，修建花池280个，安装路灯390盏，铺设污水处理管网1200米，使用沼气625户，接入天然气7600余户，改厕1500户，粉刷墙壁3.2万余平方米，刷新树木6万余株。同时，开展环境卫生整治观摩评比活动，制定整治标准，定期组织各村两委班子开展流动现场观摩，根据各村卫生整治实际成效，进行集中打分排队，把每次评比打分结果纳入村干部年终目标责任考核中，重奖重罚，使环境卫生工作真正做到时时有人抓，处处有人问，抓有成效、问有改进，向制度化、规范化、常态化和长效化的“四化”标准不断迈进。

【项目建设】 大张镇围绕全市2016年重点项目“六位一体”工作要求，招商引资，狠抓项目建设，全镇共完成项目储备114亿元，完成项目签约13.2亿元，完成项目落地1.36亿元，完成项目开工0.54亿元，完成项目投资8.97亿元，完成固定资产投资12.8亿元。做好全市重点工程建设的各项协调服务工作，服务好农业园区、新型工业园区、天然气液化、开元小区、职教中心、经三路、纬三路、纬四路、纬五路及污水管网、供水、供暖等全市重点工程项目，确保这些项目顺利实施和推进。2016年，完成重点项目主要有15项：（1）大张镇综合服务中心建设。该服务中心选址大张镇院内东边，是加强党建、服务群众的重点工程，建设面积150平方米，投资20万元，把与群众生产生活密切相关的职能部门集中办公，打造方便全镇群众办事的综合性服务机构。（2）光伏发电。该项目位于张望村，是扶贫攻坚重点项目，占地4亩，总投资80万元，装机容量100千瓦，现已并网发电，每年可发电13至15万度，每年可增加收入13万元，使用年限25年。（3）阳光首府。该项目位于霍东大道转盘北，占地108余亩，总投资5.88亿元，设计建设面积78290平方米。（4）贾村娲皇庙修缮。该项目为文物保护及旅游开发项目，总投资800万元，主要修缮国保文物娲皇庙东西厢房、西角楼及彩绘。（5）下乐坪生态旅游农场。该项目是大张镇发展壮大农村集体经济的示范引领项目，地处下乐坪村东北，新型工业园区对面，一期规划40余亩，投资35万元，以无公害蔬菜为主，建生态休闲采摘园。完成规划设计、基础建设等前期准备工作，开春后即可实施。（6）贾村青峰山公园。该项目依托贾村城镇化建设与美丽宜居示范村建设，围绕青峰山建生态文明公园，占地15亩，总投资20万元，完成规划设计和前期准备工程。（7）村通水泥油路完善提质工程。该工程涉及大张镇北张、靳壁、下乐坪、张望4个村，总投资250万元，里程6.5千米，解决毁坏严重的道路及自然村未硬化的断头路交通难问题。（8）贾村城镇化建设。贾村城镇化建设共分6个部分，分别环绕贾村东北西方位，共占地100余亩，总投资额4.2亿元，建设25栋新型住宅楼和80余座二层商住小楼，安置1200余户，建成文锦苑、汾东小区、文锦佳苑、锦绣花园、惠民馨苑五个新型小区及纬五路新型商住一条街。（9）村级组织活动场所建设。合理管理使用基层党建工作经费，强化村级组织活动场所建设，共计投资86万元，14个村活动场所全部达标升级，全镇唯一没有活动场所的村——河底村投资25万元新建活动场所。

(10）大张碧泉公园项目。该项目总投资850万元，依托大张村天然水域大张堰建水上乐园，配套周边设施，建成休闲公园，为周围居民及霍州市民提供休闲娱乐场所，已完成基础景点建设，开春后配套道路建设，增建新景点。（11）上乐坪幼儿园建设。上乐坪幼儿园是大张镇继大张幼儿园后又一所公办标准幼儿园，总投资150万元，在原上乐坪小学基础上进行改造及设施设备配套，2016年9月已投入使用。（12）贾孟多种经营示范农区。该项目位于贾孟村，占地200亩，总投资500万元，是集景观苗圃、粮食种植、畜禽养殖于一体的无公害生态环保示范农区。（13）向阳养鸡场。该养殖场位于上乐坪村，占地5亩，总投资300万元，建成3个大型综合养殖棚，集饲料加工、养殖、防疫、营销于一体，存蛋鸡2.3万只，日产蛋1300余斤。（14）下乐坪泉景观项目。该项目投资24万元对下乐坪村南自然泉加以装点，整治周边环境，形成景观，保护水源，美化环境，方便群众。（15）采煤深陷区治理搬迁安置项目。该项目涉及大张镇河底村共70户166口人，第一批治理35户，项目总投资422.8万元，2016年底，完成治理19户。

【基层党建】 （1）“两学一做”学习教育。按照上级部署和实施方案要求，严格步骤，精心组织，深入开展“四讲四有”和“七一”讲话专题研讨、“四比四看四争”“五个一”和“三倡导三促进”活动，力求“两学一做”学习教育取得成效。（2）思想政治建设。创建学习型党组织和学习型乡镇，开展中心组理论学习，召开党的十八届六中全会精神宣讲会，加强精神文明建设和宣传报道舆情工作，开展社会主义核心价值观教育和调查研究工作，创建文明乡镇。（3）基层组织建设。落实基层党建“7＋3”重点任务，提升服务水平，基层党组织普遍晋位升级，在全镇选树贾村、下乐坪、大张、狮子洼、北张等一批明星、红旗党支部；对小张望村、贾孟村两个软弱涣散基层党组织进行集中教育整顿，修缮活动场所；足额下拨、合理管理使用基层党建工作经费，确保专款专用；推进农村集体经济“破零”，通过“三动两帮”措施（强化组织推动，实施园区带动，创新旅游拉动、把握机遇“政策帮”、因地制宜“企业帮”），全镇9个集体经济收入1万元以下的村，全部达到1万元以上。（4）党员干部队伍建设。优化党员结构，2016年新发展11名年轻党员；选优配强领头雁，加强支部书记队伍建设，开展“领头雁”及骨干党员培训；完成镇党政班子及市人大换届选举工作，组织机关事业单位党组织换届选举工作，提升全镇党员干部队伍的生机活力和整体素质。组织制度方面。推行“党员活动日”“定、查、评”“三会一课”“面对面”述评、党代会年会、党代表工作室及党建第一责任人制度。2016年，镇、村确定的52项目标及“8＋2”项目清单，经过严格督查，狠抓落实，各项目标均较好完成。在“党日活动”中，按市委组织部“五个一”要求，各村都组织党员开展义务劳动，帮助弱势群众，做好人好事，真正发挥党员先锋模范作用。推行“四议两公开”工作法，各村组建村务监督小组，实行农村财务报账制和电算化管理，推进村级民主监督科学化、规范化、制度化建设。（5）党风廉政建设。落实党风廉政建设责任制和各项廉政制度，履行主体责任和“一岗双责”，实行“四述两谈”，开展反腐倡廉教育，整顿纪律作风，严格纪律审查，强化监督检查，狠刹不正之风，在全镇营造健康文明风尚。(6) 作风建设。落实中央“八项规定”、省市有关规定、霍州市“约法三章”及《关于全市党员领导干部、公职人员出入隐蔽场所违规吃喝娱乐预防治理工作的意见》，规范党员干部从政行为。(7) 统战宗教工作。将统战工作列入重要议事日程和镇党委年度工作计划，加强统战宣传，坚持民主通报座谈制度，建立民族宗教工作机构，加强辖区内宗教场所检查管理，教育引导信教群众依法进行宗教活动。(8)“六权治本”。建立工作机构，健全议事决策机制，完成“两单两图”编制工作并公布运行，全面实施党务、政务、村务公开，落实阳光行使权力，构建约束权力、运转高效的制度体系。

【领导班子】

党委书记：

李晓斌（2011.11—2016.04）

段小刚（2016.04—2016.12）

党委副书记、镇长：

周霍津（2013.03—2016.12）

人大主席：

马　丽（女，2013.04—2016.12）

副书记：

荀会龙（2014.01—2016.12）

纪检书记：

庞瑞林（2014.01—2016.12）

武装部部长：

刘会才（1999.03—2016.12）

副镇长：

冯艳萍（女，2012.06—2016.12）

焦国军（2015.04—2016.12）

杨燕霞（女，2015.04—2016.12）

党委委员、组织委员：

高艳华（女，2014.05—2016.12）

（杜鹏飞）

白龙镇

【概况】 白龙镇位于霍州市城区西郊，交通便利，人杰地灵。全镇辖14个行政村，26个自然村：白龙、寺庄、陈村、涧北、牛腰、前柏木沟、后柏木沟、韩南庄（辖涧庄）、马岭、养马岭、燕南庄（辖贾垣），虎头山（辖师家庄、琵琶垣、蔡家庄、前沟、葫芦把），柳树腰（辖郑家庄、孟家庄、风子垣），陈家庄（辖耿家庄），人口23240多人，其中常住农业人口18642人。全镇耕地总面积12990亩，其中水地1870亩。有国有、省属企业3个（霍州煤电集团下属的白龙煤矿、团柏煤矿和兆光发电厂），规模较大的民营企业30余家。

【经济发展】 1. 现代农业发展。深挖潜力，发展特色现代农业，发展肉鸡、猪、羊等规模养殖，核桃、牡丹、药材、枣树、经济槐等特色种植规模不断扩大，白龙、后柏木沟、韩南庄新增核桃种植500亩。浩瀚养殖、元瑞养殖、恒源养殖等示范引领，全镇特色农业稳步发展。

2. 新型工业拓展升级。对辖区内兆光发电、霍煤云厦、白龙矿洗煤厂、云厦水泥厂、团柏矿、力拓煤业等企业提供最优质服务，为企业发展创造宽松环境，实现企业效益最大化。昌鑫铸造、禾丰生物肥精细管理，健康运营，寺庄农康有机肥建成投产，柳树腰光伏发电项目顺利建成，新型工业崭露头角。

3. 三产服务壮大发展。以永安大街为轴心，壮大餐饮娱乐服务业发展，打造餐饮、住宿一条街。加大劳务输出，有效增加农民收入。以星时代家居广场、东明装饰城、白龙综合商贸城为依托，发展家居、建材、装饰等产业，三产服务优势日趋突出。

4. 文化产业做大做强。继续发展威风锣鼓文化产业，打造精品文化名片，成立霍山文化传媒有限公司，注册“千年鼓”品牌，扩大市场影响，拓宽演出渠道，多次组织锣鼓队伍外出演出，年创收达 80 万元以上，传统瑰宝锣鼓文化成为农民增收的又一渠道。

【基础设施】 2016 年，白龙镇抓住全市热电联产推进的有利时机，积极运作，解决白龙、寺庄、涧北等村集中供热问题，新增供暖农户 200 余户，提高群众生活质量，提升全镇空气质量。加强对竹河治理 4 标扫尾工作，河道治理顺利实施。完善马岭、燕南庄等各村安全饮水，维护人民群众正常生产生活秩序。安民路投资 3000 余万元高标准建成通车，改善牛腰、廉租房、陈家庄、后湾居民出行和居住环境。完成陈家庄、前柏木沟等村街巷道路硬化 1.6 千米，加强柳树腰、养马岭、燕南庄、寺庄至陈家庄等村循环公路维护，确保辖区内交通网络四通八达。陈村、寺庄投资 130 万元，安装路灯 146 个，完成寺庄电网升级改造工程。

【环境整治】 2016 年，白龙镇建立完善全镇环卫体系，建立长效管理机制，加大脏乱整治工作力度，不留死角，清理“四堆”，及时组织垃圾清运，保证及时高效、日产日清。树木刷白描红，所有墙面粉刷，布置文化墙，在全镇营造文明和谐新风。实行综合整治，改善大气质量。严查焚烧秸秆杂草垃圾，杜绝红白喜事露天使用燃煤污染行为，加强在校学生、未成年人教育管理和无行为能力人及限制行为能力人监护管理，严禁野外用火玩火，多措并举，全镇环境及大气质量明显改善。

【社会事业】 2016 年，白龙镇深化教育体制改革，加强教师队伍管理，广泛开展师德师风教育，提升教师队伍素质。加大农村贫困学生帮扶力度，避免农村学生因贫失学。做好学校周边环境整治和校内安全工作，保证校园安全。安居工程稳步推进。养马岭村采煤沉陷区治理工程顺利实施，拆除危房 17 户，燕南庄村细致做好危房户疏导工作。社会救助及时深入。定期抓好农村低保家庭评选工作，做好伤残军烈属、五保户等特殊群体社会救助工作，落实粮补等各项强农惠农政策，把党和政府的温暖送到千家万户。土地确权工作不断推进。依照规定程序完成登记公示等工作，完善土地承包合同，土地承包经营权证签发率达到 50％以上。精准扶贫工作中，深入开展摸清贫困户每家每户详细情况，针对全镇 211 户 522 人贫困户，明确帮扶人员工作责任，制定切实可行、符合贫困户家庭实际的脱贫方案，集中攻坚，2016 年完成 77 户 214 人精准脱贫。开展全国第三次农业普查，进行入户普查。

【社会治理】 1. 信访稳定。全镇各村实行网格化管理，充分发挥镇村服务大厅、村级组织的职能作用，实现群众的事有人管，管得住，将矛盾就地化解。每周一党委书记、两委主干接访。强化治保民调力量，及时化解邻里纠纷，妥善处理解决各类信访纠纷 14 件，避免恶性事件的发生。

2. 安全生产。加强安全监管，落实安全责任，排查各类安全隐患，切实抓好非煤矿山、道路交通、食品药品、建筑施工、中小学校等行业和领域的安全工作。严厉打击非法开采，时刻保持高压态势，绝不给私挖滥采留任何喘息之机。加强地质灾害防治及民爆物品等方面的安全生产专项整治，没有各类安全事故发生情况。

3. 精神文明建设。开展社会主义核心价值观教育活动，开展卫生家庭、和睦家庭、敬老家庭、重教家庭、创业家庭五类模范家庭评选活动，引导群众向模范学习，向先进看齐。以加强民间理事会管理为突破口，杜绝大操大办，倡导文明殡葬，树立文明新风。扶持壮大女子健身操、晨练队等民间文化艺术团体，丰富人民群众的精神文化生活，培养开放包容、厚德正义的农村文化。

4. 民主进程。定期公开党务、政务、村务，推行“四议两公开”工作法，扩大基层民主，巩固基层政权。在党的领导下充分发挥各基层组织的作用，加快社会主义民主进程。

【党的建设】 1. “两学一做”学习教育。在“学”上求严。建立学习教育包联帮扶制度，采取建立微信群等多种办法对卧床不起等不能正常参加学习的党员进行帮扶教育，实现党员学习全覆盖。在“做”上求实。认真执行党员设岗定责、联户“双服务”机制，推行“551”工作法，发挥党员先锋模范作用。

2. “7＋3”重点任务。通过农村三资清理，积极盘活资产、整合资源、做好服务管理，7个村实现集体经济“破万”。发挥村级组织活动场所“一专多能”作用，把村级活动场所建成村民议事中心、文化活动中心、便民服务中心、民事调解中心，方便群众。严格按规定结构比例选举产生市镇党代表和人大代表，按时完成镇党委、人大、政府换届，发挥“第一书记”作用。协调村内各项事务，推动农村工作开展。

3. 基层党建工作。服务群众更加深入，镇、村两级成立“一队两中心”，与群众零距离接触，机关干部开展以“宣讲一条政策，解决一个问题，带回一条意见，结交一个朋友，拿回一个考分”为内容的进村赶考“五个一”活动，深入农户500余次，解决问题160件。在全市率先整治农村大操大办，彻底取缔非婚丧庆典，统一全镇婚丧事宜标准，使每家节约费用一半以上，彻底遏制铺张浪费、盲目攀比等陈规陋习。加强软弱涣散党组织整顿，扭住班子建设，坚决从农村好人、能人中选优配强班子，让基层干部干事创业更有动力。

4. 反腐倡廉工作。落实领导班子成员“一岗双责”、各负其责，坚持把反腐倡廉工作与业务工作紧密结合起来，加强监督检查，做好组织协调工作，形成逐步完善全镇党风廉政建设责任体系。

【领导班子】

党委书记：

郭惠民（2012.08—2016.12）

党委副书记、镇长：

王建华（2013.03—2016.12）

人大主席：

靳　华（2013.05—2016.12）

党委副书记：

王云平（2013.12—2016.12）

纪检书记：

叶伟新（2013.12—2016.12）

副镇长：

李志华（2002.09—2016.12）

朱建文（2012.08—2016.12）

郭文俊（2016.05—2016.12）

晋明华（2014.05—2016.12）

武装部部长：

胡泉河（2016.04—2016.12）

组织委员：

朱晓斐（女，2016.04—2016.12）

（闫志坚）

李曹镇

【概况】 李曹镇地处霍州市地区东部，距市区10千米，东临古县和长治市的沁源，南临陶唐峪乡，西连大张，背靠三教乡，南北约13千米，东西宽23千米，总面积275平方千米，其中山区占75.6%，丘陵占24.4%，辖32个行政村，人口约28069人，为霍州市面积较大乡镇之一。李曹镇人民政府驻李曹村，全镇机关人数32人。镇机关包含科室主要有：综合办、党建办、社会事务办、农业服务办，下设计生所、民政办、林业站及工、青、妇等组织。

2016年，李曹镇党委、政府打造“生态农业大镇，旅游休闲名镇，新兴工业强镇，幸福美丽新镇”，加快转型跨越、率先发展，2016年，全镇经济总收入6.15亿元，增长7.2%，农民人均纯收入达到11098元，增长8.2%。

【重点工程】 2016年，李曹镇完成霍州东站站前广场拓宽工程、停车场建设、七里峪客运站、2号水源地征地任务、东片农业综合开发、绿源养殖观光项目、源头至板节道路硬化等工程，确保各项重点工程顺利推进。

【项目建设】 2016年，李曹镇投资4000余万元的七里峪漂流项目，投资3000万元的七里峪客运站，投资500万元的七里峪滑雪场二期工程，投资2500万元的东片农业综合开发，投资560万元的绿园养殖观光项目，投资300万元的高铁站前大道拓宽工程，投资150万元的源头至板节道路硬化工程，投资300万元的石鼻、驹沟、秦家岭等村的广场建设，投资1000万元的安家庄、沟东、驹沟、杨枣循环公路，投资600万元的南堡、罗涧、秦家岭、杜苏沟、峪里等村的新农村建设任务，让全镇的基础设施建设和新农村建设得到质的提升。一批项目工程全面完成，完善基础设施，推动产业升级，为全镇发展积蓄强大后劲。

2016年，李曹镇布局六大产业，一片一主业，一业一龙头，加快农业转型步伐。北片畜牧，绿源乳业、石鼻村万头猪场、石鼻机械化养鸡厂以及新上的两个万头猪场，规模养殖户由5家发展到15家。南片果业，下王、西村等苹果基地规模不断扩大，品种逐步更新，全镇苹果种植面积稳定在6000亩左右，提高种植效益。沿山干果，以罗涧为中心的核桃基地，完成两期建设任务，成为全市重要的示范基地，为农民持续增收提供稳定支撑。山区旅游，投资1400余万元的七里峪滑雪场和投资600万元的森林假日拓展训练场投入运营，七里峪客运站基本建成，悬泉山旅游公路纳入议事日程，全镇旅游发展蓄势待发。沿线苗木，建成霍东花卉苗木基地，每年以100亩的速度不断扩大，总规模近1400亩，成为村民增收的另一渠道。广场商贸，依托大西高车广场和七里峪镇山广场，扶持“绿和祥福”、七里峪等系列产品，提升李曹镇农副产品的知名度。

【民生事业】 2016年，李曹镇推进农田林网绿化、村庄绿化、道路绿化等工程，2016年，共绿化村庄2个，完成9村环境连片整治示范项目，栽植花草树木1万多株，新建垃圾池10座，全镇环境整治取得阶段性成效。出台班子成员“包村、包片、包路”的三包责任制，广泛动员群众大扫除、大清理、大整治，投入资金30余万元，共清理垃圾1.5万多方。引深文明创建活动，组建文艺宣传队、老年秧歌队、中年人柔力球队、青年篮球队、乒乓球队，各村组建红白理事会，取缔不文明殡葬行为，净化社会风气。配齐农业科技推广站的相关设施，建成以源头为中心的畜牧养殖基地和小麦示范基地，以下王、柏乐为中心的苹果示范基地，提升群众的生产生活水平。惠民政策落实。扩大社会保障覆盖面，全镇有172名“四类”困难家庭学生和297名80岁以上老人的固定救助；53户100人享受城镇低保，149户320人享受农村低保；162名优抚对象的抚恤补助优待经费及时足额发放；89名五保户中，有意愿的34人全部集中供养，55人分散供养；24人受到大病救助；新型农村养老保险参保率达到96%，新农合参合率达到98%；建成老年人日间照料中心，集老年人日常休闲、娱乐、健身服务于一体，形成特色品牌，普通群众的生活有了更多保障。

【信访维稳】 2016年，李曹镇把化解信访矛盾作为一项重要政治任务，从严要求，狠抓落实，逐一化解，不断完善接访、包联、调处机制，做到小事不出村，大事不出镇，实现2016年赴省进京“零上访”的目标。实行网格化管理，将全镇划分为32个网格，配备网格长和信息员，逐门入户开展信息采集工作，做到全面覆盖辖区，“平安李曹”建设深得民心，确保社会秩序的和谐稳定。

【基层组织建设】 2016年，李曹镇党委坚持把抓好党建工作作为最大政绩，开展“两学一做”学习教育，班子成员带头“深入学习，讲好党课，专题研讨，查摆问题，整改落实”，全镇党员干部积极参与、深入学习，思想受到大洗礼，补足精神之“钙”、筑牢为民之“魂”、祛除行为之“诟”。落实“定、查、评”工作法，征集到群众意见1275条，确定年度“定查评”目标任务105项，按期完成所有的目标任务。抢抓上级集体经济“破零”的政策机遇，镇班子成员分片包干、蹲点指导，推动32个行政村全部完成“破零”任务，收入突破万元。镇党委多措并举，抓好党建推动精准脱贫，全镇共核实贫困户47户128人，采取市级领导定点包联、镇班子成员分片包联的方式、机关工作人员到户包联的方式，对每户贫困户走访到位、关心到位、宣传政策到位、解决致贫问题到位，实现44户120人脱贫，超额完成目标任务，实实在在推进脱贫攻坚工作。圆满完成市、乡换届选举工作，加紧对全镇32个活动场所升级改造步伐，取得初步成效。严把党员入口关，制定发展党员流程图、发展党员简要程序、责任追究办法等，新发展14名农村党员，推进发展党员工作规范化。推行党务公开、政务公开、财务公开，加强对不良风气的监督和制止，做到人人高效率、事事快节奏、件件求实效，凝聚起推动发展的强大合力。

【领导班子】

党委书记：

荀彦龙（2013.03—2016.12）

党委副书记、镇长：

房　鹏（2013.03—2016.12）

人大主席：

孙　峰（2013.05—2016.12）

党委副书记：

郭　斌（2014.01—2016.12）

纪检书记：

关晓燕（女，2014.01—2016.12）

副镇长：

武丽华（女，2012.06—2016.12）

曹耀华（2012.06—2016.12）

王保平（2016.04—2016.12）

王艳萍（女，2016.04—2016.12）

武装部部长：

朱颖鹏（2014.03—2016.12）

组织委员：

张丽霞（女，2016.04—2016.12）

（刘柳）

辛置镇

【概况】 辛置镇位于霍州市南部，距城区10千米，东与陶唐峪乡交界，西与汾西县毗邻，南与洪洞县接壤，北与南环路街道相连，总面积46.6平方千米，下辖20个行政村，全镇总人口7.8万人，其中，农业人口5293户，22507人，耕地面积24026亩。辛置镇内设党政综合办公室、经济发展办公室和社会事务办公室，设农村综合便民服务中心和计划生育服务站2个直属事业机构，市直派驻事业机构设辛置农业服务中心站和辛置财政所。辛置镇行政公务员编制共37名，实有26名；事业编制实有8名。2016年，全镇农村经济总收入达到19.45亿元，同比增长10%，农民人均纯收入达到12800元，同比增长7.2%；粮食产量稳定在900万斤，辛置村、北村、辛庄村率先实现小康，为建设“环境优美，经济繁荣，和谐文明”的幸福靓丽新辛置开创良好局面。

【新农村建设】 2016年，辛置镇新农村建设稳步推进，成果显著。辛置村投资2000万元的鼎和小区一期、二期工程已建成，完成装修，一号楼有部分居民入住；南下庄村投资3000万元的安居小区4栋楼配套设施基本完善，售90余套；总投资2150万元的北村新农村住宅小区一期工程，2栋住宅楼主体完成装修，可提供住房20套，铺面8间，正在完善水电暖配套设施；塔底怡园小区配套建设趋于完工，入住率达到68%。

【基础设施建设】 2016年，辛置镇农业基础设施建设逐步完善。辛置村投资25万元硬化灌溉水渠2900米；完成新农村小区及院落天然气户户通工程共180余户；北村高灌配套工程完成，修建防渗渠500米，可灌溉农田100余亩；下曹村投资100万元完成幼儿园改扩建工程，将村小学成功转型为镇公办幼儿园，投入使用；塔底村投资5万余元修筑水渠80余米，可灌溉农田70亩；阴底村北寨垣引水管道铺设完工，水泵、供电系统等配套设施正在逐步完善；重修水库、维修吃水管道600余米；前河底村投资4万余元拓宽田间道路300米；硬化水渠1000余米；投资1万余元铺设文化活动中心下水管道；北益昌修筑防洪渠700余米；硬化河塘水渠和铺设南垣引水管道正在有序进行中；投资30余万元建成北益昌小学大门、门房等；辛庄村投资20余万元完成填沟造地覆土工程20亩；硬化灌溉水渠200米，可灌溉农田500余亩；十里铺村农田灌溉工程全面完工；下马洼村完成圣佛至下马洼主干路道硬化工程；天然气主管道铺设完成；南东村硬化文化娱乐休闲广场100平方米；北泉村管灌工程完成，铺设管道1000米，可灌溉农田100亩；后河底投资8.3万元，建成10千瓦光伏发电项目；深挖水泥渠80余米，基本实现自然水浇地；新村投资4万元维修主干道4千米；水利供水工程方面，水库、泵房建成、管道铺设完工；段庄村投资100万元建成段庄小学附设幼儿园；投资10余万元维修路基，绿化主干道；董家庄村投资8.3万元建成10千瓦光伏发电项目，年收益2万元左右；投资

5000余元栽种冬青球40多个、龙枣槐30余株，绿化文化广场和村委办公大院；投资6000余元对办公大楼做了防水处理。

【重点项目建设】 2016年，辛置镇引项目，争项目，建项目。投资1.6亿元涉及1.9万户的天然气扩户工程成功接入，下马洼村、辛置村、段庄村主管道铺设完工，完成天然气入户800余户；投资1.2亿元的集中供热项目与太原巨能公司签订合作协议，完成前期准备工作；投资7933万元的二处南矿区污水处理站工程试运行正常；北益昌村投资80万元建成100千瓦光伏发电项目，投入使用。

【交通建设】 2016年，辛置镇镇区道路综合改造总投资9000万元，是辛置镇的窗口工程。2016年，全线贯通，即郭庄村108线接口～二处兴盛苑小区；二处丁字路口～中煤电厂门口、北村三食堂口～前河底村、惠民桥～辛置村、中煤电厂口～北村三食堂口5段道路工程已全面完工，共计23千米；郭庄108段～惠民路1千米道路改造项目主干道全面完工，该工程有效缓解一处、二处的交通压力。

【环境整治工作】 2016年，辛置镇环境卫生整治卓有成效。继续将总投资约3504万元的霍煤南矿区集中供热改造工程、投资6000万元的二处南矿区污水处理站工程、完工的投资9000万元的镇区道路综合改造工程、投资1.2亿元天然气接入工程作为全镇完善城镇功能和环境卫生整治工作的重中之重，消除90%的土锅炉隐患，提高工业、生活污水的处理能力，避免二次扬尘，大大提升空气质量。“五城联创”工作开展以来，辛置镇加大环境整治力度，全镇上下齐动员，共清理“四堆”310处，清运陈旧垃圾3.5万余方，修整残垣断壁20余处300余米，环境整治成效显著。

【精准脱贫工作】 2016年，辛置镇精准脱贫工作全省优秀。按照市委、市政府分解任务表，辛置镇2016年需完成脱贫人口125户265人。经过镇党委、政府认真研究，辛置镇采取包联帮扶、政府兜底、光伏脱贫、政策脱贫、劳务脱贫、地搬迁脱贫“六项措施”，超额完成全年脱贫任务，并被省扶贫办评为“省级扶贫工作先进集体”。

【社会保障工作】 2016年，镇、村两级高度重视民生工作。夏收期间，辛置村“两委”班子积极联系收割机，免费为全村村民收割小麦500亩。免费为村民伏耕和秋耕各500亩，除此之外，每年达二本线的学生每人予以1000元奖励；前河底村委给每位村民补贴电费60元；北村村委给达二本线以上的学生予以1000元奖励；郭庄村委免费为村民深耕农田400亩，得到百姓认可和好评。辛置镇扩大农村合作医疗覆盖面，全镇参合率达到95%以上；全镇享受低保救助达245户565人，真正做到应保尽保；每年发放11.2万元现役军人优待金；危房改造加大排查、监督和补偿力度。

【党建工作】 2016年，党建工作顺利开展。全镇深入贯彻落实党的十八大和十八届三中、四中、五中、六中全会精神及习近平总书记系列重要讲话精神，围绕“从严治党”这一中心，研究部署全年党建工作目标，开展“两学一做”学习教育，整顿软弱换散党支部，彻底扭转北泉村、董家庄村、辛庄村、后河底村、南东村5个村集体经济“零收入”的尴尬局面，解决党建基础薄弱问题、确保机关党建工作走在全市前列，推动各项工作任务全面落实。

【信访、综治、安全工作】 2016年，开展信访工作，矛盾调解及时到位，便民服务平台和便民服务中心正常运行，累计接待群众40人，化解纠纷10余起；安全工作万无一失，通过扩大宣传，强化监管，定期巡查，严厉打击，2016年无一例重大安全事故发生；综治工作稳步推进，全镇无一例重大治安案件和刑事案件发生，确保社会稳定。

【领导班子】

党委书记：
房文斌（2012.08—2016.12）
党委副书记、镇长：
张　浩（2013.03—2016.12）
人大主席：
赵利娟（女，2013.04—2016.12）
党委副书记：
闫万林（2003.01—2016.12）
纪检书记：
李旺龙（2014.01—2016.12）
武装部部长：
马奎军（2001.06—2016.12）
副镇长：
万瑞萍（女，1990.07—2016.12）
杨卫华（2012.06—2016.12）
成彩梅（女，2012.06—2016.12）
杨红上（2016.04—2016.12）
党委委员、组织委员：
刘　燕（女，2016.04—2016.12）

（张秀灵）

南环路街道

【概况】　南环路街道位于霍州市城南，是霍州市的南大门，地处南涧河下游城区南部，东和大张镇衔接，西与白龙镇隔汾河相望，南与辛置镇接壤，北靠南涧河和鼓楼街道、开元街道为邻，办事处驻南坛村，距霍州市城区500米，总面积15平方千米。南环路街道前身为城南乡（城南乡于1995年1月1日由原城关镇改制而成），2001年撤乡并镇后更名为南环路街道。既保持原来农村格局，又具有城市功能。

境内大部分为丘陵，地势为东北向西南倾斜。位于内陆高原区，属北温带，为典型的大陆性气候，春季干旱多风，夏季雨量集中，秋季温和凉爽，冬季干冷少雪。2016年气候温和，四季分明，土地肥沃。境内有南涧河，由东向西注入汾河，境内河道长2千米，是唯一的一条常年性河流。境内矿产资源主要为煤炭，集中分布在东湾村、赤峪村。种植作物以粮食和蔬菜为主。小麦、玉米均两季轮作。畜牧业以养殖业为主，养殖品种以猪、牛、羊、鸡为主。

2016年，全街道实现经济总收入5.17亿元；农民人均纯收入达13355元，经济社会呈现出长足发展的良好态势。

【党建工作】　1.开展“两学一做”学习教育。南环路街道党工委严格按照市委“两学一做”学习教育工作安排，完成各项工作任务。坚持领导带头、以上率下，班子成员带头“学”“做”，学习教育中，不仅参加党工委班子机关支部的学习教育全过程，而且每月坚持到所包联支部参加党日活动，和广大基层党员一起学习讨论，开展组织生活，参加义务劳动，不仅是整个学习教育的全程参与者，更是整个学习教育工作的指导者、引领者和监督者。结合实际，创新工作载体，在党员干部中开展“一带五联五促”“当好八大员，身边八实现”两个主题实践活动，以问题为导向，结合市委巡查组的巡查反馈边学习实践边整改落实，集中处理存在的问题，并着眼长效，从制度上夯实，共开展集中学习研讨40余次，组织党员义务劳动10余次，走访慰问帮扶群众130余人，解决突出问题30余件。以“党员在学习，党员在活动，党员在行动”为平台，从严要求，着力强化，在党员强素质发挥作用上强抓，在加强基层组织、规范党内政治生活上严抓，实现党员强素质，组织增活力，问题妥解决的好成效，让基层群众实实在在感受到党员的新变化，组织工作的新提升，服务群众的新成效。学习教育开展有序，步骤扎实，效果良好。

2. 基层党建各项重点任务。南环路街道党工委锁定基层党建“7+3”重点任务，促进各项工作落实。党员组织关系集中排查，全部摸底调查，建档立册，联系通畅，无一失联党员。基层组织换届，完成对机关支部和南环路街道中心校支部的按期换届。选举出出席市第七次党代会党代表10名，出席市第七次人代会代表8名，无任何信访遗留和违纪现象。党费收缴，规范落实，按时足额完成收缴任务。脱贫攻坚，深入推进，通过党员干部包联，多措并举扶贫，全处58户119人全部达到脱贫标准。“两学一做”学习教育，从严落实，真学真做，成效明显。集体经济“破零”，通过澄清底子、搞好调研、定好路子、推进四步走，完成5个村的“破零”任务，全部实现“破零”，增收逾万。农村活动场所建设，通过软硬件更新，环境卫生整治，实现全处8个村级活动场所整体提升。2015年成立卫生院党支部，2016年，新吸纳接收一名积极分子入党。农村基层党建经费，严格管理和使用，2016年，党建经费由各支部根据工作需要列出预算，由包村干部、分管领导审核，经党工委会议集体研究，足额下发，全程监督，规范使用。

3. 基层党建工作。南环路街道党工委全面推行“定查评”工作法，75项“两定”目标，完成71项。严格落实基层组织“三会一课”制度，全面落实党建第一责任人、党员承诺评议、农村党员联户、“四议两公开”、民主生活会和组织生活会等制度，切实做到以制度规范行为，以制度保障工作，基层组织基础得到夯实。严格执行《南环办干部履责月报制度》，通过加强日常监管，发现问题，及时提醒整改，保护干部干事创业的积极性，保证全处各项工作的顺利推进。

4. 党风廉政建设。严格落实党风廉政建设责任制。开展反腐倡廉形势教育、示范教育、警示教育和岗位廉政教育活动。推行“12388”工作法、“四述两谈”“清单定责”“约法三章”等制度。完善村级民主议事、民主决策、三务公开、民主理财、民主监督等各项民主管理制度。从严落实《南环办村级管理十项制度》，用制度规范权力，用制度保障权益。对霍州市委巡查组两次巡查提出的17项意见和问题，全部完成落实整改。

【新农村建设】 2016年，南环路街道持续咬定新农村集中推进工程，突出基础设施建设，新农村建设不断提档升级。坚持每年突出重点打造一个新农村示范村，继2013年东湾、2014年圣佛、2015年红崖堡集中建设后，2016年，主要巩固红崖堡，发展南坛村。红崖堡村投资50余万元硬化西滩路500余米，完成路两侧树木栽植。绿化带建设方面，铺设路沿石、花边砖，实施道路的绿化建设；投资10余万元，实施村中路硬化，修建防洪渠100余米；投资26万元，完成学校扩建工程，新增教学面积260平方米；预计投资30余万元新建党员活动室，截至2016年底，一层主体封顶，新农村建设标准实现新提升。南坛村作为2016年新农村集中推进村，2016年完成6项工程，总投资300余万元。南坛村投资15万元建成日间照料中心，为70岁以上老人提供休闲娱乐场所；顺利完成集中供热工程，自筹资金200余万元于10月7日正式动工，12月12日接通调试正式供暖，实现110户的集中供热，去掉110个土暖锅炉，广大群众享受到城市集中供热，也为环保生态作出贡献；配合市水利局协调实施小型水利工程建设，400余亩旱地变水地；协调供电部门新换变压器1台，对老化供电线路进行彻底改造，解决村内供电不足问题；实施环境卫生全面整治，投资10余万元进行村内垃圾清理和墙壁粉刷，通过实施道路、水、电、气、暖等基础设施建设工程，逐步实现与城市基础设施接轨。通过连续努力对桃临线和城区接壤段进行改造，原危房区改进成新楼房，加油站、卡摩力汽服中心也相继改造完工，改变脏乱差，旧貌换新颜。

【环境卫生整治】 2016年，南环路街道以改善人居环境、推进生态文明、建设美丽南环为出发点，开展生态绿化环境保护。全面实施环境整治。集中开展以清理“四堆”、粉刷墙壁、铲除杂草、修补残垣断壁、修建垃圾池、新建文化墙为主要任务的环境卫生大整治。重点抓好沿河、沿路及主要街道环境整治工作。对全处各村主干道路面、进村路口、绿化带、饭店、学校、社区、居民院落、沟渠等周边范围内的杂物和垃圾进行全面清理。对霍侯一级路沿线108国道、龙曹线、桃临线的积存垃圾、杂草进行彻底清理，对沿线树木进行补植补栽，霍侯一级路东湾段进行花池整修、苗木修剪和路沿石涂白。对城乡结合村的道路成立专门清扫队伍，制定出经常化管理制度，确保人员清扫及时到位，道路清洁，无路障、无垃圾。对全处各村垃圾集中点进行合理规划，强化管理，禁止焚烧垃圾，做到日产日清。2016年办事处和村共投资60余万元，出动人力1万余人次，机械1000余台班次，清理垃圾1万余方。持续推进南山绿化。完成南山绿化一、二期工程补植补栽，实施南山绿化三期工程，在南沟、红崖堡新栽侧柏4000余株，除草500余亩，安排专人加强林木管理，确保成活率。实施霍永高速路两侧320亩荒山绿化项目。完成红崖堡村庄绿化工程。完善东湾村庄绿化，以小游园为依托，栽植新的苗木品种，做好沿河坝区绿化，使之成为村民休闲健身的绿色长廊。

【产业发展】 2016年，南环路街道按照“农业巩固三大产业，企业建设两个集聚区，商贸打造三大片区”的产业发展总体思路，因地制宜，搭建平台，改善环境，促进发展。农业方面，三大基地持续增加资金投入，改善配套设施，提高科技含量，扩大产业规模，推动基地建设向专业化、规模化、集约化迈进。各村抢抓农村政策机遇，积极发展养殖、种植和农产品加工业。康泉酱蛋加工厂增加产品品种，扩大产品销量；龙口鲜肉食品厂加强企业管理，提高科技含量；南庄土鸡散养基地加大资金投入，逐步发展壮大；赤峪村万只肉鸡厂增加了科技投入，提高养殖效益。三产服务业方面，紧扣南环路街道城郊区位，交通便利优势，优化发展环境，加大招商引资，巩固原有企业稳步发展，重点在小型加工、商贸服务、仓储物流等产业上扶持发展。红崖堡“宝燕”碗托、东湾无纺布、欣荣厨具及圣佛、南沟服装加工等小型加工项目，加强管理，健康发展，打造南环人自己的产业品牌。商贸服务仓储物流业持续健康发展。龙口村加油站主体建设完工；圣佛村投资300万元，建筑面积近2000平方米的“圣佛商业片区”一期主体完工。以南沟村为辐射中心发展5家物流企业，严格企业管理，提高服务水平，努力向仓储物流集群发展。以霍侯一级路和南涧河路为规划设计的商贸服务区内，坚持高端定位，提升品质，拓展服务，稳步发展，以形成市域一流汽车专业服务带为目标，有了新进展。

【民生改善】 2016年，南环路街道加强社会保障，全面落实中央、省、市各类政策性资金，2016年共补贴各类资金200余万元。其中，发放小麦补贴13.19万元，玉米补贴21.65万元。为2519户低收入农户发放低供煤补贴57.93万元。为38户97人农村贫困家庭办理低保审核手续；为90名80岁以上老人按时发放生活救助；为25户26人申请办理重病重残救助，发放救助资金3.74万元；为49人发放“四类”学生救助资金7300余元；为10名大学生发放救助资金2万元。2016年，全处新型农村合作医疗参合人数7627人，筹资112.72万元，参合率达96%；农村养老保险参保人数3321人，总额达50.28万元，参保率达80%。贫困家庭廉租房上报城建局25家，其中新增10家，10户危房改建工程全部完成，14万元的补助资金全部发放到户。推进基础设施建设。3村4处的地质灾害治理，完成2处，红崖堡2#正在实施，圣佛村灾害点启动招标程序。2个村接入大暖。在2015年4村接入天然气，3村接入城市供水的基础上，龙口、南坛2个村于2016年12月15日正式供暖，南环人民的人居环境将得到改善。东湾、圣佛、南坛、龙口、赤峪5个村的小型水利工程建设顺利竣工完成。东湾、圣佛、红崖堡、南沟4个村的道路硬化完成9千米。地质灾害危房户救助超额完成15户，全市名列第一。采煤沉陷区治理工作扎实有序推进。农村土地经营权确权工作规范完成，脱贫攻坚任务顺利完成，推进社会事业发展。规范辖区内中小学、幼儿园管理，抓住国家义务教育均衡发展验收机遇，配备完善各学校功能室硬件设施，体音美器材、图书配备达到国家二类标准，办学条件改善。推进村级卫生所建设，提高医疗服务水平和服务质量。开展孕前优生健康检查73对，为计生贫困家庭大学生发放生育关怀救助资金1500元。完成民兵整组工作，新成立30人的民兵应急分队，统一配备服装；3名青年顺利通过审核光荣参军。召开一年一度的文化工作暨业务培训会；举办第三届“爱我家乡”有奖征文，举办社区第二届最美居民评选活动；参加全市“传承长征精神，争做优秀党员”知识竞赛和演讲比赛，分别获得第三名和优秀奖；配套完善各村文化设施，以文化健身广场为阵地，组织开展丰富多彩、喜闻乐见的传统文化活动，形成良好道德风尚。

【平安创建】 2016年，南环路街道牢固树立“没有安全，就没有发展”的理念，抓好安全生产、信访稳定和综合治理工作，确保全街道和谐稳定。推进平安创建，加大依法治处、治村力度，严厉打击各类犯罪活动和邪教组织的非法活动，维护安全稳定。开展安全整治和教育整顿，对各企业集中进行安全知识培训。对全街道存在的安全隐患进行全面深入排查，坚持每月至少进行2次安全排查，全年共出动100余人次，开展30次大检查，下发整改通知书30余份，落实整改20余件，勒令对8家存在安全隐患的企业停业整顿，对辖区内9处违法建设工地作出停工处理。对辖区内所有学校定期进行安全巡查，发现安全问题，及时下达通知书，责令整改，确保校园安全。强化林地保护监管，各村护林员做到全天候巡查不间断。做好防火、防汛、防震减灾工作，加大宣传教育、隐患排查、危险源管控力度，健全应急分队，配套装备物资，坚持高火险期领导值班带班制度、每日巡查制度、防汛期间24小时值班制度，采取全方位、全覆盖、不间断巡查，确保全年全街道范围内没发生一起安全事故。始终把信访作为最大民生工程，整合信访工作资源，完善信访工作机制，实行一把手接访和班子成员包案制度，开展矛盾纠纷排查化解工作，发挥矛盾纠纷调解室、信访服务站的作用，妥善处理信访突出问题。

【领导班子】

党工委书记：

闫会波（2013.03—2016.12）

党工委副书记、办事处主任：

徐水林（2013.03—2016.12）

人大工委主任：

朱文辉（2011.05—2016.12）

党工委副书记：

孙秀兰（女，2014.01—2016.12）

纪工委书记：

李学玲（女，2014.01—2016.12）

党委委员、武装部部长：

黄建斌（2001.05—2016.12）

办事处副主任：

荀大燕（女，2012.07—2016.12）

杨京瑾（2013.03—2016.12）

赵保平（2014.05—2016.12）

组宣委员：

于晓艳（女，2014.05—2016.12）

【获奖情况】

集体荣誉：

1. 山西省地震局授予“省级示范社区”称号。

2. 南环路街道被临汾市社会治安综治委授予“临汾市平安乡镇（街办）”称号。

个人荣誉：

1. 闫会波被临汾市委授予“国策好书记”荣誉称号。

2. 徐水林被临汾市社会治安综治委员会并临汾市妇女联合会联合授予“平安示范家庭”称号。

（桑玲玲）

鼓楼街道

【概况】 鼓楼街道位于霍州市中心城区，总面积5.1平方千米，东与开元街道相连，西与白龙镇接壤，南与南环路街道交界，北与北环路街道相望。海拔标高500米左右，辖区内平川占98%。

鼓楼街道下辖南街、西街、北街、北峰4个农村居委会和前进、文庙、永新、滨河4个城市社区，总人口22253人，其中，农业人口11441人，非农业人口10812人。鼓楼街道党工委下设12个党支部，共有党员376名。

鼓楼街道有着得天独厚的人文地理条件。鼓楼东街、西街纵贯东西，鼓楼南街、北街横穿南北，东临南同蒲铁路，西接霍侯一级公路，汾河横贯辖区。辖区内既有华怡商场、泰昌商场、唐荣市场、现代家具装饰广场等大型购物中心，又有全国重点文物保护单位霍州署、鼓楼等文物遗迹。鼓楼街道历史悠久、人文荟萃、物华天宝、人杰地灵，是全市政治、经济、文化中心。

【民生事业】 2016年，鼓楼街道党工委坚持民生优先战略，抓好民生工作，推进各项社会事业发展，人民群众的幸福感显著增强。农村土地确权有序推进。完成1099户，1090亩的土地确权登记任务。确权登记，坚持保护群众利益，坚持问题导向，成立办、居两级调解小组，共调解各类纠纷12件。农村集体经济发展壮大。结合区位特点，按照一居一特色、一区一亮点的工作思路，分类施策，稳步推进，建成南街农贸市场、北峰光伏发电等带动力强、效果好的集体经济项目。实施美丽乡村建设。2016年累计投入资金60余万元，打造南街新区、桥西新区、后塞路、旧108线等靓点区，美丽乡村建设初见成效。实现两级便民服务中心全面覆盖。形成机构健全，场所规范，流程公开，联网管理的便民服务工作格局。完成脱贫攻坚任务。按照“产业第一，能力至上”的原则，采取“领导包联，干部蹲点，部门联系，一户一策”等措施，精心组织，扎实推进，全面完成19户39人的脱贫任务。

【安全工作】 2016年，鼓楼街道党工委开展“六打六治”、安全生产大检查、安全生产月、汛期危房排查、“打非治违”等活动，强化安全防范意识，从源头消除安全隐患。加强法治综治工作，推进法治建设。构建点面结合、专群联防、灵活多样的社会治安防控体系，有效提升社会管理水平。

【信访工作】 2016年，鼓楼街道坚持信访维稳措施，以实现2016年无进京、赴省上访事件为目标，维护群众根本利益、化解矛盾。落实各项信访工作制度，严格落实市信访中心值班、信访首问、信访领办、领导包案、矛盾纠纷排查等多项工作制度，领导一包到底，协调联动处理，及时化解矛盾。建立信访隐患排查机制，对一些信访苗头及早介入，做到早预测、早调查、早处理。对一些突发集体上访，反应快速，处置到位，真正做到抓早、抓细、抓小、抓具体。完善工作网络。构建主要领导负总责，分管领导具体抓，有关领导协同抓，一级抓一级，层层抓落实的信访工作网络。2016年完成上级网络交办3件；受理群众来访登记15起，接待来访群众30余人次。

【环境整治】 2016年，鼓楼街道党工委坚持绿色发展的理念，按照“五城联创”的要求，统一规划、集中治理、总体推进、立足长远，打出组合拳，布好连环阵，全民总动员，上下齐参与，辖区的环境卫生水平全面提升。与各居委会、社区签订环境卫生目标责任书，层层落实工作任务，确保垃圾日清日洁，无“三堆”、无杂物。全市“五城联创”工作启动以后，在第一时间迅速响应，成立工作领导组，制定详细工作方案。投资40余万元，印发倡议书等宣传资料3万余份，悬挂条幅100余条，清理卫生死角30余处，安装围栏设施200余米。加大生态环境治理工作力度。按照市政府重污染天气应对和大气污染防治工作的要求，成立专门机构，投资30余万元，加强生态环境保护，按区域划分31个网格，严防死守，昼夜巡查，对秸秆焚烧、畜禽养殖污染、农村面源污染等重点工作，明确专人负责，制定工作制度，抓好落实。加大环境监管力度，对辖区内的石材加工、土小锅炉等实施全面监管，对露天建筑工地全部绿网覆盖，2016年未出现一起违规排放事件。特别是全市开展大气污染专项治理以来，及时解决南外环180余户居民的集中供暖问题，受到上级领导和广大群众普遍肯定和认可。

【项目建设】 2016年，鼓楼街道党工委坚持发展为第一要务，实施项目统领，结合区位优势，实施涉及旧城改造、商贸服务、市场建设等多个重点项目。南街农贸市场建设项目，截至2016年底，完成市场主体工程，棚改工程正在加紧实施；霍州署文化产业示范园建设项目，完成写字楼、广场等拆迁工作，还迁户陆续开始入住；西街城中村改造项目有较大进展，鑫源之宝汽车4S店、鼓楼地下商业街等项目也已建成并投入使用。

【党建工作】 2016年，鼓楼街道党工委坚持党建引领，创新担当、精准发力、上下联动、积极作为，完成党建工作任务，提升党组织的凝聚力和战斗力。完成市乡换届任务。精心组织，严格程序，出席霍州市七次党代会和霍州市六届人大一次会议的代表全部按照上级的要求顺利产生。开展“两学一做”学习教育。党员学习做得稳，专题讨论抓得准，自选动作干得实，真正给全体党员充了电、补了“钙”，形成党员学习教育常态化、规范化、制度化的长效机制。完成基层党建“7＋3”重点任务。坚持挂图作战，坚持问题导向，坚持全程留痕，各项任务全部按要求完成。开展“四述两谈”，对岗位责任落实不力的10名领导干部进行约谈提醒，开展廉政约谈25人次。严格“约法三章”“四重四亲”责任落实到位，班子成员“一岗双责”责任明确。

【领导班子】

党工委书记：
杜　明（2011.09—2016.12）
党工委副书记、办事处主任：
尚海虹（2013.04—2016.12）
人大工委主任：
马四玲（女，2013.04—2016.12）
党工委副书记：
曹记芳（女，2001.05—2016.12）
纪工委书记：
李丽霞（女，2015.11—2016.12）
党委委员：
张少民（2001.04—2016.12）
郝保平（2014.05—2016.12）
办事处副主任：
乔玉川（2007.07—2016.12）

【获奖情况】

2016年鼓楼街道党工委被临汾市委授予“先进基层党组织”称号

（朱江华）

北环路街道

【概况】 北环路街道办事处位于霍州城区，东至大张镇，西至南同蒲，南与开元街道和鼓楼街道接壤，北与师庄乡和退沙街道相望，是霍州市的北城门，下辖北关、邢家泉、永合、三合、沟口5个农村居委会和永泉、北兴2个社区居委会，辖区面积6.8平方千米，有耕地1445亩，总人口16535人，其中农业人口5555人。

2016年，北环路街道“进军省强市、全面达小康，共建文明开放幸福美丽新霍州”的宏伟目标，坚持以巩固扩大“三严三实”专题教育成果和“两学一做”学习教育为主线，强化安全稳定这个保障，推进城镇改造、项目建设、环境整治、民生改善、社会管理、党的建设6个方面的工作，实现建设幸福美丽北环的目标，推进辖区经济和社会事业健康发展。2016 年，北环路街道农村经济总收入达 6.8 亿元，同比增长 9.6%；农民人均纯收入达 13129 元，同比增长 8.2%。

【项目建设】 2016 年，北环路街道党工委坚持以稳中求进为基调，推进项目建设，服务服从于全市重点工程建设，做好排障、协调、配合工作，全市新型产业项目——常鑫公司陶瓷生产线改造于 2016 年 5 月建成投入生产。中镇国际花园项目建设有序推进。重点项目“六位一体”工作和固定资产投资，完成市里下达的指标任务。投资 1000 万元的沟口砖厂年产 3000 万块煤矸石烧结砖项目建成投入生产。投资 4000 万元，建筑面积 2 万平方米的永合北环路两侧“城中村”旧房改造工程 2016 年 10 月全部竣工。投资 30 万元的北关农民文化广场建设工程 2016 年 3 月启动实施，10 月竣工投入使用。随着北环路街道城中村旧房改造工程的竣工，又有园丰快运、趴趴虫超市、众鑫玻璃、德顺源药店等一批商业网点在北环路落户，为北环路街道的经济发展注入生机。

【基础设施建设】 2016 年，北环路街道党工委把农村基础设施建设作为全面建成小康社会的一项重点工作来抓。针对沟口辖区多年来一直是利用村内机井的浅层水来解决 81 户村民的人畜用水问题，经过多次和相关部门沟通，投资 15.6 万元实施与城市供水联网的水网改造工程，使辖区居民用上高标准自来水。完成北关、永合北环路南 500 余户的集中供热扩户工程，供热面积达 7 万平方米以上，从根本上减少垃圾产量，有效地治理煤烟造成的大气污染，提升居民生活质量。

【安全工作】 2016 年，北环路街道坚持以“五个三”为有效抓手，务实作为确保安全。年初街、居两级签订《2016 年度安全工作目标责任书》，按属地管理、行业分类的形式，与 54 家生产经营单位签订《安全工作目标责任书》，出台《北环办突发事件应急管理办法》，制定安全事故灾难、危险化学品事故灾难、非煤矿山安全事故、民用爆炸事故、校园安全系列应急等应急预案 22 个，出台安全生产隐患大排查、大整治实施方案，建起应急办公室和安全隐患排查挂图作战办公室，实行“挂图作战”，在图上标明隐患点，整治工作责任到人、到居委会、到党政班子头上，整治后及时销号，2016 年安全检查 28 次，排查 49 个生产经营单位，对 9 处隐患点进行整治，取缔一处加油站，对安全问题较严重的一家企业进行查封，责令其停产整改。

【食药安全】 2016 年，北环路街道党工委确定由党工委委员、组织委员朱燕燕分管食品药品安全，5 个农村居委会各配备 1 名协管员，配合食品药品监督所工作，加强食药安全监督管理。

【气象安全】 2016 年，北环路街道党工委成立以副主任李军为组长的气象工作机构，在机关大厅安装气象预报显示屏，加强气象协理员、信息员队伍建设，在防汛、防霾工作中发挥应有的作用。2016 年冬季先后转发应对雾霾应急响应调度令 10 次，对防范措施落实情况进行严格督促落实。

【信访维稳】 2016 年，北环路街道党工委坚持党政班子成员轮流接访，有日程安排，有接访记录，信息公开，严格实行领导包案、带案下访制度，街道信访服务室和农村、社区信访服务站构成街、居两级信访网络，每天坚持有 1 名班子成员和机关 2 名干部值班，变上访为下访，包点领导定期带案下访，坚持把问题和矛盾消灭在萌芽状态。2016 年，做好 G20 峰会、中共十八届六中全会、省市“两会”等重要节点维稳工作，协调处理康洲、e租宝等非法集资在北环路街道辖区的20余户参与者的信访问题。2016年共受理11起信访案件（包括网络信访），调处10起，调处率达90%以上。

【换届选举工作】 2016年，北环路街道选举产生出席中共霍州市第七次党代会代表和出席霍州市第七届人民代表大会代表。2016年4月29日，中共北环路街道党工委召开党代表会议，33名党代表参加会议，选举产生出席中共霍州市第七次党代会代表10名，分别是：白亮、郭国彪、陈菊菊、杜银全、杨峰、朱燕燕、朱红喜、梁海铭、杨保杏、杨舒裕。

北环路街道分两个选区选举出席霍州市第七届人民代表大会代表。第一选区是邢家泉居委会、永合居委会、三合居委会、沟口居委会、永泉社区居委会、联校、机关7个单位；第二选区是北关居委会、北兴社区居委会、卫生服务中心3个单位。依照《选举法》规定的程序进行选民登记、公布及候选人推荐、公布等前期工作后，于4月27日全市选举日进行选举，完成选举任务。韦建兵、白亮、薛丽亚、法春旺4名同志当选为北环街道出席霍州市第七届人民代表大会代表。

2016年4月28日，北环路街道纪工委进行换届选举工作，新的一届纪工委班子组成人员是：书记：杨峰；副书记：闫婉瑶；委员：李春景、梁海燕、曹春虎。

【巡察工作】 2016年，北环路街道作为全市第一批被巡察单位，接受市委巡察组的常规巡察和临汾市委、霍州市委巡察组“落实党内政治生活制度”的专项巡察。

2016年5月16日至7月15日，市纪委审理室主任、市委巡察四组组长原俊山一行4人，进行两个月的常规巡察。9月23日召开巡察工作反馈会。

2016年10月12日，临汾市委巡察组一行3个，对北环路街道进行巡察。现场对党政班子成员“落实党内政治生活制度”知识进行测试，查阅会议记录和党建、纪检资料及财务账簿等，去北关走访贫困户。

2016年10月8日至10月25日，市委对台办主任、市委巡察四组组长张文林一行4人，对北环路街道“落实党内政治生活制度”进行专项巡察。11月24日，召开专项巡察反馈会。

【环境整治】 2016年，北环路街道以“五城联创”为载体，开展环境整治。于5月、9月2次开展环境卫生集中整治行动，在“五城联创”活动开始后进行突击整治。2016年，街、居两级用于环境卫生整治的总投资达79.5万元，运用机械2865台班次，清理陈旧垃圾9580立方，粉刷墙壁2.4万平方，拆除乱搭乱建13处，清理堆放物243处，巩固和发展乡村清洁工程成果，完善日常保洁机制，辖区的环境面貌有很大改观。在夏收期间，街道办和各居委会签订禁烧麦茬秸秆责任书，用多种形式广泛宣传环境保护知识，增强辖区居民环保意识。

【综合治理】 2016年，北环路街道坚持创新社会管理，引深平安创建活动，用展板、标语、印发宣传资料等多种形式，开展反邪教活动，对辖区居民的宗教信仰进行摸底、调查、上报，利用6·26世界禁毒日在街头设立“禁毒”宣传点，2016年网络上报各类信息共4500条。

【脱贫攻坚】 2016年，北环路街道经过建档立卡“回头看”信息采集，北环路街道精准扶贫任务63户，110人。分布在北关、邢家泉、永合3个农村居委会，其中北关39户，74人；邢家泉23户，34人；永合1户，2人。街道办和相关的3个居委会签订《脱贫攻坚责任书》，制定帮扶措施，街、居两级实行挂图作战，针对每户的致贫原因进行认真分析，在市里确定包联单位（霍州市信用联社包北关，市委组织部包邢家泉，市宗教局包永合）的基础上实行市、街道、居委会三级包联。

【民生工作】 2016年，北环路街道对206户，508人的城市低收入家庭的生活保障金实行季度复核，做到应保尽保。对28户患有大病的居民，申报大病救助，对32名“四类”学生给予助学补贴，对83名残疾人办理生活护理补助金。对1户“五保户”实行集中供养，发放农村低供煤货币补贴1510户。对17户农村住房困难户发放危房改造补贴金。新型农村养老保险参保率92％。

【卫生计生】 2016年，北环路街道强化居民群众健康防疫意识，新型农村合作医疗参合率达97.2％。加大人口与计生服务的工作力度，完善辖区281个单位，2376户的人口登记建制工作。

【宣传文化】 2016年，北环路街道举办“靓丽霍州”中镇文化广场元宵节文艺活动，街道文化站和居委会文化活动中心的条件不断改善，群众文艺队伍不断壮大，利用邢家泉、北关、永合传统庙会举办文化下乡活动。

【土地确权】 2016年3月10日，北环路街道召开农村土地确权登记颁证工作会议，启动5个农村居委会的土地确权工作，完成实地测量、指界、划界等外业工作，进行二轮公示。

【武装工作】 2016年，北环路街道加强基层民兵连阵地建设，对排以上的干部进行集中训练、集中学习、集中培训、集中演练，完成民兵整组工作。2016年网络兵役登记118人，输送5名优秀青年应征入伍。

【群团工作】 2016年，北环路街道工会联合会组织开展非公企业人员工资协商。青年团完成团委换届选举，刘娟娟当选为团委书记。开展妇女工作，组织辖区38名妇女进行编织、厨艺、育婴、家政服务等就业技能培训。

【教育科技】 2016年，北环路街道北环路小学、北关小学、邢家泉小学3所公办小学的教育教学设施全市一流，校园安全常抓不懈。投资200万元的北环路小学功能室大楼于5月正式投入使用。实施科教兴办战略，开展科普进农村、进社区、进学校活动，北兴社区作为先进单位代表全市接受国家、山西省、临汾市的检查验收。

【党建工作】 （1）强化学习培训。坚持执行中心组学习和机关集中学习制度，领导班子成员轮流讲课，统一印制学习笔记簿、统一安排学习内容，印发学习资料1000余册，班子成员记读书笔记3万字以上，普通党员2万字以上。邀请党校教师在机关和基层支部巡回授课11课时，组织基层支部成员进行“领头雁”、廉政建设、党纪党规等培训5次，组织全体党员进行冬训，就“四讲四有”展开专题研讨4次，书记带头讲党课。（2）强化责任落实。落实“两个责任”，用制度规范党员的教育管理，完善“廉情预警”和“责任定单”机制，开展“四述两谈”，街、居两级书记进行“面对面”述评，党建第一责任人制度得到有效落实，落实“12388”工作法和“定、查、评”工作法，2016年，街、居两级干部承诺的28件实事全部完成。（3）突出问题导向。针对临汾市委、霍州市委巡察组3次巡察反馈的问题线索，加强党员干部的教育管理，使主体责任缺失得到遏制，规范党员发展程序、党费收缴、流动党员管理和党员的教育管理，增强基层党组织凝聚力，发挥党员的先锋模范作用。（4）严肃党规党纪。出台《北环办农村集体“三资”管理、农村土地确权风险隐患大排查大整治实施方案》，建立纪工委约谈室，处理4起党员干部违纪案件，对3名党员干部给予党纪处分，对1名党员干部进行诫勉谈话，对2名“三不”党员按照党章规定予以除名。实施发展壮大农村集体经济收入“破零”行动，到2016年底5个农村居委会集体经济收入都达到5万元以上。2016年，经市委组织部检查验收结果：“明星支部”是邢家泉，“红旗支部”是永合党支部，“五好支部”是三合、沟口党支部。

【领导班子】

党工委书记：

白　亮（2011.11—2016.12）

党工委副书记、街道办主任：

郭国彪（2013.03—2016.12）

人大工委主任：

陈菊菊（女，2013.05—2016.12）

党工委副书记：

杜银全（2001.04—2016.12）

党工委委员、纪工委书记：

杨　峰（2012.09—2016.12）

党工委委员、武装部部长：

刘向龙（2003.02—2016.12）

党工委委员、组织委员：

朱燕燕（女，2014.5—2016.12）

办事处副主任：

杨燕燕（女，2001.04—2016.12）

杨平锁（2001.07—2016.12）

李军（2003.02—2016.12）

【获奖情况】

2016年，北环路街道办事处被授予临汾市级“科普工作先进集体”称号。

2016年，北环路街道办事处被授予临汾市级“平安乡镇（街办）”。

（张建平）

开元街道

【概况】 开元街道位于霍州市东城区，东邻大张镇，西接鼓楼街道，南望南外环，北靠北环路街道。下辖东堡、东关、赵家庄、李诠庄4个农村居委会和新建、永康2个社区以及煤电集团城市居委会。辖区总面积4平方千米，其中耕地面积1021亩，总人口1.5686万人，其中，农业5700人，非农9986人。开元街道办事处驻永康路南段，全办机关人数27人，公务员11人，事业编制16人。办事处机关内含科室包括：综合办、党建办、社会事务服务中心，下设计生所、民政、林业、妇联、共青团委等组织。

2016年，开元街道党工委、办事处一班人围绕“建设一流街道办事处”的总体目标，发扬“团结奉献，敢于担当，实干践诺，拼搏争先”的霍州精神，推进各项目标任务，实现开元经济社会转型跨越发展。

【重点项目建设】 山西省重点项目新建南路建设暨东关、赵家庄棚户区（东关城中村改造二期）完成开通交付使用，棚户区改造还迁用房进入还迁安置阶段（7#～14#楼）。商品房建设其中2#、4#楼、5#、6#已封顶。1#楼为商业用房，盖至地上一层，3#楼地上二层；清雅园住宅小区2栋21层楼主体完工；李诠庄美景一号小区建成2栋

17层楼、1栋4层商品楼，1栋楼正在实施阶段；大众路东二巷道路扩建及旧城区改造（富世嘉华）1栋住宅楼17层楼封顶，3层商业楼封顶；李诠庄华翰瑞府5栋6层楼完工。

【民生改善】 1. 社会化事业。抓好城乡低保、“四类”贫困家庭学生、农村80岁以上老人、残疾人等弱势群体的救助工作，实施好事关群众生产生活的教育、医疗、卫生、社保等工作，落实好粮食补贴、农机补贴等惠农政策。按照全省统一部署，完成辖区1865户低收入农户冬季取暖用煤补贴的发放工作。

2. 精准扶贫工作。根据开展扶贫开发建档立卡“回头看”工作指导意见的要求，结合开元街道工作实际，共摸排出21户54人。针对贫困户致贫的原因不同，对症施策，政府兜底38人，办事处帮助16人，实现扶贫对象全部脱贫。

3. 人武工作。开展民兵整组训练和征兵宣传工作。在征兵宣传工作中，创新性采用微信宣传的方式，对辖区内适龄青年进行兵役登记。李诠庄被霍州市人武部确定为唯一的国防教育示范基地。

4. 土地确权工作。开元街道成立领导组，调解委员会领导组及居委会调解小组，对工作人员进行培训，派出工作组指导工作。到2016年底，各居委会自留地、有证土地全部填表，建立台账。李诠庄登记建档127户，东堡登记建档140户，赵家庄登记建档393户。

5. 计生工作。按照创建国家级计生优质服务示范市的要求，落实计生家庭奖励扶助政策，开展上环、查环、查孕等日常服务。2016年，登记一孩32人，登记二孩17人，办理独生子女证3人和流动人口婚育证2人，征收社会抚养费3000元，孕前检查20对。

6. 关爱教育发展。完成赵家庄小学标准化塑胶操场的建设，总投资400余万元。建成赵家庄人行天桥，确保赵家庄小学学生通行安全。

7. 文体工作。组织完成市里安排的春节正月十五的文艺汇演，参加市里组织的各种文艺节目及三八妇女节在中镇广场的表演，文化站对各村庙会的友情演出，得到广大群众认可，丰富群众文化生活。

【环境整治】 2016年，开元街道党工委把环境卫生整治工作摆在突出位置，专题研究部署，明确各居委会支部书记、居委会主任为环境卫生工作第一责任人。建立环境卫生整治长效机制，配备专业队伍，明确工作职责和时间，加大垃圾清理力度，对辖区大街小巷进行清扫。在城市环卫队每天倾倒一次垃圾的基础上，出资配备农用奔马车、厢式垃圾车每天不定时倾倒垃圾，做到垃圾日产日清、随产随清，避免垃圾堆积现象。实施赵家庄南涧河段的美化绿化，栽植绿化苗木240余株，全部进行刷红涂白，彻底改善河畔环境卫生面貌。

【安全生产】 2016年，开元街道按照市委要求，主抓夏季防火、防汛等工作，每月召开安全例会，成立领导组，制定应急预案，成立应急小分队，开展有针对性的安全生产大检查、汛期危房排查等活动，对辖区内酒店、超市、商铺、锅炉、居民区等进行全面排查、彻底整改，确保人民群众生命财产安全。

【维护信访稳定工作】 2016年，开元街道实行领导干部固定接访、带案下访制度，落实好在信访服务中心和重点节点的值班制度，预防和妥善处理各类苗头性、倾向性事件，做到信访苗头早发展、早处理、早化解，一批重大疑难信访案件得到有效化解，无一例赴省、进京越级上访，全办上下信访隐患基本消除，信访形势持续好转。

【综合治理】 2016年，开元街道配备网格长2名，网格员24人，开展居民服务，为群众解决具体问题，构建点面结合、专群联防、灵活多样的社会综合治安防控体系，有效提升社会管理水平。

【党建工作】 1. 开展“两学一做”学习教育。开元街道党工委制定学习时间、学习内容、学习制度，坚持边学习、边讨论、边落实的要求，抄写学习笔记，发现问题要及时填写清单，迅速整改，推动全面从严治党向基层延伸，解决党员队伍在思想、组织、作风、纪律等方面存在的问题，保持发展党的先进性和纯洁性。

2. 开展组织关系排查，开元街道党工委以党支部为单位，对支部所有党员进行查找，登记造册，规范管理。对党员党费缴纳数额及时间进行规范。

3. 实施农村集体经济“破零”工程。通过深入调研，立足开元办地处城区，区位优势明显的特点，将集体经济“破零”工作与基层党建工作结合，建立起破零工作台账，明确时间表、责任人，主要从项目建设、特色产业着手，培育农村新兴集体经营主体，争取上级发展产业项目的扶持政策，增强村集体经济自身“造血功能”。

4. 党工委换届工作及党代会、人代会的选举工作。开元街道加强组织和指导工作，做好宣传发动工作，加强纪律要求，完成市党代表和市人大代表的选举工作，将资料整理归纳、存档。

5. 纪工委工作。纪工委带领大家学习廉政准则等纪律规定，落实“两个责任”，加大案件查办力度，共查办案件4起，涉案4人，其中，3人分别给以党政纪处分，谈话函询1人。巩固提升“12388”工作法，班子成员每天轮流接访，定期带案下访。落实“四述两谈”制度，年初，进行廉政座谈，班子成员与分管工作人员就日常工作中的廉政问题进行2次廉政约谈，对9名存在违纪倾向的人员下发廉情预警告知书。推进“清单定责”机制。办事处、居委会（社区）、基层站所都建立廉政主体责任、廉政监督责任、廉政领导责任、廉政岗位责任“四类清单”。所有工作人员每季度制定责任清单，实行动态管理，责任到人，层层落实。

【领导班子】

党工委书记：

段小刚（2011.03—2016.04）

李晓斌（2016.04—2016.08）

党工委副书记、办事处主任：

刘亚明（2013.03—2016.12）

人大工委主任：

乔宝山（2013.04—2016.12）

党工委副书记：

朱江鹏（2001.04—2016.12）

陈华斌（2011.04—2016.12）

纪工委书记：

成安梅（女，2013.12—2016.12）

党工委委员、武装部部长：

石立山（2001.04—2016.12）

党工委委员：

陈文华（2001.04—2016.12）

张保平（2001.04—2016.12）

办事处副主任：

杨吉良（女，2001.04—2016.12）

刘晋惠（女，2001.08—2016.12）

组宣委员：

肖明霞（女，2014.03—2016.12）

（刘若瑜）

退沙街道

【概况】 退沙街道地处霍州市西北部，东与师庄乡、大张镇接壤，西和汾西县永安镇为邻，南与北环路街道衔接，北和灵石县南关镇毗邻。退沙街道办事处机关驻什林村，距霍州市区8千米。下辖退沙、什林、王庄、许村、朱杨庄、枣洼、坡底、姚村8个村民委员会及李雅庄生活社区。辖区总人口4万人，其中农村人口14082人。单位共有职工20人，含综合办、党建办、社会事务办、经济事务办4个科室。

2016年，退沙街道围绕全市“进军省强市，全面达小康，建设文明开放幸福美丽新霍州”的总体部署，主动作为，奋力突破，各项工作位居全市前列。

【党建工作】 2016年，退沙街道实施“党员先锋引领工程”，推进“党员联户”和“入党推优”制度，严格落实“定、查、评”工作法，以党建带动全办工作快速发展。

1. 开展“两学一做”学习教育。退沙街道把“两学一做”作为重要的政治任务，提前着手，精心组织。坚持早安排、早动手、早部署，组织全办13个支部举办“两学一做”知识竞赛，推动活动深入开展。围绕“四讲四有”主题，进行4次专题研讨活动，使大家做到真学、真懂、真信、真用。创新开展“党员先锋引领工程”，全办涌现出热心公益党员、敬老孝亲党员、勤劳致富党员、爱岗敬业党员等先锋模范党员24名，起到示范带动作用。

2. 推行“党员联户”制度。按照居住相近便利包联、双方自愿双向选择、根据能力分类联户3种模式，将各村农户按“网格化”分成若干个小组，由政治素质高、致富能力强的党员确定3至5户农户作为联户对象。联户党员在包联中要履行政策法规宣传员、社情信息收集员、安全维稳管理员、矛盾纠纷调解员、环境卫生监督员、文明新风示范员、发家致富指导员和急难险重突击员“八大员”的职责。围绕“八大员”职责，确定联户党员具体的目标承诺，用固定形式进行公示，接受群众监督。党员在每月25日党日活动中，对自己“八大员”作用发挥情况和服务群众的实事好事进行汇报，接受组织监督。截至2016年底，全办共有260余名农村党员联系群众1500余户。2016年，累计走访农户3000余人次，帮助群众解决生产生活难题400多个，开展各类政策宣传3400余人次，受理各类群众诉求100多个，调处矛盾纠纷120余起，为民办实事200余件。

3. 实行“入党推优”制度。退沙街道落实发展对象推优办法，建立“三库两推一考”制度，村民通过写入党申请进入信息库，进入信息库后，通过村民代表推优，优秀者参加市委组织部统一培训，进入储备库，成为入党积极分子，入党积极分子通过支部全体党员推选成为培养对象，进入培养库，最终通过支委会对培养库的人选进行考核才可以成为发展对象。2016年，通过推优新发展党员8名。通过实行发展对象推优，把住入党关口，提升党员队伍的纯洁度。

4. 落实“定、查、评”工作法。退沙街道党工委、各村党支部把当年所办的事项和解决的问题一件件“定”在年初、“查”在年中、“评”在年底。2016年，全街道共制定两定工作目标38个，年底完成37个。

【产业发展】 2016年，退沙街道破解产业结构欠协调、不合理、难持续的问题，致力于优化产业结构、改造提升传统产业、培育壮大新兴产业。

1. 一产特色种植形成新基础。一产重点发展特色种植，特色种植主要是覆盖三个垣面，什林垣面、许村垣面优质核桃种植基地已经形成，退沙垣面于2016年进行1000亩的土地流转，成为霍州又一处小杂粮种植基地。

2. 二产肥业发展走出新路子。在化工公司因市场原因退出经营的情况下，退沙街道扶持推动复合肥、生物肥企业发展。许村宏昌肥业、溢丰肥业、晋丰肥业、王庄益友肥业发展壮大，使退沙街道成为临汾北部重要的生物肥生产基地。姚村新上圣鑫乾元环保科技项目，华北地区仅此一家，填补发展空白。

3. 三产商贸物流形成新优势。规范发展退沙餐饮一条街，朱杨庄物流一条街，许村货运装备一条街等，三产业协调推进，促进农民增收。

【环卫工作】 2016年，退沙街道召开迎接省环保督察暨“五城联创”推进大会、禁烧秸秆专项会议、环境整治观摩评比推进大会等会议，坚持全方位、立体化推进环保工作。具体是实施“六治”。1. 企业治污。对土小企业全部进行关停取缔。对9个证照不全的企业实施断电措施，变压器、加工设备都拆除，料堆全部遮盖，杜绝粉尘污染。2. 村庄治脏。对村庄内坚持空中整线，墙上除癣，地上治脏、治乱、治差，渠中治污、治堵。整理线路3000米，清理积存垃圾1万余方，拆除小广告多处，填埋黄土2000余方，刷树2000株，涂墙1万平方米，植树5000余株。3. 通道治尘。辖区内有6条重要通道，玉霍线通往师庄、坡姚线通往李雅庄矿、原108国道退沙至许村段横贯全境、新108国道纵向而过、许汾路通往汾西、什化路直达什林，对通道两侧的树木全部刷白套红，对沿途垃圾进行清理。对过往车辆加强检查，对不遮盖篷布、沿途抛洒的行为严厉进行查处。4. 门店治差。组织住建办、派出所对沿途的店外经营进行整顿，整顿门店100余家，对沿途洗车、排水不畅的洗车点进行整顿，关停不合格洗车点10家。5. 田间治烟。在全街道8个村组织一支20人的巡查队伍，全部佩戴红袖章，统一服装，定范围、定时间在各村的各条沟、各个垣面进行巡查，对放羊的、收拾秸秆的、进山套兔子的等重点人群进行反复宣传，通过巡查和宣传两条措施，遏制田间冒烟。6. 沟渠治堵。疏通排洪渠8条，长度计3千米，对其中的淤泥、垃圾进行清理，保持河道畅通。围绕“六治”内容，2016年12月30日，退沙街道还组织一次验收观摩评比推进活动，由街道党工委和办事处班子全体、各村两委主干组成验收评比队伍，围绕这6个方面，逐项打分，排队通报，对排名靠前的给予资金倾斜，激发整治热情。

【项目建设】 2016年，退沙街道着力实施12大项目建设，完成投资5000多万元，带动全办经济社会加速发展。

1. 各村党员活动阵地建设。投资50万元，枣洼村的党员活动室完成配套建设投入使用，坡底村实施党员活动阵地维修改造工程，姚村阵地新建工程主体完工。

2. 什林垣农业综合开发工程。投资260万元，修建蓄水池4个，灌溉管网3千米，改造田间道路5千米，为下一步实施特色养殖、种植做好准备。

3. 姚村圣鑫乾元环保科技项目建设工程。总投资4126万元，属于环境型、创新型项目，截至2016年底，完成全部设备安装，具备生产条件，待各项手续完善后，即可进入正式生产。

4. 王庄村涧河防洪工程。完成投资124万元，新修河坝460米，清理河道垃圾1.6万方，壅堵了几十年的河道整治一新，保证泄洪安全，改善河道环境。

5. 王庄村街道提质工程。投资50万元，对王庄村的主街道进行改造，使全村面貌焕然一新。

6. 许村小学新建工程。投资213万元，新建教学楼一栋，完成操场和各个功能室建设。

7. 许村幼儿园新建工程主体完工。投资136万，建筑面积400多平方米，完成主体，预计2017年可以投入使用。

8. 各村“一事一议”工程。总投资300余万元，完成5个村的“一事一议”工程，在实施过程中，全街道规范议事程序，真正体现大家事、大家议、大家定。

9. 许村传统古村落修缮工程。总投资729万元，维修朱家祠堂、朱家下院、中院、上院四个部分，该项目完成可研、规划、设计、环评、土地等前期手续，进入招投标阶段。

10. 许村传统村落环境污染防治工程。总投资395万元，新修2条渠、8条街巷，完成前期手续，进入招投标阶段。

11. 原108国道（退沙～许村段）景观大道建设工程。该项目被列为全市“五城联创”的重点项目，总投资1000万元，进行美化、亮化、硬化、绿化，尽快进入招投标，将原108国道退沙至许村段打造成一条景观大道。

12. 采煤沉陷区治理工程启动建设。朱杨庄村、许村两个村完成摸底工作，上报市政府。

【民生工作】 1. 建设民生设施。2016年，退沙街道以“路水电校，日间照料”为主要内容，完成许村小学新建、幼儿园新建、王庄涧河防洪、道路提质等工程。对4个日间照料中心加强管理，提高服务质量水平。

2. 落实各项惠农政策。2016年，退沙街道保证粮食直补、良种补贴、农机具补贴、低供煤补贴等专项补贴，民政救助资金及时足额到位。什林、退沙、许村、王庄等村对考入重点高中、重点大学的学生予以奖励，什林、王庄、姚村、朱杨庄等村为村民免费浇地，退沙村对60岁以上老人每月发放高龄补贴等，有效增加群众实惠，全街道各村自行出台的惠民政策资助群众达200多万元。

3. 贫困户危房改造。2016年，退沙街道严格落实上级政策，将居住在危房的五保户、低保户、残疾人家庭、其他贫困户确定为危改对象。严格坚持农户申请、村级初审、办事处审查的审批程序，严格推进危房改造工作，完成改造任务36户。

4. 实施扶贫攻坚。2016年，退沙街道全街道共有贫困户79户189人，严格落实扶贫攻坚一把手责任制，成立扶贫领导机构，制定精准脱贫措施，按照“六个精准”“五个一批”的要求，逐级分解，落实到村、到户、到人。针对因病致贫、因残致贫、因劳动力缺少致贫、收入低等诸多致贫因素，实行工作队精准结对帮扶、党员联户帮扶、生产技能服务帮扶、完善医疗保健服务、政策性保障兜底等办法，因人施策、因户施策，多措并举，按年度计划要求完成脱贫攻坚任务。

【安全工作】 2016年，退沙街道牢固树立隐患即事故安全理念，落实各项安全制度，确保辖区内不发生安全事故。抓好公共安全，退沙街道成立由5名精干人员组成的综治巡查队，定期对辖区内的非煤矿山、民爆物品、食品药品、危险化学品、加油站、建筑工地、道路交通、娱乐场所、人口密集区域等重点领域进行巡查，建立详细的巡查档案，对巡查中发现的隐患问题建立台账、明确责任、制定措施、限期整改、严格验收。严厉打击私挖滥采，退沙街道制定打击非法开采“345”工作制度，即组建3支巡查队伍（村委、国土所、办事处），设立4条报告线（村委、企业、线人、有奖举报），实施5项处罚措施（抓人、扣机械、没收非法矿产品、重罚、追责）。对境内非法开采重点区域、重点部位进行不间断巡查，无缝隙排查，对非法开采行为始终保持高压态势，一旦发现，从快、从严、从重处罚，决不姑息，坚决杜绝非法开采行为，为全街道经济社会发展提供安全保障。做好国土资源保护工作，依法履行用地报批程序，杜绝新搭滥建等非法占地行为发生，确保耕地保有量2.1万亩和基本农田8504亩红线不越过。依法维护矿业秩序，无证非法采矿查处率达100%，依法调处2016年国土资源纠纷案件达100%。做好森林防火工作，对辖区内护岸林、水保林等重要区域和放牧人员、聋哑智障等重点人员登记注册，建立台账，明确专人看管。做好校园安全工作，在全街道7所中小学及3所幼儿园校门外设立警示牌或安装减速带，10月，对学校锅炉使用情况和学校食堂进行检验。做好防汛及河道管理工作，按照市防洪指挥部的要求，组织和承办全市大型防洪防汛演练活动。制定防汛方案，检查整改险工险段及时处理。8月，及时清理许村南北渠道、姚村和坡底村渠道、什林村南北渠道、退沙村西渠道的淤泥杂物，严禁汾河河道采砂和倾倒垃圾的行为发生。做好地灾防治工作，在2016年汛期期间，排查出危房20多家，强制人员搬离，并将损害房屋等受灾情况上报市民政局和市住建局，确保汛期期间人员安全。

【信访工作】 2016年，退沙街道及各村建立健全三级信访网络，各村都有专人负责，各尽其责，各履其职，看好自己的门，管好自己的人，办好自己的事，矛盾自己化解，漏洞自己堵塞，争取小事不出村，大事不出办事处。同时坚持党政一把手开门接访制度，共调处信访案件46起，调处率达100%。

【平安创建】 2016年，退沙街道以建设“平安退沙”为目标，开展平安创建活动，推进综治网格化管理，发挥全办28名网格长的作用，各村也相应成立巡逻队、治安联防队、民调小组，抓好平安村镇、平安企业、平安校园建设，引深平安退沙创建活动，构建和谐退沙。

【文明创建】 2016年，退沙街道通过以文化促进发展，以文化振奋人心，以文化凝聚人气，推动全街道文明创建提质提效。

1. 打造高端文化平台。退沙街道坚持从最基础的地方做起，健全完善文化管理的长效机制。开展文化宣传工作。通过临汾台宣传退沙办传统的元宵社火活动，组织人员参加山西省文博会。完善文化基础设施。各村都达到“三个一”的标准，即建有一个农民文体广场、一个农家书屋、一条文化街道。退沙街道办事处建立文化站，退沙村、许村还设立特色文化展示室，集中展示村民的书画作品等。

2. 打造优秀文化团队。退沙街道着力培育一批本土化的农村文体队伍，推动农村文化传承创新。调动文艺骨干和文化乡贤的积极性。发挥“特色文化家庭”的示范作用。全街道发展培养特色文化家庭30多家。组建特色文体活动队伍。全街道共组建女子健身操队伍、篮球队、锣鼓队等各类文体队伍22支，带动全办各项文化活动的蓬勃开展。

3. 开展特色文化活动。2016年，退沙街道组织策划一系列的活动，公共文化活动好戏连台，形成渗透性很强的文化影响力。组织“元宵节文艺汇演活动”。创新举办第二届“美丽退沙乡村行”系列消夏文艺汇演。共举办6场，表演近200个节目，参与群众超过3000人次。举办第六届许村农民篮球邀请赛，许村第二届美食节。

4. 培育精品文化品牌。2016年，退沙街道培育一批精品文化品牌。培育“七色服务”品牌活动。320名志愿者开展服务群众活动1000多人次，形成文明助人、共建和谐的新风尚。培育评选“退沙好人”品牌活动。共评选敬老孝亲好人、见义勇为好人等60名。培育“清洁退沙”品牌活动。以“六治”为主要内容，在全办开展全方位、立体化的环境卫生集中整治。

5. 保护文化遗存。退沙街道把传统文化的保护、整理、弘扬作为文化建设的一项重要工作。启动许村传统古村落保护性修缮工程。启动省级文物保护单位王庄三教庙的保护性修缮工程。继许村申报中国传统村落成功后，退沙村也开始申报第五批中国传统村落，许村编创完善《古村婚俗》节目。历史文化遗存和传统文化得到较好的挖掘整理和保护修缮。

【领导班子】

党工委书记：

杨海林（2012.08—2016.06）

樊记虎（2016.06—2016.12）

党工委副书记、办事处主任：

樊记虎（2010.12—2016.12）

人大工委主任：

梁　栋（2013.04—2016.12）

党工委副书记：

刘泽兵（2014.01—2016.12）

纪工委书记：

冯振平（2012.08—2016.12）

党工委委员：

刘会忠（2012.08—2016.12）

刘羽飞（2014.05—2016.12）

办事处副主任：

闫姿旭（女，2013.03—2016.12）

吴合香（女，2014.05—2016.12）

武装部部长：

成黎明（2014.05—2016.12）

【获奖情况】

退沙街道办被评为临汾市综治工作先进集体。

刘羽飞被评为临汾市爱卫办先进个人。

（赵文生）

驻霍单位

四七五处

【概况】 四七五处隶属于国家发展和改革委员会下属国家物资储备局事业单位，1967年选址，1968年开工建设，1970年投入使用。主要承担着“适应国家安全和发展战略需要，服务国防建设，应对突发事件，参与宏观调控”的储存任务。四七五处编制110人，共有职工149人，其中，在职职工69人，离休3人，退休77人。机构设置为：处长办公室、党委办公室、物管科、保卫科、财务科、行政科、劳动人事科、国有资产管理科。2015年12月，成立临汾国储物流有限公司。

2016年，四七五处坚持稳中求进、稳中有为的工作总基调，坚持储地融合，稳定发展，在国家局、管理局党组的正确领导下，围绕管理局工作会议精神和中心工作任务，狠抓工作落实，开展“两学一做”专题学习教育，抓好物资管理工作，强化安全管理，加强基础管理，各项工作取得进展。

【物资管理】 2016年，四七五处以管理局开展的创建标杆仓库工作为契机，物资管理水平稳步提升。贯彻落实新的《国家储备火炸药管理办法实施细则》，规范物资管理工作，保质、保量、保安全完成国储物资管理工作任务。

1. 把标杆仓库创建工作贯穿于全年的重点工作。2016年初，根据工作任务对各职能科室岗位职责、岗位解说词、制度、流程图及作业指导书形成电子版制度手册，达到岗位制度、岗位职责固化上墙。依据《四七五处创建标杆仓库工作推进表》，细化分解项目指标，制定《标杆仓库创建工作考核表》，建立问题台账，实行清单化管理。根据《四七五处2016年岗位练兵实施方案》，开展岗位大练兵活动，通过应知应会介绍、微机操作、保管员业务比武、消防服原地着装及两盘水带连接、保密知识竞赛等内容的比武，在全处掀起学技能、争标兵的热潮，有效提升职工的业务素质和技能。

2. 物资管理主业工作。2016年四七五处物管工作在抓日常管理的基础上，依据国家局下达的国储物资出库任务，全面完成工作任务，做到质清量准、手续完备和作业安全。加强设施设备的维护保养，加大投入力度更新设备，统一保管员服装。

【安全保卫】 四七五处落实安全工作的各项要求，坚持“党政同责，一岗双责，齐抓共管”原则，以全员安全教育为抓手，从提高全员安全认识入手，以保稳定、促发展为出发点，以落实制度为基础，以清单化管理为手段，以安全生产、消防工作为重点，以强化完善各项应急预案演练为突破口，以“三共”活动为载体，搭建安全环境平台，确保2016年安全稳定。

开展以熟知岗位职责，掌握危险源辨识，风险评价和风险控制为主要内容的全员安全教育培训。以会议、电子显示屏、宣传栏进行广泛宣传，适时组织职工查找危险源，举办岗位应知应会汇报词比赛、消防技能比武、全员安全笔试答题和安全保密知识竞赛等考核项目。强化制度，落实责任，确保单位环境稳定和谐。四七五处严格落实安全工作“三个必须”的原则，2016年，按照管理局全面推行清单化监管和隐患排查挂牌督办的管理要求，严格落实，加大隐患排查治理力度，推动安全保卫工作清单化管理。加强联系，定期演练，提升单位应急能力。完成应急处置预案的修订并上报管理局备案。制订消防、反恐等重点项目训练计划，2016年组织实施。与驻库武警积极开展“三共”活动教育，与驻警进行反恐演练2次，防火演练2次，物资倒垛桌面推演1次。加强与当地公安、消防、安监等有关部门的联系沟通，2016年初与库区周边联防村签订《安全联防责任书》，深入联防村镇进行社情调查，2016年底被霍州市公安局评为市平安单位，安全生产工作按照属地管理原则被霍州市政府纳入安委会成员单位。加大资金投入，提高安全防范能力。全年加强对消防车辆、消防器材、安全标识、刺丝网等安全设施的维护与维修，新购置了消防车，对灭火器进行换粉打压，对库区消防栓进行冬季防冻维护，完善库区防范所需的各种工具和装备，对部分安全警示标志进行更新。

【资产管理工作】 2016年，四七五处根据管理局统一部署，开展国有资产清查工作。重点对财务和固定资产等情况进行全面清查，对资产清查工作进行专项审计。结合资产清查工作，修订完善相关制度，开展国有资产出租出借“回头看”工作，对库区库房、旧办公楼和新办公楼的出租及仓储物流服务情况进行详细的梳理清查。开展办公用房清理整治后资源利用情况调查及办公用房清理“回头看”工作，对办公用房情况进行再检查，通过实地测量，采取调整和合并的方式，规范办公用房的使用，对使用情况进行动态统计，建立办公用房情况台账。

【内部控制体系建设】 2016年，四七五处根据管理局部署开展内部控制基础性评价工作。成立内部控制基础性评价领导小组和工作小组，以全面性、重要性、制衡性和适应性为原则，对四七五处各类经济活动的业务流程进行深入细致的梳理。通过流程图明确业务环节，系统分析经济活动风险，确定风险点并列出防控措施。通过开展内控建设，查找和梳理全处各类制度共108项，流程图37项，将内部控制基础性评价情况对照评分表打分形成评价报告上报管理局。

【党建工作】 1. 开展“两学一做”学习教育。在“两学一做”学习教育中，处党委班子、各支部书记担负起管党治党的职责，落实党的各项组织生活制度。各支部组织开展“四讲四有”专题学习讨论，每位党员紧密联系个人思想、工作、生活实际谈学习体会，并列出问题清单和整改时限，撰写学习体会。2016年底，各支部组织召开组织生活会，对党员进行民主评议。

2. 党的组织建设。坚持和落实一把手抓党建的目标责任制。完成3个党支部换届选举工作，选举产生新一届党支部委员。严格党的纪律，贯彻民主集中制，落实“三会一课”、组织生活会、民主评议党员、领导干部双重组织生活会等党内制度。

3. 加强党风廉政建设。领导干部严明政

治纪律，自觉遵守中央“八项规定”，建立狠刹“四风”的长效机制。落实党风廉政建设责任制，履行好“两个责任”。继续强化“一岗双责”，坚持把党风廉政建设工作与业务工作同部署、同检查、同考核。开展效能监察工作，建立和健全监督制约机制，为四七五处改革发展创造良好的发展环境。狠抓队伍建设，组织党员领导干部和党员到霍州市廉政教育基地参观学习，强化全体党员的廉洁意识。

4. 精神文明创建工作。利用简报、黑板报、宣传栏、会议、文体活动等形式向职工宣传践行社会主义核心价值观，传递新形势下的储备形势。组织开展各种文体活动，丰富职工文化生活。

【领导班子】

处长、书记：

陈　钰（2016.04—2016.12）

副处长：

杨　迈（2015.11—2016.12）

工会主席：

张福生（2013.01—2016.12）

党委成员：

闫惠斌（2015.11—2016.12）

附　　录

附表 1　　**2016 年中共霍州市委员会文件**

月	日	发文号	文件标题
1	5	3	关于创建双十工程活动的补充规定
2	23	4	关于给予陈德明开除党籍行政降级的批复
3	11	5	关于市乡领导班子换届工作的方案
3	11	6	关于成立市委市乡换届工作领导小组的通知
3	16	7	转发市人大党组关于做好市人民代表大会换届选举工作的意见的通知
3	21	8	关于县（市、区）长初步人选的情况报告
3	21	9	关于择优选拔副县级年轻干部的情况报告
3	31	10	关于召开中国共产党霍州市第七次代表大会的请示
4	18	11	关于筹备召开中国共产党霍州市第七次代表大会的通知
4	22	12	关于全国优秀共产党员推荐情况的报告
5	3	13	关于"两学一做"学习教育实施方案
5	10	14	关于建立县级巡察制度的意见
5	10	15	关于印发巡察工作实施办法、组长库、人才库管理办法
5	10	16	关于确定李晓斌等 15 名同志为霍州换届新提名人选考察对象的报告
5	13	17	关于巡视整改"回头看"的情况报告
5	13	18	关于全省优秀共产党员、优秀党务工作者、先进基层党组织推荐情况的报告
5	25	19	关于在"两学一做"学习教育中市级党员领导干部开展"一带六联六促"活动的实施方案
5	25	20	关于在"两学一做"学习教育中开展"四比四看四争"活动的实施方案
5	30	21	关于确定王文艺同志为副县（市、区）长人选考察对象的报告
6	6	22	关于做好优秀共产党员、优秀党务工作者、先进基层党组织推荐工作的通知
6	6	23	关于临汾市优秀共产党员、优秀党务工作者、优秀党支部书记和先进基层组织推荐情况的报告

续表

月	日	发文号	文件标题
6	22	24	关于开展纪念建党95周年系列活动的安排意见
6	23	25	霍州市城乡环境综合治理实施方案
7	4	26	中共霍州市委发展壮大农村集体经济“破零”行动实施方案
		27	关于确定郑效锋同志为临汾市直单位正县级领导干部人选考察对象的报告
7	15	28	关于市委、市人大、政府、政协换届人事安排的请示
7	26	29	关于临汾市“最美基层干部”推荐情况的报告
7	28	30	关于市委、纪委换届人事问题的请示
7	29	31	关于确定霍州市出席中国共产党临汾市第四次代表大会代表候选人初步人选的情况报告
7	30	32	关于确定霍州市出席中国共产党临汾市第四次代表大会代表候选人预备人选的情况报告
8	1	33	关于召开中国共产党霍州市第七次代表大会的通知
8	8	34	关于出席中国共产党临汾市第四次代表大会的通知
8	12	35	关于推荐确定临汾市第四届人大代表工作的情况报告
8	12	36	关于印发霍州市各级党委政府及有关部门环境保护工作职责规定的通知
8	29	37	关于推荐临汾市出席山西省第十一次党代会代表候选人提名人选的情况报告
9	8	38	关于确定牛万荣、邢钦峰同志为县（市、区）公安局政委、交警大队大队长考察对象的报告
10	8	39	关于进一步加强信访工作的意见
10	25	40	关于调整法治建设领导小组组成人员的通知
11	9	41	关于在全市开展“五城联创”活动的实施方案
11	17	42	关于成立霍州市深化国家监察体制改革试点工作领导小组的通知
11	22	43	关于成立霍州市司法体制改革领导小组的通知
11	23	44	关于环境保护综合督查反馈问题整改实施方案
12	23	45	关于市委党校标准化建设的实施方案
12	28	46	关于调整霍州市维护稳定工作领导小组成员的通知

附表2 **2016年中共霍州市委员会办公室文件**

月	日	发文号	文件标题
1	21	1	关于印发霍州市“冬季行动”工作方案的通知

续表

月	日	发文号	文 件 标 题
3	29	2	关于印发《霍州市2016年精准脱贫工作计划》的通知
3	31	3	关于印发《霍州市市直机关公务用车制度改革方案》的通知
4	5	4	关于张大利同志登记公务员公示结果的报告
4	8	5	关于进一步支持民营经济健康发展的意见
4	28	6	霍州市开展义务教育学校管理标准省级实验工作方案
5	19	7	关于印发《乡镇（街道）纪（工）委书记副书记提名考察办法（试行）》《市纪委派驻纪检组组委书记副书记提名考察办法》
7	7	8	关于印发全市环境大检查实施方案
7	13	9	关于成立霍州市环境保护领导小组的通知
7	19	10	关于学习贯彻《习近平总书记在庆祝中国共产党成立90周年大会上的讲话的通知》
7	20	11	关于印发《霍州市项目开工“百日攻坚”行动方案》的通知
8	10	11	关于2016年省委、临汾市委目标责任考核指标任务分解的通知
8	12	12	全市环境保护大检查相关问题集中整改实施方案
8	22	13	关于市委党委分工的通知
8	24	14	关于调整市级领导包乡（镇、街道办）的通知
8	29	15	关于印发《关于加强联动协作全面监督“四风”问题的工作方案》的通知
8	30	15	关于成立霍州市脱贫攻坚领导小组通知调整
9	9	16	关于印发《霍州市落实全面两孩政策实施方案》的通知
9	9	17	关于调整霍州市委对台工作领导小组成员通知
9	12	18	关于印发《霍州市办理政协提案的规定》通知
9	13	19	关于转发《中共山西省委办公厅关于做好2016年中秋国庆期间贯彻落实中央八项规定精神，坚持不懈纠正“四风”工作的通知》的通知
9	14	20	关于霍州市反腐败协调小组人员调整的通知
9	14	21	关于调查霍州市委统一战线工作领导小组通知
9	20	22	关于印发《霍州市干部入企服务工作方案》通知
9	22	23	关于全市党员领导干部、公职人员出入隐蔽场所违规吃喝娱乐预防治理的工作意见

续表

月	日	发文号	文件标题
9	23	24	关于调整霍州市民族宗教工作领导小组的通知
10	12	25	关于调整霍州市委督促检查工作领导小组组成人员的通知
10	26	26	关于印发《各乡镇、街道办和市直部门（单位）2016年度目标责任考核指标》通知
11	22	27	关于调整充实霍州市地方编纂委员会的通知
11	25	28	关于切实做好2017年度党报党刊征订工作的通知
12	5	29	关于市级领导包联环保工作的通知
12	6	30	关于印发《霍州市干部驻村精准帮扶“三联三包三促”实施方案的通知》
12	8	31	关于成立霍州市深化监察体制改革试点工作小组办公室工作机构的通知
12	14	32	关于确定朱泽军同志为正科级人选考察对象的报告
12	14	33	关于朱泽军同志的廉政鉴定意见
12	28	34	关于调整市四套班子领导联系民营企业名单的通知
12	31	35	关于做好2017年元旦春节期间有关工作的通知

附表3

2016年霍州市人民政府文件

月	日	发文号	文件标题
1	20	3	关于推动全市金融振兴的实施意见
2	4	4	印发霍州市二〇一六年民兵整组工作实施方案的通知
4	29	6	霍州市人民政府关于申报山西省林业生态县的请示
5	10	7	关于落实和承接国务院省政府临汾市政府清理规范行政审批中介服务事项的通知
5	10	8	关于落实和承担国务院省政府临汾市政府取消和下放行政审批项目等事项的通知
5	13	9	关于成立霍州市经济建设投资有限公司的通知
5	13	10	关于霍煤辛置煤矿矿区纳入煤炭资源矿业权出让年度实施计划的请示
5	25	11	关于撤销霍林证字Zoom（2016）第000713号的决定
6	21	12	关于霍州、古县行政区域界线联合检查情况的报告
8	9	13	关于印发霍州市国家资源型经济转型综合配套改革试验实施方案（2016—2020年）的通知

续表

月	日	发文号	文　件　标　题
8	26	14	关于收回霍东新区1、2、3号采地土地使用权的决定
8	27	15	关于落实发改办振兴（2016）1848号文件的整改报告
9	7	16	霍州市采煤沉陷区综合治理工作方案
9	9	17	关于制定《临汾市低速电动汽车管理暂行办法》的请示
9	13	18	关于承接落实国务院、临汾市政府取消下放的行政审批项目等事项的通知
9	13	19	关于承接落实国务院、临汾市政府取消下放的行政审批项目等事项的通知
9	20	20	关于规范市政府部门行政审批行为改进行政审批有关工作的实施意见
9	22	21	资源枯竭城市转型2016年度绩效考核评价自评报告
10	19	22	关于追加新增建设用地指标降低耕地保有量和基本农田保护面积
10	19	23	关于申请将霍州市矿产资源有关项目纳入第三轮《临汾矿产资源规划》报告
10	31	24	霍州市全面加强政府自身建设三年规划（2015—2017）年的通知
11	15	25	关于印发霍州市政府部门权责清单动态管理办法的通知
11	9	26	新一轮退耕还林还草地类地块调查落实工作的情况报告
11	15	27	霍州市政府部门行政职权实行监督管理办法的通知
12	23	28	关于全省第三轮非物质文化遗产项目的通知
12	23	29	霍州市全民健身实施计划（2016—2020年）的通知

附表4　　**2016年霍州市人民政府办公室文件**

月	日	发文号	文　件　标　题
1	26	2	关于2016年春节期间烟花爆竹销售经营安全检查的通知
1	29	3	关于做好“两节”期间安全生产工作的通知
2	23	4	关于印发霍州市2015年度土地矿产卫片执法监督检查工作方案的通知
2	28	5	关于印发霍州市公共机构节能办法的通知
4	20	6	霍州市2016年度地质灾害防治方案
4	29	7	霍州市创建林业生态县实施方案
5	6	8	关于印发霍州市进一步清理无证幼儿园工作实施方案的通知
5	8	9	关于加强职业卫生监管工作的通知

续表

月	日	发文号	文　件　标　题
5	10	10	关于印发霍州市金融工作办公室主要职责内设机构和人员编制规定的通知
5	10	11	关于印发霍州市工商和质量监督管理局主要职责内设机构和人员编制规定的通知
5	10	12	关于印发霍州市卫生和计划生育局主要职责内设机构和人员编制规定的通知
5	10	13	关于印发霍州市文化局主要职责内设机构和人员编制规定的通知
5	10	14	关于印发霍州市农业林业委员会主要职责内设机构和人员编制规定的通知
5	10	15	关于印发霍州市经济和信息化局主要职责内设机构和人员编制规定的通知
5	10	16	关于印发霍州市发展和改革局主要职责内设机构和人员编制规定的通知
5	13	17	关于印发全市“项目创新年”工作方案的通知
5	17	18	关于加快推进“十三五”期间农村危房改造有关工作的通知
5	20	19	关于印发霍州市简化优化公共服务流程方便基层群众办事创业工作方案的通知
5	28	20	霍州市大气污染防治 2016 实施方案
5	28	21	霍州市环境综合整治方案
6	8	22	关于印发霍州市互联网金融网络各项整治工作实施方案的通知
6	13	23	关于印发全市开展夏季小麦秸杆和麦茬禁烧专项行动实施方案的通知
6	21	24	关于印发霍州市全民参保登记计划实施方案的通知
6	22	25	霍州市困难残疾人生活补贴和重度残疾人护理补贴实施办法
6	22	26	霍州市经济困难的高龄有失能老人及百岁以上老年人补贴实施办法
6	28	27	关于深化行政审批制度改革加强事中事后监管的意见
7	6	28	关于印发霍州市改善城市人居环境 2016 年行动计划的通知
7	13	29	关于成立霍州市农村产权交易服务中心的通知
8	2	30	关于印发霍州市 2016 年政务公开工作要点的通知
8	8	31	关于切实做好防灾避险和受灾群众转移安置工作紧急通知
8	22	32	关于印发霍州市资源型经济综合配套改革试验 2016 年行动计划的通知
8	24	33	关于开展农村危房改造中存在问题排查整改工作实施方案
8	25	34	关于印发霍州市整治取缔土制锅炉“土制压力容器”专项行动实施方案的通知
8	29	35	关于印发霍州市集中开展严厉打击非法盗采和矿产资源行为专项整治行动方案的通知

续表

月	日	发文号	文 件 标 题
9	7	36	霍州市2016年低收入农户冬季取暖用煤实施方案的通知
9	14	38	霍州市辐射事故应急预案的通知
9	14	39	关于2016年霍州市农机深松整地作业补助项目的实施方案
9	28	40	2016年霍州市黄标车及老旧车淘汰工作实施方案
10	21	41	关于进一步推进监管工作通知
10	26	42	关于印发霍州市2016年农村公路完善提质工程建设实施方案通知
10	31	43	关于印发《霍州市人民政府领导工作补位制度》的通知
10	31	44	关于印发霍州市全面加强政府自身建设2016年行动计划的通知
11	2	45	霍州市贯彻实施质量发展纲要2016年行动计划的通知
11	9	46	霍州市中心城区违法建设专项治理工作五年行动方案
11	30	47	关于转发临汾市发改局、市经信局全市各类项目受理工作方案通知
12	2	48	关于落实“13710”工作制度通知
12	6	49	转发霍州市农民工工资支付情况专项检查实施方案的通知
12	9	50	深刻吸取近期省内外事故教训进一步做好安全生产大检查工作的通知
12	9	51	关于公布市政府部门行政审批中介服务事项清单的通知
12	14	52	霍州市数字化城市管理系统建设工作实施方案的通知
12	19	53	关于进一步加强全市煤炭生产、加工及经营企业矿（厂）区环境治理通知
12	20	54	霍州市教科系统开展“优秀班主任、优质高效课，优秀教研团队”评选活动实施方案
12	20	55	关于做好2016年度工地卫片执法检查工作有关事项的通知
12	20	56	居民取暖煤改气补贴开展（试行）
12	26	57	关于印发霍州市标本兼治遏制重特大事故工作方案的通知
12	26	58	中小微企业发展专项资金使用管理办法
12	29	59	全市铁腕治污行动实施方案
12	29	60	霍州市关于支持承接加工贸易产业转移若干政策措施
13	30	61	关于印发霍州市人为地质灾害隐患排查整治工作实施方案的通知

霍州市 2016 年行政区划

附表 5　　单位：个

	全市总计
街道	5
镇	4
乡	3
社区居委员会	24
村（居）民委员会	199
鼓楼街道	4
开元街道	4
北环路街道	5
南环路街道	8
退沙街道	8
白龙镇	14
辛置镇	20
大张镇	14
李曹镇	32
陶唐峪乡	27
三教乡	32
师庄乡	31
自然村	308

霍州市 2016 年土地面积

附表 6　　单位：平方公里

	面　积
土地面积	764
李曹镇	235
陶唐峪乡	64
三教乡	154
辛置镇	47
白龙镇	54

续表

	面　积
师庄乡	90
退沙街道	46
大张镇	36
北环路街道	7
南环路街道	17
鼓楼街道	7
开元街道	7
平原	238
丘陵	294
山地	233

附表 7　**霍州市 2016 年主要工业产品产量**

	单位	2016 年
原　煤	万吨	810
洗精煤	万吨	597.6
发电量	万度	111.5
水　泥	万吨	0.01
化肥（折纯）	吨	83888

附表 8　**霍州市 2016 年运输、邮电**

	单位	2016 年
公路通车里程	公里	1103
民用汽车	辆	18520
载货汽车	辆	2350
公路旅客运输量	万人/公里	202.5
电信业务总量	万元	15351
邮政业务总量	万元	1730
电话机	部	33250
移动用户电话	部	244071

续表

	单位	2016 年
固定电话普及率	部/百人	11.4
移动电话普及率	部/百人	83.7
国际互联网用户	户	49971

霍州市 2016 年国民经济

附表 9　**主要指标占临汾市比重（一）**

	单位	临汾市	霍州市	占%
年末总人口	万人	445.8	29.16	6.5
地区生产总值	亿元	1205.2	70.84	5.9
公路通车里程	公里	18540.6	1103	5.9
邮电业务总量	亿元	79.86	1.7	2.1
固定资产投资完成额	亿元	1394.3	139.6	10.0
财政总收入	亿元	149.08	11.8	7.9
公共财政收入	亿元	86	5.8	6.7
公共财政支出	亿元	312.6	16.5	5.3
社会消费品零售额	亿元	609.4	33.3	5.5
城乡居民储蓄存款余额	亿元	2139.01	123.6	5.8

霍州市 2016 年国民经济

附表 10　**主要指标占临汾市比重（二）**

	单位	临汾市	霍州市	占%
农村常住居民人均可支配收入	元	10005	12143	—
城镇常住居民人均可支配收入	元	27085	26998	—
在岗职工平均货币工资	元	—	48242	—
粮食总产量	万吨	267.9	8.5	3.2

续表

	单位	临汾市	霍州市	占%
小麦产量	万吨	102.9	4.2	4.1
水果产量	万吨	83.2	1.7	2.0
肉类产量	万吨	11.7	0.97	8.3
原煤产量	万吨	5435.34	810	14.9
发电量	亿千瓦时	195.04	111.5	57.2
洗精煤产量	万吨	4374.9	597.6	13.7

霍州市 2016 年财政预算收支（一）

附表 11　　单位：万元

	2016 年
财政总收入	118324
一般预算收入	58547
增值税	14324
地方财政支出	165031
支援农业生产	4430
林业费	2226
水利费	4994
教育事业费	34016
行政管理费	14055

霍州市 2016 年财政预算收支（二）

附表 12　　单位：万元

	2016 年
地方财政一般预算内收入	58547
其中：各项税收	38053
其中：企业所得税	764
个人所得税	994
地方财政一般预算支出	165031
一般性公共服务支出	16694

续表

	2016 年
科学技术支出	357
文化体育与传媒支出	2042
医疗卫生与计划生育支出	18300
节能环保支出	6082
城乡社区事务支出	10555
交通运输支出	6255
社会保障和就业支出	26156
社保保险基金支出	23542
教育	34016
住房保障支出	8689

霍州市 2016 年金融机构信贷现金收支

附表 13　　　　单位：万元

	2016 年
一、各项存款金额	1235964
单位存款	143133
城乡居民储蓄存款	1092831
二、各项贷款余额	798409
（一）短期贷款	507298
（二）中长期贷款	291111

2016 年分县市财政总收入

附表 14　　　　单位：万元

指标名称	2016 年	比上年增长％
财政总收入	1490784	－4.77％
尧都区	320919	3.1％
曲沃县	46213	－8.28％
翼城县	44534	－14.53％
襄汾县	72210	－11.03％

续表

指标名称	2016 年	比上年增长％
洪洞县	122416	－14.89％
古　县	46102	－2.56％
安泽县	67720	－15.35％
浮山县	13778	－21.23％
吉　县	20958	0.41％
乡宁县	204393	0.43％
大宁县	5871	4.82％
隰　县	12972	－7.42％
永和县	15777	42.37％
蒲　县	128655	－0.82％
汾西县	9043	9.64％
侯马市	81699	－7.9％
霍州市	118324	－17.68％

2016 年分县市公共财政收入

附表 15　　　　单位：万元

指标名称	2016 年	比上年增长％
公共财政收入	859858	－2.49％
尧都区	119266	2.66％
曲沃县	25000	－9.12％
翼城县	25368	－21.73％
襄汾县	36919	－7.72％
洪洞县	65981	0.99％
古　县	21286	8.51％
安泽县	30005	－3.29％
浮山县	9051	－22％
吉　县	11087	5.64％
乡宁县	89176	5.55％
大宁县	3101	－6.03％

续表

指标名称	2016年	比上年增长%
隰　县	7361	−9.12%
永和县	7629	41.3%
蒲　县	71106	−6.57%
汾西县	6593	18.49%
侯马市	40858	−12.24%
霍州市	58547	−12.64%

2016年分县市区居民人均可支配收入

附表16　　单位：元

指标名称	2016年	比上年增长%
居民人均可支配收入	17438	6.7%
尧都区	24130	7.2%
曲沃县	18359	7.5%
翼城县	15587	5.9%
襄汾县	17181	6.4%
洪洞县	15585	5.5%
古　县	15715	5.9%
安泽县	14336	6.5%
浮山县	14271	7.8%
吉　县	8766	8.1%
乡宁县	14115	6.7%
大宁县	8789	7.4%
隰　县	11473	7.0%
永和县	9154	8.0%
蒲　县	14651	5.6%
汾西县	11239	7.8%
侯马市	20783	5.3%
霍州市	20851	6.1%

分县市农村常住居民人均可支配收入

附表17　　单位：元

指标名称	2016年	比上年增长%
农村常住居民人均可支配收入	10005	6.7%
尧都区	12956	6.9%
曲沃县	13135	6.9%
翼城县	10274	5.5%
襄汾县	11752	6.3%
洪洞县	10467	5.5%
古　县	9065	5.4%
安泽县	8335	6.7%
浮山县	8031	7.4%
吉　县	4661	8.1%
乡宁县	8744	6.4%
大宁县	2905	8.0%
隰　县	5129	7.7%
永和县	3221	8.3%
蒲　县	7871	6.0%
汾西县	3374	7.6%
侯马市	13177	5.1%
霍州市	12143	5.7%

分县市城镇常住居民人均可支配收入

附表18　　单位：元

指标名称	2016年	比上年增长%
城镇常住居民人均可支配收入	27085	6.2%
尧都区	30371	6.8%
曲沃县	28431	7.2%
翼城县	26852	6.5%

续表

指标名称	2016 年	比上年增长%
襄汾县	27397	5.6%
洪洞县	24605	5.4%
古　县	27888	6.2%
安泽县	25195	5.7%
浮山县	26674	6.4%
吉　县	18478	7.4%
乡宁县	26251	6.7%
大宁县	17484	5.7%
隰　县	21063	5.3%
永和县	19366	7.0%
蒲　县	24252	5.1%
汾西县	23582	7.2%
侯马市	25725	5.0%
霍州市	26998	6.1%

霍州市 2016 年单位从业人员（一）

附表 19　　单位：人

	2016 年
全部单位从业人员年末数	39576
国有单位合计	10386
一、按隶属关系分组	—
中央	1576
省	357
地区	—
市及以下	8439
二、按企业、事业、机关分组	—
企业	30825
事业	5536
机关	3215
三、按国民经济行业分组	—
农、林、牧、渔业	—
采矿业	22345

霍州市 2016 年单位从业人员（二）

附表 20　　单位：人

	2016 年
制造业	3456
电力、燃气及水的生产和供应业	1987
建筑业	1462
水利管理、环境和公共设施	817
交通运输、仓储和邮政业	296
批发和零售贸易	536
金融业	726
房地产业	74
租赁和商务服务业	49
卫生和社会工作	604
教育	2825
科学研究、技术服务业和地质勘查业	16
公共管理社会保障团体	4228
信息传输、计算机服务和软件业	59
住宿餐饮业	50
文化、体育和娱乐业	46

霍州市 2016 年全部在岗职工平均工资

附表 21　　单位：元

	2016 年
全市平均	48242
按企业、事业、机关分组	

续表

	2016 年
企业	46193
事业	55559
机关	53151
按国民经济行业分组	
农、林、牧、渔业	
采矿业	48065
制造业	31290
电力、煤气及水的生产和供应业	65110
建筑业	29893
交通运输、仓储及邮电通信业、餐饮业	19209
批发和零售业	32793
金融业	44806
房地产业	37911
卫生和社会工作	51881
教育业	70641
科学研究技术服务和地质勘查业	58000
公共管理、社会保障和社会团体	51485
水利、环境和公共设施管理业	26330
文化、体育和娱乐业	62022

附表 22　**霍州市 2016 年社会治安**

	单位	2016 年
交通事故件数	件	87
刑事案件立案数	件	119

附表 23　**教育、文化、卫生**

	单位	2016 年
中等专业学校数	个	1

续表

	单位	2016 年
中等专业学校在校学生数	人	908
中等专业学校任教师数	人	111
普通中学校	个	22
普通中学在校学生数	人	14066
普通中学任课教师数	人	1498
小学校数	个	54
小学在校学生数	人	20381
小学专任教师数	人	1577
剧场、影剧院数	个	2
医院、卫生院数	所	41
医院、卫生院床位数	张	1380
医院、卫生技术人员数	人	1630
医生数	人	830
参加农村合作医疗保险人数	万人	15.84

附表 24　**旅游**

	单位	2016 年
旅客人数	人	32200
其中：七里峪景区	人	8600
陶唐峪景区	人	—
霍州署	人	23600
门票直接收入	万元	158
其中：七里峪景区	万元	110
陶唐峪景区	万元	—
霍州署	万元	58

附表 25　**社会福利事业**

	单位	2016 年
社会福利院数	个	8

续表

	单位	2016 年
社会福利床位数	床	298
城镇居民最低生活保障人数	人	3080
农村居民最低生活保障人数	人	2521
参加城镇养老保险人数	人	28689
参加医疗保险人数	人	120300
参加失业保险人数	人	12915
离退休、退职人数	人	7391
城镇登记失业率	%	4
城镇新增就业	人	4632
转移农村劳动力	人	3935

附表 26　**霍州市 2016 年市政公用事业**

	单位	2016 年
年末实有铺装道路面	万平方米	144.733
排水管道总长度	千米	77.76
供水综合生产能力	万吨/日	3.3
全年供水总量	万吨	547
生活用水量	万吨	405
用水人口	万人	9
非农业用水人口	万人	8
天然气年供应总量	万立方米	3321
用天然气户数	户	27961
园林绿地面积	公顷	407

霍州市 2016 年城乡居民收入

附表 27　单位：元

	2016 年
居民人均可支配收入	20851
城镇常住居民人均可支配收入	26998
城镇居民 20%低收入户人均收入	12896
农村常住居民人均可支配收入	12143
农村居民 20%低收入户人均收入	4341

霍州市 2016 年规模以上工业总产值行业构成

附表 28　单位：千元

	2016 年 现价产值	构成%
规模以上工业总产值	7318284	
煤炭采选业	2838143	38.7%
化学原料及制品制造业	222960	3.04%
橡胶制品业	153155	2.09%
非金属矿物制品业	25329	0.34%
电力热力生产和供应业	2691003	36.77%
金属制品业	984516	13.45%

注：行业分类不全

2016 年分县市地区生产总值

附表 29　单位：亿元

指标名称	2016 年	比上年增长%
地区生产总值	1205.18	3.4
尧都区	261.2	4.5
曲沃县	90.69	4.7
翼城县	72.81	2.8
襄汾县	117.17	2.6
洪洞县	191.05	2.1
古　县	44.26	4
安泽县	42.81	2.9
浮山县	44.6	5.2

续表

指标名称	2016 年	比上年增长%
吉　县	19.89	4.6
乡宁县	83.69	4.5
大宁县	5.17	12.9
隰　县	14.66	9.4
永和县	7.95	10.1
蒲　县	55.68	3.8
汾西县	20.92	5.9
侯马市	94.7	5.8
霍州市	70.84	-4.8

分县市工业增加值

附表 30　　单位：亿元

指标名称	2016 年	比上年增长%
工业增加值	309.7	-0.4
尧都区	20.3	-3.9
曲沃县	29.85	4.1
翼城县	14.5	-0.7
襄汾县	29.8	-1.4
洪洞县	39.1	-1.4
古　县	16.7	7.0
安泽县	21.3	4.4
浮山县	8.4	15
吉　县	5	12.6
乡宁县	40.8	4.8
大宁县	0.14	4.8
隰　县	—	—
永和县	0.58	13.5
蒲　县	37.8	9.3
汾西县	4.6	6.0

续表

指标名称	2016 年	比上年增长%
侯马市	12.4	3.9
霍州市	29.4	-12.3

分县市固定资产投资

附表 31　　单位：万元

指标名称	2016 年	比上年增长%
固定资产投资	13942534	-0.5
尧都区	2521124	-1.0
曲沃县	791040	-9.5
翼城县	883687	6.8
襄汾县	1187698	-5.9
洪洞县	1680217	2.6
古　县	563304	-6.7
安泽县	558759	-11.8
浮山县	456428	-0.1
吉　县	365075	4.5
乡宁县	847611	17.6
大宁县	183689	51.9
隰　县	225736	-15.1
永和县	169516	33.2
蒲　县	701545	15.9
汾西县	419279	28.0
侯马市	959163	15.7
霍州市	1396129	-15.3

附表 32　**全社会用电量**

	单位	2016 年
全社会用电总量	万千瓦时	29283

续表

	单位	2016 年
第一产业用电量	万千瓦时	1277
占全部用电量比重	%	4.36
第二产业用电量	万千瓦时	6414
占全部用电比重	%	21.9
第三产业用电量	万千瓦时	7024
占全部用电量比重	%	23.98
城乡居民用电量	万千瓦时	11886
占全部用电量比重	%	40.59

分县市社会消费品零售额

附表 33　　单位：万元

指标名称	2016 年	比上年增长%
社会消费品零售总额	6094418	6.5
尧都区	2394536	6.0
曲沃县	224679	8.0

续表

指标名称	2016 年	比上年增长%
翼城县	407389	7.4
襄汾县	435418	6.8
洪洞县	563436	6.2
古　县	99366	8.3
安泽县	90480	6.6
浮山县	86017	6.7
吉　县	73630	8.2
乡宁县	201734	7.0
大宁县	31711	7.7
隰　县	97006	7.9
永和县	45468	7.2
蒲　县	77963	7.3
汾西县	117716	7.8
侯马市	814916	6.5
霍州市	332954	6.6

霍州市 2016 年大中型工业企业主要经济指标（一）

附表 34　　单位：千元

	隶属	2016 年		
		工业总产值（现价）	实现利税	营业收入
霍州煤电集团有限责任公司	省	2593531	91273	7601095
山西兆光发电有限责任公司	其他	1507457	487453	1524112
中国国电集团公司霍州发电厂	集体	1090796	78895	1093127
山西省霍州市化学工业有限责任公司	县	350688	－79283	184318
曹村工贸有限公司	集体	144612	11345	144612
辛置实业有限公司	集体	123665	11121	722113
李雅庄工贸有限公司	集体	96965	7895	227509
白龙工贸有限公司	集体	101251	7037	107627

霍州市 2016 年大中型工业企业主要经济指标（二）

附表 35

单位：千元、人

	资产合计	负债合计	流动资产额	从业人员平均人数
霍州煤电集团有限责任公司	35892407	30097597	21541024	22512
山西兆光发电有限责任公司	5107906	3604077	608529	630
中国国电集团公司霍州发电厂	3780356	2651675	100730	906
山西省霍州市化学工业有限责任公司	353709	655111	221511	606
曹村工贸有限公司	58778	38783	43358	492
辛置实业有限公司	64298	7493	47257	633
白龙工贸有限公司	20281	−518	14227	573
李雅庄工贸有限公司	41373	10248	19255	535

霍州市 2016 年煤焦产品产销存

附表 36

单位：万吨

		年初库存	生产量	销售量	年末库存
原　煤		28.9	809.97	—	91.5
煤电集团		28.9	809.97	—	91.5
市以上煤矿		—	—	—	—
市及市以下		—	—	—	—
洗精煤		18.81	597.59	600.90	19.57
其他洗煤		92.39	353.59	247.45	97.47
焦　炭		—	—	—	—
万元 GDP 能耗				3.71	
一次能源折标煤		497.24		655.50	
二次能源折标煤		855.67		816.77	
外　运	原　煤	—		—	
	焦　炭	—		—	
	洗精煤	600.90		684.15	

霍州市 2016 年固定资产投资

附表 37　　　　单位：万元、%

指标名称	本年	上年同期	增幅	地方	上年同期	增幅
甲	1	2	3	4	5	6
固定资产投资完成额	1396129	1648586	－15.3	1373422	1602476	－14.3
1. 按登记注册类型划分						
内资企业	1385728	1617232	－14.3	1373422	1602476	－14.3
港、澳、台商投资企业	10401	31354	－66.8			
2. 按构成分						
建筑工程	1102379	1319471	－16.5	1094783	1293452	－15.4
安装工程	23970	42735	－43.9	20731	41066	－49.5
设备工器具购置	104159	156597	－33.5	93365	138675	－32.7
其他费用	165621	129783	27.6	164543	129283	27.3
3. 按产业分						
第一产业	125371	184003	－31.9	125371	184003	－31.9
第二产业	244304	312566	－21.8	230888	270450	－14.6
其中：采矿业	20237	94804	－78.7	20237	94804	－78.7
制造业	170565	128587	32.6	170565	128587	32.6
电力、热力、燃气及水的生产和供应业	53502	89175	－40	40086	47059	－14.8
第三产业	1026454	1152017	－10.9	1017163	1148023	－11.4

霍州市 2016 年公安户籍人口数

附表 38　　　　单位：人

	户数	人数	城镇	乡村	男	女	出生	死亡
全　市	128865	310068	134141	175927	161214	148854	3793	1038
鼓楼街道	14021	30493	24610	5883	15445	15048	455	96
北环路街道	7411	16097	11282	4815	8274	7823	236	38
南环路街道	5404	13345	5142	8203	6771	6574	164	44
开元街道	7635	15945	9897	6048	8211	7734	300	49
退沙街道	9758	23481	16195	7286	12368	11113	259	57
白龙镇	11409	28473	9301	19172	14937	13536	365	63

续表

	户数	人数	城镇	乡村	男	女	出生	死亡
辛置镇	32644	71015	55003	16012	38644	32371	802	239
大张镇	10949	30748	2711	28037	15244	15504	405	93
李曹镇	10250	26687		26687	13558	13129	270	79
陶唐峪乡	6407	18809		18809	9594	9215	191	139
三教乡	7841	21480		21480	11120	10360	215	59
师庄乡	5136	13495		13495	7048	6447	131	82

附表 39

霍州市 2016 年分乡镇主要农村经济指标

	农作物播种面积（亩）	粮食播种面积（亩）	小麦播种面积（亩）	玉米播种面积（亩）	蔬菜播种面积（亩）	蔬菜产量（吨）	水量产量（吨）	果园面积（亩）
白龙镇	18853	18020	10500	6700	645	845	42	120
辛置镇	24345	22435	19200	3017	1250	4811	12	6
大张镇	49950	46800	28000	11295	2320	15362	310	360
李曹镇	54500	52611	31383	13100	1577	5522	6441	5643
陶唐峪乡	36714	35068	26368	8000	957	4774	2272	2207
三教乡	55506	53815	10480	38353	1844	2133	3299	7997
师庄乡	27837	27633	23316	2896	189	353	190	413
退沙街道	12108	11480	7500	3100	150	109	114	40
北环路街道	2685	2495	1247	1148	170	582	—	—
开元街道	3500	1135	91	744	2378	7652	—	—
鼓楼街道	2323	1087	190	797	1274	5356	—	—
南环路街道	10500	8053	4500	3391	2391	10195	—	—
合　计	298821	280632	162775	92541	15145	57694	12680	16786

地区生产总值

（按当年价格计算）

附表 40　　　　单位：万元

	2016 年	2015 年	比上年增长%
地区生产总值	708396	745540	−4.8

续表

	2016 年	2015 年	比上年增长％
第一产业	36622	33719	5.7
第二产业	432159	486164	－10.2
工业	382479	434025	－10.8
建筑业	49680	52139	－5.0
第三产业	239615	225657	5.1
运输仓储邮电业	41571	42757	－3.5
批零贸易业	38851	36340	6.4
住宿餐饮业	10399	9346	8.4
金融业	37153	34024	8.7
房地产业	35405	34654	0.2
其他服务业	75913	68239	10.2
农林牧渔服务业	323	297	7.3
人均地区生产总值（元）	24348	25737	－5.2

注：增长速度按可比价计算，数据为初步核算数据，其余增速从 2016 年四季度报表中查不变价速度。

附表 41

霍州市 2016 年农村基本情况

	单位	2016 年	2015 年	2016 年为 2015 年％
乡村户数	户	62455	61335	101.8％
乡村人口数	人	201539	201732	99.9％
乡村劳动力	人	93228	93017	100.2％
农林牧渔业	人	52578	52727	99.7％
工　业	人	9345	9651	96.8％
建筑业	人	7378	7200	102.5％
交通运输和邮电业	人	6908	6658	103.8％
批发零售贸易餐饮业	人	10362	10354	100.1％
其　他	人	6657	6427	103.6％
自来水受益村数	个	196	196	100.0％
通汽车村数	个	199	199	100.0％

续表

	单位	2016 年	2015 年	2016 年为 2015 年%
通电话村数	个	199	199	100.0%
通电村数	个	199	199	100.0%
通公路村数	个	199	199	100.0%

注：2010 年将 7 个农村居委会加入

霍州市 2016 年农林牧渔业总产值

（当年价格）

附表 42

单位：万元

	2016 年	2015 年	2016 年为 2015 年%
农林牧渔业总产值	67919	62583	108.53%
农业产值	38378	34434	111.45%
林业产值	4950	4677	105.84%
牧业产值	23898	22831	104.67%
渔业产值	82	76	107.09%
农林牧渔服务业	612	565	108.32%

霍州市 2016 年主要农作物播种面积

附表 43

单位：公顷

	2016 年	2015 年	2016 年为 2015 年%
总耕地面积	22370	23372	95.7%
总播种面积	19921.4	19919	100.0%
粮食作物	18708.8	18711	100.0%
小　麦	10851.7	12439	87.2%
玉　米	6169.4	4588	134.5%
油　料	127.3	110	115.4%
棉　花	23.3	24	97.1%
药　材	2	—	—
蔬　菜	1009.7	1007	100.3%
瓜　类	50.3	66	76.2%

霍州市 2016 年主要农产品产量

附表 44　　单位：吨

	2016 年	2015 年	2016 年为 2015 年%
粮　食	84979.3	66968	126.9%
小　麦	41995.7	46604	90.1%
玉　米	38856.7	18204	213.5%
油　料	203.7	179	113.9%
棉　花	14.3	14	99.3%
蔬　菜	57693.5	63828	90.4%
瓜　类	1104.3	1774	62.3%

附表 45

霍州市 2016 年牲畜年末存栏情况

	单　位	2016 年	2015 年	2016 年为 2015 年%
一、大牲畜年末头数	头	3688	2942	125.4%
牛	头	3156	2412	130.8%
马	头	26	40	65.0%
驴	头	316	278	113.7%
骡	头	190	212	89.6%
在大牲畜中：役畜	头	1515	1528	99.1%
二、年末猪存栏头数	头	45623	39386	115.8%
三、年末羊存栏只数	只	34726	38668	89.8%
能繁殖母羊	只	11452	12752	89.8%
四、家禽	只	548600	505800	108.5%
五、兔	只	9000	10000	90.0%

注：猪、牛、羊、禽为抽样推算数。

附表 46

霍州市 2016 年畜牧业主要产品产量

	单　位	2016 年	2015 年	2016 年为 2015 年%
当年出栏的肉猪	头	94578	88138	107.3%
猪肉产量	吨	8115.36	7611	106.6%

续表

	单　位	2016 年	2015 年	2016 年为 2015 年%
当年出栏的肉用牛	头	1069	945	113.1%
牛肉产量	吨	148.09	131	112.9%
当年出栏的肉用羊	只	35239	37284	94.5%
羊肉产量	吨	506	528	95.9%
当年出栏的家禽	只	573100	540600	106.0%
禽肉产量	吨	889.85	795	111.9%
当年出栏的兔	只	5500	10000	55.0%
兔肉产量	吨	8.54	15	55.3%
肉类总产量	吨	9667.84	9080	106.5%
奶类产量	吨	2776.59	2677	103.7%
牛奶产量	吨	2153.79	2051	105.0%
山羊毛产量	吨	12.94	14	90.7%
绵羊毛产量	吨	21.04	24	87.7%
羊绒产量	吨	3.99	4	107.8%
蜂蜜产量	吨	5	9	55.3%
禽蛋产量	吨	3806.61	3583	106.2%

注：猪、牛、羊、禽、鸡蛋、牛奶产量为抽样推算数据。

附表 47　　**霍州市 2016 年水果生产情况**

	单　位	2016 年	2015 年	2016 年为 2015 年%
水果总产量	吨	16785.5	16311	102.9%
苹果	吨	15976.4	15528	102.9%
梨	吨	145	146	99.2%
葡萄	吨	53.5	49	110.3%
红枣（鲜）	吨	121.5	115	105.7%
柿子	吨	49.4	51	97.1%
桃	吨	293.9	324	90.7%
杏	吨	127.3	81	157.2%

续表

	单　位	2016 年	2015 年	2016 年为 2015 年%
其他水果	吨	18.5	19	100.0%
果园面积	公顷	845.3	845	100.0%
苹果园	公顷	779.9	780	100.0%
梨园	公顷	13.4	13	100.0%
葡萄园	公顷	2	2	100.0%
其他园林水果	公顷	50	50	100.0%